好妈妈胜过好老师

冠诚◎著

民主与建设出版社
·北京·

图书在版编目（CIP）数据

好妈妈胜过好老师/冠诚著. —北京：民主与建设出版社，2019. 8

ISBN 978-7-5139-2577-8

Ⅰ. ①好… Ⅱ. ①冠… Ⅲ. ①家庭教育 Ⅳ. ①G78

中国版本图书馆 CIP 数据核字（2019）第 155525 号

好妈妈胜过好老师

HAO MAMA SHENGGUO HAO LAOSHI

出 版 人 李声笑
著　　者 冠 诚
责任编辑 刘 艳
封面设计 周 飞
出版发行 民主与建设出版社有限责任公司
电　　话 （010）59417747 59419778
社　　址 北京市海淀区西三环中路 10 号望海楼 E 座 7 层
邮　　编 100142
印　　刷 三河市金轩印务有限公司
版　　次 2019 年 8 月第 1 版
印　　次 2019 年 8 月第 1 次印刷
开　　本 880 毫米×1230 毫米 1/32
印　　张 6
字　　数 100 千字
书　　号 ISBN 978-7-5139-2577-8
定　　价 32.00 元

注：如有印、装质量问题，请与出版社联系。

前　言

人，生在世界上，所受的教育是多元化、多形式、多样性的，而母亲教育是最基本的、不可缺少的教育。母亲教育既是一种必要的教育形式，同时又是必不可少的一种教育内容。就教育形式而言，母亲对孩子的教育无处不在、无时不在，这种教育从胎儿时期就开始了。母亲教育同其他教育不同，是任何人不能替代的特异性教育。

但我国目前的母亲教育总体现状令人担忧，很多作为教育者的母亲不能成为良好的、合格的教育者。孩子的心理障碍、情感缺欠、人格扭曲等问题，很多源于家庭中母爱的扭曲和教育不得法。母亲“爱河泛滥”，对孩子投入的关怀过于密切，也就是所谓的“溺爱”，往往是孩子出现心理障碍的首要根源。有调查显示，29.6%的家庭存在关爱过度现象，其中有70%的妈妈承认自己对孩子有一定程度的溺爱和娇惯。引人思考的是，许多母亲一方面溺爱孩子，一方面又对自己教育出来的孩子颇有微词，同时也承认自己的教育失误，84%的母亲认为现在的孩子不懂得感恩，59%的母亲认为出现这种现象的主要原因是过于溺爱。

爱的方式有很多种，但是过分的爱护或许就变成了溺爱。实际上，溺爱并非“爱”，而是一种剥夺，孩子在处处受到家人呵护的同时，也丧失了自信和自理能力的培养，当问题真正出现在面前的时候，孩子往往会不知所措甚至表现得软弱无能，这种问题在男孩身上尤其明显。在独生子女家庭占多数的当代社会，个别家庭中儿子与母亲的关系过于亲密，由此引发了“恋母情结”的产生。心理专家表示，“恋母情结”是错误家教和母亲对儿子过分溺爱的直接产物，这种教育方式不仅会衍生出不正常的母子关系，严重的甚至会影响男孩的个性发展。弗洛伊德曾说过“过分恋子易诱发‘恋母情结’”，孩子们出现“恋母情结”，根本原因在于父母对待孩子的态度和养育方式上。这些孩子通常有喜欢依赖岁数比他们大的人的共同特征，并且多数在同龄人中显得孤僻不合群，缺乏男孩子的阳刚之气等。

除此之外，在母亲溺爱教育下成长的孩子，还容易养成以自我为中心，骄傲自满、目中无人的顽劣性格。这类孩子难以为他人着想，以引起他人的注意为荣，任性自私，缺乏同情心，过分在意自己的感受，而对他人冷漠无情。

现在，越来越多的母亲在家庭教育中占据主导地位，然而如何对孩子施以正确的教育引导却日渐成为新的关注话题。许多父亲忙于工作赚钱，母亲便一手掌握教育大权。殊不知，这样最易导致教育失衡。父爱与母爱在家庭教育中同等重要，母亲不能“一手遮天”，事无巨细地将孩子全部“捏”在手心里，而是应该留给父亲适当的教育空间，留给孩子独立思考行动的机会。对孩子一时的放纵，可能是其将来任性妄为的导火线，宽容与溺爱的尺度往往难以合理拿捏，本书给广大处于困惑中的妈妈一个良好的指导，当个慈爱而不失严格的妈妈并非难事，从而正确发挥妈妈的作用，当好孩子们人生道路上的首任合格的老师。

目录

第一章

妈妈是孩子人生的总设计师

孩子的成长来自妈妈的点滴教育

培养和教育孩子是一项艰苦而伟大的工程。面临着社会经济的飞速发展以及各种挑战，独生子女的培养和教育是摆在每位妈妈面前的一道严峻课题。家庭教育是人生的第一课，伴随每个人直到永久。

母亲，在每一个孩子的人生中都扮演着重要的角色。她不仅是孩子的启蒙老师，承担着对孩子的摇篮教育，也是孩子的终生老师，关系到孩子的终生教育。

母亲培养孩子健康成长，其过程繁杂而有趣，重点不是在如何养大，而是如何培养孩子的好行为和好品德。怎样教育好孩子是许多妈妈最为关注和头疼的事情。其实，妈妈们想教育好一个孩子并不是一两句话就能兑现的，必须从生活中的点滴行动做起。

培养孩子的独立性与责任感

很多孩子在小时候出于好奇，总会很积极地帮着妈妈干些事情。可当他慢慢长大后，妈妈吩咐他做一些事情时他总是懒于去做。这时很多的妈妈就会因为疼爱孩子而包办所有的事情。其实，妈妈这样做非常不利于孩子成长。长期下去，会使孩子缺乏独立性、责任感。所以，平时妈妈们应让孩子多做一些力所能及的活，比如擦地、刷碗、倒垃圾等家务。

不失时机地去鼓励孩子

作为妈妈，平时多给孩子一些表扬和鼓励是有必要的，有利于培养孩子良好的道德品质和行为准则，也有利于增强父母和孩子之间的相互信任，同时也有利于发现孩子的长处和优点。妈妈看到孩子的一点点进步就肯定他鼓励他，耐心引导他，以实际行动支持他。这样，孩子就会把自己的优点发扬光大。

尊重孩子，维护孩子的尊严

孩子也是有尊严的，妈妈要学会尊重孩子。当孩子犯错时，妈妈不要在别人面前训斥、指责孩子，要给孩子留一份尊严。最明智的做法是，找个适当的时机和孩子沟通，尽可能地用积极的方法，鼓励、提醒孩子，让孩子自觉地朝家长预期的方向发展。当孩子遇到困难时，妈妈不要打击孩子的积极性，应鼓励孩子挑战自我，增强自信。

适当地对孩子进行挫败感训练

妈妈要从小培养孩子的挫败感，这样有利于孩子在挫折与失败面前更好地调整自己的心态。现在的孩子从小养尊处优，家里几个大人围着一个小孩转，一遇见困难就有大人去解决，孩子从小就没机会独立去面对困难，以致造成孩子心理承受力的脆弱，独立面对困难时就变得手足无措，无所适从。日本的孩子走路摔倒时，父母从不去扶他起来，为的就是从小培养孩子面对困难的能力，让孩子变得有韧性。

多与孩子交流和沟通

妈妈要注重与孩子的交流，了解孩子生活和学习的氛围，了解孩子与人相处的能力等。只有这样，才能有效地帮助孩子改正缺点、克服困难、掌握良好的学习方法，有利于提高孩子的学习效率和及时更正他的不良习惯和品行。很多孩子每天放学回家，都会把在班上的一些事情讲给妈妈听，妈妈要通过评判孩子所讲的事情让孩子知道什么是美与丑、对与错。如果孩子喜欢上某一个歌星或影星，妈妈要和他一起收看有关的节目，并且加以分析，同时要告诉他，只能喜欢，不能盲目崇拜。

教孩子学会宽容和理解

独生子女家庭的孩子容易以自我为中心，受不了任何打击和委屈。这也是许多花季悲剧产生的原因。孩子在与别人相处的过程中，经常会发生矛盾，这时，妈妈应告诉他要学会宽容。当然，也不能一味地忍让，对方有错误要明确指出，然后告诉他“我不计较，我们还是好朋友”，这样一来，孩子就会形成大大咧咧的性格。这种性格会使孩子在以后深受朋友们的喜爱。

多给孩子充充电

有益的阅读是孩子成长过程中的一种营养注入，好习惯的养成对孩子一生有益。因此，妈妈在有空的时候别忘了多带孩子去书店转转。当然，并不是每次去都要买书，而是要利用去书店的机会，增加和孩子一起读书的时间，要让孩子知道读书不仅仅可以获得知识，还应该是一种自觉的行为习惯。

如果妈妈们掌握了正确的教育方法，那么，教育起孩子来就显得游刃有余了。

妈妈和孩子的感情更亲密

俗话说："儿行千里母担忧。"妈妈与孩子之间有着血缘关系，每一个妈妈都爱自己的孩子，这是人的天性。特别是现在很多的家庭都只有一个孩子，孩子就成了妈妈的掌上明珠。妈妈无微不至地关怀、体贴、照顾，对培养孩子纯洁的心灵、高尚的情操、坚强的意志以及良好的行为习惯是非常有利的。然而，要使孩子健康地成长，光有母亲爱孩子的情感基础还不行，还必须要培养孩子爱母亲的情感。试想，一个人连自己的妈妈都不爱，怎么可能会去爱别人呢？所以，作为母亲必须从小培养孩子爱父母的情感，这是孩子所有情感的基础。那么，怎样才能培养孩子具有爱父母的情感呢？

妈妈要身体力行，为孩子树立美好的形象

小孩子的可塑性很强，并且有一定的模仿能力。妈妈和孩子朝夕相处，妈妈的一言一行都会在孩子幼小的心灵上留下难以磨灭的痕迹，使他们终身难忘。所以有人说："孩子是家长的翻版。"妈妈要孩子爱自己，就必须在言行上起到示范作用，用自己美好的形象去感染孩子、熏陶孩子。例如，在天冷时，妈妈可以说："宝贝！天凉了，你冷吗？"在孩子做作业时，妈妈可以说："孩子，妈妈为你准备一杯热饮料，趁热喝了吧！"此外，妈妈还可以时常询问孩子在学校里的学习状况等等。

妈妈要时时、处处对孩子表达自己爱的情感

作为母亲，在生活上要关心、体贴孩子；在学习上要鼓励孩子积极向上；在品德上要严格要求孩子。在经济条件允许的情况下，妈妈对于孩子的一些健康、合理的精神需要，应尽量给予满足，如买课外书、玩具、参观、游览等，让孩子感受到母亲对他的爱。同时，对孩子的优点，妈妈应适当地进行表扬；对孩子的缺点或错误要进行具体分析，然后采用正确的方法予以矫正。如孩子是好心干坏事（想帮妈妈洗碗，却不小心打破了碗），是由于好奇心进行了破坏（由于想探索玩具的秘密，不料弄坏了玩具），还是明知故犯等，不同情况要采取不同的教育方法。妈妈这样做，在孩子的潜意识里面会认识到，母亲是很关心他的，是与他站在同一立场上的。这样，孩子就会逐步增强爱母亲的情感。最不可行的就是，在孩子犯错后，妈妈不问青红皂白，一概责骂、训斥甚至棒打。这样简单粗暴的教育方法，时间长了会造成孩子对母亲的仇视与记恨。母子对立怎么可能培养出孩子爱母亲的情感呢?

教育引导孩子以行动表达对母亲的爱

除了让孩子具有爱母亲的情感外，母亲还要引导孩子以行动来表达对自己的爱。对低年级的孩子，家长可以从以下三个方面引导：

第一，培养孩子对家长有礼貌

孩子对妈妈有礼貌是孩子爱妈妈的最直接的表现，也是最起码的要求。因此，在日常生活中，妈妈必须严格要求孩子：平时与家长说话要用礼貌用语；家长问话要回答；早上起床要说“爸爸、妈妈早”；上学去要与爸爸、妈妈说“再见”；晚饭后休息时要与爸爸、妈妈说“晚安”；有事出门要得到爸爸、妈妈的同意；事后回家要告诉爸爸、妈妈自己回来了；当爸爸、妈妈工作、学习、休息时不去打

扰。妈妈用这样的方式来教育孩子，不久你的孩子就会养成对父母有礼貌的行为。

第二，引导孩子分担家务劳动

妈妈要让孩子参加力所能及的家务劳动。这样做不仅能培养孩子爱劳动的习惯，也能增强孩子爱父母的情感。如：爸爸烧菜没佐料，可以让孩子去买；星期天妈妈为全家人洗衣服（也包括孩子的），可以让孩子把全家人的手帕洗一洗；下雨了，让孩子把晾在外面的衣服收回家。这样做，可以让孩子懂得不能总让爸爸、妈妈关心、照顾自己，自己也要关心、体贴爸爸、妈妈，要为他们分担一些家务劳动。

第三，让孩子从小学会体贴家长

在爸爸生病的时候，妈妈可以让孩子为爸爸端汤送药；可以让孩子在爸爸床头放上一瓶鲜花，以此让爸爸得到宽慰。当孩子羡慕同伴的某一玩具、某件衣服，而妈妈因家里经济拮据而不能为他增添时，就要给孩子讲清道理，教育孩子体谅家里的困难。此外，有时间的话，家长可以经常与孩子谈谈自己在工作岗位上劳动的忙碌与辛苦，让孩子理解父母，听从父母的教导，接受父母的意见，让父母少为自己操心，安心工作。经常这样引导，孩子就会懂得体贴父母。

孩子爱父母是孩子爱人民、爱祖国的思想基础，培养孩子爱父母的情感是每位妈妈义不容辞的责任，让我们每位妈妈都来重视这项工作吧！

想想自己要当什么样的妈妈

有人把家庭比做人生之海中的一艘小船，孩子凭借父母之船遮风挡雨，劈波斩浪。父母两人如能齐心协力，即使在滔天的波浪中也能维系小船的平衡，让孩子感受到安全；父母离心离德，心不往一处想，劲不往一处使，哪怕是风平浪静也可能翻船，孩子同样遭受“灭顶之灾”。因此，家庭既可以成为孩子健康成长的摇篮，也可能成为孩子的毁灭之舟。

在教育子女的问题上，妈妈是最有发言权的。因为，从孩子出生到学前，这段人生的启蒙教育大多是由妈妈来完成的。但是妈妈也有许多类型，下面作一简单分析：

期待型

期待型的妈妈不顾子女的天赋，把自己的夙愿寄托在孩子的身上，希望子女完全按照自己臆想的要求和标准去做，这样的妈妈对孩子往往期望值过高。倘若妈妈持有这种态度，而子女的能力不能达到妈妈的要求时，就容易使子女的意志消沉、自卑、冷淡，没有活力，缺乏自制力，个别严重的甚至造成孩子自残、自虐、自杀等行为。如果你是这种类型的妈妈，那么，你该适当地反思一下自己了，以免日后造成严重的后果。

过度保护型

过度保护型的妈妈对孩子所有事情都不放心，恐怕自己为孩子考虑得不周全，总担心自己微小的疏忽会对孩子造成伤害。虽然这类妈妈一切都为孩子着想，但是孩子却不见得领情，因为他们会感到压抑、受拘束、没有自由呼吸的空间。如果你是这种类型的妈妈，在教育孩子时请注意将你看管孩子的尺度再放宽一些，让孩子有一个自由发挥的空间，也许他会把事情搞得一团糟，但是你不给他尝试的机会，他永远也长不大，永远也无法自立。只有妈妈适当地放手了，孩子才会一步步迈向成功。

骄纵型

骄纵型的妈妈对孩子过度地溺爱放纵，不管孩子怎么做，她都支持，都认为是对的，哪怕是孩子犯了严重的错误她也从不严厉批评。这类妈妈培养出来的孩子看似幸福，实则相反，孩子常因缺乏耐力和自制力，经常得寸进尺、贪得无厌，而且不爱自己动手，长大以后他会变得好吃懒做，生活自理能力差。如果你也在以同样的方式对待自己的孩子，那么，你的孩子以后的一切恶果都是你现在一手造成的。所以，你现在必须注意严厉管教子女，在日常生活中，要教育孩子明辨是非、弃恶扬善。这个转变过程要把握好度，循序渐进地改变。

放任型

放任型的妈妈内心希望给孩子一个自由生活的空间，因此，对孩子的事情一般让孩子独立做主，从不过分干涉。但由于妈妈与孩子接触时间少，没有全面了解孩子的想法、情绪等，容易让孩子感到妈妈对自己疏于照料，而且不受重视。所以，妈妈在宽容孩子的同时，也应给予他适当的指导及约束，因为孩子毕竟很小，他没有能力分辨善恶美丑，需要妈妈做积极正确的指引。

过度赞誉型

过度赞誉型的妈妈常会对孩子的优点过度赞誉或夸大。这类妈妈总是忙于让子女在各个方面出类拔萃，从学业、课余生活到穿衣打扮。孩子在妈妈的赞誉声中成长，使他们习惯了听溢美之词，也愈发地失去了上进心，他们很难融入环境，也承受不了失败。

过度冷漠型

过度冷漠型的妈妈会很注意与孩子之间的距离，很少与孩子沟通，她们认为这样做可以让孩子更加坚强。但是，孩子总希望表达出自己的想法，并得到别人的承认。所以，妈妈的冷漠往往会让他们感觉到妈妈不够重视自己，从而愈发缺乏自信，变得胆小。甚至有些孩子为了弥补亲情上的缺失，就会想尽一切办法引起别人的注意，其行为往往过激。

过度情绪化型

过度情绪化型的妈妈在处理与子女的关系时，完全从自己的兴趣和情绪出发。今天她高兴，就会兴高采烈地与孩子们分享，孩子说什么她都会同意；但如果她第二天情绪不好了，就会对孩子大吼大叫。孩子与这样的妈妈生活在一起，会从此失去安全感，变得异常焦虑，因为他们不知道该怎样做才能让妈妈高兴。

通过上述的介绍后，你想做一个什么样的妈妈呢？如果你属于上述类型中的一种或几种，那么，从现在开始你就应该掌握科学的教子方法和心理技巧。只有这样，才能使你与孩子建立起良好的亲子关系，成为真正的合格母亲。孩子在你的精心培养下，才会成为一个心智全面发展、健康有为的人。

妈妈要教给孩子值得教的东西

舐犊之情是为人母的天性，但爱，需要理性。母爱是伟大的，过分溺爱孩子的妈妈却是可怜、可叹、可悲的！到底应该怎样去爱自己的孩子，每一个妈妈都应具有清醒的认识。

现实生活中，有的妈妈忙于工作，忙着赚钱，无暇顾及对子女的教育，孩子小的时候扔给爷爷奶奶，长大了便交给学校，推给社会，错误地认为只要给他们殷实的经济保障就够了。实际上，这种放任教育法，是一种不负责任的表现，是一种不健康的“爱”。

妈妈在施爱前要考虑一下，孩子究竟需不需要

妈妈把自己的喜好强加在儿女的身上明显是不对的。这样儿女不但不会开心，更不会对妈妈感恩。例如，一个小女孩的妈妈，在自己小时候就特别喜欢穿花裙子、戴花。于是，在她有了女儿以后，她就想着把自己的女儿也打扮成自己喜欢的样子。妈妈给小女孩买了花裙子，而且还给小女孩留了长发。每次外出时，妈妈总会找出最漂亮的裙子和很漂亮的头花，为女儿精心打扮一番。可是，女儿喜欢穿运动服，每一次都会哭闹着不要这些，但每次妈妈都是以不穿就不带她出去为理由来强迫她穿裙子。

妈妈不要包办，要给孩子解决问题的机会

不要剥夺孩子解决问题的机会。例如，灿灿和小朋友小宝一起拿

着小桶子、小耙子、小勺子在玩沙子。突然，灿灿的妈妈听到灿灿大哭了起来，于是她连忙过去看，原来是小宝把灿灿的小桶子拿走了。灿灿的妈妈就跑过去帮灿灿要了回来。灿灿妈妈的这种做法显然剥夺了灿灿自己解决问题的权利。其实，妈妈应该鼓励孩子自己去找小宝要回属于自己的东西。这样的话，灿灿在以后遇到困难时就不会退缩，并且会积极主动地去解决问题。长此以往，妈妈就会培养出一个勇敢、坚强、能干、上进的孩子。

妈妈不立即服务，让孩子为自己负责

妈妈要学会等一等，不要立即反应。让孩子经历自然合理的行为结果。例如，芮芮很喜欢玩积木，小时候她每一次玩完后，就不管了，任由积木满地都是。每一次妈妈都会马上收拾起来，免得看起来乱乱的。其实，孩子小时候妈妈帮着收是没错的，但是妈妈更应该做的是，在一边帮孩子收的时候，一边告诉她这样做会很干净很整洁；再训练她自己来收拾。她如果不马上收拾的话，这时妈妈也不要马上帮忙，积木就在那里放着。结果在她第二天再玩的时候，发现东西缺了，下次她就会自己主动收拾。

妈妈不要为孩子开“专利”

很多妈妈因为孩子小，所以视孩子为家庭中的地位最高者，处处特殊照顾，如吃“独食”，好的食品放在他面前供他一人享用；做“独生”，爷爷奶奶可以不过生日，但孩子过生日得买大蛋糕，送礼物；妈妈自己平时是一个很有规律的人，却顾及到自己孩子小，允许孩子饮食起居、玩耍学习没有规律，要怎样就怎样……这样的孩子长大后常会变得自私，做人得过且过，做事漫不经心，有始无终。

在孩子提出要求时，妈妈不能轻易满足

有的妈妈孩子要什么就给什么；有的妈妈还给刚刚上幼儿园的孩子很多零花钱，孩子的满足就更轻易了。这种孩子必然养成不珍惜物品、讲究物质享受、浪费金钱和不体贴他人的坏性格，并且毫无忍耐和吃苦精神。

孩子任性，妈妈不要事事迁就

在日常生活中，妈妈不要无原则地一味迁就孩子。对于孩子的正当的、合理的要求，应当尽量满足，一时办不到也应该说明原因，对于不合理的要求坚决不予迁就。对于孩子任性的坏习惯，妈妈要予以“冷处理”或转移注意力。在孩子大哭大闹时，妈妈可用一种新的事物或某种强烈刺激吸引和转移他的注意力，或采取“冷处理”办法，即暂时不要理睬，等他安静下来后，再跟他讲道理。这样就会使他慢慢感到乱发脾气或大哭大闹“要挟”不了大人，任性的毛病就会自然得到克服。

妈妈应教给孩子学会感恩

感恩，是一种对恩惠心存感激的表示，是每一位不忘他人恩情的人萦绕心间的情感。不会感恩的人，带给社会的只能是冷漠和残酷。所以，家长在为提高子女的智商而努力的同时，也千万别忽视了对孩子“情商”的培养。

怀有感恩的心，就是时时对自己的现状心存感激，同时也要对别人为你所做的一切怀有敬意和感激之情。妈妈要教育孩子，别人为他付出的一切并非天经地义、理所当然。无论是父母抚养他们，是老师教给他们知识，还是朋友给予他们友情以及其他人给予的帮助，这一切都是恩情。

在孩子知道什么是恩情之后，即认识到他平时从亲人、从他人、从社会那里得到多少恩惠，等日后有机会当以更大的诚意和实际行动给予回报，而这种回报不仅仅是物质上的，还包括情感方面的回报，哪怕是一句简单的道谢都会让人感到无比的欣慰。此外，妈妈要让孩子知道，并非报大恩大德的大举动才叫报恩，对父母的点滴孝行，对他人看似微不足道的关心也是一种报恩。孩子如果能常怀感恩之心，不仅能培养他们与人为善、与人为乐、乐于助人的品德，促进他们健康人格的形成，而且对其今后和谐人际关系的建立都会有相当重要的作用。

那么，作为妈妈应如何对孩子进行感恩教育，让他拥有一颗感恩的心呢?

言传身教，让孩子识恩

感动能激活人追求真善美的心理，使人愿意为了美好的理想去做任何事情。要让孩子学会感恩，妈妈首先应该是一个懂得感恩的人，要通过自己的言传身教去教育感染孩子。例如，当孩子把自己手中的东西塞到妈妈的嘴里时，妈妈应该积极回应："谢谢！真的很好吃。"当孩子给你端来一杯水，你一句"谢谢你为妈妈倒水，妈妈很感动，你是一个懂事的孩子。"会让孩子深深感动，并让孩子知道恩情和回报。

时时事事，教孩子知恩

妈妈对孩子进行感恩教育，首先是让孩子知恩。妈妈应该从身边事做起，要让孩子知道给予自己生命的父母、照顾自己的亲人、帮助自己的同伴、教给自己知识的老师、做出可口饭菜的厨师叔叔，甚至一棵树、一朵花、一棵小草等，都对自己有恩。对父母、亲人祝福"节日快乐"，对老师说一声"您辛苦了"，对照管生活的叔叔阿姨说一声"感谢你们为我们做好吃的饭菜"，等等。关键是时时事事，给予孩子熏陶。

体验教育，助孩子体恩

感恩实际上是一种心情，是一种心境。妈妈要运用体验的方法，让孩子将自己置身于他人的处境，为他人着想。例如，当孩子撕坏图书、捏死小蚂蚁时；当孩子摘树叶、践踏小草时……妈妈可以启发孩子想想自己被别人踩了是什么感觉，被别人打了又是什么感觉，让他从中知道对待比自己弱小的生命应给予帮助，从而反省自己的不良行为。

实践活动，引导孩子感恩

虽说大恩不言谢，但感恩一定不要仅发于心而止于口。对自己需要感谢的人，一定要把感恩之意说出来，把感恩之情表达出来，要让孩子以行动回报父母、老师、同学、亲人的恩情，让他们在实践中知恩、感恩、报恩。例如，“三八”妇女节给奶奶、外婆、妈妈送上一杯甜甜的糖水，让她们感受自己对她们甜美的爱；父亲节给爸爸送上一张自己亲手做的感恩卡；重阳节给爷爷奶奶唱一首感恩的歌；教师节为教师做一件小事，等等。妈妈要让孩子知道，对别人给予自己的哪怕是再微不足道的帮助和关怀，也不要忘了感恩。还可让孩子每天说一句感谢的话，例如：感谢建筑工人让我们坐在温暖的教室里；感谢送水叔叔为我们送来清凉甘甜的水……

孩子的心犹如一片净土，种植感恩，就会收获仁爱、关怀、宽容和幸福。从小给孩子的心灵播下感恩的种子，让他们对一切美好的事物心存感激，那他们将会以坦荡的心境、开阔的胸怀来应对生活中的酸甜苦辣，来报答父母、师长，报答社会。

妈妈要善于挖掘孩子的兴趣

孩子的兴趣越广泛，他的学习就会越好，他的眼界就会越开阔，对某些学科就越能理解得全面与透彻。

孩子的各种课外、校外的兴趣活动也会促进孩子的课内活动。比如：喜欢阅读文学作品，就可能对语文课感兴趣；喜欢植物，就可能对生物课感兴趣；喜欢机器，就可能对物理感兴趣，等等。

孩子能否形成积极的、稳定的兴趣与妈妈的教育是分不开的。因此，妈妈们必须注意以下几点：

精心呵护孩子的好奇心

好奇心是人获得智慧的关键。好奇心是孩子们的天性，也是他们敢于探索新知、敢于创新的动力。创造精神就像是一双巨大的翅膀，能带着孩子在知识的天空里展翅高飞。父母可从保护孩子的好奇心开始，培养他们的创造精神。

很多妈妈都应该有这样的经历：很多孩子会指着大人习以为常的东西问："这是什么""那又是什么""为什么会这样"……可是有些父母会对孩子说："问这么多，烦不烦？"也许，孩子的好奇心就在父母的不断喝斥声中被扼杀了。

世界上第一架飞机的发明者莱特兄弟，小时候是一对富有好奇心的孩子。有一次，兄弟俩在大树底下玩，两人产生了爬上树去摘月亮的想法，结果把衣服都钩破了。他们的父亲见此情况，不仅没有责骂他们，而且还耐心地开导他们。在父亲的引导下，兄弟俩日夜为制作能骑着上天的“大鸟”而努力。这期间，父亲不失时机地买了一架酷似直升机的玩具送给他俩，这更加激发了他们对制造升空装置的浓烈兴趣。莱克兄弟不断地学习升空技术方面的知识，翻阅了大量有关飞行的资料。最后，在父亲的鼓励下，经过多次试验，兄弟俩终于发明了世界上第一架飞机。

其实，我们的妈妈也可以像莱特父亲那样，注意倾听孩子的问题、想法，尊重孩子的观点，积极地引导孩子的好奇心，培养孩子独立思考、探索新知的能力。这样，孩子就能在不断地发现和思考中增强创新能力。

为孩子创造一个愉悦的学习环境

如果你发现你的孩子特别爱听故事，在你给他讲小人书中的故事时，他常常是一边听一边迫切地想认识书上的字，这种主动要求学习的精神是非常可贵的。妈妈可以利用这一时机因势利导，适当教孩子认认字。不要求孩子写，更不要求孩子记这些字，只要他们能认识，能把一个小故事读下来就行。孩子听得多了，读得多了，自然而然地掌握了这些字。当孩子在阅读课外书刊时，妈妈可利用读物内容，作为与孩子对话的内容。这样，孩子在一个宽松愉悦的学习环境中，可以不时地受到启迪，并逐步养成主动学习、主动探索知识的兴趣与习惯。

带孩子到大自然、社会中去开阔眼界，提高学习兴趣

妈妈可以经常有意识地带孩子去大自然中观察日月星辰、山川河流。比如，春天可带孩子去观察花草树木的生长情况；夏天带孩子去游泳、爬山；秋天带孩子去观察树叶的变化；冬天又可引导孩子去观察人们衣着的变化，看雪花纷飞的景象。孩子通过参加各种活动开阔

了眼界，丰富了感性认识，提高了学习兴趣。妈妈最好还能指导孩子参加一些实践，如让孩子自己收集各种种子、搞发芽的试验、栽种盆花；也可以让孩子饲养些小动物。随着孩子年龄的增长，可以启发他们把看到的、听到的画出来，并鼓励他们阅读有关图书，学会提出问题，学会到书中找答案。这样，孩子的兴趣广泛，知识面扩大了，学习能力也在不知不觉中提高了。

发展孩子多方面的兴趣

有一些孩子由于受家庭和周围环境的影响，在三岁左右就开始对画画或乐器产生兴趣。特别是孩子进了幼儿园以后，在老师的诱导下，他们的兴趣爱好出现了第一次飞跃。最先使孩子产生兴趣的一般是画画、唱歌和表演，当然这些都是模仿性的。对钢琴、电子琴、手风琴的兴趣都可以在幼儿期唤起，这时不是要求孩子能达到什么水平，而是以唤起孩子对各种乐器的兴趣为主。下棋更是如此，很小的孩子就喜欢跟大人下棋，当然更喜欢和小朋友们一起下游戏棋。妈妈只要做有心人，为孩子提供一些条件，准备一些简单的器具，多给孩子讲讲自己的见闻，多与孩子一起玩，孩子的多种学习兴趣就会逐渐培养起来。

第二章

做孩子眼中最优秀的妈妈

严格公正不偏不倚的妈妈

丁丁和冬冬在一起玩积木。丁丁的城堡快搭好的时候，积木用完了，她问冬冬："给我几块积木好吗？"冬冬一边搭，一边说："这些积木我也要用。""可是你还有那么多呢！"丁丁边拿边说，"就给我几块。"冬冬急了，大声叫："妈妈！丁丁抢我的积木！"冬冬的妈妈走过来，没有急着偏袒自己的孩子，反而和缓地说："我看你们俩都很生气，告诉我是怎么回事，好吗？"冬冬说："丁丁抢我的积木！"丁丁也抢着说："我的积木用完了，可是冬冬有好多积木，一块也不肯借给我，她一点儿也不愿意帮助别人！"冬冬妈妈说："冬冬，你怎么想的，告诉丁丁好吗？"冬冬说道："我不是不想借给她，我要用半圆形的积木作房顶，别的都可以借给她。"冬冬妈妈说："丁丁，你听见了吗？她也需要这种半圆形的积木。不过她可以给你别的积木。而且你看，冬冬也愿意借给你积木，可是你不等她答应就拿走她的积木，她很生气。"丁丁说："如果我知道她还愿意借积木给我，我就不会这样做了。"冬冬妈妈说："冬冬，你听到了吗？"冬冬说："嗯，妈妈我听到了。"最后，冬冬妈妈说："你们看，如果你们都把自己的意思说清楚，也许就不会这样了。"

孩子们在一起玩免不了会有冲突。当孩子们发生冲突时，妈妈常常感到为难：即便错在别的孩子，如果去批评他，也显得自己"护犊子"；如果不论青红皂白，总批评自己的孩子，又会委屈他。该怎么办？小孩子在一起玩，为了鸡毛蒜皮的一些小事发生矛盾、争执是常有的事，有时还会动起手来。过去，家里孩子比较多，孩子养得不那么娇，家长一般不大干预；或是妈妈忙于家务，就是发现孩子吃了亏，也顾不上管；即使是干预，也多取宽容、忍让的态度，是待人宽，责己严，一般不那么“护犊子”。现在不同了，家里只有一个“宝贝疙瘩”，发现孩子们发生冲突，妈妈往往要亲自出马，插手干预，并且多是护着，不能让自己的孩子吃一点儿亏。要是真吃了亏，那可就不得了了，有的到别人家告状，有的甚至还动手推推搡搡的。把小孩子之间一时的小冲突，扩展成了大人间的矛盾，实在不值得。并且这样往往容易导致孩子养成骄纵任性的不良习惯。

因此，日常生活中，妈妈面对自己的孩子和别人的孩子发生冲突时要一视同仁、严格公正，这样不仅能获得孩子的尊重和敬畏，还能成为孩子眼中值得效仿的妈妈，也更容易获得孩子的亲近和爱戴。

有一位母亲养了两个儿子。以前，为两个儿子分蛋糕的事的都是由母亲来代劳。但随着时间的推移，大儿子不满，二儿子也不满，究其原因，皆认为母亲的蛋糕分得不公平，有偏三向四之嫌。这时，聪明的母亲采取了一个让两个儿子都无话可说的切蛋糕的规则：大儿子来切蛋糕，二儿子优先选择所切的蛋糕。于是，大儿子切蛋糕唯恐不公平，二儿子选蛋糕唯恐选小的。于是，一则形式公平的举措使两个儿子在公平问题上涣然冰释。

当孩子之间发生争执时，妈妈首先应正确评估事情的性质，要让孩子学会处处谦让，不为小事斤斤计较，这样反而会让他在同伴中获取信任与好感，赢得更多的友谊。或者变换一下方法，采取“曲线救国”的道路，巧妙地化解孩子之间的正面冲突，令孩子切身为对方考虑，这样不仅易于解决矛盾，更容易在孩子心中树立权威。当然，妈妈也要以身作则。有的时候，妈妈突然改变孩子的习惯，也会让他们觉得不公平，比如：孩子平常都是九点上床睡觉的，今天突然要他八点半上床，他会觉得游戏时间少了，而抱怨这种“不公平”的待遇。

另外，平日透过游戏和不断地提醒，让孩子了解到，环境不同，自然会有不同的规则；而不同的人，也会有不同的需求，以建立孩子对公平意义的认识。公平对初入人世的孩子来说非常重要，尽可能用公平的方法对待他，是培养孩子正直性格的有力措施。实际上，这样的妈妈也是孩子内心最喜爱的。

善于倾听，和蔼可亲的妈妈

五岁的小杰长得虎头虎脑的，特别招人喜爱。小杰的妈妈却满腹心事，最近越来越让她感到头疼的一件事是：只要跟小朋友一起分享食品，小杰就一定要占上风。比如，蛋糕上唯一的巧克力片要归他所有，分糖果一定要他主持，自己占用最大的那份。

周末，小杰妈妈邀请了几名小朋友来家里参加生日派对，小杰的妈妈特地订做了一个漂亮的大蛋糕，刚刚摆上桌子，小杰就迫不及待地大叫："我要一朵完整的奶油花！"蛋糕上一共有六朵绽放的玫瑰型奶油花，来做客的恰巧有六位小朋友。小杰妈妈本着礼貌待客的传统，一边给客人切蛋糕，一边给小杰解释："咱们要按照顺序分蛋糕，分到你那里可能有奶油花，也可能就没有了。"她希望通过这种方式来纠正儿子的"霸道"行为。

随着一朵朵奶油花的消失，小杰越来越紧张。眼看着最后一朵奶油花将要落到其他小朋友手中时，他突然变得怒不可遏，愤然离开客厅，冲到卧室里。妈妈问他怎么了。他说："我要气死了！我的肺都快气炸了！"而后开始大哭。小杰妈妈蹲下来和蔼可亲地给儿子解释："刚才只有六朵花，妈妈不能先给你，要先分给其他小朋友，我给你留了半朵，你快去吃吧。"小杰愤怒地大喊："我明明跟你说好了要一朵完整的，你为什么不给我！我不要半朵的，我就要整朵的！"妈妈越解释，小杰哭得越伤心。

后来，小杰的妈妈不说话，耐心地倾听小杰……

会倾听是提高学习效率的重要途径，也是一种倾听他人的礼貌。

孩子无论言行还是举止，都很稚嫩，辨别是非的能力也很差，因此需要妈妈耐心、正确地培养孩子一些良好的行为习惯，让他们逐步巩固并养成。

在我们的生活中，上述的小事例会经常发生。有的妈妈听不得孩子的哭声，哄劝不住，就想离开孩子或者把孩子关进另外一个房间，好让自己耳根清净，也用这样的方式强迫孩子安静下来。其实，在孩子大哭的时候，说明他已经伤心委屈得不得了，就好比感到世界末日就要来临了。妈妈所谓的烦恼远比不上孩子的伤痛。所以，在孩子大哭时，妈妈不要嫌烦而离孩子远远的，一定要留在孩子身边，放下手头的一切，专注地、认真地倾听。

春节，路路的家里来了很多的亲戚，亲戚看见客厅里摆着架子鼓，就请路路表演一个。乖巧懂事的路路正好很有兴致，便欣然同意，而且还把 MP3 拿出来，一本正经地配上伴奏音乐，准备好好展示一番。

路路的妈妈为路路选了一首以前登台表演过的曲目。音乐一起，正式开始，鼓声震天动地。但是也许因为很久没有演奏过了，有些生疏，中间突然卡了一下，伴奏就跑到前面去了。这时路路的妈妈说："没事，接着打吧。"路路却不干，非要重来，只好又从头开始。

就在路路一心想要完美奉献出自己的拿手好戏时，路路的爸爸进来了，对着所有的亲戚说："走吧，咱们去看一个非常好玩的软件。"听演奏的亲戚就随路路的爸爸去了电脑房，另外几个小孩也一窝蜂地跟了去。这时客厅里只剩下路路和妈妈两个人。

发生这一切的时候，路路并没有停顿，还是一鼓作气打完了全曲。但路路的脸色却很阴沉，虽然妈妈给了他最热烈的肯定："你的结尾是最精彩的!"路路还是默不作声，收拾好乐谱，就独自回了自己的房间……

妈妈的倾听，会使未成年的孩子从小学会以平等与尊重的心态与他人建立联系，会使孩子觉得自己很重要，有利于孩子学会独立思考。

孩子需要的不仅是言语上的鼓励，不仅是摆事实、讲道理，更重要的是家长身体力行。很多时候，听比说更重要，倾听能够给人力量，因为它意味着关注和尊重。有人倾听，你就不是茫然和孤独的了，你的行为就有了意义，你也就有了力量的源泉。人为什么要奋斗，要成功？归根结底，就是为了赢得他人的关注和尊重，作为孩子人生中最亲的人，如果连父母都不能给他们这些，他们的自信又从何而来？

很多时候，父母会花很多力气去鼓励孩子做这样做那样，但却可能在不经意间，让一些小事把我们的鼓励抵消了。上文中，路路的妈妈应该阻止路路爸爸带着亲戚去玩电脑，无论如何都要让亲戚在听完路路的最后表演后，再去做别的事情。这一转眼的事，路路一场兴致勃勃的表演就变成了一次羞辱，一次失败的感觉。

在倾听孩子时，妈妈应注意以下几个方面：

第一，注意听的姿势

1. 一定与孩子平视，不可居高临下。

2. 身体要稍稍向前倾，这是表示有兴趣的姿势。

3. 不要制造“墙壁”，如用手捂着嘴巴，两手抱着胳膊，或翻着书。这些举动对孩子来说，都是一种障碍。

4. 用眼睛“听”，要睁大眼睛看着说话的孩子，很自然地用眼睛来表达你的兴趣和愉悦。

第二，表现出听的兴趣

讲话中最扫兴的是听到对方说：“我早就知道了。”如果我们这样对孩子，就缺少尊重。于是，孩子会十分扫兴。关心孩子，不应只是关心他的冷暖、吃住，还要关心他感兴趣的事。对孩子关心的话题产生了兴趣，你同孩子谈话的兴趣便也具备了。

第三，将你专注倾听的态度传达给孩子

送给孩子最好的赞美，是让孩子知道他所说的每一句话，你都认真听到了。

品行端正，认真负责的妈妈

有一天，妈妈带着小明出去玩，母子俩等了好长时间终于过来了一辆车，车刚进站，小明的妈妈就推搡着孩子上去占座位。小明匆匆忙忙跑上车，钻来钻去，顺利地占到了一个座位。可是妈妈上来一看，脸色顿时变得很难看。下车后，小明的妈妈一路上不停地小声数落儿子："光长个儿不长脑子。怎么就不会多个心眼!"孩子一脸茫然，不知道自己哪里做错了。后来，小明就问："妈妈，您这是怎么了?"妈妈没好气地说："你还问，你这个笨蛋，就知道自己占座，不知道把书包放在前面的座位上，给我也占一个!"后来，妈妈大声训斥道："以后记着点，多长一个心眼，不要光顾着自己!"

妈妈对孩子的教育直接影响着孩子的人生观与价值观，正如人们常说的"野蛮产生野蛮，仁爱产生仁爱"。现代社会对人的素质提出了越来越严格的要求，不仅要有健康的身体、广博的知识和聪明的智能，更要有良好的人格、个性品质和社会适应性。一个人是否具有爱心、同情心，是否善良，直接决定他对人、对事物的态度和行为，进而决定他在其他各方面的发展。

在这里，特别要指出的是，妈妈的言谈举止直接影响着孩子。为了教育孩子，妈妈应该特别注意自己的行为规范，不能把错误的、不良的习惯在不知不觉中传染给孩子。最重要的是妈妈要以身立教，万万不能一方面要求孩子有好的行为，另一方面自己却做反面教材。

从一定意义上讲，父母的责任感可以影响孩子的责任感，一个负有责任感的父母，孩子也会表现出相应的积极的方式。如果妈妈做事总是不守承诺，推卸责任，那么，即使你给孩子再多的口头教导也不会起到任何作用。

洋洋正在院子里开心地玩，他一会儿摆动着胳膊，做出飞机飞翔的样子；一会儿把玩具堆成一座小山；一会儿学青蛙的样子跳来跳去……就在他学飞机做一个“俯冲”动作时，被旁边一把椅子绊了一下，摔倒了，洋洋大声地哭了起来。

这时，在屋里忙家务的妈妈听到了哭声，立即放下手中活，从屋子里赶忙跑了出来，看着倒在一边的椅子，看着放声大哭的洋洋，一边把洋洋抱在怀里，一边说：“洋洋不哭，洋洋乖，椅子坏，椅子不听话，绊了你是吧？妈妈打它啊！”然后把椅子重重拍了两下，洋洋止住了哭声，下去打椅子了。

洋洋母亲的教子行为，在中国家庭看来，可以说是司空见惯，不足为奇。似乎，从我们妈妈的妈妈开始，每当幼小的孩子与周围的世界发生矛盾时，就是这样，在这种几乎不讲道理的呵护下，孩子接受了最初的责任教育。

实际上，我们大家都知道，错误并不在那把椅子，是洋洋自己不小心碰到了椅子上。而洋洋的妈妈好像也没有错。因为妈妈认为洋洋还小，什么都不懂，觉得只要他不哭不闹就好，她是想安慰儿子，让孩子不再哭。但是，妈妈的这种做法，并不会让被椅子碰到的洋洋从“疼痛”中吸取“教训”。因为，他已经在妈妈的教导下把所有的责任都推给了椅子，他自己没有错。作为母亲，这样的教育方法让孩子很容易想到推脱责任，不能自我反省。当他以后被人生路上的一些“绊脚石”绊倒的时候，他也会养成找各种客观理由不愿意自责自省的坏习惯。

所以，妈妈们应该反思一下了：与其等到孩子长大后，再为孩子没有责任感而苦口婆心地劝说，不如抓住最初的、最合适的教育孩子责任感的时机。最重要的是：在孩子犯了错误之后，妈妈应该让孩子知道，如果他做错了事，责任就应当由他自己来负责，只有这样，他以后才会慢慢懂得，在他与这个世界发生关系时他应负的责任是什么。

懂得站在孩子角度考虑的妈妈

星期六，妈妈为了兑现自己的诺言，带着小建去买奥特曼的碟片，眼看着妈妈就要给自己买心爱的奥特曼的碟片，小建别提有多高兴了，一路上都合不上嘴，还在不停地夸妈妈好。没过多久，母子俩就买到了碟片，妈妈带着小建顺便到商场的楼上逛一圈。星期六商场里的人特别多，刚过了一会儿，小建就嚷嚷着要回家。妈妈训斥小建道："你就是想回家看碟是吧，你自己走吧！"说完这话，妈妈碰见了单位的一个阿姨，便在过道里聊起天来。过了好久，等妈妈回过头看见靠在栏杆旁的小建满脸泪水，突然心里一颤，于是赶紧蹲下来想询问小建是不是不舒服。就在这时候，妈妈才猛然感觉到，儿子哭闹的原因：儿子所看到的不是五光十色的商品陈列，而是胳膊与大腿组成的森林！毫无乐趣可言。妈妈明白原因后，告诉小建："走吧，我们一起到外面坐一会儿，休息一下我们就回家了。"小建听了妈妈的话后，破涕为笑了。走出商场时，小建问妈妈："为什么突然同意回家呢？"妈妈拉着儿子说："妈妈理解你的心情呀！"

在生活中，如果父母、老师都能像小建的妈妈一样，站在孩子的高度、角度来看问题，可能更容易理解孩子的情绪、想法，也更容易找到沟通的言语。

家长常常用成人的眼光看孩子，有些家长让孩子"规规矩矩"，总想把孩子变成"小大人"，这种脱离年龄特点的教育，很容易造成两代人的隔阂，多数是要失败的。

从开始上幼儿园起，小立的耳边就常常响起妈妈“一定要好好学习，一定要争气！一定要考上清华！”的叮咛。为此，她在父母为她设计的框架里不断地努力着……

今年，12 岁的小立不负父母的厚望，以优异的成绩考进了一所市属重点初中。终于可以松口气了！小立觉得，自己没有辜负爸爸妈妈的苦心，考上了他们指定的学校。这个假期可以好好地休息休息了。

晚上，妈妈下班回来了，手里拎着一个大口袋。小立急忙迎上前去，打开口袋，小立呆住了——里面全是初一的课本和辅导材料！妈妈并没有理会小立的惊讶，严肃地对小立说：“你呀，别以为进了重点初中就万事大吉了。要知道，凡是考进这所学校的学生都是尖子生，你要想出头，就得提前做准备。”小立说：“妈妈，我知道。可是，这个假期是不是……”妈妈打断了小立的话：“是不是什么？你还没到可以休息的时候。我和你爸爸早就打算好了，你的目标，就是清华！当年，你爸爸因为一分之差没有考上清华，这是他一辈子的遗憾，这个遗憾只能靠你去弥补了。”见小立没有回应，妈妈缓和了语气，语重心长地说：“女儿啊，我和爸爸都是为你着想。清华是最高学府，如果能考进这所学校，以后无论是出国深造还是找工作，都是不费力气的！我们为你创造这么好的条件、替你操这么多心，对你没有什么别的要求。只要你考上清华，到时候你要想干什么，我和你爸都不再管你。”

听了妈妈的话，望着一堆堆的辅导资料，小立无言以对，禁不住流下了眼泪。第二天，小立就离家出走了……

生活中，像小立的父母这样为孩子设计好前途的父母不在少数。他们总是对自己的孩子们期望很高，希望他们出人头地，希望他们光宗耀祖，所以一天到晚地在孩子们的耳边嘟囔着该怎么怎么学习，该如何如何做人，该怎么怎么地实现自己的梦想，该如何如何地考虑自己的将来。父母们把自己一生的理想或者遗憾都寄托在孩子身上，一直逼孩子往自己认为是正确的路上走，从来不站在孩子的角度考虑问题。

其实，孩子们一天到晚地学习已经很累了，他们需要的不仅仅是父母重复了几千次几万次的鼓励，他们还需要父母的理解。如果父母把自己的意愿强加给孩子，那孩子就会感到身上的担子太重了，压力太大了，孩子就会觉得学习是一种痛苦的过程，同时也会使孩子失去自己的成长空间和独立意识，这就可能导致孩子产生抵触、反叛与对抗的情绪，出现与父母关系紧张、厌学等现象，甚至走上歧路。也有些孩子会变得精神萎靡，对生活、学习感到迷茫、失去信心，等等，这些都对孩子的心理健康极其不利，甚至可能引发心理障碍与心理疾病。

所以，父母千万不要为孩子设计发展的模式，不要让孩子做自己的“接力棒”。其实，每个人都有自己的理想和追求，孩子也不例外，那么，父母又该如何对待孩子的理想和追求呢？

第一，给孩子一个独立思考的空间

父母要给孩子足够的成长空间，让他们有自己的理想和愿望，有自己的思想和独立思考的权利，不要让孩子成为别人怎么想，孩子也要怎么做的盲从的产物，更不要让孩子成为代替父母实现未尽理想的工具。父母可以根据孩子的具体情况和兴趣，向孩子提出建议，引导孩子找到自己努力的方向。

第二，尊重孩子的独立性

随着孩子一天天长大，他们会逐渐形成独立的意识，所以父母要尊重孩子的独立性，让孩子充分地发展，而不是被父母限制在已为他们设计好的框子里。不然的话，他们也会像自己的父母一样，在补偿父母遗憾的同时，留下自己的遗憾。

第三，给孩子最后的决定权

对孩子的理想，父母如果觉得是合理的，就应给予尊重和支持。对孩子理想真正的支持应该建立在对孩子的充分理解和尊重的基础之上，以孩子的心理准备和接受能力为前提，然后进行适当的启发和引导，需要的是精心呵护，不是说教，不是命令，更不是趁机提条件。即使孩子的理想与父母的意愿产生了很大的偏差，也要平静地与孩子沟通，在尊重孩子理想和追求的基础上，通过充分的商量和探讨，让孩子充分理解父母的想法，然后再把决定权交给孩子。

第四，对孩子的要求不可过高

父母在尊重孩子理想和追求的时候，还要注意一些问题：不要在孩子建立理想的初期就给孩子太多的压力和警示，这样做很可能就会打击了孩子的积极性，让孩子轻易放弃自己的理想。

幽默乐观的妈妈

小林 6 岁的时候不幸患上了小儿麻痹症，由于没有及时治疗，被疾病折磨得卧床不起。小林非常难过，他多么希望自己可以和其他的孩子一起玩耍。他问母亲："妈妈，我还可以站起来吗？我什么时候能站起来呢?"听到了儿子的话，妈妈的心都要碎了，但是，妈妈还是非常乐观地说："能！一定能!"

此后，小林的父母变卖了所有的家产，找了最好的医生，经过治疗，小林终于可以站起来了，全家人都高兴得说不出话来。

然而，就在这时，小林又问妈妈："我还能踢足球吗?"母亲坚定地说："能，谁说不能呢？战场上还有跛脚将军，足球场上就不能有跛脚运动员吗？以后让爸爸带你踢球。"妈妈的话给了小林无穷的信心，他开始更积极地接受治疗，终于治好了病。

但在练球的过程中，问题又一次出现了，踢足球是一项非常累的运动，对于患过小儿麻痹症的小林来说就更加困难了。父母又何尝不知道这一点呢？所以，每当看到儿子流着泪摸着受伤的脚，妈妈的心里都在滴血，但是妈妈总是积极乐观地给予热情的鼓励和安慰，告诉小林不要怕苦，不要半途而废。在妈妈的乐观鼓励下，小林终于有了战胜困难的勇气、信心和力量，后来他以高超的球艺，赢得了人们的掌声。

乐观的情绪能够激发人体的潜能，使其保持旺盛的体力和精力，维护心理健康。小林 6 岁就患了小儿麻痹症，这对于一个普通的家庭来说，是一个多么沉痛的打击。但是，小林最后并没有意志消沉，而是很坚强、乐观地走了下去。当然，这其中小林的母亲起到了非常重要的作用。

母亲的情绪能影响孩子的性格，母亲语言的力量是孩子在书本和老师那里无法得到的。小林母亲不管孩子的病情多么恶劣，在孩子面前，她还是表现出一种乐观的人生态度，使小林产生了战胜病魔和面对困难的勇气，取得了最后的成功。

在家庭教育中，家长应该怎样做才能培养孩子拥有乐观向上的心态呢？

第一，营造良好的家庭氛围

弗洛伊德说："一个为母亲所特别钟爱的孩子，一生都有身为征服者的感觉；由于这种成功的自信，往往可以导致真正的成功。"夫妻恩爱，子女就会生活在温馨的家庭氛围中，得到关心和爱护，获得爱和尊重的体验，从而心情愉快，健康成长。因而，在生活中父母要非常注意自己的言行，即使遇到什么不愉快也尽可能地在孩子面前加以掩饰，而且，在孩子面前父母要从不言败，在这种家庭环境的影响下，会使孩子从小就养成自信、乐观、性格开朗的好习惯。

第二，与孩子交流沟通

妈妈应多留心孩子的情绪变化，当孩子闷闷不乐时，无论自己多忙，也要挤出一点时间和孩子交谈，鼓励孩子表达心情，让孩子感受到父母对自己的关心和体贴，知道父母愿意帮助自己，自觉自愿地说出心里话，从而加强两代人之间的互相理解，满足孩子的情感需求，促进孩子生理和心理健康。

第三，学会赏识孩子

每个人生活在社会上，都希望得到别人的赏识和认同，孩子也不例外。许多家长在教育孩子方面多少有些心理错位，不是用赏识的目光赞美自己子女的优点，而是恨不得用放大镜去寻找孩子的弱点，更可怕的是处处拿别人子女的长处去比自己子女的短处，从而让孩子感到自卑。事实告诉我们，子女需要鼓励，需要肯定，需要赏识。现代心理学之父威廉·詹姆斯指出："人最大的需要就是被了解与欣赏。"家长对孩子每时每刻的了解、欣赏、赞美、鼓励都会增强孩子的自尊、自信。因此，在孩子有了哪怕是些微进步时，我们应该对孩子讲得最多的一句话就是："你真棒!"这样，孩子在体验到被父母鼓励的幸福感的同时，也产生了乐观向上的态度。

第四，教孩子会说三句话

想让你的孩子更快乐，就要教会他说三句话：第一句"太好了"；第二句"我能行"；第三句"你有困难吗？让我来帮你"。

"太好了"，实际上是培养孩子带着微笑看世界的品质，让孩子有一个良好的心态对待面前的一切。而这种心态的培植，并非单靠孩子说"太好了"这句话就能行的，还需要家长、老师潜移默化的熏陶。

"我能行"，旨在鼓励孩子的自信。自信同样不是一种轻易地表态，是发自内心的肯定和把握，它也需要家长在让孩子不断取得成功的体验中逐步培植。

"你有困难吗？让我来帮你"，是培养孩子关心他人、主动帮助别人的品质。这是孩子长大后，为社会为人类做贡献的心理基础。同样，为了让孩子常说这句话，必须从小在家里灌输助人为乐的思想；家长热心对待同事、朋友、邻居，乐于助人的行动成为孩子的榜样，并使孩子也自然而然地养成习惯。

自信积极进取的妈妈

小宝的妈妈第一次参加家长会，幼儿园的老师告诉她："你的儿子有多动症，在板凳上连三分钟都坐不了，你最好带他去医院看一看。"

回家的路上，小宝问妈妈老师都说了些什么，妈妈鼻子一酸，差点流下泪来。因为全班30位小朋友，唯有小宝表现最差；唯有对小宝，老师表现出不屑。然而，小宝的妈妈相信自己的儿子一定会进步的，她还是自信地对儿子说："老师表扬你了，说我们家小宝原来在板凳上坐不了一分钟，现在能坐三分钟了。其他的妈妈都非常羡慕妈妈，因为全班只有小宝进步了。"

听了妈妈的话后，那天晚上，小宝破天荒地吃了两碗米饭，并且没让妈妈喂。

小宝上小学了，在家长会上，老师说："全班54名同学，这次数学考试，你儿子考了第53名。我们怀疑他智力上有障碍，您最好能带他去医院查一查。"

回去的路上，妈妈流下了泪。然而，小宝的妈妈相信小宝智力上没有问题，当她回到家里，却对着坐在饭桌前的儿子说："老师对你充满信心。他说了，你并不是一个笨孩子，只要能细心些，会超过你的同桌，这次你的同桌排在第21名。"

说这话时，她发现，儿子暗淡的眼神一下子充满了光芒，沮丧的脸也一下子舒展开来；她甚至发现，儿子温顺得让她吃惊，他像长大了很多。第二天上学时，小宝去得比平时都要早。

小宝高中毕业了。一个第一批大学录取通知书下达的日子，学校打电话让小宝到学校去一趟。妈妈这时似乎有了一种预感，她儿子被清华录取了，因为在报考时，她对儿子说过，相信他能考取这所学校。

当小宝从学校回来后，把一封印有清华大学招生办公室的特快专递交到妈妈的手里，突然转身跑到自己的房间里大哭了起来。边哭边说："妈妈，我一直都知道自己并不是一个聪明的孩子，是您……"

这时妈妈悲喜交加，再也按捺不住十几年来凝聚在心中的泪水，任它们洒落在手中的信封上。

自信心是孩子学习和生活获得成功的关键所在。如果孩子没有信心，心情就会在自我怀疑中起伏不定，就不能做到专心致志，不能始终保持高度的精神集中。文中的小宝并不是一个天资聪明的孩子，在幼儿园、小学都是属于那种被老师看不起的学生，他在中学也并不出色。之所以他能考上清华大学，主要是他的妈妈咬着牙，一次一次编造着老师对他的赞扬，让他对自己充满信心。

斯斯是一个内向文静的孩子，她每天从幼儿园回来的时候总是嘟着小嘴巴，仿佛有什么心事似的，而当妈妈主动去和她说话时，她也不大愿意让妈妈亲近。因此妈妈总是在想办法，能与斯斯亲近起来，让她充分地信任父母。

只要是斯斯每天放学回来，妈妈总是主动与斯斯打招呼，并搂在怀里跟着她说几句话，慢慢地，斯斯愿意开口和妈妈说话了。

斯斯最喜欢的就是画画，而且画得挺好的，所以，当幼儿园有什么美术作品展时，妈妈总是鼓励斯斯拿出自己的作品。有一次，斯斯画的是小鸟找妈妈，竟然在展示中获得最好的评价，幼儿园的老师还为她发了一朵小红花，斯斯高兴极了，她脸上也终于找回了从前的自信。

在一次家长孩子游乐活动中，老师问斯斯："你知道爸爸最大的本领是什么吗?"没想到斯斯一下子就举起手来："我爸爸最大的本领是烧菜。"妈妈看到这里，心里感到了莫大的欣慰，因为斯斯终于把丢失的自信找回来了。在以后的日子里，她一定要多关心和注意孩子的变化，再也不要让她把自信丢掉了。

母亲是孩子的第一任老师，是和孩子相处时间最多的人，妈妈的言行对孩子的影响很大。因此，妈妈在处理日常的事务或工作中，应表现出自信心十足。在孩子遇到挫折时，妈妈要用肯定性的言语促进孩子树立自信。

妈妈可以这样鼓励孩子："你比上次进步多了""你能做好的，只要你肯再努力一次""别人说你能行"，等等。对孩子少一些偏见，多一些平常；少一些歧视，多一些尊重；少一些冷眼，多一些赞许，让孩子享受到温暖的阳光。那么，无论哪种层次的孩子都会获得心理上的满足，从而产生一种积极向上的动力，这样，潜能将被激发，奇迹将会出现。

宽容、言出必行的妈妈

由于家境的困难，林肯12岁的时候不得不中止学业，去做了一个伐木工人。每伐倒一棵树木，工人们就在木头的尾部用墨水写上自己名字的第一个字母，表示这根木头是自己所伐的，然后再去向老板要钱。林肯的全名亚伯拉罕·林肯，所以他就在自己伐倒的木材上写上一个“A”字。但是有一天他发现自己辛苦砍伐的10多根木头被人写上了“H”，这显然是有人盗用了林肯的劳动成果。

林肯牛气极了，回家对继母说：“一定是那个叫亨得尔的家伙干的，我去到他们家找他论理去。”

继母看着林肯说：“孩子，听我给你讲个故事。从前有一个人叫斑卜，他以打猎为生，经常在密林中安装捕兽套子。有一天他又去收套子，却发现动物已经被别人取走了。斑卜很生气，就画了一个正午的太阳，还有两个人站在捕兽套边的图案。第二天他来到了这里，看到有一个浑身插满了野鸡毛的印第安人在那里等他。他们彼此语言不通，只能通过打手势来对话，印第安人用手势告诉斑卜这里是我们的地盘，你不可以在这里装套子。斑卜也打手势说：这是我装的套子，你不能拿走我的果实。后来斑卜想，与其多个敌人，还不如多一个朋友，于是他就大方地将捕兽套送给那个印第安人了。有一天斑卜打猎时遇到了狼群追赶，被迫跳下了悬崖，等到他醒来的时候，发现自己正躺在印第安人的帐篷里，伤口上还有印第安人给他上的药。此后他就成了印第安人的好朋友，和他们生活在一起，共同打猎。”

继母讲完了故事，微笑着看着林肯说：“孩子，你要学会宽容别人，这样才能使自己的路越走越宽广。要不然，你在社会上就会到处树敌，是很难成功的。”

此后，林肯牢记母亲的教导，而这种宽容的美德也为他以后的人生铺平了道路，最终竞选为美国第16任总统。在南北战争期间，林肯的宽容显现了非凡的作用。有人向总统举荐了很有军事才能的格兰特，但是整个国会对此都持反对意见。他们指责说：“格兰特嗜酒如命，脾气暴躁，根本就不适合领导军队。”

林肯却力排众议说：“世界上没有十全十美的人，我们应当看到一个人的长处而不应当只盯着他的短处。格兰特将军英勇善战，这正是当前我们所需要的呀。”

在林肯的坚持下，格兰特临危受命，指挥士兵迎战南方军队。果然他以出众的军事才能，指挥军队很快扭转了局面，将南方军队打得大败，从而取得了南北战争的胜利。

人们这才盛赞林肯的宽容，但很少有人想到那位宽容的母亲。林肯在后来的回忆中，对这位继母充满了感激与敬仰。据说在林肯的总统办公室里还挂着这样的条幅：“宽容比批评更能改变人”。而这种宽容的精神，正是源自继母的教导。

人类成熟的重要标志是宽容、忍让、和善。当一个人把宽容当做美德发扬时，这个人也就具备了感人的魅力。贝尔奈曾说过：“不会宽容人的人，是不配受到别人的宽容的。”这是对宽容最好的诠释。可见，宽容在一个人生命中的重要性。

今天是香香十岁的生日。一放学，香香就高兴地往家跑，她可一直盼着快点庆祝生日。因为，期中考试后，妈妈答应为了奖励香香，在她生日那天要送香香一件礼物。一路上香香总在想：妈妈会送我什么呢？

一到家，香香抵挡不住自己的好奇心，东看看西翻翻，可就是找不到有什么特别的东西。无奈之下，香香只好乖乖地坐到妈妈跟前。妈妈说："香香，你猜猜看我会送你什么礼物？"香香绞尽脑汁也没想出来。妈妈见女儿那个着急劲，就让香香闭上眼睛，伸出双手，手心向上托着。不一会儿，有一件东西轻轻地落在香香的手心。香香一下子睁开眼睛，一封信！香香撕开信封，信是妈妈写的，信里的每一个字、每一句话都深深地打动女儿，妈妈的信还没有读完，香香就止不住地流泪了。接着，妈妈让香香再闭上眼睛，伸出双手，又有一个比刚才更重的东西放到了香香的手中。香香睁开眼睛，礼物是用包装纸包好的，上面还有一朵花，她用剪刀把包装纸剪开，里面是两本书，一本是香香一直想要的《淘气包马小跳》，还有一本是她最喜欢的《同桌冤家》。香香拿着书对妈妈深深地鞠了一躬，说了声："谢谢！""妈妈答应你的就一定会做到！"妈妈笑着说。妈妈的礼物使香香既感到意外，又开心。

也许妈妈向孩子的许诺很不起眼，但有的妈妈不知道孩了会当真，会一直盼望，如果没实现，孩子对妈妈的态度就会改变，认为妈妈在说谎。故事中香香的妈妈实现了自己的诺言，无疑香香是个幸福的孩子。在我们的生活中，有很多妈妈顺口给孩子许诺，事实上并不实现自己的诺言。这样的妈妈应该明白，孩子是一朵最灿烂的花，但花不可能在谎言中绽放，作为妈妈要以身作则，不要骗孩子，说到就要做到，这样才能给孩子树立好的榜样。

此外，妈妈在向孩子许诺之前一定要三思，不能言而无信，答应孩子的事情就一定要做到。如果兑现不了，应及时给孩子解释，向孩子道歉，并作自我批评，让孩子从内心理解和原谅妈妈。否则，久而久之，孩子会对妈妈产生不信任感，并认为说了话可以不算数，慢慢地他们也会学着这样做。

尊重孩子想法的妈妈

娇娇上五年级了，她从一年级开始就养成了写日记的好习惯。一天，她正在房间里写日记，听到有人敲门，便问：“谁呀？”

“是妈妈，我可以进来吗？”

“请进！”娇娇一边答应，一边把日记本合起来。

妈妈端着一杯牛奶进来，看到她把日记本合起来，就笑着问道：“又在写日记啊？”。

“是的，不过，妈妈可不能偷看哦！”娇娇顽皮地“警告”妈妈。

“好，妈妈不看。其实妈妈小时候也和你一样，写日记的时候总怕别人看到，不仅如此，妈妈还要拿个小锁把日记本锁住，生怕别人偷看。”妈妈一边抚摸着娇娇的头一边说。

“那有人偷看过你的日记吗？”娇娇好奇地问妈妈。

“没有，别人看我日记上有锁，就知道我是不希望别人看到，所以也就不看了。现在想想那时候也挺有意思的，一把小锁，仿佛锁住了自己很多的快乐和忧愁。”妈妈笑着对娇娇说。

“妈妈，我的日记里也有很多有趣的事情呢！”娇娇自豪地对妈妈说。

“我知道，不过妈妈非常希望能分享你的乐趣和烦恼，但是妈妈也会尊重你的意愿，不会偷看你的日记的！”妈妈真诚地说。

“既然妈妈这么说，我倒愿意和你一起分享我的日记了。”娇娇快乐地说道。

娇娇有写日记的习惯，这是一件非常好的事情。孩子也有她自己的小秘密，在孩子没有同意让妈妈分享的时候，作为妈妈最好还是尊重孩子的想法。娇娇的妈妈非常想知道自己孩子的内心世界；想知道孩子到底在为什么而高兴，为什么而苦恼。所以，最后，妈妈还是获得了娇娇的信任，和娇娇一起享受起了她日记里的乐趣。其实，生活中父母们会经常遇到孩子写隐秘日记，这时候，有些父母就会觉得孩子是在做“坏”事，于是在没有得到孩子允许的时候破坏了孩子的“梦”。作为父母，这样做等于剥夺了孩子的隐私权，另外，当一个人在另一个人面前完全变成一个透明的人时，可想而知那是一种尴尬，也是一种无趣。当孩子的隐私权被父母无辜地侵犯时，他们会觉得父母不尊重自己，这种恶性循环长期游荡在孩子脑海里，就会形成一种排斥，对孩子的成长是不利的。在这种情况下，父母只有获得孩子的信任，尊重孩子的个人意愿，才能走进孩子的世界，成为孩子的朋友，和他们一起体味成长的喜怒哀乐。

言言今年十岁，别看她年纪不大，可是邻居们人见人夸的“小大人”。因为她懂事爱帮助人，说话办事就像个大人似的，所以人们就给了她这个可爱的头衔，不过，这个头衔的主要功劳还要归于言言的妈妈。

言言妈妈是一位医务工作人员，在多年的工作中，磨炼了她的耐心。这种耐心在她教育孩子的过程中也得到了充分的运用。从言言上幼儿园开始，妈妈就把言言当作家庭成员中享有平等权利的一员。如果家庭有什么事情，妈妈也会让言言参与进来，大家一起商量，最后得出结论。也正是这样的锻炼，使得言言从小就对自己的事情有着独特的见解，有些事情，大人还没有理出头绪的时候，言言的小脑袋就已经想出对策。这不仅锻炼了言言的主见性，同时也给了言言一种真正家庭成员的感觉，让她从小觉得自己不是妈妈怀抱中的小鸟，而是和爸爸妈妈在一起的整体。值得一提的是，每当家里开家庭会议的时候，妈妈总会说一句："孩子，我们尊重你的意愿。"也正是这一句话让言言觉得她不是父母翅膀下的小鸟，而是一只可以独立觅食的雄鹰，她要学会料理自己的一切事物，更要有选择性地接受父母的意见和建议。

想必像言言这样的孩子，走上社会以后也不会吃太多的亏。"可怜天下父母心"，每一位父母都希望自己的孩子将来有出息，能够在这个竞争激烈的社会中获得一席生存之地。所以，当孩子来到这个社会上以后，父母们就迫不及待地教导孩子按照自己的意愿去完成各种事情，生怕孩子的未来没有光彩。其实，父母这么做，只会让孩子越来越依赖父母，结果只会事与愿违。很多事实都证明，父母多听听孩子的意见，尊重他们的意愿，对于强化他们的主见性有着非常重要的作用。

父母没有权力借父母之名剥夺孩子的发言权，更没有权力不尊重孩子的意愿而强制他们按照自己的意愿去生活。

坦诚的妈妈

下午，婷婷去宁宁家玩。回家后，妈妈让婷婷整理自己的小屋子。婷婷上床铺床单的时候，突然从包包里掉出了一个小芭比娃娃。妈妈记得，宁宁来家里玩时拿过这个娃娃，上周末婷婷突然要妈妈给她买芭比娃娃，妈妈没有同意。就在妈妈想这件事情的时候，婷婷赶快把娃娃放进了床边的抽屉里。妈妈见婷婷的脸红了，便说这个娃娃好漂亮嘛，给妈妈看看。婷婷不很情愿地打开抽屉拿给了妈妈。

“这是哪里来的啊？”妈妈问。婷婷吞吞吐吐地说：“这是我考试第一，老师奖励给我的奖品。”“可是，你不是说老师奖给你了一盒彩笔吗？”妈妈很耐心地问，婷婷不耐烦地答道：“老师改变主意了呗！”于是，妈妈说：“哦，记住，别人的东西再好也不能拿，如果要玩一定要经过别人的同意才行。你想，你心爱的玩具被别人拿走了，你会很伤心，对吧。”婷婷低着头不说话。“你们刚学习了列宁诚实的故事。孩子，诚实就是一个人生存的资本。不诚实的孩子会失去朋友，失去爸爸妈妈的爱，那样他就会很孤单，生活也不快乐。”妈妈语重心长地说完，就装作什么事情也没有发生一样走出了房间。不一会儿，婷婷走出来说：“妈妈，这个娃娃是我拿宁宁的，她不知道，我现在就去还给她。”

孩子对没见过的东西，尤其是对新鲜玩具，很容易产生兴趣，并想占有它，这是正常的。婷婷妈妈的做法不仅仅保护了孩子的自尊心，又教育了孩子。

因为孩子年龄小，妈妈必须把道理具体化、形象化、趣味化，这样孩子才能接受。因此，妈妈可利用讲故事把做诚实人的道理寓于故事之中，使孩子明白什么是诚实，什么是虚假和欺骗，应该怎样做，不该怎样做。同时还可以制订一些规则并严格要求，如：不是自己的东西不能带回家；没有得到别人的同意不可随便拿别人的东西；借了人家的东西要及时归还；有了错要勇于承认；答应别人的请求就一定要想方设法去做好。

妈妈除了经常给孩子讲一些“做人要诚实”的道理外，还要给孩子创造一个宽松、愉快、民主、和谐的家庭氛围，只有家庭成员相互保持诚实真挚的态度，使孩子感到家长的爱护和关心，他才能够信赖家长，有了过失才敢于承认。当然，妈妈不要忘记满足孩子合理的要求和愿望，如适时地给孩子添置玩具、图书及彩笔等。让孩子意识到自己需要的东西，只要是合理的，又是家庭力所能及的，就可以得到满足。这样可避免孩子因需要不能满足，而把别人的东西随便拿回来，又不告诉家长和朋友的情况。

妈妈让小磊去小区的超市买一瓶酱油，小磊爽快地答应了。因为没有零钱，妈妈给了小磊十元钱。小磊买回来酱油交给妈妈的时候，对妈妈说：“对不起，我在回来的路上，把剩余的钱丢了。”妈妈看见小磊的脸红红的，吞吞吐吐的样子，就没有再说什么，只是让他去写作业。晚上，妈妈借口给小磊整理文具，看见小磊文具盒底层有一卷零钱，用超市的小票包着。妈妈当时依然没有说什么。睡觉前，妈妈给小磊讲了狼来了的故事，小磊问妈妈：“为什么狼真的来了的时候，村子里的人不救山上的男孩呢?”“因为他前两次说谎了，村子里的人不相信他了，以为这一次他还在撒谎啊！”小磊沉默不语。妈妈接着说：“孩子，你要记住，说谎的人永远不会得到他人的信任。”第二天早上，小磊吃完早餐，早早地上学去了，妈妈看见茶几上放着小磊买酱油剩下的零钱，旁边的一张纸上写着：“妈妈，我错了，我记住了，说谎的人不会得到他人的信任，我以后再也不会说谎了。”

说谎，是一种不诚实的行为。孩子说谎，家长们既讨厌，又常常束手无策。而小磊的妈妈用“狼来了”的传统故事，教育引导他做一个诚实的孩子，小磊也及时改正了错误。

家长发现孩子说谎后，最重要的是要教育孩子，帮助他认识说谎的危害性。家长应告诉孩子，说谎得到的只是自欺欺人的短暂快乐，而失去的却是父母、老师、同学的信任。在孩子承认说谎不对，表示今后会改正后，家长应当表示高兴，深信他会改正，成为一个受大家欢迎的诚实的人。这样，孩子会受到鼓舞，彻底改掉说谎的毛病，逐步养成诚实的好习惯。

此外，纠正孩子说谎的坏习惯，关键是培养孩子诚实待人、老实处事的好品德。待人诚实，才能博得他人的信任。家庭教育的一项重要任务就是教孩子学会做人，而学做人，首先就要从培养孩子诚实开始。

懂礼仪、讲礼仪的妈妈

涵涵刚上幼儿园，但是，妈妈发现涵涵有一个很不好的习惯，家里一来客人她就害怕，有时连看都不敢看一眼。每次妈妈指着客人让涵涵叫“叔叔、阿姨”时，涵涵就会表现出很羞涩的样子，妈妈说几遍她都不肯开口叫人，就因为这件事情，涵涵常常被妈妈批评。

后来，家里再来客人时，涵涵就低着头不说话，有时只要一见到陌生人，她就会躲到妈妈身后，或是干脆跑回屋里做自己的事情。这样没过多久，涵涵就养成了只要家里来了陌生人，她就躲在自己的屋里或是只顾玩自己的，很少与人打招呼的习惯。

最后，涵涵的妈妈想了一个办法，让涵涵和大人一起招呼客人。刚开始，说什么涵涵都不肯露面。妈妈采用了各种方法引诱，“又是答应买东西”“又是言语上的激励”，最后，好不容易才让涵涵从屋里走出来，张口说话。就这样，在妈妈不断的引导下，涵涵终于改掉了不爱打招呼的坏习惯。

从那以后，涵涵变得特别喜欢和妈妈一起招呼客人，听了客人们赞扬“小涵涵，真乖！真懂礼貌”后，涵涵的脸上露出了幸福的笑容。这样一来，只要家里有客人来，涵涵总是第一个跑去开门，然后热情地问好。妈妈看在眼里，喜在心上。同时妈妈也知道了，如果让孩子去做一些事情，就得陪伴孩子一起做。

小孩子对于一些陌生的人总会产生一种恐惧感，但是只要妈妈加以正确的引导和鼓励，相信会使孩子变得更懂礼仪的。当然，还要注意的是，有时候父母越是迫切地要求孩子去做事情，越不会收获预期的效果。相反，还会引起孩子的抵触情绪。孩子最喜欢模仿妈妈去做事情，这时妈妈可以自己给孩子做示范，让孩子学着模仿，慢慢地孩子的好习惯就会养成了。

下午放学，雯雯和小朋友们分手后，走进小区碰巧遇上了帮妈妈去买菜的姐姐，姐姐两手拎的满满的都是雯雯爱吃的蔬菜和水果。“姐姐，你怎么买这么多啊？来，我帮你拎！”急忙跑上前来的雯雯边说话边伸手从姐姐手里接塑料袋。“周末了，妈说，给你这只馋猫做好吃的呗，你拎这个就行了，走吧，马上就到家了。”看到妹妹满脸堆满了笑容，姐姐分给雯雯一个装青菜的小袋子。走到楼下的时候，因为拎的东西太多，姐姐不得不停下来歇一会，跟着停下来的雯雯说：“姐，我想要妈给我买个 MP3，明天去买。”姐姐问道：“你要它干吗?”“听歌啊，我们同学都有。”雯雯撅嘴对着姐姐说。“不可能，对学习又没什么帮助，妈妈肯定不会给你买……”姐姐的话还没有说完，“猪脑子!”雯雯狠狠地嘟囔一句，扔下手里的蔬菜口袋，转身进了屋里。雯雯说的三个脏字正好被屋里准备做饭的妈妈听见了。

过了一会儿后，在雯雯房间里，有笑有唱的母女俩愉快地聊着天，妈妈看时机成熟就对雯雯说：“雯雯，说脏话是可耻的行为。你不明白吗？说脏话会伤害他人，何况是你应该尊重的姐姐。”雯雯伸出舌头扮个哭相，妈妈严肃地说道：“其实想要 MP3 也不是不可能，但是，这要看你以后各方面的表现喽!”

吃晚饭的时候，雯雯向姐姐道了歉，并保证以后不说脏话了。晚饭后，雯雯还主动帮妈妈洗碗，帮奶奶倒了洗脚水。

想要 MP3 的愿望得不到满足，雯雯心里不高兴，于是尽自己最大的能力来发泄心中的不满。其实对雯雯来说，可能她根本不明白“猪脑子”这个词确切的意思。只是偶尔听到了这个词，对词意有一点儿感觉，生气时随口说出来的。而雯雯妈妈的处理方法显然是明智的。

听到孩子说脏话，妈妈都会生气，但千万不要让情绪失控，冷静应对才是最为重要的处理原则。只要能耐心向孩子说明，他就会信服你。用适当的说法和孩子一起思索，运用解释与说明，为孩子传达正面与负面的不同社会价值，是个好的方法。在讨论过程中，尽量让孩子理解，这些粗俗不雅的语言为何不被大家接受，它们传达着什么样侮辱的意味，也要让孩子体会听者接收到这样的信息时是如何的感受。

孩子说脏话的动机，不论是因为好玩、习惯，还是为了表达不好的情绪，妈妈都应悉心引导孩子，教孩子换个说法试试看。彼此定下规则，随时提醒孩子，告诉他能克制自己，不说不好听的话，言语应该有理又合宜，这样才是好孩子。

正视孩子的错误，有爱心的好妈妈

星期天，晨晨和妈妈一起去姥姥家玩。他们带了很多食品，打算到姥姥家做一顿好吃的。当他们走到一个路口的时候，忽然刮过一阵大风，这时晨晨看到妈妈拿着那么多东西行走有些吃力，于是就说："妈妈，我帮你拿包吧！"妈妈看了他一眼，就把包给了他。可是晨晨不小心把包一下子摔在马路上，里面装的是妈妈的笔记本电脑，他心想：这下完了，妈妈肯定会骂他一顿的。可是出乎他意料的是，妈妈并没有骂他，只是说："没事，你把包捡起来，站到路边，这里危险。"晨晨赶紧捡起包站到路边，等妈妈把东西送过马路，又走回来，拉着他一起过了马路。

路上，晨晨小声地对妈妈说："妈妈，我不是故意的，你不会怪我吧？"

"傻孩子，妈妈怎么会怪你呢？妈妈高兴还来不及呢！这正好说明了你是一个有爱心的孩子，妈妈为你骄傲啊！"妈妈抚摸着晨晨的头说道。

"可是你的电脑会不会摔坏啊。"晨晨还是很后悔。

"没关系，里面有防震层保护着呢！我们每个人做事都有不小心的时候，妈妈也犯过这种错误，不过晨晨以后就特别注意了，相信你也会吸取教训的！"妈妈说道。

"嗯，我以后会小心的。"晨晨说。

每个孩子都免不了会犯这样那样的错误，而孩子正是在不断犯错误、纠正错误的过程中成长起来的。所以说，重要的问题不在于孩子是否犯错误，而在于父母采取何种态度让孩子认识并纠正错误。善于在孩子的错误中发现优点，用赏识的态度去教育孩子纠正错误，比严肃的批评和打骂更有作用。

有些妈妈在发生类似于上述的事情时，可能会责怪孩子一番，例如“你没有那个能力，就不要乱帮忙”“你越帮越忙”，等等。现实生活中，妈妈如果这样说了，就不利于孩子爱心的培养。因为，孩子的初衷是好的，他是看着妈妈太累，想为妈妈分担一些，对于中途出现的特殊情况纯属意料之外的事情。

因此，当孩子犯了错误，作为妈妈要调查清楚事情的起因、经过，发现孩子在错误中显露出来的优点。你可以说：“虽然你做错了，但是你的爱心可嘉。只要你以后在帮助别人时谨慎一点就可以了。”

生活中，妈妈的一举一动都对孩子有着重要的影响。因此，妈妈要以身作则、审视自己，才能教育好孩子。

小朝的妈妈，每天都要在小朝睡前给他讲一个小故事。这样，小朝就养成了每天睡前都要听妈妈讲一个故事才能安然入睡的习惯。

每次上床前，小朝都要缠着妈妈给自己讲故事，但妈妈并不是立刻就满足小朝，总是说妈妈还有重要的事情没有办完，你再等一下好吧。小朝有些疑惑，妈妈每天所谓的重要事情到底是什么呢？于是，他就尾随妈妈观察。他先是看见妈妈去厨房里拿了一个盆子倒满了水；接着，见妈妈把水端出了厨房，小朝在后面不声不响地跟着妈妈，眼见妈妈来到了行动不便的奶奶房间。小朝在想：“妈妈这是要干什么呢？”随后，便听妈妈说：“妈，起来，我给你洗洗脚吧，洗了再睡舒服一点。”

小朝若有所思地待了一会，就回去了。

当妈妈给奶奶洗完脚回到小朝的房间时，发现小朝并没有在床上等着听故事，正在妈妈疑惑的时候，突然听到后面一声清脆的声音：

"妈妈，洗洗脚吧！"

妈妈扭过头，只见小朝吃力地端着一盆水摇摇摆摆地进来了，妈妈的眼睛湿润了，露出了欣慰的笑容……

孩子的成长是一个社会化的过程，也就是说最终是要能很好地适应社会。在这一过程中，心理上的被认同感、行为模仿显得更为明显。

孩子的眼睛就像是照相机，每天都会拍下父母的形象。文中小朝妈妈给奶奶洗脚的这一行为，给孩子树立了榜样，"老吾老以及人之老，幼吾幼以及人之幼"，孩子受到妈妈的影响后，就会知道如何孝敬长辈、照顾别人了。

当然了，这个"照相机"并不单纯地照一些好的行为，同样也会真实地记录下父母的坏的行为。所以，妈妈们应经常拿出孩子们用心灵"拍摄"的"照片"看一看，也许你的照片并不是每一张都那么的"光辉"，挑出自己不满意的及时地做一下调整吧！

第三章

和老师一样，妈妈也需要随时进修

不唠叨是妈妈首先需要学习的

刚刚很爱学习，成绩也不错，可最近爱看动画片，学习成绩就慢慢下降了。每天放学一回家，他就迫不及待地放下书包打开电视机，津津有味地看起来。

妈妈过来了，看见刚刚正在看电视，脸色就变了，非常气愤地说："回来就知道看电视，还不抓紧时间去把作业完成!"刚刚扫了妈妈一眼说："看完了这集马上就写，也就十分钟吧。""十分钟，这可是你说的啊，过了十分钟后，我看你再不写怎么交代!"妈妈说。

还没有过一分钟，妈妈就又忍不住了："整天就看动画片，就这点出息了!"刚刚没有理会妈妈的话，只是在那尽兴地看着。"你还没看够，现在不写，又要写到晚上十一二点，没写完又该困了，我看你今天能不能写完！早上起不来可不行，迟到了老师饶不了你!"刚刚还在继续看电视，听着妈妈的话有点不耐烦了。

刚刚听见妈妈还在客厅里抱怨："人家孩子都是一回家就写作业，你倒好，打开电视就看，作业写到深夜，写不完了就胡乱应付，这样成绩能好就怪了，看着人家孩子一直考第一，自己也一点不觉得丢脸，我都跟你丢不起这脸!"刚刚越来越烦了，想想也是，成绩越来越差，作业越来越难做，真泄气！妈妈在旁边唠叨，动画片也看不好，作业也做不踏实，心里特别不舒服，那天刚刚的作业还是没有写完。当然，妈妈的唠叨也没有收到成效。

有些妈妈非常爱唠叨，一件事情往往唠叨得孩子的耳朵听出茧来。比如：每天早晨，当孩子还在睡梦中的时候，就被妈妈的唠叨声吵醒了：“懒虫快起床，上学快迟到了！”等孩子迷迷糊糊地起来以后，妈妈的唠叨声又响起来了：“快去洗脸刷牙！”吃早餐的时候，妈妈又开始唠叨说：“快点吃，再不快点就来不及了。”吃好早饭准备去上学了，妈妈又不厌其烦地说：“上课要认真听讲，积极发言，下课了要多和同学们来往，出去呼吸一下新鲜空气……”当孩子不耐烦地冲出门时，耳边又想起了妈妈的声音：“不要跑，过马路要小心……”从早说到晚，让人难以承受。结果使孩子生厌，反而起不到教育的作用。

7岁的小女孩菲菲，是一个非常聪明伶俐的孩子。一天，菲菲正准备下去找小朋友玩，妈妈急忙走上前去说道：“菲菲，你下去的时候顺便看看咱们家信箱，有东西就拿上来。”

“好的。”菲菲很爽快地答应了。

十分钟之后，菲菲上来了。

妈妈问道，“菲菲你看了吗？”

菲菲看了看妈妈：“看什么呀？”

“信箱你看了吗？里面有没有东西。”妈妈生气地说，“看看你，天天脑袋里装的是什么，这点儿事都办不成！”

之后，就听见妈妈的一番唠叨……

心理学告诉我们，唠叨，是一种重复刺激。有时妈妈总是爱唠叨孩子，一句话要重复多遍，时间久了，就会发生类似于故事中的菲菲的情况。妈妈的唠叨，使孩子习惯于一件事情要反复听好几遍才能弄清。所以，有时候孩子在听妈妈说话的时候，他总是会自然地想：“何必那么注意，反正妈妈还会再说一遍的。”

妈妈“爱唠叨”的动机是可以理解的。但随着孩子的长大，可供妈妈担心的事情实在是太多，每时每刻都在提心吊胆，“常常说教”成了必然的事情，可是，“唠叨”却往往没有起到该起的作用，时间久了，唠叨只能让孩子变得越来越懒惰，耳朵也越来越麻木。

因此，妈妈们何不停止对孩子无谓的“唠叨”，对孩子进行正确的指导呢?

首先，应学会尊重孩子。当孩子怠惰、不专心读书，且说教无效时，不妨停止语言的劝诫，改为用行动施以适当的惩罚，让他反省自己的过失，看到孩子有悔意就不要再过多地加以指责。有过亲身教训后，孩子会改进的。

其次，对孩子的毛病、缺点，找适当的时机，认真而亲切地指出哪些地方做得不合适，应当怎样做才好。俗话说“金无足赤，人无完人”，当然也没有十全十美的孩子。孩子常是大人教育的“反光镜”。在家庭中，孩子犯了错误，常不知错在哪里，妈妈应明确指出孩子的错误之处，不要把以往所有的错误都加以“数教”，着重眼前的错误就行了。

最后，将自己说同一句话的次数慢慢地减少、减少再减少，明确地告诉孩子“我说过的话决不再说第二遍”。当孩子意识到如果不注意听就真的会错过时，他自然就会竖起耳朵注意听了。

妈妈要懂得克制自己的脾气

坤坤的脚扭伤了，在家养伤，一直没能上学。坤坤的妈妈是一名教师，具有相当不错的教育经验，所以在坤坤受伤的这段时间里，妈妈就担当起了坤坤的专职老师。妈妈这个老师非常的负责，每天晚上从学校里回来后，就会抓紧时间为坤坤补课。到了星期天，上午教新课，下午背课文、写作业。没有别人干扰，坤坤在学习上也比较认真。

可是，在家待久了，毕竟妈妈就是自己的老师，小孩子难免会心存侥幸，有时不听妈妈的话、偷懒这是常事。坤坤有个粗心的毛病，经常犯些低级错误。为这坤坤没少挨妈妈的批评。一天，坤坤语文写错了一个拼音，数学减法算成加法了。为此，妈妈又批评了坤坤。没想到这一次，坤坤发脾气了，不但扔了书本，还不吃饭，看到这里妈妈更是恼火了，心想：你犯了错误别人还不能说了！妈妈一气之下给了坤坤一个耳光。

“望子成龙”是很多妈妈的心愿。很多妈妈在指导孩子的时候，都会遇到无论自己怎么讲解孩子都不明白的问题，也许孩子不明白的问题是一个特别简单的小问题，这时妈妈就会很生气，轻则训斥孩子，重则打孩子。然而，生气不是解决问题的方法，打孩子更不是一个母亲理智的做法。

孩子虽然幼小，但随着年龄的增长，一个重要的心理特征是自尊心越来越强，打孩子是对其自尊心的严重损伤。有的孩子越打越

“皮”，从逆反、对抗发展到破罐破摔、自暴自弃。

所以，妈妈最好还是控制自己的情绪。遇到类似情况，妈妈一定要听听孩子的想法，多从孩子的思维角度出发，了解孩子不理解的原因，并耐心地帮助孩子逐一解开疑难问题，让孩子掌握每一个自认为深奥的问题。这样不仅有助于孩子能力的提高，还会促进母子之间的感情。

楠楠四年级了，被社会上的不良青年引诱，为了讲兄弟义气，在暑假期间和同学偷过商店的东西。妈妈得知后，十分生气，但她并没有冲动地去打骂楠楠，而是想了一个怎样能够让楠楠认识到自己的错误并彻底改正的方法。

三天后一个中午，妈妈提前下班，楠楠也放学回家了。妈妈把刚收到的一份《法制报》递给了他，上面登着一段关于少年犯的文章。等他看罢，妈妈趁热打铁，从一条小虫毁大船谈起，谈到盗窃者的心理，今天偷 1 元，明天想偷 10 元，日后就会犯更大的错误……

楠楠体会到妈妈的苦心，把偷的东西交还给派出所，并从此认真学习，到了期末还拿回家一张奖状。

孩子有过错，理应批评，但其人格应当受到尊重。妈妈们应该收起那套中国传统家教“棍棒底下出孝子”“不打不成器”的旧观念。妈妈对孩子的打骂会损害到孩子的自尊心。有的父母还误认为当着他人的面数落孩子，会增强激发效果，殊不知这样做不仅不利于孩子改正错误，同时最大的弊病就是伤害了孩子的自尊心。还有的父母在孩子犯了错后，就加以挖苦讽刺甚至斥骂“你真没出息”“你真不要脸”，等等，如此责骂，真不知究竟是要把孩子往正道上引，还是往邪路上推。

一味地责骂，只能伤害孩子。家长不要忘记，孩子也有他自己的情感和人格。批评并非是横眉立目、训斥、挖苦，它是以理服人，而不是以威压人。

对于犯了错误的孩子，家长在克制自己粗暴脾气的前提下，正确的方法应该是：一定要认真分析原因，而后进行细致的说服教育，既要保护孩子的自尊心和积极性，又要让孩子改掉不良习惯。对于受了哥们义气的影响而做错了事的孩子，家长要帮助孩子提高认识分清友谊与义气的界线，分清是好是坏的标准，要及时承认错误，向被害的同学赔礼道歉，赔偿损失，及时改正错误，并给孩子指出今后的努力方向。

孩子问你时，你哑口无言了怎么办?

康康今年两岁半，还没上幼儿园。昨晚，妈妈在给他洗澡时，他突然问妈妈："妈妈，你说老虎会上树吗?"妈妈很是纳闷，心想：这孩子怎么突然问这问题，按常理老虎是不会上树的，但是记得有一次看电视新闻，报道说有只老虎还真的上树了。正在妈妈想着怎么回答孩子的问题时，康康又问起妈妈："鱼会睡觉吗?"这一问，妈妈愣住了！天呀！这哪是不到三岁孩子问的问题呀！况且，第二个问题妈妈根本就回答不上来，可是，妈妈又不能误导她，只好告诉康康："宝贝呀，你太聪明了！但是有的问题妈妈也不知道答案，不过，我会尽快帮你找到答案的，好吗?"宝宝点了点头说："好!"

孩子天真无邪的问题，的确让人觉得好笑。如"天空为什么是蓝色的""小鸟为什么会飞呢"……仔细想想，要回答这些问题还真是不容易。有的妈妈在面对孩子提出的问题时，常会这样回答："小笨蛋，天空本来就是蓝色的。"不过，妈妈用这种轻蔑态度来回答孩子的问题，会使孩子丧失发问的意愿。因此，妈妈如果无法让孩子得到满意的答案，就可以非常认真地告诉孩子："我去查一查。"这么一来，孩子会因此而受到激励，会想再发问。

伟大的发明家爱迪生在进入小学以后，经常对平常事情提出怀疑的问题。

有一天，老师在黑板上写：2 + 2 = 4。这时候，爱迪生问道：

"老师，为什么结果会是4呢?"

老师说：

“2 再加 2，应该就是 4 呀！”

但是，爱迪生还是无法接受。老师却认为爱迪生的头脑有问题。因为班上有了爱迪生这样的学生，课程总是无法继续下去。于是，老师把爱迪生的母亲请到学校来，对她说：“你的孩子智商太低，无法继续读书。”

不过，母亲认为爱迪生是个独特而优秀的孩子。自从爱迪生从小学退学之后，母亲就亲自对他进行教育。爱迪生有很多项发明，这是众所周知的。不可否认，这与他的母亲在其发问期很好地培育了他有着很大的关系。

孩子那些看似幼稚、好笑的问题却恰恰是他们认识这个世界、表达自己情感的开始，也是他们与父母沟通的重要桥梁。对此，妈妈必须给予足够的重视。妈妈把握得当，就会使孩子们谈话兴趣高昂，并始终保持着强烈的好奇心。这样，在孩子的视野中会层出不穷地出现一些新问题、新思想，使他们的思维变得越来越活跃，知识面得到不断的拓宽。爱迪生在这方面就是一个很好的例子。

四岁的园园看了《人猿泰山》的电影，就问妈妈：

“第一个人是出生在很早以前吗？”

妈妈说：“是吧？是在很早以前。”

园园又问：“那个人是从他自己的肚子里生出来的吗？”

这时，妈妈并没有回答，却笑了起来。

母亲的笑，让孩子明白人是从肚子里生出来的。第一个人类没有母亲，所以，孩子认为泰山是从他自己的肚子里生出来的。在孩子小的时候，经常会问一些奇怪的问题，这时，妈妈所给的答案不同，孩子的思维方式也会产生巨大的差异。如果孩子在询问中接收到了冷漠、嘲笑和呵斥，或者是漫不经心的伪答案，那么，孩子就会越来越漠视眼睛里所看到的新鲜事物。同样，他们的思维里所固有的活跃性的细胞就会懒惰、蜕变。最后，孩子的心灵里没有了疑问，脑海里死一般寂静，对周围世界的感知能力则越来越差。

因此，对于孩子所问的问题，妈妈决不能一笑置之。要有赞许孩子想法的态度。父母的这种态度能够提高孩子的好奇心。针对文中园园对妈妈所提出的问题，妈妈可以这样告诉他："你真了不起，能注意到这一点。"如果妈妈也不知道问题的答案，可以与孩子一起发问："嗯，到底是怎样来的呢？"妈妈这样做会让孩子充满了创造性和好奇心，能够注意到大家所没有注意到的问题。

和孩子一起动手的快乐

一直在南方长大的小茜，第一次和爸爸妈妈到北京的爷爷家过春节。一天早晨，小茜起床就到院子里玩，正在玩着，突然发出一声惊呼：“妈妈快来看呀，满地都是盐！”大家一阵大笑，笑过之后告诉她，这是雪。小茜站在门里，好奇地看着大自然的魔法。随后她指指大雪纷飞的院子，向爷爷提出，想到里面去走走，但被拒绝了，爷爷说：“外面很冷，小茜出去会被冻坏的。”

小茜有点失望，转而向妈妈投来求助的目光。“好吧，我们一起来做游戏吧！”妈妈说。妈妈说服了爷爷，让女儿戴好帽子、围巾、手套，招呼道：“快来！”小茜咯咯地笑着，像小鸟一样飞进雪中。雪地里，妈妈先抓把雪让小茜尝尝，知道雪与盐的区别。然后搓雪球，打雪仗……没有寒冷，只有欢乐。碰巧，寒假作业上有一篇作文，要求写寒假最有意义的一件事。第二天，小茜毫不犹豫地写下了：“我和妈妈打雪仗！”

游戏是孩子最好的伙伴之一，它能使孩子健康地成长，给孩子一个快乐的童年。游戏有不同的类型，妈妈参与到孩子的游戏当中，和孩子一起做游戏，则更能引发孩子的快乐。

家长和孩子一起做游戏，可以培养孩子的观察力，让孩子学着认识社会、了解人的社会角色；在游戏中，家长可以向孩子传授生活经验，开发孩子的想象力，教给孩子许多知识，训练孩子的语言及运动能力。还可以培养孩子的爱心，让他学会分辨善恶。

家长从孩子的眼中看世界，对妈妈也是一件新奇可乐的事情，有时甚至可以是妈妈重新认识生活、重新学习的机会。所以，游戏对孩子对妈妈，都是一件有趣而有益的事。

风和日丽的一天早上，爱因斯坦的妈妈玻琳对小爱因斯坦说："我最近收集了一些回收物品，我想我们是不是可以一起做个小玩具?"

"我们?"小爱因斯坦诧异地说，"你也要做玩具?"

"对，可以允许我参加吗？我们一起来做。"玻琳很有兴趣的样子。

"好的。"小爱因斯坦高兴地答应了。

玻琳把收集来的东西拿出来，有废纸盒、糖纸、瓶盖、木头板、毛线等。

"哇，东西可真多。"小爱因斯坦兴高采烈地说。

玻琳却显得有些发愁："东西确实很多，不过我一直想不出可以做个什么玩具。你想个点子吧!"

小爱因斯坦把桌子上的杂物看了几遍对妈妈说："我们来做一辆汽车吧！你看，瓶盖可以做轮子，纸盒可能做车厢，毛线可以固定。"

"哈，你想得真是太周到了，我们就做汽车吧。"玻琳高兴地亲了小爱因斯坦一下，"不过，虽然是合作，但我们还得做一下分工，这样不会太乱，你说呢?"

小爱因斯坦点点头："好的。"

两人商量了一下，开始分配工作，小爱因斯坦负责把纸盒变成车厢，妈妈负责用毛线把瓶盖固定在车厢上。分配完毕，母子俩开心地制作起玩具来，其乐融融。

"妈妈，快帮我看看，纸盒的这一侧坏了，看上去太难看了，怎么办?"小爱因斯坦问道。

"噢，我来看看。"玻琳拿起纸盒，想了想，"我认为你可以把那些糖纸糊上去，这样还比较好看。”

“我最讨厌做那个工作，还是你来弄吧。”小爱因斯坦说。

“不，孩子，我可以帮你，但不能全做，因为那是你的工作。”

小爱因斯坦无奈，只好一点点粘起了糖纸。

10 分钟过去了。“妈妈，你看，我没想到我居然弄好了呢。”

“真棒，我就知道你能行。”

中午的时候，母子俩的作品诞生了，那是一辆很可爱的汽车，她们把它放在了客厅里，并起名为“母子车”。

有的妈妈只关心孩子的学习，可是她们不明白孩子的生活本应是丰富多彩的，学习书本知识只是孩子生活的一部分，让孩子动手做事是一个既简便易行，又不能忽略的一个促进孩子发展的环节。孩子在动手做事情的过程中，手的动作是在脑的活动支配下进行的，是孩子的观察、注意等能力的综合运用过程，同时，手的动作又刺激脑的活动支配能力，促进观察、注意等能力的发展，是开发孩子智力的基础。小爱因斯坦妈妈的这种做法，非常值得妈妈们去学习。

勇于向孩子认错

这些天来，妈妈一直都在跟米乐生气。因为米乐晚上贪看电视，早晨叫不醒，吃饭还挑挑拣拣。今天早上，妈妈终于没了耐性，冲过去将米乐狠狠打了一顿，之后，把书包塞在他的怀里，粗暴地将他赶出了家门。

外面一直下着雨，妈妈望见米乐瘦小的身躯，斜挎又大又沉的书包，裹着快要拖地的雨衣，踩着泥水一边哭着一边走出院门。米乐走后，妈妈忽然想起来孩了感冒发烧，还没吃药呢！心头一震，连忙跑出大门，可米乐早已没了踪影。

整个上午，妈妈都心神不定。好不容易盼到了放学的时间，妈妈来到到大门外边，一个小时过去了，米乐的影子还是没有出现。妈妈拨通了班主任的电话询问米乐最近的学习成绩。老师十分高兴地说："米乐的成绩一直都是班上最好的啊！"听了老师的话，妈妈更加惭愧。就在这时，一阵踢踏踢踏的水靴子声由远而近，果然是米乐披着偌大的雨衣走过来，妈妈的泪水一下子涌了上来，将他紧紧搂在怀里，用几乎哽咽的嗓音喊了一声："儿子！对不起。"米乐愣住了，之后突然紧紧地抱住妈妈说："是我惹您生气了，对不起，妈妈。"

米乐的不良习惯引起了妈妈的怒气。因为自己对儿子的粗鲁方式，妈妈又很懊悔，最终妈妈向儿子道歉了。妈妈的行为无疑感动了米乐，同时，米乐也认识到了自己的错误。

天下父母，谁也不敢保证自己对待孩子的态度永远正确，往往是，父母们一觉醒来发现自己错怪了孩子，出于无所谓以及理所当然的心理，父母们往往不肯向孩子认错，一些父母甚至认为，向孩子道歉有失脸面，会损害自己的威严。其实，教育学家和心理学家们认为，父母适时地向孩子道歉有利于改善家庭关系，有利于孩子的健康成长，也有利于提高父母的权威。

一天，小杰的妈妈带着他去隔壁的张阿姨家串门，正巧碰到了来串门的李阿姨。三个妈妈就坐在一起聊家常，三个孩子就在一边玩。可热闹了，孩子们吼啊！跳啊！玩具弄得满地都是。就这样热闹了一个小时，孩子们才依依不舍地散了。小杰这时还正在兴头上，说什么都不肯回去，一再地央求妈妈再玩一会儿。妈妈说：“不早了，明天你们还要上学呢？改天再玩吧。”可是，妈妈怎么讲道理小杰也听不进去，拉他就不走，气得小杰的妈妈当场和他翻了脸，随便抓起样东西就向小杰的屁股上打去。

回到家后，小杰觉得丢脸了，走进房间关上门不理妈妈了。妈妈也不理他，就这样母子俩僵持半天。最后小杰的爸爸回来了，看情况不对，了解了事情的原委后对小杰的妈妈说：“这次错在你，你当着那么多人的面打孩子，让他没有面子，他当然难过了，你还是给孩子去道个歉吧！”

小杰的妈妈最初觉得有些难为情，可后来似乎也想明白了，走进了小杰的房间对小杰说：“小杰，这次是妈妈错了，对不起，请你原谅妈妈。”

小杰“嗯”了一声，母子俩和好了。

当孩子“犯错”以后，一些家长由于一时的感情冲动，往往会对孩子进行不恰当的过重的批评或惩罚。事后，父母又往往会后悔。一些家长“向孩子认错、道歉，会失面子，会失去权威”的担忧是多余的，家长学会向孩子“道歉”，对教育子女无疑是大有裨益的。

孩子会犯错，妈妈也会犯错。如果妈妈们只要求孩子做错时道歉、改正，而自己不会做出自我检讨的事情，那么，孩子即使接受了，心里也会不服。所以爸爸妈妈、老师首先要以身作则，在自己做了错事的情况下，要舍得放下架子，向孩子道歉，给孩子树立正确的是非观。

家长如果从不向孩子承认自己的缺点、过失，孩子就会产生“父母永远正确而实际上老是出错”的观念，久而久之，对父母正确的教诲，也会置之脑后；而如果在家长自己做错事后，家长能郑重地向孩子认错、道歉，孩子就会懂得承认错误并不是一件可耻的事，就会提高分辨是非的能力，学会原谅别人。更何况，诸多成功的家教经验表明，家长的道歉，还能扬起孩子理想的风帆，激励孩子一往无前、创造业绩呢！

第四章

好妈妈要教给孩子的16项必备素质

自己的事情自己做

例 1：公共汽车上，一位妈妈领着六岁的儿子去参加小提琴等级考试。妈妈不厌其烦地叮嘱他："别紧张，像平时练习那样就行了。"快到站了，妈妈给他围上围巾，戴上帽子。"妈妈，鞋带松了。"儿子边说边伸出脚，妈妈弯下腰，为他系好鞋带。车停了，妈妈拎着大包、小包和琴盒，拉着孩子，匆匆地下车而去。

例 2：放学时，幼儿园门前水泄不通，围满了接孩子的家长。孩子们像一群快乐的小鸟一样涌出幼儿园，奔向各自的家长。这时，家长们总会迎上去，心疼地取下孩子肩头的小书包，或者小水瓶，拎在自己手里。孩子们轻松了，而家长则"全副武装"了起来。

做父母的都希望自己的儿女能健康成长，长大以后能够成才。可是，当你"望子成龙"的时候，可曾想到"让孩子做到自己的事情自己做"的重要性。

孩子总是要长大的，他不可能与父母生活一辈子。如果家长总也不撒手、不放心，一切都包办代替，那孩子是永远也长不大的。由于现在的家庭大多是独生子女，许多孩子受到父母的宠爱，过惯了"衣来伸手、饭来张口"的舒适生活，他们不知道父母劳动的艰辛，体会不到独立生活的意义，认为生活的一切都来得那么容易，那么自然。长此以往，就会使孩子滋生贪图安逸、不思进取的思想，这样，显然是不利于孩子今后走向社会的。像文中的小男孩，妈妈又是帮他围围巾，戴帽子，又是系鞋带。妈妈把孩子的一切都包办了，孩子在这样无微不至的关怀下，看似幸福，背后却暗藏隐患。久而久之，孩子就会产生强烈的依赖性。

因此，妈妈们应该好好反省一下了，有些孩子自己完全有能力完成的事情，千万不要剥夺他们自己动手锻炼的机会。例如：孩子上幼儿园时要学会自己刷牙洗脸、吃饭穿衣、系鞋带、收拾玩具等；入学后要学会洗自己的小衣物、收拾书包、整理自己房间等，借此培养孩子的劳动观念，养成热爱劳动的好习惯。

此外，除了孩子自己的事情要自己做，妈妈也可以根据孩子的年龄，教他们干些力所能及的家务活：3～4岁的孩子可以分筷子、端饭、拿小物品；5～6岁的孩子可以叠衣服、取报纸、买小东西；再大些的孩子可以学做简单的饭菜，让孩子学会必要的生活技能，培养自理能力。

一天，小英和同学们去动物园。下午小英回来告诉妈妈："我把奶奶刚送给我的这个新衣服扯坏了，这可怎么办呢?"

正在准备晚饭的妈妈看看很着急的女儿故意说："先放那里吧，等妈妈有时间了，帮你把新衣服缝好，不过今天姥姥要来哦!"

"那姥姥一会儿来了，看见我把衣服已经弄破了会生气的。"小英很着急。

"自己的事情要自己去完成嘛。"听见妈妈的话，小英的脸刷的一下子就红了，于是，小英十分不好意思地对妈妈说："妈妈，我自己来试一试吧。"妈妈听后微笑着点点头。

小英找出了针线和花补丁，决定在那个有洞的地方缝一个采兰花的小兔子，妈妈以前都是那样给自己补衣服的。心里喜滋滋的小英毕竟是第一次用针线，还真不顺手，因为线分了叉，穿针眼用了5分钟才穿好。然后，开始缝，缝着缝着，突然小白兔成红色的了，一阵钻心的痛，针把小英的手都扎出血了。

"呜呜……"小英哭着。妈妈闻声走过来，看见小英把衣服、针和线一起扔在了一个角落里，妈妈心疼地帮小英把受伤的手指包扎好后说："好孩子，你看，手指没事了吧！缝得好漂亮啊，但是还没有完成。"听了妈妈的话，小英心里又惭愧起来。经过努力，小英终于把衣服补好了。双手捧着缝好的衣服，小英仿佛看见变成红色的小兔子，正向自己跑来。小英笑了，妈妈也笑了。

小英虽然被针扎破了手，但是在妈妈的引导下，最终缝补好了衣服。妈妈的耐心指导，使孩子感受到了自己解决问题的快乐。

由此可见，家长应该从生活中的点滴小事来教育孩子自己的事情自己做。这样不仅可以使孩子少给别人添麻烦，还有助于培养孩子生活自理的能力。孩子养成自己的事情自己做的好习惯后，在成长路上一旦遇到事情，就会自己去做。

享受自己解决问题带来的快乐

佳佳上二年级了，可老师留给她的家庭作业除了数学外，她都能很好地完成。这可急坏了佳佳，也急坏了佳佳的妈妈。后来，佳佳妈妈到学校和老师说起这个问题。老师对佳佳妈妈说："对于二年级的学生来讲，学好数学可能会是一项非常艰巨的任务，因为这个年龄段的孩子所有的心思都在玩上，很难让他们安下心来去思考问题。所以数学也就显得难学了。不过，科学研究表明，学好数学是锻炼孩子思维能力的最好方式之一。它可以磨炼孩子的意志，教会孩子如何用自己的逻辑思维去处理生活中的事情，因此，不管作为老师还是家长，我们都要寻找一些孩子们可以接受的方法，让他们把数学学好。"

佳佳妈妈听了老师的一番话，决定和佳佳一起来学习数学。从此，每当佳佳放学回家以后，妈妈总是什么都不让佳佳做，让她专心去思考、去做题。可越是这样，佳佳就越做不出来，她大多数时间都是坐在那里玩耍。妈妈看在眼里，觉得这样下去可能也不会有好的效果，于是又换了一种方式，那就是佳佳每做对一道题，妈妈就会给她买一些她喜欢的东西。可是佳佳新鲜了几天后，又不想做了。

正在妈妈发愁的时候，有一天，佳佳焦急地大声喊了起来："妈妈，快帮我，我实在做不出这道题啊！"

妈妈来到写字台前，对着佳佳说："佳佳，今天妈妈去学校时，你们的数学老师夸你了。"

"是吗？夸我什么呀？"佳佳好奇地问道。

妈妈回答："老师说，你是一个很聪明的孩子，你有自己的思想，老师上次留的数学作业是一道很难的题，全班只有几个同学做出来了，其中包括你。老师还说，不管什么样的题，只要你仔细动脑筋就一定能做出来，而且你做题的思路还比其他同学的思路正确。"

"是吗？妈妈，老师真是那么说的吗？"佳佳说道。

妈妈说道："对呀？妈妈还能骗你？妈妈也相信你呀！"

妈妈看着佳佳的情绪似乎比刚才平静多了，便问道："你叫妈妈，有什么事吗？"

佳佳说道："哦，没，没什么，我在做题，一会儿做完了想让您帮我看一下。"

"啊，那没问题。"妈妈说道。

过了一会儿，佳佳把做完的题拿给妈妈看。

妈妈看后，说道："女儿，你真聪明，妈妈就相信你一定能做出来。你看，做得多好！做得很细心，一点错误也没有。"

听了妈妈的话后，佳佳开心地笑了。笑得比任何一次都开心。因为，她通过自己的努力，终于做对了自己认为很难做的一道题。她感受到了自己解决问题所带来的快乐。

从那以后，佳佳的数学作业再也没有让妈妈操心过。

让孩子通过自己的努力，获得成功的快乐，这样就会调动孩子的积极性。因此，妈妈在孩子遇到困难的时候，不要忙于帮孩子解决问题。要鼓励孩子，让他明白自己解决问题是一件很快乐的事情。有了问题，如果孩子自己不去解决，那么，在下次再遇到类似问题时，她还会有疑问。相反，经过自己用心解决的难题，就会印象深刻，下次一旦再碰上就会很容易了。这样长期下去，孩子就会从自己所解决的问题中获取更大的乐趣，也会坚持下去。

妈妈要想让孩子享受自己解决问题的快乐，就必须先培养孩子自己解决问题的能力。

第一，要教给孩子解决问题的语言

孩子 4 岁以后，可以教他一些经济问题的基础词：是/不是，和/或，有些/全部，之前/之后，现在/以后，同样/不同，等等，这些词会对他大有帮助。比如有位母亲和女儿商量事情，就很巧妙地运用了解决问题的基础语言：

妈妈：你准备吃晚饭之前还是之后弹琴？

女儿：吃晚饭之前。

妈妈：哦，那好。但吃水果，你想选择在吃饭之前还是之后呢？

女儿：当然是吃饭之后了，老师说过最好吃过饭半小时后再吃水果。

这里“之前”“之后”的运用为孩子处理实际问题提供了两种可能，让孩子自己去思考，去选择，去决定。这样的基础词汇运用得多了，就能逐步提高孩子处理问题、解决问题的技能。

第二，训练孩子思考解决问题的方法

有一个妈妈为自己的儿子出了一道题：从三楼扔下一个鸡蛋，怎样做才能让它不破？这道题不是脑筋急转弯，也没有标准答案，妈妈出这道题的目的，就是为了激发孩子去思考问题的方法。这被称作“大脑风暴游戏”，每一个妈妈都可借鉴，经常对孩子提出一些问题，激发孩子思考多种解决问题的方法。如：小继喜欢跳舞，但因为胖，没被选上，他该怎么办？洋洋受大孩子欺负，害怕上幼儿园怎么办？等等。鼓励孩子把他所能想到的主意都讲出来，无论他的想法多么愚蠢、荒诞，都不要取笑他，然后，跟孩子一起讨论这些主意，也可以让孩子跟他的小伙伴一起讨论，选出大家认为最好的主意。这种训练重复多了，孩子面对问题时就能想出尽可能多的解决办法，更灵活、更有创造性地解决问题。

第三，创设情境，锻炼孩子解决问题的能力

提高孩子解决问题的能力，光纸上谈兵不行，重要的是让孩子多些实践和体验。美国心理学家的研究成果表明，孩子是否能成功解决问题，更多地取决于他们的经历而非聪明程度。家长可以有意识地为孩子创设自己解决问题的机会和条件，包括设置困难，让孩子多些锻炼，多些经历。比如让孩子独自到小卖部买东西，看他如何表现；有意晚些到幼儿园接孩子，看他怎么办。有个朋友的做法我觉得很不错，他把家里许多打电话的“业务”都交给5岁多的儿子：给煤气公司打电话，联系换煤气；给快递公司打电话，寄快件；给家政公司打电话，找人清理下水道……别小看打几个电话，孩子能从中得到不少锻炼，并学会了与人沟通，增长了应对生活中复杂情况的能力。

要让孩子仔细用心去对待每一件事

诗博一向做事情三心二意，无论做什么事都不会坚持到底。就拿做作业来说吧！一做起作业来，他就摇头晃脑的，一会儿干点这，一会儿干点那。

一天放学后，刚进家门，诗博就大喊："太渴了，太热了！"随后，妈妈就把冰激凌递给了诗博，并告诉诗博吃完写作业，自己就买菜去了。可妈妈买菜回来，诗博还在搅拌盒子里最后一点点冰激凌。看见妈妈回来了，诗博赶快拿出作业开始写。在写作业的过程中，还没有半小时，他就去了两次厕所，到饮水机旁接了三次水，倒水经过鱼缸的时候还逗留一会儿。妈妈看在眼里，并没有说什么，她知道今天作业不多，所以诗博心不在焉，是故意在拖时间。

不一会儿，诗博又来到厨房，看见妈妈在摘青菜，就说："妈妈，我帮你摘吧。"

"嗯，好啊，来，你摘这些。"妈妈给诗博分了一半。

"啊，妈妈，你看你弄错了，你把烂菜叶放进盆里，把好的青菜扔进垃圾桶了。"诗博很快发现了妈妈的错误，很是沾沾自喜。

"哦，是啊，看妈妈太不专心了，差点浪费了青菜，还会煮烂菜叶给诗博吃了。"妈妈一边从盆里往外捡烂菜叶子，一边又说道："孩子，做任何事情都要专心。妈妈摘菜不专心会造成浪费，还耽误时间，那你做作业不专心，会怎么样呢?"

听了妈妈的话，诗博的脸刷地红了。"妈妈，我知道了，我现在就去写作业。”说完，诗博回到书桌旁，很快就完成了作业。

诗博的妈妈很巧妙地让孩子看到不专心做事情的后果，从而教导诗博懂得专心做事的重要性。所谓专心，就是集中注意力。对于孩子来说，这并不是一件容易做到的事，还需要做妈妈的对他有意识地培养。很多孩子不专心，是因为对活动或学习不感兴趣，经常做到一半就不知怎样进行下去，也不知如何向别人求助，因此产生挫折感而不愿继续做。在生活中，妈妈要善于发现孩子的缺点，并加以指正，这样日积月累，就会帮孩子改正缺点。

小蕊和小萱是非常要好的朋友，两家离得又特别的近。她们两个每天都形影不离。一天，小蕊去小萱家玩，两个人在院子里做游戏。小蕊很有心，记性也特别好，她能认出小萱家里每个人的东西，也很注意小萱妈妈的做事方式和方法，还能看出小萱家中周围环境的变化。但小萱就不同了，她不管到了哪儿，总是表现出一副视而不见的样子。

有一次，小蕊和小萱一起去公园玩。走到湖边，小蕊看见湖里有一群鸭子在游泳，小蕊目不转睛地看着，小萱只是在岸边溜溜达达，无所事事的样子。从公园回到家后，妈妈就问小蕊和小萱在公园里都看到什么了。小蕊惟妙惟肖地模仿小鸭子游泳的动作，还能绘声绘色地描述小鸭子是怎样游泳的；而问起小萱，她只会咯咯地乐，讲的是天上一句，地下一句，谁也听不明白。

“孩子，要学会用你的双眼去感受世界的美好，不能看过什么都不知道啊！要学会主动去观察事物……”小萱的妈妈语重心长地跟孩子讲了起来。妈妈的话让小萱全记在了心上。一天天过去了，一次老师布置的作文是观察砖头，妈妈看见小萱的作文中这样写道：

“一块砖头，长不过一尺，宽不过半尺，厚不过二寸，有棱有角。建筑工人用它建造豪华的酒家，它不会趾高气扬；用它修厕所卫生间，它不嫌臭；把它铺在马路上，让汽车在上面行驶，人们在上面践踏，它从不喊苦叫累……砖头是平凡的，更是伟大的。”

在妈妈的启发下，小萱不仅学会了观察，而且还善于思考，把砖头比喻成了人，以评价一个人的眼光来评价没有生命的砖头，从而悟出了平凡与伟大的道理。

可见，在生活中，父母应该鼓励孩子学习感受，学习主动观察事物，通过不断的观察去寻找答案，并抓住事物的本质；鼓励孩子在观察之后进行整理，把获得的想法做必要的分析和综合，从而得出经验或结论。我们周围的各种事物既有区别，又有联系，引导孩子在对比中观察事物，可以使观察活动更全面、更深入，有利于孩子积极主动地获得知识经验，同时发展思维能力，并激发孩子深入观察的兴趣。

努力过，就不会后悔

小伍一直都很勤奋努力，但成绩总是不太理想。妈妈希望他能考到全班第 5 名，这也是小伍的一个奋斗目标。为了这个目标，他给自己制订了一个学习方案。因为小伍的成绩不是很好，所以他要付出比别人更多的辛苦才能实现自己的目标。于是，小伍每天晚上除了完成老师布置的作业外，还要做 50 道题。这样一种题海战术制订是容易的，不过小伍每天都要在题海里奋战到三更半夜。可学习时间长了，身体自然是会受不了的。这不，小伍最近总是觉得心里发慌，手也抖得厉害，但是他还是坚持下来了。妈妈看在眼里，痛在心上。

考试的日子来到了，小伍满怀信心地走进了考场，想想自己为之付出的努力，坚信自己一定能达到目标。但是，在考最后一科时，考试刚进行一个小时，小伍便心慌得厉害，手心不断地冒汗，几乎握不住手中的笔。但是，小伍并没有放弃，他哆哆嗦嗦地拿着手中的笔答完了试卷。交卷铃声一响，小伍就觉得眼前一片漆黑，他终于坚持不住晕倒了。

经过了一段时间的调理，小伍的身体恢复了健康，但是，当他拿到成绩单时，他伤心地哭了，他没有实现自己的目标，他考了第 10 名。妈妈看见沮丧的儿子，走过来对他说："孩子，你很棒！不要伤心，你已经努力了，就不会后悔！"

如今学生的压力很大，面对着那些考不完的试，面对着那些年级排名，很多孩子都会和小伍一样没日没夜地复习功课，在题海中"奋战”。可是当孩子透支自己的体力去学习时，经常会出现的情况是，不仅没有达到提高学习成绩的目的，反而会影响自己的健康。

作为妈妈不要为孩子没有取得好名次而责怪他。要让孩子知道，目标只起到激励孩子学习的作用，没有取得好成绩并不重要，重要的是只要有进步就可以了。成绩并不能决定一切，只要自己努力就足够了。

奥林匹克数学竞赛成绩公布了，小雪垂头丧气地走回家。妈妈迎着小雪问：“怎么样，成绩出来了吗?”小雪听了，眼泪便流了下来，妈妈明白了，看着大半天呆坐着落泪的小雪。妈妈走到她身边拍了拍肩膀，对她说：“谋事在人，成事在天，只要努力就不会后悔。”小雪泪眼蒙蒙地看着妈妈，考前妈妈是多么希望她能拿到好成绩，自己刚刚还害怕被母亲打一顿，怎么会有这么一百八十度的转变。妈妈用坚定的眼神专注地看着她，点了点头。接着，妈妈给小雪讲，以前有位医生，有一次看到病人的手被机器割断，鲜血直流的时候，非常痛心，便开始思索有没有一种方法，让手重新接起来。他注意到有一种爬行小动物，当它的一只腿被人为折断后，没过几天又能长出新的腿。他坚信一定能从这种小动物中找到那种药物。可是直到他花掉所有的积蓄，甚至变卖唯一值钱的房子的时候，也未能从那种小动物中提取出可以用于人体肌肤骨骼结合的药物。正当他灰心失望的时候，有一次在一家医院与一个医生朋友聊天，正好此时进来一个手指头断了一截的屠夫，那医生朋友邀请他一起看看。当把那屠夫包裹着的布条拆开后，发现那手指断面细胞并没有老化，也就是说没有腐蚀的趋势，可那屠夫手指是昨天断掉的，时间的间隔足以让手指断面的细胞老化。让他高兴的是他从那断指截面看到了那种他想从小动物身上提取的药物。他很兴奋地问病人，在来医院之前是怎么处理的。屠夫告诉他，手指被刀砍断后，从猪屁股里插了一下以便止血，然后再用小布条包扎。后来那医生从猪屁股提取出那种他日思夜想的药物，并让屠夫找回来断掉的那根手指，重新接上，恢复后跟原先的手指一模一样。

小雪听后，仿佛从中悟到了什么，咬着嘴唇点了点头……

努力过就不后悔。虽然自己费尽心思，也付出了很多，到最后依然没有达到自己的目标，这时，有人就会埋怨，有人就会退却。其实，这么做都没有必要，因为学到的知识依然在脑海中，人生的考试又不止一次。只要一心一意，全身心地投入去做一件事情，即使没有自己想要的结果，也不能后悔。

人生的每一次付出，不一定都能达到预期的目标，但没有努力就肯定没有收获，失败的经历是走向成功的基石，不要让自己停留在失败的阴影里，更不要轻易否定自己，享受努力的过程更是一件快乐的事情。

付出了，自然就会有回报

小军的妈妈一直有一个愿望，那就是让小军去学武术，这样不仅能够强身健体、不受人欺负，还能磨炼一个人的意志。

最初，小军觉得学武术很新鲜，也没有拒绝就答应了妈妈。后来在上三年级的时候，他被妈妈送到了市里的武术学校学习。可学武术毕竟是一件很苦的事情，每天除了练习基本功外，还要进行一定难度和强度的训练；另外，伙食也不是特别的好，每天都吃馒头。这对于从小就被娇生惯养的小军来说，每天都是在受煎熬，他每次给妈妈打电话都报委屈："妈妈，我真的受不了，太苦了，我的腿都要断了。"了解儿子的痛苦，妈妈实在不忍心，于是就抽时间去市里看儿子。到了学校后，妈妈看见，儿子满脸的愁容，走路一瘸一拐的，不停地向妈妈诉说着每一天所受的苦，还要求妈妈把他带回家。妈妈看着已变瘦的儿子，非常心疼。可是妈妈说道："孩子，妈妈知道你受了很多的苦，妈妈也很心疼你，可是做事情不能半途而废，你再坚持一下，等过了这段时间就好多了，妈妈有时间就会常来看你的，妈妈相信你一定能行的！等你以后学成了，所有人都会羡慕你的，妈妈也会因你而自豪！"

妈妈在临走时，又对小军说道："付出了，自然就会有回报。儿子，你要坚持呀！"

妈妈的话似乎对小军起了作用，从那以后，小军变得坚强多了，他也明白了妈妈的心意，所以，最后坚强地渡过了三年的艰苦岁月。三年后，小军从那个娇生惯养的"少爷"，变成一个能吃苦，而且有责任心的大男孩，成熟了很多。

在我们身边，经常会有一些做事不能有始有终的孩子，他们往往心理素质比较脆弱，意志力较差，遇到一些困难就想着逃避。面对着这些自立自理能力很差的孩子，当他们因遇到困难而失望、难过时，妈妈们不能立即用成人自身的经验帮助他们出谋划策，甚至越俎代庖。妈妈应该抚慰他们烦躁的、失落的、消沉的情绪，调整他们的心态，然后与他们促膝谈心，让孩子明白“付出了，自然就会有回报”！帮助他们重新认识困难，并鼓励他们坚强地走下去。那么坚忍的意志就会在几次的重新开始中得到锻炼。

小光回家后显得很沮丧，看见妈妈满脸笑容地等着自己，不情愿地从书包里掏出了考试成绩册。看完后依然是一脸笑容的妈妈说：“不错啊，依然保持了你第二名的位子。为什么不太高兴呢?”小光耸起鼻子说：“高兴不起来，妈，你知道这一次我们班第一名是谁吗?”不等妈妈问，小光又说道：“是小美!”儿子的话让妈妈也有些惊讶了，小美和自己家是邻居，今年刚从外地转学过来的，第一次考试时这孩子的成绩是最后一名。

“没有想到吧？我们都没有想到，同学们都说她是杀出来的‘黑马’。”小光盯着妈妈，一副报道绝对新闻的神情。

“老师对小美的成绩怎么说呢?”妈妈反问道。

“老师说这是小美一直以来努力的结果，让我们都向她学习啊。老师还说，付出了自然就会有回报。”

“对啊，我也觉得老师说得对，有付出才会有收获嘛！你不是知道小美经常在家学习吗？她在学习上遇到难题的时候还来问过你，对吗？那你对她得第一怎么认为呢?”妈妈的话让小光有点脸红红了。

“是，我也觉得小美很用功，而我……学习不踏实……”小光吞吞吐吐地说，显得很沮丧。

“好了，你能记住妈妈和老师的话就好，你一定会超过她的，对不对?”妈妈鼓励小光说。妈妈说完，母子俩同时伸手击掌欢呼：“加油!”

在我们生活中，每一个家长都需要教育孩子明白“付出，是取得一切成果的最佳途径”。妈妈要让孩子在学习的阶段中明白：付出之后的收获是那样的珍贵，只要付出了，自然就会有回报。

别人能做好的，你也一定能行

一段时间，10 岁的小猛总在家里说，我们班小强的英语真厉害，我比他差一大截。而且小猛表现出很焦急的样子。

此时，妈妈就和他讲“尺有所短，寸有所长”的道理。小猛的长处就在于除了英语比较弱以外，其他几门功课都比较优秀。妈妈对小猛说：“你的成绩也不错呀！只要你把英语好好地学习一下，我相信你是最棒的！”妈妈认为考试不是哪一门功课的单打独斗。小猛的短处是英语不太强。因此，妈妈要求他既要学习别人的长处，但也不能老用别人的长处来比自己的短处。妈妈总在鼓励儿子相信自己的实力，坚持自己的学习计划，不要总给自己一种不利的暗示。小猛的妈妈常说的一句话是：既不夜郎自大，也不妄自菲薄。

于是，小猛为了提高自己的英语成绩，他坚持每天听英语节目，每天早上起床朗读英语课文，有时候在街上遇到外国人，小猛还勇敢地走上前和他们用英语对话。后来，小猛变得只要拿起英语书，就精神百倍。英语成绩迅速提高了。

孩子有特长是一件好事，但是，面对孩子的缺腿科目，家长要积极鼓励他“取别人的长处，来补自己的不足”。既要帮孩子发挥优势，又要把孩子的弱项尽快地补过来。妈妈们可以采用如下做法：

一方面，妈妈在帮助孩子从没有兴趣的科目中寻找兴趣，让孩子自己感觉到，它很有意思，鼓励孩子千万不能放弃任何一科。慢慢地孩子就会发现其中的乐趣，也会越学越好。另一方面，家长也要在孩子小的时候，着重培养孩子的全面发展意识。

家长要注意保护孩子的积极性，促使其进一步发展，取得更大的成就，而不是打压、扼杀孩子的特长。家长应尽可能为孩子提供丰富多彩的环境，提供多种多样的活动和表现机会，让孩子的智力强项得到进一步的开发和发展。

金金兴高采烈地跑回家，一进门，就把一张奖状举到了奶奶眼前说："奶奶，你看！"奶奶定睛一看，也高兴坏了，说道："市三好学生！哈哈哈……"金金高兴得合不拢嘴。"太好了，考初中的时候可以加分呢。"姐姐在一边也很高兴，插嘴说。听姐姐这样一说，金金更高兴了。"咱们今天好好庆祝一下！"奶奶提议说，金金和姐姐鼓起掌来。

这时，妈妈回来了，疑惑地看着她们，不明白怎么回事。姐姐突然从背后拿出奖状，对妈妈说："看，金金多了不起！"然而，令他们吃惊和失望的是，妈妈只瞟了一眼，什么也没说，就转身到厨房里做饭了。"看一看嘛！市三好学生！"姐姐捧着奖状站在厨房门口对妈妈说。妈妈还是头也不抬，平静地问："市里一共有多少个同学得奖了啊？""一共十个。"听到妈妈的话，金金回答说。这时候，妈妈又说："就是啊，不是一共十个嘛！三好学生就高兴成这样，怎么不和人家省三好学生比呢？真是山中无老虎，猴子称大王啊！"

金金的满心兴奋，被妈妈泼了一头冷水，那种高兴劲儿早飞到九霄云外去了。奶奶看金金不高兴了，于是说："妈妈看不上这个成绩，你说，该怎么办？""……没办法。"金金悻悻地说。"咦，有办法的，那就下次再取得更好的成绩给妈妈看。反正别人能做好的事情，你可以做得更好的。""嗯……好！"姐姐一席话，说到金金心里了。这时，妈妈也笑着走过来说："你姐姐明白了我的意思，其实妈妈心里也是高兴的，但是你要加油做得更好，不能骄傲。"

孩子做事时，往往都很容易满足。因此做父母的，在孩子觉得自己做得很好而有些自满的时候，要劝诫孩子一句："别人能做好的事情，你可以做得更好。"严格督促孩子虚心进步。金金的奶奶和妈妈一反一正的表现，既鼓励孩子，又避免了助长孩子的骄傲心理。

跌倒了，需要自己爬起来

迪迪今年 6 岁了，在妈妈的教导下，一直是个爱劳动的好孩子。

一天吃饭的时候，妈妈吩咐迪迪去厨房拿碗筷。迪迪一手拿一只碗，一边拿着碗一边美滋滋地跑着。后来，只听“啪”的一声，妈妈转身一看，迪迪拿着碗摔跟头了，幸好摔破的碗没有碰到迪迪。妈妈看着迪迪，并没有过去扶他，而是大声说了一句：“迪迪，男子汉，站起来!”迪迪显然是摔疼了，不但没有从地上站起来，还哭了起来。于是，妈妈又对迪迪说了一声：“迪迪，你是个勇敢的孩子，妈妈相信你一定会站起来!”得到妈妈的鼓励，迪迪真的站了起来。

妈妈走过去拉着迪迪的手进屋里，然后蹲下身子，注视着孩子的眼睛说：“知道吗？迪迪，以后再摔倒，要学会自己站起来，你看你刚才的样子，像咱们家的男子汉吗？你在家里不是说过，长大了要保护妈妈吗，你刚才那样子怎么保护妈妈呀?”

妈妈平时要教育孩子正确地对待失败，告诉孩子自己跌倒了，自己要学会爬起来。这种教育方式能锻炼孩子的坚强意志，增强孩子的信心，为他们今后走向社会，在激烈的竞争中取得成功打下基础。

一天，小强从幼儿园回来，非常沮丧地对妈妈说：“妈妈，今天老师教我们叠纸，大家都会了，可是我没有学会，我是不是很笨啊?”

“老师教你们叠什么了?”妈妈问小强。

“就是叠纸飞机，还有轮船什么的。”小强说。

“哦，没关系，你第一次学不会还有第二次呢，慢慢就学会了。”

妈妈说道。

“可是……可是做手工类的东西一直是我的弱项，我怕自己学不好。”小强低着头小声地说道。

“孩子，每个人都有自己的弱点，不过，你要学着克服自己的弱点，这样才是小小男子汉，你说对吗？”妈妈微笑着说。

“可是如果我一直学不会，会不会被老师和同学们笑话啊？”小强还是有些担心。

“不会的，只要你尽力去学，即使学不会，你也向自己的弱点进行了挑战，只要努力过了，老师和同学们都会为你的勇敢而感到自豪的。”妈妈轻轻地抚摸着小强的头说。

“好，那我明天一定要学会叠纸。妈妈我去看童话书了。”小强大声地说。

妈妈看着小强跑进书房的背影，开心地笑了。

孩子身上所谓的优点和缺点是辩证的，表面是缺点，实质却包含着优点的潜能；今日的缺点，也许就是明日的优点。

当正在成长中的孩子感觉到自己不如别的孩子做得好的时候，他们会对自己的能力产生怀疑。他们往往会到父母那里寻求一个证实或者一些安慰，这时候，父母应该宽容、鼓励孩子，让孩子始终对自己充满信心，重新站起来。

要时刻约束自己的行为

晓晓以前是大家一致公认的好学生，更是邻居赞不绝口的好孩子。可是从今年夏天他迷上了网络游戏以后，就彻底地变了，学会了撒谎，学会了逃课。

一切只因那一场游戏。有一次他偶尔上了一个网站，那个网站里都是一些有意思的小游戏，晓晓带着好奇打开了一个，从此他便一发而不可收，只要一有时间就上网玩游戏，就连睡觉都想着如何闯关等。

后来被妈妈发现了，妈妈苦口婆心地给他讲玩游戏的一些不良例子，但是晓晓答应得好，私底下依旧玩着自己的游戏，有的时候甚至都不能控制自己的行为。因为这样，他经常对妈妈撒谎说学校要什么书费学费，然后拿着钱去网吧玩游戏，有时在网吧一待就是一整天。

期末考试时，晓晓的成绩一落千丈，妈妈看了十分心痛，也很着急。于是，妈妈把晓晓叫了过来，心平气和地和他谈心，耐心做疏导教育工作。最后，妈妈决定让晓晓回老家去读书，并且暂时放弃自己的工作，陪他一起回去。

在妈妈的耐心教导下，晓晓觉悟了，他觉得让父母为了自己的一时迷失而放弃了那么多，心里很过意不去，于是暗暗告诫自己一定要约束自己的行为，一定要克制不良的习惯。

在孩子迷恋游戏时，作为妈妈不能采取强制的行为，应该耐心地教导孩子正确对待学习、生活、休息与玩游戏，并引导孩子把主要精力放在学习上，在完成学习任务的基础上去玩游戏，注意安排好生活和休息时间，不要影响身体健康。晓晓的妈妈正是采用了这种方法，使得晓晓最后觉悟了，并下决心一定要约束自己的行为，这是一件好事，说明晓晓妈妈的付出是值得的。

由此可见，养成一种良好的生活习惯对一个人的发展有多么的重要。而良好的生活习惯是从小养成的，是一点一滴慢慢积累起来的。母亲要教育子女学会控制自己。

小米和兰兰是邻居，她们俩是好朋友。可是因为这一学期的班长竞选，两个孩子反目成仇了，原因是兰兰把自己的一票投给了小米，而小米把自己的一票投给了自己，最后，小米比兰兰多一票胜出。兰兰自从落选后，再也没有和小米一起去学校，一起学习。

一天，放学回家，兰兰妈妈很远看见兰兰搀扶着小米进了楼道，小米的腿好像受伤了。妈妈暗自高兴女儿的转变。回家后，妈妈却看见兰兰一脸的不高兴。妈妈再三询问后才知道，原来，在学校运动会上，小米在跑道上摔了一跤，擦破了腿。老师特意要兰兰搀扶小米回家的。妈妈说："很好啊，同学之间互相帮助是应该的，你们还是好朋友嘛。""谁和她是好朋友，自私的人！"兰兰很气愤的样子。妈妈又问："那明天早上，你还搀小米走吗？""当然不了，今天要不是老师……"兰兰看见妈妈的疑惑的眼光，没有说完话，就进了自己的屋子。

晚饭后，兰兰显然忘记了放学时候的事情，和妈妈兴奋地讨论电视情节。妈妈说道："兰兰，妈妈发现你处理问题比妈妈还要有见解呢。"兰兰感觉到妈妈在含沙射影地说些什么，兰兰愣了一下，妈妈接着说："聪明的孩子，其实你想一想，用宽容仁爱去化解一切矛盾，不是最好的办法吗？。"兰兰知道妈妈在说要不要搀扶小米上学的事情，兰兰也知道小米为自己投票并没有错，但……"孩子，妈妈相信你会做好的。"妈妈笑着拍拍兰兰的肩膀，走进了书房。

第二天早上，妈妈在阳台上看见，兰兰去楼下等小米出来后，她们一起去学校了。

兰兰和小米两个好朋友产生了矛盾，在老师和妈妈的安排与教育下，两个孩子之间的矛盾得到了化解。平时，孩子之间发生矛盾，吵嘴、打架总是难免的，家长应做好调解工作，积极引导孩子处理好与同学的关系。

当孩子之间发生争执和“战争”时，家长要认真地教育自己的子女。在处理问题之前，应该问明情况，弄清是非，并告诉孩子哪里不对。如果是自己的孩子错了，一定要让孩子向对方道歉；如果是对方错了，则应要求自己的孩子谅解对方。

正确评价自己，学会反省

小宇是一个综合素质不错的孩子，但他总是把自己的各方面与班上最好的同学去比较。

一次放学回来，妈妈看见小宇满脸愁容，便问道："小宇，怎么了？今天在学校里遇到了不开心的事情吗？"小宇没好气地回答道："我今天的体育测试又没有班里的小蔡好。"妈妈明白了儿子不开心的原因后，心里很高兴，觉得自己的儿子真的很有上进心。于是，笑着对小宇说："小宇，不要着急，一次的失利，不能代表你以后都不行，你要对自己充满信心，下次把你的能力全部发挥出来，我想你一定能行的。"小宇随便答应了一声，便走进屋了。

终于，又到了下一次测试，这次，小宇把自己的能力全部发挥了出来，还是不及小蔡。他回到家后，把书包扔在了床上，没吭声就躲进了房间，连晚饭都没有吃，小宇的妈妈为此很是担心，怕自己的儿子出了问题……

其实，孩子好争、好与别人攀比学习，这在很多人看来是孩子有上进心的表现，家长应该给予鼓励。但是如果你的孩子由于上进心的原因，对自己的追求变得越来越着急，总觉得自己学习能力不行、交往能力也不行、体育运动能力也不好……凡是能想到的项目，都觉得在周围能找到比自己强的同学，因此常抱怨："为什么我样样不行？自己太没有用了。"

如果你的孩子长期处在对自己"不满意"的状态之中，就会造成孩子以后很难接纳现实中平凡的或者有缺点的自我，从而导致对自我的认识和适应更加困难。久而久之，会影响自己的情绪和自信。要帮助孩子走出这一误区，妈妈们要从自身做起，多发现孩子的优点，不要太注意孩子的一些小节，对于孩子的一些小小的过失，应忽略、包容，甚至欣然接受。提倡妈妈通过讲故事、看电影、讲家长自己的经历等，让孩子知道每个人都会有过错、有不足。同时妈妈在平时和孩子交流的时候，多倾听、多关爱，引导孩子表露自己的各类情绪，在家长坦然接纳的过程中，逐渐启发孩子也能平静地接纳自己的各种情绪甚至是缺点。

小宝占有欲极强，每次到小区游乐园玩，他先拿到的玩具只要还没有玩够，谁都要不过去。不管他的妈妈怎么讲道理都没用。今天又轮到玩小推车，因为推车数量少只能几个孩子玩，以往几次都因为小宝跑得快，他都是第一批玩到的。今天，在玩之前妈妈有意跟他逗留了一会儿，使小宝没有第一批推到小车。小宝走过去，看见小车没了就对妈妈说："小车没有了。""那你等一会儿吧，等其他宝宝玩好了再玩。"妈妈答道。

"不要，我现在就要玩。""那你去找小朋友商量一下，看看他们肯不肯给你玩。"小宝问遍了所有推车的小朋友，他失望地走到妈妈跟前说："他们都不给我玩。"妈妈说："那你先去玩别的，等别人不玩了你再玩。"可小宝就是不愿意去玩别的，一脸的不高兴，站在妈妈身边，小嘴巴里还是不停地嘟囔着："我要玩推车，我要玩推车……"妈妈蹲下身子说："现在小朋友们不给你玩，你很不开心，对吗?"小宝点点头。"那想一想，如果你是他们，你会怎么做呢?"面对妈妈的问题，小宝不说话了。"你以前每次有推车玩的时候，是怎么做的呢？是不是也没有让给别的朋友玩呢?"小宝点点头，然后说："那下次我有了好玩的玩具，就与朋友一起玩，到时候他们就会让给我推车玩了。"

大多数独生子女由于父母长辈的过分宠爱，处处以自我为中心。小宝努力保留自己的东西，同时又想拥有别人的东西，想把最好吃的、最好玩的抢到自己手中，"独占"欲极强。在短短的时间里，小宝体验到了羡慕时的迫不及待，被人拒绝后的失望与无奈。妈妈让他学会站在别人的立场上进行思考，考虑别人的需要和感受，形成换位思考，有利于培养孩子与别人交流和合作的能力。

体谅长辈的艰辛

小勤在学校里是一名品学兼优的好学生，在家里是一个聪明懂事的好孩子，特别孝顺，懂得感恩。

小勤一直和妈妈一起生活，妈妈在一个小五金厂负责经销，由于工作繁忙，经常起早贪黑奔波忙碌。由于妈妈辛苦劳作，工厂给她的报酬也不少，所以小勤和妈妈的生活比较宽裕。

小勤聪明懂事，活泼可爱，是妈妈的心肝宝贝。可是天有不测风云，一次，小勤的妈妈外出归来时，遇上了车祸，腿被撞断了，经医生抢救总算保住了命，但双脚失去了知觉，不能走动，可能要终身残废。这真是飞来横祸。小勤的妈妈不能去工厂工作了，家也不成样子了，原本幸福快乐的母女俩立刻陷入了悲痛之中。母亲绝望了，小勤也被这突如其来的事给吓懵了，不知该怎么办?

起初悲痛压得小勤喘不过气来，但是她想：妈妈为了让我过上好日子，不怕苦不怕累，不知疲惫地工作，如今弄成了这个样子，我应该为妈妈做些什么呢?

从那以后，小勤一边继续努力学习，一边担负起料理妈妈的生活之事。小勤每天放学回家后买菜、做饭、收拾房间，为母亲擦洗身体。饭后就围在妈妈身边问长问短，端茶送水，跟她聊天，还把自己在课文中学到的故事讲给妈妈听，经常帮妈妈按摩双腿。不久，妈妈脸上露出了笑容，称赞女儿是个懂事、有孝心的孩子。在小勤的精心照料下，妈妈的腿慢慢地好转了起来。

面对这样有孝心的孩子，许多人都会为之热泪盈眶。在现实生活中，相当数量的孩子，不懂得孝敬父母、孝敬长辈。在有些独生子女家庭里，谁孝敬谁甚至出现了颠倒的现象，难怪有人半认真半开玩笑地说：“孝子，孝子，孝敬儿子。”

孝敬父母长辈是中华民族的传统美德，因此，妈妈在教育孩子时，一定不要忽略这方面的内容。据了解，许多家长对孩子孝敬长辈的要求是很低的。孩子上学离家时能说“爸爸妈妈，我走了，再见”、放学回家见到父母能说“爸爸妈妈好，我回来了”就相当满意。如果孩子在拿到好吃的东西时，举手让一让爷爷奶奶、爸爸妈妈，长辈们则觉得孩子非常乖。这是把孝心降低到一般文明礼貌来看待了。有孝心的人固然要讲文明礼貌，更重要的是要懂得真正关心父母长辈，在需要为父母长辈付出辛劳时自觉自愿，而且形成习惯。

培养孩子的孝心，必须从小抓起，妈妈应注意以下几点：

第一，妈妈要明理

妈妈要让孩子从小知道，没有孝心的孩子不是好孩子。还要让孩子知道怎样做才算是有孝心。让孩子知道妈妈十月怀胎的艰辛，知道父母的养育之恩。有孝心的孩子，懂礼貌，责己严，为父母分忧解难。

第二，妈妈要给孩子机会

妈妈要给孩子机会，这一点非常重要。真正的孝心要通过实践去培养。平时，孩子应分担家里的一些事情，让他负起责任来。父母遇有为难的事情，可以讲给孩子听，让他一起出主意想办法。长辈身体不舒服或生了病，可以告诉孩子应该做哪些事情，并付诸行动。久而久之，孝心会在孩子身上扎根。

第三，父母要做出好榜样

父母对祖辈的孝心如何，直接影响孩子，真假孝心是骗不了孩子的。因此，为人父母要对自己的孝心做一番反省，在自己身上求真，孝心的种子才会播撒到孩子心里去。

第四，父母要在关心孩子的过程中培养孩子的孝心

孝心是充满爱心的伦理行为，应该重视以情育情。当然，家长的关心、爱心要适度、适时。

做事就得一鼓作气，不能拖拉

小帆做什么事都很磨蹭。本来一件几分钟就能完成的事情，他得用几十分钟。

每天起床后，小帆先是不紧不慢地漱口，从杯子里喝一口水，用牙刷刷几下，然后站起来把水吐到马桶里；接着回到水管旁，再喝一口水，再刷牙，吐出来……

“六一”儿童节那一天，老师请小朋友们用两天的时间每人画一幅画，再准备一个自己喜欢的故事讲给大家听。回到家，小帆悠闲地看起了电视，把画画和给小朋友们讲故事的事抛到了脑后。

后来，小帆连按时完成作业都成了问题。为此，老师多次找到小帆的妈妈谈话。小帆的妈妈为了监督小帆做功课，只好每天搬张椅子坐在书桌旁，盯着小帆做作业，但还是不奏效。小帆的妈妈为了让他改掉拖拉的毛病，给自己布置了同样的作业。小帆的妈妈每天和小帆一起抄生字、做数学题，妈妈只要半小时，小帆却花了3小时。但是，每次妈妈拿小帆和自己比时，小帆总是说：“你是大人，我是小孩，我当然没你做得快啦！”听了小帆的话后，妈妈真是没辙了。

小帆是一个做事拖拉的孩子，这种习惯由生活中的琐事延续到学习、作业和校园活动中，致使老师和妈妈都为他感到头痛。

因此，妈妈们对于孩子做事拖拉的习惯一定要及时指导。否则，孩子会因为不能按时完成任务，不断地受到老师、家长的批评和同学们的白眼，自信心逐步弱化，产生自卑，逐渐将内心世界封闭起来，形成了人际关系障碍。

小严和妈妈一起住。妈妈每天都要送小严去上学，但是妈妈总是要在出门前让小严等很久，妈妈洗脸、梳头、化妆就得用上一个小时。小严的妈妈经常一边看电视一边吃饭，看到精彩的地方嘴巴就不动了。小严原本没有上述习惯，可是因为受妈妈影响，每天早上起床总是磨蹭个没完，也养成了一边吃饭一边看动画片的习惯。

由此可见，孩子是父母的一面镜子，父母的一切行为都会被孩子毫无遗漏地拿来模仿。正是小严妈妈的不良习惯，导致小严养成了拖拉的习惯。最后，小严的妈妈在吩咐小严做什么事情的时候，小严总是借口推脱。

其实，孩子出生时，他们就像是一张白纸，那么，最早在白纸上画画的就是孩子的家长。孩子的拖拉行为可能与父母自身的行为有关。例如，有些父母平时喜欢边吃饭边看电视或报纸，或者因为疲倦而拖延该完成的工作，这些行为在潜移默化间影响着孩子，非常容易使孩子沾染注意力不集中、做事情拖拖拉拉等不良习惯。因此，父母们不妨先自我检查，为孩子做出榜样。

此外，如果父母并没有做事拖拉的习惯，孩子却是一个“拖拉大王”，那么，在生活中，妈妈们应该怎样帮助孩子改掉拖拉习惯呢?

以下几点供您参考:

（1）每天孩子做作业时，妈妈应要求孩子提前完成，并注意巩固和持续。

（2）妈妈应要求孩子做一项简单的体育活动，比如做俯卧撑、仰卧起坐、举哑铃，以做 10 个为起点，每天增加 1 个，坚持 1 个月，然后保持或适时增加。

（3）妈妈要及时找出孩子不能顺利完成作业的原因，连续几天观察孩子做作业的情形，找出困难所在。一般初入学的孩子因握笔能力不佳，笔画掌握不好而速度慢。

（4）妈妈要培养孩子先完成功课再玩的习惯。作业是每天的例行工作，妈妈向孩子说明作业与学习的关系，坚持做完作业才能玩的原则。

（5）妈妈应了解作业是否过多。低年级孩子注意力持续时间约为半小时，作业量过多会影响孩子的学习兴趣。妈妈要了解孩子的作业量和所需完成的时间，及时与老师沟通。

（6）妈妈要找出干扰专注的因素。桌面上的东西常是转移孩子注意力的主要因素，清除桌面及临近区域的杂物，可避免孩子边写边玩的情况。

此外，须重点提示的是，孩子在做作业时，父母不必过分干预或过度指导，这样只会造成孩子对父母的依赖，养成非要成人陪伴才肯做作业的习惯。父母除了给予孩子必要的辅导（教导、检查、提醒）外，还须让孩子明确做作业是人们必经的学习历程，让孩子逐渐适应每天做作业的制度。

言而有信，培养孩子信守诺言

期中考试前一个星期，妈妈对小波说要是小波各科成绩都考 90 分以上，就带他去动物园玩，小波高兴得蹦起来了，并下决心一定要努力学习。

自从妈妈许诺后，小波就变得非常积极。以前每天妈妈都要为她的家庭作业磨破嘴皮子。可现在，小波每天放学，一进家门就坐下来认认真真地做作业，背单词。小波一坐就是一两个小时，有时妈妈叫他吃饭他都说，“等我做完了，一会儿吃。”看着小波的表现，妈妈非常的高兴。

在小波的努力和充分准备之下，考试时小波胸有成竹，自认为考得非常好。回到家后，把自己的感觉告诉了妈妈，妈妈说：“好，只要你考到 90 分以上，我就会遵守我的承诺。”最后，小波的成绩单下来了，果然“功夫不负有心人”，小波的语文考了 93 分。数学考了 98 分。小波心里美滋滋地，心想：“这次妈妈可以带我去动物园玩啦!”

于是，小波就去和妈妈说：“妈妈我们去动物园玩吧?”妈妈说：“我手头有活，明天吧，啊，明天妈妈再陪你去。”小波虽然满肚子不高兴，也只好答应了。第二天一大早，小波就央求妈妈带他去动物园。妈妈又以昨晚的活没干完为由，结果又没有陪小波去动物园。小波气愤地说：“妈妈净骗人。”说完便气冲冲地跑进了自己的房间……

这位妈妈答应了孩子的事情却没有做到。面对着孩子气愤的表情，妈妈不但失去了孩子对她的信任，也失去了教育孩子诚实做人的本钱。作为孩子的第一位老师，妈妈日常的每一个细节都在影响着孩子。所以，妈妈们平时准备答应孩子的事情，一定要想好了再说，不要轻易对孩子许诺，一旦许诺就要兑现。如果经常向孩子许诺，给孩子买什么、带孩子去哪游玩，结果因种种原因落空了，这样父母就会在孩子面前失去威信，久而久之，父母失信会让孩子因心愿没满足而失望。从更深层意义上说，父母失信会让孩子对大人失望。在孩子眼中，父母就是天，就是地，从心底里崇拜和依赖。特别是在 10 岁以前，父母的每一句话对孩子来说都如同圣旨一般。一旦孩子发现父母对自己的承诺只不过是一种哄骗，就会大为疑惑和失望：父母都可以说话不算数，这个世界上还能相信谁呢？这种恐慌感会给孩子带来巨大的心理危机，而且由此引发的孩子对父母权威性的挑战几乎是具有颠覆性的。

在放学回家的路上，珠珠向妈妈提出回家前玩一下滑梯，妈妈见天色已晚，而且幼儿园布置的作业还没做，钢琴也没练，就没同意。但妈妈又不忍心剥夺珠珠玩的自由，就说如果回家后很快把作业做完、练好琴，就下去玩 20 分钟，珠珠很愉快地答应了。但珠珠回到家弹了 20 分钟琴，还剩一首曲子没弹，就到吃饭时间了。吃完饭休息了一会，珠珠把作业完成了，已是晚上九点钟了。妈妈赶紧叫珠珠把剩下的那首曲子练一练，这时珠珠就不干了，闹着要下去玩，妈妈好言好语解释了一番，列举了三个不能下去玩的理由：第一，琴还没练完；第二，时间太晚，下面已没有小朋友玩了；第三，要早点睡，明天一早起来还要练琴。珠珠完全不听妈妈的解释，一个劲说要下去玩。不知怎么，说着说着妈妈就火了，说话的声调也不由地高起来，心想我这是为你好，你还不听！就在妈妈准备动用鞭子的时候，听到珠珠带着哭腔的喊叫：妈妈说话不算数！说好带我下去玩的又不去。

以后我再也不相信你了！

妈妈一味地训斥珠珠，却忘了对她的承诺。这一错误的管教方式只会让孩子不听大人的话。别小看了孩子，你可能只是随口做出的承诺，但她却会对大人答应的事情牢牢记住，直到实现为止。如果确实不能兑现，妈妈也要好好向孩子说明白，向他道歉，取得他的谅解，但这种情况也不能过多，否则孩子将不再信任家长。但是，妈妈们面对孩子那些过分的要求，一定要给孩子讲清楚，让他明白自己的要求无理，最终放弃自己的要求。总之，作为父母，要注意自己的一言一行，特别是对孩子的承诺一定要想办法兑现，否则宁愿不承诺。

勇于承担责任，不要找借口

有一天，12 岁的少年小乔在院子里踢足球，不小心将球踢到了邻居家，把玻璃撞碎了。小乔很是难过，回到家把事情告诉了妈妈，想要妈妈去邻居家处理一下。于是，妈妈问道：“玻璃是你踢碎的吗?”小乔说：“是!”妈妈说：“那你就赔吧，你踢碎的你就赔。没有钱，我借给你，一年后还。”

第二天一大早，小乔自己在出租车司机的帮助下，给邻居叔叔送来了一块玻璃。小乔彬彬有礼地说：“叔叔，对不起。昨天我不留神打碎了您家的玻璃，因为商店已经关门了，所以没能及时赔偿。今天商店一开门，我就去买了这块玻璃，请您收下它，也希望您能够原谅我的过失。这种事情再也不会发生了，请您相信我。”

听了小乔的话，邻居家的叔叔理所当然地原谅了小乔，而且喜欢上了这个懂事的孩子。

在接下来的一年里，这个孩子擦皮鞋、送报纸、打工挣钱，挣回了 12.5 美元还给母亲。这个孩子长大后很懂事，他说正是通过这样一件事让我懂得了什么是责任，那就是为自己的过失负责。

这则故事对中国传统的教育方式提出了质疑：很多孩子犯了错误后，都由父母（监护人）承担责任；父母甚至对孩子的过错庇护，找理由搪塞。这是一种极端错误的教育方法。

责任感是一个人对他所承担的任务的自觉态度，包括对自己的责任、对他人的责任、对集体的责任和对社会的责任。责任感是孩子能力发展的催化剂。对自己有责任感的孩子，自觉性强，让家长省心；

对他人有责任感的孩子，亲善行为多，让家长宽心；对集体和社会有责任感的孩子，人小志气大，让家长放心。所以，对于目前还没有责任感的孩子，父母一定要在点滴的小事中，不断地培养他们的责任感意识，使他们以后成为有用的人才。

小素是学校的三好生，妈妈对他的教育从来没有放松过。妈妈给他规定，每天自己洗袜子，扫地，洗碗。

可小素总是在妈妈不在家的时候，找各种借口让奶奶帮他做。

借口是孩子的一种自我保护，有些孩子经常使用借口来应付父母的督促检查，这样不但会养成一种说谎的习惯，而且容易掩饰孩子潜在的缺点，更严重的是，借口常常是掩饰错误的苗头，最终会酿成不可收拾的后果。在教育子女的过程中，家长常常对孩子各种各样的借口感到头痛，希望得到消除孩子借口的方法。

借口常在孩子需要独立面对问题时出现。在孩子学习成绩下降、犯了错误或自尊心得不到满足时，他们就会用借口来取悦父母，避免可能遇到的批评、指责。例如，不喜欢上学的孩子会说，今天雨下得太大，路不好走或者自己身体不舒服，等等。

消除孩子借口的最好方法是求证孩子借口的依据。若孩子用学校的事情作借口，家长就应主动和老师取得联系，了解老师要求孩子做些什么，怎样做，从而主动地配合学校做好工作。孩子的借口经常是既幼稚又有趣的，千万不要用指东说西的方法指责孩子，这样常常会发生误解，如果你没有驳斥孩子的正当理由，孩子是不会服气的。

另外，父母与子女之间的沟通也很重要，一些孩子有自己的看法，甚至对父母老师都有看法，他们找借口就是为了避免与长辈发生冲突，应当设法让他们把意见说出来，决不要让孩子用借口来掩饰自己心中的不满。

消除孩子的借口仅仅是教育孩子的开始，孩子的每一个借口都有着它的主观原因。认真分析这些原因，加以正确引导，让他们逐步取得成功，会使孩子产生充分的自信。

克服自卑，从娃娃抓起

伊伊6岁了，长得挺漂亮，但却很自卑。她的额头有个小疤痕，她常常用刘海盖住它，并仰起小脸问妈妈："妈妈，别人能看到吗？"

妈妈经常摸着她的额头安慰说："没关系，宝贝，看不见，而且你很漂亮！"可她还是整天忧心忡忡，闷闷不乐，唯恐小朋友们不喜欢她。

有一次，幼儿园里搞活动，伊伊要表演一个节目，那个节目里有一些道白，伊伊积极性很高，台词头几天就背得滚瓜烂熟了。演节目那天，伊伊的妈妈和爸爸盛装出席，去给伊伊助威喝彩。

伊伊开始表演得挺顺利，妈妈在台下也流露出很自豪的表情。可伊伊演着演着却屡屡出差错，不是忘了词儿，就是做错了动作，老师在底下提示也不管用。妈妈急得开始冒汗，可伊伊又做了一个错误的动作，最后她竟站在台上哭了起来……

后来伊伊对妈妈说，她在台上一直想着别人会看见她的疤，刘海是不是把它挡好了，别的小朋友家长会不会对她议论纷纷……

面对伊伊如此在意她的那个疤，如此的自卑，妈妈很是困惑。

孩子生性敏感，特别是在成长过程中往往会遭遇自卑。自卑是一种消极的心理，它宛如心灵上的一把锁，锁住了人的信心与勇敢，让人裹足不前，不敢面对挑战。源于儿童时期的自卑会对一个人的一生产生影响，阻碍开朗乐观性格的形成，进而发展成为一种性格缺陷。它会像魔鬼一样，紧紧跟随你，从而影响你生活的方方面面。

自卑的产生，主要有以下几方面的原因：

第一，妈妈能力特强，对孩子期望过高，往往会使孩子产生自卑

在这种家庭环境下，孩子总认为“爸爸妈妈什么都行，我什么都比不上他们，怎么努力都没用”。能力特强的家长，一般对孩子的要求也很高，追求十全十美，而孩子不可能每一件事都做得十全十美，于是就会受到家长过多的指责，使孩子对自己的能力产生怀疑，逐渐失去自信，产生自卑。

第二，家庭不完整，容易使孩子产生自卑

生活在破裂家庭中的孩子，得不到妈妈足够的爱，觉得自己是被社会抛弃的孩子。当看到别的小朋友能跟爸爸妈妈在一起时，就更加伤心，感到很自卑。

第三，妈妈粗暴、专横的教育方式

由于家长不能以理服人，常常对子女采取简单粗暴的棍棒教育，严重地伤害了孩子的自尊心，往往使孩子产生自卑心理。

第四，妈妈自身有自卑情绪，容易使孩子产生自卑

自卑是后天形成的一种情绪，如果妈妈遇事总说“我不行”，孩子不但会模仿妈妈的这种处世态度，还会认为“父母都不行，我就更不行了”。因此，妈妈的这种倾向潜移默化地影响了孩子。

艳艳今年读五年级，她长着一对会说话的大眼睛，头发黄黄的，稍稍有些卷曲，非常腼腆，性格内向，成绩上游，上课从不主动举手发言，老师提问时总是低头回答，声音很小，而且脸涨得通红。下课除了上厕所外，总是静静地坐在自己的座位上发呆，老师叫她去和同学玩，她会冲你勉强笑一下，仍坐着不动。平时总是把自己关在房里，不和同学玩。遇到节假日，父母想带她一起出去玩、到朋友家做客，她都不去，甚至她连外婆家也不去。

发生在艳艳身上的现象，在许多孩子身上可能都有所体现，究其原因都是自卑的“产物”。但是，孩子的这种现象有些妈妈常常注意

不到，即使有的妈妈看到了也会觉得这是孩子的性格使然，而不加以重视。这都是错误的。如果孩子的自卑心理得不到关注和及时纠正，会导致孩子的心理障碍，影响孩子的健康成长。

以下几种方法可供妈妈们参考：

（1）妈妈要引导和教育孩子对自己进行积极、正确、客观的评价，并且认识到任何人都有自己的长处，也都会有短处。要相信并发扬自己的长处，弥补自己的短处。

（2）要教育孩子正确对待他人对自己的评价和期望。告诉孩子，有时社会评价一个人不一定是正确的，但需要个人正确地对待。比如，牛顿、爱迪生和爱因斯坦小时候都曾被人们称为“笨”孩子，可是他们后来都成为伟大的科学家。

（3）要帮助孩子认识到自己在学习过程中的一些成功经验，因为成功的经验越多，孩子的自信心也就越强。孩子对自己的能力往往认识不足，有时可能会做一些力所不能及的事情而导致失败，由此产生自卑心理。妈妈要引导孩子量力而行，同时对孩子的要求也应符合其身心发展特点。

（4）既要锻炼孩子坚强的意志，使失败和挫折变为激励自己前进的动力，又要注意培养孩子的自信心和自尊心。要培养孩子具备积极向上的心理品质。

孩子，一定要坚强

小侗 12 岁那年，因病需要动手术，因为他年纪小，医师怕他感到恐惧，无法承受手术所带来的剧痛，于是假装安慰他说手术很简单，并不痛。而小侗的妈妈却认为小侗已 12 岁了，应该懂事了，所以坦白地对儿子说："孩子，你将经历一次非常痛苦的手术，在手术后的几天里这种痛苦会一直持续，也没有人可以替代你，你要有心理准备，坚强地应对。作为一个男子汉在痛苦的时候请不要哭泣或叫苦，否则对你的身体毫无好处，甚至会让你更加痛苦。你是否还愿意接受这个手术并获得康复？"小侗听了妈妈的话，点了点头。这次手术，他既没有哭喊也没有叫苦，坚强地忍受了这一切。

正是这个手术锻炼了小侗的意志，使小侗明白，对于任何痛苦，勇敢坚持是唯一的办法，哭泣和抱怨并不能让痛苦减轻。在这样的信念支撑下，他变得日益坚强起来，最终站胜了病魔。

许多父母都觉得孩子的所有缺点都是可以原谅的，于是过分顺从孩子的意愿，对孩子的缺点过分迁就，替孩子包办其力所能及的事情等。其实这种过于保护孩子的方式只能让孩子在心理上产生依赖思想，行为上产生软弱性。

孩子的成长阶段是无法独立处世的时期，做父母的应给予保护和关怀，但绝不能溺爱和纵容，不能使他们产生依赖的心理。对父母过于依赖的孩子培养不出坚强的品质，当他们日后步入社会独立生活时，没有坚强的意志，暂时的困难与挫折就能把他们击倒。所以家长应意识到，坚强的意志对孩子的成长非常重要，要在慈爱中赋予孩子坚强的品质。小侗的妈妈在这一点上做得很好，若是没有当初妈妈对其坚强性格的培养，也不会培养出小侗坚强的意志。

每一位做妈妈的，都应该让孩子从小就懂得，他们和妈妈一样，是作为一个独立的人而存在的，应该从小培养解决问题的能力，而不是处处依赖别人。

敏敏是幼儿园里性格脆弱的孩子。一次班上评选小红花，只有5个孩子能评上，敏敏落选了，全班25个没被评上的小孩只有敏敏一个人哭了；早上玩玩具，敏敏想去拿小熊，却被皓皓先拿走了，老师马上给她拿了个小兔子，但敏敏又哭了；午餐有敏敏喜欢的鱼丸，这时调皮的鹏鹏抢了她一个鱼丸，她不敢抢回来又哭了；六一儿童节幼儿园搞游园活动，敏敏捞金鱼怎么也捞不上来，一急还是哭了……

通过这些小事，老师觉得敏敏的性格有些软弱，别的小孩都不放在心上的事情，敏敏却特别在乎。

后来，老师找到了敏敏的妈妈，在谈话中，敏敏的妈妈说道："敏敏在家里全家人都宠着她，每次她遇到什么事情，只要一哭，准会有人帮她完成，有些不如她意的事情也哭，让爸爸妈妈来帮忙解决。直到现在她还不会自己穿衣服、不肯一个人睡觉、不敢和别的小朋友打闹。"

听了敏敏妈妈的陈述，老师建议敏敏的妈妈不要太顺着孩子，因为习惯了事事有父母帮助解决，孩子就会变得软弱，在遇到挫折的时候就不懂得如何去应对了，这对孩子的成长没有好处。

在听从了老师的建议后，敏敏的妈妈开始有意识地训练敏敏：早上起来，妈妈要敏敏自己穿衣服，敏敏老穿不上，急得哇哇大哭，但是妈妈这一次没帮她，而是在旁边指挥："把头伸进去，把那个袖子拿起了，好的，对，就是这个袖子，把你的右手伸进去，把那个袖子也拿起，把左手伸进去。"敏敏费尽周折穿好衣服依然哭，怪妈妈今天为什么不帮自己。

敏敏渐渐地发现自己的哭不再有任何用处了，爸爸妈妈都变了，甚至她摔倒了哭得地动山摇爸爸也只是要她自己站起来。敏敏也不再把哭当作求助的手段了，爸爸妈妈也时常给她一些鼓励：“乖孩子，你可以的，真棒，你做得很好！”

当幼儿园再次举行游园活动的时候，敏敏看上了跳高击鼓游戏的奖品——一个小小的机器猫玩具，那个鼓挂得很高，敏敏几次尝试击鼓都失败了，但是这次敏敏没有哭，她一次次跳起来，终于敲响了鼓面，高兴地领回了属于自己的奖品。

亲爱的家长，当您看了上述两个例子后，有何感想？现今的家庭由于独生子女的大量存在，家长大都溺爱自己的孩子，只重视观察力、想象力、创造力、记忆力等显性能力的培养，却忽视了意志力、自信心等潜在能力的培养，而这些恰是提高显性能力的必要保证。家长只有有意识地为孩子创造一些失败的机会，磨炼孩子的意志力，才能让孩子在提高学习能力的过程中有所悟、有所得。

孩子，不要嫉妒别的小朋友

6 岁的冰冰是一个非常可爱的孩子。一个周末，冰冰妈妈的同事带着自己两岁的儿子到冰冰家玩，妈妈很热情地接待了她们，并开心地逗同事的儿子玩耍。刚开始，冰冰也挤过去亲了亲小弟弟，但没过多久，她就有些不高兴了，因为妈妈抱着小弟弟，一点也没有放下的意思，还又亲又笑的，她觉得自己受到了冷落。

于是，冰冰开始大声唱歌，可没人注意她；冰冰又跳起了自己最擅长的舞蹈，可还是没有人理她。终于，冰冰忍不住了，她忽然间摔坏了自己的杯子，然后坐在地板上放声大哭，把妈妈的同事和妈妈弄得非常尴尬。

一般来说，爱嫉妒的孩子情绪变化快，一会儿幸灾乐祸、得意忘形；一会儿又咬牙切齿地打人、骂人或搞恶作剧；一会儿又自怨自艾，意气消沉。孩子的嫉妒心理，虽然不像成人那样表露得充分，但是，孩子如果长期心存嫉妒情绪，一方面这种情绪会演变为人格的一部分；另一方面孩子嫉妒心过强，也容易受外界的刺激，产生诸多不良情绪，不仅影响进步，而且对身心健康极为不利。同时，嫉妒对个人、集体和社会均起着耗损作用，是一种对团结、友爱非常不利的情感。这种缺点如果保留到长大以后，那么孩子就很难协调与他人的关系，很难在生活中心情舒畅。建立良好的家庭环境，家庭成员间团结友爱、互相尊重、谦逊容让，这是预防和纠正孩子嫉妒心理的重要基础。因此，父母不能对孩子的嫉妒心理采取听之任之、放任不管的态度。尤其是嫉妒心强的孩子，父母采用正确的疏导方法是十分必要的。

小牧刚上幼儿园，每天放学后妈妈都去接他。今天，妈妈刚到幼儿园门口就见小牧一副垂头丧气的样子。妈妈和他说话他也爱答不理。妈妈一路上问话他都不吭声。

回到家以后，小牧对着妈妈说："妈妈，我以后再也不去幼儿园了，我的手工做得好，老师却把涛涛的手工放在柜子里展览，他做的一点也不好。"妈妈听了很是吃惊，每次当老师表扬其他小朋友时，小牧总会闷闷不乐，而且经常故意攻击受表扬的小朋友。为什么会出现这种现象呢？

造成小牧上述心理的根源是嫉妒心在作怪。嫉妒心理在孩子中是普遍存在的。特别是独生子女，他们容易形成以自我为中心的心理，认为所有的人都应该向着自己，好东西都应该是自己的。再加上心理调节能力差、社会经验不足，以及羡慕别人、渴望受到师长重视等原因，就导致孩子嫉妒心理的形成。

孩子的嫉妒行为在大人眼里可能很孩子气，认为无关紧要，但是如果放任自流，任其发展下去，长大后就会形成性格缺陷，变得心胸狭窄，而且对别人的成绩十分仇视，最终结果是被周围人挤出局外。

作为家长要积极引导孩子战胜嫉妒心理。首先，要肯定他争强好胜的心理，并鼓励他在行动上超过别人。其次，要让孩子接受别人的成绩，并进一步鼓励他去向小朋友学习。对自卑感强的孩子要有意识地让他明白成功的快乐是多方面的，他的每一点进步都是成功。

快过年了，小惠的妈妈给自己的两个女儿各准备了一个小礼包。当妈妈把两个礼包送给她们的时候，小惠看了看手上的橙色包装纸，又看了看妹妹手中的红色包装纸，突然大哭起来，还狠狠地把手上的礼包摔到了地上，说妈妈偏心，给她们的礼物不一样，给妹妹的好，妈妈喜欢妹妹。直到妈妈把两包礼物当场拆开后，小惠才破涕为笑。

原来这一橙一红的两包礼物，是一模一样的两个不倒翁。

妈妈看到这一幕，心里不禁有点担忧：才3岁多的孩子，哪来这么强的妒意?

通常，嫉妒情绪强烈的小孩，好胜心也强，愿意为某一方面超出同龄人而付出双倍的努力。所以，嫉妒也是一个向上的心理，不能完全否定。父母要做的，只是解决因此而产生的虚荣、攀比、说谎、任性等负面因素，而不是把嫉妒背后的进取动力也一笔抹杀。

孩子嫉妒心理产生后，往往容易把怨气指向别人，或设法攻击对方，或千方百计地把“跑”在前面的人拉下来，使之与自己“同步”或落在自己的后面。同时，过分的嫉妒也会使孩子的性格逐渐变得古怪起来。因此，妈妈要给孩子创造一个民主、平和的家庭环境，不要过分溺爱孩子、事事以孩子为中心，养成孩子唯我独尊的心理，认为自己一切都该比别人强，稍有不如别人的，心理就不能承受，嫉妒心就冒出来了。孩子在嫉妒比自己强的小朋友时，妈妈要指导孩子进行自我分析，帮助孩子找出自身弱点和“赶上”别的小朋友的优势和途径，避免自私、攻击、执拗等不良心理的侵扰。

第五章

好妈妈教孩子轻松学习

鼓励孩子多多提问

可新学习很用功，也挺懂事，但就是有一个毛病，不爱问。对自己不懂的问题，哪怕是很重要的问题，也从不问别人，无论是老师还是同学，甚至包括家里人。

晚上，可新做数学课外习题，又是因为里面“追击问题”弄不懂，以至于下面的应用题都无法解答了。坐在一旁的妈妈忍不住问儿子：“我们昨晚不是说好了，今天去问老师吗？你没有问老师，还是问过没有听懂？”可新低声说：“我没有问。”好一会儿，妈妈都没有说话，于是可新又说道：“妈妈，你给我讲吧。”看着孩子已经两天都没有完成的作业，可新的妈妈坚决地摇摇头，然后微笑着摸摸可新的头说：“儿子，这样吧，我们打电话给老师吧，请老师在电话中给你讲，但是你一定要说出你的疑问，这样老师才能帮助你，好不好？”可新抬头看看妈妈，撅起嘴。妈妈继续鼓励儿子说：“你不用怕，老师一定会很高兴地为你解答的。你知道吗，聪明的孩子才敢于提问，当你踊跃提问后，你会学到很多很多的知识，智慧的人都是从提问开始的，我们试一试吧！”在妈妈的陪伴下，可新和老师在电话中弄懂了问题的关键处，很快就做出了这些数学题。

第二天，可新觉得数学老师不但没有以前那么可怕，反而很和蔼。于是，一次又一次的尝试，可新尝到了在提问中解除疑惑的甜头。从此，可新的成绩一天比一天好，性格也活泼了许多。

可新不爱提问，源于性格内向等多种原因。妈妈的鼓励和老师的帮助，让可新恢复了孩子爱问的天性。每个孩子头脑中都有数不尽的问题，他们就是在对这些问题的探索中，逐渐认识周围世界的。也就是说，知识越多，问题越多，提问的能力也越强。但随着年龄的增长，许多孩子的问题却好像反而越来越少了。造成这种现象的一个重要原因，就是家长和老师对孩子提问的冷漠、呵斥、嘲笑。一些孩子对提问感到难为情，渐渐地不敢问、不想问，最后发展到不会问。

教育孩子要有正确的方法，要鼓励孩子敢于提问，敢于发表与别人不同的见解。只要有这种信心和勇气，孩子的创新意识就能树立起来，创新能力就会得到提高。

当然，这就需要家长营造宽松的家庭氛围，设法经常锻炼孩子的胆量，教给孩子一些提问的技巧，使孩子会问、善问。这样，孩子在查找资料，向别人请教的过程中，学到的不仅仅是知识，同时还培养了对读书的好奇心，发现问题的恒心和解决问题的自信心。伟大的科学家爱因斯坦，一个突出的特点是爱提问，用他自己的话说，“我没有什么特别的才能，不过喜欢寻根刨底地追究问题罢了”。

爱因斯坦遇事总爱提问、思考、研究，常常从一点小事中受到启发。有一次，他要把墙上的一幅旧画换下来，就搬来一架梯子，一步一步爬上去。突然，他又想起一个问题，沉思起来，便忘记自己做什么了，于是猛地从梯子上摔下来。摔到地上以后，他顾不得疼痛，马上想到：人为什么会笔直地掉下来呢？看来物体总是沿着引力最大的线路运动的。爱因斯坦想到这里马上站立起来，一瘸一拐地走到桌边，提笔把自己的这个想法记了下来。这对他正在研究的问题——相对论有很大的启发。

1888 年，爱因斯坦从慕尼黑国民学校进入路易波尔德中学学习，一直读到 15 岁。其间，来自俄国的大学生塔尔梅，成为爱因斯坦家里的常客。一开始，塔尔梅总是和爱因斯坦谈论数学问题，越谈就越引起爱因斯坦的浓厚兴趣。对学校枯燥教学方式厌倦的爱因斯坦干脆自学起微积分，他提出的问题常弄得中学数学老师张口结舌，不知如何回答。

爱因斯坦认为，提出一个问题往往比解决一个问题更重要，因为解决问题也许仅仅是一个教学上或实验上的技能而已。而提出新的问题、新的可能性，从新的角度去看旧的问题，需要有创造性的想象力，而且标志着科学的真正进步。同时，他还说："想象力比知识更重要，因为知识是有限的，而想象力概括着世界上的一切，推动着进步，并且是知识进化的源泉。"

"学起于思，思源于疑。"任何思都是从疑开始的，疑问是获得知识的前提条件，有了疑问才有进一步深入学习的需要，也才可能获得新知。否定疑问，将泯灭创新，使社会停滞不前。面对大千世界，不懂得提出疑问的人绝不可能成为一个富于创新精神的人才。

学习的兴趣需要刺激

沿沿在幼儿园上课，现在除了语文和数学外，又增加了一门画画课。妈妈一直想把沿沿培养成一个具备各种特长的全才，所以，她很在意沿沿的画。但是，沿沿最近几次拿回家的画画成绩都不及格。

妈妈心想："这该怎么办呢？自己也是从小就对画画不感兴趣，怎么教孩子啊？"

偶然的一天，妈妈在报纸上看到一个"画画速成班"正在招收学员，学费又不是很高。这个消息让沿沿的妈妈喜出望外。为了自己的儿子，她抽出了一些做家务的时间，参加了这个速成班。

果然，功夫不负有心人，沿沿的妈妈很快就掌握了画画的一些理论知识和技巧。她所学的这些知识，用来教自己的儿子还是绰绰有余的。

由于沿沿对画画缺乏兴趣，妈妈就想办法来激发他的兴趣。最初，妈妈想让孩子画一个"大象"，就耐心地和他一起讨论大象的特征，并辅以图片或书籍，加深孩子的印象；有时还会带着沿沿到动物园观看，这样就加强了沿沿对画作内容的表现欲望及构成概念。随后，在妈妈的鼓励下，沿沿以基本形状——圆形、正方形、三角形，分别做头部、身躯、四肢的描绘。妈妈耐心地引导着沿沿说："想一想，大象的头和长长的鼻子像什么形状？圆形还是长方形？""很好！身体又是什么形状呢？""长方形。"终于，在妈妈的引导下，沿沿把大象画完了。

沿沿画完后非常兴奋地问妈妈：“妈妈，您看看好不好?”

看着儿子的画，妈妈高兴地说：“嗯，不错嘛，尤其是这个鼻子画得很逼真，身子、脚、头也很像。”

在妈妈的鼓励下，沿沿脸上露出了灿烂的笑容。

以后的日子里，沿沿总会向妈妈询问：“妈妈，我们今天画什么呀?”沿沿在妈妈的精心引导下，画了花朵、绕毛线、太阳、棒棒糖等，妈妈在不断鼓励让他自己动手去画的基础上，又适当地给予其帮助。现在沿沿渐渐喜欢上了画画，不再害怕画画了，并萌发了对画画的兴趣。

每个妈妈都不希望自己的宝宝是幼儿园里唯一不会画画的小朋友。为了避免这种窘境的出现，妈妈应该从平时的日常生活着手，教宝宝学会细心观察，培养宝宝画画的兴趣。宝宝一般从两岁以后，就开始在报上，墙壁上，地板上……总之是一切可能画的地方涂鸦了。在宝宝头脑中，画的愿望相当强烈，到三四岁，绘画就成了他们表达内心情感的最直接的方法之一。

琪琪的妈妈最大的爱好，就是看书看报，每天都对卖报纸的“穷追不舍”，一旦买到了报纸或是新书，有时间就想盯着一口气看完，没有时间就抽时间看。她要是看起书来，雷打不动。如果哪一天报纸没来，她会埋怨半天。

一天，妈妈正在洗衣服，听说报纸来了，顾不上擦手就接过来看了起来，直到看完后才继续洗自己的衣服。由于整日看报纸，琪琪妈妈的视力变得不如从前了。但是，看着妈妈的那股迷恋书报的劲头，琪琪真不忍心说她。后来，琪琪为了妈妈的视力，竟然答应妈妈，由她来给妈妈讲每天报纸上的新闻。妈妈听了非常高兴。最初琪琪是迫于任务而不得不看，后来，妈妈迷恋书报的那种劲头，竟然在琪琪的身上重演了。

从此琪琪爱上了看书报，她从书中不但得到了丰富的知识，还使她的业余生活充实了很多。

苏霍姆林斯基指出："家庭的气氛对孩子的发展具有重大的意义。孩子的一般发展、记忆，在很大程度上取决于家庭的兴趣如何，成年人在谈些什么、想些什么、干些什么，以及他们对儿童留下了哪些影响。"孩子是母亲的影子，父母的行为会直接影响孩子的行为。琪琪的母亲对看书、看报有着浓厚兴趣，使得自己的女儿最后也产生了同样的兴趣。因此，妈妈应处处为孩子作表率，养成有利于孩子成长的兴趣爱好，加强自身修养，做一个有理想、有追求、善于思考、有恒心、有自信的人，因为这些都是影响孩子成长的重要因素。要摒弃一切不良的嗜好，千万不要把业余时间都打发到牌桌上和没完没了的电视或应酬上，有时间要多陪陪孩子。

为孩子的创造力插上翅膀

岚岚很想制作一副自己的眼镜。这天，妈妈帮她准备了很多材料，还在桌子上为她摆了一个大太阳镜供她模仿。折、画、装饰，每一个步骤，岚岚都完成得很好。只是在剪工上出了一些问题，光滑的眼镜边被她剪得参差不齐，妈妈指着她的作品嘲笑起来，岚岚显得很不开心。

妈妈正想过去帮她，只见岚岚歪着脑袋思考了一下，随即将眼镜拿起，非常投入地将眼镜边剪成了锯齿状，原本规规矩矩的作品让她搞得面目全非。

一会儿工夫，岚岚美滋滋地走过来对妈妈说："妈妈，你快看，我做了一副太阳眼镜。"妈妈仔细一看，她做的眼镜果然很像太阳，红红的装饰色，锯齿状的光芒，整个作品独具特色，颇有些出乎妈妈的意料。妈妈拍着岚岚的小脑袋说："岚岚真聪明，你做了一副最好、最棒的小眼镜。"

第二天，岚岚把她的"眼镜"带到了幼儿园。老师评价说，在孩子们参照模型板制作眼镜的过程中，岚岚是唯一一个打破常规模式，大胆想象，制作出与众不同的眼镜的小朋友。

为此，老师在评价游戏中重点表扬了岚岚，并将她的作品摆放在了班里的作业展板上。第二天，第三天，很多小朋友开始关注这件独特的作品，而且制作出了更多样式的眼镜，蝴蝶的，云朵的，彩虹的……制作活动一下丰富了起来。从那儿以后，岚岚一下子迷上了美工活动，她的动手能力明显得到了提高。

很多妈妈都知道，创造力对于孩子的成长来说是至关重要的，但妈妈们却常常为自己发现不了孩子的创造力而担忧。实际上，孩子的创造力往往出于妈妈的意料之外，尤其是在他们轻松愉快的游戏活动中。孩子的想象总是比成人新奇、随意，能够打破常规。当妈妈们对孩子们的成果做出及时而肯定的评价时，他们的创造性就会被最大限度地调动起来，积极思考，大胆想象，创造出成人难以想象的事物。

像岚岚制作的眼镜，用我们正向的思维来看，实在是没法看，可是，岚岚大胆地打破了按模型制作眼镜的常规，从而制作出了一件我们大人难以想象出的独特作品“太阳眼镜”。

所以，在一些问题上，做妈妈的头脑里要少些条条框框，不要总是说“看你做的像什么呀?”“哪有你这么做的?”“你看清老师是怎么做的吗?”“我看你这是瞎做!”之类责备的话。仔细想一想，孩子的“错误”再大，又能“错”到哪里去呢?并且，许多意想不到的创造就常常发生在“错误”之中。

一天，多多妈妈在她的作业本中发现了一道题目，题目是“雪融化后会变成什么?”妈妈认为这是一个很简单的题目，照我们通常的思维，雪化了就是水啊。可是多多的回答居然是“春天”!

妈妈看到了这个答案很是生气，这孩子天天胡思乱想什么呢！说的这是什么东西啊！于是勒令孩子改掉答案。多多据理争辩：“明明就是啊，每当雪一融化，春天不就来了吗?那你说春天是怎么变出来的?”

妈妈无言以对，但还是让孩子改掉答案，并训斥了孩子一通。

孩子天生就是个创造者，因为他们生来活泼好动，不被各种各样的规矩所控制。他们敢于打破常规，不按照成人的模式去思考问题，所以他们常常会创造出与众不同的事物来。可是，随着孩子年龄的增长，他们的创造天赋在一天天减少，这里面的原因主要在于，很多孩子的创造力被循规蹈矩的父母们在不知不觉中扼杀掉了。正如上文，在今天看来，“雪化了变成了春天”这是多妙的想法啊！这正是孩子富有丰富想象力的表现，可是孩子的想象来不及发芽就被妈妈扼杀了！对一些父母而言，“听话”才是父母们希望孩子们做到的，“听话”才是孩子们应该最先学会的本领。对此，我们不能不说这是父母在教育孩子过程中的一大悲哀。

因此，为培养孩子的创造才能，父母需要为孩子建立一个“心理安全”和“心理自由”的活动空间。在孩子进行“创造性”的活动时，父母千万不要因为孩子的行为、结果过于离奇、幼稚而嘲笑、阻止他们，否则，则会打击孩子探知事物的积极性，挫伤孩子的兴趣和爱好。当孩子需要父母的帮助时，我们要适时给予鼓励和指导，引导他们在自主自乐的活动中完成属于自己的想象或创造。

希望每一位妈妈都能让孩子自由地做游戏，无边际地发挥想象，妈妈们所需要做的就是保护他的安全，让孩子在做游戏中熟悉他所在的世界的环境，让他自己去接触事物，观察世界，获得感性知识，激发他的创造力。

温故而知新，捡了芝麻不能丢西瓜

一天，妈妈郑重地对小何说："儿子，交给你一个光荣而艰巨的任务：从今以后你每天晚上给我上课，内容涉及你学过的所有知识。"妈妈接着说："孔子云：'三人行必有我师焉。'你备备课，今天晚上就开始讲。"小何有些不明白了，心想：妈妈这是怎么了，为什么会突然间决定让我给她讲课呢？但是，小何一向是个听话的孩子，只好听从了妈妈的安排，准备给妈妈讲课。于是，小何认认真真地看书，以做好给妈妈讲课的准备工作。

晚上，小何找来黑板，拿出粉笔，开始给妈妈讲课了。开始，小何望着坐得端端正正的妈妈，他的心里十分不安，两腿不停地打战，因为这毕竟是他第一次给别人讲课呀！小何后来想一想，当老师也没什么难的，只要把自己的"学生"教好，就是一名成功的老师。于是，他拿着课本熟练地讲起来。一节课下来，小何自认为讲得十分精彩。没想到，妈妈这个"学生"要求得非常严格，给小何挑出了很多的毛病，什么普通话不标准啦，解题思路不明确啦，英语口语不标准啦，等等。最后小何表示对妈妈的话虚心接受，并将努力改正。

在以后的一段时间里，小何用这种给妈妈讲课的方式，每天将自己在学校里学到的一些东西，回到家里又重新温习了一遍。半个月下来，小何所学的知识得到了巩固，最后的这次期末考试成绩有了很大的进步，尤其是考试题目中涉及每晚给妈妈所讲的知识点，他一分都没有丢掉。

后来，小何明白了妈妈的良苦用心，并且从那以后，养成了坚持复习的好习惯。

孔子说："温故而知新。"一个善于复习的人往往能够学到其他人无法学到的知识。复习是学习的重要环节。

以下是定期复习需要注意的问题：

第一，及时复习

当天学的知识，要当天复习，决不能拖拉。做到不欠"帐"。否则，内容生疏了，知识结构散了，就要花费加倍时间重新学习。

第二，要紧紧围绕概念、公式、法则、定理、定律复习

思考它们是怎么形成与推导出来的？能应用到哪些方面？它们需要什么条件？有无其他说法或证明方法？它与哪些知识有联系？通过追根溯源，牢固掌握知识。

第三，要反复复习

学完一课复习一次，学完一章（或一个单元）复习一次，学习一阶段系统总结一遍，期末再重点复习一次。通过这种步步为营的复习，形成的知识联系就不会消退。

第四，复习要有自己的思路

通过一课、一节、一章的复习，把自己的想法、思路写成小结、列出图表或者用提纲摘要的方法，把前后知识贯穿起来，形成一个完整的知识网。

第五，复习中遇到问题，不要急于看书或问人，要先想后看（问）。

这一点对于集中注意力、强化记忆、提高学习效率很有好处。每次复习时，要先把上次的内容回忆一下。这样做不仅保持了学习的连贯性，而且对记忆有很好的效果。

第六，复习中要适当看些题、做些题

选题要围绕复习的中心来选。在解题前，要先回忆一下过去做过的有关习题的解题思路，在这基础上再做题。做题的目的是检查自己的复习效果，加深对知识的理解，培养解决问题的能力。做综合题能加深知识的完整化和系统化的理解，培养综合运用知识的能力。

王蒙是一个从外地转学过来的五年级的学生。刚进入一个新的学校，同学们对他的印象并不深刻，只知道王蒙是一个爱玩、爱开玩笑、爱睡觉的人。每天晚上，当其他同学都在埋头做题、学习的时候，王蒙总是一个人回宿舍钻到蚊帐里睡觉。一个学期下来，同学们发现王蒙每科考试成绩都名列前茅。许多同学都觉得很奇怪，其中有一个同学忍不住就去老师那里寻求答案，但是老师也没办法回答这个问题，就找到了王蒙。王蒙知道同学们的疑惑后，对同学们说："我钻进蚊帐不是在睡觉，而是在思考，在回想当天学习过的内容。"

原来，王蒙有一个自觉复习的习惯。他在睡觉之前，总是要总结一下自己当天的学习情况。比如，今天新课主要讲了什么？哪些已经弄懂了，哪些还没有弄懂？没有弄懂的明天继续学习。王蒙把当天学过的内容进行归纳和总结，找出知识之间的联系，并用一条主线把它们联系起来，这样，他就能够在想到某一点的时候，把所有当天学习的内容全部回想起来。除此之外，他还把当天学习的内容与以前学过的知识联系起来，找出内在的联系，也串起来。这样，通过一番回想，王蒙把当天所学的知识基本上都消化了。

王蒙是一个很聪明的学生，他非常清楚复习对学生意味着什么。据了解，他从上学开始，他的妈妈就一直要求他先复习当天学过的内容，再做功课，然后预习第二天要学的课程。就是在王蒙妈妈的指导下，王蒙养成了温故知新的好习惯，因为他深知温故知新对一个学生的重要性。

由此可见，复习是相当重要的，妈妈们应根据遗忘的"先快后慢"的规律，让孩子及时复习，使所学知识得到有效的巩固。例如，每天放学后，就应该让孩子复习当天所学的内容；每个周末可以让孩子进行小结性复习；一个单元学习完了，就进行单元复习。这样经常性地复习可以让孩子及时巩固所学知识，避免临考前的突击，等等。

和孩子一起写读书笔记

小斌和妈妈要出门旅游，车已经在家门口等很久了，小斌却往家里跑。妈妈问他干什么去。小斌说：“我要带上我的笔记本!”

妈妈很生气地说：“不要带了，快点，来不及啦!”

但是，小斌像没有听见妈妈的话一样，飞一样地跑进了房间，带上了自己的笔记本。

小斌有一个习惯，就是善于动笔。读书要动笔。如果是自己的书，他会在书的边沿批阅文字，所谓不动笔墨不读书；如果是借阅的书，他会在自己的笔记本上批阅或者摘抄。如果出门浏览，他兜里总要装个小本本或者卡片，把看到的新奇的风物、景致、感想，都用三言两语一一记录下来。

即使看电视、读报，小斌也不会忘记把一些新奇的词句、事情摘录下来。学校里开运动会，小斌是宣传员，他兜里揣着一个小本本，空闲时间，他把一些精彩的瞬间和观众各种各样的反应，都“摄”进了他的笔记本。

旅游这么难得的一次机会，小斌当然不能错过了。在这次旅游中，小斌收获了很多，他把和妈妈一起去过的每一个地方都详细地记录了下来。

旅游回来后，在一次小学生作文比赛上，这样一个题目《我的一天之旅》让小斌感触颇多。于是，他便把和妈妈一起出去旅游的每一个地方都淋漓尽致地写了出来。最后，小斌的这篇作文荣获了全国小学生优秀作文一等奖。

赛后，小斌的妈妈得知小斌获奖十分高兴，她为自己的儿子而自豪。为了支持小斌把自己写读书笔记的习惯坚持下去，小斌的妈妈也学起了儿子，不论是看书还是看报，都把一些精典的名句和自己的感受写在一本特制的小本子上。

如今，小斌的读书笔记已经积攒了五本了，卡片也积攒了不少，全部密密麻麻地写满了字。作文课上，小斌的文章往往最丰富；班会上发言，小斌的话最有说服力；出墙报，小斌是最好的编辑。

有些父母不理解："读书就是用眼睛看的，为什么还要记笔记呀?"事实上，记读书笔记对于阅读有很大的帮助。

第一，丰富知识，活跃思想

广泛的阅读，可以扩大眼界，丰富知识。摘记的东西涵盖古今中外，文学、历史、地理、时事、政治、科学、技术都可以涉及。随着视野的扩大，思想上也必然受到启发、教育，在看到的基础上又可以写，评古论今，发表已见，这样可以活跃思想。

第二，积累资料，有利写作

写文章，没有切实的材料或资料，文章写出来就会空洞无物，特别是写议论文，没有事例和必要的论据，道理也讲不清楚。如果有了平时的积累，写文章就可以达到信手拈来的境界了。写作素材的积累可以充实文章的内容，语言的积累可以使文章生动、活泼，增加感染力，可见读书笔记对写作的提高是有着直接影响的。

读书笔记是一种手脑并用、阅读与写作相结合的综合训练。阅读是汲取的过程，写读书笔记是分析、整理、积累的过程。在这两个过程中，手和脑在进行系统的活动，最终的结果必是写作能力的提高。我们伟大领袖毛泽东不但是一位伟大的军事家、政治家，也是一位文人墨客，他的诗词文章气势磅礴、引经据典，令人叹服。这些文学成就和毛泽东少年时期博览群书，并且做注批、摘录、心得有着不可分割的内在联系。

因此，父母要教孩子边读书边记笔记。读时，可以用线段或者符号把自己特别感兴趣的词句标注出来；也可以教孩子有选择地摘抄自己感兴趣的名言警句、成语典故、段落和语句；还可以摘录书本的梗概提纲、简短书评乃至心得体会，甚至在书本的空白处加上自己的批注，如，“精彩的描述！”“这句话非常出色！”“这个词语用得很好！”“这里比较让人费解。”这样可以加强孩子读书时的思考深度。

同时，要教孩子整理自己的笔记，并把作者的姓名、书名或篇名、出版的时间地点记清楚，以便日后查找。正如叶圣陶先生所说：“想到了什么，不妨随时提笔把它记下来，这就是读书笔记。想的时候往往比较杂乱，比较浮泛；写下来就非有条理不可了，非切切实实不可了，所以读书笔记是督促自己认真阅读的一个好办法。”

培养孩子自主学习的习惯

小伟的父母都是下岗工人，但他们为了孩子的成长，省吃俭用为孩子购买科普及学习方面的书籍，对孩子的学习环境进行了精心设计。

妈妈在小伟的床边放置了一张小桌子，在桌子的左上角安装了一盏灯。每天晚上，全家人吃过晚饭，就会各自干自己的事情：爸爸静静坐在沙发上读报；妈妈安静地做家务；小伟会自动走到他自己的书桌前，坐在椅子上做功课。

适当的时机，妈妈会走到小伟面前，对他说："我知道你一定会把功课做好的。你真乖，不用妈妈担心。"在妈妈默默的鼓励和支持下，小伟养成了自主学习的习惯。

有的时候，一家三口会聚在一起探讨小伟作业中的疑难问题，一起交流读书的心得体会，一起分享学习上成功的快乐。小伟的妈妈最大的特点就是喜欢听儿子讲科学幻想故事，而且像小学生一样听得津津有味。妈妈越是这样，小伟就越是讲得绘声绘色。所以，在这个家庭中，小伟是学习的小主人，父母成了孩子学习中的伙伴，生活中的知心朋友，成长中的精神支柱。他们时常为儿子的好学引以为荣，对儿子取得的成绩感到欣慰。

小伟在妈妈的精心培养下，不仅养成了自主学习的好习惯，而且还享受了学习中所带来的乐趣。如果孩子还没有自主学习的习惯，我想，你应该开始反思一下自己对孩子的教育方法。你平时可能舍得花时间和孩子一起学习，一起看书讲故事，可是却唯独缺少了对孩子自主学习能力的培养。孩子的可塑性是很大的，他们一旦离开了父母的督促就会变成脱缰的野马，只会任性而为。孩子具有良好的自主学习能力不仅对孩子的终身学习有益，而且还可以减轻家长的负担。因此，培养孩子的自主学习能力是一件非常重要的事。

在我们每天的生活中，经常都有这种可以让孩子主动学习的机会，关键在于我们家长是否善于把握。比如，当孩子在学习和生活中遇到问题时，你是直接告诉他答案，还是采取积极的态度去鼓励他独立思考，寻找解决问题的办法？

例如，有一天，你买回一个菠萝，可是，孩子从没有见过这个东西，被吸引住了。于是，他便好奇地问道："妈妈这是什么东西呀？"以下家长有两种方式来回答这个好奇的孩子，那么你选择哪一种呢？

第一种方式是：你将告诉孩子："这是菠萝，是可以吃的，它的外面是很硬、很尖的刺，你不要去摸它！它很重，你提不动它，但是它是圆的，你可以滚动它。你闻一闻，它是不是很香啊？现在我们把它拿到厨房去切开它，切好后用盐水泡一泡，它吃起来就又香又甜了。"

另一种方式是：你告诉孩子"这是菠萝"，然后就把菠萝放在孩子面前的地板上，自己先去把买回来的其他东西处理好。好奇的孩子一定会对这个菠萝"采取行动"，比如，他可能伸手摸了一下菠萝，赶紧又把手缩了回来，并且对着妈妈喊："妈妈，这个菠萝很刺手，我被它刺了一下。"你回应说："是的，孩子，菠萝会刺手，不要紧的。"于是孩子又尝试抓起菠萝的叶子，把它拎了起来，可是菠萝很重，孩子很快就把它放下了，并说："妈妈，这个菠萝很重，我拎不动它。""是的，菠萝很重。"你回答说。孩子可能又尝试着滚动菠萝，结果真的把它滚动了，他高兴极了，说道："妈妈，我把菠萝滚动了。"你也很高兴，说道："你真能干！"孩子问道："妈妈，我闻到一股香香的气味，菠萝是不是可以吃的?”你回答：“对，孩子。菠萝是一种水果，是可以吃的。”孩子又问道：“怎样吃呀?”你回答：“把皮削掉，切成一片一片，用盐水泡一泡，就可以吃了。”孩子说：“让我试一试……真好吃!”

选择第一种方式：这是一种直接回答法。孩子很快就了解到，菠萝是多刺的，是很重的，是可以滚动的，是很香的，是要泡了盐水才可以吃的。但这是妈妈告诉他的，不是孩子自己发现的。将来妈妈又带回来一件新奇的东西，孩子可能会像这次那样等着妈妈告诉他关于这个东西的知识。

选择第二种方式：这是一种非直接的回答法。妈妈会在孩子的提问下，逐一回答孩子的问题。相比之下，这不像第一种方式那样来得快捷，需花费更多的时间。但这一切都是孩子通过自己的尝试发现的。孩子不仅懂得了菠萝的特性，他还知道了认识菠萝的方法，可以摸一摸，可以拎一拎，滚一滚，闻一闻，切开它，尝一尝。下一次妈妈可能带回一些其他不同的东西，孩子就有可能用他知道的方法来探索它，认识它。

在第二种方式的这个过程中，孩子学会了认识事物的方法。随着不同事物的出现，孩子积累的方法就会越来越多，更重要的是，他体会到了主动学习，主动探索的乐趣和成功感。久而久之，孩子就能形成主动学习的习惯，自然，孩子自主学习的能力也就越来越高。

所以，做父母的要多鼓励孩子主动探索，不要有太多不必要的“不准”；在孩子专心做一件事情的时候，不要干扰他，尽可能不要催促他，更不要跟在孩子身边不断提醒他不可以这样、不可以那样；在孩子解决问题遇到困难时，不要急于帮助他，可以多给他提些建议；不要急于把结果告诉孩子，要给孩子充分的时间，让他自己去发现。

孩子读什么书需要你来把关

明明是个聪明的男孩，读小学三年级时已经能看厚厚的大部头著作了，并且爱不释手。这本来是件好事，可明明的妈妈却不这样认为，她说："我的这个孩子什么都好，就是太爱看'课外书'。"原来，她是反对儿子看课外书的，认为多看"课外书"会影响学习，多次劝说、干涉甚至动粗都收效甚微，最后，明明的妈妈想出了一个自以为一定有效的办法。

一天放假，明明的妈妈从新华书店买了一大包"书"回来，作为送给儿子的礼物。明明听说妈妈给自己买了很多书，高兴得直跳，以为妈妈"解除"了对他看课外书的禁令，但打开后一看，明明的嘴巴立刻撅得老高，忙着对妈妈说："那叫什么书？都是习题集之类的辅导材料，后面还附有作业题，都要做的！"妈妈说道："你不是喜欢看书吗？我就给你这么多'书'看，这样，看你还能再去看其他的'课外书'？"

世界很大，学校很小，教科书的世界更小，学生将来要面对的是广阔的世界。学生阶段孩子开始独立地阅读思考，拓宽自己的视野，养成良好的阅读习惯，将对未来的工作生活产生积极影响。同时，阅读课外书是培养孩子阅读能力的重要途径。

但如今，很多父母只让孩子读教科书而不让孩子读课外读物，有的家长为了不让孩子读"课外书"，甚至采用打骂手段。他们认为，孩子把大量的时间用在读"课外书"上，就会影响功课，影响学习成绩。

其实，“课外书”是“教科书”必不可少的补充和拓宽。当然，学校教育是人们获得知识的主要渠道，但主要渠道并不是唯一渠道，它不可能面面俱到。因为教科书的内容不可能也无法无所不包，这就得靠其他渠道来补充，课外读物就是它最好的帮手。一个人如果光读“教科书”不读“课外书”，他的知识面肯定非常狭窄，就像只吃一种他爱吃的菜而不吃其他的菜一样，营养不全面，必然会造成营养不良。

王俊对课外读物情有独钟，但是，妈妈一直反对他读课外读物。所以王俊每次都向同学借书看。

有一次，王俊向同学借了一本小说，说好三天后归还，但过了三天后，他还没有看完，于是就和同学商量，要求再续借几天，同学答应了。为了尽早把书看完，王俊不得不把书带回家里看。

那天放学回家后，王俊一头钻进他的房间，关上门，埋头读那本长篇小说。刚巧王俊的妈妈要他帮忙做件事，连叫几遍他都没听到。等王俊的妈妈推开房门见到儿子又在看“课外书”，而且看得那么入神，火气一下子就上来了，一怒之下就把那本小说给撕了……

不可否认，一些阻挠孩子看课外书的妈妈的初衷也是为了孩子好，她们担心孩子多读课外书会“野”了心思，冲击孩子读“教科书”，从而影响学习，这是许多父母不让孩子读“课外书”的主要原因。

但是，十二三岁的孩子，正值智慧突破的时期，他们对知识有强烈的好奇心与需求感。如果父母从中阻挠、限制，不但不会提升他们对课业的学习意愿，反而可能中断了孩子的学习机会。课外书是丰富孩子心灵世界、培养孩子兴趣的最佳途径，不看课外书的孩子的眼界注定是狭窄的。因此，父母不应该阻止孩子读课外书。不过，对于中小学生来说，由于他们尚未成熟，缺乏分辨能力，尚未形成成熟的读书观。这就要求父母在尊重孩子的基础上，对孩子看课外书进行引导。

第一，妈妈要根据孩子的特点帮助孩子选择课外书

最好的办法就是，妈妈和孩子一起讨论、选择书籍，选择一些既适合孩子，又能激发起孩子读书兴趣的书。比如，可以让孩子多看一些介绍优秀人物的书籍，树立学习的榜样，孩子可以在阅读中受到成功励志的熏陶。

第二，尊重孩子对课外书的兴趣

一般来讲，中小学生会从天性出发选择自己想看的书，父母应尊重孩子的选择。只要不是暴力、淫秽、恐怖的书籍，孩子都可以看。

第三，给孩子规定看课外书的时间

妈妈可以和孩子一起制订读书计划和时间表，在孩子很好地完成学习任务后，允许和鼓励孩子根据自己的意愿读些课外书。比如，和孩子约定，放学回家后的这段休息时间可以看课外书，但是到了做功课的时间就不能再看了；或是视孩子当日作业量的多少弹性地增减孩子阅读课外读物的时间。只要孩子能将时间调配得当，阅读课外读物不但不会妨碍孩子的功课，反而会拓展孩子的知识领域。

孩子对课外书是有兴趣的，只要父母引导得法，孩子的这种兴趣就能持久而稳定，最后养成习惯，使孩子终身受益。

认真对待孩子的提问

楚楚的妈妈这几天总是忧心忡忡的，一件烦心事惹得她几天几夜睡不好觉。原来，妈妈在楚楚小时候随口说过的一句玩笑话，一直伤害着楚楚。如今，女儿长大了，在最近和母亲的一次争吵中，说出了这件事……

楚楚小的时候简直就是“十万个为什么”，特别喜欢问问题。有时候，问得妈妈心烦，妈妈就会胡乱说一些话敷衍她。有一天，楚楚问妈妈：“妈妈，我是从哪里来的呀？”妈妈正在忙着干活，就随便回答道：“你是我从垃圾堆里捡来的。”

时间过得很快，转眼间楚楚都上小学三年级了。最近楚楚因为考试成绩不太理想，妈妈批评了她几句，楚楚就和妈妈顶起嘴来。妈妈在气头上就给了她一个耳光。谁知，楚楚竟然对妈妈大叫着说：“你打死我吧！反正我也不是你亲生的，我是你从垃圾堆里捡来的……”

楚楚的妈妈这才恍然大悟，想不到自己过去的一句小小的玩笑居然会在女儿幼小的心灵上留下这么大的伤疤，此时妈妈后悔莫及了。

现实生活中，很多孩子会疑惑地问妈妈：“我是从哪里来的？”而妈妈们的回答大多都是搪塞的语言，什么“你是我从垃圾堆里捡来的”“你是我从路边抱回来的”。妈妈们却没有想到，自己不经意间的一句搪塞，将给没有准确判断能力的孩子带来多大的恐惧感，她们害怕自己不是妈妈亲生的，早晚有一天会被遗弃。

妈妈们应该明白，孩子询问“我是从哪里来的”，以及其他一些问题，都是很正常的，说明孩子的观察力和思维能力已经到了一定的程度。但是，很多家长都羞于向孩子讲性知识。其实，父母最好告诉孩子事实，因为这比先编一个虚构的故事然后再去改变要容易得多。回答这个问题的时候需要用孩子使用的简单语言。一次给这么小的孩子讲很多东西他就会糊涂，而每次用简单的语言解释一点问题，孩子就会理解得比较透彻。例如，你可以说“宝宝长在妈妈身体里一个特殊的地方，这个地方叫做子宫”。

小时候的郭沫若问伯母道：“为什么我们的门前会有一口井？”

伯母回答说：“不知道，你问我，我问谁？”

那不耐烦、忽视孩子自尊心的腔调，犹如当头泼了孩子一盆冷水，使郭沫若一直记忆犹新，也成为郭沫若为人父、为人师之后教育孩子的一大教训。

孩子对这个世界充满了好奇，他们的脑袋里好像装着十万个为什么。在他们的心中，又认为可以从父母哪里知道他们想要的答案，因此常常向父母提出各种各样的问题。在回答孩子所提出的问题时，妈妈必须注意以下几点：

第一，要耐心地回答孩子的问题

妈妈耐心地回答孩子提出的问题，不仅传达了问题的答案，同时也表达出父母对孩子提出问题的重视与关爱，这样做会保护孩子的好奇心，增强孩子以后不断提出新问题的勇气与信心。认真地对待孩子的提问包括：认真倾听、认真回答，并将说话的语速控制在孩子的听力发展水平上，不能太快，保证孩子能听清。同时要注意用词规范，语音要正确，语句要完整，从而可以在回答孩子的问题时促进孩子语言的发展。

第二，要用一种诚实的态度来回答

如果孩子提出的问题是自己不知道的，要诚实地告诉孩子，并且最好能与孩子一起查资料来解决。千万不能欺骗孩子或者告诉孩子错误的答案，因为用这种方式来对待孩子，那么有一天当孩子发现时，就会降低对父母的信任感，同时也有可能使孩子养成做事不严肃、不认真的态度。

第三，最好引导孩子自己寻找答案

当孩子向你提出问题时，你不妨反问一下孩子，也许孩子有自己的想法，向你提问只是想验证自己的答案。通过反问可以了解孩子的内心，给孩子更适合的回答。也可以为孩子提供一些解决问题的方案，提供解决问题的材料，可以带孩子到书店或者图书馆中，教他们自己来寻找答案。父母要做孩子的引导者而不是代替者，所以最佳的方式是让孩子自己的问题自己先来想办法解决。

做出一道难题就夸他

小戴是个很懂事的孩子，可是学习成绩一直不好。一天妈妈回家后，发现小戴一声不吭地坐在客厅发愣，妈妈叫了她两声她都没有听见，妈妈走过去看见女儿满眼泪花。

“小戴，怎么了?”小戴看见妈妈后泪水哗哗地流了下来。

“孩子，告诉妈妈发生什么事情了，你知道妈妈很担心你的。”

“妈妈，我好没用，今天，数学老师临时测验了我们，我有一道题没有做出来……”小戴断断续续地说道。

妈妈让小戴把卷子拿了过来，妈妈一看，果然最后一道题没有做，并且这道题根本就不难。

妈妈看着小戴微笑着说：“没有关系的，你已经很不错了，你看上面一道题比下面的这道难多了，你都做得很正确啊。”

小戴听了妈妈的话，伤心地说：“老师说这份卷子很简单，考完后同学们也说简单，大家都做出来了。”说着，小戴有些哽咽了。

妈妈听完小戴的话，就对她说先不要想这次考试了，不如帮妈妈择菜。择完了菜，小戴的情绪好了很多，于是，很快就做完了今天的数学作业。

吃过晚饭，妈妈陪小戴聊天的时候，假装无意间看到女儿的数学作业，就说：“让妈妈看一看好吗?”小戴点点头。

妈妈看见小戴的作业十分整齐，但有好几处错误。妈妈看完后对旁边等待她评论的女儿说：“嗯，这道题做得太好了!”“妈妈，真的吗?”小戴有些不相信地问，“当然了。”妈妈肯定地回答。接着，妈妈夸奖小戴其中的一道题做得很好，然后才给小戴指出其他题的错误之处。从这以后，小戴越来越自信，成绩也越来越好。

生活中，当妈妈知道孩子把简单的题做错后，大多都会控制不住心中的怒气。所以我们常会看到这样的现象：家长因语言使用、批评方法的不当，造成与孩子冲突、对立，做父母的大动肝火，孩子“不肯屈服”，最后导致不良后果的发生。当然，孩子做错了事情，家长批评孩子是很正确的做法，但是，父母在批评孩子时也要讲究技巧。

孩子年纪幼小，辨别是非能力差，犯错误是难免的事。如果家长不讲究批评的艺术，不计较批评的言词、场合，甚至体罚或变相体罚，只能使孩子的自尊心受到挫伤，引发逆反心理和敌对情绪，这不仅不利于孩子认识和改正错误，反而会造成他们心灵上的创伤。因此，在孩子做错题时，妈妈应先对其做对的题给予夸奖，这样给孩子以良性刺激后，再对其做错的题目进行耐心的指导，或给予一些适当的批评，例如，“下次可不能太马虎了”“这么简单的题目下次可千万不能做错哦?”等等。在这样和颜悦色的劝说下，可能会收到意想不到的效果。

大禹上小学四年级了，平时学习还不错，可一到考试就不行了，有时还考不及格。

这天，期中考试成绩下来了，大禹拿着不及格的数学试卷战战兢兢地回了家。还没等大禹要把成绩告诉妈妈，妈妈便着急地问：“考试成绩下来了吧？这次应该考得不错吧?”听到妈妈这样问，大禹便不知如何向妈妈说了。他知道早晚是要说的，便从书包里小心翼翼地掏出了试卷，轻声对妈妈说：“成绩下来了，在这里，只是考得不太好。”

妈妈一听脸顿时沉了下来，说：“拿来我看看!”妈妈接过试卷，看到的是满卷的错误。当看到最后一道应用题时，妈妈没好气地质问道："这题你不是做过好几次了吗？怎么又错了？"

本来已经很懊悔的大禹听了妈妈的话后更加伤心了，他对自己也彻底失去了信心。心想："难道自己真的就这么笨吗？"

"胜败乃兵家常事"，作为学生考试失利这也是一件很正常的事情。这时妈妈要有意识地尽量避免用任何言语或行为向孩子表明他是个失败者。如果妈妈只会一味地说"你看，你又错了……"之类的话，而不是心平气和地询问为什么会多次出错，和孩子一起寻找错误的原因所在，这样只会让孩子觉得自己什么事都做不好，从而丧失学习的毅力和勇气。

巧用语言的暗示力量

小月学习成绩一直不错。可最近一段时间，小月的成绩从前 6 名降到了倒数第 10 名。小月的妈妈听后惊呆了，心想："天啊！我的女儿也成差等生了。"

这天晚上，妈妈让女儿拿出了数学卷子，逐题分析，问小月会不会做，最后发现女儿都会。

妈妈满脸笑容地说："我的女儿多聪明呀，没有一道题可以难倒你，只要有信心，够细心，一定能取得好成绩！""可我才 82 分。"女儿依然心有余悸。妈妈说："分数是测试你会不会的。你都会了嘛，我给你 100 分！"

小月听后很是兴奋。随后又积极主动地和妈妈一起看自己的作文。这是小月第一次写小作文，她的作文没有写完，所以得分很低。妈妈仔细地看了几遍小月的作文，惊奇地说："小月，你真是作文天才呀！""真的？"小月疑惑地快步走过来看着。妈妈大声说道："我是特级教师，一眼能看出学生的潜力。你看，你这开头多巧妙，语言多流畅！"

女儿听了妈妈的话后，信心倍增。过一会儿，又愣愣地说："可我的作文分很低呀？"妈妈摇摇头答道："作文关键看才华不看分数。女儿你绝对是作文天才！只要你以后仔细审题，再把作文写完，那么，你的作文就是范文的水平了。"

过了不久，小月的妈妈到学校去开家长会。没想到，老师一见面就眉开眼笑地说："还是你会教育孩子。你的女儿进步可大了，尤其是作文，几乎篇篇都可以当范文了。"

儿童和青少年都是有上进心的，包括那些缺点、毛病比较多的和学习成绩很糟糕的孩子，都希望得到表扬、肯定和鼓励。当他们由于进步或是做了好事而受到妈妈的表扬和鼓励时，就会在情绪上得到满足，在精神上受到激励，在思想上产生快感。这样，积极的内心体验就会逐步丰富和加深，从而增强自信心、自尊心和上进心，产生要求进步的欲望。

孩子的信心源于妈妈有效的夸奖。孩子需要夸奖，需要鼓励。"夸"不仅仅表明了父母的信心，同时也坚定了孩子的信心。只有孩子对自己充满了信心，父母才能培养出优秀的人才。

语言暗示教育是孩子健康成长过程中一种出奇制胜的法宝。它可以化腐朽为神奇，变平庸为不凡，谁掌握并运用了它，谁就会亲手打造出一个神话。

丹丹从小就是一个独立性很强的女孩子。她四岁的时候就能骑两轮的小自行车；到六岁的时候，她就拿了独生子女运动会的第一名……而她这一切的好成绩都是妈妈一句话的"功劳"。

那时，丹丹刚刚三岁。有一天，妈妈看到丹丹在玩搭积木。当她把所有的积木都搭好以后，妈妈不禁赞叹说：丹丹真聪明，将来一定会有出息。当时，丹丹虽然很小，但也知道这是一句好话，大家听了都会高兴的话。

后来，丹丹慢慢领悟到了妈妈那句话的含义。当她做每一件事情的时候，她就会想到妈妈说的话，她要做妈妈口中有出息的人，她要让爸爸妈妈爷爷奶奶都高兴。所以当丹丹学骑自行车时，她就会出乎人们意料地拆掉后轮旁的两个小轮子；当她参加比赛时，她无论如何都要拿第一。

现在丹丹长大了，各方面都很优秀。每当她向家里亲人报告好消息的时候，她内心便有一种说不出的喜悦。她真正成了妈妈所说的“有出息”的人。她做到了很多人都做不到的事情。现在，丹丹已大学毕业，并到国外继续深造。她在学习之余还报考了驾照、西点等各种她感兴趣的科目。有了妈妈的那句话做她的动力，她相信自己可以给家人一个满意的答案。

一句鼓励的话可以塑造一个成功的人生。相反，一句贬责的话则可能毁掉一个人才。在父母不经意说出一些责备的话后，有可能会伤害孩子的自尊，使孩子失去信心。而一句鼓励甚至夸大的话，却会让孩子燃起希望之火，照亮前进的方向。

妈妈的一句暗语“你一定是个有出息的人”，使丹丹每做一件事情都会以“有出息”为标准去衡量自己的行为。是妈妈的话成就了丹丹今日的成功。

由此可见，暗示效应就像是挂在树上的一串果子，如果想要得到这串美味的果实，就要在心中早早地树立“我一定能得到这串果子，我一定会成为一个优秀的摘果人”这样的信念，这样，就会在不知不觉中朝着得到果子的方向前进。因此，在生活中，妈妈们为了使孩子有做事的积极性，应该不断暗示孩子能够成为人们眼中羡慕的优秀人才，这些鼓励性话语的暗示效应是很重要的。

学会说些善意的谎言

小艺上二年级，爸爸妈妈经常忙于赚钱，很少有时间关心小艺的学习。特别是最近，小艺的学习成绩下降了很多。

一次开家长会，小艺的妈妈去参加了。老师把小艺在学校里的表现如实地向小艺的妈妈说了。小艺的妈妈听后非常生气，但是她到家里还是面带笑容。

小艺问道："妈妈，老师说我什么了吗？"

妈妈说："老师说我女儿是个认真乖巧的好孩子，将来一定有出息！"

小艺听后笑了，吃惊地说道："咦，老师说我有出息呢！"

第二天，小艺破天荒地在课堂举手发言了。从此，小艺在学习上变得越来越积极了。

后来，小艺在爸爸妈妈的一次谈话中，知道了那次家长会上老师说自己"胆小，上课老是昏昏欲睡，是不是晚上没睡够，这样下去我怕她跟不上"。她知道了当时妈妈是对她撒了谎。但是，她并不怪自己的妈妈。小艺认为，如果当初妈妈回来责骂她一通，原原本本把老师的话复述，那当时她一定会非常伤心。所以，她要感谢自己的妈妈，是妈妈善意的谎言使她对自己充满了自信，从而走向了成功。

不可否认，小艺的妈妈是非常有教育经验的人，她利用善意的"谎言"让女儿找回自信，帮助她走出了困境。

小兴有一个既节俭又严厉的爸爸，所以小兴有什么事情都喜欢和妈妈说。

一次放学后，小兴满脸不高兴的表情，妈妈随口问道："怎么了？宝贝儿子！"

小兴撅着嘴说道："妈，班里同学都穿新衣服了，你也该给我买一件了。"

妈妈看了看儿子很认真地样子，立即答道："好，我们明天就去买，好吗？"

"嗯！妈妈真好！"小兴调皮地说。

第二天，小兴的妈妈就带着他到了一家品牌店。小兴一眼就瞄准了那件200块钱的小夹克，说道："妈妈，我们就买这件吧！"

妈妈一看，犹豫了一会儿，说道："小孩子嘛，不要穿这么贵的，咱们还是买一件便宜点的好吗？"

"不好！我就要这个！"小兴说道。随后就耍起脾气来。妈妈无奈只好答应了。

在回家的路上，妈妈对小兴说："兴啊，回去你爸爸要问这件衣服多少钱，你可千万不能说200呀，不然你爸爸会大发雷霆的。"

"妈妈，那说多少钱呢？"小兴问道。

"你就说五十吧。"妈妈想了想说。

"没问题！妈妈。"小兴说道。

就这样，小兴按着妈妈的话去做了。

又有一次，小兴哭哭啼啼地回家来了，原来是小兴课间和一位同学吵架，他们互相用笔尖划破了对方的脸，而且是小兴先主动打人家的。妈妈知道儿子没理也就没去找别人家的孩子。

妈妈说道："你爸爸回来，你可不要说实话呀！"

小兴问道："妈妈，为什么呢？"

"因为这是善意的谎言，这样你爸爸就不会为你担心了。"

小兴问道："妈妈，那我该怎么说呢？"

“就说是你不小心碰到的吧。”

就这样，小兴在妈妈的又一次诱导下，逃过了爸爸的追究。

结果，长大后的小兴竟然成了一名骗子，但他觉得自己是在说“善意的谎言”。

在我们身边也常常见到这样的事：小孩子很爱哭，妈妈为了不让孩子哭泣会说：“再哭我把你扔掉，给狼吃!”通常，孩子会停住哭叫，这在常人看来也是一种善意的谎言。

有人认为善意的谎言可以讲。但是谎言毕竟是谎言，即使它在教育孩子的过程中能起到意想不到的效果；甚至有时也帮助过不少遇到问题和困难的孩子增强了自信，帮助他们闯过了一个个难关。但撒谎总是社会所不提倡的，也是违背道德规范的。这些善意的谎言在运用时，一定要适度运用、因人而用。因为，是谎言就总有被揭穿的那一天。所以，家长们还要以正确的正面引导来教育孩子为主，善意的谎言作为一种策略可以拿来用，但一定要把握好一个“度”。

让孩子养成写日记的好习惯

瑶瑶对写日记很反感，只要不写日记做什么都行。每次瑶瑶都是在妈妈的百般劝说下，艰难地写完每天一篇必写的日记。为此，妈妈很是苦恼，怎样才能让孩子不厌烦写日记呢？

在实在没有办法的情况下，妈妈来到了学校向老师请教怎样让孩子喜欢上写日记。老师说："对于二三年级的学生来说，写日记的确是一件很有意义的事情。但是，学生们由于刚刚接触，开始时肯定都有些抵触情绪。但是，在家长和老师的不断鼓励下，再加上孩子学会用自己的双眼去观察周围的生活，很快地孩子们就会爱上写日记的。"最后，老师总结了两点：一是，孩子写日记必须得到家长的支持和鼓励；二是，让孩子用心观察身边的每一件事情。

在老师的指导下，瑶瑶的妈妈决定和瑶瑶一起把日记写好。从此，每到瑶瑶放学回家以后，妈妈就准备一些小游戏，在瑶瑶写日记前妈妈先陪她做游戏。在做游戏的过程中，妈妈总是刻意要瑶瑶去记住一些东西，并不断地表达自己在做游戏过程中的感受。

待游戏停下来之后，妈妈说道："瑶瑶，你刚才做游戏开心吗？""嗯，开心，我们明天再做吧！"瑶瑶说道。

于是，妈妈又说："好啊。但是妈妈有一个条件，我们两个分别把刚才做游戏的过程和自己的感受，用日记的形式写下来，你能答应吗？"

瑶瑶回答道："好，我愿意！"

妈妈和瑶瑶分别写了一篇日记，互相交换着看了一下。妈妈看了瑶瑶的日记像流水账一样。瑶瑶看了妈妈写得很生动有趣，而且还不时地发出咯咯的笑声。看完妈妈的日记后，瑶瑶说道："妈妈，你写得真好，我以后也要像您这样写。”

后来，妈妈看见瑶瑶在兴头上，又给瑶瑶讲了些关于写日记的技巧和注意事项。在妈妈的耐心培养下，现在的瑶瑶不仅养成了天天写日记的习惯，而且每次写的日记都会在课堂上给同学们朗诵，她的心里可美了。

其实，教育孩子也不一定非得按照一个固定的模式去做。有时候，你意想不到的一句话也许就会为孩子打开兴趣的大门，帮助孩子一起制订并实现自己的愿望。要让孩子做一些事情，并不是强制就能做好，有时候虽然孩子表面做了，但他们内心却得不到做这些事情的乐趣。因此，也不会坚持下去。要想让孩子长期坚持做一些事情，就得为他们制造一些乐趣，让孩子感受到在做这些事情的时候是一种快乐与享受。这样的坚持才会长久。

小学生写日记是一项比较艰巨的任务。科学研究表明，写日记是锻炼孩子写作能力最好的方式之一。它可以磨炼孩子的意志，教会孩子如何做人，因此不管作为老师还是家长，我们都要寻找一些孩子们可以接受的方法，让他们坚持写日记。

那么，家长应该如何教孩子写日记呢？

1. 对于不知道怎样写日记，或者写日记像记流水账一样的孩子来说，妈妈要做一个有心人，要因势利导。妈妈可以从孩子所写的事情中提出问题，启发他思考，看看哪一件事对他影响最大，哪一种情景留下的印象最深刻，就让孩子集中描绘一件事，写一件事发生的时间、地点、人物、情节等。这样一写，不但日记的篇幅长了，而且内容也丰富了，重点也突出了。

2. 妈妈还可以找些英雄模范人物或名人作家的日记给孩子看，或者讲读给他听。在儿童少年读物中找一些孩子们自己写的日记学习，更有益处。如有可能，妈妈可以写一篇范文，讲解分析给孩子听。

3. 在检查孩子写的日记时，发现错别字、病句、错用标点符号等，都要及时指出修改。发现孩子写日记说假话，更应及时纠正；告诉他们写日记必须写真实思想。对写得好的日记，要加以鼓励，以此调动孩子写日记的兴趣和积极性。

第六章

妈妈说给孩子最有用的话

孩子，不要以貌取人

小艾回家撅着嘴对妈妈说："我们班今天转来了一位新同学，老师让她和我坐同桌。"妈妈看女儿不高兴的样子笑了说："那多好啊，你又有一位新朋友了。"不料，小艾说道："什么啊，她那么寒酸，皮肤又黑又粗糙，我如果和她成好朋友，别的同学肯定会远离我的！"

怎么也没有想到，一直很优秀的女儿会说出这样的话，惊讶之余，小艾的妈妈感到自己的家教有多么大的缺失。于是，妈妈说："小艾，妈妈单位里比我漂亮的人可多得是，照你这样说，妈妈岂不是要受人孤立了？"小艾调皮地笑一笑说："哪有？妈，你想骗我啊！上周吴阿姨不是还约你逛街吗？""妈妈不是想骗你，妈妈想告诉你的是：看一个人不能光看外表，长得漂亮并不能代表一切，人最关键的是要有美丽的心灵。你记住，评价一个人，千万不能看外表！"妈妈说。看妈妈有几分严肃的神情，小艾吞吞吐吐地解释起来："其实，我，哎呀，是因为别的同学觉得她特老土……我下午还借给她钢笔了呢。"看女儿着急的样子，妈妈语重心长地说："做人一定要有好的品质。你知道自己错在哪就好。"

晚饭后，小艾陪妈妈一起出去散步。在楼下，小艾竟然遇到了自己的新同桌和她的爸爸。原来，新同桌一家是从边疆部队刚回来的。当小艾知道自己的新同桌就住在自家楼上时，便热情地邀请她去自己家里一起做习题。

在一次期末考试中，这个貌不惊人的小女孩竟然考了全年级第一名，这真是令全班同学刮目相看。

孩子总是以眼睛看到的外表来评判一个人。妈妈要告诉孩子不要以貌取人的道理是很有必要的。若孩子从小就养成以貌取人的坏习惯，那以后就可能会发展成嫌贫爱富的不良品质。

“貌”有面貌，相貌，即有形之貌，更有无形之貌：神态和气质。“貌”不简单限于面貌，也不只是长相，而应该是人的整体形象。看人外表，更要看其表现出来的精神面貌。无形之貌，是个人能力、阅历、学识、个性特质的综合体现。精神状态和气质修养更本质，表现更稳定，影响更长远。

作为世界鼎鼎有名的学院，哈佛就曾经因为前任校长以貌取人，让哈佛遭受了巨大的损失。

有一次，一对老夫妇来到哈佛大学，女的穿着一套褪色的条纹棉布衣服，而她的丈夫则是穿着布制的便宜西装。他们没有事先预约就直接拜访哈佛校长。

校长的秘书在片刻间就断定，这两个乡下老土根本不可能与哈佛有业务来往，于是很不礼貌地说：“他整天都很忙。”女士回答说：“没关系，我们可以等。”

过了几个钟头，秘书一直不理他们，希望他们能知难而退。然而，他们却一直等在那里。秘书终于决定通知校长：“也许他们跟您讲几句话就会走开。”校长不耐烦地同意了。

女士告诉校长：“我们有一个儿子曾经在哈佛读过一年书，他很喜欢哈佛，他在哈佛的生活很快乐。但是去年，他出了意外而死亡，我丈夫和我想要在校园里为他立一座纪念物。”校长并没有被感动，反而觉得可笑，粗声地说：“夫人，我们不能为每一位曾读过哈佛而死亡的人建立雕像的。如果这样做，我们的校园看起来会像墓园一样。”

女士很快地说：“不是，我们不是要竖立一座雕像，我们想要捐一栋大楼给哈佛。”

校长仔细看了一下这对夫妇身上的条纹棉衣及粗布西装，然后吐一口气说：“你们知道建一栋大楼要花多少钱吗？我们学校建一栋大楼要超过750万美元。”

这时，这位女士沉默不讲话了。校长很高兴，总算可以把他们打发了。这时，只见这位女士转向她丈夫说：“只要750万美元就可以建一座大楼？那我们为什么不建一座大学来纪念我们的儿子？”她的丈夫点头同意。就这样，斯坦福先生夫人离开了哈佛，到了加州，建立了斯坦福大学来纪念他们的儿子。

以穿着取人，以出身取人，以社会等级取人，是平时我们很常见的一些人的通病。哈佛的教训也警示给喜欢以貌取人的那些人。

孔子曰：“以言取人，失之宰予；以貌取人，失之子羽。”意思就是，根据语言或外貌来判断一个人品质能力的好坏，是不准确的。

孩子，妈妈相信你

今天是考试成绩公布的日子。秋彤回家时，怕被厨房里的妈妈发现，于是，悄无声息地溜进了自己的房间。他一屁股躺在床上，一言不发地发愣。

没过多久，秋彤听到了妈妈进来的脚步声。秋彤的心一下子提起来了，他知道这下又完了。

果然，妈妈一进门就问秋彤："儿子，成绩怎么样？"

见秋彤面无表情的样子，妈妈已经知道考砸了，但是，妈妈并没有责怪他。

秋彤怯怯地递过成绩单。妈妈一看，说道："哇？考了80分？比你以前不就少10分吗？那算什么，妈妈相信你下次一定能考好！"

妈妈又说："孩子，你要学会坚强。妈妈理解你的心情，但是这次考试已经考完了，你闷闷不乐也起不到任何作用呀？你要努力好好复习，争取下一次取得好成绩。妈妈相信你是一个坚强的人，你不会被一次失败所击垮的。你明白吗？"

听了妈妈的话后，秋彤似乎心情好了许多，看着妈妈鼓励的目光，他也找回了自己的信心。

孩子考试考砸是常有的事。当孩子考砸时，其实他自己心里也是不好受的，他在自我检讨的同时，觉得不仅会受到老师的批评，而且会在同学面前丢脸。这时候的孩子，很希望妈妈能听听他的委屈、烦恼。如果妈妈一点儿也不理解他，只会训斥他，动不动就打骂他，孩子就会失去对学习的信心，久而久之就会越来越不喜欢学习。更有甚者，孩子为了免遭父母的打骂，只好以谎言来应付父母，不是说没有考试就是说试卷没有发。这种不诚实的行为直接导致孩子不良品质的形成。此外，由于孩子害怕谎言被识破会招来更严厉的惩罚，于是整天提心吊胆，精神高度紧张，严重影响了孩子的身心健康。

正确的做法是：父母首先要理解孩子，进入孩子的内心世界，和孩子耐心地交谈，让孩子感到父母对他的理解和支持，然后再寻求解决的办法。例如，当妈妈发现孩子考完试闷闷不乐时，可以对孩子说："考坏了心里很难过是不是？怕同学笑话、怕妈妈骂你是不是？"这时候，孩子肯定会向妈妈说明考砸的原因，以及自己心里的感受。妈妈就可以及时引导孩子勇敢面对挫折，孩子也会从失败的痛苦中解脱出来，重新振作精神，鼓舞斗志，努力学习。可见，理解是爱的语言，父母的理解会温暖孩子受挫的心，他会从中汲取力量，树立信心，以更加努力的学习来回报父母。

5 岁的亦程看到别的小朋友会骑三轮车，就对妈妈说自己也要学骑三轮车。

妈妈郑重地告诉亦程："那好呀，既然自己下决心学，那就一定要坚持学会才行。"

于是，妈妈就带亦程去学骑三轮车。

刚开始，亦程怎么也骑不好，一定要让妈妈推着才行。后来妈妈把亦程带到小朋友骑三轮车的场地，让亦程先观察其他小朋友怎样骑车。

看到别的小朋友骑得很轻松，亦程也想试一试。可是，他骑上车后却怎么也踩不动，急得直叫："妈妈，快帮我推一下！"

妈妈说："你老是让妈妈推，所以你总是骑不动。你得使劲往下踩，妈妈相信你一定可以的！"

没办法，小亦程只得用劲踩，三轮车居然动了起来。但是，没过多久，三轮车翻倒在地上，亦程坐在地上大哭起来。

每个孩子在成长的过程中都不可避免地会遇到困难。遇到困难时，孩子总是会痛苦、伤心。有的妈妈看到孩子遇到一丁点儿困难，就会介入到孩子的事情中，帮孩子处理。她们一次次把孩子从困境中解救出来，充当着孩子的保护神。但是，妈妈的帮助看似帮孩子摆脱困境，实际上却起到相反的作用。因为，这种做法不是在鼓励孩子去发现自己的能力，去运用自己的能力解决问题，而是在否定孩子自己的能力，使孩子失去了获得必要经验的机会，让孩子永远不能自己解救自己。

比如，妈妈看到不会骑三轮车而被摔在地上的孩子，虽然很心疼孩子，但妈妈想到的应该是让孩子勇敢地面对困难，锻炼孩子的胆量。妈妈可以这样对孩子说："男子汉是不能哭的！快站起来，继续骑吧！"听到妈妈鼓励的话，孩子就会自己站起来继续骑，逐渐地就能掌握骑三轮车的要领。

孩子，要独自想法去解决问题

雨辉今年已经上五年级了，他在别人眼中可是十足的好学生。无论是同学、老师还是邻居，一说起他总是一副赞不绝口的样子。可是在以前雨辉可不是这样的。以前的他是一个不爱说话、有什么事情从不主动去解决的孩子。只因一次偶然的事件，才激发了他的“雄心壮志”，即当一个“顶天立地”的男子汉。

有一天，雨辉放学回家对他的妈妈说：“妈妈，我们班主任老师说要组织一次野炊活动，可是经费得自己想办法，不能向家里要。可是我到哪里去挣那些钱呢?”

雨辉妈妈听了，心想这是一次锻炼孩子自己解决问题的好机会，于是就说：“孩子，你已经长大了，自己的问题该自己解决了。妈妈也只能提个建议，你要靠自己的真本事挣钱。”雨辉听了妈妈的一番话，觉得不是没有道理，再说自己已经是一个小小男子汉了，还怎么好意思再和父母伸手要钱呢？于是，他没再说什么，等到星期天的时候，他和要好的几个同学约好，替报社卖报纸，辛苦了一个周末，终于把野炊的钱挣回来了。

从此以后，雨辉遇到能自己解决的事情就自己解决，自己实在没办法解决的事情，他才会和妈妈说。久而久之，雨辉就变成了一个能果断解决事情的有主见的孩子，自然也讨得了周围同学、老师的喜爱。

这个事例证明：孩子在能力所及的范围，是可以自己去解决很多问题的。而现代家庭中，一般家长对孩子做事不放心，无论购物、外出，还是遇到其他事情，多是由父母代劳。再加上家长在教育孩子的问题上普遍都存在看重结果轻视过程的倾向，所以导致了孩子们自己解决问题的能力很弱，主动意识不强。因此，妈妈要根据孩子所处的年龄阶段，让他们自己去独立解决一些力所能及的问题。这个时候妈妈就可以放权（掌握好度），试着让孩子自己拿主意。如果孩子举棋不定，家长可以在一边当参谋，给他讲明道理，而后仍然让他自己决定。这样，在家长的带动下，久而久之，孩子就会习惯自己的事情自己去做决定，并且会办得很得体。

晚饭后，小江把自己做好的语文练习题拿了出来，请求妈妈帮助。妈妈看了看题目，是一道看图答题。第一幅图的画面上，画的是一个男孩在给小树苗浇水；第二幅图的画面上，是一大片成熟的麦子和两个正在捉蝴蝶的小孩。儿子找妈妈帮助的原因是，老师让孩子们先进行了讨论，小江的同桌认为第一幅图是“哥哥在种树”，第二幅图是“庄稼丰收了”。

但是，小江在回家的路上，学习委员说她知道正确答案。第一幅图为“哥哥在浇水”。第二幅图为“小朋友们捉蝴蝶”。很明显，儿子对这两位同学的答案都认同，不知道究竟该怎么回答。妈妈放下书本，把儿子拉到身边，说：“你说的是同桌和学习委员的答案，那你自己想的答案是什么呢，你可以按照自己的想法去回答这道题。”妈妈没有正面帮助自己答题，这让小江感到疑惑。妈妈对小江说：“儿子，想好了就按自己的想法去做，不要犹豫。”小江看着妈妈鼓励的眼神，在第一幅图下面写上“小树长高了”。在第二幅图下面写上“秋天到了”。

第二天，小江回家高兴地告诉妈妈，老师是想让同学们学会多角度看问题，所以他们的答案都是正确的，但是老师特别表扬了小江的比较有创意的答案。

孩子在讨论中往往会跟随大流，而忽略了自己的想法，小江妈妈的及时引导，让孩子明白了应该有自己的想法。在绝大多数父母看来，孩子的想法往往是幼稚可笑的。其实，要想让孩子增长才干，做妈妈的一定要鼓励孩子做事，在可能的情况下尽量让孩子独立去做，不要怕孩子失败，鼓励孩子按自己的想法去实践。

父母不可能一辈子把孩子养在身边，只有鼓励孩子做事，才能培养出优秀的好孩子。如果父母对孩子加以嘲笑或阻拦，无疑会束缚孩子的想象力，不利于孩子的个性发展，最终只会把孩子培养成对父母言听计从的“乖”孩子，这样的孩子往往缺乏开拓进取的精神。

你能行，没有什么能难得倒你

强强是一个三年级的学生，他平时很少主动和同学们一起玩，原因就是他的学习成绩不好，他担心别人不喜欢他。

一天放学回家，妈妈说："强强，明天就是你的生日了，你不打算请一些同学来家里玩吗？"

"不！"强强回答道。

妈妈听了，感觉强强肯定有什么事，要不上学这几年了，怎么从来就没见他带个同学回家玩？于是在强强坐下来看电视的时候，妈妈旁敲侧击地问了一下："强强，你们班里多少个同学呀？"

"四十个。"强强回答。

"这么多的同学里有没有你愿意交朋友的呢？"妈妈问道。

强强看了妈妈一眼，没回答。

妈妈又接着说："我的意思是，你平时有没有几个要好的朋友一起玩、一起探讨学习方面的问题等。"

"没有。"强强回答。

强强的回答令妈妈非常惊讶。同时，她也为自己的失职感到愧疚。这时她才觉得，孩子为什么一回到家不是看电视就是自己躲在书房里，这样下去对孩子的身心发展是不会有好处的。想到这里，妈妈接着说："强强，明天是你的生日，妈妈打算为你过一个与众不同的生日，你看好吗？"

"妈妈，我不想过。"强强回答。

"为什么？"妈妈问道。

"因为……因为不会有同学来的。"强强说完后，低着头好像在思索着什么。

“为什么不会有啊？你可以主动去邀请你的同学啊？”

“我不去！”强强坚决地回答。

妈妈这时才了解到事情的严重性，后来她苦口婆心地和强强谈心，终于得知儿子为什么不和同学一起玩了。这时，妈妈语重心长地对强强说：“孩子，古语讲人不分贵贱，交朋友也不能论成绩好坏。你的成绩虽然比不上他们，但是你也有你自己的长项，比如你踢足球踢得很好，吹笛子吹得也不错，你怎么就知道没有人会喜欢和你在一起玩呢？明天，你去主动邀请你的同学来家里玩，我想同学们一定会很高兴的，去试试吧！没有什么能难得倒你！”

强强被妈妈的一番话说动心了。第二天，他鼓起勇气邀请了几位同学，没想到同学们都很爽快地答应了他，并且在生日宴会上都拿出了很多有趣的小礼物。强强开心极了，他体验到了从未有过的一种快乐。从此，他主动和同学们一起玩、一起探讨学习的问题，并且还成了班里的文艺委员。

从这个故事里，我们可以看到强强是因为学习成绩差，害怕同学们不喜欢自己才变得如此的内向而不愿与人交往。妈妈在了解强强的心理后，告诉强强学习成绩不好，不代表其他的方面都不好，这让强强又找回了自信。为了给强强过一个与众不同的生日，妈妈叫强强去请班里的同学来参加生日，可自卑的强强害怕自己请不动同学，妈妈鼓励强强“去试试吧，没有什么能够难得倒你”！在妈妈的鼓励下，强强鼓足了勇气，去请同学们。可出乎强强意料的是，同学们都很痛快地答应了。这就印证了妈妈的话是正确的。强强妈妈的这些鼓励的话，为多年以来的儿子解开了心结。从那之后，强强变成了一个很开朗的孩子，从多年的心理阴影中走了出来。

学校里开办手工兴趣班，妈妈给小娅也报名了，可她学得很慢。

已经学了好几个星期，妈妈去接小娅，每次都见女儿在纸上只画了一个很小的圆圈，或者做手工的剪刀和纸张原封不动摆在桌面上，而别的孩子早就会画很多东西，或者会做很多手工了。小娅木然的表情，迟钝的动作，总是让妈妈不寒而栗。

第二天上学的时候，妈妈第一次没有骑自行车，她带着女儿一起早早地出发了。学校离家并不远，二十分钟后，就能看见学校了。小娅停了下来，她喘得厉害，妈妈笑着说："休息一会儿再走，好吗？"小娅呆呆地摇摇头，两手伸了过来。妈妈拉起女儿的小手看着她清澈的眼睛说道："小娅，妈妈相信没有什么能够难得倒你！你要靠自己的努力走下去，你以后要上中学、大学，甚至更高。"小娅愣愣地看看妈妈，好一会，她一声不响慢慢地往学校走去。

又过了几天，有一次公开课，同学们坐在教室一侧做手工，家长在旁边协助。有的孩子由于紧张，做着做着就坚持不下去了，最后都是由妈妈来帮着完成的。可是，小娅按部就班地完成了自己手工制作，整个制作过程都没有用妈妈帮忙。妈妈看到女儿按时交上了精致的手工作品，伸出大拇指赞扬女儿道："好样的！小娅。"

在回家的路上，母女俩边走边说笑，小娅说："妈妈，其实我在制作的过程中，也多次想放弃。""哦？是吗，可我看你一直都很镇定呀！"妈妈惊讶地说道。"但是，我只要想起妈妈您说的话'小娅，我相信你，没有什么能难得倒你！'我就坚持了下来。"……

小娅的动作和反应都很迟钝，在妈妈的鼓励和帮助下却出人意料地独立完成了手工制作，这是一个很大的进步。其实，幸福离我们每个人都只有一步之遥，孩子的进步对妈妈来说，也是一件很幸福的事情。

作为父母，面对孩子的不足，痛苦、怀疑、担心都是情理之中的。但是，父母千万不要将孩子紧紧抓住不放，而要让孩子走出去，看看外面的世界，开拓孩子的视野，精彩有趣的知识会引导他前行，也会告诉你，你的孩子和别人一样棒。因此，大胆地给孩子充分的时间与空间，让他自由发展吧。

努力去做一个有爱心的人

夜幕渐渐降临了，每天的这个时候学松早已放学到家了。眼下，妈妈急得像热锅上的蚂蚁，在屋里不停地踱步。将近8点时，学松才进家门。

妈妈急切地说道："你看看！都几点了。你到哪里去了，怎么这么晚才回来？回来晚也不提前说一声，你不知道这样别人会为你担心吗？"

学松气喘吁吁地说："妈妈，是这样的，我在放学的路上碰到一位双目失明的老婆婆在路口边蹲着，看起来很可怜，于是我就带她过马路。"

妈妈说道："你说的是真的吗？"

学松说："妈妈，当然是真的了。我什么时候说过谎呀！"

妈妈看着学松的表情，愣了一会儿说道："嗯，那好吧，我相信你不会说谎的。要是真像你说的那样，你做得很好，你很有爱心，妈妈还要表扬你呢！"

妈妈说完后，学松又接着解释说："我扶老婆婆过马路的时候，她说她和女儿走散了，回不了家。然后，我就问她住在哪里，她说住在铁路小区。我又问她知道家里的电话吗，她说记不清楚了。没办法，我只好送她回家了，所以才回来这么晚。"

"老妈妈说她之前已经问了好几个人了，但是没有人愿意帮她，一看到她是盲人就转身走了。后来我就带着老婆婆坐公交车，把她送到家了。她女儿都急坏了，正打算报警呢!”

妈妈听了儿子的话后，高兴地说：“你做得很对，妈妈就是怕你路上遇到什么其他的事情，不放心。所以才会……”

“唉，没事！妈妈，我都是这么大的男孩子了，你就不要为我操心了。”学松说道。

学松的话还没说完，这时家里的电话响了，妈妈急忙去接电话了。在电话里妈妈知道了，学松所说的一切都是真实情况。于是，她走到了儿子身边，拍拍儿子的肩膀说：“刚才老婆婆的女儿来电话了，说谢谢学松把她奶奶送回家，还说改天要上门来当面感谢呢!”随后，妈妈抚摸着学松的头说道：“孩子，你是好样的！你是一个很有爱心的孩子。妈妈为你而骄傲!”

理解、支持并赏识孩子的善良，让孩子在家长的赏识声中树立正确的价值观，从而真诚地对待每一个人。

善良作为一种美德，对孩子的成长发展具有积极的影响。可以说，缺乏善良品质的人，同时也是个道德上有缺陷的人，最终很难有所作为。能拥有一个善良的孩子，应该是父母的骄傲。当孩子表现出这种善良的品质时，家长要赏识和赞扬孩子。

一天中午，马达一家人正围在桌旁吃午饭。突然，听见有人在敲门。于是，马达放下手中的碗急忙跑去开门，打开门一看是母子俩，衣着单薄，嘴唇冻得紫黑，牙齿咯咯响，问能不能给他们点吃的。

5 岁的马达听了，没等妈妈开口，就抢着说：“行，行，你等一下！你等一下!”

于是，马达跑进屋和妈妈说明了情况，问妈妈可不可以给她们点吃的。妈妈连忙微笑着说：“怎么不不可以呢？你快去给他们拿两个馒头去吧!”

马达高兴地把两个馒头递给了母子俩，母子俩用颤抖的双手接过了馒头，连忙对马达说：“谢谢你，小朋友。你是一个很有爱心的好孩子！”马达脸红着说：“不用谢，不客气！快吃吧！”那母子俩拿着馒头渐渐地走远了……

马达回到屋后，很开心地对妈妈说：“妈妈，他们夸我是一个有爱心的好孩子呀！”

妈妈笑着说：“因为在他们最需要帮助的时候，你帮助了他们，所以他们才会夸你呀！”

“嗯！妈妈你说得对。我以后要一直做一个有爱心的孩子。”马达说。

“好啊！妈妈相信你，你有一颗善良的心，你一定能在别人最需要的时候伸出援助之手的。”

多么善良的孩子！多么智慧的妈妈！我们应该为孩子鼓掌，更应该为孩子的妈妈鼓掌！和孩子一起善良，就是对孩子善良的最大赏识和支持。虽然儿童年纪还小，但是已经能享受到帮助别人的快乐了。在孩子的心灵世界当中，需要认同自己是家庭与社会当中有价值的成员，因此，妈妈应尽量给孩子提供良好的接触社会、关心和帮助他人的机会。

正确看待得失，保持良好的心态

小雪从小就品学兼优，一直担任班长一职。进入小学六年级时，小雪突然落选了，原因是同学们认为小雪的工作能力不强。

回到家后，委屈的小雪向妈妈哭诉了事情的原委。这次打击对小雪来说太大了，她对妈妈说，她再也不想上学了！

无论妈妈怎样劝说，小雪就是把自己关在房间里，既不出来吃饭，也不听妈妈的劝告。

许多孩子生活在优越的环境中，生活总是非常顺利，一旦遇到一点小小的挫折，就无法接受。对于小雪来说，本来一直当班长，她理所当然地认为，班长非自己莫属。当落选的消息传来时，她自然无法接受。

对孩子来说，挫折的发生是不可避免的。作为妈妈要帮助孩子战胜内心恐惧，成为解决问题的能手。妈妈不仅要学会及时疏导孩子遭受挫折后的不良情绪，而且要善于主动设置一些挫折，让孩子从小就能勇敢地面对困难、面对挫折。

比如，在孩子年幼的时候，每当孩子需要某个物品时，父母不要立刻拿给他，而要让他通过动脑筋，自己想办法去拿；当孩子与朋友之间出现矛盾时，父母要鼓励孩子自己与朋友进行沟通；当孩子失败时，父母要鼓励孩子找原因，总结经验和教训，避免下次重犯；当孩子在生活中出现重大不幸时，父母要引导孩子乐观面对。

很多妈妈认为，幼小的孩子心理承受能力差，妈妈应该多保护孩子，因为挫折会让孩子感到痛苦和焦虑，不应该让孩子遭受太多的挫折和痛苦。妈妈的这种观念会直接影响到孩子。明智的妈妈应该树立挫折教育意识。

有挫折教育意识的妈妈可以把自己事业和家庭生活中遇到的挫折和不如意告诉孩子，让孩子对挫折有一个全面的认识，为孩子正确对待各种挫折树立榜样。在这种情况下，妈妈对生活的热爱、执著、不怕困难的态度和坚强的意志，是孩子面对挫折时最强有力的精神支柱。

放暑假了，小泉要完成老师布置的任务之一，那就是在假期里要学会勤工俭学。一天，小泉和小朋友们商量怎样可以完成老师的任务。有的说："我们去卖冰棒。"还有的说："要不我们去捡易拉罐吧!"最后小泉说："我们去卖报纸吧！这个投资少，还容易卖。"大家一致同意小泉的提议，可是大家又为资金的事情犯愁了。最后小泉主动提出自己先垫着，到时大家平均分配。于是小泉回到家和妈妈要了20元钱买了40份报纸，其他小朋友各拿10份，小泉拿了20份。他们兴高采烈地出去卖报纸了。

可是一天过去了，小泉看看手里的报纸只卖出去了6份，还剩下那么多，眼看天马上就要黑了，如果过了今天，明天就更卖不出去了，谁会买一份"过了期"的报纸呢？小泉越想越急，越急就越卖不出去，最后只好拿着报纸回到了家。

妈妈看到小泉回来了，再看看他的表情就知道肯定没卖完。但是妈妈并没有责备小泉，而是语重心长地对小泉说：

"孩子，妈妈给了你20元钱，是想让你去体验一下生活，至于卖出去卖不出去并不重要，你明白吗？""可是，他们都卖完了，就我没卖完。"

"孩子，你要知道，没有失败就没有成功，你今天卖不出去，你就会去寻找原因，最后你就会全部卖出去。假如你第一次就全都卖出去了，那么你就不知道成功的来之不易，你也不会珍惜你的劳动所得。”

小泉若有所思地想着妈妈说的话，过了一会儿，他对妈妈说：“我懂了，越是经历过失败的成功就越值得珍惜，一个人要正确看待得失。对吗？”

妈妈微笑着说：“对，要正确看待得失，保持一种良好的心态。”

当孩子遭遇失败时，妈妈不要对孩子讲：“看，把事情都弄糟了，你怎么搞的？”“你都忘了应该怎么做了，是猪脑子？”“早知如此，不如当初不要你！”“你根本就不是学习的料！”如果孩子经常处于这些话语的反复“暗示”下，往往会接受这种错误判断，从而将这些错误判断作为自我评价的一部分，长此下去，必定形成怯懦、自卑、害怕挑战的心理，认为自己什么都不行。当孩子对自己的评价过低时，就会失去战胜困难的勇气和动力，如果遭到失败，有可能会一蹶不振，最终可能会一事无成。

妈妈不要让孩子形成这样的观念：失败非但不是一件令人沮丧的事，反而应该可喜可贺。如果孩子形成这样的观念，他认为只有经历失败才能获取成功，于是他会不畏失败，不在乎失败，跌倒了爬起来，再跌倒再爬起来，而结果是看不到尽头的失败，那么纵使他屡败屡战，也并不有益于孩子的身心健康发展。正如温瑞安先生所言：“跌倒一次、两次，你还可以再爬起来，但如果跌倒一百次以后呢？即使你有勇气爬起来，相信你的勇气已经消失殆尽，你的脊梁再也不能挺直。”

所以，当孩子遇到困难不能解决或走进死胡同时，父母要与孩子一起共同向困难挑战。父母不仅要鼓励孩子勇敢地面对挑战，还应该提醒孩子“你错了”，并进一步启发孩子“为什么会错”，与孩子一起分析失败的原因，鼓励孩子少犯相同的错误。这样，孩子才能一步步找到问题的答案。

正确对待别人的嘲笑和金钱

嫣嫣是全家人的宝贝，深受宠爱，要风得风，要雨得雨，渐渐地越来越霸道，也受不得半点委屈，如果在学校被老师批评了，让同学嘲笑了，她都会非常不开心，甚至发脾气。

有一天，还不到放学时间，嫣嫣突然气冲冲地从学校跑回了家，呜呜地哭，说什么也不愿意再去学校了。妈妈到学校去了解了原委才知道，因为有同学见她今天的衣服扣子扣错了，嘲笑了她一下，她受不了打击觉得很丢人。妈妈好说歹说把孩子送进了学校，但是也意识到女儿的心理太脆弱了。

妈妈经过思考，认为这和大人们的管教方式有关，在家里大家都呵护着嫣嫣，不让她受一点刺激，总是顺着她，满足她的任何要求，玩游戏也尽量让她当赢家，怕她输了哭鼻子、发脾气。孩子仅仅因为被人嘲笑扣错了扣子就逃避学校，那么将来长大以后，又怎么去应对各种挫折与困难呢?

在妈妈的精心的诱导，嫣嫣终于变得比较懂事了，能够独立完成自己的事情，也不再被一些小小的挫折所击倒。

那么，妈妈是怎样来教育自己的孩子的呢?

首先，妈妈在翻阅了一些书籍后，了解到孩子需要一定的空间和时间，去试验自己的能力，去学会如何对付危险的局势。不要为孩子做任何她自己能做的事，如果过多地做了，就剥夺了孩子发展自己能力的机会，也剥夺了她的自立和信心。

其次，妈妈决心对孩子进行有针对性的教育。例如，晚上嫣嫣正看动画片，妈妈叫了几声开饭了，她满不在乎地说："给我送点饭来啊。"妈妈说要吃自己过来吃，女儿又叫："那你给我拿饼干吧。"妈妈还是让她自己拿。嫣嫣急了，开始用哭来威胁妈妈，妈妈不理会，等嫣嫣安静了，妈妈说："饿了吧，饿了自己去吃，妈妈还是不会给你送过来。"嫣嫣只好自己离开电视去吃饭。妈妈就是采用了这种常见而又实用的方法，使嫣嫣从此变成了一个坚强的孩子。

一次，梓人的学校组织同学们到香山公园去秋游。这是梓人出生以来第一次离开妈妈出这么远的门。妈妈精心为她准备了食品，并嘱咐她带上一点零花钱。那天临走的时候，梓人特意从自己的小钱包里拿出来几张崭新的钞票，夹在一个小本子里，再把小本子放在小背包的最下层。然后，她在妈妈脸上甜甜地亲了一下说："妈妈再见。"就欢快地跑了出去。

太阳快落山的时候，梓人一蹦一跳地跑回家来了，刚一推开房门，她就兴奋地大声说："妈妈，您快来看，我给您买了一个小礼物。"说着，她打开书包，从里边拿出来一个用丝线缠绕的彩色小球，举到妈妈面前说："妈妈，这是我从'鬼见愁'上给您买的，您喜欢吗？"

"哟，我的宝贝女儿会给妈妈买礼物了。"妈妈高兴地接过这个彩色小球。其实，这是一个很小的塑料小球，外边绕着一层七彩的丝线。梓人的妈妈知道，在旅游景点这是很普通的工艺品，要比外面的贵得多。但是，她认为这是可爱的女儿送给自己的第一件礼物，是女儿在远离母亲的地方精心为自己挑选的。梓人的妈妈望着女儿高兴地笑了。

小梓人站在一旁，一直用探询的目光看着妈妈，见妈妈只是呆呆地看着这个小球，一声不吭，她担心地问："妈妈，它好看吗？您喜欢吗？"

妈妈把这个彩色的小球按在心口上，笑着对梓人说：“它太漂亮了，妈妈特别喜欢。妈妈谢谢你。”

随后，梓人又把自己买回来的好多纪念品都拿了出来，对妈妈说：“妈妈，我还买了一些纪念卡。我第一次离开妈妈到这么远的地方，第一次爬上这么高的山，我特别激动，我想应该纪念一下，我就买了这个纪念卡。您看好吗？”

妈妈连声说：“好，很好。很有纪念意义。”

停了一下，梓人小声说：“妈妈，我不会砍价，人家要多少钱，我就给了多少钱，是不是买贵了？”

妈妈问：“一共花了多少钱？”

梓人不好意思地对妈妈说：“妈妈，我把带的钱都花没了。”

说实话，去游玩把身上所带的钱都用来买纪念品是有些过火，但是妈妈看着梓人严肃认真的神情，把本来要发出来的火压了下来。因为，梓人的妈妈认为：这毕竟是孩子第一次自己支配金钱，虽然钱花得有些不得当，但是说服教育应该比严惩更合适。

现在，在孩子教育上“节约”的父母是越来越少了，大凡有条件的家庭，孩子的教育还是占支出的较大比例。孩子花钱再也不像我们小时候那样，只是一根5分钱的冰棍那样简单了。在这种情况下，妈妈要教育孩子从小就学会正确地花钱：要求孩子对自己的零花钱记账，每一笔钱的去向都必须清清楚楚；让孩子把手里的零用钱、压岁钱计划着使用，适当积累，让孩子在存钱、用钱的过程中养成节俭的好品质。最重要的一点，就是家长要做好示范，不能一边教育孩子正确花钱，一边自己花钱却毫无节制，大手大脚，因为家长的很多行为也会影响孩子的。

自己的事情自己做好选择

建伟刚上二年级，课余时间特别喜欢踢足球，而对乒乓球不感兴趣，但他却有个乒乓球球迷的妈妈。

妈妈看到建伟经常去练习踢足球，就教训他："小球还没有玩转，就学踢大球，真是自不量力!"

建伟不愿意玩乒乓球，妈妈就强迫儿子和她一起去打乒乓球，弄得建伟总是不开心。

现实生活中，像这样的事情常常发生。女儿想学长笛，妈妈却非要她改学钢琴；儿子喜欢文科，妈妈却以"学好数理化，走遍天下都不怕"为借口，为他选择理科……一个人不能选择自己喜欢做的事情是痛苦的，对此，成年人应该感受最深。妈妈同样应该明白：孩子也有自己的喜好，强迫他们去做不愿做的事情，孩子总会不开心。要是让孩子按妈妈的意图去行事，就可能引起孩子的敌对情绪和反抗。

当然，也许有的妈妈会说这样"难为"孩子，其实是"望子成龙心切"，根本没有什么恶意。但是，父母的"善意"有可能带来"恶果"，这等于抑制了孩子的长处，而放大了孩子的短处，有时可能会弄得孩子对自己的长处与短处都没有了兴趣，结果得不偿失。

其实，从孩子呱呱坠地的那一刻起，做父母的不仅给了孩子生命，也给了他们作为一个独立个体存在于这个世界的权利。郑板桥的教子诗曰："流自己的汗，吃自己的饭，自己的事自己干，靠天靠人靠祖宗，不算是好汉。"每个父母都会为郑板桥严格要求孩子的心情所感动。但现在我们做父母了，却很难做到这一点，而且也忽略了孩子这样一个特点：孩子有能力天天学习，天天长进，天天完善。如果父母希望孩子相信自己天天长进，那么父母就必须鼓励他们，允许他们变化，允许他们自己作出决定。父母总是不让孩子照料自己的生活，自己的事情不能自己做主，就会人为地推迟孩子学会料理自己生活的时间，使孩子产生对父母的依赖感，缺乏自我决策的意识。

如果孩子对父母的依赖性强，父母就应该在平常的生活中培养孩子的自主意识——自己的事情自己决定，自己的事情自己解决。

会南刚上小学二年级时，学校要举行全校性的纠正错别字竞赛，会南告诉妈妈："老师想让我参加纠正错别字竞赛。"

"这是件很好的事，你去报名了吗?"

"还没有。"

"为什么？是不是没有想好?"妈妈问。

"竞赛时台下会有很多人看，我有点害怕。"会南很激动，毕竟这是她第一次参加这种集体性的竞赛活动。

"要是参加竞赛的话，也可以锻炼锻炼自己，不过这件事你还是自己决定，我只是告诉你我的想法。"妈妈鼓励道。

后来，会南自己决定参加这次全校范围内的纠正错别字竞赛。

当孩子面临一些难以选择的问题时，妈妈可以对孩子说："这是你自己的事，你应该自己来拿主意。"从家长的角度来说，应该把选择的权利尽量放给孩子，在作出关于孩子的一些决定时，也应该征求孩子的意见。

作为妈妈，不应该对孩子事先作出假设或者限制，因为孩子的成长过程是一个不断发展变化的过程。妈妈能做的就是学会让孩子自己做决定，这样，孩子做事情才是发自内心的，而且在做事过程中，才会形成自己了解自己、自己认识自己、自己发展自己的能力。

汝红正在和小朋友在院子里玩，妈妈看孩子们玩得高兴，就走到孩子们面前亲切地问："你们长大了想干什么呢?"

一个孩子说："我长大了要做大总统!"另一个说："我想当警察，警察最神气了，可以管好多人。"可汝红不紧不慢地对父亲说："我想画招牌。"

母亲听了汝红的话，并没有因为女儿胸无大志而不高兴，她只是淡然一笑，让孩子继续玩他们的游戏。

后来，身为人母的汝红，对自己儿子的教育也同样受到了母亲的影响：让孩子做自己想做的事情。她还给儿子讲了这样一个小故事：

从前有一棵小番茄，有人告诉它，只要你努力，就可以长大，结的果实像西瓜一样大，像苹果一样有营养，像水蜜桃一样好吃。

小番茄听了这话，就很卖力地汲取营养，然后做强身健体的运动。然而小番茄结出的果实仍然是小小的番茄，而且糟糕的是：小番茄不再以为自己是番茄，它甚至连成为一棵普通的"番茄"也不想了。

其实，孩子只要成为孩子自己，别的并不重要。孩子只要能够健康地成长，能够快乐地做自己想做的事情，就是孩子最大的心愿。妈妈如果给孩子规定过高的要求，强迫孩子做他做不到的事情或者他不愿意做的事情，不仅会让孩子迷失自我，还会让孩子的心灵受到伤害，实在不可取。家长也不要拿"好孩子"的标准作标尺，在自以为是的心态下作出"不符合孩子意愿"的行为，那对孩子将是最残酷的。

宽容待人，学会原谅别人

放学了，同学们急急忙忙地收拾书包和文具。朝阳是班里有名的调皮鬼，因为刘聃是学习委员，所以他们之间经常免不了发生一些冲突。这不，朝阳从过道跑的时候，背上的书包把刘聃书桌上的文具盒碰掉了，刘聃追出教室非要朝阳把文具盒捡起来。刘聃妈妈来学校接女儿，刚好看见这一幕，就拉住了女儿。刘聃气愤地对妈妈说，朝阳是故意给她找事的。妈妈对刘聃说："孩子，为什么你总认为朝阳不好呢，他调皮，学习不好，但你并不能否认他的全部啊。人无完人，你不是有很多好朋友们，难道你不明白，朋友是要互相宽容，互相谅解吗?"走出校门时，刘聃的心情好了不少，事情就这样过去了。

周末，班级组织办黑板报，朝阳和刘聃是一组。朝阳不知怎么一不小心碰倒了靠在教室门口的旗杆，把教室的玻璃打碎了一块。刘聃带头把手里的零用钱都掏出来，同学们凑钱立即买好玻璃，并请师傅把玻璃安好了。妈妈知道后，故意逗她说："玻璃是那个朝阳打的，你们凑的钱他还你们吗?"女儿说："你不是告诉我了对朋友都要宽容和谅解嘛，他又不是故意破坏公物的，我们少花点零钱就是了。"听了女儿的话，妈妈欣慰地笑了。

刘聃和朝阳发生争执，刘聃的妈妈非常理智地进行了处理，这对培养刘聃的健康人格是非常有利的。因此，在孩子之间发生争执时，作为妈妈一定要开明，不能偏袒自己的孩子，更不能责骂孩子的做法，而要批评教育，让孩子认识到自己的错误，当面给被伤害的朋友道歉，教育孩子做一个宽容礼让，勇于承担责任，知错能改的好孩子；如果是自己的孩子受了委屈，也要认真分析实情，妈妈应该肯定孩子的行为，让孩子丢掉委屈情绪。

一天放学回到家，嫣然对妈妈说：“妈妈，昨天中午老师不在的时候，宇哲把桂华的鞋子脱下来扔到了厕所里，桂华一直在哭呢。”

妈妈想了解一下女儿处理事情的方法是否得当，就对她说：“你是班长，老师不在你怎么处理这件事呢?”嫣然歪着脑袋想了一下：“以牙还牙，以血还血，把他的鞋子也脱下来扔厕所里去。让他尝尝被人欺负的味道!”

听完嫣然的话后，妈妈愣了一会儿说：“在你们班里宇哲是属于调皮捣蛋的一类，不受同学的欢迎，可是你这样处理也有些不妥啊?”妈妈又和颜悦色地说：“嫣然，假若你犯了错，老师不给你改正的机会，你觉得好吗?”嫣然是个聪明孩子，她立即反应过来了，马上说：“那就把他拉到讲台前，让他站在那里不许动，手动打手，脚动打脚。谁叫他那么坏!”

听完嫣然的话后，妈妈吃惊地瞪大眼睛说道：“嫣然，老师就从来不会像你那样做，学生再顽皮，老师也一定会坚持以教育为主，对屡教不改的学生实在气不过，老师也会牺牲休息时间去家访，和家长取得联系，共同教育。”

妈妈耐着心地说：“嫣然，假若是你犯了错，老师也这么对你好吗?”嫣然轻轻地说：“不好。”然后她问：“妈妈，那你有什么办法?”妈妈说：“叫他把鞋子捡回来，并向桂华道歉。”嫣然半信半疑：“就这样？不罚他吗?”妈妈说：“是啊，如果宇哲这么去做，那说明他已经知错就改了，为什么还要罚？人都会犯错，我们应该对别人宽容一点，本来就是小事，不要那么斤斤计较。”嫣然点了点头。

作为家长，应教育孩子学会以宽容的态度来对待自己身边所有的人。如果发现孩子做错事情时，不能采取过急的行为，而要耐心说服，要以礼服人、以德服人。

宽容不是忍让，更不是纵容。只是当妈妈发现孩子做错事时，妈妈首先要教育孩子以宽容的态度来对待，从孩子和大人的不同角度谈问题，让孩子明白什么可以做什么不能做。当然，凡事都有一个过程，妈妈不能要求孩子一下子以成人化的标准来做任何事。这不现实，也没有实际意义。

继续保持你的优点并发扬光大

高华每次的考试成绩都很好，尤其是数学，这段时间每次测验都是满分，高华有些得意忘形，于是理所当然地找老师要求当数学课代表。

但是，老师并没有答应高华的申请。于是，下午高华回到家后，显得非常沮丧。妈妈不知道原因就上前问了一句，但是，高华并没有告诉妈妈，还是一个人在一边生闷气。晚饭后，高华终于压抑不住自己的情绪，爆发了。他说："我主动向老师申请当数学课代表，老师不但没有批准，还说我太骄傲了。"妈妈说："孩子，并不是说数学成绩好就能当数学课代表，成绩好只是一个方面呀！"

于是，妈妈又问道："你平时关心同学吗？"

高华回答："我只顾自己学习了，哪有时间关心别人！"

妈妈说："就是啊，作为一个课代表不光要数学成绩好，还要有爱心、同情心、热情、责任感。"

"这些你都有吗？"妈妈反问道。

妈妈看着高华似乎明白了，又说道："但是，你主动找老师去申请当课代表的勇气可嘉，我想只要你坚持你的优点并发扬光大，再及时地弥补一下自己的不足，不久后老师就会主动找你当课代表了。"

听完妈妈的话后，母子俩会心地笑了……

争强好胜，爱表现自己这是一些小学生身上的共同特征。文中的高华片面地以为自己成绩好就代表了一切，成绩好就能得意忘形，主动去向老师申请做数学课代表，显然这是一种十分不可取的做法。

孩子的成绩只是代表他课本上的学习状态，而衡量一个孩子的好坏，不光是用成绩来衡量的。例如，爱劳动、有爱心、有同情心、积极进取，等等，这一切优秀的品质对一个孩子来说，远比成绩更为重要。所以，妈妈们不要光为了孩子能取得良好的成绩而忽略了对孩子品质的要求。如果一个孩子连最基本的爱心就没有，试问他有再聪明的头脑，能为社会作出贡献吗？

因此，妈妈要多引导孩子全面发展。例如，当孩子做完作业后，帮着妈妈洗碗，陪爸爸聊聊天，给奶奶倒洗脚水，等等，只要是孩子力所能及的，妈妈都可以吩咐孩子去做。这样对孩子的全面提高是非常有用的。

保真因为做值日，走迟了点。当他走到离学校不远的一个花店时，发现地上有几张纸币，低头细看，原来是400元钱。第一次见到这么多钱，保真心里没了主意。这时，他想起了一件事：

一个晚上，他陪着妈妈去理发。妈妈理完发后去了旁边的超市。在超市里，妈妈聚精会神地看着商品。忽然，他听到妈妈身上传出音乐声，就说："您身上怎么有音乐声呢？"妈妈心不在焉地说："超市放音乐呢。"

可是，一阵又一阵的音乐声传出，妈妈摸了摸外套口袋，结果摸出来一部手机。原来是理发店的小伙子错把妈妈的外套拿给另外一个人穿了。

这时，音乐又响起来，妈妈就接了电话，告诉那个穿错外套的人，她正在理发店旁边的超市。没有过两分钟，那人就赶过来了，妈妈把手机和外套还给了他。

想到这里，保真想：我一定要向妈妈学习，做个拾金不昧的好孩子。于是，保真赶紧跑回家，高兴地告诉妈妈："妈妈，我今天捡到钱了。"保真将400元钱交到了妈妈的手里，妈妈用一个信封将钱装了起来，让保真将钱交给老师。

第二天上学的一大早，保真就将钱交给了老师，老师表扬了保真拾金不昧的好品质。

保真放学回来后，异常兴奋，他把老师表扬他的事告诉了妈妈。妈妈告诉他：“你可要保持你的优点并发扬光大呀！”

保真一边点头，一边开心地笑了……

保真的妈妈为孩子树立了好榜样。在孩子成长的过程中，妈妈要教育孩子捡了东西要归还的道理，帮助孩子树立正确的金钱观。“拾金不昧”不是一般的社会道德准则，而是属于传统道德底线，

在这个复杂的社会里，孩子们的心灵却像金子一般的纯洁、闪亮，如何使他们的心灵继续纯洁、闪亮，让他们以一颗善良的心来面向社会，在孩子的品德教育中是很重要的。如果在人行道上、停车场里或是商店的地板上捡到一些硬币，交给老师或警察，孩子就能将普普通通的一天变成值得纪念的一天。

每个妈妈都应该明白，培养孩子拾金不昧的品质，远比占一点小便宜重要得多。如果要求孩子拾金不昧，妈妈就不能将捡到的物品据为己有。对于孩子的诚实，妈妈应该给予赏识和赞扬，用赏识留住孩子的纯洁和诚实，培养孩子诚实正直的优秀品质。

孩子，你要做时间的主人

已经十点了，聪聪还在做作业。刚放暑假，聪聪在爸爸的指导下，制订了一个时间计划表。前天，妈妈给聪聪报了一个游泳班，每天要参加三个小时的游泳训练。这两天聪聪因为时间推移，每天做作业到很晚。“聪聪，还有多少啊?”妈妈走进房间，看见儿子满头大汗，心里一阵抽搐。

“嗯，还有一半呢!”聪聪转过身子，小声回答着。“游泳以后……”聪聪想补充什么，可是欲言又止了。

“参加游泳以后，时间不够了吗?”妈妈问。“嗯，也不是……”聪聪回答。

“孩子，想一想怎样能让你以前的安排和游泳都不误呢！你要做时间的主人，主人是不能偏心的，你把睡觉时间拖延了，可现在已经困了，既没有做题效率，又亏待了睡觉，白天你有很多短的时间段，可以划分出来写作业啊!”

妈妈说完，聪聪觉得眼前一亮，说：“妈妈，也就说我抽时间一次完成一点，游泳回来再写剩余的作业。”

妈妈听完儿子的话，开心地笑着点点头。“妈妈，您放心，我一定会当好时间的主人，绝不偏心了。”聪聪高兴地回答。

聪聪因为游泳占用了很多时间，所以乱了时间规划。其实，在妈妈看来，写作业的时间还是有的，主要的是他愿意不愿意挤，聪聪很快就悟到了妈妈的意思，要做时间的主人。

善于利用自己时间的人，将会获得高效率的办事结果，也是最能出成绩的人。合理安排时间就等于节约时间，要见缝插针，不要浪费每一秒钟。家长要指导孩子合理安排学习和作息时间。孩子的时间观念增强了，知道珍惜时间，这样孩子的生活就不再杂乱无章了。

孩子能否安排好自己的时间，与他的学习效率有很大的联系。不珍惜时间，无法合理安排时间的孩子，往往缺少自我控制的能力，缺乏不断前进的动力。如果父母在早期教育中让孩子养成良好的时间观念，就等于给了孩子知识、力量、聪明和美好的开端。

周恩来小的时候，非常好学，每天鸡叫三遍过后，周家花园里就会传出阵阵琅琅的读书声。为了过好习字关，周恩来除了认真完成老师布置的作业外，还坚持每天练100个大字。

有一天，周恩来随陈妈妈到一个路途较远的亲戚家，回来时已是深夜了。一路上风尘劳累，年幼的恩来已经筋疲力尽、呵欠连天，上下眼皮直打架，但他仍要坚持练完100个大字再休息。陈妈妈见状，心疼不过，劝道："先睡觉，明天再写吧！"

"不，妈妈，当天的事当天了！"周恩来说服了陈妈妈，连忙把头埋在一盆凉水里，一下子把瞌睡虫赶跑了，头脑也清醒多了。

100个字刚写完，一把夺过恩来的笔说："这下子行了吧，快睡觉！"

"不！"周恩来仔细看完墨汁未干的100个大字，皱着眉头认真地说："陈妈妈，你看这两个字写歪了，我必须把大字写好以后才能睡觉。"

说着，周恩来白嫩的小手又挥起笔来，把那两个字又写了三遍，直到满意才为止。

法国思想家伏尔泰曾出过一个意味深长的谜语："世界上哪样东西最长又是最短的，最快又是最慢的，最能分割又是最广大的，最不受重视又是最值得惋惜的？没有它，什么事情都做不成，它使一切的东西归于消灭，使一切伟大的东西生命不绝。”这是什么呢？答案就是时间。

伏尔泰解释说：“最长的莫过于时间，因为它永无穷尽；最短的也莫过于时间，因为我们所有的计划都来不及完成。在等待的人，时间是最慢的；在作乐的人，时间对他是最快的。它可以扩展到无穷大，也可以分割到无穷小；当时谁都不加重视，过后谁都表示惋惜；没有它，什么事都做不成；不值得后世纪念的，它都令人忘却；伟大的，它都使它们永垂不朽。”

捕捉儿童敏感期

李芷怡◎著

民主与建设出版社
·北京·

图书在版编目（CIP）数据

捕捉儿童敏感期/李芷怡著. —北京：民主与建设出版社，2019.9

ISBN 978-7-5139-2225-8

Ⅰ.①捕… Ⅱ.①李… Ⅲ.①儿童教育-家庭教育 Ⅳ.①G78

中国版本图书馆 CIP 数据核字（2019）第 175056 号

捕捉儿童敏感期

BUZHUO ERTONG MINGANQI

出 版 人　李声笑
著　　者　李芷怡
责任编辑　刘　艳
封面设计　周　飞
出版发行　民主与建设出版社有限责任公司
电　　话　（010）59417747 59419778
社　　址　北京市海淀区西三环中路 10 号望海楼 E 座 7 层
邮　　编　100142
印　　刷　三河市金轩印务有限公司
版　　次　2019 年 9 月第 1 版
印　　次　2019 年 9 月第 1 次印刷
开　　本　880 毫米×1230 毫米　1/32
印　　张　6
字　　数　100 千字
书　　号　ISBN 978-7-5139-2225-8
定　　价　32.00 元

注：如有印、装质量问题，请与出版社联系。

序　让孩子在爱和自由中度过敏感期

在一些认识我的父母看来，我是幸运的，因为我在教育孩子时具有很多“先天”优势：大学时读的是心理学，研究生时读的是教育学，后来又自学 NLP[①]，还是一位幼儿园老师。

我承认，这些心理学和教育学知识在教育儿子 Jimmy 和女儿 Amy 时，给了我很大的帮助。而在蒙台梭利幼儿园担任老师的经历，也让我对教育学知识认识得更加深刻。

但是，我认为，不懂心理学和教育学知识，并不能成为没有教育好孩子的理由。孩子天生有其内在的成长秩序，父母只需提供适宜的环境，孩子便能自行发展。

在孩子的成长过程中，我认为最重要的阶段就是 0～6 岁。孩子从对世界一无所知到逐渐学会探索和认识世界，这是多么巨大的进步啊。

由于对家庭教育感兴趣，我在去美国学习家庭教育之前，就开始接触敏感期相关的书籍。那时，我托人从国外买来蒙台梭利的著作仔细研读，第一次为儿童的内在力量震撼，为敏感期的行为感到惊讶。

那时候，我经常看到这样一幕：孩子在吃手时，父母会阻止，有时还会打一下孩子的小手，以示惩戒。这时，我就感觉很痛心：孩子吃手，是在锻炼嘴巴，同时也是通过嘴巴来认识手。不仅不应该阻

---

① Naturae Langvage Processing，自然语言处理，是人工智能（AI）的一个子领域。

止，反而应该得到支持才对。

我对传统育儿观点产生了深深的怀疑，这也是我在做过了一段时间的心理咨询师后，又独自一人跑到美国学习和工作的原因之一。

通过学习，我发现，孩子的敏感期比我认为的重要得多。孩子在敏感期得到充分发展，智力会迅速发育，快速形成自己的思考能力，同时拥有很强的安全感，对自己也充满信心。

更让我惊讶的是，孩子在敏感期学到的一切，成人即使花上 50 年的时间，也未必能学好。可以说，敏感期影响孩子一生的发展。

那么，什么是敏感期呢？

敏感期，是指孩子在 0 ~ 6 岁期间的某些阶段，会由于内在发展的需要对外在的刺激感到敏感，从而努力从环境中吸收、学习，以满足成长的需要。

换句话说，在敏感期里，孩子可以轻松地获得各种能力。比如在手的敏感期，孩子会不断使用手，以发展手的能力。

在敏感期里，当孩子想要发展一种能力时，我们就要提供合适的环境和条件，也就是给孩子提供便利，让他们更好地发展这种能力。

遗憾的是，很多父母没有注意到孩子的敏感期，有的父母注意到了，反而在敏感期里成了孩子发展的最大阻碍。这对孩子来说，真是太残忍和不公平了。

我同情不被父母理解的儿童，也希望自己能为儿童的成长做出一分努力。抱着这样的想法，我投身于幼儿教育工作，在国内外蒙台梭利幼儿园工作的同时，还为父母提供咨询服务。

在这个过程中，我还认识到，很多青春期问题不断的孩子，很大程度上是因为在敏感期内没有得到相应的帮助，导致内在发展受到了阻碍，所以才会在青春期以逆反的形式表现出来。

我知道，现在的父母越来越重视孩子的教育问题，并且努力反省自己，在改变自己不当教育方式的同时，努力修补与孩子之间的关系。

然而，我却以为，如果对孩子造成了伤害，尤其是对 0 ~ 6 岁的孩子造成了伤害，父母以后不管如何努力，都很难让伤害留下的疤痕消失。

与其在伤害孩子后努力去弥补，不如一开始就给孩子爱和自由，让孩子在敏感期里努力发展自己的各项能力，按照内在的成长规律健康成长。

为了帮助那些想要抓住孩子的敏感期，让孩子在爱和自由下长大的父母，我特地写了这本书。我相信，通过一个个生动有趣的小故事，父母在感到温馨快乐的同时，也能领会到敏感期教育的真谛，找到最适合自己孩子的教育方法。

我衷心希望，每个孩子都能快乐度过自己的敏感期，每位父母都能在教育孩子的过程中不断完善自我，与孩子一同成长。

目　录

CONTENTS

第1章

发现儿童敏感期，让孩子无阻碍地度过（0～6岁）

敏感期是指0～6岁儿童在成长中，因内在成长的需要，会在特定的时间段吸收环境中有利于自己成长的因素，并不断重复练习。每顺利度过一个敏感期，儿童的心智水平就会上升一个层次。

○ 什么是敏感期？首先要从“生物敏感性”说起

在我和年轻的父母交流时，最常被问到的问题是“孩子为什么总吃手”“孩子为什么喜欢往嘴里塞东西”“孩子为什么总爱问词语的意思”“孩子为什么不接受不完整的东西”等。

在面对这些问题时，我通常都是先恭喜这些父母：“恭喜啦，这意味着你的孩子进入了敏感期。也就是说，孩子进入了一生中最重要的学习阶段。”

即使我这么说，大多数的父母还是一副疑惑不解的样子。看到这种情况，我微微一笑说道：“我来讲一个故事吧，听完这个故事，你就懂得敏感期是怎么回事了。”

于是，我把荷兰科学家德弗利斯关于昆虫敏感性的研究，编成了一个简单易懂的故事，讲了出来。

有一个雌蝴蝶要产卵了，为了保证卵的安全，它在树枝与树干连接的隐蔽位置找到了产卵点，并小心翼翼地产下几十只卵。

在接下来的几天里，由于树枝和树干的庇护，这些卵安全地发育成熟了。一只幼虫在破壳而出后，迅速把卵壳吃掉，随后又吃掉了临近的几只卵，补充体力。

不多久，所有的幼虫都破壳而出，纷纷开始寻找新的食物。它们还太小，无法咀嚼周围的大的树叶，只能依靠树梢的嫩芽为生。

这对于我们来说，是很容易理解的事情，可是幼虫是怎么知道嫩芽在树梢呢？而且，从树干跟树枝交接的地方到树梢，需要经过很长一段距离，而幼虫又没有导航仪，怎么能不迷路却安全到达呢？

这完全不用我们操心，没有一只幼虫会在寻找嫩芽的过程中迷路。这是为什么呢？答案很简单，就是敏感性。

实际上，这种蝴蝶幼虫对光有种本能性的敏感，出生后就会朝着光线最充足的树梢爬去，而那里，就有让它们得以存活的美味，也就是嫩芽。

又过了一段时间，贪吃的幼虫渐渐长大了。这时候，它们除了吃嫩芽外，也可以吃大片的叶子了，而它们对光的敏感性也消失了。

尔后，幼虫开始不停地做茧，把自己包裹起来，在茧中等待。直到有一天，幼虫破茧而出，成为一只真正的蝴蝶。

听我讲到这里，这些父母似乎有了一点感悟，但仍有些疑惑地问我："这和孩子的敏感期有什么关系?"

我说："孩子就像幼虫一样，到了某一特定的阶段，内心也会产生一种本能般的力量，驱使孩子对感兴趣的事物进行探索和学习，这种狂热会一直持续，直到孩子的内在需求得到满足，或者敏感期结束，才会消失。

"孩子总吃手，喜欢往嘴里塞东西，是手的敏感期和口腔敏感期到了；孩子爱问词语的意思，是语言的敏感期到了；孩子不愿意要不完整的东西，是追求完美的敏感期到了。

"我们可以想象，孩子虽然对世界一无所知，却能在几年内学会比一生其他阶段都多的技能，显然是依靠了生命的本能，也就是敏感性。可见，敏感期有多重要!"

听完我的话，这些父母才意识到，自己差点成为扼杀孩子潜能的刽子手。

大自然充满神奇，所有事物都遵循着客观规律发展着，孩子也是如此。在孩子的敏感期到来之时，我们要敏感地捕捉到，并且提供最好的条件，让他们的内心需求得到满足，更好地发展与成长。

○ 敏感期，给孩子的成长增添更多动力

我很庆幸，上天赐给我一双儿女，给我的生活增添了众多乐趣的同时，也让我在家庭教育的道路上有了更多的研究与收获。

在教育儿子 Jimmy 和女儿 Amy 时，我认识到了儿童敏感期的重要性。我亲眼见证了两个孩子充满活力和激情地挑战一件件事情，依靠自己的力量完成自身的成长。

在这个过程中，他们一次次地放弃，曾让我误以为是不懂坚持。后来才知道，那是因为他们已经得到了自己想要的结果，所以便失去了继续探索的兴趣。

海兰是我认识的年轻妈妈之一。一次，她带着两岁的儿子来我家

做客。小家伙能独自走路没多久，可一到我家，就各个房间乱跑。海兰在孩子身后追着、呵斥着，同时伸出两手把他紧紧抱住。

等孩子安静地玩玩具后，我和海兰简单聊了起来。过了一会儿，没有听见孩子的动静，海兰不安地抬头往客厅一角望去，发现儿子正死死地盯着墙壁发呆。

海兰走过去，一把拉过儿子，才发现儿子在看粘在墙上的一只死蚊子。海兰不高兴了："这有什么好看的？你老老实实地玩玩具不行吗？"一边说，一边把儿子往客厅中间拉。

小家伙不高兴了，拼命挣脱着，扭过头来，眼睛依旧盯着墙壁。我过去拦住了海兰："让孩子看吧，他现在进入了关注细小事物的敏感期。你阻止他，可能会让他以后变得很粗心。"

海兰以前听我讲过关键期的事情，所以立刻松开手。小家伙很高兴，很快重新跑到墙壁面前，我则和海兰讲起了敏感期的重要性。

"你还记得狼孩的故事吧？"我问海兰。海兰是我在办讲座时认识的，那次讲座上，我正好举了狼孩的例子。

狼孩是指由狼抚育起来的人类幼童，据说被发现的已有十多人，而其中最为有名的是在印度狼窝里发现的两个女孩——卡玛拉和阿玛拉。

在被发现时，卡玛拉七八岁，阿玛拉约两岁。随后，她们被送往孤儿院抚养。阿玛拉于第二年死去，卡玛拉在 16 岁左右死去，智商只相当于三四岁的孩子。

事实上，当时由美国传教士辛格专门负责教育卡玛拉，但即便经过了 7 年的教育，卡玛拉也只是勉强学会了 45 个词和几句简单的话。虽能勉强直立行走，但身上仍然存在许多狼的习性。

海兰点头表示记得。

我用略带悲伤的声音说："在狼孩身上，我们很容易看到，直立行走和说话并非人的本能，是需要后天学习的。一般来说，0 ~ 6 岁对人的身心发展极为重要，存在着各种关键期。错过了，会使大脑的发育和语言的发展都受到严重的影响。

“由于卡玛拉在关键期时没有接触相应教育而无法从环境中吸收人类的习性，导致她被人类发现时不会说话，不会思考，不会直立走路。

“你刚才的做法，实际上就是阻止孩子发展对细小事物的敏感性，会影响孩子的性格发展和做事方式等，以后想要弥补都来不及了。”

海兰听了我的话，深深点了点头。

敏感期是大自然送给孩子最好的礼物，也是教育的最佳时期和关键期。在敏感期出现时，如果我们能抓住，就能给孩子的成长带来更多助力，让孩子迅速又自然地成长。

○ 让人感到有趣而又抓不到头脑的敏感期行为

每个孩子都是父母眼中的天使。随着这些小天使的成长，我们的生活中也喜忧不断。有时，孩子天真可爱得让人直想狠狠亲一口，有时却又做出一些让人哭笑不得、完全抓不到头脑的事情。

生下 Jimmy 时，是我第一次做妈妈。看到他每天吮吸着乳头，不断尝试着把手放进嘴里，抓到什么都往嘴里放，一副锲而不舍的样子，很有意思。

每次想起这些，我都觉得很有趣。我知道，这些都是敏感期的表现，自己应该减少干涉，让孩子在敏感期自由探索。

在 Jimmy 的各种敏感期里，最让我感动的，莫过于他第一次叫我一声“妈妈”。

那天，我刚刚洗完衣服，擦了擦手去看正在睡觉的 Jimmy。当我靠近他时，他突然睁开眼睛，冲着我笑了。

我也笑了，逗着他说：“妈——妈——妈——妈——”

没想到，小家伙居然跟着我，清晰完整地说完了这两个让我现在想起来都激动不已的字眼——妈妈。

我激动不已，立刻抱起 Jimmy，一边把他举高，一边对他说：“Jimmy，再叫一遍妈妈，乖，再叫一遍妈妈。”

Jimmy 很配合，又断断续续地叫了几声“妈妈”。

那一刻，我真是感觉幸福极了。

现在想来，孩子真的具有非常神奇的力量。我们的世界被各种声音充斥着，人的说话声、动物的叫声、物体摩擦声、乐器撞击声等，非常热闹。可是，那么幼小的孩子居然能借助内在对声音的敏感性分辨出人类的声音，然后加以模仿，真是神奇！

Jimmy 也是这样。最开始，我们在他周围说话时，他总是侧着脑袋耐心地听，有时会攥紧拳头，有时会踢动双腿，有时会“咯咯”地笑。我很清楚，这是孩子在表达自己听到声音时的喜悦。

接着，Jimmy 就开始了模仿。有时即使我们不说话，他也会叽叽歪歪地说个不停，兴趣盎然，直到有一天，终于学会了开口叫“妈妈”。

孩子的成长让人惊讶，各种敏感期也不容小视。不仅是口、手、语言敏感期，其他各种各样的敏感期也同样重要，需要我们做父母的多加重视。

在面对向我咨询敏感期问题的父母时，我总是强调：“孩子的敏感期不受我们的控制，但却需要我们的帮助。如果对孩子的敏感期视而不见，甚至加以阻挠，必然会给孩子造成难以挽回的伤害。”

所以，我们需要多关注孩子的成长，及时发现他的那些看似有问题的行为，并通过这些行为发现孩子内心的变化，在孩子开口前，就将他需要的东西给他，这对敏感期的孩子来说，是最好的教育。

孩子的成长就像种庄稼，需要一个过程。庄稼会在恰当的时机长高、抽穗、饱满，不管种田人的心情有多么急切。

教育孩子也是如此，不管你多么急切，孩子都会按照内在的设定成长。与其内心焦虑不安，不如从现在就开始努力守护孩子，帮助孩子顺利度过敏感期吧！

○ 每个孩子都拥有神奇而又奥妙的“九大敏感期”

我一直认为，敏感期是大自然赋予儿童的生命助力，它让儿童拥有了神奇的力量，我们有必要对敏感期多做一些了解。

作为蒙台梭利幼儿园的老师，我一直在努力学习和实践蒙台梭利教育法，对于其中关于敏感期的划分，更是熟记于心。

按照蒙台梭利对婴幼儿敏感期的观察与研究，敏感期大体上可以分为九种，分别为：语言敏感期、秩序敏感期、感官敏感期、对细微事物感兴趣的敏感期、动作敏感期、社会规范的敏感期、书写敏感期、阅读敏感期、文化敏感期。

在孩子进入每个敏感期时，都有相应的行为表现，也有相应的内容需要学习。我们需要先了解这九大敏感期的相关内容，才能在必要时给予孩子关键的帮助。

1. 语言敏感期（0～6 岁）

一般来说，当你发现孩子开始盯着你或其他人的口型看，并尝试着咿呀学语时，你要注意了，这意味着孩子进入了语言敏感期。

我们都有这样的经历，掌握一门语言是一件枯燥并且困难的事情。但是对孩子来说，学习语言简单而又充满乐趣。

这是因为，孩子对语言非常敏感，大人的话在他听来就像音乐，能自然而然地吸收。正因为有这样的积累，孩子才会突然间开口说话。

语言能力很重要，在这个阶段，你要多和孩子说话，或者给孩子讲故事听，让孩子多接触语言，多讲话。如果孩子在两岁左右还不会说话，最好去医院做一次检查。

2. 秩序敏感期（2～4 岁）

有那么一段时间，孩子对物品摆放的位置非常在意，甚至不准别人进行移动。在做事情的时候，也必须按照一定的程序，否则就要重新开始。

当你的孩子出现这种情况，说明他进入了秩序敏感期。此时，你需要给孩子提供一个有秩序的环境，以帮助他认识事物、熟悉环境。

如果你没有这么做，孩子就会因为不熟悉周围的环境而变得惊恐、不安，经常哭泣或乱发脾气。这种信号，你一定要接收到，并及时改正破坏孩子秩序感的言行。

当然，你也不用特别担心，当孩子从环境里逐步建立起内在秩序时，他的智能也会得到发展，以满足成长的需要。

3. 感官敏感期（0 ~6 岁）

儿童认识和理解外界、建构内在世界，离不开感官的帮助。事实上，从出生那刻起，孩子就已经开始借助听觉、视觉、味觉、触觉等感官来了解外界了。

只有感觉得到了发展，孩子的其他心理机能，如记忆、思维等才有发展的基础。所以，在孩子探索时，只要能保证安全，父母最好不要干涉。

4. 对细微事物感兴趣的敏感期（1.5 ~4 岁）

我们早已经习惯了忙碌的生活节奏，目光和目标也常常集中在那些能改变生活或者让人生更加美好的事情上，对于细微的事物则很少关注。

可是你会发现，到了某个阶段，孩子突然对地上的小虫子、瓜子壳、小石子等产生了浓厚的兴趣，会抓在手中不放，或者盯着看上半天。这时，你就可以确定，孩子进入了对细微事物感兴趣的敏感期。

此时，你不需要过于担心卫生问题，可以给孩子提供一些小物品，引导孩子仔细探究，帮助孩子学会观察。

5. 动作敏感期（0 ~6 岁）

动作敏感期，包括身体的动作和手的动作。一般来说，在孩子学会走路后，你要多鼓励孩子运动，让肢体动作更加协调，这对左右脑的均衡发育也很有好处。

而手是孩子学习的重要工具，事实上，手上的一切活动都听命于大脑的指挥。让孩子多动手进行实践，从另一个方面来说，也能促进智力的发育。

6. 社会规范的敏感期（2.5 ~6 岁）

在两岁半左右，孩子会渐渐变得不再那么以自我为中心，而是将兴趣逐渐转移到了社交和参加集体活动上。这是进入社会规范的敏感期的表现。

这时，你需要让孩子了解日常规范和社交礼仪，并且让他努力遵守。这样一来，既能为孩子打下遵纪守法的基础，也能让孩子学会自律。

7. 书写敏感期（3.5 ~4.5 岁）

进入书写敏感期后，孩子开始拿起笔涂涂画画，或者学着大人的样子写字。这是一种好现象，虽然孩子一开始可能只是点点画画，但到了最后，孩子总能写出规范的文字。

你不要因为孩子乱写乱画就打断孩子的自我学习，要给孩子提供纸笔，必要时可以教孩子写字，以满足他内心对书写的需要。

8. 阅读敏感期（4.5 ~5.5 岁）

当孩子对图书感兴趣，愿意看书或者听大人读书时，意味着他进入了阅读敏感期。

与其他能力相比，孩子的阅读能力发展相对较慢。但如果孩子在其他敏感期得到了较好的发展，阅读能力也会在进入敏感期后迅速发展。

在这种情况下，你可以多给孩子买一些书，让孩子随时都能接触到书。同时，你最好养成阅读的习惯，创造读书的氛围，促进孩子阅读习惯的养成。

9. 文化敏感期（6 ~9 岁）

孩子虽然在 3 岁左右就对文化感兴趣，但真正出现探究心理却是在6~9岁期间，这就是孩子的文化敏感期。

在这个特殊时期，你给孩子提供多少文化信息，孩子就能吸收多少。在这个敏感期，多让孩子接触各方面的知识，他就能吸收丰富的文化信息。

相较于漫长的一生，孩子的敏感期实在短暂。但是，孩子在这个阶段获得的能力、智力、心理等，却是一生发展的基础。

我们要多走进孩子的内心，了解并满足孩子的心理需要，只在必要时给予指导和帮助，让孩子在自由的空间中，发展自己的敏感性。

李老师给家长的敏感期教育启示

在0~6岁时，每到某一特定的阶段，孩子的内心便会产生一种本能般的力量，驱使他对感兴趣的事物进行探索和学习，这一段时期被称为敏感期。

孩子对世界一无所知，全靠在敏感期的学习和探索，让他们拥有了适应外界条件的能力，拥有了更好成长的基础。

所以，每一个做父母的，都应该了解孩子的九大敏感期，多关注孩子的成长，及时发现孩子的敏感期行为，给孩子爱和自由，帮助他顺利度过敏感期。

第2章

抓住视觉敏感期，否则视觉功能就会丧失（0～2岁半）

刚出生的婴儿有一定的视觉能力，对明暗相间的地方感兴趣，所以我们要为孩子创造黑白相间的环境，发展孩子的视觉能力，为触觉、听觉等能力的发展奠定基础。

○ 孩子的视觉发展很早，需要及早了解视觉敏感期

我们知道，在感官中，视觉最先发育。在孩子还是胚胎时，眼睛的结构就已经构建完成。但若想让视力正常发展，需要一个“激活码”，即视觉刺激来激活视觉能力。

孩子出生后，外界的光线便是最有力的“激活码”，孩子的视力不断发展，对光的敏感性也与日俱增。

换句话说，孩子从一出生就进入了视觉敏感期，需要父母的保护和进行相应训练。可是，每当听到我这么说，就有父母嗤之以鼻：“只要眼睛没有生理毛病，不训练照样看得见。”

每次听到这种观点，我就想起了那个被称为“独眼大侠”的孩子——龙龙。

龙龙是个幸福的孩子，生活在一个充满关爱的家庭中。但他同时又是不幸的，因为他的右眼视力很差，几乎看不见任何东西。

龙龙是早产儿，在他出生时医生发现，他的右眼患有先天性白内障，需要做手术。考虑到当时龙龙的身体比较虚弱，父母决定等他稍大些再做手术。

一个月后，龙龙身体好转，立刻做了白内障手术，手术很成功，龙龙的父母也松了一口气。可是后来，他们发现，在孩子眼前晃动摇铃时，孩子的右眼几乎没有任何反应。

龙龙的父母很担心，慌忙带着孩子去医院检查。检查结果显示，孩子的右眼没有任何问题。医生也说，等孩子再大一些，就能看清楚了。

然而，事情并没有像医生说的那样发展，龙龙右眼的视力范围一直没有增加多少。

“我真是后悔。”龙龙妈妈对我说，“早知道当初刚一出生就给孩子做手术好了，现在，看到孩子这样，我真恨不得把我的眼睛给他。”

我很理解龙龙妈妈的心情。虽然我无法证明龙龙的右眼视力偏低

与白内障有直接关系，但以往的案例告诉我，这种可能性非常大。

我听过一个与龙龙的经历差不多的案例。

在意大利，有一个男孩有一只眼睛因轻度感染被绷带缠了半个月，半个月后，当绷带拆除时，医生才发现，虽然这只眼睛在生理上没有任何问题，但却完全失明了。

后来，经过研究发现，是由于眼睛没有和特定的神经中枢建立联系，主管视觉的结构没有被激活，所以大脑接收不到眼睛传来的信号，自然被视为看不见。

可见，在视觉敏感期，一定要给孩子提供相应的环境刺激。俗话说，“不用则退”，不管不问会导致视力永远很差。

而且，其他的感官，如听觉、触觉等也需要视觉的帮助，才能发展得更好。所以，你一定要抓住孩子视觉发展的敏感期，让孩子拥有好的视觉，以更好地认识世界。

○ 孩子喜欢彩色？NO！孩子对明暗相间的地方最感兴趣

有一次，我经过楼下时，被一只红色的充气球砸到了头。往旁边看去，发现是一个年轻的妈妈想要抛球逗怀里的婴儿玩，不小心砸到了我。

我把球递给这个妈妈，并简单问了几句孩子的情况。这个年轻妈妈很健谈，主动介绍自己叫小玲，孩子刚刚满月没几天。

后来，一起上楼时，我才发现，小玲居然住在我家对面。“对面住的不是李哥吗？”我正在心里想着，小玲就略带惊喜地给了我答案：“原来您就是早期教育专家李老师啊，房东经常提起您。”

我放下行李后不久，小玲就邀请我去她家坐坐。这一去，让我感觉到做母亲用心良苦的同时，也意识到，没有正确的关键期知识，很多努力都是白费工夫。

我一进小玲家门，就感觉自己好像进了儿童乐园，到处都是颜色鲜艳的物品。墙壁被涂成蓝色，贴着各种颜色的鲜花、小动物；在婴儿床的周边，系着五颜六色的气球，而上空则悬挂着花花绿绿的音乐转铃。

看到这些，我就明白了，小玲和很多其他家长一样，以为把孩子居住的环境布置得五颜六色，就能让孩子的生活多些趣味，同时也能刺激视力发育。

“你家布置得很漂亮，看得出来，你为了孩子费了不少心思。”我思考了一会儿，然后以这句夸赞展开了话题。

小玲直点头，并向我询问有没有需要改进的地方。

我毫不隐瞒地说了我的想法：“我觉得，如果晚几个月给孩子看，可能对孩子的视力发育会更好。”

“为什么？”小玲忽然提高了声音问。

我耐心地告诉她：“孩子现在才1个多月大，视力发育不完善，只能看一些黑白图案，而且还要等到2个月大时才能看清。想让孩子看这些彩色图案，至少要等到他4个月大时才行。

“现在，孩子实际上进入了视觉敏感期，黑白相间、明暗反差很大的事物更能吸引他的注意力，这一点在心理学上也已经得到了证实。”

听到这里，小玲才明白是怎么回事。很快，她又有了新的问题：“那么，我要怎么办？要怎么处理这一切呢？”小玲看着四周，有些为难。

我笑了，真是一个性急的妈妈。“没关系的，这些可以保留，你可以多给他准备一些黑白相间、明暗对比强烈的东西，比如国际象棋棋盘、黑白图片、人物肖像画等，你也可以多穿一些黑白相间的衣服。你有没有发现，孩子的眼睛一直盯着我的衣服看？”

小玲略有些惊讶，看了看怀中的孩子，发现他的视线真的集中在我身上。她笑了：“我真是收获不小，甚至还找到了吸引孩子视线的方法，真不错！”

我看着这个年轻的女孩，笑了。如果所有的年轻妈妈都能像她一样，努力为孩子创造良好的发展活动，给孩子充足的爱和自由，那这一代的孩子将来必定会比我们优秀得多。

○ 利用孩子喜欢的视觉道具，创造好的视觉环境

朋友搬家，有一批书要送我。无功不受禄，我便早早地来到她家帮她收拾东西，打包行李，顺便挑选一些不错的书。

整理完毕，我和朋友心满意足地坐在沙发上休息。突然，我看到垃圾筒旁边有什么东西在闪闪发光，累得不想去看一眼的我，指着发光的东西直接问朋友："那是什么？"

"哦。"朋友顺着我手指的方向望去，"那是一袋子没有用的光盘，一会儿咱们下楼时顺便扔了就行。"

"光盘吗？"我走过去打开袋子看了看，都还很新，有的光盘连包装都没有拆。我灵机一动："你没有用的话，给我吧。"

"你想要就拿走吧。不过，你要这个干什么？"朋友不解地问我。

"我有用。"我笑了，挑了一些没有刮痕的光盘，和之前打包好的书一起带回了家。

其实，我是要把光盘送给楼下的孩子 John。前几天在小区花园遇到 John，他正兴致勃勃地玩着光盘，还不停地变换角度，一副很有趣的样子。

我很清楚，光盘上能闪现出不同颜色，投射出其他物品的影子。对于孩子来说，是锻炼视觉的好东西。

John 看到光盘果然很高兴，John 的妈妈 Alice 则告诉我："这孩子，最近很喜欢盯着光盘、镜子、大理石面看，我想他一定是从中发现了有意思的事情。"

我笑了，很多时候，大人都以"无用"为理由，阻止孩子做一些实际上对他很有用的事情，这对孩子实在不是什么好事。而 Alice 支持儿子的探索，真是难得。

我说："对孩子来说，这些都是有用的。"我看到沙发上的娃娃，接着说："就像这个娃娃，能让孩子认识到人的五官，这可是重要的

学习内容呢。”

Alice 笑着表示赞同：“他喜欢看，我就让他看，不仅要让他看，还会多准备一些东西让他看。那些小镜子、小积木、小圆球，都是我最近给他买的。”

我想到，有些孩子在看到陌生人时会大哭，是因为对人的五官不熟悉，产生了恐惧感。如果眼睛熟悉了五官的形状，这种情况大多都会消失。

在孩子出生后，你可以多给孩子准备一些形状各异的东西，这些东西能吸引孩子的注意力，让孩子通过多使用眼睛锻炼视力，同时也能提升认知能力。

○ 时间参照表，帮你了解孩子视觉发展的过程

对每个孩子来说，正常的视觉发育都要经历几个不同阶段。在这些阶段，孩子会有不同的视觉表现。提前了解这一点，可以帮助父母了解孩子的视觉反应和功能是否正常。

实际上，孩子刚一出生就有了睫状肌，只是强度较差，无法自由发挥眼部的调节能力。所以在这个时候，无论距离孩子近还是远，孩子看到的都只是一个模糊的影像。

一般来说，孩子 1 岁左右，所有成像便完成发育。4 ~5 岁后，视觉发育才会完全成熟。

在 Amy 2 个月大时，就能感受到黑与白的反差。我发现，Amy 虽然看东西还是有些斜视，但已经能用两只眼快速地交替着看东西了。

而在她 3 个月大时，会一直盯着一个东西看。有时，我会故意把东西从她眼前拿走，她还会转动头部追着看。

Amy 4 个月大时，她不再满足于躺在我的怀里，而是努力挣扎着坐起来。而此时，她白天很少睡觉，总是随意移动头部，到处乱看。

这时，我经常把东西扔到地上，让她根据声音找到掉落的东西。从那以后，Amy 的眼睛能够自由转动，追逐视线内的东西了。

之后到 6 个月大时，Amy 的双眼视觉也已发育成熟，学会了目测。她会估计自己和物体之间的距离，然后转动身体，抓住自己想要的东西。

而面对那些她想要，但是目测下来，感觉距离太远的东西时，她就会叽叽歪歪，使唤我或者她哥哥帮她拿。

此时，我会阻止 Jimmy 直接把东西递给妹妹，而是一点点把东西放近，让 Amy 自己学会抓取。这样一来，她的视力和手都得到了锻炼。

在 Amy8～12 个月大的时候，我发现，她能上下看东西了。此时，她拥有了和成人一样的视觉，能感受到物体的轮廓、色彩、距离、体积、深度知觉等。

这让 Amy 变得更加活泼了，她喜欢坐着丢东西，总是到处爬行着去拿距离自己远的东西，她的视神经得到了好的发育，而她的身体也获得了更多的锻炼。

1 岁以后，Amy 的成像发育成熟，可以玩一些较精细的玩具了，有时也喜欢模仿我做一些动作。在她 1 岁半左右，似乎是第一次看到地上的虫子，高兴地大叫起来。后来，她还学会了区别简单的形状。

而后一直到 6 岁，Amy 在理解了物体大小、上下、内外、前后、远近等概念后，终于拥有了和我一样的视觉，这真是让我高兴不已。

我明白，孩子的视力需要训练。考虑到视力在生活中的重要性，我一直用科学的方法帮助 Amy 训练，让她看得更清楚、视野范围更宽广。我想这不仅是我，也是广大父母应该为孩子做的。

视觉敏感期李老师给家长的教育启示

在感官中，视觉最先发育，但是在出生后，孩子的视力发育并不完善。进入视觉敏感期后，孩子会对黑白相间、明暗反差很大的事物感兴趣。

此时，父母可以多给孩子准备一些黑白相间、明暗对比强烈的东西，比如国际象棋棋盘、黑白图片、人物肖像画等。等孩子再大些，可以给他准备一些精细的小东西，如光盘、小镜子、小积木等。

孩子的视觉发育都要经历几个不同阶段，父母要了解这些阶段孩子的视觉表现，及时发现孩子视觉发育是否异常，促进孩子视觉的发育。

第3章

抓住听觉敏感期，让孩子生活在有声音的环境中（0~2岁半）

0~2岁半的孩子已经具备了一定的听觉能力，对各种声音非常敏感，喜欢听妈妈用清晰、缓慢、重复、简短的语言对自己说话。此时，可用各种声音刺激孩子听觉的发展。

○ 听力不好？这是误解了听觉敏感期和发展过程

这天，我关上门，在书房里认真思考一场讲座的相关内容。这时，Jimmy 突然慌慌张张地推开门，冲了进来。

思绪被打断，我有些不悦："干吗这么慌张？我不是说了，我在思考，没事不要打扰我的吗？"

Jimmy 有点犹豫，看上去又有点委屈地说："妈妈，Amy 突然哭了，我想哄哄她，可怎么也哄不好。"

这时，我才注意到，客厅传来了 Amy 的哭声。看来是我思考得太认真，连这么响的哭声都没有听到。

"谢谢你，Jimmy，我们一起去看看妹妹。"

或许是听到我的脚步声，Amy 一边哭着，一边把头转过来，看看谁来了。我检查了尿不湿，干干的；又把手放在她嘴边试了试，没有想要吃奶的迹象。

我抱起 Amy，让她的头贴近我的左胸，来回走了几步，Amy 立刻停止哭泣，变得安静下来，认真地看着我。

"妈妈，妈妈，我刚才也试着抱了抱她，可为什么我抱着她，她也哭，你一抱，她就不哭了呢？" Jimmy 很奇怪地问。

我笑了。孩子在母亲体内的时候，就能感受到声音的高低强弱了，所以许多胎教专家提倡多让胎儿听轻柔的音乐，这样在孩子出生后，就会对声音有很强的感受力。

我用尽可能简单的话解释给 Jimmy 听："妹妹在妈妈肚子里时，听到最多的就是妈妈的声音，比如妈妈的心跳声、打嗝声，这些声音让她觉得很熟悉，也非常喜欢。

"现在，妹妹从妈妈肚子里出来了，听不到这些声音，就会害怕，所以才会大哭。而妈妈抱起妹妹，妹妹一听到妈妈的心跳声，就会觉得很安心，也就不再害怕了。"

Jimmy 听我说完，抬起脚尖轻轻拍了拍妹妹的后背，安慰似的说道："Amy，你不要怕，以后哥哥保护你。"

本来，我还想告诉 Jimmy，Amy 现在处在一个重要阶段，让他多照顾一下妹妹。听他主动这么说，我真的觉得很感动。

听觉与其他感觉一样，能帮助孩子从环境中吸收成长所需的一切，促进语言能力、智力的发展，让孩子更好地认识世界。

孩子的听觉发展不像视觉发展那么明显，导致父母都不在意，等到发觉孩子听觉有问题时，已经晚了。

我有个表姐，出生没几天就生了一场大病，多亏了舅妈的精心照顾，表姐才能转危为安。在与打针吃药做伴的日子里，表姐终于度过了2岁生日。

原以为表姐语迟，可是过了2岁还不会说话这一事实让舅妈很慌张。她带着女儿到医院检查后才知道，女儿听力损伤，已经错过了最佳治疗时机。

后来，表姐虽然经过了治疗，能听到的声音依然十分有限，只好佩戴助听器，对生活、学习以及以后的婚姻育儿都造成了很大的不便。

还好，现在的孩子在出生后24~72小时内会接受“新生儿听力筛查”，这样就可能避免因为无知导致孩子的听力损伤得不到及时治疗的情况。

0~2岁半，是孩子的听力和视力敏感期，一定要有意识地给孩子提供丰富的听觉环境和视觉刺激。这样一来，你就可以打造出一个耳聪目明的孩子。

○ 给孩子能发声的玩具，创造有声音的环境

一听到Amy哭，Jimmy总是不满地说：“Amy真是爱哭，长大后一定不听话。还好是个女孩，要是男孩这么哭，真是丢人。”

这话听他说了几次后，我对他说：“Jimmy，你小时候可比Amy爱哭，一哭起来就没完没了，怎么哄都哄不好。”

“Really?（真的吗?）”Jimmy不相信似的瞪大眼睛，确认着。

我重重地点点头，这是事实。

看到Jimmy现在这么勇敢的样子，真是难以想象，他四五个月大的时候会那么胆小，有点动静就哭，我和老公在家不管做什么，都要

轻手轻脚的。

有一次，亲戚带着3岁的儿子来我家玩，小男孩似乎对Jimmy很感兴趣，一直逗Jimmy玩，有时居然能听到Jimmy的笑声。

我放心地把Jimmy放在婴儿床上，然后和亲戚聊起天来，一聊就是一下午。这中间，我除了喂了Jimmy两次奶，就再也没有看过他。

等到亲戚离开后，我才察觉到Jimmy的异常。这孩子，居然一下午都没有哭，真是打破以往的纪录了。

这时，我发现在婴儿床上，有一只拨浪鼓，看着很眼熟。我想了一下才想起来，那是一个亲戚买给Jimmy的，由于第一次摇时，Jimmy吓得哭了起来，便被我收了起来。

看来，是下午来的小男孩把它翻了出来。

我看了看Jimmy一眼，然后小心翼翼地试着摇了摇拨浪鼓。让我惊讶的是，Jimmy不但没哭，还发出了咯咯声，我知道，那是他表达喜悦的声音。

我很高兴，又多摇了几下，Jimmy又笑了。

在那一刻，我才明白，Jimmy那段时间那么爱哭，不是被外界的声音吓到了，而是因为屋里太安静，没有声音供耳朵倾听，所以他才自己制造一些哭声。

明白了这一点以后，我把以前孩子出生时亲朋好友送的玩具找了出来，种类真是不少。我拿出一个音乐盒、一个小摇铃、一个捏一下就会发出叫声的小鸭子，整理干净后，拿到了Jimmy面前。

我发现，在听到小鸭子的叫声后，Jimmy的表情有些僵硬，可能他还不太能接受这种声音。而在听到音乐盒和小摇铃的声音后，Jimmy高兴得手舞足蹈。

我这才了解到，孩子喜欢有声音的环境，以往害怕，是因为声音刺激有些过大。而在我选择了一些轻柔的声音当作背景音乐后，Jimmy的情绪也变得更稳定了。

后来，我把这个发现告诉了老公，在Jimmy哭泣时，我们便多了一种应对的手段。果然，从那以后，Jimmy哭泣的次数越来越少了。

现在市面上玩具越来越多，各种针对婴幼儿的电子产品也大受欢迎。实际上，只要是轻柔、动听、悦耳的声音，孩子都是愿意接受的。当然，同一种声音，持续的声音也不要太长，否则孩子也会不耐烦的。

○ 孩子对噪音也敏感，故意制造噪音，锻炼听力

在一次讲座结束后，一位妈妈急匆匆地跑过来问我："老师，我发现我儿子反应迟钝，怎么办呢？"

我让她先不要着急，仔细和我讲讲孩子的情况。从她的口中，我知道她有一个 2 岁大的儿子浩浩，在听到大人的声音后，总是要过一会儿才能反应过来。可是去医院检查时，听力并没有任何异常。

"那么，孩子小时候有什么特殊情况吗？"

她想了想，告诉我，浩浩动不动就哭，这件事情让她很头疼。

有一次，她推着小车，带着哭闹不已的浩浩在小区散步。在经过一家新开业的餐厅时，浩浩突然停止了哭泣。而等走远了以后，浩浩又哭了起来。

她觉得很奇怪，又按照原路返回。发现经过餐厅门口时，浩浩又一次安静下来。她仔细观察，才发现孩子的表情似乎很认真，在专注地听着什么。

当时，餐厅内外人很多，非常嘈杂。她明白了，儿子是喜欢听噪音。

从那以后，她就每天都带着儿子听各种噪音，去超市、去菜市场、去各种人多的公共场合，儿子哭泣的次数果然越来越少。

可是，问题也出来了。儿子似乎只对噪音感兴趣，对于妈妈的话，总是一副充耳不闻的样子。即使有时候和他说了好几遍，他也会一再发问："什么？"

我明白，浩浩是开始对噪音敏感了，她的妈妈注意到了这一点，也愿意让他听各种噪音，虽然出发点是为了阻止孩子哭泣，但毕竟也起到了一定的积极作用。

只是，浩浩妈妈对孩子的听力发展过程不熟悉，所以才会误以为孩子反应迟钝。为了验证我的想法，我让浩浩妈妈第二天带着浩浩来

我的工作室。

果然，在隔音效果很好的工作室，对于我的问题，浩浩都能很快回答出来，反应一点儿也不迟钝。

浩浩妈妈当时就愣住了：“好奇怪，在家里明明不是这样的。”

我告诉浩浩妈妈：“当我们在外面时，即使再吵闹，也能听到想要听的声音，因为我们会忽略环境中与自己无关的声音，专门听那些我们需要的信息。

“但是孩子不一样，他无法将外界的声音与你的声音分开，也就是说，他分辨不出来哪些是你说的，哪些是外界的背景音乐，所以才会显得反应比较迟钝。

“如果我没有猜错，你家周围的环境应该也比较吵闹。而在我这里，几乎听不到外面的声音，所以孩子根本不用分辨声音，就能回答我的问题。”

听我说完，浩浩妈妈才明白，是自己误解了孩子，并向我询问了一些训练孩子听力的方法。

在孩子对噪音敏感时，给他制造一点噪音，可以帮助孩子的听力发展。但是，噪音一定不能过大，否则会让孩子心绪不宁，更没有心情练习听觉了。

最好的方法是，在家里制造一些噪音，比如，和孩子说话时，打开电视或音乐播放器，然后让孩子努力听你在说些什么。如果孩子认真听了，但仍然没有听清，就把音量调低一些，直到孩子能听清你在说什么。

然后，再一点点提高音量，让孩子对声音的提取和辨别能力一点点得到提升。记着，欲速则不达，千万不要让噪音影响了孩子的正常听觉发育。

○ 孩子喜欢妈妈用清晰、缓慢、重复、简短的语言说话

老公经常笑我，在对孩子说话时，总是会变得非常幼稚可笑。短短的一句话，声音拖得很长，还总是一遍遍重复。

我一点也不生气，并在脑中谋划起一个“阴谋”，我对他说：

“孩子喜欢这种声音呢。不信，咱们打个赌，下次见到不认识的孩子时，各自用各自的声音说话，看孩子喜欢听谁说。输的人，负责打扫客厅一周。”

“好!”老公毫不犹豫地答应了。

我心里非常得意：我那种腔调是“妈妈腔”，孩子对“妈妈腔”的喜爱已经经过证实了，他喜欢听你那粗犷的声音才怪。

不久，机会就来了。老公同事邀请我们去他家做客。在他家中，我们看到了3岁的男孩然然。当时，他正在玩积木。

老公决定先进行挑战，他蹲下来，指了指积木，用正常的语调问道：“然然，你想拼成什么图案呢?”然然看了老公一眼，没有说话。

后来，老公又试了几次，然然始终没有说一句话。

轮到我时，我坐在了毯子上，拿给一块积木，用轻柔、缓慢的声音说：“这是积木啊，是三角形的积木，你看，多有意思啊。”

然然停下来，看了看我手中的积木，有点不太理解的样子。我又一次说了一遍：“这个三角形，三个角，三角形的积木，1，2，3。”边说边比画着。

然然笑了，重复了一遍：“三角形。”然后拿过我手里的积木，模仿我刚才的样子比画着，“1，2，3。”说完，抬头冲着我笑。

“真棒!”我夸奖了他一句，然后抬起头得意地看了老公一眼。

有很多妈妈认为，当了妈妈，自然会用“妈妈腔”说话，实际并不是这样。“妈妈腔”不是嗲声嗲气地说话，也不是故意吐字不清，而是努力把语言说得简单亲切，引起孩子倾听的兴趣。

孩子愿意听，才能让亲子之间进行有效的沟通，创造和谐的亲子关系，同时促使孩子的听觉能力以及语言表达能力得到发展。

曾经有很多妈妈问我：“什么样的腔调才能算是真正的‘妈妈腔’?”由于经常回答这个问题，而我也专门写过一篇文章论述，所以我每次都能很快回答出来。

“我们和孩子说话时，目的是要让他听懂，但孩子的理解能力有限，所以在和他们说话时，要尽可能使用简短的句子。比如，你与其对孩子说‘妈妈昨天买的水果不知道宝宝喜欢哪一种’，不如直接拿着水果问他‘你要吃哪个’。

“同时，说话内容也要尽可能具体，尽量少用抽象词。比如，你问孩子：‘你爱不爱妈妈?’孩子很可能会反问：‘爱是什么？听不懂。’

“在语速上，尽可能慢一点，孩子从听到到说出来，需要一个过程，你说话语速过快，孩子是反应不过来的，这样的交流也不会有什么意义。

“而且，如果你发现，尽管你的语速慢下来了，孩子还没有听懂的话，你就多重复几遍，这样能让孩子听懂，也能让他记忆深刻。

“这样说，可以使你的话富有音乐感，使孩子注意力更集中，反应也更积极。语言是孩子认识世界的工作，你说得越清晰，孩子越容易分辨和模仿，并为学好语言做好准备。”

事实确实如此。做过妈妈的人都知道，“妈妈腔”不仅能安慰孩子、帮助孩子建立安全感、促进语言学习，还能形成良好的亲子关系，何乐而不为呢?

听觉敏感期李老师给家长的教育启示

听觉能帮助孩子从环境中吸收成长所需的一切，促进语言能力的发展，并引导孩子发展智力、认识世界。

0~2岁半，是孩子的听力和视力敏感期，父母要有意识地给孩子提供丰富的听觉环境，如给孩子能发声的玩具，用清晰、缓慢的“妈妈腔”重复简短的话语等。

而当孩子对噪音敏感时，不妨制造一些有限度的噪音，如电视声、音乐声，引导孩子在噪音中分辨父母的话。

第4章

口腔敏感期，放心让孩子“品尝”世界的味道（0~2岁半）

在口腔敏感期里，孩子会用口扩展自己的味觉、触觉，用口接触和探索周围的事物，并寻找一切可能的机会不断练习使用牙齿和舌头，熟悉口的功能。

○ 0~2 岁半孩子的口腔不简单，肩负着认识世界的重要使命

我很早就阅读了敏感期书籍，在儿子 Jimmy 出生后，我更是一边阅读、一边观察，同时也将书中的知识用于实践。

我曾在一本书上看到，在孩子刚出生的头几个月，还不能意识到自己和妈妈是分开的两个主体，所以在孩子饿了以后，妈妈要及时喂奶，否则会让孩子对世界缺乏信任感和安全感。

我也是这样做的。孩子确实比较有安全感，睡觉时也很少醒来。可是新的问题发生了，Jimmy 在两个月以后，仍然没有吃手。

从孩子出生那一刻开始，就已经会用嘴吃奶了。实际上，除了吃奶，孩子的嘴还是探索世界的重要工具。通过嘴可以获得味觉和触觉，这是认识世界、和世界建立密切联系的重要条件。

吃手，预示着口腔敏感期的到来，也是我一直期待发生的事情。

后来，我认真反省了一下，并且和许多同事做了交流。最后，我得出一个结论，我在给孩子喂奶方面做得太好了，结果导致 Jimmy 没有机会用嘴探索。

等到 Jimmy 再次饿了的时候，我没有立刻喂奶，而是故意让他等了一会儿。直到他哭出声来，我才把他的手放进他的嘴里。Jimmy 立刻吮吸自己的手指，吃得津津有味。等我拿开手，他的小手就从嘴里掉了出来。

Jimmy 很着急，又哇哇大哭起来，我只得再次帮他把手放进嘴里。持续了一会儿，我又把手拿开，结果这次，Jimmy 的手在嘴里坚持了一分多钟，才掉出来。

后来，我们就这样反反复复做了好几次，Jimmy 也哭哭停停了好几次。不明状况的老公几次过来一探究竟，最后索性坐到一旁，看我到底想做什么。

最后一次，当 Jimmy 的手又从嘴里掉出来时，没有等我帮忙，他就努力抬起胳膊，将手放进了嘴里，吮吸起来，一副心满意足的样子。

老公在一旁提醒说："这样他就能吃饱了吗？"我这才发现，自

己差点把喂奶的事情忘记了。让我惊讶的是，这一次，孩子吃奶时吮吸得特别起劲。

以后的日子里，Jimmy 不断地尝试把手放进嘴里。我很高兴，他的口腔敏感期终于补上了。

在 Jimmy 3 个月大的时候，口腔敏感期的反应也越来越明显。他开始抓各种东西往嘴里送，感觉它们的形状、质地、味道等，而且每次都“品尝”得津津有味。

一些人知道了我帮助 Jimmy 的这段经历后，总是不理解：“不吃手不是更好吗?”不是这样的。如果孩子的口腔在 1 岁前没有得到充分满足，以后会出现补偿性的反应，乱吃东西不说，还可能喜欢咬人，甚至养成贪吃等坏习惯。

孩子是用口腔认识世界的。不要打扰孩子的探索，要给孩子提供好的探索工具，让他在增加对世界的认识的同时，也满足自己的心理需要。

○ 孩子喜欢“尝”东西，实际是在探索

我去妹妹家看小石头，刚进家门，就听到妹妹慌慌张张地惊叫道：“哎呀，你怎么能吃海绵呢？快吐出来！吐出来！”

我走近一看，立刻明白了是怎么回事。沙发的靠垫开线了，里面的软海绵露了出来，结果被好奇的小石头吃进肚子里了。

我从妹妹手中拿过靠垫看了看，上面只少了一丁点海绵。然后又对着一脸懵懂的小石头“啊啊”叫了几声，趁小石头张大嘴模仿我的时候，我看了看，海绵不在嘴里了。

“别叫了，海绵已经被小石头吃下去了。”我平静地说。

“那怎么办?”妹妹有点着急。

我说：“没关系，他就吃了一点点，会跟着大便排出来的。你要是不放心，这几天就注意看看他有没有什么不良反应，我觉得问题不大。”

听我这么说，妹妹才放下心来，埋怨道：“这孩子，最近不知道怎么了，见什么都往嘴里放，也不管能不能吃，干净不干净。我天天

盯着他，提心吊胆的。”

我没有理会妹妹的话，而是小心而又仔细地观察小石头的下一个动作。也许是刚才被妈妈吓到了，小石头在发愣。

突然，他看到了茶几上放着的一盘李子，表情变得有些兴奋起来，一副想要抓住李子的样子。我笑了笑，拿了一个李子给他，他立刻显示出满意的神色。

小石头拿起李子，有点困惑地看了看，然后毫不犹豫地咬了起来。没多久，李子皮就被他的牙床蹭掉了一点点，而他则一皱眉，显然被酸到了。

小石头没有放弃，尝试着把整个李子塞到嘴里。可是对他的嘴巴而言，李子太大了，他只好一次次尝试，一次次失败。

这时候，妹妹发现了小石头的举动，又要去阻止。我立刻说：“让他继续尝试吧，他感觉满足了，会放下的。”

果然，没过多久，小石头就对李子失去了兴趣，转而去“品尝”其他东西了。

“姐，你说这样正常吗?”妹妹疑惑地问。

我回答说：“这很正常，孩子现在正处在口腔关键期，所以他才会用嘴咬东西，这是一种探索，是为了积累认知经验，发展自我能力。如果孩子不知道用嘴咬东西，那才让人操心呢。”

虽然我这么说，妹妹似乎还是有些担心：“可是那多不卫生啊。而且，小孩子什么都不懂，万一吃到了有毒的东西怎么办?”

我安慰她：“那也不能阻止孩子，要是现在不让孩子尝试，即使这个阶段过了，孩子还是会吃手的，长大后还容易变得贪吃，养成各种恶习。

“你要是不放心，就多注意家里的卫生，多给孩子洗手，同时把小纽扣、洗涤剂之类的东西全部收起来，不要让孩子看见。”

妹妹有点无奈地问我：“那他要吃多长时间啊?”

“这个我也说不准，”我不想欺骗她，只好实话实说，“每个孩子的情况不一样，持续的时间长短也不一样。与其这么担心，不如给他提供一些干净卫生的东西让他咬，最好是不同材质、不同形状的东西，让孩子能探索更多的东西。”

听了我的话，妹妹重重地点了点头。

现在，小石头才 8 个多月大，即使妹妹和他说“这个东西不能吃”，他也听不懂。只能等孩子长大一些，再告诉他哪些东西可以尝，并教他学会保护自己。

口腔敏感期是很奇特的，即使因为父母的阻止错过了，也会再次出现。与其如此，不如一开始就给孩子提供自由安全的尝试机会，让孩子自由探索，顺利度过口腔敏感期。

○ 咬手指很正常，孩子是在练习使用牙齿和舌头

我和一个记者朋友约好在公园见，拍几张照片放在专栏上。在等待的期间，我和坐在同一条长凳上的妈妈聊了起来。

“天气又不冷，为什么要给孩子戴上手套呢?”我看了看婴儿车里的孩子，有些不解地问。

“这孩子，最近老喜欢吃手。每次醒着的时候，总是不断把手把嘴里送。吃不到的时候，她还着急得哇哇大哭。

“前段时间，因为吃到手上的脏东西，孩子腹泻住院了。我思前想后，除了戴手套，想不出其他方法不让她吃手了。”

我很理解这位妈妈的心情。孩子生病住院，是每个妈妈最焦心的时刻，恨不得替孩子生病，替孩子打针吃药。现在，我的儿女都过了动不动就生病的年龄，我的想法还是没有改变。

但是，如果因此就给孩子戴上手套，会让孩子的口腔敏感期滞后，也就相当于推迟了孩子探索世界的能力，会影响智力发育，还可能让孩子变得爱咬人。

我对那位妈妈说：“对婴儿来说，吸吮是一种本能般的需要。如果孩子渴望吸吮的愿望没有得到满足，他就会想办法自给自足，最方便的方式就是吃手。你要做的，不是阻止孩子吃手，而是帮助孩子满足吮吸需要。满足了以后，孩子就不会吃手了。”

后来，我和那位妈妈仔细说了满足孩子吮吸欲望的手段。在说的过程中，我发现周围有个年轻男子也在很认真地听，直到我说完，他才自我介绍。

“我是和您约好的记者小周，在采访前，我有个私人问题想请教您。我儿子现在都1岁了，还喜欢吃手，尤其是他妈妈外出时，有时会吃上一整天。”一上来，小周就迫不及待地问我。

我很清楚，6个月前，孩子吸吮手指完全是为了满足吸吮的需要。之后，如果还不停地吮吸，就可能是为了自慰。

我对他说：“可能你儿子在情感上比较脆弱，对爱比较渴求，当孩子妈妈不在身边时，孩子就会感觉害怕，担心妈妈会离开自己，便利用吃手来安慰自己。”

“可是有的时候，我和妻子明明都在孩子身边，他为什么还吃手呢?”果然是记者，抓住一个问题就会问到底。

我笑了：“不仅是在亲人离开时，在孩子感觉疲劳、紧张或者心情不好的时候，他也会吃手，都是为了从中得到慰藉。”

后来，我安慰小周，对于孩子吃手的问题，不用过于紧张，我认识的孩子中，有的孩子到了五岁还吃手，现在照样成长得很好，把自己吃手的经历也早就忘记了。

我建议小周多抱抱孩子，多给孩子一些关心，同时让孩子多接触各种东西，体验大自然的美好，以此吸引他的注意力，避免因为无聊而吃手。

其实，对于孩子吃手的问题，父母完全不用过于担心。孩子的大脑发育不成熟，吃手是正常的。只有这种吮吸的欲望得到满足，孩子才不会缺少安全感。

当然，如果孩子把吃手当成了习惯，就要先分析其中的原因，对症下药，温柔地让孩子改掉这种习惯。

○ 孩子突然咬人没恶意，满足口腔需要便会消失

有一次，我陪一个朋友在商场挑选婴儿用品，她6个月大的儿子也躺在婴儿车里和我们转了一圈。

在母婴室给孩子喂奶时，朋友不经意地叫了一声。“怎么了?”我关切地问道，随即反应过来，“是孩子咬你了?”

朋友看着儿子，满脸笑意地说：“是啊，这孩子看来是要长牙了，

喂奶的时候，总是不经意地咬我一口，等牙齿长出来就好了。”

我笑了：“是啊，孩子要长牙或者嘴里不舒服时，咬点其他东西会让他舒服点。孩子这么小，即使告诉他不要咬，他也听不懂。

“不过，你也不用忍着，一会儿我们带孩子买个他喜欢的牙胶，再买点能咬的玩具，让他有东西可咬，这样能尽快满足孩子的口腔需要，也能让你少被咬。”

朋友点头表示同意。

在孩子 1 岁前，牙齿和舌头都在不断发育，你会发现有段时间孩子特别爱咬人或咬东西，那是因为孩子要满足口腔需要，缓解不适。

而在这之后，孩子有可能还会出现咬人的情况。这种情况，在我儿子 Jimmy 身上就出现过很多次。

那时，Jimmy1 岁多点，每次兴奋的时候就会咬人。有一次，我一个朋友来看他，给他带来了一个汽车玩具。Jimmy 很喜欢，便咬了朋友一口。

朋友显然吓了一跳，那表情被 Jimmy 看到了，他显得很疑惑，我知道，他心里或许在嘀咕：“我是高兴才咬你的，你为什么露出这种表情?”

我装作严肃地对 Jimmy 说：“Jimmy，咬人疼，不要咬人。”同时，我还让朋友装作很疼的样子，用肢体语言让 Jimmy 明白，没有人喜欢被咬。

Jimmy 虽然听不懂，可是看到我和朋友的表情，也知道咬人不对。这样几次下来，Jimmy 就很少在兴奋的时候咬人了。

在幼儿园里，有一段时间，我会经常看到 2 ~ 3 岁的孩子咬人。最初，我没有在意。后来这样的次数多了，我察觉到，孩子是因为心情低落或者想让别人服从自己才咬人的。

菲菲就是这么一个孩子。菲菲的好奇心特别强，看到别人玩什么，她也要玩什么，这本没什么，可菲菲偏偏爱玩别人手上正在玩的那个。

一次，菲菲想要玩小乐手上的铲子，小乐正玩得高兴，当然不愿意把铲子让给菲菲。于是，菲菲就在小乐的胳膊上咬了一口，差点咬破皮。

看到小乐哇哇大哭，菲菲才意识到自己刚才做了什么，一副不知所措的样子。

我很清楚，这是因为菲菲在口腔敏感期时，口腔没有得到充分的满足，所以才会又一次出现想要咬东西或者咬人的欲望。

以后，我们都尽可能地照顾菲菲，让她尽快补足口腔的需要。经过大约两个月后，菲菲咬人的情况彻底消失了。

事实上，很多孩子在 3 岁前都曾有过咬人的经历，你完全不用过于担心。随着年龄的增长，这种行为也会渐渐消失。

如果孩子在 3 岁后还经常咬人，很有可能是孩子不能控制情绪，或者说在表达情感方面出现了障碍。此时，就需要带着孩子寻求专业的指导和帮助。

口腔敏感期李老师给家长的教育启示

孩子是用口腔认识世界的。在口腔敏感期到来时，孩子会出现吃手、抓各种东西往嘴里送、咬身边的东西，甚至是咬人等行为。

这是孩子在用自己的方式探索，父母不要打扰，而要给孩子提供好的探索工具，让他在增加对世界的认识的同时，也满足自己的心理需要。

这样，孩子就能积累认知经验，发展自我能力。如果孩子得不到满足，这个敏感期就会往后推迟，直到孩子得到满足为止。

第5章

手的敏感期，在抓、捏、扔的过程中锻炼手指（0~2岁半）

孩子突然变得爱打人，打爸爸妈妈的脸，抓妈妈的头发和眼镜，给他什么玩具他都乱扔。这不是孩子变得调皮了，而是他进入了手的敏感期，开始用手探索和认识世界。

○ 0～2 岁半孩子的手有敏感期，看看动手能力的发展过程

在口腔敏感期后期，手的敏感期也来到了。在这个特殊时期，你会发现，孩子最初握成一团的小拳头，慢慢张开，能抓东西，能打人，还能捏起很小的东西。

这真是一个神奇的过程！这些点点滴滴的进步，不仅说明孩子学会使用手了，也说明孩子的大脑正在发育，内在的世界正一点点建造起来。

我想起教育家陶行知先生曾经作过一首儿歌："人有两个宝，双手和大脑。双手会做工，大脑会思考。用手又用脑，才能有创造。"这首儿歌充分说明了大脑和双手之间的密切关系。

一位从医的朋友也曾告诉我："大脑的发育可以使手的动作得到发展，而手的动作也能帮助大脑得到更多发展。"

我相信，一个在手的敏感期能很好地使用手的孩子，也会有一个聪明的头脑。

当然，手的发展也经历了一个比较漫长的阶段。如果父母不了解这一过程，做出什么不当的事情，也就很可能影响孩子的大脑发育。

以女儿 Amy 的手的敏感期为例，很容易看出孩子在各个时间段手的发展，也能清晰看出父母应该怎么做。

在 Amy 刚一出生时，手就具有抓握反射，对于我们放在她手里的东西，就能立刻抓住。但是到了第二个月，Amy 的手反而没有力气了，也抓不住什么东西。此时，她的小手总是半开着，我知道，她正在从被动抓握向主动抓握发展。

3 个月左右时，Amy 开始玩自己的小手，挣扎着想要去拿周围的东西，但由于距离判断错误，总是失败。

4～6 个月时，由于视力发展较快，Amy 会主动抓东西，虽然手指还不是很灵活，但小手的目的性和方向性更强了。

7～9 个月时，Amy 用一只手就能把她喜欢的小海豚玩具拿起来，还会用指尖抚摸它，有时会用拇指和食指捏住小海豚的背部，把它提起来。

10～12 个月时，捏起东西对 Amy 来说已经易如反掌，而且，让我惊喜的是，Amy 居然能用两只手握住彩笔，在纸上画一些线条。而有一次我把书放在她身边时，她居然连续翻了几页。

1～2 岁时，Amy 的小手非常灵活，只要是能够得到的东西，包括需要爬着去拿的东西，她都会努力去拿，还经常把家里东西扔在地上，一次又一次，不知疲倦。而她的玩具，更是备受欺凌，被压、拍、捏得不成样子。

2～3 岁时，Amy 迷上了玩积木，学会了画画，在有一次看到我折纸后，居然在一天练习折了 100 多个三角形，让我特别惊讶。而且，Amy 还学会了自己穿衣服、吃饭，只是由于动手能力较差，用的时间比较长。

手是孩子最好的感知工具，而每个孩子都会经历手的敏感期，如果不能顺利度过，孩子手的能力就不能得到充分开发。每当我看到不会拴绳索的人时，总是怀疑他在手的敏感期受到了阻碍。

所以，你要了解孩子的手，了解这些小手要经历怎么样的努力和挑战，尽可能地帮助孩子，让他手的能力最大限度地开发出来。

○ 孩子喜欢抓、捏、扔东西，体验手的功能

一次，我看到一个 2 岁左右的小男孩，自己一个人蹲在地上玩着什么。走近一看才发现，他正拿着一个塑料瓶盖，玩得不亦乐乎。

只见小男孩抓起瓶盖，然后松手扔掉，接着再抓起来，然后再次松开小手扔掉……反反复复，直到他感觉玩够了，才停下来。

看我一直注视着小男孩，在一旁坐着的小男孩的妈妈看到了，笑着和我搭讪："很有意思吧？我儿子对各种盖子特别感兴趣，在家总喜欢掀锅盖，总是盖住，拿起来，盖住，拿起来。孩子不哭不闹，我也就随他去。"

我看着这个看似懒惰的妈妈，心想："这种放手对孩子来说真是一件天大的好事，要是有更多的妈妈懂得这么做就好了。"

有一次我主持妈妈会时，一个妈妈带来了不到 1 岁的儿子。这个孩子在妈妈怀里哭闹不已，使得我们根本没有办法交流下去。

我站起来，从那个妈妈怀里接过，还没过一分钟，那孩子就安静了下来。可一旦我把他交给他妈妈，他又哭闹起来。

没办法，我只好抱着这个孩子。后来，当我抱着他经过镜子旁边时，我才发现，孩子正在专心致志地捏起我身上的毛线球。

原来如此！难怪他愿意让我抱，不是因为我的怀里温暖，而是因为衣服上细小的毛线球吸引了他的注意力。

我知道，这个孩子进入到了捏起细小东西的阶段。我把这个发现告诉了孩子妈妈，并且告诉他妈妈，孩子现在喜欢用拇指和食指配合捏取东西，并建议她在家里多给孩子准备一些方便捏取的东西。

这时，另一个妈妈说话了："我儿子最近在吃东西前，总要捏一捏。香蕉、草莓都被他捏得黏糊糊的，我都不忍心看，可他却吃得津津有味。

"有一次，儿子又在捏面条。我为了阻止他，把碗端到了一边。结果，他居然扔下筷子，用小手追着我打。"

"是啊，是啊。"穿粉红衣服的妈妈说话了，"我儿子也曾经那样做过，不过现在他对捏东西已经不感兴趣了，现在喜欢不停地插吸管、开门关门、关拉抽屉。不让他玩，他就抗议，真是不知道怎么办才好。"

我沉默了。面对孩子的一些行为，很多父母不了解，还用成人的标准对这些行为进行干涉。孩子的成长本来就充满了重重困难，这些干涉更增加了孩子成长的难度。

孩子喜欢用手去摸、抓、捏、扔、拽，在大人看来，这些根本没有什么意义，但却是孩子探索世界、区分事物差别的手段。

孩子进行这些活动，是天性使然。不让孩子活动，就等于不让孩子思考、阻止孩子的大脑发育。错过了手的敏感期，孩子感受世界的能力就会变差。

我把我的观点说了出来，并建议那些妈妈给孩子提供更大的活动空间，并且保证消除空间里的安全隐患，孩子想抓就让他抓，想捏就让他捏，让他顺利发挥手的功能。

○ 用手打人，不是爱暴力，而是想以此引起注意

前几天，我收到一封电子邮件，是一位年轻爸爸发来的，他在信中写道：

我女儿不到 2 岁，却非常热衷于打人，平时我或妻子抱她时，她不是打我们的脸，就是打头，或者狠狠地拽妻子的头发。

妻子说，这是正常现象。而爷爷奶奶或其他人逗女儿玩时，她也会先温柔地抚摸对方的脸，然后趁人不备，狠狠打一下。

爷爷奶奶觉得孩子这样很可爱，经常把脸凑过去让孩子打。结果，孩子现在打人打上瘾了，每天不打人都不行。

我想抓着他的小手打几下，让他知道被人打会很疼，可是一家人都拦着。孩子为什么喜欢打人？我要怎么帮她改掉这个坏习惯呢?”

看到孩子打人，很多父母都担心孩子以后会变得很暴力，这种担心大可不必。0~2 岁的孩子正处于手的敏感期，“打人”是敏感期的正常行为。

一般来说，孩子在 9 个月大时，手腕到上臂的支配能力会迅速发展，孩子偶然学会了打人，发现这一行为能锻炼肌肉。于是，孩子便会乐此不疲地打人，以锻炼自己的肌肉力量。

我给这位年轻的爸爸回信说：

孩子打人是正常的，原因也是多种多样的。有的孩子打人，是为了锻炼手臂；有的孩子打人，是为了吸引注意力，让父母更关心自己；有的孩子打人，是因为想要表达思想和无法控制情绪。

孩子的打，只是一种手部的拍打，与具有攻击性的“打人”是两种概念，你完全不用过于担心，孩子打人不等于使用暴力。

看得出来，你们一家人对孩子都很宠爱，但是这种宠爱，也是造成孩子爱上打人的原因之一。

通常，我们都知道，如果我们对一件事情过分关注，这件事情就会更经常地发生。在对待孩子打人的事情上，伸出脸让孩子打，就等于是鼓励孩子打人。

也有一些父母，在看到孩子打人后，就会不断地提醒“不许打

人”，这样反而让孩子误以为打人能获得更多关注，从而把打人作为吸引别人注意力的手段。

这是我给你的第一个建议，对于孩子的打人表现，不要过分关注，同时多陪伴孩子，给孩子更多的关心和爱。

其实，要解决孩子打人的问题，最好是知道她打人时心里的想法是什么，这样能更有针对性地引导和教育孩子。

比如，孩子打人时，你可以看看当时所处的环境，找到可能导致她情绪不好、打人的原因，说不定就能猜中她的心思。

然后，再帮孩子化解这个不良因素，告诉她正确的做法。这样一来，孩子就会知道自己该怎么做了。

还有一点要注意，不要在别人面前提起孩子爱打人的事情。我认识一个妈妈，经常在别人面前说孩子爱打人，结果，孩子变得越来越爱打人。

你要多尝试着理解孩子，在孩子打人后，可以先向对方道歉，然后平静地离开。不要试图和孩子讲道理，你会发现，那根本没用。

希望我说的这些，能帮助孩子尽快改掉打人的习惯。

孩子虽小，做事情时也会追求意义，如果打人的行为得不到外界的关注，他便会自动放弃这种行为。所以，如果你家孩子也打人，你可以假装不在意，同时给他更多的爱，让他不再打人。

○ 遇到水、沙子就高兴，那就让孩子尽情地玩

在 Jimmy 小的时候，有段时间我带着他一起在纽约出差。当时一切从简，家里的玩具也并不多，数量最多的，就是各种沙滩玩具、玩沙工具。

每天下午，邻居家的孩子 John 都会在门外大喊一声，Jimmy 便拎着小桶、小铲等朝门外跑出，可怜的我穿上拖鞋急忙追出去。

在我家附近，有一片海域，John 和 Jimmy 特别喜欢在海滩上玩。John 比 Jimmy 大半岁，也很会照顾人。即便如此，我和 John 的妈妈都会跟着，孩子的玩沙时间，也是我们的聊天时间。

一到海边，Jimmy 和 John 就会脱掉衣服，光着小屁股埋头在沙滩

上玩，用小桶装海水，用小铲挖沙子，堆出各种各样的形状，完全无视我们的存在。

当时，我正在学习关于敏感期的相关知识，也知道对所有孩子来说，玩水、玩沙是一件非常有趣的事情，虽然我现在已经体会不到其中的乐趣了。

而此后不久，我家发生了一次水灾事故，也是由于 Jimmy 玩水造成的。

那天，我在院子里清理垃圾，留 Jimmy 一个人在屋里玩。可能是看书太无聊了，小家伙放下书，开始在屋里漫无目的地转悠。

突然，Jimmy 发现了洗手池。那个洗手池是专门为孩子设计的，与 Jimmy 的身高正好相符，所以 Jimmy 平时很喜欢在那里洗手。

Jimmy 把水池的漏水孔塞住，拧开水龙头，开始玩水。由于玩得太高兴，水从池子里溢出来他也没在意，而是继续玩着。

不知道玩了多久，Jimmy 好像玩累了，直接爬到自己的小床上睡觉，而水龙头就那么一直开着。

直到我进门发现地板上全是水，循水声望去，才发现水龙头没有关。再看看 Jimmy，躺在床上睡得正香，完全不知道自己闯了多大的祸。

不过，我并没有因此限制 Jimmy 玩水玩沙。在我看来，玩水玩沙能锻炼孩子的手臂和各种感觉器官，同时也是他追求快乐、满足心理需求的重要途径。

想想看，玩沙时，孩子不管是用铲子铲沙子、拍沙子，还是用手把沙子聚拢，都可以锻炼手臂上的肌肉群，增强对手的控制力，让肢体动作更协调；而当孩子用手接触到沙子和水时，能敏锐地感觉到两种物体质地的不同，感觉也越来越灵敏。

说到满足孩子的心理需求方面，在孩子独立的过程中，控制的欲望会越来越强烈，通过控制水和沙子，孩子能发现自己的控制力，获得满足感和成就感，心情也会更加愉快。

而且，还有很重要的一点是，水和沙子还能开发孩子的创造力。在孩子的手中，水和沙子的玩法多样，想怎么玩就怎么玩，刺激孩子的无限创意。

水和沙子是大自然赐予孩子最好的礼物，在孩子想玩时，就放手让他尽情玩吧，这对孩子的成长是非常有帮助的。

手的敏感期李老师给家长的教育启示

在口腔敏感期后期，手的敏感期也来到了。在这个特殊时期，孩子学会使用手，内在的世界也一点点建造起来。

手是孩子最好的感知工具，而每个孩子都会经历手的敏感期。父母要尽可能地帮助孩子，让他的手的能力最大限度地开发出来。

父母最好给孩子提供更大的活动空间，并且保证消除空间里的安全隐患，引导孩子不断地练习抓、捏、扔等，支持孩子玩沙玩水，在孩子打人时，多给予关注，让他顺利度过手的敏感期。

第 6 章

行走敏感期，让孩子学会用自己的腿走路（0～2 岁半）

在行走敏感期，孩子开始探索自己腿脚的功能，尤其喜欢做富有挑战性的事情——爬坡、走不平路等，这是孩子在发展自己的行走能力，父母只需笑着在一旁提供保护即可。

○ 0~2 岁半认识行走敏感期，了解孩子学步“四步走”

有个网友曾告诉我，她女儿最近能蹒跚着走路了。可是由于自己身体不方便，出行要坐轮椅，无法保证女儿的安全，便一直把女儿关在家里。

丈夫虽然提议找个保姆帮她照顾女儿，可是她不放心保姆。可同时，她又担心影响了女儿学走路，问我应该怎么办。

看了这个网友的留言，我很清楚，她的女儿进入了行走的敏感期。也就是说，孩子开始学习走路了。

一般来说，孩子在 6 个月大时，就不太喜欢躺着，总是尝试着想要坐起来；随后，又开始练习爬行；而当他 8 个月左右的时候，开始挑战站立，喜欢让大人扶着他蹦跳；等到 11 个月时，孩子开始姗姗学步，并且能够独立行走。

在这个阶段，孩子对“走”这一行为非常热爱，只要他愿意，似乎可以永远走下去，而且不会觉得累。这说明，孩子的行走敏感期到了。

我告诉网友，孩子现在只是刚刚进入行走敏感期，以后，她还会想要练习上下坡、爬楼梯，喜欢走在各种不平的路面上，体验行走给自己带来的乐趣。

我们成人走路，一般是为了到达某个目的地，可孩子不同。孩子走路只是为了练习，而在走的过程中，孩子增加了对世界的了解，也让自己的心智渐渐健全起来。

如果一直把孩子关在家里，或许可以保证孩子的安全，但却无法满足她对行走的渴望，很有可能影响她以后的行走，影响她对世界的认识，影响她的心理健康。

后来，我还告诉网友，在女儿 Amy12 个月左右时，我因为脚部受伤没有办法陪她走路，专门请婆婆过来照顾她。

我欣喜地看到，当她能够走到自己喜欢的东西面前，拿起那样东西时，脸上洋溢着幸福的微笑。我也很庆幸，没有因为自己的身体状态影响她的正常发展。

当孩子学会走路后，活动范围必然会相应扩大。如果待在房间里，孩子的精神也会受到压抑。我建议她花点心思，找一个合格的保姆照顾女儿，这对女儿才是最好的。

后来，这个网友告诉我，他们找到了一个很有爱心的保姆。每天，保姆都会带着女儿到楼下探险，女儿走着，保姆跟着。她说，这是她见过的最美的画面。

我很高兴，并且告诉她，以后，女儿会向她展示更多的美丽和感动。

我经常在公园碰到那些蹒跚学步的孩子，后面总是会跟着一个略显疲惫的大人，小凡就是这样的孩子。

小凡是个特别喜欢走路的孩子，奶奶天天在他身后追着，有时一声不语，有时则用话语阻止："孩子，慢点"或者"别走了，歇歇吧"，可小凡根本无动于衷。

后来，突然有一天，这种声音消失了。取而代之的是小凡撒娇的声音："抱抱！抱抱！"每当这个时候，奶奶总是无奈，也很不解：这孩子，怎么回事啊？

我很清楚，小凡行走的敏感期过去了，所以才会用各种理由钻回奶奶或者父母的怀抱。这是正常的，不久，他就会进入下一个敏感期。

通常，孩子学步会经历 4 个阶段。你需要提前了解每个阶段的特征，才能有针对性地给孩子提供好的帮助。

孩子在摇摇晃晃之后，会找到走的感觉，开始用一只手扶着周围的支撑物站立，接着能依靠自己的力量站起来，还能站得比较稳。

然后，孩子开始练习下蹲。最初，为了保证平衡，孩子会用一只手扶着墙壁、大人及其他一切支撑物，单手捡地上的东西并站起来，有时甚至可以不用借助任何帮助就能完成。

在这个阶段，孩子腿部肌肉的力量逐渐增强，可以多让他"玩蹲下去站起来"的游戏，锻炼身体的平衡能力。

此阶段后，孩子开始练习迈步了。聪明的他懂得利用身边一切能利用的人或物，如墙壁、桌子或沙发边缘、父母的手等，让自己保持平衡，并一步步试着向前挪动。

最后，孩子终于学会走路了。他把重心放在脚上，不再扶着任何东西，开始摇晃着走路了。虽然走起来深一步浅一步，还常常摔倒，但却是独立的开始。

你不要阻止孩子，多给孩子机会，让他不断地练习。你会发现，孩子学步的速度让你大为惊异，也让你感动满满。

○ 喜欢上下坡、走楼梯，探索腿脚的功能

我正在上坡，迎面踉踉跄跄走来一个不到2岁的孩子，眼看就要摔倒了，我快步上前扶住了他。

“这是谁家的孩子？大人也太不负责任了！”我在心里嘀咕，“这里的车虽然不多，但坡度有点大，孩子万一从上面栽下去，后果不堪设想。”

正想着，一个老奶奶气喘吁吁地跑了过来：“哎哟，多多，你慢点！”

看着我扶着孩子，老人似乎明白了什么，不好意思地说：“这孩子，最近总是喜欢上下坡，现在跑得比我还快了。”

我说：“孩子练习上下坡是好事，可是也要选择安全的地方，可以去公园。这里坡度这么大，偶尔也有汽车经过，万一把孩子撞到怎么办？”

我语气有些着急，惹得老人有些不高兴。她没有说什么，拉着孙子的手就离开了。

对孩子来说，上坡容易下坡难，尤其是刚开始练习时，很少有孩子能够控制好身体。此时，可以让孩子上下一些较缓的坡面，帮助他更快学会控制身体平衡。

我和妹妹带着小石头在公园玩。起初，小石头安静地蹲在沙堆里玩，可是一眨眼的工夫，他就爬上了一旁的玩具楼梯，颤颤巍巍地要从上面爬下来。

妹妹见状，满脸恐惧地大叫：“小石头，不要动！”这话，让我和小石头都吓了一跳。“危险危险！”妹妹一边大叫，一边向小石头跑去。

这时候的小石头已经能听懂妈妈的话了，他表情有些惊恐，并略带不解地看着妈妈，全身僵硬着，不知道接下来该怎么办。

我跑过去拉着妹妹，然后双臂张开，做出一个拥抱的姿势：“小石头，来，让姨妈抱抱，我们再重新爬一次。”

我把小石头抱到楼梯下面，同时还对妹妹说："让他练习练习，我们两个大人，还看不住一个孩子吗?"

小石头又开始手脚并用地爬楼梯了。只见他先俯身趴在楼梯上，然后用手测量一下每层台阶之间的距离，最后才抬脚。一次不行两次，两次不行三次，直到把脚搭上台阶。

尽管小石头动作很慢，有时候都让人怀疑他是否在动。但我知道，他是在努力学习中。就这样，小石头一直爬着，累了就趴着歇会儿，到了上端的平台伸出胳膊，让我和他妈妈抱他下来，然后开始下一轮练习。

在回家的路上，小石头坐在小推车里睡着了。显然，他很累了。

孩子喜欢爬楼梯是好事，能锻炼肌肉发育。虽然会消耗大量的体力，但也能让孩子吃得更香。睡得更好。

孩子在爬楼梯时，手、脚、眼睛并没有协调一致，上楼梯对孩子来说比较容易，下楼梯则可能因为判断错误而发生危险，需要父母在一旁提供保护。

有些父母担心这样做不卫生，或者弄脏了衣服不容易清洗，就阻止孩子，导致孩子行走敏感期滞后，得不偿失。

此时，你应该让孩子自由行走、自由摸索，从中发现行走的乐趣，发现世界的神奇和美好，也让他的独立性和自信心得到发展。

○ 专走不平路，以体验和探索未知的世界

在 Jimmy 学走路那段时间，老公常说："陪儿子走路，一定要有足够的耐心和包容心，否则会被他气死。"我自然明白老公的意思。

每次，一出了家门，Jimmy 就变得特别"不老实"，总是挣脱我的手，要自己走路。只要路面状况安全，我通常都会放手。

在楼下公园里，有一小段石子路，Jimmy 最喜欢在那上面走路，每次都兴致勃勃，似乎很喜欢那种高低不平的感觉。

有一次，我带着 Jimmy 去公园走石子路。与其说是我带着他，不如说是他领着我。从家里到公园很近，Jimmy 早已知道怎么走了。

Jimmy 欢快地向前跑着，我在后面紧紧地跟着。突然，小家伙停

下了脚步，一动也不动。原来，公园有一小片路面要整修，负责管理公园的老伯正在抹水泥。

Jimmy 被这一小块水泥地深深吸引了。他看得那么专注，最后竟然情不自禁地朝一旁的水泥堆上踩去。

我来不及阻止，儿子就踩了进去。刚想迈出第二步，就重重地跌倒在水泥里，身上、手上、脸上，全是水泥。

我和一旁的老伯都愣了，Jimmy 却发出“咯咯”的笑声，一副很高兴的样子。老伯想帮忙抱起 Jimmy，我拦住了，示意让他自己起来。

另一方面，Jimmy 也完全没有让我帮忙的意思。他把身子向前倾，两只小手插在水泥里，努力了几次后，终于站了起来。找到了平衡感后，Jimmy 迈出了一步，一只脚走出了水泥堆；紧接着，他用双手支撑着地面，把另一只脚也拔了出来。

“这孩子，真是聪明。”老伯夸奖道，我听了，心里也很高兴。再看看 Jimmy，他的脸上也充满了满足感。

接着，Jimmy 又重新走了一次，这次，他试着把步子迈得大一些，从水泥堆的一侧迈了过去。好家伙，都知道运用智慧和水泥做斗争了。

我向老伯道了歉，带着 Jimmy 回家。没有去走石子路，Jimmy 并没有不开心。显然，今天走的这条“路”，让他体验到了自我掌控的感觉，也就不需要再走石子路了。

在行走关键期，孩子会热衷于走路。走路，这种在大人看来机械式的运动，孩子却充满了乐趣。尤其是走过那些坑坑洼洼的路面，会让孩子获得更多的自信。

我带着满身是水泥的 Jimmy 走着，引来的满是惊讶的表情，但我们全然不在意。突然，一声呵斥，把我和 Jimmy 的眼光全都吸引了过去。

一个年轻的妈妈带着孩子从公园穿过，两人都穿着干净漂亮的衣服，看得出来，是要去哪里赴约。

小男孩显然很不听话，没有走在平坦的小道上，而是走在用断砖斜砌而成的低矮围栏上，妈妈在一旁呵斥着，要求他下来赶路。

突然，小男孩没有掌握好平衡，倒在了小道另一侧的花圃里，干净的衣服上立刻沾上了湿湿的泥巴。

年轻妈妈很生气，拉起儿子，重重地在他屁股上打了一下：“叫你不听话，现在还怎么走亲戚？回家！不去了！”

小男孩原本没有什么感觉，被妈妈一巴掌打得哇哇大哭。我想，他哭，不是因为妈妈的训斥，而是因为妈妈阻止了他的探索。

孩子喜欢走不平的路，是为了发展自己的能力。而同时，四周神奇的景物也吸引着他，让他愿意不断前行。

在行走敏感期这个特殊阶段，你要想帮助孩子，就要让自己的走路节奏和孩子一致，努力配合孩子，让他自由行走、自由探索。

○ 用了学步车，孩子反而不会走路了？

我一直从事幼儿教育工作，虽然有多重身份，但是最关心的问题还是幼儿的成长。我发现，父母懂不懂教育知识，对孩子的影响很大。

有一次，我去一个朋友家取点东西，发现他一岁多的儿子走路时总是踮着脚尖。在客厅的角落里，我看到了一个看上去很豪华的学步车，便明白是怎么回事了。

我问：“孩子踮着脚尖走路呢，你有没有尝试着让孩子把脚底放平走路？”

“你发现了。”朋友有些发愁地说，“我们试过了，可是一旦把他的脚掰平，他连站都站不稳，更别提走了！都是学步车惹的祸！”

朋友告诉我，两个月前，孩子的外婆给送来了学步车。孩子一进到学步车里就特别高兴，想朝哪个方向走，车子就会朝哪个方向滑动。

自从有了学步车以后，朋友和妻子也省心不少，不用整天扶着孩子走路。而孩子也把学步车当成了玩具，累了就坐着歇歇，休息够了就继续走。

就这样过了一个多月，朋友感觉孩子应该学会走路了，便把孩子抱出学步车，让他自己练习走路。可是，没有想到，孩子在学步车里习惯了踮着脚尖走路，即使把他抱出学步车，他还是会那样走。

我劝慰朋友：“还好发现得早，可以及时纠正。我知道有一些孩子因为使用学步车，腿长成了螺圈腿，走路的姿势也很怪异，以后千万别给孩子用学步车了。”

孩子用学步车，看上去是想去哪就能去哪，很自由，还不会摔倒。但实际上，学步车给孩子带来的害远远大于这点小利。

孩子在走路的过程中，可以学会控制自己的重心，让身体保持平衡。可是一旦进入学步车里，这个任务就转嫁给了学步车，孩子完全不用在这方面下功夫。

而且，孩子不用协调手脚，就能让自己自由“行走”。他只会一直保持一种走路姿态，对于身体如何运作能让自己不受伤，更是毫不知情。

同时，使用学步车时后脚跟不需要用力，所以发育也不是很好，易长成扁平足、“O”型腿等。即使孩子以后能够用全掌走路，平衡能力和协调能力也会受到影响。

现在的学步车虽然比以前要好，但也并不是百分百安全，小石头额头上有一个一厘米左右的伤疤，就是学步车造成的。

那是小石头利用学步车走路的第二天，学步车的一个轮子不转动了，导致侧翻，小石头的额头碰到了桌角上，还好伤得不重。

妹妹当时紧张极了，一直责怪自己没有好好检查学步车的情况。翌日，妹妹就把学步车退了，扶着小石头一点点学习走路。

孩子的成长本来就要经历一个过程，需要我们付出时间和心血。如果为了自己省事，就把孩子交给各种设备或工具，实在是不明智。

为了孩子，我劝告各位父母，还是打消买学步车的主意，认真教孩子怎么走路吧。

行走敏感期李老师给家长的教育启示

在行走敏感期，孩子对“走”这一行为非常热爱，只要他愿意，就可以一直走，而且不会觉得累。

当孩子学会走后，会不断练习上下坡、爬楼梯，喜欢走在各种不平的路面上，体验行走给自己带来的乐趣，探索未知的世界。

父母要注意，孩子学步不能一蹴而就，如果可能，尽量不要让孩子用学步车学走路，让孩子按照内在的速度，慢慢学会走路吧。

第 7 章

语言敏感期，从咿呀学语到简单表达的过程（0～2 岁半）

孩子咿呀学语，无疑给父母带来了乐趣。孩子喜欢不断模仿、重复，甚至开始学说“粗话”，这都是语言敏感期的正常表现，父母适当地引导就行。

○ 在语言敏感期，0～2 岁半孩子的语言发展从何而来?

语言是自然赋予人类的本能，即使是刚出生的婴儿，也能通过妈妈对他的回应，建立自己的沟通模式，让妈妈知道自己需要什么。

两三个月的孩子，即使不会说话，也会用“哼哼”声表达自己的情绪。而当大人不断在他耳边重复“爸爸”“妈妈”时，也会“嗯”“啊”的回应，这实际上就是在说话。

这时，孩子进入了语言敏感期。在这段期间，孩子对语言特别敏感，能区分语言，也能不知疲倦地说着我们听不懂的话。

在语言敏感期，孩子从最初只会说一些简单的词汇到能够说出简单的句子，是有规律可循的。只是这种规律在孩子的内心，我们无法企及。

Amy 小时候，最喜欢玩“一叫一答”的游戏。每晚睡觉前，都要玩上半个小时，直到他困得睡着。

有一次，弟弟来家里，我忙着在厨房做饭，让他在客厅看电视，而 Amy 则在房间里玩。

突然，Amy 大喊一声“妈妈”，我没有听见，弟弟听到后，立刻跑到屋里，看看 Amy 需要什么帮助。可是，他到了屋里才发现，Amy 正坐在地板上老老实实地玩娃娃。

“Amy，怎么啦?”弟弟问道。

Amy 只是笑，没有说什么。

看到 Amy 没事，弟弟又跑去看电视。刚坐在沙发上，Amy 又喊了一声。这一次，她没有喊“妈妈”，而是喊了“舅舅”。

弟弟听到 Amy 叫自己很高兴，立刻回应一声“哎”，并跑到 Amy 身边，温柔地问:“乖，叫舅舅有什么事情啊?”

Amy 依然笑笑，一句话没有说。

弟弟感觉有些奇怪，他重新回到客厅，刚坐下又起身，来到厨房让我去看看 Amy。

我听了弟弟的叙述，笑了起来：“Amy 喜欢玩‘一叫一答’游戏，她不需要什么，只是在练习喊人而已，你回应她，她就会感觉特别高兴。”

听了我的话，弟弟才明白是怎么回事。他重新到客厅坐下，认真和 Amy 玩起了“一叫一答”游戏，十分开心。

进入敏感期后，孩子有段时间会特别喜欢重复一些词语，更喜欢喊人，因为那样的话对方会给他回应，使他获得喜悦和满足。

除此之外，孩子在语言敏感期还会有其他看似难以理解的表现，比如喜欢重复别人的话、爱说脏话、喜欢问个不停等，这些都是语言敏感期的正常表现。

你要做的，不是阻止孩子，而是引导孩子说出正确、完整的句子。虽然可能会比较麻烦，但是和孩子的收获相比，这点麻烦也就算不了什么了。

你要记住，孩子的语言敏感期是暂时的，你要给孩子创造良好的语言环境，让孩子轻松掌握。如果错过了，就不会再有机会重来。

○ 重复和模仿不是淘气，是觉得句子表达很有趣

我在路上偶然遇到一个熟人，怀里抱着一个两岁左右的小男孩。熟人放下孩子，很高兴地和我打招呼，并让孩子叫我“阿姨”。

我蹲下来，笑着问小男孩：“你几岁啦？”

那孩子眨了眨眼睛，调皮地说：“你几岁啦？”

听孩子这么说，熟人立刻说：“别学话，告诉阿姨，你两岁了。”

小男孩立刻重复道：“你两岁了。”

我笑了，知道孩子现在处于语言敏感期，有意和他多说几句，便积极地问道：“你叫什么名字？”

果然，小男孩立刻学着我的语气说：“叫什么名字？”

我冲他笑了笑，看到他手上拿着一个玩具小车，就问他：“谁给你买的小车？”

很快，他又重复道：“谁给你买的小车？”

熟人有些无奈地说：“这孩子，最近就喜欢重复别人的话，在家也是这样。一遍遍重复，我们在家都没法说话。”

我劝说道：“孩子天生好奇心强，喜欢重复大人的话，这是好事。孩子重复得越多，就能越早学会流畅地说话。”

熟人无奈地笑了笑，我也没有再说什么。

最后和熟人告别时，我握着小男孩的手，说了一句：“你真可爱，阿姨很喜欢你，有时间来我家玩。”

小男孩很高兴，用脆生生的语言结束了这次谈话：“有时间来我家玩！”

随着语言能力的提高，孩子会对大人说的话产生兴趣，并喜欢模

仿大人说话。最初，可能只是模仿其中的一两个字，很快的，他就能熟练地模仿整句话。

一些父母认为，是因为孩子太淘气，所以才会这么做，这完全是对孩子的误解。在这样一个重要的语言学习阶段，怎么能把孩子的努力当作淘气呢?

在我家，我和老公都会故意挑一些简短易模仿的句子说，诱导孩子模仿。比如，“今天天气不错”“这朵花真漂亮”等。

我发现，在我们的影响下，Jimmy 和 Amy 都能很快说出流畅的话，而且长大一点后，也热爱阅读，比起同龄人来，积累了更多的词汇。

在大人看来，反复重复说一些话，简直就是一件无聊透顶的事情。但是在孩子看来，重复却是一个充满乐趣的学习过程。

孩子喜欢重复别人的话，因为他觉得这样做就像玩游戏，非常有趣。这也是他学习说话的方式之一。孩子也许并不知道他重复的话是什么意思，但是他的语言能力却在这个过程中得到了锻炼，而他也因此获得了父母或其他人的关注，父母完全没有必要阻止。

所以，你别再挑剔、限制孩子的重复行为了，让他一遍遍地说吧，让他尽情享受语言带来的乐趣，让他在语言敏感期得到充分的释放。

○ 爱骂人和说粗话，是在验证语言的力量

儿子 Jimmy 在 2 岁以后就进入了语言爆发期，他开始长时间地自言自语，模仿周围的人说话，这让我和老公都非常高兴。

有一天，老公陪 Jimmy 玩积木，由于老公的失误，导致整个积木都倒了，老公充满歉意地向 Jimmy 道歉，Jimmy 脱口而出：“坏爸爸!你真笨!”

当时，老公非常震惊，睁大眼睛看着儿子，仿佛不敢相信似的。Jimmy 见状，似乎认识到了自己说的话很有力量，在接下来的一天里，几乎对家里的每个人都说了一遍“你真笨”。

我和老公都很苦恼，我们俩平时没有说脏话的习惯，家里其他人也是如此。看来，Jimmy 是在外面学习了这些伤人自尊的话。

第二天，情况有些严重了，Jimmy 似乎是想把他会说的脏话全部说一遍，总是变换着说“你个傻子”“去死吧”“神经病”等。

老公很生气，训斥 Jimmy 不准再说。Jimmy 虽然勉强答应了，可是过了没几分钟，又故技重施。

后来，我陪 Jimmy 出去玩时，就会仔细观察是哪些孩子说脏话影响了他。结果，目标很快锁定，一个叫小猛的孩子就是 Jimmy 的“脏话”老师。

我和家人商定，改变带 Jimmy 外出玩的时间，尽可能避免和小猛碰面。同时，改变强硬地禁止孩子说脏话的态度，避免因为我们的阻止强化孩子说脏话的行为。

事实上，Jimmy 并不清楚他说的话是什么意思，只是无意间说出来，看到我们的反应后，感觉很有意思，便一次次地刺激我们。

等到 Jimmy 再说脏话时，我们都装作没有听见。连续几天下来，儿子似乎发现了，只要他说那些原本让我们惊讶的话，我们就会不理他。渐渐地，他便很少对我们说脏话了。

正在我们为自己的胜利感到高兴时，新的问题发生了。每次 Jimmy 和小伙伴发生矛盾时，都会骂人，而且态度很凶狠。

看来，他仍然没有放弃验证粗话的威力。我知道，Jimmy 骂人不是为了侮辱谁，但即使这样，我也不能允许他养成骂人的坏习惯。

于是，我告诉家人，如果 Jimmy 在与别人玩的过程中骂人了，就要立刻把他带回家，不准他继续玩下去，就算他用大哭来反抗也不行。

而我也是这样做的。一次，我发现 Jimmy 骂了一个小朋友，便严肃地对他说：“你这么没礼貌，违反了我们之前的约定，我现在要带你回家。”

Jimmy 没有说什么，乖乖地陪我回家了。之后，Jimmy 说脏话的习惯终于慢慢消失。

孩子没有是非观念，却有很强的模仿能力，当他听到别人骂人时，也会情不自禁地模仿，并且为自己学会了新的话语而感到高兴。

在这种情况下，你越是不让孩子说，孩子越是说个不停，结果就是在强化孩子的错误行为。正确的方法是无视加惩罚，同时用一些更好的词汇和句子填充孩子的大脑。

当然，你也不用过于担心，只要了解到孩子说脏话的原因以及应对措施，就能帮助孩子顺利度过这段特殊的时期。

○ 什么话都悄悄“说”，是在感受语言魅力

有段时间，Jimmy 爱上了玩“悄悄话”的游戏。

有一次，老公正在书房工作，Jimmy 悄悄地走进去，凑到爸爸耳

边，嘴唇嚅动了半天，然后问道："爸爸，你懂我的意思吗？"

这个游戏他们父子俩经常玩，都有一定的默契了。老公猜测，儿子一定是有什么高兴事想要告诉他，便试着猜测说："是不是老师今天表扬你了？"

Jimmy 高兴地点点头。

随着孩子语言能力的增长，他对语言的认识也越来越丰富、全面。他发现，话不仅可以大声说，还可以悄悄说，而且说悄悄话似乎能拉近人与人之间的距离。

就这样，孩子对这种自己没有体验过的说话方式产生了兴趣，说悄悄话的那种神秘感也吸引着他不断尝试。

Jimmy 正是在这种心理的作用下喜欢上说悄悄话的。有时候，他会附在我或老公耳边很久，嘴唇嚅动着，但是并没有发出任何声音。

奇怪的是，孩子却一本正经地问我们，有没有听到他的话。我想，他一定是在心里说过了，认为我们可以与他心有灵犀。

所以，我和老公都会根据他说话时的状态来猜测他的心理，时间长了，还真的达到了心有灵犀的程度。

孩子喜欢说悄悄话时，父母不要表现出不耐烦的态度，要主动配合孩子，做出倾听的表情和姿势，让他感受到语言的乐趣与神秘。

要注意的是，等孩子过了说悄悄话的敏感期后，就要引导他正常说话，否则，很可能对他的语言、人际关系的发展带来不利的影响。

最近，就有一位爸爸向我咨询这个问题。

他的儿子小宝是个活泼、聪明的孩子，但是有一点却特别让他操心，就是小宝特别爱说悄悄话。

平时在家里，小宝如果有什么想和爸爸说的，就会大喊："爸爸，我有事和你说……"然后就用手半掩着嘴，附在爸爸耳边说话。

在幼儿园也是这样。有一次爸爸去接小宝，在和老师说再见时，小宝突然对老师说："老师，我要告诉你……"然后，就要求老师低下身子，听他说悄悄话。

爸爸有点不高兴："有什么想说的，就大声告诉老师。"小宝听了，显得有些害怕，小脸涨得通红，一声不吭地回家了。

据这位爸爸说，儿子说悄悄话似乎成了一种习惯，不管在什么场合、不管是大事小事、不管对象是谁，他都一律用耳语。而且，最近他开始害怕去人多的地方，几乎没有在人前大声说过话。

后来，我建议这位爸爸，用讲故事或游戏的方式让孩子明白，什么场合可以说悄悄话，什么场合不能说。比如，在家尽可能不要让孩子耳语，孩子感觉有什么不便，可以悄悄说。

同时，多带孩子出去串门，让孩子大声和别人打招呼，有什么想法大声说出来。如果孩子不敢说，或者又趴到父母耳边说，父母可以做个示范，然后鼓励孩子重复。

当孩子减少耳语，渐渐敢于表达自己的想法时，最好给他一点肯定和奖励，让他知道大声表达才是与人交往时的正确表达方式。

有一点要特别注意，生活中，我常见到一些孩子自言自语，或者和玩具、小蚂蚁说话，这种悄悄话出现时，意味着孩子虽然渴望交流，但父母却没有满足他的这一需求。

这时候，就要多带孩子出去玩，让他和同龄人交朋友，在交往中学会与人沟通。如果可能的话，父母最好成为孩子的朋友，这样即使缺少同龄人的陪伴，孩子也不会感到孤单。

孩子不是不能说悄悄话，而是要根据所在场合和说话对象来决定。引导孩子走过说悄悄话的敏感期，让孩子学会与人正常交流，是每一个做父母的应该做的事情。

○ 抢着接电话，一口气说完“你好！你是谁？再见！”

Jimmy 在 3 岁左右时，突然对电话产生了兴趣，也特别爱打电话。说“突然”其实也并不准确，儿子在咿呀学语时，就已经抱着电话不松手了。

通常，他都是学着大人的样子，一只手将话筒贴在耳边，一只手拨号，同时，还咿咿呀呀地说一大串我们都听不懂的话。

后来，他对电话的热爱渐渐消失了。直到有一天，电话铃声响起后，我还没反应过来，Jimmy 就跑过去接了电话。

Jimmy 接了电话，听到里面的声音后，有些不知所措，最后，他也不管对方说什么，嘿嘿一笑，说一声：“你好！你是谁？再见！”然后就把电话挂了。

这样自然会耽误我的工作，我只好对 Jimmy 又哄又劝，可他依旧抢着接电话，依旧在说了几句话后就挂了电话。

我只好做了妥协：他可以先和对方聊几句，但随后一定要把电话交给我。Jimmy 同意了。每次来电话，他都会嫩声嫩气地和对方聊几句，然后说一句“你等等，我把电话给妈妈”，然后把电话交给我。

后来，考虑到打电话可以训练儿子的表达能力，我便买了两个电话玩具，和他玩起了假装打电话的游戏。

通常，电话都是由他打过来。每次他想打电话时，都会先把一个电话交给我，自己拿着另一个电话走到房间的另一头，一边拨号，一边不忘用嘴发出“叮零零”的声音。

我：喂，你好，请问你是谁？

儿子：你好！妈妈，我是 Jimmy。

我：哦，Jimmy，给妈妈打电话有什么事情吗？

儿子：妈妈，我想让你陪我玩积木。

我：哦，那你刚才玩的拼图收拾好了吗？

儿子：没有，放在客厅了。

我：你先把拼图收拾好，我们再玩好吗？

儿子：可是我不想收拾。

我：可是那样积木就没有地方放了啊。

儿子：嗯……好吧。

我：收拾好以后，记得打电话告诉妈妈。

儿子：好的，妈妈。

我和 Jimmy 经常玩这样的游戏，在游戏中，我会用实际行动教他一些打电话的基本礼貌用语，还会纠正他的一些不良习惯。

有时，亲朋好友来的一些问候电话，我会让 Jimmy 代表我说几句。每逢这个时候，儿子总是非常兴奋，一字一顿地努力把话说清楚。

有段时间，老公到外地出差，老公打电话到家里时，我总是鼓励儿子接。在那段时间，儿子的语言表达能力突飞猛进。

我对 Jimmy 说：“那边天气很冷，让你爸爸多穿点衣服。”

于是，Jimmy 便对着话筒说：“爸爸，你那边很冷吧，多穿点衣服。”

我说：“告诉爸爸你在家很乖，你想他了。”

Jimmy 很高兴地重复这句话：“爸爸，我很乖，想你了。”

有时，即使我没有给 Jimmy 传达任何指示，他也会主动和老公说一长串的话：“爸爸，你吃饭了吗？我吃饭了，吃得饱饱的……”

后来，Jimmy 甚至学会主动打电话给亲戚朋友，每次都是一本正经地问候，大家都非常喜欢他，Jimmy 也觉得很高兴。

打电话能锻炼孩子的口才，让他学会与人沟通，也能学会一些礼貌用语，更能体会到人与人之间的感情。对于孩子抢接电话的行为，父母要好好引导，决不能打击。

○ 逻辑思维能力发展不足，孩子说话容易口吃

坐在火车上，看到夫妻俩在逗孩子说话。

那孩子看上去 2 岁左右，手里拿着一包饼干，递给妈妈说："帮……帮……我打……打开。"

那爸爸妈妈听了，笑得前俯后仰。妈妈故意装作听不懂，问了一遍："宝贝，你说什么？再说一遍。"

孩子显得更紧张了，小脸都涨红了。他似乎很想吃饼干，所以犹豫了一会儿后，又说了一遍："帮……帮……我……我……打……打开。"这一次，比上次结巴得更严重了。

那爸爸很过分，接过饼干，模仿儿子说话的语气："帮……帮你打……打开呀，爸……爸爸……这就……就帮你。"

爸爸的话，惹得孩子不高兴了，所以当爸爸把撕开口的饼干袋交给孩子时，孩子一把将饼干扔到了地上，口里还叫道："不……不准……学……学我。"

那爸爸丝毫体会不到孩子心里的感受，一把拉起儿子，在他屁股上重重地打了两下："叫你不听话……"孩子则哇哇大哭，整个车厢变得吵闹起来。

孩子在学说话时，出现口吃是很正常的，只是有的孩子比较明显，有的孩子不太能看得出来罢了。

这是由于孩子的语言能力不足造成的，父母不需要紧张，等到孩子的语言能力提升到更高一个层次时，这种现象会自然消失。

此时，父母可以适当地纠正，不要过分强迫孩子，会让孩子口吃更严重；同时，也不要模仿孩子，会加重口吃现象。

有一位妈妈曾非常紧张地告诉我："我女儿最近突然结巴了，而且很严重，有时候，连叫我一声'妈妈'都要结巴半天，她原来不是这样的。我很着急，可是我越着急，她越紧张，结巴就越严重，这可怎么办呢？

"我想带她去看口吃医生，又担心影响她的心理健康，真是愁死了！难道她要一直口吃下去吗？"

我劝她不要着急，也不要带孩子去看口吃医生。这种情况通常说

明孩子的思维发展较快，超过了语言的发展速度。她的女儿想要表达一种想法，但是却找不到合适的词汇，所以才会这样。

至于女儿以前能说得很好的话，现在也说不好了，那可能是因为紧张导致的。越是这样，妈妈越不能着急，也不要急于纠正，要放慢语速，配合孩子的说话速度，让她觉得自己慢些说也没有关系，不用急于表达。

后来，这位妈妈按照我说的，和家人做了沟通。在女儿结巴时，妈妈也不再催促，而是学会了等待，等着女儿组织好自己的语言再说出来。

大约过了三周，她告诉我，女儿结巴的现象消失了。

通常，两三岁的孩子口吃很少会与心理障碍有关，父母完全不用过于担心，只需给予孩子微笑，耐心倾听。同时，也不要说“别着急，慢慢说”，这等于是在暗示孩子“你不会说话”。

如果孩子表达错误，也不要说“你错了”，可以选择重复，告诉孩子如何正确表达，如，“你是想说……是吧?”

同时，还可以多和孩子一起说童谣、唱儿歌。总之，要让孩子觉得，说话是一件有意思的事情，而不是沉重的负担。

这样一来，孩子就能通过听、吸收、模仿父母的话语积累正确的句子和词语，表达时也会变得很顺畅。

有一点要注意的是，你要学会区分孩子是真口吃还是假口吃。如果发现孩子说出一个字都很困难，同时还伴有挤眼、甩胳膊、歪头、歪嘴、拍大腿等多余动作，还出现尴尬和沮丧的表情，就要带孩子寻求专业帮助。

语言敏感期的李老师给家长的教育启示

语言是自然赋予人类的本能，在语言敏感期，孩子通过努力，能从最初只会说一些简单的词汇发展到能够说出简单的句子。

在这个特殊时期，孩子喜欢重复别人的话，觉得这样做就像玩游戏，非常有趣；孩子变得爱骂人和说粗话，这其实是在验证语言的力量；孩子喜欢说悄悄话，抢着接电话，这些都是他在用自己的方式感受语言的魅力。

最让一些父母感到头疼的，莫过于孩子口吃。这其实也是敏感期的正常表现，不用过于担心，只需按照正确的方式引导，就能让孩子流畅地表达。

第 8 章

自我意识的敏感期，理解与尊重让孩子快乐成长(2 岁半 ~3 岁)

2 岁半 ~3 岁孩子开始产生自我意识，进入自我意识敏感期。为了证明自己的存在，孩子开始反抗大人，产生强烈的占有欲，并因此引发一系列问题。

○ 自我意识产生，进入自我意识敏感期

孩子的自我建构是个有趣的过程，其中自我意识的产生和发展是其中重要的一部分。

在孩子出生的头几个月，他仍然认为自己和整个世界是一体的。他看到爸爸妈妈时，就像看到了自己一样；他看着玩具，也会认为那是自己的一部分。

在孩子的眼中，所有的一切都浑然一体，没有区分。什么你我、什么分离、什么动植物、什么有生命无生命，在他看来全都一样。

Jimmy 也经过这样一个阶段。直到他 1 岁左右时，对“我”这个词还没有什么概念，想做什么，都是说“Jimmy 想……”“Jimmy 要……”；等到 2 岁左右，他才会说“我想……”“我要……”。这时，我知道 Jimmy 的自我意识产生了。

这时，Jimmy 一遇到自己喜欢的东西，就想要占为己有。如果不是自己的，他就会吵着要，或者直接抢别人的。

到了 3 岁左右，Jimmy 才明白，别人的东西是别人的，自己也有属于自己的东西。于是，他开始喜欢说“我的”，以分清楚自己和他人的界限；喜欢说“不”表达自己的意志，抗拒别人对他施加的行为。

我对此并不担心，因为我知道，当孩子通过这个阶段后，就会开始喜欢交换、分享、合作，我不需要急于一时，强迫孩子成长。

事实上，在孩子的自我意识敏感期里，类似的表现很常见。

每次在路上遇到梦梦，几乎都是看到她在哭，我一直以为她是个爱哭的孩子。直到那天，我看到梦梦痛哭的经过，才知道她是用哭来表达自己的意志。

这天，梦梦妈看到了 6 个月大的飞飞，感觉非常可爱，就主动要求抱抱他。飞飞在梦梦妈怀里呵呵直笑，梦梦妈也非常高兴地逗孩子玩。

这时，梦梦不高兴了，她扭动全身，向妈妈表示抗议，同时，还抬起小手掌，在妈妈身上使劲拍打了几下，可是妈妈根本没有注

意到。

梦梦很着急，很委屈，哇哇大哭起来。飞飞妈见状，便想安慰梦梦。谁知她的手刚碰到梦梦的车，梦梦就一巴掌打在了她的手上。

看到这一幕我才知道，梦梦已经开始护东西了。她哭，是因为妈妈抱了别的孩子；她打飞飞妈，是因为她碰了自己的小车。

实际上，不止梦梦如此，其他孩子在自我意识觉醒时，都会依靠对物品的所有权来区分自己和他人，所以才会出现不愿与人分享的行为。

与此同时，孩子还喜欢用“不”来表明自己的意志。有时，不管父母说什么，孩子都会说“不”。这是他在用语言区分自己与他人，并从中得到乐趣。

作为父母，不要误以为这样的孩子自私，或者害怕孩子继续这样下去，会养成自私的个性。这完全是杞人忧天，孩子在经历了这个阶段后，会自己学会分享的。

然而，还是有不少父母开始强迫孩子与人分享，强迫孩子服从大人的意志，甚至给孩子贴上一个“自私”的标签。

什么是自私？我发现，很多人常常会把自私和自我混为一谈。为了满足自己损害他人的利益，这叫自私；表达自己的意愿，并且按照自己的意志做事，这叫自我。

父母要做的，是创造一个良好的环境，帮助孩子的自我意识获得发展。即便孩子毫无理由地说“不”，也不要阻止。如果他的需求正当，就尽可能给予满足。

○“不给就不给”，不懂分享不代表自私

我带着 Jimmy 去看小石头，看到小石头有很多玩具，Jimmy 感觉很有趣。他先是打量了一会儿，然后拿起其中的一个小汽车玩了起来。

小石头看到了，立刻将小汽车从 Jimmy 手里夺了下来，同时推了 Jimmy 一下，一副母鸡护小鸡的样子：“这个我要玩。”

Jimmy 没有和小石头计较，而是拿起小陀螺玩了起来。刚转了一

圈，小石头又把小陀螺抢了过去："这个是我的。"再看看刚才 Jimmy 玩的小汽车，已经被扔到一边了。

Jimmy 一点也不生气，又拿起积木玩。谁知刚要把积木倒出来，小石头又把积木盒子抢了过去："这个是我的。"

妹妹有些生气了，斥责小石头："你怎么这么自私啊，给哥哥玩玩怎么了？再说，你不是不喜欢玩积木吗？"

小石头也生气了："这个是我的，不给，就不给。"

看这一招没有效，妹妹换了一种方式，她蹲下来对小石头说："小石头，你去 Jimmy 哥哥家时，他是不是都把玩具给你玩了？你挑一个玩具给哥哥玩，好不好？"

"不好！"小石头毫不犹豫地拒绝了。

我怕妹妹再训斥小石头，便要求她不要再勉强孩子，同时从书包里拿出一本故事书给 Jimmy。Jimmy 安静地看书，小石头也没有再闹。

孩子从 2 岁开始，会对自己的东西特别在意。即使父母怎么劝说，他都不愿意拿出来与别人分享。这是因为孩子对私有财产有了感觉，想要守护自己的东西。

事实上，孩子对于自己的物品有决定权，可以选择与别人分享，也可以拒绝分享。作为父母，不要用成人的道德观念要求孩子，而要保护他的这种执著。

比如，你的朋友带了孩子来家里玩，那个小朋友很想玩玩具，你就要和孩子商量，能不能借一个玩具给小客人玩，这才是帮助孩子建立自我的正确做法。

如果你每次都让孩子分享，让孩子把玩具让给别人，孩子就会在心里认为，不仅是其他小朋友，连父母也会抢走自己的东西。在这个想法的支配下，孩子会害怕失去自己的东西，变得不安，也就更加渴望占有。

在这个阶段之后，你可以适当引导孩子分享。你要让孩子知道，当他把玩具给其他小朋友玩之后，玩具还是会回到他的手中，他并没有失去任何东西。

同时，也可以鼓励孩子玩一些双人或者多人游戏，让孩子把自己的东西拿出来，大家一起玩。在玩的过程中，不断夸奖孩子的分享行为，并让他知道，他与别人分享，别人也会愿意与他分享。

比如，你可以对孩子说：“儿子，你们俩一起用积木拼一个城堡怎么样？来，让小贝帮你把积木一起拿出来。”

在孩子同意后，你可以夸孩子几句：“儿子真棒，都知道和小朋友分享玩具了。两个人一起玩，比一个人玩更有意思吧。”

最后，你还可以问问孩子的小伙伴：“小贝，小宝都和你分享玩具了，下次到你家，你愿意让他玩你的玩具吗？”

这样一番对话下来，两个孩子都能明白和体会到分享带来的乐趣，也会尝试着与他人分享，让自己得到更多的快乐。

最后，我还要再强调一遍，不要强迫孩子分享。过了这个阶段，孩子在分享方面比你还积极，甚至会让你心疼也说不定呢。

○ 孩子不听话，开始说“不”，是“自我”的表现

Jimmy 在进入自我意识的敏感期后，非常喜欢说“不”。比如我说：“Jimmy，吃饭吧。”他说：“不。”但每次说完，都会立刻让我抱他坐在儿童椅上。所以，对于他的“逆反”，我一点也不生气。

我知道，当 Jimmy 说“不”时，他能感觉到自己是独立存在的，那种不受父母控制的感觉，让他觉得是一种享受。所以，即使说了“不”，他也还是愿意按照我说的做。

当然，很多时候，Jimmy 不仅用语言表达自己的抗拒，也会用实际行动表达他“不”的强烈意志。这时候，我就要费一番脑筋了。

雨后的空气很清新，我想带着 Jimmy 出去走走。考虑到天气有些冷，我拿出一件长袖想帮 Jimmy 穿上，结果他果断拒绝了：“不。”还边说边穿着半袖睡衣往室外跑去。

“Jimmy，”我跑过去拦住他，“不穿这件也行，你想穿哪一件？”说着，我将 Jimmy 的几件长袖都拿了出来，任他选择。

“不。”Jimmy 还是拒绝了。说完，还摸了摸睡衣上的小熊。他很喜欢这件小熊睡衣，在家时几乎都穿着它。

我看出 Jimmy 的心思：“你是不是想穿着身上的衣服出去？”问完我就后悔了，天气这么冷，孩子万一冻感冒了怎么办。

Jimmy 高兴地点点头。

看到他的神情，我知道指望他换衣服是不可能了，便在包里装了一件薄外套，等他冷的时候再给他穿上。

出门前，我还叮嘱 Jimmy：“Jimmy 带着小熊出去玩，一定要保护好小熊。如果小熊觉得冷了，你一定要告诉妈妈啊。”

外面果然很冷，Jimmy 兴奋地跑着，过了十来分钟，他终于跑到我面前说：“妈妈，小熊冷了。”

我帮 Jimmy 穿上外套，并对他说：“下次，我们不要让小熊挨冻了，穿个长袖出来好不好？”Jimmy 这次没有说“不”，点头答应了。

我一直认为，孩子太听话不是好事，会影响自我的发展。长大后，孩子很容易成为不懂拒绝的“老好人”，成为谁都可以用的“便利贴”。

所以，你不要在意孩子是不是按照你的想法去做了，也不要试图引诱孩子听话。孩子有权利确定自己的事情，在尝试和摸索中成长。

这个时候，孩子会表现得以自我为中心，一旦你无法满足他，他可能就会大哭大闹，甚至可能会打人。即使这样，你也不要和孩子较劲。

孩子处于自我意识的敏感期，凡事都想自己做主，可是由于语言发展较为缓慢，他无法用语言表达自己的意思，导致大人不明白他想要干什么。所以，他只能选择无理取闹或者动手打人来表达自己的愤怒和抗议。

孩子不仅喜欢说“不”，还喜欢“打”人，这都不必急于纠正。这个时候要做的就是等待，等待这个敏感期自然过去，孩子会学会其他方式来正确表达。

○ 孩子公然抢别人的玩具，是霸道吗？

我发现，2 岁左右的孩子很喜欢抢其他小朋友的玩具，这其实是自我意识觉醒的一种表现。但是，父母在面对孩子的这一行为时，似乎显得很不冷静。

一次，我在餐厅用餐，看到两个 2 岁左右的孩子在一起玩。女孩在玩布偶，男孩在玩小汽车。突然，男孩放下自己的小汽车，抢走了女孩的布偶。

女孩不高兴了，要求男孩把小汽车借给自己玩一会儿。男孩不同意，女孩就上前抢夺自己的布偶。结果，很快就把布偶抢了回来。

男孩很生气，放声大哭。女孩的妈妈开始指责女孩：“你是姐姐，让点弟弟不行吗？把布偶给弟弟。”

一旁男孩的妈妈则不好意思地说：“不用不用，这孩子就喜欢抢别人玩具，抢不到还哭，真是不知道该拿他怎么办。”

2 岁左右的孩子，虽然有了一定的主权意识，意识到自己的存在，但他只是知道“我的”这个概念，并认为所有东西都是“我的”，“我的”是“我的”，“你的”还是“我的”。

在这种思想的支配下，孩子就会认为其他小朋友手中的玩具也是“我的”。他会去抢，不是霸道，而是想要保护“自己的”玩具。

这是非常正常的，也有利于孩子社交能力和心智的发展。可是即便如此，因为抢玩具导致孩子的交往无法继续下去，也不是父母愿意看到的。

在孩子外出时，父母可以给孩子带上一两件他喜欢的玩具。当他想玩别人的玩具时，要让他问问对方愿不愿意借给他玩。如果不愿意，愿不愿意和他换着玩。

这样一来，就能帮助孩子打消抢玩具的想法，还能给他灌输“你的”这种观念，并学会与人分享。

当孩子再大一些，就能在了解“我”的同时，也意识到他人的存在，明白东西除了是“我的”外，也有些东西是“你的”或者“他的”，抢玩具的情况也会减少很多。

如果等到孩子 4 岁多了，还总是抢别人的玩具，父母就要注意了。因为这种现象意味着孩子的教育滞后，他依然以自我为中心。否则，不懂得如何与人交往。

为了防止这种情况发生，父母在家里就不要总是围着孩子转，也不要事事都以孩子为中心，容易让孩子形成唯我独尊的心态。

对于孩子的东西，可以给予孩子所有权。但是，对于家人共同拥有的东西，比如饮食，不管孩子多么喜欢吃，都不能让他吃独食，要全家人共同分享。

对于父母或其他家人的东西，也要告诉孩子不准随意支配。如果想要玩，需要得到别人的允许，让孩子养成不乱碰别人的东西的习惯。

当你知道了以上这些，面对孩子抢别人玩具的问题时，也知道怎么处理了。当然，你可以根据当时的情况灵活应变，在不伤害孩子内心的前提下，解决这个问题。

自我意识的敏感期李老师给家长的教育启示

孩子自我意识的产生和发展是一个有趣的过程。在这个特殊时期，孩子会把很多东西据为己有，还不断强调“我的”，更喜欢与大人对着干，用“不”表达自己的想法。

在这两种想法的支配下，有些孩子不懂分享，喜欢抢别人的玩具，喜欢用打人表达自己的不满，因此被父母贴上“自私”“霸道”的标签。

事实上，孩子对自己的物品有决定权，可以选择分享或拒绝；孩子也有自己的意志，可以说“不”。父母要创造一个良好的环境，帮助孩子的自我意识获得发展。

第 9 章

空间敏感期，让孩子眼中的世界变得富有立体感（2 岁半~3 岁）

进入空间敏感期，孩子的世界不再是平面的，开始建立对立体空间的感觉。此时，孩子会不停地探索小孔、垒东西、扔东西等，父母不要干涉这种正常探索。

○ 解读空间敏感期，不干涉孩子对空间的正常探索

有个妈妈向我描述了 2 岁儿子最近的表现，并询问我，从这些行为上，能不能判断孩子是否得了多动症。

聪聪从小就很聪明，也很安静。但是最近这段时间，妈妈发现他突然变得调皮起来。没事的时候，聪聪就开始翻家里的抽屉、柜子等，同时把里面的东西拿出来扔到地上，扔之前还会告诉妈妈，自己是故意的。看到妈妈在他身后收拾残局，聪聪好像特别高兴。

后来，聪聪好像玩厌了这个游戏，喜欢用他的“金箍棒”把放在高处的装饰品、娃娃打到地上，捡起来让大人放回去，然后继续打到地上。

过了没几天，聪聪又对各种小孔产生了兴趣，看到小孔就往里面塞东西，有一次居然把手插到了插孔里，把妈妈吓出了一身冷汗。

还好后来聪聪改变了研究方向，开始爱上各种角落，喜欢钻到桌子底下，钻到大纸箱里，和妈妈一起玩捉迷藏。

现在，聪聪最喜欢在床上和沙发上跳来跳去，经常爬到沙发背上，怎么叫他，他都不愿意下来。不爬沙发背的时候，就喜欢推着转椅到处跑，有一次用力过猛，没有掌握好平衡，和转椅一起摔在了地上。

妈妈很头疼，怎么阻止孩子都没有用。

进入空间敏感期后，父母会发现，孩子的活动量突然增加，整天忙来忙去。实际上，他是在建构空间智能。通过这些活动，孩子能为将来掌握空间概念、发展几何能力打下基础。

聪聪的那些行为，其实都是空间敏感期的正常表现。在这个时期，孩子喜欢扔东西、喜欢推着转椅跑、喜欢爬高和往下跳、喜欢把物体垒高推倒再垒高、喜欢钻到小空间里、喜欢转圈，等等。

孩子这样做，不是无理取闹，全都有一定的用意。比如，通过扔东西探索空间，通过移动物体丈量空间，通过爬高和往下跳感知空间等。这些行为帮助他了解了物体和空间的关系，让他有了空间的概念。

然而，令人遗憾的是，很多父母都像聪聪的妈妈那样，不懂得孩子在空间敏感期的特殊需要，以保护孩子为名，阻止孩子探索世界。

这样是不行的，孩子的空间感能否建立，取决于能否自由地探索。只有给孩子自我创造的时间，他才能有所突破。

父母要做的，就是给孩子自由，保持足够的耐心，让孩子能够在更大的空间里探索，父母只需在一旁不动声色地提供保护就行。

同时，父母要多给孩子提供一些探索空间的材料，如大纸箱、积木、弹力球、弹力床等，让孩子在钻、搭、扔、接、跳等过程中发展自己的空间智能。

如果孩子想做的事情具有一定的危险性，比如说从台阶上往下跳，此时父母可以给孩子一些提醒，但是不要危言耸听，影响孩子的信心和探索的欲望。

当孩子有做家务的欲望时，父母也不要阻拦，可以将家务与探索空间想结合，提高孩子做事的兴趣。比如，可以让孩子把鞋放到鞋柜里，把积木放到积木盒里等。在锻炼孩子空间感的同时，也提高了孩子的动手能力。

你一定要重视、保护孩子的这种敏感性，如果孩子在空间的敏感期受到了伤害，性格上就容易胆小怕事，对自己也会失去信心。

为了孩子，多给孩子点自由，多点耐心吧，这样，孩子也会打造出最棒的自己。

○ 对带孔的东西感兴趣，喜欢不停地插钥匙、盖瓶盖

有一次，我经过一楼珠珠家门口，看到他们一家三口都站在门口，我便好奇地问："怎么啦？忘带钥匙了吗？"

珠珠妈略显无奈地说："不是的，刚才出门时，珠珠趁我们不注意，把一截牙签塞到了钥匙孔里，现在只能等开锁的人过来了。"

珠珠爸很生气地低声说："还不都是你惯的，孩子现在都成什么样子了，一点都不听话，老是惹麻烦。"

珠珠妈没有说话。

我看了看珠珠，正躲在角落里，惊恐不安地看着爸爸妈妈，脸上的泪珠还没有干。看得出来，她刚刚被训斥过。

我没有参与两人的对话，而是对珠珠妈说："孩子好像有点累了，先到我们家去坐坐吧，让珠珠爸爸一个人在这里等着就行了。"

后来，在我的劝说下，珠珠妈抱着珠珠一同来到了我家。我给珠珠拿了一盒奶，她没有喝，一遍遍地插吸管玩。

珠珠妈这才告诉我，最近一段时间，珠珠对各种小孔非常感兴

趣，见到小孔就往里面插。天天不是拿着钥匙插锁孔，就是通过小孔把牙签塞回牙签盒，或者不停地盖瓶盖。除了吃饭和睡觉，几乎没有一刻停下来。

我告诉珠珠妈，珠珠正处于空间的敏感期。在这期间，她会对小洞或者带孔的瓶子感兴趣，总是塞东西或者插东西，这是她体验空间的方式。她能从中获得和以前不同的乐趣，所以才会精力十足、乐此不疲。

珠珠的这些行为，表明她的动手能力比较强，支持她的探索，能让她的手眼协调能力得到锻炼，并养成专注的习惯。

我建议珠珠妈回去和老公好好说说，尽量不要斥责孩子，而是耐心地让孩子去做。比如，回去以后可以教育珠珠："你可以用钥匙去插锁孔，但是不能用牙签，要不然我们下次又没有办法进门了。"

然后，我又提议道："如果有时间，你们可以和孩子一起探索，这样既能满足孩子探索的欲望，又能避免孩子的行为给家人造成不必要的麻烦。"

珠珠妈问我："要怎么陪孩子玩呢？"

我说："你可以和珠珠玩藏宝游戏，比如将珠珠的某个玩具藏起来，但是不告诉她具体在哪里，只给一点提示。当珠珠依靠自己的力量找到时，会非常高兴。

"还可以给孩子做一个抽奖箱，在里面放上各种小玩具，让她伸手抓取。要是没有时间做，可以买一些搭建'山洞'的器材，让孩子钻来钻去，总比钻床底安全、卫生。"

听了我的话，珠珠妈决定回去照做。

孩子喜欢探索小孔，是他在努力学习，不要阻止，那样会打击孩子的好奇心和积极性，扼杀孩子的探索欲望。你要做的，是在一旁保护，并积极支持孩子的各种探索。

○ 爱好捉迷藏，享受空间探索带来的快乐

"今天差点把我吓死了，你说这孩子，怎么弄才好？"我刚一到妹妹家，妹妹就冲我告状。再看看小石头，一副犯了错的样子。

"怎么回事？"我问。

话音刚落，妹妹就开始说起事情的经过，还一边说一边数落小石头。经过 5 分钟左右，才终于把一件简单的事情说完了。

原来，今天妹妹带小石头去公园玩，小石头直奔玩沙区。妹妹见状，就在一旁的凳子上坐着，看着他。

这期间，妹妹闲着无聊，就和周围的妈妈聊起天，并不时抬头朝沙区望去。看了十几次之后，小石头都好好地玩着沙子，妹妹便放下心来。

妹妹放心地聊起天来，等到她再转过头来看时，发现小石头不见了，他的玩沙工具也消失了。环顾四周，也没有小石头的影子。

这一下，妹妹着急了，立刻起身大叫：“小石头、小石头……”

同时不见的，还有另外两个孩子。这下，整个公园的人都紧张起来了，帮忙呼喊着三个孩子的名字，可是怎么喊都没有回应。

妹妹开始害怕了，并不断在脑海中猜测各种可能：孩子被坏人抱走了？跑到公园外面玩去了？掉进公园的河里了？

这时候，突然有个声音说：“孩子，你怎么躲在这里？快看看，这是谁家的孩子？”一个在小树林里练太极的老人在石凳后发现了趴着的小石头。

妹妹找到小石头，他的手上、膝盖上全是泥。看到妈妈，小石头高兴极了：“妈妈，你找到我了呀，我们再玩一次。”

后来，妹妹才知道，小石头玩沙时，突然有人提议玩捉迷藏，他便也跟着藏了起来，谁叫也不答应。

再后来，那两个玩捉迷藏的孩子也被找到了。妹妹平稳了一下心情，什么也没说，带着小石头回家。回到家，把他狠狠地批评了一顿。

很多孩子都喜欢玩捉迷藏，心理学上认为，捉迷藏能提高孩子的认知，比如让他知道，即使这个人不在视线范围内，也不代表着他消失了；还能促进他开动脑筋，交到更多朋友。

很多大人不让孩子玩捉迷藏，多是出于安全考虑。孩子由于认识不足，无法发现潜在的危险，因捉迷藏受伤甚至死亡的例子经常出现。

曾有家长告诉我，孩子喜欢藏在衣柜里，不等大人发现就不出来，有一次居然在衣柜里睡着了。还好发现得早，要是晚点，说不定会出什么事故。

父母的担心不无道理，但也不能因此阻止孩子探索。对于喜欢往衣柜里钻的孩子，可以向他展示，衣柜是放衣服的地方，没有其他作用。这样满足了孩子的好奇心，他就不会总往里面钻了。

同时，父母可以告诉孩子，如果不小心被关在衣柜，或者反锁在房间里，要使劲砸门，引起大人的注意，从而获得解救。

在孩子要求玩捉迷藏时，父母要和孩子约定好藏身的范围，不能随意乱藏。如果是和其他小朋友一起玩，不要藏太长时间，也要提醒其他小朋友注意安全。

总之，在孩子玩捉迷藏时，一定要保证孩子的安全，让他真正享受到空间探索带给自己的乐趣。

○ 垒高，推倒，再垒高，建立对三维空间的感觉

Jimmy 和 Dick 一起玩积木，只见 Jimmy 拿起一个较小的积木，想都没想，就把它放在了最下面。然后，又拿起一个较大的积木往上垒，一块接一块。

虽然我知道，这种垒法不对，但也没有阻止 Jimmy。我想通过结果让 Jimmy 进行反省，从而改变放置积木的顺序。

果然，Jimmy 刚放上第五块，“大楼”就倒塌了。不过，兴致高昂的 Jimmy 没有在意，重新把积木聚拢在一起，继续垒高。

这一次，Jimmy 没有立刻把积木放在下面，而是仔细观察了一下，似乎在考虑把哪块积木放在最下面合适。这时，Jimmy 聪明地看了看 Dick 的“大楼”，已经垒得很高了，下面放的是最大的那块积木。

看到这一点，Jimmy 也把自己最大的一块积木放在了下面，然后才把小一点的积木放在上面。Jimmy 发现，只要下面一块积木比上面大，“大楼”就不会倒塌。

等 Jimmy 垒到第 8 块时，发现 Dick 垒的“大楼”比他还高，便毫不犹豫地走了过去，一下子把 Dick 的“大楼”推翻了。积木摔在地上，发出了“哗啦”的声音，散落一地。

看到这种情况，Dick 一点也不难过，两个孩子居然高兴地笑了起来。笑着笑着，Jimmy 又走到自己的“大楼”前，轻轻一推，大楼也倒了，同样发出了“哗啦”声，两人又是一顿大笑。

笑完后，两个孩子又开始垒“大楼”，依然兴致勃勃。

在探索小空间的兴趣消失后，孩子对垒高产生了兴趣。他会一遍又一遍地垒得高高的，然后推倒，接着再垒高，再推倒，循环往复。

对于孩子来说，用于垒高的东西不只是积木，所有他能搬得动的东西，都能成为垒高的材料，枕头、靠背、书籍，甚至是其他任何玩具，创意十足。

在大人看来，这似乎是一个枯燥又乏味的过程，但是对孩子来说，却充满了积极思考的乐趣，也能让他的视觉、触觉、肌肉得到锻炼，想象力和创造力得到发展。

对于父母来说，垒高也是让孩子了解更多空间概念的好时机，而且由于是在游戏中获取的，孩子的记忆也会更加深刻。

我看到有些父母认为孩子垒高纯粹是浪费时间，是给自己惹麻烦，因为最后通常都要由他们收拾残局。我想说的是，不要阻止孩子，孩子的成长本来就不是一件省心的事情。

父母要给孩子提供可以垒高的材料。其实，不用特意去买，通常在家中就能找到很多垒高的材料，比如泡沫、纸盒、罐头盒等。

事实上，在孩子最初玩这些东西时，只是为了满足摆弄东西的需要，他可能只是简单地把东西搬来搬去，时而聚拢时而分开，或者堆堆叠叠，这种时候对于物品的要求也不高。

要注意的是，在这个阶段，没有必要为孩子买各种形状、操作复杂的积木，这会给孩子带来困难，也会打击孩子垒高的积极性。

在孩子对这些低水平的玩法厌倦后，可以考虑给孩子买一些造型多变、富有挑战性的积木，让孩子在不断挑战中提升自己的想象力和创造意识。

在孩子喜欢玩垒高的这个阶段，父母要将家中的易碎物品比如玻璃制品、陶瓷制品以及可能给孩子造成伤害的金属物品收好，防止孩子拿去垒高，造成危险。

如果有时间的话，你最好和孩子一起玩，这样既可以保证孩子的安全，也能提高孩子玩的兴致，同时增加亲子之间的亲密度，何乐而不为呢？

○ 不呵斥孩子移动物体、爬高旋转等行为

早上下楼时，又听到了赫赫妈训斥赫赫的声音：“跟你说过多少次了，不要爬太高的地方，你怎么就不听呢？摔下来怎么办？”

我听说，前两天赫赫妈让赫赫爸给鱼喂食，赫赫爸没听见，倒让赫赫听到了。赫赫跑到爸爸面前，大叫：“鱼！食！”爸爸没有在意，赫赫便决定自己行动。

由于鱼缸放在窗台上，赫赫够不到。他发现，在窗台前面，有一把

凳子，还有一张桌子。他便先踩在了凳子上，接着又想爬到桌子上。

但是，桌子和凳子的高度相差比较大，赫赫用了全身的力气，才把一只脚搭在了桌边，另一只脚还踩在凳子上。由于重心不稳，一下子摔倒在地上。

虽然赫赫没有哭，可妈妈还是不放心，趁机教育他："看到了吧，以后不能爬这么高的地方了！要是摔坏了，就要去医院打针吃药。"

赫赫有点被吓到了，赶紧点头。妈妈还煞有介事地说："知错就改，是个好孩子。走，妈妈奖励你一根火腿肠。"

从那天以后，赫赫一爬高，妈妈就开始大叫。妈妈一遍遍地训斥，还把儿子能搬动的小凳子全部收了起来，不准他再爬高。

真是个愚蠢的妈妈。自以为教育了孩子，自以为保护了孩子，给孩子造成的伤害远远比让他摔倒受伤还要大。

赫赫妈的做法，让我想起了 Lisa 的做法。同样是妈妈，同样是对待孩子的爬高问题，两人的方式却有天壤之别。

Lisa 的女儿 Emily 有段时间喜欢爬各种东西，沙发、凳子、床。后来有一次，她趁 Lisa 不注意，爬到了割草机上面，手被割伤了。

即使这样，Emily 的爬高欲望也没有消减，Lisa 也没有阻止孩子爬高，而是更加用心地保护着女儿的安全。

Emily 经常从各种地方摔下来，有时候会哭，有时候不会。但即使她刚刚痛哭过，也会继续爬，但会变得小心谨慎。

为了让 Emily 安全地练习爬高，Lisa 为女儿买了二手攀爬玩具。Emily 对它很感兴趣，几乎每天都用它练习攀爬。

后来，Emily 对攀爬玩具失去了兴趣，Lisa 便带她去幼儿健身房，那里有很多不同颜色和形状的器械，可以让她自由攀爬。

现在，Emily 的平衡能力非常好，很少会爬危险的东西。每当看到 Lisa 爬上爬下的样子，我就会不由自主地一脸紧张。Lisa 笑着对我说："放轻松，亲爱的。"

孩子喜欢爬高，这是再正常不过的事情了。尤其是 2 岁的孩子，好奇心强，走走看看已经完全不能满足他们的探索欲望，这时就会利用爬高扩展自己的视野范围。

由于精力旺盛，探索欲望强烈，孩子可以说是百爬不厌。这就苦了在旁边看管孩子的父母，既担心孩子伤害自己，又担心他破坏家里的东西，提心吊胆地看着孩子爬上爬下。

这样的父母还算是开明的。有些父母为了自己省事，就以保护孩子为由，限制孩子爬高，就像赫赫的妈妈一样，完全剥夺了孩子的正常需求。

事实上，爬高带来的好处是父母远远体会不到的。在孩子爬的过程中，他会认识到自己的身体和外界的关系，也会学习调整动作，避免受到伤害。

即使从高处摔下来，对孩子来说，也是利大于害。孩子会在摔倒的过程中体会到危险是怎么一回事，这是非常重要的。而且孩子爬的高度有限，也不会让自己伤得太严重。

孩子爱爬高，父母再怎么打压，也不会消失，只会让他们的欲望更强烈，偷偷背着父母爬高，可能会遭遇更大的伤害。

所以，为了孩子好，父母应该帮助孩子在安全条件下爬高，可以给孩子适当的提醒，但不是追在后面“小心、危险”地喊个不停。

同时，父母还要保证居家安全，比如在窗外加护栏、不在床边放置桌椅等利用爬高的设施、桌角装上衬垫、茶几放在远离沙发的地方、在孩子爱爬的物体下方铺上地毯或软垫、所有大物件与墙面或地面固定在一起等。

在孩子玩的过程中，父母多给孩子一些鼓励，让孩子更乐于探索其中的奥秘。

○“你扔我捡”的游戏，让孩子体验更多空间快感

我经常收到一些让我很无奈的留言，选择其中具有代表性的两条说说：

“我儿子快 2 岁了，最近变得特别调皮。他有事没事就喜欢故意扔东西玩，玩具、水杯、帽子、衣服、遥控器这些都是他爱扔的东西。”

“关键是，儿子不止扔这些东西，他自己吃饭的碗勺、碗里的面条他也扔，饼干什么的也喜欢掰成一块块地扔在地上。

“扔完后，居然让我给捡起来。我以为他认识到错了，就帮他捡了，结果，他又重新扔了一遍，我一气之下，就打了他一顿。

“可是，这顿打的效果只维持了半天，到了晚上，孩子又开始扔东西，还拿着衣服在地上拖来拖去，真是气死我了！这样的孩子，还能教好吗？”

“我家小丫头2岁多，可淘气了，只要桌上有东西，她就会把东西全推到地上，然后装作若无其事的样子，继续寻找其他目标。

“我很生气，因为她的缘故，水杯、手机、水果等摔坏了不少。关键是我总怕她伤到自己，所以尽可能不在桌子上放东西，时刻跟在她身后，看到她想推东西就阻止。

“后来，她不再碰桌上的东西，我也放松了警惕。结果，家里的一些小物件，比如勺子、苍蝇拍、闹钟等总是不断消失，后来问了女儿才知道，全被她扔到床、沙发下面了。

“让我绝望的是，她还经常趁我不注意，把床上的被子、枕头全部扔在地上，有一次还沾上了我没有来得及清理的果汁，气得我关了她禁闭。

“这么小就不懂珍惜东西，以后还得了？我要怎么引导她爱惜物品呢?”

看了这两条留言，我真是同情这两个2岁左右的孩子，一个被妈妈狠狠打了，一个被妈妈关了禁闭，这会给幼小的心灵带来巨大伤害。

更可气的是，这两个妈妈没有认识到自己的错误，反而认为问题全在孩子身上，甚至想要扭转孩子的天性，真是让我无话可说。

为了两个孩子，我耐心地向她们解释了孩子之所以出现这样的情况，是因为他们进入了空间的敏感期。只要孩子的行为没有其他异常，就完全不必担心。

在空间敏感期之前，孩子以为，看不到的东西就说明它们没有了，而不会去寻找，所以在看不到妈妈时，孩子才会哭得那么声嘶力竭。

之后，随着认知能力的提高，孩子认识到了物体存在的事实，认识到了自己的存在和力量，也开始探索自己和其他物体的关系。

所以，孩子会故意扔东西，以感知空间、体验“物与物分离”带来的快感。当他把东西扔到地上，再由父母捡起时，他会认为父母在和他玩游戏，当然也就会扔得更欢了。

而且，这个过程能让孩子建构起自己的空间智能，发现和欣赏自己。

可是，有的父母很反感孩子这么做，认为收拾起来太麻烦、孩子不懂珍惜等，这样想自然会不由自主地做出干涉孩子的行为。

你要做的是，允许孩子扔东西，并给孩子提供可以扔的东西，比如橡胶玩具、充气球、毛绒玩具等。如果孩子执意要扔食物，要立刻阻止，告诉他吃的东西不能扔。

如果孩子年龄稍大些，可以给他买个弹力球，弹力球弹出去后会自动弹回来，会给孩子探索空间带来更多的乐趣。

经过这样一段时间，孩子的内心就会得到满足。当他对这种探索方式感到厌倦后，便会寻找其他更有趣的探索方式，我们要学会耐心等待。

○ 喜欢玩搭积木等具有空间感的游戏，感知空间

在蒙台梭利幼儿园，不到 2 岁的 Jim 最近爱上了玩积木。每天送孩子来幼儿园时，Jim 妈妈都会拎着一盒积木，Jim 也是积木不离手。

实际上，说是玩积木，不如说扔积木更合适。每天，Jim 都会走到教室的角落里——那是他的专属位置——开始一个一个地把积木拿出来，然后扔掉。

过了一段时间，Jim 开始将积木两块两块地叠加在一起，接着是四块四块地叠加在一起，到了最后，他能用所有的积木拼成一个正方体。

对于他的进步，我们幼儿园的老师全都给予了热烈的赞扬，Helen 老师甚至给了 Jim 一个大大的拥抱，并大声说："Jim，Good. Very good.（Jim，你太棒了！）"这让 Jim 非常高兴。

那天，在 Helen 老师教大家认识了大桥后，Jim 用三块积木拼成了一个小桥，他高兴地向其他小伙伴展示："Bridge！（桥！）"

大些的孩子看了小桥一眼，继续忙自己的事情；小一些的孩子则跑到 Jim 的小桥前，兴奋地讨论着："Bridge！Bridge！（桥！桥！）"

那一天，Jim 显得非常有兴趣，到了午休时间，也拿着两块积木不放。为了不影响别人休息，Helen 老师把他带到了教室，让他自由地玩积木。

通常，我们都鼓励孩子玩积木，因为在玩的过程中，孩子能得到很多收获。玩积木可以锻炼孩子的手眼协调能力，让孩子可以做一些精细动作；可以培养孩子的观察能力和创造力；可以促进认知，促进智能发展，让孩子学到很多数学知识，培养空间感等。

不仅如此，玩积木能让孩子感到心情愉快，对于情操的培养很有

好处。而且在搭积木的过程中，孩子可以自己控制，也能让他感到满足和自信。

还有很重要的一点好处是，能培养孩子的社交能力。让几个孩子一起玩积木，能促进合作能力，互相激发灵感，比一个人玩更有趣味。

当然，积木的种类很多，玩法多样，在给孩子选择积木时，要考虑到孩子的年龄特点，才能让积木成为启发孩子智慧的工具。

事实上，玩积木没有年龄限制。在1岁前，孩子就对积木很感兴趣。那时，孩子对空间概念还很陌生，可以选择一些趣味性积木，比如布积木。这种积木通常颜色鲜艳、图案多样，能促进孩子的认知，还不会造成伤害。

对于1~2岁的孩子，积木的主要作用是垒高，可以选择一些轻便的积木，方便孩子抓取，孩子也会玩得很开心。

而对2~3岁的孩子来说，轻便的积木已经不能满足他们的需求了。他们在空间感、语言、思维、动手能力方面都有了很大进步，可以为他们准备一些标准积木。

这时候，可供选择的积木种类就非常多了，正方体只是其中一种，圆柱体、半圆体、三角体，等等，都可以让孩子有更多的表现空间。

当然，现在市场上有一些专门拼成某种物体的积木，如房子积木、小船积木等，上面都是纹理图案，方便孩子辨识，提高孩子玩的兴致。

如果有条件的话，可以在家里给孩子开辟一个游戏区，消除一切潜在危险，让孩子自由地玩。同时，父母也可以陪伴在一旁，能促进亲子关系的发展。

空间敏感期李老师给家长的教育启示

在空间敏感期，孩子喜欢扔东西、推着转椅跑、爬高和往下跳、把物体垒高推倒再垒高、钻到小空间里、转圈、插钥匙、盖瓶盖、玩积木，等等。

这些都是正常表现，是孩子在探索空间，了解物体和空间的关系，从而建立自己的空间智能。

父母要做的，就是多给孩子提供一些探索空间的材料，给孩子自由，保持足够的耐心，不动声色地提供保护，让孩子能够在空间里自由探索。

第 10 章

秩序敏感期，帮孩子保持内在秩序与外在秩序的统一(2 岁半 ~3 岁)

孩子的秩序敏感期来了，会开始要求外在秩序和内在秩序保持统一。这不是孩子任性或固执，是孩子成长的方式。父母要满足孩子的要求，保护孩子的秩序感。

○ 生命需要秩序，了解秩序敏感期是怎么回事

妈妈送贺贺来幼儿园，打过招呼后，我问她：“贺贺最近进入空间敏感期了，他在家有什么异常表现吗?”

我之所以这么说，是因为我在幼儿园里发现，贺贺最近表现得有点不一样。

中午吃饭时，米兰老师按照贺贺的身体状况，把鸡蛋羹、青菜、鸡肉丸放进了他的餐盘里。以往，贺贺都会高兴地吃起来，这次却一言不发，气鼓鼓地瞪着老师。

看到米兰老师没有注意到自己，贺贺二话不说，就把餐盘端起来，径直走到垃圾桶旁边，把里面的菜“哗”地倒了进去。

正在米兰老师诧异的时候，贺贺举着自己的餐盘要求她放菜，还理直气壮地说：“我要自己选。”接着，他用手指着餐盒中的菜说：“我要这个、这个、这个。”

后来，米兰老师告诉我，贺贺选择的那三个菜，就是他刚刚倒掉的鸡蛋羹、青菜、鸡肉丸，真是让她哭笑不得。

听了米兰老师的话，我就在想：“贺贺是不是进入秩序敏感期了呢?”

后来我观察发现，贺贺每次休息前，都要把自己桌上的东西收进书包里，等到用的时候，再拿出来；午休时，一定要自己盖被子，否则就会要求老师拿掉自己重新盖。

我把自己见到的事情告诉了贺贺妈，她才有所领悟似的说道：“这么说来，贺贺真的是到了秩序敏感期了。”

据贺贺妈说，昨天接孩子回到家，由于天色较暗，一进门她就打开了客厅的灯，可是贺贺就是不让，因为之前每次回家时，客厅的灯都是灭着的。

还有一次吃饭时，家里来了个小弟弟，妈妈就安排小弟弟坐了贺贺的位置。结果，贺贺说什么也不愿意坐到餐桌旁。

妈妈说：“你不饿吗？为什么不想吃饭?”贺贺用眼睛直直地盯着小弟弟，嘴里嘟嘟囔囔的，就是不大声说出来。妈妈见状，才明白

过来，问道："是不是小弟弟占了你的座位?"

贺贺点点头，后来，妈妈给小弟弟换了一个位置，贺贺才算是坐到餐桌前，大口大口吃着碗里的饭，一副很饿的样子。

听贺贺妈这么说，我确定了自己心中的想法。孩子进入秩序敏感期后，内心的秩序感必须与外部的秩序保持一致，否则他就会觉得痛苦，以哭闹表示抗议，要求恢复原状。

这里所说的内在秩序感，说得简单些，就是孩子上次看到某样东西的状态或者经历某件事的状态。

孩子认为，物体原来在什么位置，就应该一直在那个位置；事情原来按照什么样的程序做，就应该继续按照那样的程序做。这样能让他感觉到安全感。如果这种秩序或程序遭到破坏，孩子就会感到极大的混乱和不适。

这是孩子的逻辑思维在起作用，孩子认为，世界就是不变的，变化会让他感到恐惧，所以孩子才会天生喜欢井然有序的生活环境。

我告诉贺贺妈，在这段时间，贺贺可能还会有其他表现，比如从哪儿拿的东西，必须放回哪儿；要求大人按照一定的顺序做某件事情；要求必须由自己做某事等。

"当贺贺因为秩序感出现无理取闹的情况时，你们尽量问清原因，然后尽可能按照他的意思来做。在孩子想要让物品归位时，就要让他去做，如果他做不到，你们可以尽量帮他做……"

在秩序敏感期，孩子的一些无理的要求可能会让你抓狂。但是，即使这样，你也要尽量满足孩子，让他顺利度过这个敏感期，建立真正的秩序感。

○"各人用各人的"，坚持物品归"主人"所有

在秩序敏感期里，Jimmy 坚持"谁的东西谁用，谁的位置谁占"，而且这种主张一天比一天坚定。

有一次，我在 Jimmy 睡前给他读故事，由于床的一侧放着新买的玩具，我便坐在床的另一侧，认真读了起来。

刚读了一会儿，Jimmy 就叫嚷起来："不要坐，不要坐。"我以为

他是想让我站着读，便站了起来，问道："这样读？"

Jimmy 又叫嚷起来："不要站，不要站。" 我看着他，有些不解。

这时，Jimmy 拍了拍放玩具的地方，带着哭腔说："这里，这里！"

我笑了，走到床的另一侧，拿起玩具，问道："那么，我们把这个小熊放到哪里呢？是放在床的另一侧，还是床头呢？"

Jimmy 笑了："床头。"

放好玩具后，我坐了下来，开始读故事，Jimmy 听得非常认真，再也没有闹。

另外，我发现 Jimmy 爱上了整理鞋柜。在我家，第一层放 Jimmy 的鞋，第二层放我的鞋，第三层放老公的鞋，但老公却经常乱放鞋子。

这就给 Jimmy 提供了整理的机会。通常，他每天都会查看鞋柜两次，看到谁的鞋子没有放对位置，就会归位。

参加完登山活动的老公回来后，脱了登山鞋，放在了儿子放鞋子的那一层。儿子见状，立刻大叫起来："爸爸占了我的位置，爸爸占了我的位置。"

我跑过去一看，原来，老公那一层已经放满了鞋子，而 Jimmy 的鞋子少，那一层还有不少位置，老公就把鞋放在了上面。

我把老公的鞋拿出来，同时对 Jimmy 说："爸爸的这双鞋子原来是放在阳台鞋柜里的，我们一起放回去好不好？"

在得到儿子认可后，我们每人拿了一只鞋子，放进了阳台的鞋柜里。

以后，老公在放鞋子的时候，再也没有随便乱放过，Jimmy 也再也没有因为这个问题闹过情绪。

在秩序敏感期里，孩子变得喜欢给物品、位置找"主人"，并且会在各种物品前加上主人的名字，比如"妈妈的衣服""爸爸的书""宝宝的玩具"等。

在孩子看来，每个人都应该只用自己的东西，如果乱用别人的东西，孩子就会产生混乱，做出一些举动对别人的行为进行干涉。

这种情况，在幼儿园里也非常常见。比如 Allen 哭着找老师，因为 Nina 用 David 的水杯喝水；Fanny 愤怒地打 David，因为他占了自己的位置等。

面对孩子的这种情绪，父母要做的，是立刻改变做法，呵护孩子的内在秩序。在有时间的时候，可以和孩子玩“找主人”的游戏。

游戏的具体做法是这样的：先将家里孩子熟悉的物品拿出来，然后拿起其中的一样，比如钱包，问孩子：“这是谁的钱包？”

如果孩子回答正确了，可以给予肯定；说错了，也不要指责，而是给孩子一些提醒，让他记起钱包的主人。

当你真正满足孩子的需求后，孩子在秩序敏感期的这一行为就会很快消失，转而用其他方式培养自己的秩序感。

○ 喜欢做整理工作，什么东西都应放回原处

Nina 的秩序感一直很强烈。在幼儿园，东西的摆放一般都有固定的位置，Nina 的表现也不是很明显，但是在家里，就经常变成一个十足的闹人精。

我从 Nina 的妈妈 Alex 口中得知，家里的东西，特别是 Nina 的玩具，必须按照一定的顺序放好，否则，Nina 就会一直尖叫。

比如，妈妈的外套要挂在进门的第一个衣帽扣上，她的娃娃要放在玩具架的第二层，积木要放在最底层，弹力球要放在积木旁边，拼图要放在最上层，小黑板要挂在门上等。

有一次，Nina 正在玩娃娃，突然发现娃娃的衣服有一处开线了。于是，Nina 拿着娃娃找到了妈妈：“妈妈，你看这儿有一个洞。”

当时，妈妈正在洗餐具，就对 Nina 说：“哦，衣服坏了呢。你先放在桌上，去玩别的玩具吧，妈妈一会儿帮你缝一下。”

尽管听到妈妈这样说，Nina 却一动不动，也不肯把玩具放在桌上，继续对妈妈说：“我把它放回原处好不好？”

“不用那么麻烦，放在这里就行，妈妈很快就洗好了。”刚说完这话，Alex 认识到了自己的错误，她改口说：“给我吧，我现在就给缝好。”

Alex 放下洗了一半的餐具，在 Nina 的注视中把衣服缝好，然后

交给了她。拿到娃娃后，Nina 立刻放回了玩具架，满意地拿起另一个玩具玩了起来。

和 Nina 不同，Jeff 一直生活在比较脏乱的环境中，对整理和归位也没有正确的认识。他的很多习惯，都是在进入幼儿园以后才慢慢养成的。

有一次，Jeff 在玩粉红塔，他把粉红塔搭得高高的，然后推倒，接着再继续搭。玩了大约半个小时后，Jeff 显然累了，便坐在地上休息。

这时候，Nina 走过来问 Jeff："你还玩吗？"看到 Jeff 摇摇头，Nina 一手拿起一块粉红方块，把它们放进了小橱柜里。

看到 Nina 的表现，Jeff 虽然不理解，但是也跟着 Nina 一起做，拿起两块粉红方块，放进橱柜里。

看到这个情景，我对 Nina 和 Jeff 说："我看到你们一起将粉红方块放回橱柜了，这样做很好。"

在接下来的日子里，每当 Jeff 将教具弄乱后，Nina 或是其他小朋友都会一言不发地带着他归位，我也带他一起做过。几次下来，不用其他小朋友示范，Jeff 就学会归位了。

我没有对 Jeff 进行说教，也没有监督他来做，而是和他一起收拾。在这个过程中，Jeff 也被吸引过来，并且主动进行归位。

在生活中，有很多孩子在玩完玩具后，不懂得放回玩具箱。或者用完一样物品后，就让它随意放置着。父母虽然说了很多遍，孩子还是没有归位意识。

面对这种情况，你不要把归位的任务全部交给孩子做，适当帮他分担一些，在这个过程中让他树立归位意识才是最重要的。

在教孩子归位时，不要简单粗暴地说："快点收拾！"而是要把正确的方法告诉他。比如，怎么把积木放进积木盒，怎么将散落的东西聚集到一起等。

在孩子玩玩具时，如果想换一个玩具玩，就要让他先把之前玩的玩具放回原来的位置，逐渐帮他养成归位的习惯，这会影响他的一生。

○ 没有按照顺序做的事情，必须重新再做

我听朋友李曼说，小丁丁的情绪一直很稳定，可是这段时间，不知道为什么整天闹情绪，怎么哄都哄不好。她知道我在幼儿教育方面很擅长，便很无奈地向我求助。

我在楼下和李曼通了电话，上楼后，刚按了一声门铃，李曼就把门打开了，一副等候已久的样子。

可是就在这时，小丁丁突然一手扯住妈妈的裤子，一手拍打她的腿，嘴里还念念有词："坏妈妈，坏妈妈。"

"怎么回事？"我问。

"不知道啊，这孩子刚才还好好的，老老实实地坐在沙发上等你来呢。"李曼说完，不满地看了儿子一眼，"阿姨来了，闹什么闹？"

可是，小丁丁根本不听妈妈的话，依旧吵闹着。

我蹲下来，笑着问他："小丁丁，你想要做什么？"

小丁丁先是停下了手，迟疑着看了我好一会儿，终于像是认出我是上次陪他一起玩的阿姨，这才开口说："我要开门。"

李曼这才告诉我："刚才他吵着要开门，我心里着急，就先一步把门打开了。这么点小事，闹什么闹啊？"

我没有理会李曼，而是继续问小丁丁："那你想怎么做？要阿姨出门，重新按门铃，然后你帮阿姨开门吗？"

小丁丁听了，高兴地点了点头，并松开抓着妈妈裤子的那只手，两只手放在门上，一副要关门的样子。

我见状，立刻走到门外，轻轻关上了门。

然后，我开始按门铃，并大声问道："小丁丁在家吗？"这时，门开了，小丁丁露出小脑袋说："我在家。"

等我进了门，小丁丁便乖乖地走到客厅一角，坐在地上，安静地玩起积木。直到我离开前，他都没有哭闹过，情绪非常稳定。

我告诉李曼，这是孩子秩序敏感期的一种表现，他是为了维护秩序，所以才变得这么固执。当没有人愿意听他的要求时，他便用哭闹表示自己的不满。

我还给她举了一些例子，在这个时期，有的孩子愿意自己夹菜，如果大人给他夹菜，他就会挑出去，然后自己夹一遍；有的孩子穿衣服要有一定的顺序，顺序错了，就会要求脱了重新穿；有的孩子看动画片必须从头看到尾，如果被打断，就会要求从头再看等。

听我这么说，李曼突然像是想起什么似的，说道："听你这么说，我想起来了，孩子最近发脾气，好像都是因为我们没有同意他做一些小事。"

"嗯，看到小丁丁刚才的表现，我就猜到了。他的内在秩序被你们打乱了，自然会很不安，哭闹也是正常的。知道了这个原因，以后就不要事事都怪孩子不懂事了。"

被我这么一说，李曼有些不好意思了。

有很多父母有李曼一样的苦恼，但不管孩子的固执给自己带来了多少麻烦，你都应该尊重孩子，放慢速度，细心观察孩子的需要、倾听孩子的心声。

如果因为自己的失误，导致了无序现象的发生而又无法再重新来过，就要允许孩子哭闹，让他把情绪发泄出来。你会发现，孩子很快就会接纳事实。

秩序敏感期李老师给家长的教育启示

孩子的秩序敏感期来了，就会要求外在秩序和内在秩序保持统一，因此做一些让父母很难理解的行为或者提出一些让父母抓狂的要求。

这是孩子成长的方式，父母问清原因，然后尽可能按照他的意思来做。在孩子想将物品归位时，就要让他去做；想给物品找"主人"，就让他去找；想重新开始，就配合他重新做一遍。

同时，父母要创造有序的生活环境，让孩子不因外界秩序感到不安，从而建立真正的秩序感，顺利度过这一敏感期。

第11章

模仿敏感期，孩子在不断模仿中学习和进步（2岁半~3岁）

孩子变成了“模仿达人”，就仿佛镜子中的自己一样，真是让父母头疼。其实，这是孩子发展智力的一种手段，只要不上瘾，模仿一次就意味着进步一次。

○ 你做什么孩子都跟着做，意味着模仿敏感期的到来

Jimmy2 岁 8 个月时，爱上了模仿。看到我在厨房做饭，他会搬起小凳子踩在上面在旁边观看。考虑到他的安全问题，我最初很想阻止他。可是看到他渴望的眼神，我放弃了。

后来，Jimmy 开始模仿我的行为，他会自己打开橱柜，从里面拿出锅、铲子、勺子、油桶以及各种作料盒，模仿我做饭。

每当这个时候，我就会在一旁看着他。我看到 Jimmy 把油桶拿起来，假装往锅里倒油，然后又假装把菜倒进里面，接着假装放各种调料，最后假装盛出来，并邀请我吃。

我很高兴，孩子的模仿敏感期到了。通常，只要我能够保证孩子的安全，孩子愿意模仿什么，我都会让他尝试。

但是在生活中，我很遗憾地看到，很多中国父母还不习惯孩子的模仿。在孩子模仿时，还会去阻止，甚至认为这是没有主见的表现，努力想要帮孩子纠正。

一次，我坐在公交车上，车载电视正在播放一个动画片。坐在我座位前面的小男孩显然很兴奋，一边看着动画片，一边模仿里面的语言和动作。

动画片里的小兔子说：“你好，小猪！”

小男孩也跟着说：“你好，小猪！”

小兔子又说道：“你闻闻我的花朵香不香啊！”

小男孩也做出闻气味的样子，然后跟着小猪说了一句：“真香啊！”

我当时就想，这孩子的模仿能力真强，表演得也惟妙惟肖。正想着，突然传来一个很不和谐的声音：“你这孩子，老实点行不行！坐好别动！”

就这样，小男孩的模仿被妈妈无情地打断了。

到了一定的阶段，父母会发现，孩子爱上了模仿，喜欢模仿爸爸妈妈、小伙伴以及其他人的言行举止，父母怎么阻止都没有用。

孩子的精力是那么旺盛，总是不停地模仿，很多父母不知道孩子

为什么这样做，有的父母甚至认为这是孩子没有主见的表现，企图纠正孩子的这一“错误”。

其实，孩子并没有错，只是他的模仿敏感期到了。所以我们才常常说，教育前要先了解孩子，否则很有可能误解了孩子。

实际上，孩子从一出生就已经开始模仿了，只是没有那么明显。比如，孩子会模仿成人的嘴部动作。在不断的模仿中，孩子才能慢慢形成自我意识，这是孩子变得有主见的一个重要阶段。

在模仿敏感期的孩子，除了模仿父母的言行举止外，还开始模仿许多社会行为，这是孩子为了达到更高的生命状态而做出的努力。

在很多父母看来，孩子是在做无用功，是浪费精力。实际上，孩子在这个过程中锻炼了自己的观察力，也看到了外在的世界，对提高认知有很大的帮助。

相反，如果孩子在模仿时受到了阻碍，模仿行为就会滞后，必然会影响孩子智力的发展，甚至可能出现各种心理问题。

所以，作为父母，你要尝试着理解孩子，给他成长的自由，让他能够通过模仿满足内在的需要。放手让孩子完成这个过程，对孩子才是最好的帮助。

○ 模仿所见的言行举止，不论好坏

在一次讲座上，一位妈妈略带担心地问我：“我 2 岁多的女儿意志不坚定，特别容易受到别人的影响。比如，看到哥哥做什么，她就会跟着做什么。学就学吧，关键是她不学好，听到其他小朋友说脏话，她也跟着说脏话。我很担心，孩子真是一点主见都没有啊。”

我笑了：“你在责怪一个 2 岁多的孩子意志不坚定，没有主见吗?”

听我这么一问，这位妈妈显然意识到自己对孩子的要求有些高了。于是，她换了一个问题问我：“孩子模仿好的行为，我当然赞同。可是她总是喜欢模仿别人坏的行为，我该怎么纠正她呢?”

还没等我回答，站在一旁等候的另一位爸爸就开口了：“我儿子也有这个问题，好的不学专学坏的。我和我老婆说了很多次，他就是不听。因为模仿别人摔倒，上次把胳膊都磕破了。”

我没有直接回答他们的提问，因为我发现，他们高估了孩子的智力。他们允许孩子模仿，但要求孩子有分辨地模仿，这对 2 岁多的孩子来说，不是强人所难吗？

于是，我对他们说：“你们的孩子都进入了模仿敏感期。孩子喜欢模仿是因为他发现了自己和别人的不同，这是孩子开始社会化的最初表现，我们要对孩子的模仿持肯定态度。”

听了我的话，两位家长点点头，等待我继续说下去。

我继续说道：“其实，孩子会模仿所见的举止，不分好坏，这是他们学习的方式，他们根本分不清对错。模仿了好行为，会给他们的成长带来好处；模仿了坏习惯，会影响孩子的发展。对于两位的担心，我完全理解。

“家庭和社会是孩子学习的两大阵地，孩子在外面学了一些东西带回家，父母的态度会决定这些东西能不能长时间维持。如果我们看到孩子模仿来的坏行为，就大发雷霆，斥责孩子，只会让孩子把关注点放在这种坏行为上，从而更频繁地做出这种行为。

“对于孩子坏的模仿行为，最好的方式就是视而不见，不闻不问。孩子可能会重复一段时间，当他掌握了或者发现通过模仿并不能引起关注，就会放弃。”

讲到这时，两位家长都点头称是。

看到他们明白了，我才说出我的建议：“孩子模仿了不好的行为，我们做父母的都有责任。我们要先努力做个好榜样，用正确的标准衡量孩子的模仿行为，并适当引导，这对孩子来说才是最好的。”

后来，两位家长向我道了谢，一边讨论着一边走出了会场。

2 岁半 ~ 3 岁的孩子对事物的理解有限，分辨能力也很有限。对于这样年幼的孩子，要求他们不准模仿坏行为，这是不现实的。

父母要做的，就是正确理解孩子的模仿行为，并给予适当的教导和积极的暗示，这样才能帮助孩子获得新的知识与技能。

○ 孩子每一次模仿，智力便能得到一次开发

Jimmy 拿着一本宣传册和手机过来找我，老公见状，不解地问

道："Jimmy，那是大人的宣传册，你想买上面的东西吗？"

Jimmy 没有理会老公的话，而是把宣传册放到了我的手里，同时扬了扬手机，我笑着问道："你是想玩点餐游戏吗？"

Jimmy 点点头。

我来到沙发上坐下，打开宣传册看起来，假装在看"菜单"。这时，Jimmy 问我："你想要吃点什么？"

我歪着头，假装在思考，过了一会儿才说："我要一份经典牛排套餐。"

Jimmy 重复了一遍："经典牛排？"看到我笑着点头后，他在手机上按了几下，假装在记录我点的餐。一看就知道，这是他跟点餐员学的。

等记好了，Jimmy 又问道："那你要喝点什么呢？"

我笑着问："套餐里面已经有汤了，你们这里有免费的水吗？有的话给我来杯水吧。"

Jimmy 又重复了一遍："水，好。"Jimmy 一边说着，一边又按了几下手机按键，接着问："你再看看，还需要点什么吗？这上面好吃的特别多。"

我笑了，Jimmy 这句话，是他自己的一次外出就餐感受。现在，他自己做了一些改进，变成了劝我点餐的话，真是有意思。

我做出一副拒绝的样子："谢谢，这些就够了，吃不完就浪费了。"

Jimmy 听了，意犹未尽地离开了。

后来，我们又互换角色玩了一次，我问了同样的问题，Jimmy 的回答却特别有意思。

"我要一份儿童套餐，其他什么都不需要。"

我故意诱惑他："如果再点一份奶昔，可以送你一个小玩具。"

这让 Jimmy 苦恼了好一会儿，终于，他像下了很大决心似的说道："不用了，这就足够了。"

我笑了，Jimmy 一定是记得，他上次点儿童套餐时，又点了其他东西，由于分量较多，只好打包带回家的事情，所以才会拒绝点过多的食物。

通过模仿点餐，Jimmy 学会了按照自己的饭量选择需要的食物。看到他一副认真的样子，我觉得，再让我和他玩几次，我都不会嫌烦。

孩子从出生起，就在努力感受周围的环境，并且通过感觉建立自己的内在世界。而模仿，正是他建立世界的途径之一。

从本质上说，孩子的模仿是为了学习，而非取悦父母或者故意捣乱。要想帮助孩子模仿，需要多给他各种刺激，丰富他的神经网络。

孩子的模仿不是随意进行的，在模仿前，他会耐心观察，并将模仿所需的信息灌输到自己的大脑中，确认自己可以做到，他们就开始模仿。

模仿不仅能使孩子获得技能，还能丰富孩子对世界的认知，为将来的独立打下基础。通过模仿，孩子发现自己有一定的控制能力，他的自觉意识也会觉醒。

通过游戏让孩子模仿，是促进智力发展的有效手段，让孩子在体验快感的同时，也会对父母充满深深的爱意。

所以，当孩子模仿某个社会角色时，如售货员、点餐员、收银员等，你要给予鼓励和引导，让孩子对这些角色有正确的认知，他的社会化进程也会变得更加容易。

○ 指导孩子正确模仿

娜娜 3 岁了，是个活泼可爱的小女孩，在幼儿园里也很受老师的喜爱。有段时间，我发现她一坐在凳子上，就会跷起二郎腿。

后来有一次，我和娜娜妈说起这件事，并问她家里是不是有人喜欢跷二郎腿。她很不好意思地说，最近她也发现了孩子的这一情况。

在家里，娜娜看到妈妈跷二郎腿，自己也会故意学；看到爸爸抽烟，她就拿起筷子假装抽烟；看到奶奶咳嗽，她也会故意咳个不停。家人有些哭笑不得，同时又觉得很可爱，便没有制止她。

我对娜娜妈说："如果家人都鼓励孩子模仿这些不好的行为，她就会充满趣味地一直模仿下去，直到形成习惯，到时候再去纠正，就会浪费大量的精力。"

娜娜妈点头称是，并表示回家后就和家人说，一起改正不好的习惯，给娜娜创造一个良好的模仿环境。

3 岁孩子的模仿能力很强，家人、小伙伴、周围人的一举一动，都能被他看在眼里，记在心里。但孩子的分辨能力差，很难区分自己模仿的行为是对是错。

这时候，父母要努力引导孩子，指导孩子正确模仿。很多时候，由于父母的不在意，会给孩子的身心造成巨大伤害。

浩浩和冠冠一个 2 岁 9 个月、一个 3 岁，最近两个孩子都爱上了看动画片《熊出没》。虽然大多数情况下，两个孩子都看不懂动画片的内容，但里面打架的场景，却让他们看得津津有味。

有一次，在浩浩的要求下，妈妈给他买了一个光头强使用的塑料电锯，这可把浩浩乐坏了，他立刻拿着电锯去找冠冠，向冠冠炫耀。

冠冠也想要电锯，可是浩浩不愿意给他玩。冠冠想起自己还有一把塑料刀，就拿了出来，然后提议道："我们一起玩打架吧。"

浩浩欣然点头。两个孩子就开始打打杀杀起来。冠冠毕竟比浩浩大些，很快就占了上风。就在这时，冠冠的塑料刀打到浩浩的眼上，划开了一个小口，血渗了出来。

冠冠吓坏了，浩浩疼得大哭起来。

还好冠冠力气不大，没有伤到浩浩的眼球。

动画片一直是孩子的最爱，可动画片里打打杀杀的镜头，也成了模仿敏感期孩子模仿的对象，这就不可避免地伤害到别人和孩子自己。

如果妈妈能对冠冠做好引导，选择一些生活题材的动画片，或者最好培养孩子的其他爱好，给孩子好的模仿对象，就不会发生这种事情。

其他人的行为父母不好控制，可以从约束自身做起，通常对孩子影响最大的、让孩子模仿最多的就是父母，父母做好了，孩子通过模仿好的行为，也能遏制模仿坏行为的欲望。

比如，有的父母很没有礼貌、作息习惯不好、说谎、拖拉、随便乱发脾气等，这些对孩子的正确模仿都没有好处，要努力改掉。

父母做出好的榜样，让孩子模仿正确的言行举止，在促进孩子智力发展的同时，也让自己在孩子心中的形象更加高大。

模仿敏感期李老师给家长的教育启示

到了一定的阶段，孩子会变得喜欢模仿，喜欢模仿爸爸妈妈、小伙伴以及其他人的言行举止，这说明他的模仿敏感期到了。

处在模仿敏感期的孩子，还会模仿许多社会行为，这是孩子为了达到更高的生命状态而做出的努力。对孩子来说，既能锻炼观察力，又能提高认知，还能学习到新技能。

如果孩子在模仿时受到了阻碍，模仿行为就会滞后，智力和心理发展会受影响。所以，为了孩子，父母要理解孩子，给他成长的自由，让他能够通过模仿满足内在的需要。

第12章

执拗的敏感期，给叛逆的孩子多些理解和包容（3岁~4岁）

3~4岁孩子变得叛逆，意味着进入执拗敏感期。在这个敏感期里，孩子最喜欢做的事情就是和父母做对，不让做什么偏做什么，父母需要有更多的理解和包容。

○ 孩子变得叛逆，是因为迎来了执拗的敏感期

很多父母都发现，三四岁的孩子突然变得执拗、任性而又叛逆，不管父母说的正确与否，孩子都一律拒绝。如果父母没有按照他的想法去做，便会大发脾气，大肆吵闹一番，时不时挑战父母的极限。

小石头也经历过这样一段时期，用妹妹的话来说，那段时间真是她出生以来最累的一段时间，比高考还要累。

那时，小石头表现得比一般孩子都不听话。

吃饭时间到了，妹妹让他吃饭，他双手叉腰，义正词严地拒绝："不吃。"该洗澡了，妹妹喊："小石头快来玩水。"他依旧不配合："不玩。"……

这样的时候多了，妹妹就忍不住冲小石头吼叫，结果，小石头立即反抗。家里哭声、扔东西的声音不断，情况更加糟糕。

有一次，小石头要求爸爸把拆开的饼干袋重新封好口，一副不依不饶的样子。被纠缠得没有办法，爸爸用胶带把封口粘了起来。

"不是这样的，不是这样的。"小石头带着哭腔说。同时，他又拿起另一袋饼干，指着饼干的封口说："要这样的，要这样的。"

原来，小石头是要爸爸把封口恢复原样，这一点，爸爸自然做不到，便有些生气地说："你要，我也没法给你恢复原样，去，到一边玩去！"

爸爸的话惹恼了小石头，他不讲理地大哭起来，妹妹感觉头都大了。她努力克制住想要发火的冲动，蹲下来对儿子说："这个封口和原来不一样了。"

小石头的哭声立刻低了下来，他重复着妈妈的话："封口不一样了。"看他的样子，显得特别委屈。

妹妹看这一招有效，便抚摸着儿子的头继续说："拆开了，就不能和原来一样了。"语气很平和，语速也很慢。

小石头又重复了妈妈的话："拆开了，不一样了。"

就这样，妹妹说一句，小石头跟着重复一句。过了十几分钟，小石头突然跑到了窗帘后面，伸出头来，原来他想要玩捉迷藏。

妹妹无奈地笑了。以后再面对小石头的蛮不讲理时，妹妹总是努力抑制心头的怒火，和小石头“斗智斗勇”，上演一部又一部“三十六计”。

小石头是进入了执拗敏感期。什么是执拗敏感期？说得简单一点，就是孩子在幼儿阶段的叛逆期。

提起叛逆期，一般容易想起青春期。没错，人的一生有两个叛逆期，青春期是其中一个，另一个在 3 岁到 4 岁之间，就是执拗敏感期。

孩子为什么会变得那么执拗呢？

一般来说，孩子在 3 岁左右时，心里就有了自己的秩序，希望外界都按照自己心中的秩序运行，这是秩序感发展的更高一级状态。

换句话说，孩子对外界已经有了自己的设想，认为事情必须按照他的设想进行，如果没有，他就会变得不讲理，这实际上是他在发泄自己的情绪。

其实，每个人都经历过这样一个时期，它是心理发展的需要，也能进一步促进独立意识的产生，是成长中必不可少的一个阶段。

就像秩序敏感期一样，孩子的执拗敏感期也不会以父母的意志而转移。与其用呵斥、指责试图让孩子屈服，不如坦然接纳，多些忍耐和宽容。

其实，当我们能够理解孩子，接纳孩子的情绪后再进行积极引导，往往能收到很好的效果，让孩子快乐度过这一特殊时期。

○ 执拗期，孩子对洗手有一种本能的排斥

叮叮到我们幼儿园时，已经 3 岁了，但却显得很怕生。最初，我有点担心他能不能适应幼儿园的生活，很快，我就发现他和其他小朋友打成了一片。

后来，我发现，与其他小朋友相比，叮叮很排斥洗手。每次吃饭前，其他小朋友都认真洗手，他却沾沾水就了事，还问老师：“我可不可以不洗手？”

我们有位老师是这样回答他的：“可以哦，老师不会强迫你的。不过，老师要告诉你，不洗手的话，你手上的细菌容易吃到肚子里，

可能会肚子疼，也可能需要打针吃药。你自己决定吧。”

叮叮已经对细菌、打针吃药有了一定的概念，听到老师这么说，显得有些犹豫。这时，旁边的乐乐对他说：“你看我的手，多干净啊，还香香的！”说完，还把手伸到叮叮鼻子下方，让他闻闻看。

叮叮笑了，主动跑回去仔细洗了洗手，洗完后，他把手伸起来：“老师，你闻闻。”我蹲下来闻了一下，笑着说：“真好！”

叮叮听了，满意地跑去吃饭了。

随后的几天，叮叮变得爱洗手了，每次都主动洗得干干净净，甚至和其他小朋友比，看谁洗得最干净。

我把这一情况告诉了叮叮妈，叮叮妈奇怪地说：“奇怪啊，叮叮在家根本就不愿意洗手，每次总要强迫他洗才行，结果，每次洗手，叮叮都哭得很厉害。”

事后，我问了叮叮，叮叮想了想说：“家里没有小鱼肥皂，妈妈洗，疼。”我明白了，在家里洗手时，叮叮感觉不到一点快乐，所以才会拒绝。

很多孩子都不喜欢洗手，尤其是到了执拗敏感期，孩子会故意拒绝洗手。如果父母硬来，孩子就会用哭来表示抗议；如果耐心引导，孩子也会很容易爱上洗手。

其实，洗手和培养其他好习惯一样，都需要父母根据孩子自身的特点进行。看看孩子对什么感兴趣，便想办法让洗手和孩子感兴趣的事情结合在一起，孩子也容易接受。

如果你试图和孩子讲道理，孩子必然会用行动告诉你：“你说的，全都是废话。”这样一来，孩子自然也不会愿意配合你的“教育”。

Jimmy从小就喜欢洗手，每次他玩完游戏或者吃饭前，我总会对他说：“Jimmy今天好棒，可是小手很脏啊，我们去洗洗吧。”这时，Jimmy就会高兴地用自己的小肥皂洗手。

等他洗完，我会大声说：“哇，Jimmy洗得好干净啊。快让妈妈看看，小手是不是变白了？是不是变香了？”这时，Jimmy总是咯咯直笑。

让孩子洗手，就要把主动权交给孩子，让他自己去洗。父母帮孩子洗手，孩子感觉不到其中的乐趣，自然会抵触。

有条件的话，可以专门给孩子准备一个低矮的洗手池。没有条件，就给孩子准备一个可爱的小盆，选一块他喜欢的儿童香皂或洗手液，让他自己洗手。

孩子洗手时把水洒在盆外是正常的，你完全不用大发雷霆，认为孩子给你惹麻烦。孩子自己洗手的次数多了，这种情况慢慢就会好的。

如果孩子不喜欢香皂，可以给他选择一款好的洗手液。比起香皂来，洗手液更方便，而且泡沫也多，很容易受到孩子的青睐。

在孩子特别累、闹脾气不想洗手，或者在外面无法洗手时，可以用湿纸巾帮助孩子擦手，这样既能保证卫生，也能让孩子意识到，必须让手保持干净。

其实，引导孩子洗手的方法有很多，如在水里放玩具、和孩子玩洗手游戏、一边唱歌一边洗手等。只要你有心，总能让孩子爱上洗手。

○ 孩子太固执，让他往东他偏偏偏往西

3~4 岁时，孩子突然变得很有主见，对什么事情都有自己的想法，虽然很多想法在大人看来都很幼稚。而且，孩子还爱上了挑战父母的权威，让他往东他偏往西。

有一段时间，Jimmy 变得爱自己拿餐具，如果我说："我帮你拿餐具吧。"他会立刻拒绝；而有时，他会要求我为他做事，如果我的回答是"等一会儿"，他就会很不高兴。

有一次，我听到 Jimmy 唱歌。他原本唱得很好，可是这段时间却故意唱错，不是多唱一个字，就是故意跑调。

还有一次，我做了点淡奶冰淇淋，Jimmy 吵着要吃。我用勺子舀了一小口，慢慢递到他的嘴边，同时嘱咐道："凉，慢慢吃。"

Jimmy 心急，一口把冰淇淋吃进嘴里，结果由于太凉，又吐了出来。结果，那一小口冰淇淋就掉到了地上。

Jimmy 着急了，立刻用手去抓，想重新放到嘴里。可是，不管 Jimmy 怎么抓，都抓不到。我对他说："妈妈再给你吃一口。"

"不，我不。"Jimmy 哭了，"我就要地上的，就要，就要。"

我知道，Jimmy 会固执地哭一会儿，便没有阻止他。等他哭完

了，我才对他说："冰淇淋化了，不能吃了，我们把它打扫干净，再给你吃一口新的，好不好？"

Jimmy 知道，就算他再哭，地上的冰淇淋也不能重新跑到他嘴里。他点了点头，随着我一起把地板擦干净，不再闹了。

在执拗敏感期，你怎么教育孩子，对他的成长非常关键。你是打压还是安抚，是斥责还是理解，会换来不一样的孩子。

有些妈妈对我说："我虽然理解孩子，对孩子也很宽容，可是我的婆婆却认为我是在溺爱孩子，会把孩子宠坏，总是干涉我的教育，怎么办？"

我承认，这些妈妈所说的现象在家庭中是普遍存在的。面对这种情况，妈妈们最好让其他家人知道执拗敏感期的相关知识，同时统一教育策略，宽容、温柔地对待孩子。

孩子的能力很有限，但却很想独立。父母眼中孩子逆反的行为，其实就是他想要独立的信号。如果事情没有危险，孩子也能独立完成或完成其中的一部分，就可以放手让孩子去做。

父母要做的，就是适时给予鼓励，在孩子不知道如何继续做时，给孩子一定的提示，这样就足够了。

孩子执拗，父母不能不闻不问，要给予孩子更多的耐心，多沟通，了解孩子的想法，尽可能地减少他对父母的排斥心理。

每当听到我的这一观点，很多父母就会说："我也很想理解孩子，可是他的有些要求实在很无理，根本无法做到怎么办？"

能提出这种问题的父母，一般在做事时也很少会变通。在孩子不讲理时，否定或解释都是没用的，要想办法诱导孩子，转移他的注意力，或者让他主动退让。

比如，孩子不愿意起床，你可以先把他的衣服拿出来，问他："你今天想带谁出去玩呢？是小熊还是小狗呢？"这时，孩子的注意力就会被吸引，指出自己想穿的衣服。

当然，有一点要注意，对于孩子合理的要求可以让步，而不合理的要求坚决不能让步。一味地迁就，真的有可能使宽容变成溺爱。

如果有办法让孩子转移注意力最好，如果孩子耍赖，那就冷处理，让他哭、让他闹，等他发泄完了情绪，再去安慰。

只要你用心，就能轻松应对孩子的固执。在这个过程中，不仅孩子得到了成长，你也会获得很大的进步，为孩子以后的教育打下基础。

○ 孩子施展“暴力”，可能是受到了暴力教育

小区的小利最近变得很暴力，一个才3岁多的孩子，天天喊打喊杀。如果只是喊喊也就罢了，关键是他还出手打人。

小利的妈妈以为，孩子很小，还不懂什么是“暴力”，只是在闹着玩而已。对于她的这一不负责任的说法，我很不赞同。

3~4岁的孩子已经懂得控制自己的手，对于“打人”这个概念也有了一定的理解。此时他打人，就是故意为之，试图宣泄自己的不满。

一天，小利又在小区里打人了，把一个比他小一点的孩子打哭了。据说，小利把那孩子的眼睛都打肿了。

后来，我看到小利妈妈，问起他那天的情况。她瞪了儿子一眼，一脸无奈地说：“这孩子，真是越来越难管了，要是卖孩子不犯法，我真想把他卖了。”

我看到，小利一副无所谓的样子，显然这话他已经听过很多次了。我问：“在家里，你们也打孩子吗？”

“嗯，不听话时，除了打，还有其他办法吗？”小利妈妈一副理所当然的样子。

“那么，”我犹豫了一下，然后问道，“你回想一下，孩子打人前，是不是也在家挨过打？”

小利妈妈想了想，回答说：“好像还真是。你的意思是说，因为我们打了孩子，他才会去打其他人？”

我点点头。

通常，在孩子有了自我意识、想按照自己的想法做事时，父母却误以为孩子惹事。为了让执拗的孩子屈服，选择了打的方式教育孩子。

从表面上看，这种方法非常有效，孩子立刻就听话了。但实际上，孩子只是在有策略地假装听话而已。

有的孩子被父母打后，由于力量太小，不能打父母，便会打玩具或者其他小朋友出气，这是他在发泄自己的不满。

有的孩子却选择了欺负其他小朋友，以发泄自己的负面情绪。比如，爸爸打了他的屁股，他便会打其他小朋友的屁股等。

面对这种情况，一味指责孩子，要求孩子改正是治标不治本。重要的是，父母要控制自己的行为，不用打骂的方式教育孩子。

以暴力的方式对待孩子，会伤害孩子脆弱的内心，他会误以为父母不理解自己、不爱自己，便会找机会把心中的不满和委屈发泄出来。

孩子的思维还比较单纯，并不懂得如何发泄这些情绪。如果他受到了暴力对待，便会想到用同样的方式来发泄。

你千万不要以为，孩子打人只是闹着玩，如果放纵不管，很有可能让孩子爱上暴力，以为暴力可以解决一切，长大后必然要吃亏。

孩子毕竟还小，很多时候无法控制自己发泄的欲望，但父母是成年人，必须学会控制自己的情绪，在孩子叛逆时，也要控制好自己的行为，不施加暴力。

还有一点要注意的是，在很多家庭里，父母喜欢一个扮“白脸”、一个扮“黑脸”，这是很不恰当的，应该用同一种策略对待孩子。

其实，不管孩子是不是处于执拗敏感期，都需要父母的理解和关怀。父母用温柔的方式对待，也会得到一个温柔的孩子。

执拗的敏感期李老师给家长的教育启示

三四岁时，孩子会突然变得执拗、任性而又叛逆，如果自己的想法没有得到满足，便会大发脾气，这说明孩子进入了执拗敏感期。

一般来说，孩子在3岁左右时，心里就有了自己的秩序，希望外界都按照自己心中的秩序运行，这是秩序感发展的更高一级状态。

孩子的执拗敏感期不会以父母的意志而转移，所以父母要坦然接纳，多些忍耐和宽容，理解孩子的情绪。之后，再进行积极引导，往往能收到很好的效果。

第13章

色彩敏感期，孩子的世界变得多姿多彩起来（3~4岁）

进入色彩敏感期，孩子开始盯着带着鲜艳色彩的东西看，并在生活中寻找各种颜色，喜欢涂鸦。父母不要强行干涉，要引导孩子，完善对色彩的认知。

○ 孩子对鲜艳色彩很敏感，意味着色彩敏感期的到来

3～4 岁是孩子对色彩的敏感期，孩子开始对色彩产生感觉，喜欢认识色彩。而在选择物品时，也开始在意它们的颜色，并且在生活中主动认识颜色。

我带着 Amy 出去玩，在公园里遇到过这样一对父子：

儿子在前面兴奋地走着，爸爸在后面不紧不慢地跟着。

这时候，儿子看到了盛开的合欢花，转身问道："爸爸，这个是什么颜色？"

爸爸看了一眼，说："紫色。"

儿子听了，自己重复了几遍"紫色"，又高兴地往前走。过了一会儿，他又看见了一朵粉红色的花，再次转身问道："爸爸，这个是什么颜色？"

"粉红色。"爸爸顺着儿子指的方向看了一眼，然后说道。

儿子听了，又重复了几遍"粉红色"。接着，又继续往前走。

这个孩子进入了色彩的敏感期了呢，我在心里想着，如果这个爸爸能一直对孩子充满耐心，孩子今天的收获一定会很大。

我正这么想着，突然听见小男孩又提问了："爸爸爸爸，这个也是紫色吗？"爸爸变得没有耐心起来："别问我，自己看，我在想事情呢。"

男孩有些失望了，虽然他还是左看右看，但再也没有问过爸爸一句。

等到男孩和他的爸爸走远了，Amy 才小声对我说了句："那个爸爸好凶啊。"我点点头，表示赞同。

孩子进入色彩敏感期后，会对各种鲜艳的颜色感兴趣，可能会不停地问："这是什么颜色？那是什么颜色？"对于一些表示色彩的词，孩子也喜欢重复。

在这个时候，就要及时对孩子进行颜色教育，让孩子辨认各种颜色。

我认识一个年轻人，在各方面都比较优秀，唯独在识别色彩方面有障碍。他不是色盲，只是不知道各种颜色的相应名称而已。

这个年轻人告诉我，他小时候，最先认识的就是绿色。当时，他只要看到绿色的东西，就会很兴奋。

有一次，他的妈妈问他："儿子，你手上的小青蛙是什么颜色

的?”他看了看，想都不想就回答：“绿色。”

“很棒啊。那你再看看，你穿的鞋子是什么样的?”妈妈又问。

他低头看了看鞋子，迟疑了一会儿，回答说：“绿色的。”

妈妈听了很失望，因为他的鞋子是褐色的，和绿色相差很大。妈妈说：“唉，没有想到我儿子是个色盲，倒也省得我再教了。”

后来，妈妈就没有教过他认颜色，而他在长大后虽然自己学了一些颜色，但是对于一些有细微差别的相近色，他还是辨别不出来。

在色彩的敏感期，父母一定要注意教孩子辨别各种颜色，这样能让孩子发现颜色的美，也会让他的生活多姿多彩。

○ 抓住色彩敏感期，健全孩子的智商和情商

有妈妈问我：“儿子 3 岁多了，可总是分不清各种颜色。如果我在几张红色卡片里放进一张绿色卡片，儿子很容易把绿色卡片拿出来，而且口齿清晰地说明是绿色。但是，一旦我单个教他颜色，他就会乱说，我该怎么办呢?”

我很清楚，彩色的环境可以激发孩子认识颜色的欲望，孩子学会区分后，对于认识事物、培养美感和发展智力都有很大的好处。

其实，这个妈妈的做法稍加变通，就能成为教孩子认识颜色的好方法。还用卡片为例，妈妈可以将绿色卡片与其他颜色的卡片混在一起，然后拿起绿色卡片对孩子说：“这是绿色的卡片。这个不是绿色的。”

这样一来，通过强调绿色卡片，让孩子记住绿色。当指着其他绿色的物品询问孩子时，孩子如果能正确说出绿色，或者能主动找出绿色的东西，就可以教他另一种颜色了。

在教孩子认识颜色时，不要过于着急，可以先从红色开始教起。通常按照红——黑——白——绿——黄——蓝——紫——灰——棕（褐色）的顺序教起，会让孩子更容易接受。

有些妈妈比较心急，恨不得一下子就让孩子记住所有颜色，这样对孩子认识颜色反而是一种妨碍。可以先教孩子认识一种颜色，比如红色，然后和他一起寻找周围红色的物体，孩子很容易就会记住。对于其他颜色，也可以使用这种方法记忆。

Donna 用游戏的方式教女儿 Lily 认识颜色的过程，就很值得中国的父母学习。

当时，Lily 对各种颜色非常感兴趣，但她对于各种颜色相应的名

称并不是很清楚，有时候会指着红色说是黄色，指着黄色说是绿色。

Donna 一点也不气馁。她认为，每个孩子的情况不一样，在认识颜色上需要的时间也不相同。即使在 Lily 一个月都没有记住一种颜色时，她也这样坚信着。

在 Lily 认识了红色和黄色后，Donna 决定让她练习区分两种颜色。她买来红色和黄色两种水果盘以及红黄两种颜色的塑料球，让 Lily 练习分类。

Donna 耐心地解释，让 Lily 明白了游戏的规则，在一定时间内，将红色的球放进红色的盘子里，将黄色的球放进黄色的盘子里。

Lily 很高兴地玩着这个游戏，不知是不小心还是不在意，Lily 把一只黄色的球放进了装红色球的盘子里。等到游戏结束时，Donna 让 Lily 再检查一遍，Lily 果然发现了错误，立刻纠正过来。

就这样玩了一段时间，Lily 彻底认清了红色和黄色。

教孩子认识颜色是一个漫长的过程，最好采用游戏的方式进行。可供选择的游戏有很多，比如教孩子认识红绿灯，从而掌握红黄绿三种颜色；教孩子玩找颜色，让孩子找出与样本一样的颜色；可以让孩子涂色，看看他对色彩的认识和记忆情况等。

特别要注意的是，在教孩子认识颜色时，一定要正确。如果孩子最初对颜色记忆有误，想要纠正会非常困难。

当然，孩子认识颜色是一件非常自然的事情，完全没有必要过分担心。平时多给孩子一些认识颜色的机会，孩子接触多了，就会逐渐认识的。

○ 孩子观察小东西，正是培养专注的好时机

有位年轻的爸爸听完我关于敏感期的系列讲座后打电话问我："不是说孩子进入关注细小事物的敏感期后，会仔细认真地观察吗？可为什么我儿子观察了一会儿后，就不愿意观察了呢？"

我知道，这位爸爸对关注细小事物的敏感期有一定的误解。我的确是在讲座中提到，敏感期的孩子有观察细小事物的表现，有的孩子甚至可以一看就是一两个小时。

但是，这并不意味着每个孩子都是如此，就算是在关注细小事物的敏感期，每个孩子的情况也不尽相同。

后来，我把上面这段话讲给了他听，并询问他孩子观察时怎么不

用心。结果听完他的话，我哑然失笑。不是孩子不专注，是他打扰了孩子的观察。

通常，孩子遇到感兴趣或者好奇的事情后，会非常愿意去探索。尤其是孩子没有见过的新鲜事物，更会让孩子感觉兴致勃勃。

这种时候，就应该放手让孩子去观察。可是这个爸爸呢？他希望孩子在观察中学到各种知识，就在孩子观察的时候不断和他说话。

比如，当他发现孩子在观察花朵的时候，他就会说："儿子，你看，这个是花瓣、这个是花蕊、这个是花萼、这个叫花朵。"然后，他还会把花瓣掰开，让孩子看花朵的各个组成部分。

原本，孩子可以通过观察获得的感觉，全部被爸爸破坏掉了。而且，如果孩子不听爸爸的，爸爸就会指责孩子不够专心。

这样的时候多了，孩子就变得不想观察了。因为他知道，一旦自己观察了什么东西，爸爸就会在他耳边不断地说话，还有可能指责他一番。

我建议这位爸爸，不要强制性地培养孩子的观察能力。通常，孩子是对一个小事物感兴趣后，才会主动观察，父母过于主动地引导反而不好。

以后在孩子观察的时候，尽量不要打扰他。就算有什么着急的事情等着孩子去做，比如要让孩子吃饭、洗澡等，也不要打断他。

一旦打断，实际上就是破坏了孩子的认识过程。要多给孩子一点时间，等他观察完，他会主动配合父母。

后来，这个爸爸又问我："那在孩子观察时，我应该做些什么呢？"

我说："你只需要陪在孩子身边就行了。如果孩子在观察时提出了问题，你就耐心回答；如果需要你帮他做点什么，你就帮助他做；如果孩子观察完后满意地离开，你就跟着他走。"

"就这么简单？"他有些不相信地问。

"简单吗？可是很多父母都无法做到这一点。"我笑了，"在这个过程中，最困难的是克服自己想要干涉孩子的欲望。你做到这一点后，再谈培养孩子的专注能力吧。"

话虽如此，我很清楚，孩子在无人打扰的观察时，很容易变得专注起来。只是我不希望这个爸爸用过高的期望要求孩子，所以才故意这么说。

听了我的话，这个爸爸决定一试。

培养孩子的专注力，本来是件非常自然的事情，可是由于父母过多的干涉，导致孩子这种能力得不到巩固，你一定要避免犯类似的错误。

○“这是蓝色”，孩子开始在生活中寻找不同的颜色

这段时间，皓皓对颜色越来越敏感了，每次都能听到各种颜色从他嘴里蹦出来，让我们的生活仿佛多了许多色彩。

那天，我和小赵老师站在幼儿园门口迎接孩子们上学。这时，皓皓走了过来，先是打量了我和小赵老师一眼，然后高兴地说：“李老师的裙子是白色的。赵老师的裙子是红色的。”

我笑了：“皓皓说得非常正确。”

皓皓得意地笑了笑，向我和小赵老师问了好，轻轻地抱了抱我们，才高兴地跑着进入了校园。

而在校园里，皓皓也开始用颜色描述各种东西。

“老师，我的肥皂是蓝色的。”

“老师，莉莉的黄手帕真漂亮。”

“月月，你的红色自行车真好看，能让我骑一会儿吗?”

我很高兴皓皓对色彩这么敏感，而我和皓皓交流时，也故意问他一些颜色的名称或者使用一些表示颜色的词汇。

“皓皓，让老师看看你的书包，上面有只小猫呢。小猫的尾巴是什么颜色的?”

皓皓等着小猫的尾巴，没有说话。

我没有催促，等着他开口。

皓皓终于开口了：“是黄色的，不过……嗯……这个尖尖上面有点红色。”我仔细看了一下小猫的尾巴。果然有 点红色。

难怪皓皓刚才观察了半天，他是在大脑中思考怎么用一个词描述两种颜色。我笑了，夸奖了他的观察力，这让他很高兴。

我后来把皓皓在幼儿园里的表现告诉了他的父母，并且要他们配合皓皓的色彩敏感期，多带他在生活中寻找不同的颜色。

比如，可以问问孩子玩具的颜色，或者让孩子寻找和玩具颜色一致或相近的东西，在玩的同时也能让孩子认识和区分颜色。

很多孩子都会对食物感兴趣，可以教孩子辨认食物的颜色，比如各种水果的颜色、蔬菜的颜色、根茎类事物的颜色甚至是各种调味料的颜色，都能让孩子在乐趣中学习颜色。

对于认识颜色来说，最好的莫过于带着孩子到大自然中去。大自然中颜色最为丰富，孩子一边呼吸着新鲜空气，一边看着多彩的事

物，心情也会非常愉悦。

皓皓的父母按照我说的去做了，在这个过程中，他们发现，皓皓在描述颜色时很有创造力，还很机智。

比如，有一次皓皓妈妈问他："你看看，看看茄子是什么颜色的?"这个颜色皓皓昨天刚刚学过，但是很明显，他好像记不清了。

皓皓一直盯着茄子看，同时小脑袋也在飞速地旋转着。突然，他大声说："我知道了！这个是葡萄的颜色。"

皓皓妈妈一听，当时就乐了，儿子真是聪明，虽然忘了"紫色"这个说法，但是想到了茄子和自己平时最爱吃的葡萄是一种颜色，就故意替换了概念。

妈妈夸奖了皓皓："皓皓真是聪明，茄子和葡萄是一个颜色，都是紫色。你看看，紫色的茄子是不是很漂亮啊。记得啊，这个是紫色。"

"记得了，是紫色。"皓皓努力地点了点头。

认识颜色是孩子需要学习的一种能力，父母可以从生活中的各种物体、美丽的大自然入手，让孩子在认识颜色的同时，也提高对事物的认知能力。

○ 喜欢涂色，给孩子色彩鲜艳的涂色笔、涂色书

我带着 Amy 去找小石头玩，由于 Amy 最近对涂色很感兴趣，我便随手在包里装了两套涂色书。这样，即使小石头临时起意要一起玩，我也可以应对。

到了妹妹家，玩了没有多久，Amy 就向小石头提议："我们一起玩涂色吧。"小石头有些为难，他问："万一涂不好怎么办?"

Amy 不明白小石头的意思，我也不太清楚，就转头看向妹妹。妹妹立刻搂着小石头说："没关系，乖儿子，涂不好也给你奖励。"

我把书和彩笔拿出来给了 Amy，Amy 立刻高兴地涂了起来。而小石头只是坐在 Amy 旁边看着，并不动手，好在他看得也非常入神。

"小石头到底怎么回事?"趁着两个孩子一起玩的工夫，我问妹妹。

妹妹说："都是我不好，刚开始小石头特别喜欢涂色，总是乱画乱涂。看他玩得高兴，我就买了涂色书，并告诉他不准涂到线外，否则就没有奖励。

"听了我的话，小石头涂色也变得小心了，可总是免不了涂到线外。时间长了，小石头就觉得很失望，便不再涂色了。"

听了妹妹的话，我给她说了我教 Amy 涂色的经过。

Amy 第一次涂色时，便喜欢上了这个过程，她会抓起彩笔乱涂一气，并且故意把颜色涂出界。同时，她根本不按照涂色书上示范的颜色涂，而是尝试着使用各种颜色。有一次，我看到她涂的一朵小花，居然把 24 种颜色全部用了一遍。

有一次，Amy 涂色好像上了瘾，一直涂，最后居然把一本涂色书都涂完了。我对她的精力很诧异，同时也被她对彩色的执著深深地感动。

3～4 岁的孩子眼球发育完善，对美也有了执著的追求，这时候让孩子练习涂色，能训练孩子的审美，同时还能让孩子练习拿笔，为以后学习写字打下基础。

通常，用于涂色的图案简单、形象生动，对孩子来说简单易涂，涂完以后又能看到各种可爱的图案，让孩子感觉充满乐趣。

在教孩子涂色时，如果不注意方法，很容易犯小石头妈妈那样的错误，结果让孩子对涂色失去兴趣。

在最开始接触涂色时，很多孩子不知道怎么涂，不管轮廓在哪，只想按照自己的心意快速涂完，完全不理论涂出来的效果如何。

这是正常的，没有哪个孩子一开始就会涂色，需要父母帮他进行一定的训练。开始时，可以不顾及轮廓，只要求孩子顺着一个方向涂。

在孩子熟悉这一步以后，再要求孩子尽量涂得密一些，线与线之间不要留有空隙，同时注意尽量不要涂到轮廓外面。

孩子年龄小，动手能力还不强，不要让孩子长时间涂色，更不要用奖励的策略鼓励孩子涂色，那样会降低孩子涂色的乐趣。

那天，直到 Amy 涂完了一页，我问小石头愿不愿意试一试时，他还是摇摇头。看到这一幕，妹妹更加后悔了。

既然让孩子涂色，就给他自由，让他自由地涂。你可以多观察，但一定要尽量少干扰，这样孩子才能专心做事，体会到更多的乐趣。

色彩敏感期李老师给家长的教育启示

3～4 岁是孩子对色彩的敏感期，孩子开始对色彩产生感觉，喜欢识别各种颜色。对于不认识的颜色，会不停地问："这是什么颜色？那是什么颜色？"

同时，在选择物品时，也开始在意它们的颜色。对于一些表示色彩的词，也喜欢重复，并且主动学习应用。

在这个时候，父母一定要及时对孩子进行颜色教育，教孩子辨别各种颜色，让孩子形成自己的审美，让他的生活多姿多彩。

第 14 章

人际交往的敏感期，鼓励孩子自己建立和维持友好关系（3 ~ 4 岁）

孩子开始尝试与周围的人建立关系，并对交换产生浓厚的兴趣。由于不懂交际技巧，在交往中常常出现各种问题。父母不要过多干涉，鼓励孩子自己解决矛盾。

○ 开始寻找朋友，3～4 岁孩子的人际关系进入敏感期

在孩子的成长和发展过程中，人际交往的敏感期是一个很重要的时期，体现了孩子对关系的需求。在日常生活中，人与人也是由于各种关系联系在一起的，可是说孩子在这个敏感期发展如何，直接关系到他以后人际关系的发展。

Jimmy 上幼儿园没几天，每天都会提醒我将一些零食装进他的书包里。我故意问他为什么，他很郑重地告诉我："我要和其他小朋友一起分享。"

就这样，我按照他的话装了 2 个月的零食后，Jimmy 突然告诉我不用再给他装零食了，而是要多给他带一个玩具。

我知道，在孩子与人交往时，最初用来连接和维持关系的，就是食物。Jimmy 应该也是出于这样的想法，才把零食带到学校，和其他小朋友分享。

但是，这样过了 2 个月后，Jimmy 渐渐意识到，食物并不是一个好的媒介。一旦零食被吃掉了，关系就没有办法维持了，所以他必须找一个不会消失的东西来顶替食物的位置。

聪明的 Jimmy 很快发现，这个好的代替品便是玩具。于是，他经常把玩具给别人玩，以获得友谊。有时，为了维持一段关系，他甚至会把自己最喜欢的玩具送给别人。

而且在那一段时间，Jimmy 爱上了交换，有时是交换食物，但更多的是交换玩具。这样的举动确实让他交到了两个朋友，但维持的时间都不长，很快，Jimmy 便放弃了这一做法。

我后来给 Jimmy 买了一些社交方面的图画书，书的启发加上 Jimmy 的实践，使他终于意识到，志同道合才是交朋友最可靠的因素。

所以到了这个阶段，Jimmy 开始寻找和自己有相同爱好、能相互理解的朋友。Jimmy 在国内最好的朋友峻硕，就是在这时认识的。

Jimmy 当时告诉我："我和峻硕做了朋友。"我问他原因，他想都不想就说："他理解我，今天我摔倒了，其他小朋友都笑了，只有他对我说'很疼吧'，还一直陪着我。"

我很高兴，经过大半年的探索，Jimmy 终于明白，用食物、玩具换不来真正的朋友，需要彼此志趣相投、相互理解，才能获得较长时间的友谊。

而且，在这个过程中，Jimmy 有时会控制对方，有时则会被对方控制，也因此产生了不少矛盾。但我都没有干涉，而是让他自己学会调整。一段时间后，我发现 Jimmy 学会了在交往中妥协，以使关系更和谐。

人际关系的敏感期根据孩子本身情况的不同，维持的时间也不一样。对于父母来说，即使再着急，期间发生各种问题，也应该让他完成这个过程。

在这个过程中，父母最好摆正自己的姿态，作为一个旁观者而不是导演，让给孩子机会自己处理问题，等到实在解决不了时再出手相助。

但是，即便是帮助孩子，也不是直接干涉，而是作为一个指导者，引导孩子找出处理问题的原因，然后，再引导孩子自己解决问题。

○ 乐此不疲地交换，不管物品之间是否等价

有人曾经问我："国内的父母和美国父母有什么不一样的呢？"我想，感受最深刻的一点就是，国内的父母经常干涉孩子的事情，而美国的父母喜欢放手给孩子自由。

我有很多朋友认为，国内的父母已经开始重视给孩子自由。但我认为，他们给的那点自由还远远不够。就拿换物这件事情来说吧，两国父母的态度就有很大差异。

在国内幼儿园工作时，经常有家长跑来学校投诉：

"我儿子好傻，用一个机器人换了一张破破烂烂的贴画，还兴高采烈地向我们炫耀！这正常吗？"

"我女儿一点主见都没有，别人说交换就交换，回头女儿的玩具玩坏了，要求换回来，女儿也不拒绝，这不是明显受欺负了吗？"

每次遇到这种情况，我都会努力向这些家长解释孩子交换物品给

成长带来的好处，并且劝告他们不要过多干涉。如果觉得有必要换回来，可以由家长出面商量，尽量不要给孩子造成伤害。

但是，在美国幼儿园，这些父母真的可以做到不干涉，让我大为惊异。

早上到幼儿园时，我看到 Ryan 抱着一个崭新的小汽车，高兴地对我说："小汽车，昨天新买的。""真的很帅气！"我大声称赞。

可是，等到下午离园时，我发现 Ryan 没有把小汽车带回家，便好奇地问他："你的小汽车呢？" Ryan 高兴地说："我和 Jack 交换了，换了一本书。"

"书呢？放在书包里了吗？"我问。

"没有，书让我送给 Ava 了。" Ryan 说这话时，一点都没有惋惜的神色。

说实话，我有些担心，Ryan 空手回去，妈妈会不会训斥他，或者干脆第二天找到学校，要求把 Ryan 的东西要回去。

第二天，Ryan 的妈妈确实来了，不过并不是来问罪的。由于一早去买 Ryan 和小朋友分享的玩具错过了校车，妈妈便亲自送他过来了。

"Ryan，在学校和其他小朋友好好玩。"妈妈走时，对 Ryan 的嘱咐就只有这一句，而不是我在国内常常听见的："别再交换了，下午要把玩具带回家。"

我一直很赞成孩子交换，对待幼儿园的小朋友是这样，对待我自己的儿女也是这样。

记得 Amy 小时候也特别喜欢交换，我认为，她对自己的东西有支配权，看过的书、玩过的玩具以及其他她认为不需要的东西，都可以用来交换。

可是，Amy 有时也会把自己正在使用的或者喜欢的东西和别人交换，换完以后回到家就后悔，想要要回来。我没有干涉她，建议她用其他东西交换。

有时，Amy 也会换回不等价的东西，我就会问她："你这样做，是不是吃亏了？"或者是："别人的东西看着很贵重，这样会不会不公平？" Amy 总是回答："没有啊。"我就没有再过问。

有一次，Amy 对我说：“我再也不要和 Millie 交换了。”我问为什么，她说：“她上星期说好用一盒彩笔换我的一本书，我的书早就给她了，可是她只给了我一支彩笔。”

我听了，知道 Amy 又对社交产生了新的认识。由于我的自由政策，让她能经历社交中的种种状况，并在这个过程中积累了经验，这一点让我很欣慰。

孩子对金钱没有概念，所以才常常会进行不等价交换，这是很正常的。通过交换，促进了友谊的发展，也提高了孩子对于社交的认知，值得父母放手给予自由。

○ 遇到喜欢的东西就抢，不知道人际交往技能

表妹的儿子小北 3 岁半了，看到自己喜欢的东西，二话不说上前就抢。即使他看上的东西自己已经有了，还是会去抢别人的。

表妹看不惯，有时会强行把他带离现场，有时会建议他和别人换着玩。可小北并不同意，不是号啕大哭不肯走，就是非要一手拿着自己的玩具一手去抢别人的。

表妹有时气不过，就会轻轻打儿子的屁股，这让溺爱孙子的婆婆很不满意。就小北的教育问题，婆媳俩经常产生各种矛盾。

表妹觉得孩子还小，不能真打，可是讲道理又听不懂，她感觉非常无奈。更可气的是，这种事情每天都重复着，让表妹感觉备受折磨。

我很清楚，这是孩子在社交中不可避免的一个问题，也就是在与人交往的过程中抢夺玩具。即使是自己有的，也觉得别人的更好。

出现这种情况的原因，是因为孩子缺乏知识经验和好奇心。等到孩子再长大一些，对事物的认知再加深一些，这种现象通常都会自动消失。

当然，这并不意味着父母要放任自流。放任自流或者过分压制都会激发孩子的逆反心理，让孩子更想占有别人的东西，结果反而更糟。

其实，小北会产生这种情况，和表妹一开始的教育有很大关系。

在孩子刚开始交往时，表妹就应该让小北知道，谁的玩具谁有决定权，可以决定给不给别人玩。

比如，让小北知道，他的玩具可以不给别人玩，别人的玩具同样也可以不给他玩，不能抢夺。如果东西是共有的，那么就要让小北学会等待。

我知道，小北最大的问题是，认为别人的和自己的不一样，所以才会去抢。我建议表妹外出时给小北多带一个玩具，作为交换用，让小北比较相同玩具之间有什么不同。次数多了，小北就会知道大家的东西都是一样的，也就不会再抢了。

有时，小北也会抢自己没有的东西，表妹有时会答应给他买一个。但是，由于经济条件限制，别人有的玩具不可能全给小北买个遍，我就建议表妹转移小北的注意力。

转移注意力并不是每次都有效，最好的方式就是引导孩子交换。交换不仅能让孩子的好奇心得到满足，还可以促进交往能力的提高，防止占有欲的产生。

表妹在出门前多带一件玩具的做法很不错，同时也要和孩子约定好，如果看到自己喜欢的玩具，可以和对方交换。如果对方不同意，也不能去抢。交换着玩完后，要把玩具还给别人。

在交换时，不应当由表妹出马，而应该让孩子自己拿着玩具，自己和其他小朋友商量如何交换，并找到双方都满意的交换方法。

我告诉表妹，一定不要将自己的怒气发泄到孩子身上，也不要当着别人的面批评或者打骂孩子，即使是假装的也不行。

另外，在家的时候，我也建议表妹不要以小北为中心，试着多和婆婆沟通，让小北学会分享，这样对孩子的成长会很有帮助。

孩子还小，不懂人际交往技巧很正常。但是，父母要在日常生活中有意识地去引导孩子去与别人交往，在交往之中理解人与人之间的关系，从而帮助孩子掌握良好的人际交往能力。

○ 孩子总被欺负，不要教唆孩子“以牙还牙”

嘉禾是个比较胆小的孩子，经常被别人欺负，不是被别人打了，就是玩具被别人抢走了。每当出现这种情况，嘉禾就会变得呆呆傻傻的，既不知道还手，也不知道把玩具要回来。

但是，这不并代表嘉禾豁达。每次被欺负以后，他就会哭着找妈妈，要求妈妈帮他打其他的小朋友，或者帮他把玩具抢回来。

看到儿子不懂得维护自己的权益，爸爸妈妈都很着急。在嘉禾玩耍时，妈妈总是尽可能在旁边看着；而爸爸则和嘉禾玩抢玩具的游戏，爸爸负责抢，嘉禾则负责抢回去。

这样练习了一段时间后，嘉禾确实不像以前那么胆小了。如果有人抢他的东西，他会一把把对方推倒在地上，把自己的玩具重新抢回来。

嘉禾的爸爸妈妈看到他的这一变化很高兴，可后来才发觉，嘉禾爱上了暴力，也开始抢别人的玩具，新的问题又产生了。

嘉禾妈妈告诉我："我觉得，孩子的权益应该得到维护，可没有想到，反而让他拥有了更强的占有欲。在以后教育孩子时，我一定要注意方式才行。"

我听了点点头，给她讲了同事 Helen 教育女儿 Linda 的事情。

Linda 很喜欢玩沙，Helen 就常常带着她到海边，让她玩个够。海边通常还有其他小朋友，小朋友们一起玩，有欢乐也有矛盾。

有一次，Linda 玩着玩着，旁边突然出现一个男孩子，把她装沙的小桶抢了过去。Linda 发现后，很不高兴，想要抢回来。可是她力气小，抢不过来。

这时，Linda 用求助的眼神看着 Helen，Helen 走了过来，对 Linda 说："你的东西，你有权要回来。如果要不回来，妈妈再帮你。"

于是，Linda 对那个男孩说："这个小桶是我的，你已经有个小桶了，请把我的小桶还给我！"

小男孩就是不同意，而小男孩的妈妈也走到孩子的旁边，笑着和 Helen 打招呼，做出不会干涉的姿态，让孩子自己解决。

后来，Linda 改变了战术，她说："你一定是觉得我的小桶很看好，所以想用我的小桶玩。这样吧，我们交换吧，你可以用我的小桶，但要把你的小桶给我玩一会儿。"

小男孩听了，同意了，两个孩子又高兴地玩了起来，Helen 则和小男孩的妈妈在一旁聊起天来。

Helen告诉我，她一直告诉Linda，属于自己的东西一定要争取。同时，也不让Linda抢别人的东西。所以，Linda从来不抢别人的东西。

万一Linda的东西被抢要不回来，Helen当然也会出手，这个行为也让Linda明白，抢别人的东西迟早会被别人要回去，还不如一开始就不去抢。

听了我的话，嘉禾妈妈好像明白了什么，并且告诉我，她知道怎么帮助嘉禾改掉抢别人东西的坏习惯了。

在孩子最初的交往中，欺负别人或者被人欺负都是正常的。父母最好不要过分强调“以牙还牙”，让孩子懂得保护自己、维护自己的权益，才是最好的解决之道。

人际交往的敏感期李老师给家长的教育启示

在孩子的成长和发展过程中，人际交往的敏感期是一个很重要的时期，直接关系到孩子以后人际关系的发展情况。

根据孩子个人情况的不同，这个敏感期可能发生的问题和维持的时间也不一样。比如，有的孩子喜欢交换，有的喜欢抢别人玩具，有的常受欺负等。

在这个过程中，父母最好摆正自己的姿态，作为一个旁观者而不是导演，给孩子机会自己处理问题，等到实在解决不了时再出手相助。

但是，即便是帮助孩子，也不是直接干涉，而是作为一个指导者，引导孩子找出处理问题的原因，然后，再引导孩子自己解决问题。

第15章

性别和出生的敏感期，给孩子最正确的性教育初体验（4～5岁）

在孩子询问“我从哪来？我是男孩还是女孩”的那一刻，也意味着进入了性别和出生的敏感期。父母不要敷衍，要用孩子能听懂的话认真解答。

○ 孩子突然对自己的性别与出生感兴趣

有家长对我说：“最近我洗澡时，儿子总要一起，而且一边观察我的身体，一边问我一些让我尴尬的问题，我应该怎么应对呢?”

也有家长问我：“孩子总是问我他是从哪里来的，我就按照网上的说法告诉了他，可他并不满足，还一直探究，我该怎么办?”

还有家长说：“我孩子最近总喜欢看小男孩的身体，每次在外面看到小男孩站着撒尿，我女儿都会靠近了观察，有一次甚至伸手摸了摸。女儿这是好色吗？怎么教育都不改，真是愁死了!”

进入性别和出生的敏感期后，孩子会突然意识到，男孩和女孩的身体是不一样的。这个发现让他们很兴奋，他们会认真观察，发现不同点后就会提出问题。

不仅是这样，孩子也开始关注来自何方，一遍又一遍要求妈妈讲述自己来到世界上的经过，每次都听得格外认真。

通常，孩子在4岁左右就会对性别产生兴趣。他们发现，男孩和女孩从头发衣服到喜欢的东西，都有很大的不同。

但是相对于外表，孩子对异性的生理器官更加关注，所以才会出现一直盯着异性的身体看，或者触摸异性的情况。

我认为，孩子对性别感兴趣没什么，他只是没有见过，不熟悉，所以才会一直追问或观察，作为父母，完全没有必要大惊小怪。

然而，遗憾的是，并不是所有父母都能认识到这一点。

有一次，我和一个怀孕的朋友一起散步，迎面走来一对母子。男孩看到朋友圆鼓鼓的肚子，有些兴奋地对妈妈说：“妈妈，我也是从你肚子里出来的吧?”

男孩的妈妈有些尴尬地看了我和朋友一眼，然后不满地看了一眼儿子，用敷衍的语气说道：“是啊，从肚子里出来的。”

男孩有些兴奋了，继续问道：“那我是怎么从你肚子里出来的呢?”

男孩的妈妈似乎更窘迫了，她训斥了儿子一句，对儿子的问题却避而不答。看到我和朋友注视着他们，妈妈立刻拉着儿子快步走开了。

对于孩子关于出生和性别的提问，父母如果一味敷衍，只会让孩子对身体和自己的出生感到羞耻。

父母要做的，应该是从人体科学的角度入手，用简单易懂的语言让孩子明白自己的出生、性别等，就像教孩子认识其他物品一样自然。

如果父母无法做到这一点，不妨给孩子提出一些介绍身体的童书，看孩子通过图片发现自己和异性的不同，满足孩子的好奇心。

对于 4～5 岁的孩子来说，他们还没有性的概念，让孩子正确了解自身与异性的不同，是很有必要的。

当然，父母也不必太当回事。孩子还小，对于很多生物知识都理解不了，没有必要对他进行太严格的科普教育，只需坦然解决他的疑惑就行。

○“我从哪里来?”坦然回答孩子的疑问

我经常带着 Jimmy 在楼下玩，对于小区的小朋友，几乎都见过。有一次，我看到一个面孔比较陌生的孩子，就问他：“我没见过，你是从哪里来的啊?”

我的本意是问他，他家住在什么地方。可这个孩子却立刻泪眼汪汪，有些惊恐地问我：“你要把我抱走吗?”

正在我不解时，男孩已经扑向了妈妈，哇哇大哭起来。

问过男孩的妈妈，我才知道，男孩最近总爱问妈妈他是从哪里来的。妈妈觉得不好解释，就告诉他，是从陌生人那里抱来的，他要是不听话，就会把他送回去。

我很惊讶，没有想到到了这个年代，还有人这样骗孩子。我对这个妈妈的行为很无语，也对男孩充满了同情。

我承认，要回答孩子从哪里来的问题，确实不容易。作为中国人，从小就被教育“性是不能为外人道的事情”，即使是告诉孩子，也会让父母感觉难堪。

所以，在我们这一代人当中，小时候有很多人都被父母骗过。什么捡来的、抱来的，各种来处层出不穷。而我的母亲则告诉我，我是从医院的地下挖出来的，我甚至做过好多次从医院地下挖小孩的梦。直到我上了中学，才知道上了妈妈的当。

想要不错误地引导孩子，同时又避免让自己过于尴尬，确实不是一件容易的事情。尤其是对于内向的父母，更是无异于一场大灾难。

我记得，我曾经看到过这样一个案例。在孩子问自己是从哪里来时，妈妈告诉他："你是从我肚子里出来的。"

孩子不满足，继续问道："那我是怎么跑到你肚子里的呢?"

妈妈笑着说："你原本是一颗种子，是爸爸把你放在了我的肚子里。种子长大了，就变成了你。医生就在妈妈肚子上划开了一个口子，然后把你取了出来。"

听到这个答案，孩子得到了满足。

Amy5 岁的时候，"种子"答案已经满足不了她的好奇心了，我便和她一起看幼儿园为 5 岁儿童专门制作的性教育片。

Amy 看了好几遍，才终于明白自己是怎么进到我肚子里的。从那以后，她再也没有问过这个问题，我也避免了尴尬。

我认为，孩子到了 5 岁左右，大脑就具备了思维能力，能够理解一些简单的概念。这时，可以给孩子看一些漫画或教育片，让他明白自己到底是怎么产生的。

在中国，很多父母对这个问题避而不谈，这很有可能是导致孩子在青春期偷偷浏览色情网站的原因之一。如果孩子对异性早有了解，就不会通过这种方式"学习"与异性相关的知识了。

所以，父母要放下不好意思的心理，不敷衍、不回避，让孩子在适当的年龄对自己的出生问题有适当的理解，这样对孩子才是最好的。

○ 开始探索人体，帮助孩子正确认识自己的性别

对孩子来说，外界的一切都非常神奇，孩子从环境中学习，加深对自我的认知。而到了一定阶段，孩子会认识到性别的不同，并使自己的行为符合男孩或女孩的标准。

有一次，我在路上看到这样一幕。

一个 4 岁左右的男孩问妈妈："妈妈，你像我这么大的时候，是男孩还是女孩啊?"

妈妈笑了："当然是女孩啊。"

儿子又问："那爸爸小时候是男孩还是女孩？"

妈妈回答："当然是男孩，小孩会长成大人，但是性别是不会变的。"

儿子想了想，又问了一句："那等以后我长大了，也还是男孩吗？"

妈妈点点头，儿子也露出放心的神色。

看到这一幕，我突然想起 Amy4 岁半时发生的一件事。那年夏天，Amy 玩时不小心撞破了头。为了换药、清洁方便，我把她的头发剪得非常短。

结果，Amy 伤心地哇哇大哭，以为剪了短头发就会变成男孩子，一直向我抗议："我不要做男孩，我要做女孩，我以后还要穿裙子呢。"

那个小男孩和 Amy 一样，不知道性别是不会改变的，他们只能通过外部的标记，如发型、衣服、头发等来辨别男女。所以当 Amy 剪了短发后，就以为性别也发生了变化。

4 ~5 岁的孩子对性别有了一定的认识，知道男孩长大了会做爸爸，女孩长大了会做妈妈。但当他们看到穿着女性服装的男人时，还是会认为那人是女性。

出现这种情况，是因为孩子对性别的认识还不清楚。等再过一段时间，孩子就能分辨出男女了。而在这个阶段，父母要做的就是让孩子认清自己的性别。

这时，孩子会发现男性和女性上厕所的方式不一样，Amy 就曾经问过我："为什么哥哥要站着尿尿，而我要坐着呢？"

同时，孩子还会注意到自己的生殖器，并且提出很多问题，还想知道别人的生殖器和自己的一样还是不一样。

有一次，我在浴室洗澡，Amy 突然闯了进来，仔细打量我的身体，然后，她用眼睛死死地盯着我的乳房，问道："妈妈，为什么咱俩的胸不一样？"

我调整好心态，坦然地告诉她："因为妈妈是大人，等你长大了，你的胸也会变大的。"Amy 听了，点了点头。

后来，Amy 又要看哥哥 Jimmy 洗澡。当时，Jimmy 已经 10 岁了，也有了害羞心理，不愿意让妹妹看。我便趁机告诉 Amy，哥哥在保护自己的隐私。

其实，在孩子眼中，大人的生殖器官就像手脚、眼睛、鼻子一样，是身体的组成部分。他想看，只是想对比一下和自己的生殖器有什么不同。

如果父母面对孩子此类问题时，感到尴尬、害羞，或者用恼怒的声音训斥孩子，会让孩子觉得生殖器是让人羞耻的东西，也会排斥自己的性别。

所以，在培养孩子的性别观念时，父母要坦然回答孩子的问题，同时，从玩具到生活用品的选择，都应该与孩子的性别相匹配，比如让女孩穿裙子、让男孩穿裤子等。

有很多父母喜欢把男孩当女孩养，或者把女孩当男孩养，这样都容易使孩子对自己的性别形成模糊的概念，甚至产生错误的认识。

我觉得，性别角色教育宜早不宜迟。作为父母，一定要尽早让孩子认识自己的性别角色，建立正确的性别意识。

性别和出生的敏感期李老师给家长的教育启示

进入性别和出生的敏感期后，孩子会突然意识到，男孩和女孩的身体是不一样的。这个发现让他们很兴奋，对异性的生理器官也更加关注。

不仅是这样，孩子也开始关注来自何方，一遍又一遍要求妈妈讲述自己来到世界上的经过，每次都听得格外认真。

这时，父母要引导孩子认识自己的性别，并进行相应的性教育，让孩子学会保护自己的隐私部位。

第16章

帮助身份确认的敏感期，孩子塑造自我（4~5岁）

孩子开始一步步构建自我，最典型的表现就是开始崇拜并模仿一些形象。这是一个好现象，说明孩子在进行自我塑造，积累人格特征，父母要帮助孩子塑造出积极向上的自我。

○ 在身份确认敏感期，用爱帮孩子构建自我

四五岁时，孩子会进入身份确认敏感期。在这个时期，孩子会模仿自己喜欢的形象，可能是某个动漫人物，如超人、奥特曼；可能是某个喜欢的动物，如狮子王、恐龙；可能是某种美丽的象征，如仙女、公主等。

这些都是正常的，孩子是利用这种方式实现自己的梦想。比如，想当公主的女孩会穿公主裙，打扮自己，同时语言、动作也尽可能温柔典雅；想当超人的男孩则会穿着超人服，拿着笤帚捍卫和平；而想当动物的孩子是最可爱的，他们会坚持像动物一样行动、吃饭、睡觉，时刻记住自己是一只动物。

Jimmy 有段时间喜欢上了米奇，经常跑来对我说："妈妈，我是米奇。"而在他想发表什么言论前，也会先强调一遍："我不是 Jimmy，你们要叫我米奇。"

同时，Jimmy 还喜欢模仿米奇的动作，每次开口时，都会根据当时的情况选择相应的动作和口头禅，有时是"糟了"，有时是"噢，小家伙"，有时则是"快注意"。神奇的是，这些口头禅与当时的情况都很匹配。

有一次，我带 Jimmy 去买衣服，营业员热情地问他："小朋友，你喜欢什么样的衣服?" Jimmy 答道："我要有我的照片的衣服。"说得营业员当时就愣住了。

我在一旁忍不住笑出声来，和 Jimmy 一起选了带有米奇图案的衣服。看着儿子试穿新衣服，我一时说漏了嘴："Jimmy，你穿这个衣服真好看!"

Jimmy 立刻纠正："叫我米奇，我是米奇。"

后来，我从国外给他带了米奇的动画集，米奇看了特别高兴。那段时间，他每天都看书，给我讲米奇的故事。

这样的情景，我想很多父母都遇到过。孩子给自己设定一个角色，并且努力演绎，要求父母承认，这都是身份确认敏感期的表现。

孩子在模仿的过程中感到前所未有的快乐，不断从模仿对象那里

学习人格，丰富和塑造自己，积累人格特征，从而完成构建自己理想的人格。

这是孩子成长的重要环节，是孩子将梦想付诸行动的过程，对他的人格构建有重要作用。等孩子再大些，梦想就会藏于心中，而不是如此热烈地表现出来。

因此，父母要多理解孩子，多配合孩子的表演。可能的话，可以与孩子一起游戏，让孩子内心的需求得到满足。

在这个时期，也是父母帮助孩子改正缺点的好时机。榜样的力量是巨大的，父母可以利用榜样身上的好习惯，引导孩子改正坏习惯，培养好的品德。

比如，一个孩子特别怕打针，妈妈就对他说："儿子，黑猫警长最勇敢了，黑猫警长一点都不害怕打针。"孩子听了，安静地让医生打针，没有再哭闹。

再比如，一个孩子不喜欢吃胡萝卜，看了兔八哥的故事后，开始"咯咯"笑着模仿。这时，妈妈可以引导孩子："你看，兔八哥特别喜欢吃胡萝卜，你一定也很爱吃胡萝卜吧。"孩子听后点点头。

所以，当孩子以某个角色自居时，父母最好不要拆穿他们，而是利用这个机会让孩子构建自我，并学习更多好的人性特质，将来成为一个最好的自己。

○ 男孩崇拜力量的象征：奥特曼与孙悟空

有个妈妈担忧地对我说："我儿子 4 岁了，平时很喜欢看熊出没，没事就喜欢模仿里面的人物。有一次，居然对我说'你去死吧'，这是那里面的台词。我担心，这样下去，孩子的性格会不会出现问题？"

也有个爸爸对我说："我儿子特别喜欢看奥特曼和铠甲勇士，还经常模仿他们，有时候连其他人都说很像。但孩子的外婆却说孩子这样不正常，是真的吗？"

我很清楚，这是孩子进入了身份确认敏感期。孩子通过吸收偶像的人格特点构建自己的人格，并且最终形成自我。

在日常生活中，孩子最容易接触到的就是动画片和图书，其中的

各种形象可以满足孩子的需求，所以孩子会从中选择模仿的对象，

通常来说，当男孩的力量比较弱小时，他就会选择一些具有强大力量的对象模仿，可能是人，也可能是动物，如奥特曼、狮子王、恐龙；当男孩拥有了让自己感到满足的力量后，就喜欢模仿比较机智的对象，如孙悟空、喜羊羊等。

孩子不仅会寻找相似的衣服、道具，从外表上让自己和模仿对象相似；还会模仿他们的言行举止。在这个过程中，也自然而然地吸收了某些特质。

我们需要尊重孩子的需要，允许男孩尽情模仿。如果父母过多干涉、制止，只会让孩子觉得自己弱小。

在父母眼中，男孩的表现可能很怪异，但父母也要积极配合。一旦孩子的心理需求得到满足，就会放弃模仿行为。

在模仿的过程中，孩子会出现一些让父母担忧的情况，比如模仿奥特曼打怪兽的男孩开始打父母、欺负其他小朋友，父母就不能鼓励，而要想办法引导。

遇到这种情况，父母可以告诉孩子："奥特曼打怪兽是为了保护大家，而不是欺负人，显示自己有多强大。"孩子理解了这个概念，就不会轻易动手打人了。

事实上，父母最好在孩子选择模仿对象时就进行引导。比如，在为孩子选择动画片时，要尽量让孩子远离暴力、血腥；而孩子观看动画片时，父母最好陪同，并规定观看的时间。

当和孩子看到动画片中的一些不当行为时，可以告诉孩子这种行为是错误的，正确的应该怎么做；在看到一些夸张镜头时，可以告诉孩子这样做的后果，避免孩子模仿。

有的动画片中会有一些违背道德观或超越现实的内容存在，父母要注意引导，不能让孩子长时间沉浸在幻想里。否则，很有可能影响孩子的精神发展。

我曾多次看过类似的新闻报道，如小男孩模仿奥特曼成瘾，居然打遍班上的同学；小男孩模仿奥特曼，飞身从六楼跳下受伤等，和父母没有做好引导工作有很大关系。

男孩很容易崇拜充满力量的人事物，父母要让孩子模仿，同时要做

好引导，这样才能让孩子根据自己的内在需求模仿，形成真正的自我。

○ 女孩喜欢美丽可爱的形象，并喜欢扮演公主

最近这段时间，菁菁喜欢上了美羊羊，每天都会穿着带有美羊羊的衣服，用带着美羊羊图案的水杯喝水，还常常自称美羊羊。

早上，我站在校园门口，看到菁菁一跳一跳地走过来："早上好！"她懂礼貌地和我打了招呼，我也回应道："早上好，菁菁！"

菁菁有点不高兴了，我这才注意到，她穿了一件白色的小羊衣服，后面还有一条小尾巴。我立刻改口："美羊羊，你吃过早饭了吗？"

菁菁笑了："吃了，我吃了好多草。"然后满意地冲我点点头，跑进教室去了，身后妈妈的嘱咐她也没有听。

在这段时间，菲菲也爱上了模仿，不过，她模仿的是白雪公主。每天，菲菲都会身穿裙子、头戴王冠、手戴戒指，姿态优美地走进校园。

而且，菲菲强烈要求别人称呼她为白雪公主。有时我忘记了，叫了她的名字，她就会故意不理。直到我改叫她"白雪公主"，她才会高兴地回应。

处在身份确认敏感期的女孩，不管是想成为美羊羊，还是愿意当白雪公主，都是在为自己的梦想努力，积累自身的性格特征。

在这样的阶段，父母要给孩子实践的机会，尽量满足女孩的合理需求。女孩会要求父母买一些模仿对象的玩具、衣服、书籍等，认为这样自己才能装扮得更真实。

Amy 很喜欢芭比，每次看到芭比娃娃都会要求买。通常来说，只要是不重样的，我都会买给她。

有一次，我带着 Amy 去玩具店。刚走进店里，就听到有个孩子哭闹着要买白雪公主的首饰盒。首饰盒里有耳环、项链、王冠、手套等，应有尽有。

女孩的妈妈看了看，有些不高兴地说："这些有什么好玩的？全都是塑料的！就这么点破东西，还敢要 100 多？太不值了！不买不买，回家。"

女孩不愿意了："我就要，我就要，莉莉都有，我也要！我是白

雪公主，白雪公主不能没有首饰盒!”

“什么白雪公主不白雪公主的！净瞎说！你要再敢要，我连你手上的娃娃都不给你买！你信不信?”

妈妈此言一出，女孩立刻安静了，眼里含着泪水，依依不舍地和妈妈走向结款台。

我觉得，那个妈妈即使不给女儿买首饰盒，也不必用那么强硬的态度拒绝孩子。可以和孩子商量，买一些白雪公主用的其他物品带回家。

如果一味拒绝，会让孩子心生不满，对性格的形成也会产生影响。若是再加上严厉的打击，还会让孩子的身份确认敏感期推迟甚至消失。

我不仅给 Amy 买芭比玩具，还和她一起看芭比系列图书。每看完一个故事，我就会引导 Amy 回想，让她发现芭比身上的优秀品质。

最初，Amy 为了更好地模仿芭比，总是主动阅读。而在我的引导下，Amy 逐渐学会了思考，身份确认的敏感期反而成了她的自我教育期。

每个女孩都有一个公主梦，不管你对此是不屑一顾还是反感，都应该支持女孩去追逐，让她在这个过程中，具备温柔善良的美好品质。

身份确认敏感期李老师给家长的教育启示

四五岁时，孩子会进入身份确认敏感期。在这个时期，孩子会模仿自己喜欢的形象，如超人、奥特曼、狮子王、恐龙、仙女、公主等。

这是身份确认敏感期的表现。孩子在模仿中感受到快乐，学习人格，丰富和塑造自己，从而完成构建自己理想的人格。

因此，父母要多理解孩子，多配合孩子的表演。可能的话，可以与孩子一起游戏，让孩子内心的需求得到满足。

第 17 章

绘画和音乐的敏感期，让孩子自由地接受艺术的熏陶(4 ~5 岁)

绘画和音乐是最好的事物，当绘画和音乐的敏感期到来时，父母要给孩子创造自由画画、自由学音乐的环境，而不是企图把孩子培养成为艺术家。

○ 4~5 岁，迎来孩子绘画和音乐的敏感期

我一直相信，每个孩子都具有与生俱来的才能，这种才能简单来说，就是学习的欲望与能力。在成长的过程中，孩子通过学习发现，除了大自然创造的事物外，还有一些由人类创造的美好事物。

比如，用泥和水可以创造出漂亮的泥塑，用笔可以在纸上画出美丽的画，用乐器可以演奏各种音乐，用布和线可以做出漂亮的布艺等。

有那么一个阶段，孩子开始喜欢画画和音乐，这个过程让他们高兴，同时也让父母有所关注：孩子的音乐绘画敏感期来了。

Amy 从 2 岁开始涂鸦，最初只是画一些线团，经过一段时间后，才慢慢画出事物的简单轮廓。后来，她就停止画画，而是要求我画给她看。

我没有强迫 Amy 继续画，而是努力满足她的要求。每次我画画时，Amy 总是认真地观察。这样过了一段时间后，她又开始自己画。我惊讶地发现，她在画画时已经可以抓住事物的整体特征了。

这个时候，Amy 最喜欢画香蕉，虽然她每次画出的香蕉都只是两条弧线组成的类似月牙形的轮廓，但也让她感觉非常满足了。

我知道，在这个阶段，Amy 对细节不感兴趣，便没有对她提出细节方面的要求。等待了一段时间后，Amy 开始关注香蕉的细节。有一次，她居然画出了香蕉上的小黑点。

我相信，孩子对绘画的热爱是与生俱来的，我也相信每个孩子都是艺术家，用全身心展示出对生命的热爱。

在绘画敏感期，孩子的绘画能力也成螺旋状发展。此时，教孩子学习绘画技巧并不是最重要的，重要的是给孩子提供好的绘画环境，让孩子接受优秀作品的熏陶。

比如，你可以经常带孩子去美术馆，或者给孩子买一些世界名画复印品，让孩子从欣赏中得到启迪。还可以多带孩子到大自然中观察，鼓励他画出来。

在这个过程中，父母一定要注意，不要用自己的绘画观念评断孩子的作品，就算孩子画得真不好，也不好否定，要让他在自我学习中进步。

每个孩子都有音乐潜能，在听到音乐后，会情不自禁地手舞足

蹈。在听到一些简单的歌曲时，也会跟着模仿哼唱，这都是音乐敏感期的表现。

对孩子来说，音乐不仅仅是听的，还要用整个身心感受。我们必须承认，孩子对音乐的感受比大人还要真实、深刻。

在这个特殊的阶段，孩子接受的音乐水平的高低，对孩子音乐能力的发掘至关重要。给孩子放一些低品质的音乐，会影响孩子对音乐的最初认知，孩子对音乐的品位也很难高雅起来。

所以，我们要多让孩子听一些经典的音乐，支持孩子对于音乐的自发性创造活动，与他一起在音乐中成长。

毫无疑问，每个父母都对音乐有一定的认识，也会以自己的标准评价孩子唱得如何。但是，一定要避免打击孩子，否则很有可能扼杀一颗优秀的种子。

我有一个朋友，嗓音很好，却偏偏对唱歌很不在行。我问她原因，她说：

“小时候，我很喜欢唱歌，但是，只要我一开口，妈妈就会嘲笑我。”

“起初，我也没有在意，可是有一次，妈妈居然一边笑，一边冲我摆手：‘别唱了，难听死了，比鸭子叫还难听。’

“从那以后，我就觉得自己唱歌一定很难听，所以便不再唱歌，即使是音乐课上，我也会拒绝开口，每次音乐考试都是零分。”

所以，在音乐绘画敏感期，不要给孩子规定目标，这样会让孩子把学习绘画和音乐当成一种任务，那种对绘画和音乐天生的热爱也会消失。

○ 从乱涂鸦到会画画，时间能提高孩子的能力

绘画的敏感期呈螺旋状发展，孩子很小时就开始拿笔画线团，当时他的注意力主要集中在手上，是为了锻炼手的能力；接着会尝试用画画来展示自己喜欢的东西。

等到了四五岁，孩子在绘画前都会进行长时间的观察，发现事物的细节，并且努力把这些细节表现在自己的画上，这也说明孩子真的开始画画了。

有一次去表哥家，表哥很奇怪地问我：“我老婆画画很好，可不管她怎么教儿子，儿子就是画得乱七八糟。”

正说着，侄子古古拿着一幅画走到我们面前，对他爸爸说：“爸爸，你看我画的宇宙飞船，有了它，我们都能飞上天了。”

表哥接过画看了看，直接批评道：“这上面不就画了一只竹筐吗？竹筐上面居然还有3只翅膀？你见过三只翅膀的东西吗？你不知道宇宙飞船的样子吗？”

古古听后，本来脸上兴奋和骄傲的神色立刻消失了，露出沮丧的神情。我从表哥手里拿过画，看了看对古古说：“我觉得，古古画得很好，很有创意。古古，以后你的宇宙飞船起飞了，能不能带着姑姑一起去？”

古古听了，立刻笑了起来，往我怀里靠。他看了一眼爸爸，说道：“姑姑，以后带你去，不带爸爸去，爸爸什么都不懂还乱说。”

我和表哥都笑了。

在孩子涂鸦时，要让他保持对涂鸦的兴趣，不管他画得有多不现实，多不像，都不重要。鼓励，才是父母最应该做的。

在孩子眼中，任何事物都充满了各种可能。苹果可以是蓝色的，草地可以是红色的，一棵树上可以开满各种鲜花或者结满各种水果……这些都说明孩子富有想象力和创造力。

我劝告表哥不要嘲笑孩子，也不要试图纠正，给孩子创作的自由。如果一直否定，孩子的绘画敏感期就会提前结束，以后再也唤不回对绘画的热爱。

有一次，我在楼下看到小美在地上捡了半截粉笔画画，画得非常高兴。等她画完，我一边欣赏她的画作，一边问她：“你在家里也经常画画吗？”

小美摇摇头：“我妈妈不让。”

“为什么？”我有些惊讶。

“我妈说，我老是乱画，还不如去玩呢，瞎耽误时间。”小美有些遗憾地说。

我也感觉有些遗憾。在孩子绘画的敏感期，父母应该给孩子提供绘画的工具，让孩子自由地画画。诚然，不是所有的孩子都能成为画家，但也不能因此不让孩子画画。

我也见过和小美妈妈持相反观点的父母。

我认识一个爸爸，在孩子拿笔乱画的时候，就认为孩子在绘画方面很有天赋。等到孩子可以画出物体的轮廓时，这个爸爸就把儿子送进了幼儿绘画班学习。可是让他没有想到的是，经过了一段时间的学习，孩子对绘画的兴趣完全消失了。

父母要认识到，所有的孩子都会有对绘画感兴趣的时刻，这并不能说明孩子有绘画天赋。与其花费心思培养孩子，不如和孩子一起尽情地画画。

○ 学音乐环境很重要，创造良好的音乐环境

孩子对音乐很敏感，其实是刚出生的婴儿，听到音乐时也会有反应。到了 4 岁左右，孩子对音乐的热爱会达到前所未有的高度，这也说明他进入了音乐敏感期。

在这个阶段，如果孩子能接触到音乐，让内心的需求得到满足，他的音乐天赋就能得到很好的开发。如果引导得当，以后还有可能往音乐的道路上发展。

在这一敏感期中，孩子需要父母的帮助，需要父母给予他好的音乐，让他接受音乐素养，让他对音乐的兴趣一直持续下去。

不管学习什么，环境都非常重要，给孩子创造一个充满音乐的生活环境，既能让孩子在无形中接受音乐的教育，也能让家庭氛围变得更加温馨。

在选择什么样的音乐上，妈妈要多花一点心思。四五岁的孩子对节奏很感兴趣，节奏变化较大、品位高雅的经典歌曲，可以多让孩子听听。

有些流行歌曲虽然朗朗上口，节奏变化也很大，但其中有一些不适合孩子的因素存在，所以还是尽量避免让孩子接触。

如果条件允许，可以让孩子多接触不同的乐器。让孩子亲自演奏各种乐器，能让他发现各种乐器声的不同之处，提高他对音乐的兴趣。

当周围环境中充满音乐时，孩子很容易跟着哼唱起来。只是四五岁的孩子咬字不清，对节奏的把握也不准确，还很容易跑调。

这时候，父母也不用过于在意，只需要让他自由开口唱歌即可。孩子在唱的过程中已经得到了快乐，又何必在意他唱得是好是坏呢？

Jimmy 对唱歌很不在行，至今仍是五音不全，但他却非常喜欢唱歌。每次学校有活动，他都会主动献唱，对别人的评价也丝毫不在意。

记得Jimmy小时候一开口唱歌，老公就偷偷笑。有一次被Jimmy发现了，他很生气地质问爸爸："你为什么笑我？"

老公有些心虚，但仍然不愿意承认自己是在笑话儿子。我之前曾经和他约定过，不要嘲笑儿子做的任何事情。

听到动静，我从屋里出来，帮老公打圆场："儿子，你爸爸不是笑你，而是想起了一件和这首歌有关的一件趣事。现在想起来，妈妈也觉得那件事情很可笑呢。"

我的话立刻引起了Jimmy的兴趣："妈妈，什么事情这么好笑？讲给我听听。"

我灵机一动，立刻将听过的一则笑话适当改编，然后用夸张的声调讲给Jimmy听。Jimmy听后，果然哈哈大笑，也没有再追问爸爸笑他的事情。

孩子是很敏感的，对大人的评价也很在意。很多时候，也许父母是无心的，但给孩子的伤害却不会轻易消失。所以，不要用成人的眼光去评价孩子的歌声，让他尽情歌唱。

在音乐敏感期，孩子确实对音乐感兴趣，但喜欢音乐与成为音乐家是两回事，可惜很多父母却将两者混为一谈。

我看到很多父母强迫孩子去学习唱歌、学习演奏各种乐器。让孩子学习乐器是好事，但也要先问问孩子的想法。孩子不愿意学，再强迫也不会出现好的结果。

在音乐敏感期，父母尽量给孩子创造良好的音乐环境，让孩子学习和了解音乐，享受音乐的乐趣，这就足够了。

绘画和音乐的敏感期李老师给家长的教育启示

孩子对绘画和音乐的热爱是与生俱来的，在绘画和音乐的敏感期，孩子开始喜欢画画和音乐，并通过这两种方式展现自己对生命的热爱。

父母要认识到，所有的孩子都会有对绘画和音乐感兴趣的时刻，这并不能说明孩子有绘画和音乐天赋。与其花费心思培养孩子，不如和孩子一起尽情地绘画、歌唱。

所以，在绘画和音乐的敏感期，父母不要给孩子规定目标，而要尽量给孩子创造好的环境，让孩子享受绘画和音乐的乐趣。

第 18 章

情感敏感期，孩子特别关注父母对自己的爱意（4～5 岁）

孩子变得喜欢黏着父母，表现出一种极度的依恋，受点委屈就哭泣。这不是孩子变软弱了，而是想要看看父母是否一如从前那样爱他。

○ 一直接受爱的孩子，终于进入了情感敏感期

情感敏感期如何发展，决定了孩子的情感世界，决定了他能不能学会付出爱、表达爱，与他人建立亲密关系。

进入情感敏感期，父母通常会发现，孩子突然变得很脆弱，依赖性强，对于周围成人的态度也非常在意。而且，孩子还会经常觉得委屈，做出某种吃醋的举动，对妈妈也更加依赖。

有一段时间，我发现 Jack 变得特别爱哭，大家一起玩游戏时，如果他输了，就会大哭；老师夸奖了其他小朋友没有夸奖他，他也会哭。

有一次，Jack 看上了一本书，当时 Jim 正在看，我便让 Jack 等一会儿再看。在以前，Jack 会先做别的事情，或者在一旁耐心等待。可是这一次，Jack 却委屈得大哭起来。

还有一次，Jack 的父母有事，让他在学校里等着。开始，Jack 在学校玩得很开心，当他发现学校里只剩自己一个孩子时，立刻委屈地哭起来。

我见状，赶快安慰他。还好这时 Jack 的妈妈来了，Jack 一下子扑进妈妈的怀抱，哽咽着说："妈妈，你怎么才来啊?"

很明显，Jack 进入了情感敏感期，所以才会变得这么敏感、脆弱，动不动就觉得委屈，会用哭表达自己的不满。

在不久前，Jack 经历了身份确认敏感期，在他的内在世界里，他就是无所不能的超人。但是，随着敏感期的逝去，Jack 也认识到了幻想和现实的差距。

这时候，Jack 突然发现，原来自己是那么弱小，所以才会开始依赖妈妈，希望得到关爱和认同。

在情感敏感期，孩子的能力从表面上看来是在退化，实际上，孩子是通过这些行为获得更多的爱和关注，为下一次的学习积蓄能量。

在 Jimmy4 岁前，我总是尽可能地陪伴他。但由于工作的关系，从他 4 岁开始，我就频繁地到各地出差、到国外学习。

有一次，我由于身体不好在家休息了半个月。当时正值 Jimmy 放暑假，我便每天都陪着他，或者玩，或者看书，或者一起做其他亲子活动。

后来，我的身体好了，又接到了出差的通知。正在我收拾行李的时候，Jimmy 突然坐进了我的行李箱。

我以为他要我陪他玩，便对他说："儿子，你先出来自己玩，等一会儿妈妈收拾好了，陪你一块玩。"

可是，Jimmy 却动也不动。我起身想去把他拉起来，他却一把抓住我的手，对我说："妈妈，你把我装在行李箱里，一起带走吧。"

Jimmy 这句话给了我很大的触动，我想："我在追求自己的人生价值、帮助其他小朋友度过快乐童年的同时，是不是也应该多照顾一下 Jimmy 的情绪呢？"

以后，我尽量减少出差次数。而在国外学习时，我也尽可能地把 Jimmy 带在身边。我很庆幸，Jimmy 的情商很高，感情发展也没有任何问题。

在孩子的情感敏感期，父母要想办法多陪伴孩子，让孩子感受到爱。当孩子知道爱一直陪伴着他时，才能更具安全感和自信。

○ 孩子变得特别黏人，特别依赖父母

进入情感敏感期的孩子似乎都变得特别黏人，妈妈上洗手间，跟着；爸爸出去倒垃圾，跟着；奶奶出去买菜，也跟着。如果不让，孩子就会大哭，就像受了天大的委屈。

孩子变得这么黏人，对于父母来说，无疑是个巨大的考验。很多时候，即使再有忍耐力的父母，也会被孩子激怒，说出伤害孩子的话。

小石头从 4 岁起，就已经开始自己穿衣服、单独睡觉了。当时，妹妹对这件事情颇为自豪，见到亲朋好友都会炫耀一番。

可是这段时间，5 岁的小石头每天早上都要妈妈给他穿衣服，还缠着妈妈给他讲故事；而晚上睡觉时，小石头也一定要妈妈

哄他。

在这之前，妹妹每周一三五的晚上都会到附近的瑜伽馆练瑜伽，可那天妹妹要出门时，小石头却不让，一定要让妈妈陪着他。妹妹被缠得失去了耐心，便发火道：“你再不放手，我就不回来了！”

听到这话，小石头的眼泪一下子就流了下来，依依不舍地放开妈妈的腿。妹妹见状，练瑜伽的心情也没有了，便没有出去。

我当然可以理解妹妹。人都是感情动物，难免会有情绪失控的时候。但是，即使这样，我们也应该多从孩子的角度出发，想想他为什么会这么做。

通常，四五岁的孩子都已经上了幼儿园，经过一天的离别回到家后，孩子最先要确定的就是父母还爱不爱他，而这个确定的方式就是黏着父母。

可以说，孩子黏人是因为他有了需要，需要父母给予关注，让他排解焦虑情绪，积累更多的正面能量，以有勇气面对接下来的幼儿园生活。

所以，在孩子黏人的时候，父母不要表现出排斥情绪，更不要指责。否则，会让孩子变得焦虑。正确的做法是，平静地面对，并且耐心回应。

当我们用比以前更温柔的方式对待他，用更多的时间陪伴他时，孩子的心理需要就会得到满足，同时也在心里确认，父母对他的爱没有丝毫减少。

但是，时刻面对一个黏人的孩子，确实不是一件容易的事情。面对孩子无止境的要求，父母也要讲究一定的技巧，才能兼顾自己和孩子的事情。

很多爸爸忙于工作，很少陪伴孩子，这对于孩子的情感发展是非常不利的。爸爸要多抽出时间陪孩子，与妈妈采取一致的态度对待孩子。

在陪伴孩子时，父母要让孩子知道，自己也有很多事情要做，不可能每时每刻陪伴着他，让他做好思想准备。

有些孩子不顾父母是否有时间，一味要求陪伴，多是因为之前没有对孩子进行这方面的教育。父母可以指定一些规则，在尽量满足孩子的同时，也不至于将爱演变成溺爱。

想要让孩子变不黏人，有一点非常重要，那就是多给孩子独立做事的机会。当孩子独立做事时，除非出现危及孩子安全的事情，否则不要打扰他。

这样一来，孩子能逐渐从独立的活动中意识到，父母尊重他的独立空间，他也应该给父母安静做事的时间。

对待黏人的孩子，主动陪伴的效果是最好的。在孩子心理成长的必要阶段，给孩子更多的关爱，会让孩子走得更顺利。

○ 动不动就感觉到委屈，甚至哭鼻子

朋友紫妍的女儿小珊 4 岁半了，最近特别爱哭。有一次紫妍去幼儿园接她放学，发现她一言不发，眼睛还红肿肿的。不用问，一定是哭过了。

这时，旁边的一个小朋友说道：“小珊把教室里的花盆打碎了，被老师批评了。”

紫妍问小珊：“老师怎么说你呢？”

小珊说：“老师说，以后要小心。”说完，她居然又泪眼婆娑。

紫妍对我说：“这孩子太爱哭了，平时在家也这样。自己做错了事情，我还没有说她呢，她反倒先哭了，就好像我怎么惹了她似的。这可怎么办？”

进入情感敏感期，很多孩子都变得像小珊一样说不得，动不动就感到委屈，还哭哭啼啼的，让大人不知如何对待才好。

这个时期，孩子的情绪很不稳定，对于父母的爱也很敏感。有时即使父母不说，孩子也能感受到父母对他的不满或排斥情绪，然后才会掉下眼泪。

一看到这种情况，很多父母就认为孩子太脆弱，想方设法让孩子变得坚强；或者认为孩子是爱哭鬼，用强硬的手段阻止孩子哭泣。这些都是很不恰当的。

孩子过分关注父母对他的情感，所以才会遇到一点难事就委屈地哭，这并不是性格软弱的表现，父母不要给孩子任意贴上负面

标签。

在孩子产生消极情绪时，哭是一种很好的排解方法。孩子通过哭，能缓解一部分压力，也能得到大人的关注，让心情得到平静。

在孩子哭泣时，可以引导孩子说出哭泣的原因，如果能帮助孩子解决，就尽量帮助；如果无能为力，就给予关爱和同情。

Jimmy 哭着跑回家，一言不发。老公问他原因，他也不肯说。等过了许久，他走到我面前："妈妈，我想吃橘子。"

我知道，Jimmy 一向不喜欢吃橘子，现在主动提出来，一定是发生了什么事情。我问他："你怎么突然想吃橘子了?"

这时，Jimmy 才委屈地说："叔叔给了当当橘子，没给我，我也要。"

我安慰了 Jimmy，并答应忙完手上的事情就带他一起去水果店，Jimmy 这才停止抽噎，跑去看图画书。

孩子受了委屈哭泣，最好的方法就是和他交流，让他把委屈说出来。同时，可以帮他分析一下事情的经过，让他彻底把情绪发泄出来。

但是有很多孩子哭泣，是为了要挟父母。这个时候，就要故意对孩子的哭泣视而不见，等到孩子不哭的时候，再去安慰他。

这样一来，孩子就容易形成一个认识：我想要什么，需要和父母好好说；如果我用哭来表达，他们是不会在意的。

当然，孩子的年龄毕竟还小，哭泣也在所难免。父母要多陪伴，多满足孩子的感情需求。随着年纪的增长，孩子会一点点独立和勇敢起来。

○ 在意周围人的举动，突然变成了小"醋坛子"

Amy 可以说是在我的赏识声中长大的，每当她有了进步时，我总是详细地阐释客观情况，然后由衷地夸奖她。Amy 也会特别高兴，努力做得更好。

有一次，Jimmy 和同学约好第二天去爬山。我看到他按照列出的单子整理第二天要带的东西，便由衷地夸奖道：“Jimmy，你收拾东西真的很有条理。”

突然，Amy 打了我一下。我低下头，发现她翘起了小嘴。还没有等她反应过来，她就伤心地跑出了哥哥的房间。

我感觉有些莫名其妙，就立刻跟了出去，抱着 Amy 问道：“Amy，你怎么了?”Amy 一边哭，一边哽咽着说：“你没有夸我!”

我这才意识到，女儿开始会吃醋了。果然不出所料，女儿接下来的行动更是让我深刻认识到了这一点。

晚上，老公下班回家，我和 Amy 去开门。一进门，老公放下包，换上鞋，给了我一个拥抱，说了声：“老婆，今天辛苦你了。”

我们一同走进客厅，才发现 Amy 仍然站在门口。我走过去，问她怎么了，Amy 委屈地说：“爸爸还没有抱我呢。”

我和老公听了，都觉得女儿的举动非常可爱，不禁笑了出来。随后，老公便给了 Amy 一个拥抱，并说了声“女儿辛苦你了”，Amy 这才满意地离开门口。

我知道，孩子成长到一定阶段，会极度渴望父母的肯定和爱。面对父母肯定其他孩子或者看到父母关系亲密时，便会流露出吃醋的情绪，这是正常的。

Amy 吃醋，是害怕失去我和老公对她的关心，同时也是缺乏安全感的表现。以后，我在关心 Jimmy 时，也会告诉 Amy，我和老公爱她的哥哥，同样也爱她。

从那以后，我就注意多做出一些爱 Amy 的表现，经常给她讲故事，抱抱她、亲亲她。我知道，这些行为比单纯地告诉她我爱她更有用。

与此同时，我还会继续夸奖其他孩子。尽管这会让 Amy 不高兴，我还是教育她，其他小朋友也有自己的优势，有得到别人夸奖的资格。

在此基础上，我引导 Amy 发现别人的长处，试着去称赞别人。在这个过程中，Amy 也得到了很多的肯定和赞扬，她的吃醋现象也渐渐减少。

孩子吃醋没什么，但父母一定不要故意逗孩子。有些父母喜欢看孩子吃醋的表情，会故意用一些行动或言语惹怒孩子，这样会强化孩子的吃醋行为，让孩子产生强烈的嫉妒心理。

我认识一个妈妈，很喜欢逗孩子玩。有一次，她带着孩子来我们家做客，看到 Amy 画的画，立刻夸奖起来，并抱了抱 Amy 以示喜爱。

这时，那个孩子不乐意了，拼命想要拉开妈妈的手。看到拉不开，他就使劲往妈妈抱 Amy 的夹缝里挤。我见状，赶紧让 Amy 离开，他这才满意地躲进妈妈的怀抱。

我看到，妈妈一脸笑意："这孩子，就是和我比较亲，看不得我逗其他孩子。平时我和老公牵手，他见了都不乐意，太可爱了!"

听她这么说，我提醒她，孩子爱吃醋，时间久了会产生压抑感，导致器官功能出现问题，进一步刺激孩子产生各种不良情绪。

同时，嫉妒还会影响孩子的认识，容易产生偏见，社会性的发展会得到压制，以后也很难学会与人相处。

听了我的话，这个妈妈才意识到自己做法的不当，决心好好学习相关的教育知识，给孩子适当的引导。

孩子吃醋，父母要多给予爱的关心，同时也要注意有步骤地引导，把嫉妒转化为积极向上的力量，能促进孩子更快进步。

情感敏感期李老师给家长的教育启示

情感敏感期如何发展，决定了孩子的情感世界，决定了他能不能学会付出爱、表达爱，与他人建立亲密关系。

进入情感敏感期，父母通常会发现，孩子突然变得很脆弱、依赖性强、爱吃醋，对于周围成人的态度也非常在意，常委屈地哭泣。

在情感敏感期，孩子的能力从表面上看来是在退化，实际上，孩子是通过这些行为获得更多的爱和关注，为下一次的提高积蓄能量。

所以，在这个阶段，父母要给予孩子更多的爱，同时妥善引导他的黏人、哭泣、吃醋等行为，让孩子朝更好的方向发展。

第 19 章

书写与阅读的敏感期，帮助孩子进入认知世界的新阶段(4 ~5 岁)

当孩子想要学习书写和阅读时，尽快给孩子准备好纸笔和书籍。即使孩子到处乱写，即使孩子只是翻看书中的插画，也不要打击他的书写和阅读热情。

○ 孩子的书写与阅读，同样具有不一样的敏感期

关关一直是个很调皮的孩子，每次吃过晚饭，就会吵着让妈妈带他出去玩。这天，妈妈发现关关突然变得很安静，吃完饭就跑回自己房间，安静地不发出一点声音。

妈妈觉得很奇怪，悄悄走到关关的房间门口。透过虚掩的门，妈妈看到关关正拿着一个记号笔，兴致勃勃地在墙上写着新学的阿拉伯数字。

妈妈当时就感觉血液都冲到脑门上了，大脑一片空白：关关房间内的墙是上周刚刚按照他的趣向重新粉刷过，现在又让他给毁了！

妈妈冲进房间，一把抓住关关手中的记号笔，狠狠地摔在地上，大声训斥他："你干什么！想造反啊！你看你把墙画成什么样子了？再画看我不打你！"

关关吓坏了！他只是想把在幼儿园学到的数字写出来让妈妈看而已，没想到妈妈居然发这么大火。以后，关关再也不敢乱写了，对写字的兴趣也消失了。

后来，关关妈妈和我说了这件事，对自己当时的做法深感后悔。现在关关已经上小学二年级了，仍然极度厌恶写字。

在我发现 Jimmy 没有出去玩，而是安安静静地坐在椅子上，拿起笔一笔一画地写了半个小时的时候，我知道他的书写敏感期到了。

我知道，此时最重要的是维持他对书写的兴趣，所以我没有纠正他的错字、笔画等，而是让他随心所欲地用笔写字。

对于 4 岁左右的孩子来说，完全有能力识字、写字。我每天教 Jimmy 写 2 个字，第二天会复习前一天所学的字。很快，Jimmy 就认识了很多字。

我知道，与写字相比，热闹的游戏更有吸引力。为了增加 Jimmy 在写字、识字上的兴趣，我经常鼓励他，并给他买了简单的图画书阅读。

Jimmy 上了小学后，学习成绩一直名列前茅。我知道，这是得益

于之前认识了很多字，同时又养成了阅读习惯，让他的理解力也比一般孩子强。

孩子进入书写与阅读敏感期后，最初可能只是画线、画圈等，要经过一段时间的训练，才能写出规范完整的文字。

和其他敏感期相比，书写与阅读敏感期的到来相对迟一些，但发展速度却一点都不慢。这主要是因为孩子在语言、感官、运动等敏感期内得到了充分的学习。

所有兴趣都会产生变化，孩子也不会永远对书写与阅读感兴趣。所以，在书写与阅读敏感期内，父母要有意识地激发孩子的书写与阅读欲望，让书写和阅读变成一种长久的兴趣。

有些父母问我："我的孩子明明进入了书写与阅读的敏感期，可为什么我给他买书，他却连看都不看呢?"

不用问，这些父母一定没有从小就让孩子玩书，而是等孩子到了敏感期才急匆匆买来书籍，孩子自然不可能一下子就对阅读产生兴趣。

所以，在书写与阅读的敏感期，父母要多肯定孩子、赏识孩子，让孩子有写字、识字、阅读的兴趣。同时早点让孩子接触书，这样也能刺激敏感期早日到来。

○ 孩子吵着学习认字，尝试自己阅读书籍

Thoms 是个很聪明的孩子，今年 4 岁了。从 2 岁半的时候起，Thoms 就对识字产生了兴趣。父母见状，便从简单的字母教起，仅用了 2 个月的时间，Thoms 就学会了 26 个字母。

妈妈见状，便有意教他认识生活中的英语。外出时，看到指示牌，妈妈会教他认上面的单词；逛超市时，妈妈会让他看着清单寻找要买的东西。现在，常用的单词 Thoms 都能熟练地认出来。

李美知道了这件事，非常羡慕，她的儿子舟舟今年也 2 岁了。作为新搬来纽约不久的中国人，李美很疑惑，这么早就让孩子识字，是不是太早了?

我了解李美的困扰，实际上，在孩子 3 岁的时候，就可以识字

了。到了四五岁，孩子就能很快速地识字了，还能按照笔画书写。

这个时期，是孩子最活跃的时期，孩子爱动爱玩，教孩子认字时，可以采取游戏的方式进行，能提高孩子的学习积极性，同时也能让孩子更专注。

这次来纽约，我意外地遇到了之前帮助过的一个孩子。当时他4岁半了，却什么字都不认识。他的妈妈很着急，担心孩子智力不行，便向我咨询。

据男孩的妈妈说，男孩识字非常困难。每天，她都会花大量时间教儿子识字，可是近半个小时后，当她再问儿子时，儿子却一问三不知。

这个妈妈以为孩子的智力有问题，记忆力不行，但据我观察绝不是这样。他没有记住汉字，应该是妈妈教孩子识字的方法有问题。

聊天中，我知道这个男孩爱画画，便拿出了画笔和纸，两人一起画起画来。男孩画了幼儿园里被分割成四块的花园，非常漂亮。

后来，我用黑色的彩笔把他画的花园的轮廓描了出来，结果组成了一个“田”。就这样，小男孩认识了这个字，也牢牢记住了写法。

等到他和我告别时，他已经会写5个字了。男孩一脸自豪，向妈妈展示自己记住的生字。妈妈非常惊讶，也为自己的儿子没有智力问题而感到高兴。

从那以后，这个妈妈在我的建议下，改变了教儿子识字的方法。很快，男孩就展示出了他对识字的渴望，如饥似渴地学习着，再也不用妈妈担心了。

教孩子识字并不难，需要先给孩子创造一个识字的环境。在生活中，随处都能接触到文字，父母也可以一边教孩子识物，一边教他写相应的汉字。

而且，对于家里各种物品的名称，父母完全可以用汉字和拼音标示出来。这样，孩子能每天在无意识中记忆这些字，时间长了就记住了。

在这个阶段，孩子特别喜欢听读书，看图画书。此时，不妨多给孩子读几遍，知道他能够讲出来。然后，再教他认识对应的汉字。

在读书时，要尽可能按照书序读，手眼一致，并且要保证孩子集中注意力看和听。这个过程不宜过长，否则会让孩子感觉疲惫和厌烦，一定要把握好度。

孩子还喜欢儿歌、诗歌等，可以选择一些简单的、朗朗上口的教给孩子。在孩子熟练背诵后，再教他认字，也能提高他的认字兴趣。

有一点要注意的是，在让孩子认字时，父母一定不要急于求成，盲目追求数量。此时，让孩子养成识字的兴趣即可，然后再慢慢增加识字量。你会发现，孩子的进步速度超出你想象。

○ 孩子对写字感兴趣，写出的字东倒西歪

四五岁的孩子，手的小肌肉群逐渐成熟，和眼协调能力较好，在大脑的控制下可以做一些精细的动作，此时，孩子对于书写的兴趣也越来越浓。

在 4 岁前，孩子有可能模仿大人写出几个简单的字，但真正学会写字，却必须在 4 岁以后。此时，孩子才能将只有自己能看懂的“天书”写得规范、完整。

字是学习一切知识的基础，虽然现在各种电子产品如电脑、智能手机等的普及，让写字的机会越来越少，但是要帮孩子打好写字基础。

小茹又在妈妈的监督下，趴在楼下的木桌上写字了。小茹刚写了几笔，就抬起头来，看了看从身边经过的人。

妈妈叹了口气，然后呵斥道：“看什么看，快点描!”原来，小茹一直写不好字，所以妈妈买来了描红簿，让她描。

小茹低下了头，又写了几笔，妈妈又开口了：“你看看你，写不好就罢了，连描红也描不好。和你说过几遍了，一定要描在别人的字上面，要描的和下面的字一模一样。”

看到这一幕的我走过去，安慰小茹：“小茹，慢慢写，不要着急。

让我看看，写得很好啊。你看看，第二个字是不是比第一个字写得好多了。”

小茹看了看，发现我说的是事实，便不在意妈妈的批评，继续描了第三个字。

小茹妈妈摇摇头对我说：“我为教她写字都愁死了，这孩子对写字不感兴趣，又容易走神。说她几句，又会闹脾气扔下笔走人，真让人头疼。”

我说：“孩子描不好，不一定是因为不专心。我上次看到小茹很认真地玩涂色卡，结果还是涂到了线外，这说明，问题不在孩子的态度上。”

“那是怎么回事呢?”

“我猜，可能是小茹手部的肌肉还没有发展到可以做精细的运动，协调能力也需要完善。这个也不要着急，过段时间就能提高。

“不过，有一点我很在意。孩子的注意力本来就不容易集中，你又让孩子在人来车往的路边写字，导致分心的因素更多了，孩子不专心也变得很正常了。”

当我指出环境的因素后，小茹妈妈变得不好意思了：“我以为，在外面越多人看到，小茹写得越认真，反倒忽略了这一点。”

想让孩子把字写得又快又好，这种心情我能理解，但也要考虑到孩子的生理和认知发展特点。我看到一些父母急于让孩子掌握写字，完全忽视了这些因素，真是愚蠢。

有些孩子，父母教了很多次，可孩子还是左右或上下不分。有父母就很紧张地问我：“我家孩子是不是有问题?”其实，这很正常，随着孩子渐渐长大，知觉能力提高，这一现象便会消失。

在教孩子写字时，要先让孩子掌握正确的握笔姿势，右手拇指在笔杆的左侧，与食指一起夹住笔杆，用下方中指的第一个关节托住笔杆，无名指和小指自然弯曲。笔杆向右后方倾斜，紧贴在食指第三关节与虎口之间。

同时，最好还要让孩子按照正确的笔画写字，这样可以让写字的过程更省力，也容易出错。

有些孩子在写了一段时间的字之后，会变得不愿意写字。这时候，一定不要强迫孩子写，容易让他产生厌倦心理。

在教孩子写字时，可以教他一些与生活学习息息相关的字，比如孩子的名字、玩具的名字、小伙伴的名字等。

为了增加写字的趣味性，可以和孩子一起到沙地写字，这种感觉与写在纸上有很大的不同，能让孩子在玩耍中一遍遍练习。

孩子学习写字是一个漫长的过程，父母不要着急，要给孩子逐渐进步的机会，让孩子按照自己的成长步伐学会写字。

○ 不管是墙上还是地上，拿笔随处乱写

比起涂鸦来，Aiden 更喜欢写字。从幼儿园回来后，他就拿起铅笔、蜡笔、水彩笔以及爸爸的钢笔在墙上、家具上、地板上写了起来。

妈妈 Sophia 安慰自己：这是孩子学习的过程，也是宣泄的途径，而且，有的字写得确实很漂亮呢。但是，想归想，爱整洁的 Sophia 看到到处都被儿子写得脏兮兮，心里还是有些不舒服。

Sophia 想了想，给孩子拿出了一些 A4 纸，并且告诉他，可以写在上面。写完以后，可以和妈妈一起贴在墙上，留给爸爸看。

Aiden 答应了，并且在纸上写了起来。可是还没有写几个字，他就把纸扔在一边，拿起笔继续在墙壁、家具、地板上写写画画。

Sophia 想，可能是 A4 纸太小了，便专门买来了一些大张的纸，放在客厅的一角。同时，还买来了一块黑板，并在黑板上方注明，这是 Aiden 的专属黑板。

这次，Aiden 终于满意了，他开始在纸上写，在黑板上写，很少再到处乱写了。而且，Aiden 写出的字也越来越好，这让 Sophia 非常高兴。

我认为，Sophia 能尊重 Aiden，抓住了他热爱写字的时机，给他引导，而不是为了自己省事而打断孩子的学习，真是一位合格的妈妈。

当我把 Sophia 的故事讲给几个中国妈妈听时，有的妈妈表示赞同，能让孩子练习手腕力量和协调能力，还能让孩子尽早学会写字，

很不错；有的妈妈则认为，孩子太没有规矩，不讲卫生，应该好好教训教训。

Jimmy 也有过在墙上写字的过程，在他小的时候，我尽量给他自由。可是当他四五岁、能渐渐听懂一些道理，却故意在墙上写字时，我就没有再纵容他。

在此之前，我已经给 Jimmy 提供了写字需要的文具：有格子的笔记本、空白的素描本、带动物的卡通纸、铅笔、圆珠笔、水彩笔、转笔刀、橡皮等。

而且，我还给他准备了黑板，在墙上贴了大张的纸，甚至在客厅一角的地板上贴上了黑板纸，让他尽情写、尽情画。

我告诉了 Jimmy 不能到处乱写的原因，然后带着他在家里转了一圈，明确告诉他，什么地方能写字，什么地方不能乱写。

可是我发现，即使我上午刚讲过，到了下午，Jimmy 还是不自觉地在墙上写了很多我不认识的字。还没有等我发问，他就主动开口承认了错误："我错了，我忘了不能在这里写。"

我没有批评他，而是让他自己看看，干净的墙与他乱写的墙相比，哪个看着更舒服。然后，我和他一起把墙壁整理干净。

做完这些后，Jimmy 没有说话，过了好久，他才说："原来这么累啊。"我笑了，有了这次体验，Jimmy 应该会有所收敛。

后来，我和他一起选择了一些他喜欢的图画，贴在了那些他喜欢乱写的地方：电视两侧、书架旁边、饮水机旁边等。我再次告诉他，不要随意乱写。

我并不在意墙壁是不是会毁掉，和孩子的成长相比，墙壁简直微不足道。但是，我不希望孩子从小就不懂干净整洁，我希望他生活在一个有序的环境中，并且愿意为维持秩序而努力。

○ 孩子爱背广告词？尽快给孩子提供合适的书籍

我去参加大学同学聚会，见到了李敏的儿子团团。团团四岁半，胖嘟嘟的，真像个小肉团，让人见了就想亲一亲。

在点酒时，王伦说："我感冒了，不能喝酒，不要算我的。"我们还没有接话，团团突然大声问王伦："感叹号知道不?"

王伦有些惊讶，我们也不知所措，异口同声地问道："什么?"

团团完全不理会我们的反应，继续说道："治感冒，杠杠地!"

看我们没有反应过来，李敏说："他是在背广告词。"大家这才有所察觉，"哦，好像是看过这个广告"，"是啊，这孩子记忆力真好"。

随后，我们接着刚才的话题，一说到喝，团团立刻对妈妈说："妈妈，我要喝爽歪歪。""这里有爽歪歪吗?"负责点酒水饮料的马振自言自语道。

看到李敏又笑了，我们再次领悟，又是广告词!

我有随身带小礼物的习惯，在等待上菜的期间，我对团团说："团团，阿姨送你一个小礼物好不好?"

这时，团团又开始说话了："今年过节不收礼呀，收礼还收脑白金。"我真有很无奈的感觉：这孩子不会自己说话吗?

在接下来的时间，团团又说了很多话，但没有一句不是广告词，如"好营养，更香脆，美好时光海苔""蓝瓶的钙，好喝的钙""有了肯德基，生活好滋味"，等等。

我发现，在团团听大家夸他聪明、记忆力好后，脸上流露出得意的神色，而李敏似乎也为有一个这样的儿子感到自豪。

但是，我却隐隐有些担心。

一般来说，即使孩子不懂广告的意思，但由于广告声情并茂，再加上孩子本身就拥有新事物的好奇心，很容易产生兴趣。所以，几乎每个孩子都能说出很多广告词，特别是那些朗朗上口、好听易懂的广告词。

我承认，孩子背诵广告词，是对语言的学习，也能满足模仿的需要。但是，广告商为了达到突出产品的效果，常常在其中加入一些违反道德的因素，影响孩子对事物的认知。而且孩子一味地模仿却不用自己的大脑思考想要说的话，对语言能力的发展也不利。

在孩子背广告词时，可以从兴趣出发，引导孩子背诵一些古文经典。例如，可以挑选一些画面感强、语言简单易懂、易记诵的短诗，让孩子一边看着画面，一边背诵。

当然，最好还是在这个阶段给孩子买一些合适的书籍，引导他们阅读。可以鼓励孩子自由阅读，在他们遇到困难时，再给予协助。

为了增加读书的兴趣，可以和孩子一起读书，并根据图画内容和孩子交谈，帮助孩子提高理解能力。还可以鼓励孩子用自己的话把故事讲一遍，增加孩子的阅读信心。

给孩子选择合适的图书，对阅读非常重要。孩子还小，可以给他选择一些图书，字大图多。这样图文并茂，对孩子的右脑开发有好处。

另外，买的书尽量薄一些，一本书最好只讲一个故事，或者最多讲两个故事。这样一来，能让孩子在注意力分散之前读完，体验读书过程中的愉悦感，也会为自己读完了一本书感到自豪。

在阅读敏感期，很多父母发现孩子不爱读书，很可能和父母提供的书籍有直接关系。给孩子提供好书，引导孩子阅读，让孩子远离不良广告带来的危害。

○ 让孩子学会自由表达，并进行自由书写

我一直鼓励 Amy 和 Jimmy 写日记。在刚开始学会书写后，Jimmy 的兴致很高，整天在纸上写写记记。看到这一幕，我开始教自己把自己的想法写在纸上。

我告诉 Jimmy，有一种东西叫日记，可以从最简单的记录一天中有趣的事情写起。最开始，Jimmy 写得很认真，每天都会仔细思考如何措辞。

Jimmy 的日记写得都很短，大多数日记只有一句话，如“今天我们一家人去饭店吃饭了”“我得到了一只小猫，很高兴”等。

可是时间一长，Jimmy 对写日记的兴趣就消失了。玩，对于他来说，又重新变成了最有意思的事情。每次我让他写日记，他都一副苦瓜脸，不知道要写些什么。

我不想为难 Jimmy，便仔细反省了一下。我发现，随着 Jimmy 写字能力的提高，我也提高了对他的要求，要求他每篇日记至少写 5 句话，这可能让 Jimmy 觉得很为难。

我和 Jimmy 交流了一下我的想法，Jimmy 也表示同意。他说："写日记，我就没有时间玩了。"经过一番考虑，我决定不再对他的日记字数做规定。

就这样，Jimmy 又开始写日记了。有一次，我送他去参加同学的生日聚会，回来后他居然主动写了一篇日记，长达 80 字。

我很诧异，问他："为什么你今天写了这么多?"

Jimmy 想了想，认真地回答我："今天，值得写的事情很多啊，我都没有全写上呢。"

那一刻，我明白了，Jimmy 的生活太平淡了，每一天都是前一天的重复，才导致他无话可说，无话可写。我应该主动给他的生活创造点乐趣，让他尝试各种新鲜的生活。

果然，一段时间后，Jimmy 的日记变得丰富起来，几乎每天都能写上 50 字，这让我高兴的同时，也让他的表达和书写能力大为提高。

很多孩子不喜欢写东西，父母再强迫也写不出来。这种时候，父母不妨先反省一下，从自身找一下原因。

有些孩子不愿意写，是因为没有东西可写。五六岁的孩子整天来往于幼儿园和家之间，生活简单、重复，很少会发生新鲜的、值得写的事情。

父母不妨多带孩子到公园玩，让孩子尝试做一些之前没有做过的事情，并引导孩子将从中获得的感受写下来。

有些孩子不愿意写，是因为父母的要求太高，总是给规定字数，这样就容易给孩子造成压力。可以适当减少字数要求，帮助孩子恢复写日记的信心。

当孩子实在不愿意写日记时，父母也不用勉强。对于五六岁的孩子来说，玩是最重要的事情，可以采用其他方式引导孩子多写。

比如，父母可以经常给孩子写纸条，表达自己对事物的认识、对孩子的情感或者其他想表达的内容，刺激孩子也通过写留言条的方式表达自己的想法。

在各种节日时，可以教孩子写卡片，将卡片送给老师、同学、朋友、亲人等。在他们表达对孩子的谢意时，能让孩子感受到书写带来的感动。

在日常生活中，遇到需要写字的事情，比如写购物清单、出游清单等，也可以引导孩子和自己一起写。孩子对写字的兴趣提高了，自然也愿意写出自己的想法。

在这个过程中，父母可以引导孩子观察生活，教他提炼思想。但是更重要的是，让孩子养成写作的习惯，这个习惯能给孩子的一生带来益处。

书写与阅读的敏感期李老师给家长的教育启示

孩子进入书写与阅读敏感期后，最初可能只是画线、画圈等，要经过一段时间的训练，才能写出规范完整的文字。

所有兴趣都不可能永远不变，孩子也不会永远对书写与阅读感兴趣。所以，在书写与阅读敏感期内，父母要有意识地激发孩子的书写与阅读欲望，让书写和阅读变成一种长久的兴趣。

父母要多肯定孩子、赏识孩子，让孩子有写字、识字、阅读的兴趣。即使孩子乱写乱画，也要用柔和的方式引导，让孩子养成书写和阅读的习惯。

第 20 章

社会规范的敏感期，孩子开始成长为小大人（5～6 岁）

进入社会规范的敏感期后，孩子会逐渐脱离父母，并且尝试着独立与人交往。父母要让孩子遵守社会规范，学习社交技巧，在不断完善自我的同时，在集体中有所收获。

○ 了解社会规范的敏感期，帮助孩子社会化

在孩子进入社会规范的敏感期后，会逐渐从依赖父母、以自我为中心的状态中解脱出来，变得喜欢交朋友，喜欢在集体中玩。而且，孩子为了让别人喜欢自己，会不断完善自我，以使交往获得成功。

父母可以利用这一点教孩子遵守各种规则，教孩子社交礼仪和技巧，让孩子在自律的同时成为社交达人。

Jimmy 和子彦很早就建立了友谊。幼儿园时，他俩就是整天黏在一起的好朋友。Jimmy 看不到子彦时，就会到处找他；而子彦发现 Jimmy 不见后，也会东找西找。

由于家住在两个不同的方向，两人一放学就要分开。当时，我在国外工作学习，听 Jimmy 奶奶说，只要是子彦先回家了，Jimmy 都要伤心好一会儿。而每天早上，Jimmy 不再赖床，而是着急地催着奶奶送他上学，这样他就能见到子彦了。

后来我回国时，给 Jimmy 带了几本漂亮的图画书。Jimmy 很高兴，挑了最喜欢的一本带到了幼儿园。

当他看到子彦后，立刻把书拿出来，想要送给他看。这时，一旁的文程看到了，立刻过来抢，Jimmy 慌乱地想把书藏起来。

结果，在抢夺的过程中，书被撕坏了一点，Jimmy 立刻松开了手，委屈地大哭起来。而一旁的文程手里拿着书，不知所措。

这时候，子彦过来了，他拿出自己的小手帕，给 Jimmy 擦眼泪。然后，又从文程手里把书要了回来，向老师要了透明胶带，一点一点把破了的书粘起来。

在这个过程中，文程也立刻坐下来，帮忙用手按住书，想让子彦粘起来更容易。看到这一幕，Jimmy 也不哭了，三个小朋友一起努力把书恢复原状。

后来，去接 Jimmy 放学的我听说了这件事，问他："你原谅文程了吗？"他点点头："我们都是好朋友。"

我问 Jimmy："如果以后文程还抢你的东西，你知道该怎么做吗？"

Jimmy 说："我会告诉他，这本书要先给子彦看，等我和子彦一起看完，再给他看。或者，我们三个人可以一起看。"

我点点头，我相信，通过交往中的一次次冲突，Jimmy 会在自己的内心里学会交往规范的意识，也懂得如何处理这些矛盾。

我很高兴，Jimmy 和子彦的友谊一直持续到现在。Jimmy 的乐观、大方、善思考感染了子彦，而子彦的细心、沉着也让 Jimmy 获益匪浅。

在社会规范的敏感期，父母可以利用孩子喜欢模仿的特点，多与朋友、同事等交流，以实际行动激发孩子模仿的欲望。

现在的孩子缺少玩伴，缺乏社交机会，父母可以多带孩子外出玩，或者走亲串友，让孩子与更多的小朋友交往，满足交往的需求。

同时，还要多让孩子参加集体活动，如比赛、演出等，让孩子在这个过程中学会合作、谦让、礼仪等。即使孩子有不规范的行为，也要用温和又坚持的态度教育他改正。

在孩子与人交往的过程中，难免会出现一些问题，如孩子有社交恐惧症、孩子被人欺负，或者由于其他生活小事引发了孩子的伤感等。

这时，父母不要替孩子解决，而要引导孩子想出好的解决办法。在孩子思维打不开时，可以适当提醒，帮助他找到好的办法。

教育没有对错，只要适合孩子的，都是好的教育方式。在社会规范的敏感期，父母一定要抓住时机培养孩子的社会规范意识，让他成为一个有教养的人。

○ 父母要遵守规则，否则会给孩子带来痛苦

有一次，我经过人行道，因为要赶时间，虽然此时是红灯，但是看到道路两端都没有车，我便一脚踏了出去。

“不行！”一声坚决而又响亮的声音让我吓了一跳。转脸看去，一个 5 岁左右的女孩正拉着妈妈的手，不让妈妈走人行道。

“没关系，现在没有车，可以过。你不是也想快点买到故事书吗？去晚了，可能就卖完了呢。”妈妈引诱道。

女孩犹豫了一小会儿，但很快又恢复了坚定的神色。她用力地摇摇头：“那也不行！红灯停，绿灯行，黄灯等一等。”

妈妈无奈了：“好，听你的。这孩子，真是死脑筋，也不知道到底是像谁。”

我悄悄退了回来，和这对母女一起等着红灯变绿灯。

进入社会规范的敏感期，当孩子了解到了一些社会规范后，会比成人更加遵守这些规范。有些孩子没有规范意识，那是因为父母没有做好榜样的作用，或者没有要求孩子遵守。

在我们成人的世界，有太多无序的行为，孩子自然也容易受到影响。

虽然我们无法改变周围的环境，但仍然可以给孩子做出最好的示范。

有一次，我带着 Amy 和小石头去儿童乐园玩，有一匹弹簧马吸引了他俩的兴趣。只要一坐上去，在弹簧的作用下，马就会上下跳动，非常有意思。

Amy 和小石头高兴地玩着，这时候，有个妈妈领着女儿走了过来。女孩看到 Amy 和小石头玩得这么高兴，就指着弹簧马说："妈妈，我要玩。"

于是，这个妈妈走近一步，对 Amy 说："小孩，你下来，让我们玩一会儿。"她说了好几遍，Amy 连理都没理。

我一向不干涉孩子之间的矛盾，但是看到那个妈妈的态度很强势，我有点担心 Amy 的心理承受能力，便走了过去。

"Amy，你让这个小姐姐玩一会儿吧。"

Amy 斩钉截铁地说："NO!"我又问："为什么？因为她是姐姐？"Amy 摇摇头："我和小石头都排队了，可她没排队就想玩！"

真是个很不错的理由！我赞赏地说："你说得对，应该排队。"小石头此时也说话了："她要排在我后面，不能插队，等我玩完了，她才能玩。"

听到我们的对话，那个妈妈显然很不满意，或许她认为我应该强迫 Amy 下来，然后恭敬地让她女儿坐上去。

就这样，Amy 继续玩着，那个妈妈则用眼睛瞪着我看。面对我坦然的目光，大约半分钟后，这个妈妈拉着女儿的手走了："玩什么玩，真丢人!"

我一直教育 Amy，在公共场合玩公共设施时要排队，谁排在前面谁先玩。她牢牢记住了这一点，并且要求别人也这么做，我不可能为了面子或者讨好一个素不相识的妈妈，就破坏 Amy 心中的规则，那样做会让她感到痛苦

我也为那个小女孩感到遗憾。如果她的妈妈能让她在小石头后面排队，小女孩也能建立排队的意识，可惜她的妈妈错过了这个好的教育机会。

守规则，是孩子更好地生活的基础，让孩子成为一个有尊严的人。在这个过程中，父母可以借助规则对孩子进行教育，也能让孩子学习自律，并得到安全感。

○ 在意公平公正，开始要求维护自己的权利

多多是个腼腆的孩子，从小就被妈妈李琳教育要谦让，所以他从来

没有因为玩具和小朋友闹过不愉快，李琳也觉得儿子很乖、很好管教。

我不这么认为。很快，李琳就为自己的教育尝到了苦果。

这天，李琳带着多多在楼下玩。突然，她想起自己有一件重要的事情要做，便把多多托付给了几个在楼下看孩子的邻居，急匆匆地去办自己的事情。

大约一个小时，李琳回来了，看到多多一个人在树下玩土，其他小孩子全都聚在另一侧，有说有笑的。

“儿子被孤立了?”李琳在心里暗想。“多多!”李琳叫了一声，多多应声抬起头，眼睛里全是眼泪。

“怎么了?”李琳有点心疼地问。

“妈妈，我想玩车。我的车，为什么一定要让别人先玩?”多多感觉非常委屈，也心有不满。

李琳这才注意到，其他孩子想玩多多的车，多多就让他们先玩，自己则站在一旁等着。看着别人玩得兴高采烈，他很委屈和愤怒，却又无可奈何。

李琳知道自己错了，由于自己的谦让教育，让多多都不敢维护自己的权益。她走过去，把车要了回来，带着伤心的多多回家了。

听李琳讲了这件事后，我问多多：“你把车子让给其他小朋友，开心吗?”多多直摇头。看到这一幕，李琳终于下定决心要教儿子如何维护自己的权益。

5～6 岁时，孩子在社交中开始在意公平公正，也想要维护自己的权益。有些父母想要培养孩子谦让的美德，不管孩子愿不愿意，都让孩子牺牲自己去满足他人。

这是公然忽视孩子的权益，对孩子的成长无益。时间长了，还容易让孩子的性格变得懦弱，不明白自己需要什么，更加不会维护和争取自己的权益。

李林问我：“我怎么教儿子维护自己的权益呢?”

我说：“在你的教育下，多多可能很难开口拒绝别人，因为他觉得，拒绝别人是件很不礼貌、很不谦让的事情。所以，第一步，你要让他知道拒绝别人和被别人拒绝都是很正常的事情。

“比如，当多多被别人拒绝时，你可以引导他，让他知道，别人对自己的物品有决定权。可以让他玩，也可以不让。如果被拒绝了，只能坦然接受。

“更重要的是，你要让他知道，他对自己的玩具也有决定权，可以决定给不给别人玩。不用被‘谦让’的思想控制，可以按照自己的想法做事。”

听了我的话，李琳点头表示同意。

“第二步，你不要越俎代庖。孩子有什么想法，让他自己说出来。他不愿意让别人玩他的玩具，就让他自己拒绝。你不要代办，很容易让孩子越来越胆小。

“其实，维护自己的权益，不是胆量问题，而是因为缺乏相应的经验。多让孩子自己拒绝，他就能学会。”

“可是，”李琳有些担心地问，“万一拒绝了，其他孩子不和多多玩，或者孤立他怎么办?”

我用略带不满的语气说：“就是因为你有这种心理，所以多多现在和别人说话时都小心翼翼，别人说什么，他都会按照别人的要求做，这样他能快乐吗?

“凡事有因必有果，不能因为害怕维护自己的权益会让别人不高兴，就一味让孩子牺牲自己。如果因此受到了冷落，也是孩子成长的一部分，需要他去经历。”

我一边说着，一边观察李琳的反应。她脸上红红的，似乎很不好意思，只好换种安慰的口气说：“其实，维护自己的权益不见得会得罪别人，你可以让孩子采用迂回委婉的方式拒绝。比如玩车的问题，可以让多多说：‘我先玩一会儿，再让你们玩’。”

李琳长长叹了口气，我知道，对于不懂维护权益的她来说，想要教儿子维护自己的权益，实在是件困难的事情。

但是，我们做父母的，必须让孩子树立公平公正的意识，让他知道他有能力维护自己的权益，这样以后才不会一味牺牲自己，让自己成为别人的附庸。

社会规范的敏感期李老师给家长的教育启示

在孩子进入社会规范的敏感期后，会逐渐从依赖父母、以自我为中心的状态中解脱出来，变得喜欢交朋友，是教孩子遵守各种规则、学习社交礼仪和技巧的好时机。

在这个时期，孩子会对规则很重视，父母不要带头破坏规则。同时，孩子在与人交往中，也开始追求公平公正，父母要给孩子维护权益的机会。

现在的孩子缺乏社交机会，父母要多创造交往机会，让孩子在交往中逐渐规范自己的行为，并学会各种社交技巧。

第 21 章

自然敏感期，与孩子在自然的怀抱中自由地嬉戏（5 ~6 岁）

自然是人类生存的基础，给人以启迪和感悟。孩子天生喜欢自然，崇拜自然，并且从自然中获得生命所需的能量。父母要多引导孩子与自然和谐相处，体会生活的美好。

○ 孩子天生亲近自然，解读孩子的自然敏感期

孩子都具有亲近动物、植物的天性，喜欢昆虫和各种小动物，喜欢树木和花朵。对于树叶和花瓣，也经常收集做成标本。

Jimmy 有一段时间非常喜欢海狮，每次电视上有海狮的视频，他都会聚精会神地看；看到有海狮图案的书，也会要买回家。

每次看完书，Jimmy 都会搂着我的脖子撒娇：“妈妈，给我买只海狮好不好?”

我哭笑不得，只好带着他去看海狮表演。我发现，他在看海狮的时候，比看到任何好玩的玩具都要兴奋。

不仅 Jimmy 是这样，我发现，幼儿园里也刮起了一阵“自然风”。

这天，奇奇来到幼儿园后，先是神秘兮兮地把大家全都叫到他身边，然后从手提袋中小心翼翼地拿出一个小盒子，里面是一只大蜗牛。

“哇，这么大!”离得最近的烁烁发出了一声感叹。其他小朋友也纷纷把头凑上去看，互相询问着：“这是蜗牛吗?”“还有这么大的蜗牛啊?”“真大！真大!”

奇奇很高兴，满脸的自豪： “这是法国大蜗牛！我妈妈给我买的!”

小朋友并不在意蜗牛的种类，只是对它的样子很感兴趣。程程用羡慕又略带请求的语气说：“你能把它拿出来，让我们仔细看看吗?”

奇奇连想都没想，立刻答应：“好，我们让它在桌子上爬。”

刚说完，大家就把放到桌子上的书收到一边，奇奇则轻轻地拿出蜗牛，放到了光滑的桌面上。

起初，大家全都屏住呼吸，盯着蜗牛看。蜗牛先是在壳中躲了一会儿，感觉到周围没有危险后，悄悄地伸出头，慢慢地在桌上爬了起来。

大家轻声讨论着，讨论着蜗牛的壳、触角、眼睛。突然，美美好奇地问：“它没有嘴巴，要怎么吃东西呢?”

奇奇很有耐心地解释说：“你仔细看看，看看这里，这个尖尖的地方就是嘴巴。”说着，奇奇拿起小盒子中的菜叶，轻轻地送到蜗牛的嘴边。一番试探后，蜗牛吃了起来。

大家就这样安静地观察，直到每个人都看清楚了，奇奇才收起来。

接下来的几天，美美带来了自己种的一盆仙人球，烁烁带来了自己饲养的小金鱼，程程带来了自己的宠物小乌龟，而问问呢？居然带来了家里养的小狗！

一时间，幼儿园成了动物园和植物园，各种小动物、各种花草，而孩子们的话题也都和这些动植物有关。

通常来说，随着知识和体验的增多，5～6 岁的孩子对自然已经有了一定程度的认知。在这个时期，父母要多让孩子接触自然，与自然产生联系。

在接触自然的过程中，孩子需要使用自己的感觉器官，感受各种美景，感受各种小动物的生存状态。这既能给孩子带来美的乐趣，也能刺激他不断在生活中追求美。

孩子在体会大自然的同时，大脑细胞也会得到一定的刺激，注意力能得到提高；孩子的情绪一旦得到了释放，潜能便会不受阻碍地表现出来，减少生理和心理疾病发生的几率。

所以，让孩子亲近大自然，绝不是浪费时间或者可做可不做的事情。父母要多带着孩子走进大自然，让孩子在大自然的怀抱中快乐地成长。

○ 让孩子走进大自然，在自然中有所感悟

最近，Tom 对动物特别感兴趣，一回到家，就开始翻看各种动物图册，并且要求妈妈给他讲各种动物的故事，然后第二天把这些故事告诉幼儿园的小朋友们。

在发现 Tom 的这一爱好后，妈妈便带着他去动物园玩，还和他一起给动物拍照、录像，并把照片和录像带到幼儿园给其他小朋友看。

一个周末，Tom 和妈妈一起去了森林公园，抓了一些昆虫放在家里饲养。而且，妈妈还收集了很多植物的叶子，带来家里做成了标本。

从那以后，Tom 就变得更加痴迷动物和植物。为了支持 Tom，妈妈一有机会就带着他跋山涉水认识各种动植物，在家里饲养小动物，

种植各种花草。

等到了 Tom 邀请我们去他家参观的时候，我才惊讶地发现，Tom 的院子里种满了各种植物，而家里也专门设置了一间宠物房，放着 Tom 饲养的各种小动物。

Tom 的妈妈做着这些，仿佛是理所当然的。面对这样支持儿子探索的妈妈，我不禁有些脸红。因为在我们国家，很少会有这么彻底支持孩子的妈妈。

所有的孩子都渴望走进大自然，但在国内，却很少有孩子有机会那样做。很多时候，孩子总是说“妈妈不让去外面玩”或者“我乱跑爸爸会打我”等。

在大自然中玩，是孩子的天性，能让孩子更多地认识世界，同时也能促进身心的健康发展。可很多父母没有认识到这一点，总是觉得出去玩还不如让孩子看看书，拒绝让孩子接触大自然，这显然是一种谬论。

李东是我大学同学，毕业后在一所小学当老师。有了儿子小伟后，对儿子的要求也非常高，从小就教他读书识字，希望儿子将来能有一番成就。

可小伟才 5 岁半，正是喜欢玩的时候。有一次，我去李东家，我们在客厅聊天，小伟在阳台玩。等到我要离开和小伟打招呼时，却没有听到任何回应。

我走近阳台，发现小伟正认真地看着一盆花草。我没有说话，而是把李东拉过来，让他看看自己的儿子在做什么。

李东很不解，问小伟：“你在干什么?”

小伟指着叶子上一个小黑点说：“这上面有一只小虫子，我在看它是怎么爬的。”

李东很生气：“有什么好看的? 有这个时间，还不如去看书呢。我昨天给你买的两本图画书，你看完了吗?”

小伟低下了头。

我很不满李东的态度，之所以叫他来看，是想让他看看儿子多么渴望接触大自然。而他，误解了我的用意。

我知道，有些父母开通些，但也只是带着孩子在人工绿地上玩耍。实际上，即使草地上有一些昆虫，也是极少量的，无法真正展现大自然的风采。

大自然是孩子最好的老师，孩子能增加知识，增强意志力，让身体变得更加健康。而像李东那样，把孩子关在屋子里，让他看书或者学习，很容易让孩子感觉枯燥乏味。

这样做，不仅会影响孩子专注力和各种能力的发展，更会让孩子的心理变得抑郁、闭塞，以后也很难拥有宽广的胸怀。

在孩子对自然的敏感期，父母一定要多创造一些条件让孩子接触大自然，体会其中的美好与乐趣，在自然的怀抱中健康成长。

○ 爱上小动物，喜欢和小动物交朋友

“Jimmy——快点出来！看看妈妈发现了什么！”我刚走出家门，想要呼吸一下雨后新鲜的空气，就发现有一个奇怪的家伙挡住我的去路。

Jimmy 兴奋地跑了出来，不顾有些湿漉的地面，直接趴在地上，眼睛凑近蜗牛。看了好一会儿，Jimmy 才大声叫道：“是蜗牛哎，是蜗牛！”

我笑了。此时，太阳渐渐升高了，天空也渐渐亮了起来。不远处，还有几条蚯蚓在坚硬的石面上扭动着。

Jimmy 伸出小手，用指尖轻轻地点了一下蜗牛的触角，触角立刻收缩回去，过了一会儿，又试探着伸了出来，Jimmy 再次点了一下……

“Jimmy，你在干什么？啊！蚯蚓！差点踩到。”Joe 用略微夸张又脆脆的童音大声喊道，Jimmy 吓了一跳，抬起头看见了 Joe。

只见 Joe 双手捧着一个小纸盒，小心翼翼地穿过蚯蚓群，将纸盒放在阶梯上。然后回过身捡起一个小木棒，将蚯蚓轻轻挑起，小心翼翼地放进草丛。

Jimmy 见了，也立刻加入。“这条是我的呀，你不要抢。”“是我的。”“是我的。”……两个男孩一边闹着，一边完成了拯救蚯蚓行动。

随后，我问 Joe，为什么拿个纸盒过来。Joe 突然大叫：“对了！

Jimmy，你快看这是什么?”说着拿起纸盒，指着上面的小洞让Jimmy看。

Jimmy立刻凑了过去：“是小鸟，是小鸟!”他高兴极了，立刻要把小鸟放出来仔细看看。“不行!”Joe坚决阻止，“放出来小鸟就飞走了。”

来到屋里，Jimmy又要抓着小鸟玩，“不行，”我说，“你会把它弄疼的。”我小心地从纸盒中拿出小鸟，仔细检查了一番，看到小鸟没有受伤，才放心把放到Jimmy手上。

或许是小鸟吓到了，居然一动不动地待着，任由Jimmy和Joe轻轻抚摸。

过了一会儿，我说：“你们玩够了吗?我们把小鸟放了好不好?”

“好!”Joe脆生生地回答，Jimmy却有些犹豫了。

“我们要爱护小鸟。”只比Jimmy大半岁的Joe，像个大人一样劝着。Jimmy看看Joe，又看看我，低下头看了一眼小鸟，点了点头。

Joe走到路边，轻轻地把小鸟放在了一个较矮的树枝上，小鸟依旧一动不动。一旁的Jimmy急了：“你快走呀!你再不走，我就把你关起来。”

小鸟拍了几下翅膀，慢慢飞走了，两个孩子如释重负，望了对方一眼，高兴地大笑起来。我发现，这天的太阳格外美丽。

5~6岁的孩子，开始同自然界建立亲密关系，有了这样一段与自然沟通的精力，孩子才能真正认识自然界。所以，我很尊重Jimmy对动物的喜爱，引导他同自然产生联系。

我相信，一个喜欢小动物的孩子，很容易把小动物当成自己，怜惜它们、照顾它们，这对于孩子的人格发展所起到的作用，是任何书本和父母的教育都达不到的。

○ 喜欢却虐待小动物，到底是为什么?

在北京时，我常常看到一些孩子虐待小动物，而有些父母也频频向我咨询：“孩子总是虐待小动物，是怎么回事?要怎么帮他改掉这个坏习惯呢?”

通常来说，小动物很可爱，孩子也很喜欢。但是，总有些孩子以虐待小动物为乐。他们喜欢欺负小动物，听到小动物的哀鸣声，却在一旁咯咯笑。

小路就是这样的孩子，当小路妈妈向我描述儿子的“暴行”时，我简直不敢相信。能做出这样的事情，孩子的内心该有多么扭曲！

5 岁的小路上幼儿园中班，最初很喜欢小动物，在他的要求下，家里饲养了小猫、小兔、小金鱼、小乌龟等。

可是，新鲜劲一过，小路就开始虐待这些小动物，他把金鱼从浴缸里捞出来，让小猫吃。小猫吃完后，他就拿起棍子将小猫的腿打断，说是为金鱼报仇。

接着，小路又开始折磨小乌龟，起初是拉住小乌龟的头使劲往外拽，等玩腻了，直接用锤子砸小乌龟的壳，结果小乌龟变成了一堆烂肉。妈妈问起时，他说只是想看看龟壳有多硬！

小乌龟死后，妈妈很生气，教训了小路一顿，以为他会有所收敛。没想到，小路把折磨的对象换成了小兔子，偷偷拿打火机烧兔子毛。

后来，妈妈没有办法，便把家里的小动物全都送了人。小路便开始虐待幼儿园里饲养的小狗，总是趁老师不注意，偷偷拿小木棍敲它。

最终，老师发现了小路的这一行为，并告诉了小路妈妈。妈妈非常震惊，这才觉得有必要好好找找孩子施暴的原因。

我知道，很多孩子都有虐待小动物的行为，只是没有小路这么过分，父母没有把它当回事。

五六岁的孩子好奇心非常强，当他对小动物感兴趣后，会很好奇小动物惨叫、被虐待时是什么样子，便很有可能进行虐待。或者，虐待行为只是一种单纯的模仿。这样的孩子，父母稍加引导，就能让他们停止虐待行为。

另一方面，孩子虐待小动物很有可能是内心宣泄的需要，比如受欺负、批评、打骂时，孩子无力反抗，便用虐待小动物释放自己的不满。

后来，我了解到，小路在 6 个月大时，由于父母离异，被妈妈送到了姥姥家抚养。在姥姥家，孙子孙女很多，他这个外孙根本得不到一点宠爱。

虽然小路在姥姥家一直表现得很乖，但也只是为了讨好大人才故意压抑自己的情感。回到妈妈身边后，弱小的动物就成了他宣泄的对象，让他在感情上得到满足。

我告诉小路妈妈，让她多给孩子一些爱，多陪伴孩子。在发现孩子心情异常时，要引导孩子发泄出来，然后给予引导。

在这个过程中，不要批评，努力用一颗平常心接纳。尽可能地多陪伴，多做一些有趣的亲子活动，让小路的注意力得到转移。

在面对孩子虐待小动物的行为时，父母要了解其中的原因，是好奇、压力，孩子模仿？然后再采取相应的措施。

在这个时期，用言语教育、用打骂威胁，或者努力培养孩子的爱心，都无法从根本上解决问题。只有了解了孩子的心理，给予更多的爱，才能解决。

自然敏感期李老师给家长的教育启示

孩子都具有热爱自然的天性，喜欢昆虫和小动物，喜欢树木和花朵。当孩子到了五六岁时，对自然达到了一定的认知，便进入了自然敏感期。

在这个时期，父母要多让孩子接触自然，多使用自己的感觉器官，感受各种美景，感受各种小动物的生存状态。

在这个过程中，能让孩子的大脑细胞得到刺激，情绪得到释放，既能给孩子带来美的乐趣，又能提高注意力，还能减少生理和心理疾病发生的几率。

所以，父母们，多让孩子亲近大自然吧。

第22章

独一无二的敏感期，让孩子实现突飞猛进的成长（5～6岁）

判断孩子是否处于敏感期很简单，观察其言行即可。而对于处于敏感期的孩子，父母要多给孩子自由，学会等待，让孩子在父母的关爱下快乐成长。

○ 敏感期最重要的原则：给孩子最大限度的爱和自由

在生命的最初，爱就是孩子成长的基础，孩子在爱的帮助下建立自己的人格、心智、道德等，完善自己的生命。

我经常听到一些无知的父母在伤害了孩子后，还不知反省地辩解“我是为了孩子好”或者“哪有不爱自己孩子的父母”。

我不这么认为。当父母百分百接纳孩子，给孩子足够的爱和自由后，这个孩子必然能够在心灵向上力量的指导下，让自己发展成为一个人格建全的人。

有一次，我在路上遇到小区 5 岁多的孩子乾乾。我问他去哪，为什么一个人。他说：“我不要在这里，我要走。”

我赶紧拦住他，给小区物业的小张打电话，让他通知乾乾的父母，我会把乾乾安全地带回家，让他们不要着急。

我没有强行把乾乾带回家，而是问他想做什么。在乾乾提出想去吃汉堡、去游乐园玩后，我陪他去吃汉堡、玩游戏。最后，我对他说：“我们回家吧。”他犹豫了一下，最终点点头。

我把乾乾送回家。一见面，妈妈就打了儿子一巴掌，爸爸则踢了儿子一脚。我这时才明白，一个 5 岁多点的孩子，为什么会离家出走。

我看到乾乾家里有各种玩具，也和他的父母简单聊了聊。我发现，他们认为自己很爱孩子。可实际上呢？我觉得不是这样，他们根本不具备爱的能力。

从“孩子不乖”“喜欢找麻烦”“不听话”等话语中，我发现，他们在考虑问题时，并没有从孩子的角度出发，教育孩子时也是根据心情乱来。

心情好时，他们会很好地对待乾乾，带他玩，给他买玩具；心情不好时，他们则会打骂乾乾，让他心里充满了恐惧。

所有的父母都爱孩子，只不过是父母一厢情愿相信的谎言。要想真正做到爱孩子，给孩子自由，就要首先拥有爱的能力，然后才是让孩子得到爱。

我认为，给孩子爱和自由是一体的。父母从孩子的角度出发，给孩子成长需要的自由，在一旁给予鼓励和帮助，这才是真正的爱。

据我所知，许多父母都不了解孩子的成长过程，总是一厢情愿地给予孩子他们并不需要的东西，还责怪孩子不懂接受和感恩。

4 岁的小山刚刚进入幼儿园，我发现，他什么都不会做。吃饭时，其他小朋友都高兴地选自己想吃的菜，老师问到他时，他也一脸茫然的样子。

打好饭，其他小朋友都高兴地吃起来，他却突然站起身来，拉着刚才帮他打饭的老师，霸道地说："你喂我！"

不仅这样，小山下午还尿了裤子，原因是他不会自己上厕所。我这时才发现，小山真的是什么事情都要依靠别人。

等到小山的妈妈来接孩子时，我说起溺爱孩子的事情，她说："都是因为我们太爱孩子了，不想让他动手，所以能帮他做的，就都帮他做了。"

对于这样的解释，我并不认同。很多父母打着爱孩子的旗号替孩子做事，实际是为了满足孩子依赖自己的需要，或者怕替孩子收拾残局。

我没有这样说，而是告诉她，这样做不仅会让小山失去动手能力，还会影响他的心智发展。最后，我建议她在家里多给小山动手的机会。

在敏感期，孩子的成长需要爱和自由。为了做到这一点，父母可以多看一些教育书籍，明白孩子成长的过程，试着理解和接纳孩子。

当我们能给予孩子爱和自由，孩子必定会在快乐中，完成他的成长过程。

○ 敏感期父母要学会等待，等待孩子自己成长

有一次，和一个朋友讨论敏感期的事情，说到最后，他问我："你觉得，中国父母和美国父母相比，在孩子的敏感期最缺乏什么？"

"耐心。"我肯定地答道。

在国内，我常常见到一些父母拿自己的孩子与其他孩子做比较，而且总是拿自己孩子的短处跟其他孩子的长处比，结果越比越气愤，越对孩子施压。

我记得，有个家长曾经这样问我："人家都会数数了，我这孩子还不会认数，是不是敏感期延迟了？"

实际上，谁都无法预测孩子进入敏感期的时间，有的孩子早些，有的孩子晚些，这都是正常的。越是在敏感期，父母越要有耐心，越

要学会等待孩子自己成长。

不管在谁看来，Nick 都不是聪明的孩子。他 2 岁多才开始说话，但是妈妈一直没有否定他，总是鼓励他，为他的一点点小进步高兴不已。

平时，妈妈总是鼓励 Nick 多说话。有时听不懂 Nick 想表达的意思，妈妈便会一遍遍猜测，直到弄明白 Nick 想说的是什么。

每天，妈妈都会给 Nick 讲故事，鼓励他开口说话、唱歌等。Nick 每学会一首歌，妈妈就会邀请邻居来家里吃饭，让 Nick 唱歌给大家听。

同时，妈妈还鼓励 Nick 多和其他小朋友相处。有时，Nick 因为动作慢或者说话不精准而受到其他小朋友的嘲笑，妈妈便会安抚他，然后鼓励他继续和其他小朋友相处。

就这样，在妈妈的坚持下，Nick 的语言能力迅速提高，身体的反应能力也变得越来越快。到了现在，Nick5 岁了，与其他小朋友一样，聪明可爱。

我觉得，Nick 的妈妈是个很有智慧的妈妈，虽然她没有专业学过育儿知识，但却懂得全身心接纳孩子、陪伴孩子，等待孩子的成长。

Nick 的事情让我相信，教育需要等待。虽然我们都期待，自己能有一个聪明、优秀的孩子，但并不一定都会如愿。

有时，和其他孩子相比，我们的孩子或许有很多的不足，或许成长速度比较慢，这都没有关系。重要的是，父母要接纳孩子，等待孩子自我成长。

每个孩子都有自己成长的步伐，父母应该把功利放下，等待孩子慢慢成长，这才是适合孩子的成长方式。

个朋友曾经告诉我，他在幼儿园时有个特别好的玩伴，很聪明，也很调皮，两人经常在一起做一些“坏事”。

不久，朋友转学了。等到再遇到这个玩伴时，已经是二十年以后了。而他那个玩伴，没有像他想象得那么成功，只是在工厂里做了一个平凡的工人。

“你知道他为什么变得这么老实吗？”朋友自问自答，“因为他的爸爸每天暴打他，让他从一个调皮、聪明、有创意的孩子，变成了一个懦弱的大人。”

我知道，朋友是在替自己的玩伴惋惜。他也是一个调皮、聪明的孩子，幸运的是，他的父母懂得等待的技巧，懂得给他时间成长，所以他现在才能拿着高薪，做着自己喜欢的事情。

在敏感期，孩子的很多行为看似无可救药，实际都是在发展自己的能力。作为父母，要耐心对待孩子，等待孩子慢慢用自己的方式成长。

○ 观察孩子的言行，抓住从不守时而来的敏感期

敏感期是孩子成长的重要阶段，如果父母没有抓住，或者做出了阻碍孩子敏感期发展的事情，会给孩子的成长造成很大影响。所以，我们需要抓住孩子的敏感期。

但是，孩子的敏感期并不守时，这也加大了父母教育的难度。有些父母就向我诉苦："我又不能整天看着孩子，我怎么能知道孩子什么时候进入敏感期?"

实际上，不用整天看着孩子，只要细心观察，就能发现孩子的一些异常表现。然后，适时适当地给予孩子帮助，帮他顺利度过敏感期。

Amy6 个月的时候，手的能力在快速发展着。有一次，我带着 Amy 去朋友家玩，Amy 对沙发的靠垫很感兴趣，抓住不放。

起身告别时，我发现，刚才 Amy 抓住不放的靠背一角破了一个小洞。神奇的是，这个小洞居然是 Amy 用手抠出来的。

我向朋友说明了情况，然后带着 Amy 回了家。回到家后，我立刻找出了锡纸，又找出了几个不用的空瓶子，用锡纸包住瓶口，用牙签戳一个小洞，摆在了 Amy 面前。

Amy 很兴奋，先是试着拿起瓶子，然后仔细观察了锡纸上面的小洞。大约过了一分钟，Amy 终于鼓起勇气，抠了起来，很快就抠出了一个大洞。

这些游戏 Amy 一直玩着，直到她的手指变得很灵敏，直到她的内心需要得到了满足。

实际上，在几年前，儿子 Jimmy 也曾对抠东西感兴趣，但那却是在他一岁半的时候，而且，只持续了短短的一周，Jimmy 就对抠洞失去了兴趣。

很明显，每个孩子敏感期到来的时间、表现出来的症状都不相同。有的孩子敏感期出现得早，有的孩子出现得晚；有的孩子敏感期时间持续得长，有的孩子敏感期只维持很短的时间等。

我很庆幸，我对孩子在各个敏感期中可能出现的表现都很了解，所以当孩子出现抠洞的行为时，我能及时提供帮助。

我认识的一个朋友，曾经自作聪明地问我："如果我知道孩子要进入哪一种敏感期，比如执拗敏感期，是不是就可以提前采取措施，

让他避免经历这一敏感期?”

我摇摇头，朋友完全误解了观察孩子言行的用意。发现敏感期，是为了及时给孩子提供帮助，指导孩子顺利度过，而不是为了阻止孩子，让他不去经历。

作为父母，我们要多给孩子一些爱和自由，多宽容他的一些不当行为，多引导而非批评。在敏感期里，孩子的潜能可以得到很好的发展，我们应该给孩子这样的机会。

在日常生活中，我们总是说“顺其自然”。其实在教育孩子时，更需要“顺其自然”。而这句话中的“自然”，就是孩子的成长规律。

按照敏感期的规律指导孩子，让孩子自由发展。在这个过程中，孩子的心灵得到满足，言行也不断得到规范，成长的道路也会变得更加顺利。

○ 敏感期也是学习期，不干涉，要提供学习条件

在敏感期，孩子总是会做出一些在父母看来很怪异的事情：在地上捡一些脏东西放进嘴里，看到地方有水就高兴地踩上去，看到楼梯就爬，看到抽屉就乱翻等。

这些是孩子在用自己的方式探索、学习，可是父母呢？总是出于各种各样的考虑阻止甚至恐吓孩子，如“危险”“小心”“再不听话打你”等。

我有个朋友，特别胆小，什么都怕。她怕火、怕黑、怕下雨，即使是对她不能构成任何威胁的小虫了，她也会怕得要命。为了锻炼自己，她决定搬到我那里住几天。

有一次，我从外面回来，发现她正在啃方便面。她见到我就像见到了救星一样：“我快饿死了，给我弄点吃的吧。”

我看了看手表，已经下午四点了，我有些惊讶：“你一直饿到现在？怎么不下去买点吃的呢?”

“下雨了。”她小声说。

“那你可以把方便面泡了再吃。”我说。

“没开水了。”她继续小声地说。

“没开水了，你不会自己烧一点吗?”刚问完，我就反应过来：她怕火，所以不敢开煤气灶烧水。

我很无奈地叹口气，给她煮了面。看她狼吞虎咽的样子，我真是

担心：这样的人，以后要怎么独自在社会上生活？

果然，没过几天，她的父母就把她接回了家。从那以后，我们就再也没有联系过。

我从她的妈妈口中得知，她有一个哥哥不小心溺水身亡，所以父母对她的安全就特别在意，不让她接触任何有危险的东西，而且还故意夸大这些东西的危险性。

就这样，在她的敏感期里，各种需要发展的能力都被父母限制了。她认为，什么都是危险的，自己什么都做不了。

在敏感期里，不要恐吓和责备孩子，会让孩子对自己的行为产生怀疑。当孩子为了迎合父母而放弃探索时，他的内在发展也便受到了压抑。

所以，要想真正在敏感期给孩子提供真正的帮助，就不要干涉孩子的行为，并且努力给他创造好的环境，让他能尽情地探索。

我一直觉得，我母亲是个很明智的人。在我小的时候，如果我不求援，她从来都不会干涉我的事情。通常，都是我玩我的，她做她的家务。

在我出去玩的时候，母亲也只是在一旁跟着，除非我想到河边玩水，通常她都不会阻止我。

为了让我玩水，母亲专门买了一个大盆放在院子里，里面放上半盆水。我什么时候想玩水了，就可以到院子里玩。

有时候，当其他小朋友抢我的玩具，而我哭着向母亲求援时，她总是告诉我，如果想要回自己玩具，就自己去争回来。起初，我会和其他小朋友争夺。后来，我学会用道理说服他们，让他们把玩具还给我。

我很庆幸，自己有这样一位母亲，懂得不干涉，更懂得提供学习条件让我通过自己的方式成长。

在敏感期，孩子会强烈地想要认识世界，这是学习的好时机。不管孩子在哪一个敏感期，父母都应该做到不干涉，提供条件让孩子自由成长。

李老师给家长的敏感期教育启示

每个孩子都拥有独一无二的敏感期，作为父母一定要明白，敏感期也是学习期，不能干涉孩子，而要提供学习条件。

但是，敏感期未必守时，父母只能通过观察孩子的言行确定孩子是否进入了某一敏感期，是否需要帮助。

在敏感期里，有一个最重要的原则，就是给孩子最大限度的爱和自由。同时，要学会等待，等待孩子自己成长。

正面管教

轻松纠正孩子常见的36种不良行为

杨冰◎著

民主与建设出版社

·北京·

图书在版编目（CIP）数据

正面管教：轻松纠正孩子常见的36种不良行为/杨冰著. --北京：民主与建设出版社，2019. 8

ISBN 978-7-5139-2576-1

Ⅰ. ①正… Ⅱ. ①杨… Ⅲ. ①家庭教育 Ⅳ. ①G78

中国版本图书馆CIP数据核字（2019）第155522号

正面管教：轻松纠正孩子常见的36种不良行为

ZHENGMIAN GUANJIAO QINGSONG JIU ZHENG HAIZI CHANGJIAN DE 36ZHONG BULIANGXINGWEI

出 版 人 李声笑
著　　者 杨　冰
责任编辑 刘　艳
封面设计 周　飞
出版发行 民主与建设出版社有限责任公司
电　　话 （010）59417747 59419778
社　　址 北京市海淀区西三环中路10号望海楼E座7层
邮　　编 100142
印　　刷 三河市金轩印务有限公司
版　　次 2019年8月第1版
印　　次 2019年8月第1次印刷
开　　本 880毫米×1230毫米　1/32
印　　张 6
字　　数 100千字
书　　号 ISBN 978-7-5139-2576-1
定　　价 32.00元

注：如有印、装质量问题，请与出版社联系。

前　言

父母是孩子最好的老师，家庭是孩子最好的教室。

在多年的家庭教育研究与实践中，我们发现中国父母对孩子期望值很高，也关爱备至，管教严格，非常重视孩子的天赋开发和智力发展。但是，有的父母由于缺乏正确的教育理念，不懂得教育方法，对孩子的不良行为常常是束手无策，无计可施。

有些父母，希望孩子快快长大，在孩子的“食谱”里，有了五谷杂粮仍嫌不够，还要配上种种“营养液”，恨不得把天底下的好东西全部都装进那小小的胃袋之中。

也有些父母，望子成龙、望女成凤心切，要求孩子科科都优秀、门门得满分，兼有多种爱好和专长，如钢琴、绘画、音乐、舞蹈、书法等，想让孩子百科无所不晓、百艺无所不精。岂不知拔苗助长，往往适得其反。

还有些父母，信奉的是金钱万能，对孩子的奖惩都与物质利益挂钩。他们认为，世上最伟大的爱是为后代留下金山银海。于是，车子、票子、房子一应俱全地为孩子储备好。

还有些父母，关心孩子的生活、健康等知识，却又不关心他们怎样为人处世，忽视了对他们的心灵培养，忘记了要把孩子塑造成一个真正的人，一个对社会有用的人。

这样的“有些”，如果想写，还能写出很多。有的父母计划把孩子的一切都包下来，生怕委屈了孩子。正是我们这种无微不至的爱，使得孩子慢慢地变得骄奢、懒惰、冷漠，不理解我们的一片爱心，更不知稼穑之艰难、工作之辛苦、养育之不易，反而认为做父母的就应该为他们服务，于是心安理得，照单全收。岂不知，如此一来，让孩子养成了许多不良习惯，有的甚至滑向犯罪深渊。

曾经有一位母亲给我留言：我不得不承认我已经快被我的孩子逼疯了。他今年才10岁，在家里总是很安静，但每到一个人多的地方，却总是停不下来，不是东摸摸，就是西动动。和别的孩子打架、打坏物品是常有的事。我和他爸爸都受过一定的教育，想着不约束孩子，可以培养他的创造力。但孩子的捣乱经常引起其他人的不满，老师和别的父母总是来告状。我们虽然喜欢他，但看到他总是捣乱、惹得周围人不高兴也很是焦急，心想如果因此影响了周围的人际关系岂不是因小失大。我感到束手无策，不断地询问，多方地打听，陷入了苦恼之中……我已经绞尽脑汁，彻底黔驴技穷了。我如何才能够在孩子继续恶劣行为的时候使自己不至于发疯呢？肯定有更好的解决方法的！

这是一位对孩子不良行为深恶痛绝的母亲的呼声。而在现实生活中，我们常常听到父母们在说——

“你一定要我给你说几遍才肯听？”

“给你说过，见到长辈要打招呼。”

“行了，快停下来！”

“你为什么就不能表现好一点？”

“我让你起床，为何还不起呢？你看看几点了?！快点！”

“我给你说过多少次了，要有礼貌。你看你，一点教养都没有。”

“叫你吃饭呢，没听见吗？耳朵聋了?!”

“放学回到家就知道玩，这要睡觉了，你还没写完作业?!”

“让你每天上网1小时，你看看几个小时了，你还在网上!”

“给你说过，不要剩饭，可你每次都剩。”

如此等等，这样的例子举不胜举。

以上这些，是很多父母面临的问题。而我们父母最大的愿望就是如何让孩子养成良好的行为习惯。

在过去的几年中，我收到过许多心烦意乱的父母们提出的成百上千的问题。我的邮箱常常被父母们提出的问题挤满。期间，我发现所有问题都有3个共性。

首先，父母大多请教孩子相同的不良行为的问题。比如孩子们不听话、逆反、任性、顶嘴这类问题总是高居榜首；接踵而至的就是焦虑、霸道、打架、迷恋电子游戏、手机控等，诸如此类。我用了很长时间记录归档，陆续整理出近200多个孩子的不良行为。这些不良行为涵盖了生活、交往、心理、学习、品行等各个方面。我无法把这200多个不良行为全部列举出来，事实上也没有必要。我与许多父母们座谈，征求父母们的意见，发现孩子重点有36种不良行为，使得父母最为头痛和束手无策，也就是本书列举的这36种不良行为。

其次，我们到底该用什么样的管教方法，改掉孩子的不良行为呢？而在管教中，需要明白哪些是有用的教育方法，又有哪些错误的教育方法需要避免呢？

再次，父母想要知道如何规范孩子的行为。他们并不满足于当场改变、纠正孩子的不良行为，他们想要一劳永逸地拔掉这个毒瘤——没有任何后遗症，不用暗示、恳求、哄骗、大嚷、威逼利诱等。

于是，在回答父母们的提问时，我发现自己在一遍又一遍地重复着同样的答案，周而复始地提供着相同的办法，直到有的父亲或母亲问道："你就不能把这些写成一本书？"

是啊，我为何不把这些回答整理成一本书呢？于是，经过两个多月的奋战，就有了这本《正面管教：轻松纠正孩子常见的 36 种不良行为》。当然，图书市场上也有这类书，但我要说的是，这本书绝对与众不同。在这本书中，我会提供给父母经过证明是正确的小策略，帮助你改变孩子的不良行为。

这本书适合 6 至 17 岁孩子的父母阅读。在本书中，我将帮您制定一个策略，用 6 步解读孩子的不良行为，进而加以纠正。只要这么做了，您会发现：您和孩子之间的关系将会大大改观，您的家庭生活将会越来越和谐，养育子女这项工作将会变得令人愉快，甚至还变成了一种享受。

作为父母，我们的投入和付出将会如愿以偿。难道那不正是我们为人父母的全部意义所在吗？毕竟，作为父母我们都有一个伟大的目标：让我们的孩子幸福快乐，言行举止得体大方，不但能健康成长，还能成材成功。

尤其需要说明的是，孩子的不良行为习惯既已养成，要纠正不是一蹴而就的事。毕竟，冰冻三尺非一日之寒，一定要坚持才能取得好的效果。

应该说，所有用来改变孩子行为的基本策略都已经被收罗在这本书中了。但是，当我和数以百计的父母共同努力后发现，另外一些补充和建议也非常实用。我强烈建议父母们在纠正孩子的不良行为之前，进行如下 6 步工作：

第 1 步：锁定目标行为（每次不要超过两个）

在我解答父母们提出的问题时，多数父母知道自己的孩子有一大堆问题，但问题是什么，问题发生的频率、数量、强度等说不准，这样不仅使自己心中无数，也往往使我们的帮助很难有的放矢。父母要先搞清楚自己孩子的问题在哪里，想塑造孩子什么样的行为。只要认真仔细观察、记录两周，问题就会逐渐明确起来。

第 2 步：记录评量这些行为

这个步骤是为了更好地掌握孩子哪些行为不恰当，它发生的频率有多大，强度如何等，能从量的方面对问题进行描述。家庭中往往可以用次数记录表来记录孩子的有关行为。一般情况是在每天的固定时间观察或记录相应的行为问题，经过约 4 周左右的时间，记录的结果便比较稳定了。

第 3 步：分析这些行为的原因何在

找出了原因，就比较容易对症下药。比如，孩子说脏话是因家里人说脏话而模仿的？还是从电视上模仿的？还是从小伙伴处学来的？这将有助于问题的解决。

第 4 步：确定目标行为和终点行为

问题找到之后，就应确定你要塑造或纠正哪种行为了，并且对这一行为最终达到什么标准也应制定出来。

一般情况下，孩子的行为问题可能不止一个，但开始应该先从某一个行为入手，进行重塑或改变，这样便于巩固效果。

例如，孩子说脏话的行为。经观察，获知每天孩子在三餐时说脏话平均 15 次。究其原因，父亲平时有说脏话的现象，也有小伙伴的影响。据此，母亲决定，先纠正用餐时孩子的说脏话行为（目标行为），然后确定终点行为，即达到每天三餐说脏话两次以下。

第 5 步：制定纠正这些行为的计划实施方案

这是关键步骤之一。我们上述介绍的策略与方法可以灵活地利用。我们还是以说脏话为例，整个过程如下：

1. 召开家庭会议，讨论孩子的行为问题。如讨论说脏话的种种坏处，说明做一个语言文明的人的重要性。

2. 通过讨论制定规则。如决定孩子今后少讲或不再讲脏话，尤其是在用餐、公共场合。最好把规则打印后贴在家中比较醒目的位置。

3. 制定合同。可以最大限度地发挥父母的创造性，灵活地使用正强化、消退、惩罚（如隔离、停止吃饭）、分数、代币等方式、方法。在此例中可以规定：

A. 每餐不说脏话得5分（因为平均每日三餐共说脏话15次，每顿饭平均5次（正强化）；

B. 用餐时每说一次脏话扣1分（惩罚）；

C. 第一周得15×7－3×7＝84分以上。

从观察看，孩子每周三餐说脏话105次，终点目标是每周3餐低于14次，一天低于2次。第一周要求可以低一些，定为第二周21次，即每天3次，105－21＝84，可定为85次，一次一分，所以，第一周得85分。

D. 第二周以后每周得分15×7－2×7＝91分以上。

E. 那么，周日全家去动物园或者去吃麦当劳（孩子喜欢去动物园，喜欢吃麦当劳）。远期目标，用有效的强化物巩固。合同立定，父子、母子签名，并一经签名就马上生效，不再反悔。

当然，也可以采用隔离法，每说一次脏话就到饭桌旁站立5分钟。

特别需要说明的是，使用隔离时要使用定时器，没有定时器可以用电子表、钟表代替，以便大家共同遵守隔离的时间。

第6步：坚持21天纠正这些行为，巩固改变结果

改变孩子的不良行为，一定要坚持21天的反复期。一个行为的改变，必须坚持21天。

如果21天还没有看到变化，就要重新审视行为改变的计划方案，调整改变预定的策略。

而且，一些顽固的行为往往要经过相当的反复才能消失或重建。

在这里，尤其需要说明的是，在实施行为改变的过程中，父母可以建立一本行为转变日记本，记下孩子最突出的不良行为，然后写下你的想法和行动计划，以及转变结果。当然，在孩子的转变中，别忘了记录下孩子的进步。

目录

第一章

要教育好孩子，先端正自己

孩子的问题往往是家长的问题

父母如何走进孩子的内心，了解孩子的真实想法？如何有效地管教孩子又不让孩子产生逆反心理？管孩子怎样才是合适的尺度？如何纠正不良行为，养成良好习惯？……这一切引起许多父母的思考。

厌学、任性、说谎、胆怯、暴力倾向、成绩下降、没有礼貌……孩子身上出现的这些问题行为，令许多父母伤透了脑筋，却又无可奈何。

如果可能，我们可以列出一个长长的父母烦恼清单。

心理学家指出，未成年人出现异常状态，根源往往在家庭。因此，既要教育孩子，也要教育父母。

我发现，父母在教育孩子中，最大的难题是：把握不住孩子的行为是对还是错，而对孩子的不良行为，常常抱着一种又爱又恨的矛盾心理。父母一方面想确立孩子的行为规范，另一方面又怀疑这些规范对孩子的可行性，最终搞得无所适从。

家庭是孩子成长过程中最重要的因素。父母对孩子心理、性格和人格的影响是决定性的，孩子的心理和行为往往带着家庭的影子。因此，孩子出了问题，家庭因素不可忽视，父母千万不能只责怪孩子，而要主动寻找原因，承担起一定的责任。

事实证明，正确的教育方法才能培养健康的孩子，有问题的孩子往往出自“问题家庭”。孩子是父母的作品，正如文章没有写好，不是纸和笔的错，而是拿纸和笔的人是否有思想有写作能力。同样，孩子没有管教好，责任当然不在孩子身上，而在父母身上。

孩子有缺点或不良行为，这种现象很正常，因为孩子还小，很多时候不能明辨事非。纠正孩子的不良行为，教育孩子养成好习惯是父母不可推卸的责任。父母的某些行为也会造成孩子的坏行为，孩子的缺点都是源于父母的过失。

有这样一位父亲，他常常不能忍受儿子的一些行为。儿子是一个漫不经心的家伙，常常心不在焉，袜子穿了一只，却又看起书来，裤子穿了一半，忘了是否小便了，走路时常撞在路边停靠的车子上，永远不知道拖鞋踢到哪儿去了。他的父亲常跟在儿子后面叫骂。实际上，儿子的这些行为几乎是他自己的翻版，但他永远不会骂自己。试想，这个儿子在这么一个父亲的教导下，会有什么结果呢?

这位父亲能够这样客观而冷静地描绘自己，说明他还是一位明智的父亲。我们更多的糊涂父亲或母亲，没有认识到自己就是一面镜子，恐怕还在一味责怪孩子，而不知检点一下自己呢。

一位母亲在改变孩子说话急促的习惯时说：

我发现小女儿说话的语调越来越快，总是匆忙而急促，还常常吞吞吐吐。我注意矫正她说话的速度，叫她慢慢说，但没有什么效果。后来才逐渐发现，原来根子在自己身上。因为我和她父亲平时工作比较忙，回到家，除了看书看报或看电视，甚至觉得闭起眼睛休息一会儿也比和孩子谈话重要。而孩子心中的许多感受、疑问或喜乐，找不到机会表达。所以，她总是一有机会，就想对父母倾吐，又怕父母听不完她的倾诉就又有其他的事，所以就尽量快说，久而久之就养成说话又急又快的习惯。有时又发现父母在听她说话时心不在焉，于是就又吞吞吐吐起来。

这位母亲找到了孩子的毛病成因后，从自己着手改变听孩子说话时的态度，对孩子的讲话表示了应有的热情与耐心。很快，孩子的讲话就不再那么匆忙急促了。

由此可见，父母是孩子的第一任老师。父母的行为直接影响到孩子的行为和身心健康。要想尽快而有效地纠正孩子的不良行为，做父母的首先要从自身找出缺点，以正确的言行感化孩子，让孩子以良好的言行迎接未来。

孩子的不良行为大多与父母有关

父母的行为对孩子的影响是巨大的。可以说，父母是什么样的人，孩子就是什么样的人。

孩子最初接近一张白纸，就看养育他的人怎样来设计和上色。

莫卧儿帝国的统治者阿克巴尔大约生活在700年前，他想要知道，什么是人的先天语言。因此，他让一些婴儿同他们的父母分开，并且这样抚育他们：只给这些孩子们食物和照料，但是不允许同孩子说话或者给孩子爱。结果是令人震惊的，当这些孩子放出来时，他们什么语言也不能掌握，而且，完全成为不可教的，甚至企图在军队中使用他们也失败了。

从这个故事中我们可以看出，人的一切行为，不管是好的还是坏的，都是要通过学习才可以得来。而作为提供学习样板的父母又是怎样的呢？不管父母有没有意识到，日常生活中他们的言语、举止、爱好、习惯无不在潜移默化中影响着孩子。孩子的年龄越小，受这种影响就越大，程度也就越深。

有一句民间俗语非常富有哲理：如果你想知道孩子为什么会是这样，你只要去看看他的父母。

有位母亲喜怒无常，她心情好的时候，对儿子的要求样样满足；心情不好时，就从头上拔出发夹，随意向可触及的东西乱扎一通，借以发泄。耳濡目染之中，孩子也养成了喜怒无常的性格，跟同学好的时候，什么东西都会送给同学，但不好的时候，就会拿出小刀，像他的母亲一般，向手边的东西划去，甚至将同学的手臂划伤。

一个意志坚强、做事从不虎头蛇尾的家长，他的孩子做大事小事一般都能善始善终；一个在家庭成员间都满口谎言的家长，你如何去要求孩子做到诚实？

其实，孩子一开始并没有多少是非、对错的价值道德观念。有一次，一个家庭里发生了这样一件有趣的事情：父亲的一部手机找不到了，于是大家在家里四处翻箱倒柜地寻找，结果在抽水马桶里找到了，原来是他刚会走路的孩子扔进去的。一个成人是决不会把手机扔到马桶里的，因为他知道这是一个贵重物品。但1岁的孩子还没有形成价值观念，在他眼里，一部手机跟一张废纸是一样的，他会像扔一张废纸一样把手机扔掉。

播种行为收获习惯，播种习惯收获性格，播种性格收获命运。因此，父母要从孩子的细小行为抓起。而孩子的行为又受他的思想支配，他思想中价值观念的形成，又受父母言行的影响。

父母不仅要用合理的语言，更要用积极、正面的行动来塑造孩子好的个性。如果父母要对孩子有所约束，避免任性，那就必须自己首先以身作则。孩子虽小，但他的感觉却是很灵敏的。父母在孩子面前切忌随心所欲，家庭成员之间要形成和谐的民主气氛。什么该做，什么不该做，父母首先要亮出观点，并身体力行。

身教重于言教。父母要用自己的言行教育孩子关心他人，避免自私。在公共汽车上，我曾见到父子两人抢着给一个白发苍苍的老人让座，那孩子看上去不过七八岁的样子。良好的公德心是一个人在社会上获得尊重的基本品性。

自己的事情自己做。父母要培养孩子的自立精神，避免依赖。父母除了对孩子实施“自己的事情自己做”的原则，同样自身也要遵守。如果父母能够把属于自己职能范围内的事总是做得干净利索，自己能独立完成的事情绝不请别人帮忙，天长日久，当你要考察他的独立意识时，你的孩子一定不会令你失望。

溯本求源，问题出在孩子身上，根子长在父母身上。孩子身上表现出来的毛病，有的是父母教育思想、教育方法上的问题，有的是父母自身不良影响所致。因此，要想孩子改掉身上的毛病，父母必须先端正教育思想，严于律己。

过度宠爱小孩，没有管教和要求，甚至干扰到学校教育，肆意要求教师照顾孩子，没有给孩子面对挫折、懂事成长的机会，使得少年人一个个自以为是，最终铸成大错。这不是父母的错，又是谁的错呢？

父母常犯的三个错误：溺爱、剥夺、催逼

孩子的问题行为，主要是指孩子在成长、发育过程中出现的心理上或品德上的缺点及不足。孩子的问题行为往往给学校、社会、家庭带来许多困扰，更会干扰孩子的学习和健康成长。这个问题已引起医学专家和心理学家的重视；当然，父母们对此也很关注。

据有关方面调查研究，造成孩子问题行为的家庭因素主要有：

父母关系不和严重影响孩子的心理健康，造成父母权威丧失，孩子缺乏温暖和安全感；

对待孩子简单粗暴，严重伤害孩子的自尊心；父母缺乏与孩子的沟通，会造成孩子孤僻、忧郁；

过分溺爱孩子，导致孩子以自我为中心；

父母不良的行为习惯容易传染给孩子；

父母望子成龙心切让孩子不堪重负；

父母及祖父母对待孩子的态度和方法不一致，导致孩子无所适从；等等。

纠正孩子的不良行为，必须在家庭的参与下改善家庭内部的人际关系，促进家庭成员相互了解和沟通，让问题孩子重新回到一个健康的成长环境中。

我总结归纳了一下，在家庭教育中，父母最常犯的有三个错误：

1. 溺爱是不良行为的催化剂

我们大多数父母都知道溺爱对孩子的发展十分不利，尤其溺爱能培养出孩子各种各样的不良行为。可是许多父母还是不知不觉地在溺爱孩子，其理由非常简单："现在就这么一个孩子，不用那么严了。""现在生活条件好了，何必对孩子那么心硬。"父母们千万要明白，爱孩子是必须的，没有对孩子的爱就没有孩子的健康成长，但是溺爱却是要不得的，尽管有时爱与溺爱仅有一线之差。

我举一个自己家孩子的例子。因为我和孩子妈妈工作忙，没有时间照顾孩子，就请岳母岳父过来帮助照看孩子。有一次，家里吃水饺，四盘水饺放在桌子上，我以为都是同样的馅，也没多想，就近一盘吃了起来。这时，岳母说："这盘你别再吃了。"我问："为何？不都是饺子吗？"岳母说："这盘是虾肉馅的，是专门给孩子包的，孩子爱吃虾肉馅的。"我一听，就觉得有问题，说道："这就不对了。要吃虾肉馅的，大家都吃，为何单单给孩子搞特殊呢？如果这样惯下去，孩子就会自己总吃独食，越来越自私。"从那以后，我们家吃饭大家都一样，孩子也不能搞特殊。

苏联教育家马卡连柯说过："没有父母的爱，所培养出来的人往往是有缺陷的人。"可见父母之爱、亲人之爱对子女的智力等因素发展的影响之大。然而，若这种爱变成了溺爱，就会走向反面。

现在有很多父母总想将孩子置于"保险柜"里，让他们生活在"安全圈"中，不准孩子到外面玩耍，生怕孩子受了委屈和挫折。他们对孩子百依百顺，要什么给什么，千方百计满足孩子的物质需要。他们自觉不自觉地把自己的孩子抬到了家庭的中心位置，使他们成为什么"小皇帝""小公主""小天使""小霸王""家庭第一把手"。久而久之，对孩子由溺爱到放纵，由放纵到管不了，最终甚至导致孩子对父母产生逆反心理，乃至发展到亲情反目成仇。

一位小学三年级的孩子放学回家，看到父母精心为他准备的晚餐，略扫一眼，就大发雷霆，说没有一样菜是他喜欢吃的，非让父母陪他下饭馆。父母带着“爱子”到了一个装修考究的饭庄，让他自己点了几个菜，而他们心甘情愿地充当了“伴吃”的角色，脸上还美滋滋的。

一个五年级学生，到了该上学的时间还赖在床上。母亲无奈，只好急匆匆跑到学校，竟然恳请老师到他家去一趟，劝孩子起床上学。这位母亲的举动，让老师哭笑不得。

天津市发生了一件耐人寻味之事：一个8岁男孩因嫌奶奶给压岁钱太少而大发雷霆，致使祖母气急昏倒。这位男孩的奶奶王老太太，平时靠扎纸盒为生，手头没有什么积蓄。她考虑到下面有5个孙子、孙女，便决定每人给20元压岁钱。这个8岁的孙子和父母到奶奶家拜年，见奶奶只给了20元压岁钱，很不高兴，非让奶奶给一张100元的大票子，气得奶奶心脏病复发倒在沙发上，继而昏迷不醒，被家人紧急送往医院。经过两个多小时的全力救治，老人总算脱离了危险。

有位山东夫妇年过30才喜得千金，对其独生女极为溺爱，致使女儿虽只有6岁就养成骄横的性格，稍不如意就大哭大闹，对父母施以拳脚。后来为了一根冰棍，这个6岁的独生女竟用老鼠药把母亲毒死。父亲一气之下把女儿掐死，自己也悬梁自尽，好好的一家三口人都葬送在溺爱之中。

我总结了一下，溺爱主要表现在以下几个方面：

（1）过度关注。生活上关注、帮助是必须的。但有些父母过分溺爱孩子，孩子不守家规、淘气，也不教育、不引导，放任自流，结果使孩子养成任性、固执，不接受教育的坏毛病。

（2）过分迁就。孩子犯了错不敢理直气壮地说，更不要说惩罚了。于是，孩子离家出走、孩子任性、嘲弄父母，甚至吸毒等一切行为都来了。个性的迁就比生活上的过分帮助作用还坏。如果父母们希望自己的孩子将来能孝敬父母、服务社会，那么就该结束过分迁就的做法。该说就说，不能迁就。

(3) 过多照顾。家里的糕点、水果等美味食品，只让孩子一个人享受。爸爸、妈妈不吃，爷爷、奶奶也不尝，让孩子吃个够。长此以往，孩子便认为一切好东西都理应属于自己，独占玩具，吃“独食”，自己的东西不许别人碰，滋长起自私的心理，遇事“独”字当头。

(4) 过多禁区。因怕孩子出事，父母给孩子设置了种种禁区，不许独自到院子里玩，不许摸这，不许动那……这样，造成孩子胆小怕事。由于孩子缺乏与外界接触，家中又没有伙伴，因而只能与收音机、电视机、电脑为伴，从而形成了孩子孤僻、不合群的性格。

(5) 过多许愿。有些父母在孩子哭闹时，随便许愿，孩子要什么都答应，连根本无法兑现的也答应，父母说了不做，就会在孩子心中失去威信，造成施教困难。

(6) 过多偏食。父母爱子心切，只根据孩子的爱好，而不根据孩子的营养需要进行喂养，使孩子形成偏食和忌口。有的孩子长期不吃蔬菜而造成习惯性便秘；有的孩子只吃某些单一食物而造成贫血；还有的不按时定量进餐而造成营养不良。

(7) 过多包办。父母唯恐孩子受苦受累，稍有困难，就出面解决。例如，孩子作业不会做，父母就动手包办代替。结果造成孩子依赖性强，独立生活能力差。如许多四五岁的孩子，不会自己吃饭、洗脸、穿衣、系鞋带……天长日久，孩子就会养成嫌脏怕累的懒惰习惯，缺乏独立克服困难的能力，经受不起打击和挫折。

(8) 过多满足。孩子只要哭闹或耍赖，父母就满足其要求。想干什么，就让他干什么；要买什么，父母就给买什么。久而久之，稍不如意，孩子就大发脾气，最后发展到孩子在家称王称霸，不讲道理，蛮横粗野。

（9）过多打扮。有的父母喜欢将孩子打扮得花枝招展，奇形怪状。这会造成孩子的心理发育异常，不利于孩子身心的健康发育。

溺爱对孩子成长的不利影响是显而易见的，如得不到及时纠正，孩子长大后则会形成各种不良性格，影响孩子在各个方面的发展，甚至成为劣根性。这是父母们应十分注意的。

英国有一句谚语："娇养儿不能成大器。"事实上，我们做父母的，是不可能保护孩子一生的，当然也不应试图这样去做。现实告诉人们，做父母的应摆正自己的教育观念，不能将对孩子的责任延伸得太长太宽，从而形成畸形的教育。在关爱孩子的幌子下，放纵孩子，娇宠孩子，使他们在父母无限宽大的温床上，完全丧失了做人的准则，甚至走上歧途，这样的教训难道还少吗?!

父母要避免对孩子溺爱，就是要保持爱的节制，以科学的爱保护孩子健康成长。

2. 剥夺是不良行为的助长剂

剥夺是指孩子在生长发育的过程中孩子所需要的东西没有被满足，例如孩子需要相应的营养、相应的教育、相应的爱抚，父母没有给予。

一位教育专家曾讲述过这样一个案例：

一次，某幼儿园阿姨对她所教的中班进行心理测试，其中有这样一个题目："一个小妹妹病了，冷得直哆嗦，你愿意借给她外衣吗?"结果，孩子们半天都不回答。当老师点名时，第一个孩子说："病了要传染的，她穿了我的衣服，那我也该生病了。我妈妈还得花钱。"第二个孩子则说："我妈妈不让。我妈妈会打我的。"结果，半数以上的孩子都找出种种理由，表示不愿意借衣服给生病的小妹妹。可巧，这位老师的孩子也在这个班，她实在不甘心这样的结果，就问自己4岁的儿子："一个小朋友没吃早点，饿得直哭，你正吃早点，该怎么做呢?"见儿子不回答，她又引导："你给他吃吗?""不给!"儿子十分干脆地回答。妈妈又劝："可是，那个小朋友都饿哭了呀!"儿子竟然回答道："他活该!"

这不是特例。在现实生活中，孩子们的有些举动足以让人瞠目结舌。

由于物质生活水平和教育水平的提高，现在剥夺的形式已不是物质、教育条件不能被满足了，而主要体现在以下两个方面：

（1）心理需要的剥夺。由于父母工作太忙，尤其是父亲与孩子在一起的时间太短，没有时间陪孩子，造成孩子心理失衡。这极不利于孩子健康心理的发展，严重时还会导致心理疾病。

（2）剥夺孩子处事权力。我国老教育家刘绍禹曾经说过，"不要太关心儿童"，"太关心了容易养成孩子相反的自我中心心理，结果变成自私自利的人"。很多父母把孩子当成宝贝，什么事都替孩子包办，有的甚至想要知道孩子的一切，包括孩子的隐私。有的孩子遇到困难了，父母表现得比孩子还忧心。有的孩子出现失误，父母自己感到有很大责任，坐立不安。父母对孩子的过度保护，让孩子失去了自我，完全无法客观地看待自己，观察社会，剥夺了孩子的处事权利。

（3）溺爱也会导致剥夺。溺爱往往剥夺了孩子动手、动脑的机会与权利，扼杀孩子的创造欲、动手欲，使孩子丧失了锻炼、学习的机会，从而使孩子永远长不大。

我们做父母的，千万不要把孩子当作手中的风筝，因为担心孩子飞向天空会遇到这样那样的不测，而舍不得放开手中的线。如果是那样的话，孩子只会在这条线的牵引下围着父母转而失去飞翔的机会。

如果有那么一天，父母牵不动这条线了，或许风筝就没有高飞的动力了。如果到那时候才明白，悔之晚矣。这是因为，父母的剥夺早已伤害了孩子。

3. 催逼是不良行为的助力剂

我们有些恨铁不成钢的父母，一时看不到孩子的潜能就心急，开始催逼孩子努力，达到某些目标，未来要如何如何等。其实，有许多天才少年的失败，就是因为父母的催逼。

过去，父母对孩子的催逼还不十分明显。那时，孩子们自然成长的成分更多一些。可今天，随着物质生活的较大丰富，随着广播电视手机电脑网络以及微博微信等媒体深入到家家户户，随着市场经济带来的人与人的竞争，尤其是升学的竞争，催逼已经给孩子的成长带来了极大的压力。尤其是当今大量播放的电视剧中那些优越的生活条件、豪华奢侈的生活方式，都会给孩子造成极大的压力，成为不可忽视的催逼源。这些催逼在孩子身上表现出如下的作用：

（1）生理、心理发育不协调，某些发育因素大大提前。以女孩子为例，已有统计发现女孩月经初潮的平均年龄已比20年前提前了两年多，从过去的11～13岁提前到9岁，甚至7岁。究其原因，主要是食物构成的变化。自然的食品越来越少，加工食品越来越多，而后者往往加入人为的食品因素，如添加剂等，这是导致孩子提前发育的原因之一。强化食品的过多摄入。例如含有大量激素的强化食品，孩子摄入后势必引起提前发育。社会文化因素，这是促进发育的因素之一，就连幼儿园的孩子都能从电视上模仿接吻、拥抱。可见，新的文化因素对孩子的影响。生理发育提前尤其是在心理准备不足的情况下，这种提前往往导致孩子一系列问题，使家庭教育任务变得更加繁重。

（2）心理成熟期缩短。社会越现代化，需要孩子掌握的现代文化也就越多，也就需要更长的时间来掌握这些文化。也就是说，需要更长的心理成熟期，否则，就难以适应社会生活。可是，物质的、环境的催逼又使孩子过早地、支离破碎地发展某些心理因素，如性心理。这样一来，这些表面上看上去成熟的孩子，实际上离独立生活的能力还相去甚远，这就产生了一系列的行为问题。

(3) 智力过分早熟。由于社会竞争的影响，使得许多父母看到智力发展的重要性，于是，不惜一切代价催熟孩子的智力。可是，其中的一些父母往往只注意了智力，忽视了个性的发展，忽视了个性的发展要经过一定的时间和相应的人生经历才能完成的特征。

孩子自有孩子的世界，孩子也自有自己的言语、行事和社交方式，必要的规矩是需要的，但父母也不能以大众的标准和要求去束缚孩子，要还孩子自然的本来的面目，给孩子创造一个真正的爱的环境，不要人为地催逼孩子，而应主动缓解孩子的压力，使孩子有饱满的热情和旺盛的精力投入到学习中去。

错误的方法必定导致不良的行为

家庭教育是每一个家庭的大问题!

让自己的孩子成为一个优秀的人，是天下所有父母最大的期望。但是，您想过您的教育方式存在问题吗？您知道您的教子方案存在错误吗?

有权威调查证明：有70%的家庭对子女的教育存在教育不当的问题，100%的父母曾经在教育子女的问题上犯过这样那样的错误!

生活中，我们有许多父母总是不太相信孩子能做出正确的选择。说白了，就是不信任孩子。而这种信任的缺乏，促使孩子更多地去相信外部信号，而非内心。

从幼儿时期开始，我们就一直对孩子说“你还不够好”，“你要听爸爸妈妈的话”，“你不能只想着自己”，等等，强迫他们听从我们的控制和支配。就这样，从很早开始，孩子的行为和想法就从对别人不管不顾转变为害怕和顾虑重重。他们不得不去寻求权威的指引和保护，停止从自己的内心寻求答案。最后，变成没有原则、没有独立思考的人。

我们教育孩子要遵循社会的表面标准，有两个原因：一来我们想保护他们免受嘲笑、排挤和指责，在生活中愉快并成功；二来很多父母希望孩子能够弥补他们自己人生中的缺憾。出于这两个原因，父母总是在无意间鼓励孩子塑造出“假我”，遵循社会的期待而丢掉自我。

错误的教育方法，必然导致不良的行为。孩子的行为问题，不仅仅是孩子个人的问题，它同时也是一个家庭的问题。父母需要“照镜子”，好好看看真实的自己，诚实地看看真正的自己。

错误 1：不尊重孩子内心的感受

这种方法可能是最不显眼的一种支配方式，因为孩子常常不会把它视为一种控制。这种隐蔽的策略包括让孩子感到内疚、难受和羞愧。

有一位孩子这样对我说：“我爸爸总是在学习成绩上给我施加压力。如果我得了 59 分，他就会让我觉得自己和垃圾一般。六年级时，有一次考试我得了 82 分，结果他让我觉得自己真的像一个傻子一样。”

下面是一些我经常从父母嘴里听到的话，都是这种行为的典型体现：

“如果你真的爱我，就应该更努力一些。”（让孩子内疚）

“你看我每天给你做饭，送你上学，忙前忙后，简直就像你的私人保姆一样。”（让孩子感觉你在牺牲）

“什么？你数学考试不及格？看在老天爷的份上，你爸爸妈妈可都是名牌大学理工科毕业的博士啊！你可真给我们丢脸!”（让孩子羞愧）

虽然这些例子多少有点极端，但是如果我们听听自己对孩子说过的一些话，我们一定会找到这些东西的痕迹。

“你能不能早点起床？每次你错过班车，我都得一大早送你去上学。然后，我一天的计划就全报废了。”（让孩子内疚）

“你知道，如果我老是请假会被解雇的。不过没关系，我不想成

为那种不称职的妈妈，我不能错过你的乒乓球比赛，所以我想我愿意承担这种风险。”（让孩子感觉你在牺牲）

“你在语文考试中得了 59 分，这可是你迄今为止得到的最差成绩了。还有谁的成绩能比你还低啊？”（让孩子羞愧）

我们最常用的一句会让孩子感到内疚和羞愧的话就是：“我对你非常失望。”也许，这句话听上去很正常，也很平常。而且，每个人都在说。但是它促使孩子在做出选择时，是基于我们的态度而不是事情本身的对错。所以，我们必须小心提防从我们嘴里说出来的每一句话。每一次我们都需要问问自己：“当我这么说时，我是想教导孩子，还是想让孩子听我的，顺服我？”

我们做父母的，应该尊重孩子内心的感受，不要让孩子好像欠我们似的。有的时候，身为父母亲的你，也许会因为一些事情而使得与孩子之间的关系紧张或出现裂痕，这是不可避免的。但是，不管与孩子发生了什么样的争执，我们要具有调和的能力，能与孩子重新和好。而且，在教育的时候，我们要学会尊重孩子，不能一味地打击孩子的自尊心，而给孩子幼小的心灵造成难以愈合的伤害。

英国著名教育家斯宾塞说过：“野蛮产生野蛮、仁爱产生仁爱，这就是真理。”对待孩子没有同情，孩子长大也就变得不会同情别人。也就是说，父母以应有的尊重对待孩子，孩子才会懂得尊重父母。只要认真培养，你的孩子也一定能学会尊重别人。

错误 2：让孩子服从自己

日常生活中，有的父母肤浅粗暴地对待孩子，让孩子处处服从自己，从而希望维系做家长的权威。这是极其错误的，它不仅加大了孩子与父母之间的情感距离，而且影响了父母与孩子的沟通与交流。孩子表面上服从了，内心反抗得却是更强烈了。

请看下面一些我们用于迫使孩子服从的表达方式：

“没人拿军靴搭配短裤，你这样穿，疯了吗？”

“你不能穿成这样出去，别人会笑话你的！”

“你不能下边穿运动裤、上面穿格子花，这是两种不同的图案！赶紧换一件上衣。”

我们需要敏锐地意识到，压制孩子的个性，会导致他们以外部控制的方式做出未来的一切选择，在外部影响的驱使下确保自己与他人保持一致。此外，也许你摧毁的正是孩子身上最珍贵的东西。看看爱因斯坦和牛顿，那些为人类做出重大贡献的人，他们最可贵的东西往往就是那些最与众不同、最古怪的品质。

我们常听见一些父母在斥责孩子时说：“难道连父母的话你都敢不听了？”或者：“你敢不听我的话？”“你如今翅膀还没硬啊，就不听话了？”这当然是父母对不肯听话的孩子，气得没有别的办法时才说出的气话。但是，它似乎也成了父母在对付不听话的孩子的最后的一张王牌。

这是些强迫的话，而且还带有威胁。如果孩子很小，是个小学生，听了可能会有些惧怕，因而也会屈从。但是，这种强迫加威胁长久了，对孩子的头脑、思想的发展都会造成一些消极的影响。

“连父母说的话你都敢不听！”这话的背后就是：“父母所说的具有绝对权威，而且也是绝对正确的。你必须服从，不容讨价还价。”这是显示父母权威的一种恐吓行为。平日我们常说的“听话”，实质上就是服从。

这种话会妨碍孩子完整人格的发展，影响他们思考力的发育和成长。他们可以成为父母眼中的乖孩子，但同时也可能变成毫无判断能力和无法独立生活的人。

“不容讨价还价”“不容争辩”，这是我国许多父母对孩子的要求。而在欧美，父母对待子女的态度、教育子女的方法就大不相同。他们在孩子不听从父母的时候，总是先了解孩子的心理，倾听孩子的意见，然后再告诉孩子：“为什么应该这样做?”直至孩子心服口服为止。

相反，不加以任何解释，不做耐心的说服，只是说“难道你连妈妈说的话也不听吗”，这样强迫孩子服从，他们并不知道父母是对的以及对在什么地方；自己是错的，错在什么地方。孩子盲目地服从，也就无从养成自己的判断力，更坏的是有的孩子不服从，消极地或公开地与父母对抗。

错误3：拿自己家孩子与其他孩子进行比较

为了督促孩子做得更好，很多父母都觉得和别人做比较是个很有效的办法。而这又属于一种有条件的接受。下面是接受访问的父母提供的生活实况：

“你为什么不能像其他孩子一样争取加入篮球队呢?”

“我听说隔壁的李然这学期的成绩单是清一色的100分。依我看，要是他能做到，你也行。加把劲啊!”

“你看看隔壁的小雪，人家多懂事。再看你，差得多远啊。”

对于这种说法，结论是明确的：比较只会让孩子觉得自己很没用。通过与他人的对照，父母只是让孩子了解到自己的现状并不完全符合我们的期待。最终，这些孩子会变得不敢从自己的内心来评价自己。他们会习惯于依赖外部的压力（例如他人的观点）来判断自己的价值。换句话说，他们在认识自己的过程中会采用外部控制的方式。

我认为，最好的做法是把孩子自己的过去作为比较对象，而不是别人。这样他们就可以清楚地了解到自己的变化，以及在变化的过程中自己能够做的事情。当他们学会把自己作为尺子，他们就是自我评价的高手了。而自我评价的能力对于自我指引至关重要。

有关方面的权威人士指出，简单地做比较只会增进孩子之间那种常有某种自然性的竞争。

如果一个孩子总是比起来不如人家，他就很可能开始憎恨其他的孩子。

此时，做父母的最好是不要去比较你的孩子，要去真正弄清楚你究竟希望你的孩子做些什么。

父母常犯的错误就是好高骛远，一边觉得自己的孩子是最好的，一边又因为孩子不能达到自己设定的标准而感到失望。他们总希望孩子表现优秀，有最好的前途，因而比较难以容忍孩子在某些方面特别是学习上不及同龄的人，认为这是孩子的失败，也是自己的失败。

苏姗和李小玲是表姊妹，两个人经常在一起玩。学校刚一放假，李小玲就到大姨家来玩。这天，大姨和李小玲在厨房里聊起考试成绩，李小玲很骄傲地告诉大姨，她除了一个良，其余的都是优。“你真是好孩子，学习成绩总是那么好。苏姗，你来一下。”其实，苏姗已听到了她们的对话，踌躇着不愿出来。听到妈妈喊她：“苏姗，这次考试考得怎么样？成绩单在哪里呢？”看着她无精打采的样子，妈妈开始生气了：“是不是这次又考砸了？去把成绩单拿来，我要看。”成绩单拿来了，没有一个优，大部分是良。“你真让我感到羞愧！”妈妈忍不住地大声训斥起来，“你的成绩为什么总是这么糟？小玲总能取得好成绩，你为什么不能像她一样，你就是太懒，总是注意力不集中，不专心听讲。回房间去好好想一想，再来跟我谈。”

虽然已经不是第一次在李小玲面前受训了，苏姗还是含着眼泪回到房间。

苏姗与李小玲从小就在一个学校上学，她俩家住在同一个小区。李小玲是一个非常聪明、非常出色的学生，不但在家很乖，而且在学校很受欢迎。苏姗觉得自己像个丑小鸭，情绪总是很坏。她多么需要得到善良的鼓励。但她从小就感到来自李小玲的压力，觉得自己无法比得过她，而妈妈不仅没能帮苏姗树立信心，还使她陷入更加泄气的境地。因为妈妈总是夸奖李小玲，数落自己，的确让苏姗伤脑筋。

父母不要老是羡慕别的孩子怎么怎么听话、怎么怎么聪明，转身便对自己的孩子横眉冷对。每个孩子都是一块尚未雕琢的璞玉，都有成为人才的可能性。而这块玉是放出光芒，还是失去光彩，就得看父母如何教育了。

我们很多父母都喜欢光凭学习成绩来评价和比较孩子。成绩优异的，给以赞扬和奖励；成绩差点的，不是责骂，就是嘲笑。要知道，成绩往往只能代表智力，而不能证明孩子的品格、性情及其他潜在的能力。它只能当作评价孩子的一项指标而已。如果你的孩子成绩没别的孩子好，你可以对他说："虽然你现在成绩没他好，但是你很努力，努力了就会取得好成绩。"你的侧重点在鼓励，而不是比较，效果就完全不同了。

父母最好的办法是不要把自己的孩子与别的孩子比较，而是关注自己孩子每一个微小的进步。毕竟，每个孩子有每个孩子的特点。

错误4：过分地唠叨或挑剔

在家庭教育中，我们时常看到这样的情形，那就是父母尤其是母亲无休止地在孩子面前叮嘱，不停地提醒，不停地督促，对孩子这也不放心，那也不放心，这也看不顺眼，那也看不顺眼。

挑剔就是在别人身上找缺点，并无休止地唠叨。唠叨则是伪装起来的挑剔。这两种形式的评价都在告诉孩子，他们已经误入歧途。通过挑剔和唠叨，我们会使孩子更多地从缺点的角度去认识自己，而不是从自己的优势出发。他们也因此相信：我们的爱和赞许是有条件的。

通过这些没有建设性的挑剔，孩子们习惯于从我们以及其他“有权有势的大人物”的眼中看待自己，而不是依据自己的逻辑思考。所以，每一次在我们挑毛病之前，都要评估一下“说出来到底是好处多还是害处多”。看看下面的例子：

“跟你说多少次了，饭前便后要洗手，你这个邋遢鬼!”

“你看看你，新衣服刚穿上一会儿就弄脏了，你能不能稍微注意一点?”

“又咬手指甲了，跟你说这样不卫生了，还咬！不长记性的东西。”

在家庭教育误区中，唠叨是最常见的一种。尤其是母亲非常喜欢唠叨，她们常常将唠叨错误地看作是责任心的表现：看见孩子犯了错误，我不多批评几句怎么行？一件事我不多嘱咐几遍，孩子忘了怎么行？我这样还不是为了孩子好？

虽然父母唠叨的出发点是为了孩子，但唠叨是反复单调的刺激，说多了就会让孩子觉得厌倦、反感或苦闷。

有一首《妈妈唠叨之歌》曾红遍网络。作者是美国喜剧女演员安妮塔。她为了照顾三个孩子的起居，天天唠叨不停。一个偶然的机会，安妮塔灵光闪现，她将自己每天常絮叨的话写成歌词，配着意大利作曲家罗西尼的《威廉泰尔序曲》唱了出来。当这首歌被放到网上后，引起了强烈反响。很多网友表示，这首歌写得“太真实”了，也十分有趣。

《妈妈唠叨之歌》的歌词是："起床！起床！快起来！去洗脸！去刷牙！记得梳头！这是你的衣服，你的鞋子，你有没有在听我说话啊？别忘了叠被子……"3分钟的歌曲唠叨了800多个字。天哪！多么可怕的一个喋喋不休的妈妈！这首歌一出场，满堂笑声，可见这是大家公认的妈妈的形象。

诚然，父母爱子之心令人感动，但这种不讲究沟通方式的做法，却常常让孩子无法承受。曾经有一个研究中心对千余名学生进行问卷调查。"你最讨厌的家教方式是________"，填写"唠叨"的占65%；"你最理想的父母形象是________"，62%的学生答是"理解子女，不唠叨"。统计得出结论：98%的母亲被孩子指责为"唠叨"。大多数孩子都对父母的唠叨表现出强烈的不满。

某报"家长版"在天津市63中学及南开区华宁道小学共发放了300份调查问卷，进行了有关"你喜欢什么样的家长"的问卷调查。调查显示，父母的唠叨最让孩子厌烦，其次是父母的观念陈旧。在"你的父母唠叨吗"的一项调查中，有51.5%的小学生、68%的初中生和72.4%的高中生表示父母很唠叨。从中我们可以看到，随着孩子年龄的增加，讨厌父母唠叨的指数也在不断上升。在"如果可能，想不想换一下父母，你最想换谁，为什么"的调查中，有12%的同学选择想换父母，想换妈妈的原因大部分是"嫌妈妈太唠叨，会打骂我"。

通过此调查报道可以看出，让孩子最烦心的是"父母唠叨"。看来"唠叨"成了孩子口诛笔伐、恶作剧的对象，值得父母们深刻检讨。

从实际调查看，唠叨给孩子带来的痛苦有时远比暴力还要深切。过分的唠叨并没有起到任何积极的作用，相反却有可能在父母与子女之间埋下一颗定时炸弹。当它爆炸的时候，会把亲情炸得支离破碎……

唠叨是说教的一种形式，基本上表现为机械地重复陈词滥调，类似的话反复说多遍，而且几乎每天都说。这就像一只苍蝇盘旋在孩子的耳边，直听得孩子耳朵“磨”出老茧，身心也被折磨得急躁不安，容易使孩子心烦意乱无法进入正常的学习状态。其次，唠叨的内容也大多是指向孩子的弱点、缺点，没完没了的数落、冷嘲热讽，就算说的是好话也多是规劝式的“不许这样”“不要那样”等。让孩子感到自己不受尊重。父母过多的唠叨会让孩子产生自我保护式的逆反心理。消极对抗、沉默不语或者干脆与父母针锋相对以至于恼羞成怒。

父母有责任对子女的不当言行及思想进行批评教育，但是一定要注意形式。不要没完没了地唠叨，实际上，不停地叮咛，不厌其烦，没完没了，甚至苦口婆心，不但没有良好的效果，而且还会给孩子带来许多负面的作用。

首先，父母应该做真正负责任的父母：父母爱子女，不仅要看动机，还要讲实效，这样的父母才是真正尽到了责任。

其次，父母应该多进行换位思考，考虑一下孩子的感受，不断克服爱唠叨的毛病。那种只考虑自己主观意愿，不顾孩子感受的做法，是一种简单偷懒的教育方法。

再次，不要用唠叨强行命令孩子。父母在教育孩子的时候，一定要有平常心态。孩子毕竟是孩子，有一个成长发展的过程。尤其不要用唠叨这种形式强行让孩子服从，这样做只能引起孩子的反感。

另外，父母应该更多地掌握和孩子交流的方式。我国著名教育家陶行知先生就善于变化二十多种说法来表达同一意思。我们父母虽然不用掌握这么多，但至少应学会变换几种方式与孩子交流。父母应该经常思考，用哪一种教育方式更好，用什么样的方式与孩子交流最合适又最有效。给孩子写信、留字条，引导孩子主动剖析自己，这些都是值得尝试的办法。

错误5：对孩子破坏性批评

孩子犯了错误，父母如果批评过于严厉，会挫伤其自尊心，甚至引起反抗；而如果批评不力，平平淡淡又不能震撼其心灵，他就会觉得无所谓。因此，父母必须从爱护孩子出发，严肃而又中肯地指出其错误所在、错误性质和危害，彻底揭穿其找借口抵赖的心理，并帮助他找出今后改正的办法。这样做，一般就可以达到批评的目的。

美国一个权威的咨询机构曾对小孩进行过一次测试，结果非常惊人。他们发现，孩子1岁的时候，想象、创造力高达96%；但随着年龄增长会减少，7岁时（上学以后）发生逆转；到10岁的时候，孩子丰富的想象力、创造力不见了，只剩下原来的4%！孩子们的想象力和创造力究竟怎么不见了?！于是，该机构决定对1万名孩子进行跟踪调查，对他们的各成长阶段进行监测。最后发现，小孩在成长（0~10岁）的过程中，平均要遭受超过两万次的“伤害”！其中对幼小的心灵伤害最大的，就是来自父母的“破坏性批评”！这对稚嫩的心灵而言，不啻是一次次人身伤害。

这些痛苦的记忆，深深刻在孩子心中，严重影响孩子的成长和发展，直接导致了害怕失败、害怕被拒绝，胆小、懦弱、犹豫、忧虑、找借口等消极心态。

破坏性批评的第一种表现，就是批评的时候对人不对事，直接进行人身攻击。

比如说：“你怎么这样蠢？我早就知道了，你是个笨蛋、傻瓜，一点用都没有！你只有吃饭厉害，饭桶！没治啦，没救了，我就当你死了，就当没这个孩子，当初不生你就好了，你看人家××，怎么就那么乖……”类似的批评任何人都不会陌生。

小的时候，父母这样批评我们；成年了，同事或领导继续如此这般；我们又像我们的父母一样正在这样对待我们的孩子……多么可怕，在这个世界上，时刻都在发生“破坏性批评”！或许，做破坏性批评的父母会说：“我们也是一片好心呀！虎毒不食子，我们是为了教育孩子，是为了让孩子学好，让孩子更争气……”

当然，这些父母的出发点并不错，破坏性批评带来的“破坏”确实也是无意的，但其结果却适得其反。

破坏性批评本身就是父母消极心态的表现，是父母自己各种不如意的消极情绪在孩子身上的发泄。因而，进行破坏性批评时，孩子受到的是双重消极影响：他们一方面直接承受破坏性批评的伤害；另一方面，父母是在做破坏性批评的示范，使孩子在潜移默化中学会了这种错误的发泄方式。

破坏性批评直接摧毁人的自尊，使被批评者增加心理负担，扭曲心态，孩子的自信心会因此而消失殆尽。他开始自怨、自怜、自暴自弃，害怕做任何事情，逐渐自我设限，丧失勇气，胆小懦弱。总之，破坏性批评这种“教育”方式会直接伤害孩子，给孩子造成巨大的思想负担，严重的会影响孩子的一生。

错误6：对孩子不准确的评判

没有什么比评判对孩子的影响更持久了。它会强迫孩子把自己的想法局限于我们所设定的范围之内。下面这些话就是我所说的总评判：

“你总是丢这丢那！要是不把螺丝拧紧，我看你得把自己的脑袋也给丢喽！”

“你怎么总是这么懒散，振作起来。”

“你什么事儿都做不好！”

一般情况下，这种结论都会包含类似“从不”或“总是”这样的字眼。这让孩子们觉得，没有任何可能去改变我们对他们的印象。他们会认定，自己的缺点是如此根深蒂固，以至于每一个想法和行为都受其限制。实际上，这也同时在阻碍他们从自己的内心去认识自我。

有的父母，望子成龙、望女成凤心切，于是他们不顾及孩子的兴趣和能力，不理解孩子发展的需要，强迫孩子按照自己的标准和想象的模式生活，常常会把自己的孩子跟别人作比较。当孩子达不到自己的要求时，便随意做出“没出息”等消极判断，使孩子产生自卑感。

为人父母者对孩子的评价一定要客观，实事求是，应从孩子的实际能力出发，调整不切合实际的期望和不恰当的评价。做教师也一样，对孩子提出要求时要先考虑孩子通过努力能否达到所定的目标，只要在原有的基础上有所进步，就要对孩子大加赞赏，从而增强孩子的自信心。

错误7：对孩子空洞说教

孩子判断是非善恶，多凭直观感觉。因此，少给孩子讲空道理，多选用实际事例对孩子进行教育，方能收到较好的效果。有的父母在教育孩子时，经常进行空洞的说教，反复唠叨，孩子左耳朵进，右耳朵出，效果很差。

下面这样的话都是典型的例子：

“你要树立远大的目标。一个人没有目标就没有方向。”

“你要学会感恩，父母养育你不容易。”

“你做什么事都是最好的。”

在这些话里，孩子听到的是空洞说理，根本不知该如何去做。

成功父母在给孩子讲道理时，往往生动形象，在孩子脑海里产生画面，效果好。

且看一位母亲的精彩“表演”。

一天早晨，这位母亲做了两碗荷包蛋面条，一碗上面放了一个鸡蛋，一碗上面无鸡蛋。端上桌，母亲问特别喜欢吃荷包蛋的儿子：“你吃哪一碗?”

“蛋的那碗。”儿子指着有蛋的那碗。

“让我吃那碗有蛋的吧！孔融4岁能让梨，你也10岁啦，该让蛋了吧?”母亲说。

“我又不是孔融，不让!”

“不后悔?”

“不后悔!”说着，儿子就吃了起来。

待儿子吃完，母亲开始吃，儿子看得清清楚楚：母亲的碗里藏了两个荷包蛋。

“记住：想占便宜的人，往往占不到便宜!”母亲指着自己碗里的两个荷包蛋，边吃边告诫儿子。

第二次，母亲又做了两碗荷包蛋面条。一碗上面放了一个鸡蛋，一碗上面无鸡蛋。问：“你吃哪一碗?”

“孔融让梨，我让蛋!”儿子吸取了上一次的教训，笑着端起了无蛋的那碗面条。

“不后悔?”

“不后悔!”

儿子吃到底，也不见一只蛋。母亲的碗上面放一只荷包蛋，下面又藏了一只。她又让儿子看个分明。

“记住：想占便宜的人，有时候反而会吃亏！”母亲指着荷包蛋对儿子说。

第三次，母亲又做了两碗荷包蛋面条。一碗上面放了一个鸡蛋，一碗上面无鸡蛋。端上桌，母亲问儿子：“你吃哪一碗?”

“孔融让梨，儿子让面，妈，您是大人您先吃！”

“那我就不客气啦！”母亲端着上面放着一个荷包蛋的面条，儿子随后端着上面没有荷包蛋的那碗面条。吃着吃着，儿子发现自己碗里也藏着一只荷包蛋。

“不想占便宜的人，生活也不会让你吃亏。”母亲对惊喜的儿子说。

儿子连连点头，认为母亲说得有道理。

通过巧妙的构思，让孩子“品味”做人的道理。这位母亲真是高明！

讲道理时不能信口胡说，也不能苛求孩子，因为父母信口胡说，孩子是不会服气的，父母的要求过分苛刻，孩子也是办不到的。

父母培养孩子若经常施以暴力而不和孩子讲道理，会造成孩子心理变态。到那时，孩子恐怕反过来对父母也不讲道理。所以，以理服人，人才服你，这样才能培养出道德良好、心理健康的孩子。

错误8：任意否定孩子

我们有很多父母总是在贬低自己的孩子，觉得孩子浑身毛病，哪都不好，见到孩子就只有批评，认为只有这样才能让孩子越来越成器。孩子总在批评和否定的环境中成长，长大了会出现什么情况?

有一些孩子身上有一些缺点，父母恨铁不成钢，便在生气的时候对孩子任意否定，“小坏蛋”“没心肝的”“笨蛋”等称谓在父母的口中经常不经意地说出。父母并没有意识到这些看似不起眼的词语给孩子带来多么大的伤害。

当父母“不厌其烦”地重复这些词语的时候，他们并不知道这些词语会在孩子的心灵深处造成也许并不明显却刻骨铭心的伤害，使他们被这些轻率的否定压得喘不过气来，从而自甘堕落。

从小到大，牛宏光的父亲就不喜欢他，总说牛宏光看着像流氓，还给他起了一个外号叫“监狱的苗子”。每当牛宏光犯了错误，父亲总是对他拳打脚踢，打到最后总要补充一句“你就是监狱的苗子，早晚进去”。

好几次，牛宏光哭着问妈妈：“我是不是很坏，我真是监狱的苗子吗?”每一次，母亲都是无言以对。“五一”劳动节时，牛宏光在路上捡到一个钱包，没想到拿起钱包没走多远就被失主碰到，失主抓住牛宏光不由分说，就把他送到派出所。任凭牛宏光怎么解释，都无济于事。当天下午，牛宏光的父亲来到派出所把他带回家。一回到家，父亲就把牛宏光一顿打，口中还是不忘骂一句“监狱的苗子”。

一个月后，牛宏光再次被警察带进派出所，父亲再打他时，他总是眼睛直直地看着父亲，只说一句话“我不就是监狱的苗子吗”。当牛宏光因为故意伤害罪被判刑时，他在法庭上说他最恨的就是父亲。

在上面的这个案例中，对牛宏光伤害最大的不是父亲的毒打，而是父亲的恶语相向，不断地否定孩子。父亲一次又一次地指责牛宏光是“监狱的苗子”，这给牛宏光造成了非常大的伤害。牛宏光在父亲的这种辱骂下渐渐失去了自信，变得自己都怀疑自己是不是真的是坏人，是不是真的是“监狱的苗子”。牛宏光也努力想改变父亲对他的看法，但是，事与愿违。一场误会后，牛宏光索性破罐子破摔，干脆就当起了“监狱的苗子”。

父母很多时候因为孩子在某方面不尽如人意，就用某一特征给孩子一个负面的定性，父母这一举动给孩子带来的伤害是非常严重的。一方面，孩子会因为父母的言语而伤害自尊心，认为父母不爱自己，从而自责。另一方面，被轻率否定的孩子长期被指责，容易产生抵触心理，索性就破罐子破摔。孩子以自甘堕落的方式报复父母，给家庭带来毁灭性的打击。

父母应该学着欣赏自己的孩子，学着鼓励自己的孩子。孩子需要的是赏识，需要的是信任。父母千万不要片面地夸大孩子的缺点，更不能乱给孩子身上贴上负性标签。

当孩子在某方面暴露出不良行为时，父母有责任帮助孩子一起尽可能地克服这些行为。父母在这个时候要格外冷静，要多想想孩子的优点。想办法如何更好地帮助孩子意识到这些不良行为并及时改正。乱贴负性标签是不负责任的表现，会为家庭关系破裂埋下祸根。

用鼓励代替责骂，用信任代替怀疑，用赏识代替否定，这样不但有利于孩子获得自信，从而努力按照父母的期望去做，而且有利于增强父母在孩子心中的威信，有效地缓和家庭关系。

错误9：有条件地爱

父母与孩子之间的爱是一种天性，是没有条件和理由的。

然而在生活中，我们常会听见这样的话："宝宝要乖，要听话，妈妈才爱你，才带你出去玩；宝宝要是不乖，不听话，妈妈就不爱你，也不带你出去玩了！"这样的说法也许可以取得管束的效果，可是却会带给孩子一个错误的观念："我要乖，妈妈才爱我；我不乖，妈妈就不爱我！"于是，父母对子女的爱无形中被冠以某些条件与前提。

然而，孩子不乖，并不能改变他是你的子女这一事实。我们奉劝父母们，请不要用条件交换你对孩子的爱！

真爱是有目标的，那就是爱孩子本身，而不是孩子的条件，如聪明、乖巧、好成绩等。

当真正明白“爱”的含义之后，爱的方式成为至关重要的问题。作为父母，应该让孩子知道父母是爱他本身，而对于孩子的表现与行为，则该贬就贬、该褒就褒。爱通过这种方式来传递，父母与孩子之间就可以搭建起亲情的桥梁。

有些父母十分爱自己的孩子，却又偏偏表现得很冷淡，使孩子不敢接近。父母爱孩子，一定要让孩子知道，除了言语之外，在生活上也应随时传达你爱他的信息。比如，你可以拍拍他，和他两眼平视、地位相等地谈话，让孩子感受到爱的温暖。如果你真的爱他，也请不要强迫他做不愿意做的事，或在别人面前诉说他的不是，体谅他、了解他就是爱他。

孩子的行为，是孩子不懂事或真正心迹的体现。所以，对于孩子的表现，父母必须表明自己的态度，对于错误的表现可以指明。

我们常常发现，当孩子不小心闯祸时，父母会很过分地责备孩子。比如，孩子不小心弄翻了汤碗，妈妈会说：“你啊，真是笨哟！我小时候就不会像你这样，简直笨得要命！”又如，一个小男生不敢去参加运动会的比赛，父母很可能说：“你啊，真没出息，这么没出息，你就不要当我的儿子了！”于是，孩子可能就会在父母的不断责备下，愈来愈笨，愈来愈没出息了！

其实，父母的责备，并不是不爱孩子，可是这样的责备会使孩子丧失自信，很可能从此就真的成为父母口中的“笨人”和“没出息的人”了。父母有责任向孩子指出他错误的表现，并督促和鼓励他纠正，但千万不可否定孩子本身。提醒父母，千万不要给孩子取“小傻瓜”“小笨蛋”的诨名，否则你会后悔这竟是一语成谶啊！

对于孩子的积极行为如何正确给予鼓励，也是十分重要的。在竞争激烈的社会，父母常有机会“奖励”孩子，尤其是孩子成绩好的时候，衣服、鞋子、脚踏车，父母是很舍得花钱的。当然，父母奖励孩子并没有错，可是在无形当中，却给了孩子一个错误的观念，他会以为：“只要我成绩好，父母就会对我好！”于是，他就会想尽办法去争取好成绩，以得到父母的赞美和鼓励。事情发展成这样，爱就变得有条件了。

为人父母者，应该放弃“功利”的观念，无条件地去爱，爱孩子本身，而不是只爱他的表现和成绩。父母应让孩子明白：如果有一天他走错了路，父母仍然会爱他，等他走回康庄大路。

从小就应该灌输给孩子，诸如责任、荣誉、苦难、欢乐，你是可以和他分享的，你之所以和他分享，没有理由，因为他是你的孩子。

错误10：家庭内部教育不一致

父母在教育孩子的问题上有时候观点不同、方法不一，于是导致了家庭不一致，一方往东、一方往西，孩子夹在中间左右摇摆，不知道应该听父亲的还是应该听母亲的。结果父母两个人的教育效果都大打折扣。

存在分歧很正常，但是在面对孩子时要尽可能地寻求一致，如果父母本身都举棋不定，那么我们的孩子怎么可能得到正确的教育呢？

有一个家庭，父亲与母亲采取的是不同的教育方式，而且观念有时也有很大的出入。比如父亲主张男孩子要勇敢，要有冒险精神，初中二年级，父亲就带着儿子去攀岩。结果母亲知道后大骂丈夫不懂事，埋怨他不注意孩子的安全。而后还郑重其事地警告丈夫不许再带孩子参加危险的活动。

母亲从来不让儿子和学习不好的同学来往，生怕这所谓的“差生”带坏了儿子。父亲却告诉儿子要尊重别人，差生也有优点，也可以交往。

母亲觉得要对儿子好，就要舍得花钱，要鼓励儿子，奖励儿子。名牌服装、名牌球鞋、名牌自行车一样不少……父亲却认为用物质奖励不是好办法，会使孩子单纯为得到奖励而学习，应该让孩子意识到学习的重要性，没必要用奖品来鼓励他。内部教育不一致的结果导致儿子学会了左右逢源，如果想花钱就找妈妈，爸爸管不了；如果想玩就找爸爸，妈妈管不了。

父母在教育方面难免会有不同的意见，但是面向孩子时，父母之间应该寻求一种妥协，以比较合适的教育方式、统一的方式和一致的观念来教育孩子。如果家庭内部教育不一致，一方面会让孩子无所适从，不知道如何判断对错，孩子不敢听从任何一方，又不敢不听从任何一方；另一方面，容易给孩子可乘之机，父母一方教育孩子时，另一方却横加干涉，孩子就会认为在这个问题上不听从没什么关系，这样会给教育带来障碍。

错误 11：迷信自己的权威

如今社会上道歉的人已越来越多，甚至还出现了各种类型的“道歉公司”，这无疑是社会进步的标志。但有不少人在家中却从不道歉，尤其是作为父母，更不愿向孩子道歉。殊不知，父母学会并勇于向孩子道歉，正是家庭教育中的明智之举。

在家庭教育中，父母如果从不向孩子承认自己的缺点、过失，孩子就会产生“父母永远正确而实际上老是出错”的观念，久而久之，对父母正确的教诲，孩子也会置之脑后；而如果在某些事情上做错了，父母能郑重地向孩子认错、道歉，孩子就会懂得承认错误并不是一件可耻的事，就会提高分辨是非的能力，对犯错的人加以原谅。

比如当孩子闯祸后，一些父母由于一时的感情冲动，往往会对孩子进行不恰当的过重的批评或惩罚。事后，父母又往往会后悔。这时，如果父母能勇于真诚地向孩子道歉，用自己的行动补救自己的过失，则常能引导孩子更好地走自己的路。

被称为“西班牙王国上空的一颗光辉灿烂的巨星”的拉蒙·依·卡哈的成长，就说明了这一点。卡哈小时候很调皮，13岁时运用所学知识造了门“真”的大炮，一发射，把邻居家的孩子打伤了，闯了大祸，被罚款和拘留。当他从拘留所出来后，身为萨拉大学应用解剖学教授的父亲，把卡哈这个顽童着实训斥了一顿，并责令他停止学业，学补鞋子。后来，父亲越来越觉得这种处罚过于严厉，孩子闯了祸是要管教，但不能因此而因噎废食。于是，一年后，父亲上补鞋铺接回了卡哈，搂着孩子深情地说：“我做得不对，我向你道歉。我不该因为你闯了一次祸而中断你的学业。从现在起，你就在我身边学习吧，你会有出息的！”从此，卡哈潜心学习骨骼学，终于成为举世瞩目的神经组织学家，后来还荣获了诺贝尔奖。

有的父母认为“向孩子认错、道歉，会失面子，会失去权威”，这种担忧是多余的。父母学会向孩子道歉，对教育孩子无疑是大有裨益的。父母在家庭教育中出现过失、错误时，理当采取明智之举，勇于向孩子道歉，这样，定会让孩子笑逐颜开！

如果做父母的有了错误，能主动向孩子道歉，那么当孩子有错误时，他也会主动承认错误，主动道歉。

错误12：对孩子大声吼叫

有的父母，一旦孩子犯了错误，就大喊大叫，生怕别人不知道。

其实，大喊大叫，对孩子来说是没有用的。相反，倒不如轻声细语地与他交谈。

老杨的儿子小杨很淘气，到处闯祸，三天两头有人找上门来告状。每当人家告上门来，老杨都点头哈腰地赔礼道歉。送走了来人，老杨便训斥儿子，吼声如雷，直到儿子保证不再犯为止。可是，过不了几天，小杨又闯了祸。老杨的太太对这父子俩无可奈何，不知该怎样对付。

心理学研究表明，一个信息的表达，语言占7%，声音占38%，表情占55%。教育孩子的内容再好，一“吼”也就吹了。其实，为人父母者不妨坐下来，以促膝谈心的方式，心平气和地对孩子晓之以理、动之以情、导之以行。

孩子是怕批评的，这是他们潜在的心理负担。一旦受到训斥，这种心理负担就会转化为心理压力。孩子怕惩罚，精神紧张，焦虑不安；加上自我保护的本能激起心理防御，以致不敢亦不愿说出真情。这时，倘若父母用和蔼的态度、低缓的声调开导、说服，孩子的心理将得到安慰，紧张得以松弛，情绪趋向平稳，父母的说教便容易被接受。

孩子调皮捣蛋，屡屡闯祸，必然常遭严责，他们可以说是在斥责声中长大的。在这种孩子的心目中，父母是不可亲近的人，情绪对立，对父母的要求，往往一概拒绝。即使被迫接受，也是阳奉阴违，有时甚至反其道而行之，故意挑起事端，闹恶作剧，借以报复、泄恨。

如果降低批评的声调，心平气和地就事论事，不计前嫌，真情实意地帮助孩子纠正错误，孩子的戒备心理将得以解除，转向接受教育。

对话是亲人之间交换思想、增进了解最常用的方式。低缓声调的交谈，像讲悄悄话一样，容易引起孩子跟父母说话的兴趣，觉得父母尊重自己，所讲在理。只有这样，父母在孩子心目中才真正成为亲人。

第二章

正确处理心理问题

嫉妒心理

【问题描述】

像爱一样，嫉妒是人类自身的情感表现；与爱相反，嫉妒是一种负面、消极的情绪。一个人如果嫉妒别人，就意味着你不能正视别人的长处。有的孩子不能正视自己，加上羡慕和嫉妒的混淆，往往会将羡慕之心转成嫉妒的源泉。

嫉妒情绪的表现显然是由贬低自己和抬高别人组成，是一种无用的情感，不利于孩子的成长。面对容易嫉妒的孩子，我们要做的是化解孩子的嫉妒，而化解嫉妒的最好方式，是教导孩子接受生活的差异，生活本身并不公平。

姜辉和丁波同住一个小区。从上学起，姜辉就一直羡慕丁波，丁波不仅人聪明、学习好，家境也不错。姜辉常与丁波暗中较劲。

做任何事，丁波好像都是轻而易举的。他不仅毫不费力地能在考试中拿到年级最高分，在球队也是主力中锋，还能赢得许多女生关注的眼神。离高中毕业还有一段时间，许多高校就已向他发出了优先录取的通知。

而姜辉呢，他学习就不像丁波那样游刃有余，即使竭尽全力也只能达到中上的水平。高考发挥得好，他或许还能进一所好大学；要是临场发挥不好，就很难说了。姜辉的相貌也算英俊，但不是女生的首选。和丁波一样，姜辉虽然也在学校篮球队，但球打得平平。

姜辉实在不明白，老天怎么这么不公平，为什么总是偏袒丁波。姜辉很嫉妒丁波。

作为父母，应该告诉孩子人与人之间是存在个体差异的，这很正常。一切自卑和嫉妒的情绪只能阻碍自身的发展，并使个人间的差异程度不断加深。对于绝大多数人来说，要想过上比较舒适的、自己向往的生活，只能靠刻苦努力、不断提高自己的生存能力，才能抓住发展机遇。

【心理解释】

嫉妒是一种不良情绪，既伤害自己，又伤害别人。父母应当理解孩子的嫉妒心理，承认嫉妒是一种自然情绪的流露，帮助孩子建立自尊心，克服嫉妒心理。

嫉妒会破坏人际关系，伤害同学间的友好感情，甚至会由于攻击性情绪的发泄而造成悲剧。父母应努力帮助孩子摆脱嫉妒的纠缠，培养孩子宽阔的胸怀。虽说嫉妒是一种可以理解的正常情绪反应，但这并不意味着父母可以听之任之、放任不管。因为嫉妒情绪过于频繁，会演变为人格的一部分。另一方面，孩子嫉妒心过强，也容易受外界的刺激而产生诸多不良情绪，不仅影响进步，而且对身心健康极为不利。

希腊的一位心理学家曾说："嫉妒是一种十分自然的反应，每个孩子都会有嫉妒，孩子的嫉妒心从很小的时候就会有反应，引起孩子嫉妒的原因极多，在许多情况下，这种嫉妒会达到折磨人的程度。"当然，嫉妒的范围也是很广的，包括嫉妒人、嫉妒事、嫉妒物。手段也多种多样，有的挖空心思采用流言蜚语进行恶意中伤，有的付诸手段卑劣的行动。事实上，嫉妒心本身就是一种自私的表现，会使人在处理问题时完全以自己为中心，情绪化反应强烈，自控力差，缺乏理性，很难对事情的利弊做出恰当的判断。嫉妒对个人、集体和社会均起着耗损作用，是一种对团结、友爱非常不利的情感。这种缺点如果保留到长大以后，那么孩子就很难协调与他人的关系，很难在生活中心情舒畅。值得注意的是，嫉妒心强的孩子往往自尊心和虚荣心也强。

但嫉妒情绪既有消极因素，也有积极因素。

消极因素是指，嫉妒心使人心胸狭窄，容不得别人，自私而缺乏同情心；嫉妒会制造矛盾，影响团结；孤立自己，不利于健康成长；严重的嫉妒会变成一种仇恨，报复行动。

积极因素是指，父母可以利用孩子的自尊心和虚荣心强的竞争意识，引导他积极努力，敢于竞争。因此，嫉妒也可以成为一种积极向上的原始动力。

如在竞争中受挫会导致他对成功者的嫉妒；因老师对他人的表扬而产生嫉妒，因自己容貌欠美、身材欠佳而对生理条件优越的同学产生嫉妒；因自己家境贫寒而对家庭社会、经济地位高的同学产生嫉妒，等等，再加上不当的家庭教育方式使得孩子逐渐缺乏自信，心胸狭窄。只有了解了孩子嫉妒心理产生的原因，父母才能有针对性地进行教育。

【纠正方法】

第1步：讲清危害。让孩子了解自己的现状，知道自己的长处和不足，不能老拿自己的短处与别人的长处相比，这样永远都会比别人矮一截。

第2步：认真分析。帮助孩子形成正确的自我认识。比如别人什么地方比自己强，让自己嫉妒。看看自己有什么地方需要改进，并做得更出色。

第3步：调整心态。很多事情不尽如人意，造成生活上的不公平，我们可以用什么方法尽量合理地协调，淡化嫉妒的心理，心中要容得下人，不要为芝麻一点的小事，就患得患失，斤斤计较，动辄燃起嫉妒之火。

第 4 步：学会控制。尽管嫉妒是一种不良情绪，但也是人们对事对人的自然反应。有了嫉妒不可怕，重要的是自己有了嫉妒心理后该如何控制和缓解它，并且尽量排除负面的影响。父母要聆听孩子的感受、希望和失意，帮助孩子强化自身的优势，勾画未来的蓝图，增强自信心。

第 5 步：学习他人。对孩子的成功多赞美，并热情鼓励孩子虚心学习他人的长处，通过努力超越别人，战胜别人。

第 6 步：正确利用。嫉妒是一把双刃剑，利用得当，完全可以变成激励孩子的动力。有嫉妒心的孩子，说明他有很强的自尊心。如果看到别的孩子比自己好，心里一定会有股子不服气。父母在这个时候千万不要数落他，而应该鼓励孩子积极进取，与小朋友们良性竞争，告诉他只要尽力付出了就已经收获了成功，就是好孩子。要时刻对孩子说“你行的，要相信自己有潜力”，而不是一味地泼冷水。只有这样，孩子的负面情绪才能够转化为积极的动力。

焦虑心理

【问题描述】

焦虑总是躲在黑暗中，让人不宜察觉。然而，它却在一点点、步步紧逼地蚕食着孩子原本充满阳光的心灵。

上小学四年级的方坤本来是个学习成绩非常优秀的学生，今年随父母调动工作而转入一所新学校。在新的环境中，这个孩子产生了焦虑情绪，担心自己与同学相处不好，担心自已的学习成绩不如人家，还担心陌生的同学会瞧不起她，等等。总之，方坤这也担心，那也担心，整天把自已搞得很紧张，心理压力加大，学习成绩反而下降，这使她更加焦虑了。

往往就是这些习以为常的压力，让孩子忧虑重重，以致不能正常地生活学习。

新近的研究表明，我国有焦虑情绪的小学儿童占24.78%，而且受焦虑情绪困扰的儿童青少年呈逐渐增加的趋势，焦虑问题已成为国内儿童青少年最常见的心理健康问题之一。另外，许多专门研究心理健康的学者已经意识到，孩子早期的焦虑情绪如果得不到及时的干预，就会持续发展，甚至贯穿于人的整个一生。如果能查明焦虑问题产生的原因，找出影响焦虑产生的因素，采取切实有效的针对性教育干预措施，就可以减少或者避免焦虑的困扰。

【心理解释】

焦虑是较为常见的一种情绪障碍，是指过度敏感、多虑，缺乏自信心，因微小事情而过度焦虑，烦躁不安，担心害怕，紧张恐惧，颇似成语中的杞人忧天。

这种孩子，对外界事物，比一般的孩子敏感、多虑。他们常是一些温顺、老实、负责任、守纪律的孩子，但缺乏自信心，心理脆弱。他们是父母心目中的乖孩子，受到宠爱。他们平时克制自己的能力较强，自尊心亦强，对待事物十分认真、负责，但过分紧张。特别对于陌生环境、陌生事物，就易出现焦虑反应，惶恐不安。

这种孩子，有的对学习过度紧张，害怕考试成绩不好；还有的到新学校，担心与新同学的关系处理不好。他们由于焦虑不安，常常睡眠不好，做噩梦，讲梦话，食欲不振，还可引起心跳、多汗、尿频和便结等植物性神经系统的症状。更有甚者，有的孩子还因为自己存在一些缺点，怕受到老师的批评而过度焦虑，发展到不想去上学。

据研究，儿童焦虑症患者固然与其自身的先天素质有关，但主要的原因有以下几点：

一是父母对孩子过度溺爱。孩子在家中百依百顺，一旦走出家庭，在社会上或学校中碰到一些不顺心的事时，容易产生过度焦虑。

二是父母期望值过高。有的父母“望子成龙，盼女成凤”，不考虑自己的要求是否超过了孩子的负荷能力，以致孩子成天处于紧张状态，时间长了，孩子就变得过度焦虑。

三是家庭不和睦。有的父母离婚，还有的整日打架吵架，让孩子在矛盾重重的环境中而产生环境焦虑。

四是学校的教育方法不当，过度地追求高分数、高升学率等，教学内容过多，采用填鸭式的教学方法，孩子负担过重，接受不了，都容易造成孩子的过度焦虑。

激烈的竞争、繁重的学业、单调的生活、家庭问题及精疲力尽的父母，让孩子在压力下忧心忡忡。

【纠正方法】

第 1 步：及时沟通。发现孩子有焦虑现象，父母应及时与孩子沟通。

第 2 步：了解实情。父母要认真听取孩子的苦衷和实情，及时掌握相关情况。

第 3 步：分析原因。找出引发焦虑的原因。就是要查明孩子的压力从何而来。

第 4 步：调整心态。帮助孩子出谋划策，调整心态，勇敢面对现实，积极想办法改变现实。

第 5 步：有效干预。对于比较严重的问题，父母可以出面干预，但一定要摆正位置，自己是帮助者，不能包办代替。否则，孩子会越来越胆小，越来越为不必要的事情焦虑。

第 6 步：巧用方法。教孩子用健康的方式来处理不可避免的焦虑情绪。以下是 5 个用来减轻焦虑情绪的方法：

●自言自语法。教孩子通过默念一句话来平静自己并缓解压力。比如说："千万冷静，别激动。""我一定能做到的。""保持镇静，调整呼吸。""没什么我办不到的。"

●电梯呼吸法。如果你的孩子乘过电梯的话，这种方法就能奏效。让孩子闭上眼睛，慢慢地吐三次气，然后想象他正在一幢高楼的顶楼电梯中。他按下到一楼的按钮，然后随着电梯慢慢下降，他看着每层楼的按钮依次亮起。在电梯下降的过程中，压力也就渐渐离他而去了。

●压力消解法。让孩子找出身上感受压力最为明显的地方——这有可能是他的脖子、肩部肌肉或是下巴等处。然后，让他闭上眼睛，把思想集中在那一点上，使那个部位保持紧张状态三四秒钟，然后放松。告诉他去想象当他这么做的时候，压力被慢慢化解了。

●想象驱赶法。假想一个静谧的地方。让孩子去回想一个他曾经去过的安静的地方——比如海滩、他的床、花园或游泳池。当焦虑情绪向孩子袭来的时候，让他闭上双眼，展开想象，同时调整呼吸。

●户外活动法。可以带孩子到大自然中进行户外活动，或参加体育锻炼，转移注意力，保持乐观情绪。

自卑心理

【问题描述】

自卑是人的自我意识的一种表现。自卑的人往往对自己的能力估计过低，缺乏自信心。有的孩子很自卑，总觉得自己这也不行，那也不行。

刘洋的父母都是大学教授。刘洋是独生女，因此爸爸妈妈把所有的爱都给了她，希望她在这个标准的书香门第环境下健康成长，成为比别人更优秀的人。于是，从刘洋一生下来起，爸爸妈妈就给她制定好了人生规划。

当刘洋咿呀学语时，父母就教她念英文。长到三四岁时，她就没有了自己玩的时间。父母为她制定了“四岁天才成长计划”：早晨起床练声，上午学知识，下午学跳舞，晚上练琴。天天如此，从不间断。刘洋的爸妈希望刘洋成为一个全才，所以对她各方面的要求都非常严格。

刘洋起初的表现没有让父母失望，不论在学校里还是在邻居们的同龄孩子当中，她都是一个小明星，老师同学们都很喜欢她。无论是德智体哪方面，她都不会落于人后，但这样仍不能让她的父母绝对满意，因为父母给刘洋定的标准是第一。每当刘洋拿着已经很不错的成绩单高高兴兴地回家时，得到的却是埋怨：“你看你失分的这道题，这么简单怎么能做错呢，真是笨呀！”听到父母对自己的评价，刘洋伤心地低下了头。上小学二年级时，刘洋参加了全市的歌咏比赛，拿了二等奖。下台之后，她欣喜地向爸爸妈妈跑去，没想到迎来的却又是爸妈冰冷的面孔："你看人家获一等奖的那个小朋友，嗓子多甜美，表情多自然，你呀，跟人家差着一大截呢，你可真让我们失望。"可怜的小刘洋，流下了委屈的泪水。

在这样的教育方式下，小刘洋慢慢地变了。据她的班主任老师说，这几年来，小刘洋仿佛换了一个人，原先的开朗、调皮、聪明可爱都从她的身上消失了，现在的她总是一个人独处，很害羞、胆怯，从不和小朋友们一起玩；上课从来不主动回答问题，就是老师把她叫起来，回答也是含含糊糊，犹犹豫豫，总是说"我不会""我不知道"。刘洋从前那充满自信、活泼可爱的样子怎么就没有了呢？

自卑的人，总是看到自己的缺点，不切实际地低估自己，看不到自己的闪光点。由于对自己各方面的评价都过低，总是担心别人会不尊重她，但又感到自己哪里都不如别人，就容易丧失实现自我的信心。因为她总是将别人的优点集中起来，作为参照物罗列理由来说明自己的无知和无能。自卑会使人背上沉重的思想包袱，丧失前进的动力，影响孩子的身心健康成长。

【心理解释】

自卑并不是生来就有的，它是在外界环境的影响下形成的。像刘洋父母所采取的教育方式，就容易使孩子产生自卑心理。孩子自卑心理的产生主要有以下几方面的原因：

一是家庭不完整容易使孩子产生自卑。生活在破裂家庭中的孩子，所得到的父母的爱不完整，会认为自己是被社会抛弃的孩子。当看到别的小朋友能跟爸爸妈妈在一起时，就更加伤心、妒嫉，却又无能为力，没有优越感，感到很自卑。

二是父母自身的自卑情绪传染给了孩子。没有一个孩子生下来就自卑，自卑都是后天形成的。如果父母遇事总说“我不行”，孩子就会模仿父母的这种处事态度，觉得“连父母都不行，我就更不行了”。因此，父母的这种倾向潜移默化地影响了孩子。

三是父母简单、粗暴、专横的教育方式容易使孩子产生自卑。有些父母认为孩子只能唯命是从，教育孩子不是以理服人，而是常常对子女采取简单粗暴的棍棒教育，严重地伤害了孩子的自尊心，往往使孩子产生自卑心理。

四是父母能力特强，对孩子期望过高，往往会使孩子产生自卑。生活在这种家庭环境下的孩子会认为“爸爸妈妈什么都行，我什么都比不上他们，怎么努力都没法让他们满意”。能力特别强的父母，对孩子的要求也很高，追求十全十美，但是孩子毕竟是孩子，不可能每一件事都做得十全十美，于是就会受到父母过多的指责，使孩子逐渐失去自信，对自己的能力产生怀疑，产生自卑情绪。

消除自卑的心理，就是要建立自信。没有自信便没有成功。一个获得了巨大成功的人，首先是因为他自信。自信使不可能成为可能，使可能成为现实。而不自信则使可能变为不可能，使不可能变为毫无希望。

一分自信，一分成功；十分自信就是十分成功。一个人如果没有自信，首先就被自己的自卑打倒了，更别说取得胜利了。所以，走向成功的人首先需要树立自信心。

【纠正方法】

第1步：正确对待。要辩证地看待成功与失败。告诉孩子失败乃成功之母，失败了并不可怕，只要从失败中吸取教训，改良方法，总有一天成功。

第2步：分析原因。当孩子犯错误时，不要用偏激的言辞去斥责，而要循循善诱，晓之以理，和孩子一起分析事情的来龙去脉，指出孩子犯错误的原因以及造成的危害，然后，帮助孩子改正错误。

第 3 步：树立自尊。有的孩子自尊心很强，如果做错事，自己就已经很内疚了。如果父母再对他冷嘲热讽，甚至拳脚相加，就会严重挫伤孩子的自尊心，孩子会以“我就是这样，看你能把我怎么样”的态度来回应父母。这时父母应给孩子宽心，对他说“人人都会犯错误，只要知错就改，下次不犯就行了”。这样，孩子就会走出犯错的阴影，积极面对。

第 4 步：提供机会。凡是孩子能做的并且是有益的事，父母都应支持。当孩子遇到挫折和失败时，父母应多安慰和鼓励，帮助他们找出原因，保护他们的自信心。

第 5 步：发现长处。培养孩子具备一技之长，给孩子一个自我骄傲的理由，这在自信心的培养中意义重大。如果孩子没有特别的天赋，就教给他如何爱人，如何与人合作，让孩子在与人交往中体会到快乐。

第 6 步：坚持不懈。自卑并非一朝一夕形成的，要克服也应有一个过程。父母以耐心、信心和恒心，陪伴孩子坚持不懈地努力，孩子的自卑一定能克服。世界上有许多名人，如达・芬奇、拿破仑等，他们幼年时均自卑过，但他们均努力克服了自身的不足，取得了辉煌的成就。

逆反行为

【问题描述】

逆反心理是孩子对父母产生的对抗性消极心理。具体表现为：父母让他干什么，他偏不干；不让他干什么，他偏干。孩子的这种逆反心理，如果不能正确引导，对孩子的发展极为不利。

天天6岁了，最近产生了与父母相抵触的情绪：心里有话不愿向父母说，对父母的批评和劝导也不像以前那样能听进去了。

天天这样就是产生了逆反心理。其主要特征是：孩子对父母有明显的"反控制""对抗"心理。这种情形最容易让父母恼火。而父母越是恼火，对孩子越发训斥，就越使孩子反感，直接影响到父母与孩子之间的正常关系。事实上，孩子在这个年龄只是追求自已的独立人格而已，并不像有些父母想的那样存在很强烈的逆反心理。只要父母指导得法，是完全可以顺利地渡过这一难关的。

一般来说，孩子在成长过程中有两个阶段会出现不听话的现象，第一个阶段一个是3~6岁时；第二个阶段则是12~17岁时。前一阶段的孩子不听话是由于自我意识的萌发，后一阶段则是孩子的认识和情感有了飞速的发展，世界观开始形成，由于生理与心理成熟的不平衡，自我意识觉醒等，逆反心理的表现十分突出。

要求孩子顺从大人，绝不是把孩子当作大人的附属品进行驯化，而是培养孩子顺应环境的能力。学前儿童若总是对父母持对抗行为，进入小学后也不可能很好地顺从老师、适应学校和社会环境。

对孩子出现的逆反心理，父母应泰然处之，要正确分析逆反心理的性质。逆反心理虽是一种抵触性很强的态度，但是，若能加以正确地利用和引导，既能收到良好的教育效果，又能促进父母改进教育的方法。

总之，在孩子的自我意识形成过程中，逆反心理是十分常见的现象，父母应善于分析，因势利导。

【心理解释】

逆反心理的形成并非一朝一夕，其形成的原因包括：

一是孩子的好奇心、求知欲得不到满足。孩子好奇心强，求知欲旺盛，什么都想问个明白或者动手试探一下，父母常因不耐烦或怕孩子弄坏东西而指责他，孩子因此产生逆反心理。

二是父母不尊重孩子的人格。孩子虽小，也有自尊心，那种“棍棒底下出孝子”、讽刺、挖苦、辱骂、体罚的做法，只能引起孩子的逆反心理。

三是父母遇事唠叨。有些父母喜欢抱怨和唠叨孩子，时间一长，孩子就会厌烦，产生逆反心理。

四是亲子之间缺乏沟通。父母与孩子缺乏经常的感情沟通，缺乏对孩子的尊重，孩子也会以不尊重来对待父母。其表现形式有粗暴地对抗和沉默不语两种。

五是对孩子过分迁就。孩子认为犯了错不会被批评，这种错误的信息使孩子不明是非，一旦父母想管教时，孩子就很不适应，必然出现逆反。

六是家长式作风。专横式的教育使孩子感到不舒畅、压抑，或是父母不顾孩子的个别差异和意愿，要孩子学这学那，否则给予惩罚。这样容易引起孩子的对立情绪。

要改正孩子逆反的现象，父母要对逆反的原因有深入的认识，然后对症下药地解决问题。

【纠正方法】

第1步：冷静对待。孩子出现逆反心理，父母不要急躁，出现僵局时，可先放一放，这有利于双方都反省自己。

第2步：分析原因。认真分析，查明孩子逆反的原因是妥善处理的前提。

第3步：发现优点。逆反心理在思维形式上与求异思维有某些相似之处，其中包含某些独立思考的倾向。父母可从孩子的言行中发现闪光点，作为因材施教的依据，在日常生活中培养孩子好奇好问、爱动脑筋等良好个性。

第4步：认真倾听。在与孩子交流中，父母不仅要认真听，也要会听。要根据孩子的年龄特点、理解能力，采取疏导的办法，把主动权交给孩子，善于从孩子的角度看问题，效果往往比简单的堵截、禁止要好。

第5步：鼓励赞赏。孩子做事时遇到困难，父母不要贬低他，这样会打击孩子的信心。当孩子有进步时，父母要恰到好处给予肯定、鼓励和赞许。

第6步：尊重爱护。十二三岁的孩子具有强烈的自尊心，若父母讽刺、挖苦，最易加重孩子的逆反心理。父母一定要态度和蔼，对同一问题与孩子一起探讨。若父母总是持过激态度对待孩子，则会引起孩子的对抗情绪；若父母态度温和，孩子自然会亲近父母、听从父母。

虚荣心理

【问题描述】

虚荣是人性的弱点，不管你是什么人，都有虚荣心，只是程度不同而已，是否善于克服而已。

在汉语中，虚荣往往与虚假、虚伪、撒谎、欺骗、浮躁等词语联袂出现。心理学认为，虚荣心是以不正当的方式保护自尊的一种心理状态。它是为了获得他人的尊重、关注、钦佩、羡慕、崇拜而表现出来的一种不恰当的社会情感。它不仅会伤害他人（包括自己最亲的人），还会伤害自己。

据报载，安徽安庆市曾发生过一起重大的盗窃案，作案者是该市某中学的两位中学生。他们为了追求物质享受，与别的同学攀比，在虚荣心的驱使下，盗窃了一居民家中的 4.6 万元钱，然后乘船去上海，在短短的 4 天之内，挥霍掉了所有的钱，平均每分钟花钱 8 元。他们购买最贵的衣服，到最高级的饭店吃饭，住最豪华的旅店，并且专门租了一辆车带他们四处享乐，真是奢侈之极。

这个案件中的作案人之一张泽生活在农村，自幼丧父，靠母亲一个人干活养家。虽然家庭条件不好，但妈妈从来不让张泽在吃穿上受委屈，凡是别的孩子有的，张泽都会有。她觉得孩子已经缺少了父爱，如果在物质上再比别人差，那就太可怜了。所以，妈妈平时总是省吃俭用，对张泽提出的要求从不拒绝。张泽在小伙伴中很气派，他感到很满足。从小学到初中，张泽的学习成绩一直很好，在妈妈和老师眼里，张泽是一个好孩子。

但自从上了省城的高中，情况发生了很大的变化。高中的同学和他以前的同学家庭条件不一样。现在的同学父母大多是高收入者，花钱如流水，穿的都是名牌，用的都是精品。相比之下，张泽显得十分寒酸，以前的优越感再也没有了。张泽的心理产生了严重失衡，他不甘心落于人后。于是，他每次回家都向妈妈要很多钱，和同学们比吃比穿来满足他的虚荣心。起初妈妈还大方地给他，但后来妈妈实在受不了，好几次都拒绝了他。张泽见妈妈这个经济来源断了之后，就动了邪念："别人有的我为什么不能有，这不公平。"在这种想法的驱使下，张泽开始偷同学的钱，几次偷盗都没被发现，这更助长了他的侥幸心理。在金钱的诱惑之下，他越陷越深，最后伙同另一同学作案，被公安机关抓获，受到了法律的制裁。

张泽事件发人深省，他为什么会从一个听话的孩子变成一名罪犯呢？仔细分析一下，主要是虚荣心在作祟。虚荣心是一种表面上追求荣耀的自我意识。具有虚荣心的人，用扭曲的方式表现自尊心和荣誉感，追求表面上的好看和形式上的光彩，面子高于一切，不顾条件和现实去追求虚假的声誉。

【心理解释】

心理学认为，虚荣心是以不适当的虚假方式来保护自尊心的一种心理状态。虚荣心是为了取得荣誉和引起普遍注意而表现出来的一种不正常的情感。

虚荣心的产生与人的需要有关。每个人都有受尊重的需要。这种需要包括成就、力量、权威、名誉、地位、声望等。有了成就，就可能受尊重；有了力量、权威，就可能受尊重。权威、名誉、地位、声望都与尊重息息相关。

尊重的需要可以通过许多正当的手段来获得满足。帮助他人，他人给你以尊重；工作出色，同伴给你以尊重。可是，也有一些人在尊重的需要得不到满足，或者尊重的需要可能受到某些挫折时，通过不恰当的手段来获得满足，这就是虚荣心。因此，有的人说，虚荣心是一种扭曲了的自尊心。

虚荣心的心理原因是多种多样的，它可能出于自负，也可能出于自卑。自负的人认为自己很好，当达不到目标又不肯认输时，可能采取弄虚作假的方式粉饰自己。自卑的人怕他人看不起自己，当他不能正视自己的缺点与不足，无法承受失败时，也可能用“打肿脸充胖子”的方式保护自己。

一是虚荣与懒惰有关，有些人有能力，也想取得好成绩，但不肯踏踏实实地学习、工作，吃不起苦，因而只好不择手段地追求荣誉。

二是不良的社会风气也可能引发不少孩子的虚荣心，如当周围许多人都在弄虚作假时，本来诚实的孩子也会抵挡不住诱惑而随波逐流。

三是孩子的虚荣心与父母的溺爱有关。有的父母总爱讲孩子的优点，掩盖孩子的缺点，甚至在亲戚朋友同事面前，经常夸耀自己的孩子。孩子经常听到的是赞美的声音，却无人指出他的缺点。

绝大多数孩子的虚荣心属于一般心理现象，不需要心理治疗，只要进行自我心理调节就行了。但在两种情况下需要有足够的勇气面对自己：一是诚实会给自己带来难堪的时候；二是不诚实会给自己带来荣誉的时候。

【纠正方法】

第1步：认清危害。虚荣虽然不会产生社会危害，但用扭曲的方式表现自己的自尊心和荣誉感，也是心理不健康的表现。

第2步：认识自己。要引导孩子对自己的优点和缺点有一个客观的认识，既不要过高估计自己，也不要无视自己的短处。优点并不一定是自己比别人好的地方，缺点也不一定是自己不如别人的地方。并且，优点和缺点往往是相辅相成的，没有绝对的优点和缺点。如果孩子能客观地认识自己，即使自己不如他人，或者被人轻视，也能自我排遣，获得心理平衡，不至于用夸张或逃避的方式来保护自尊。

第3步：心理调节。人是生活在比较之中的，要完全摆脱比较是不现实的。但过分比较往往是虚荣的起点，如比酷、比靓、比吃、比穿、比用、比分数、比荣誉、比父母、比亲戚、比外表、比魅力、比能力、比水平等，不管什么内容，比过了头，就可能走火入魔，追求虚名。因此，要注意孩子心理的变化，把握攀比尺度，多给孩子讲道理。

第4步：创造机会。让孩子通过自己的劳动获得自己需要的东西，可以让孩子做一些家务，然后从中取得回报。

第5步：正确对待。社会有等级性，孩子也有等级观念。轻视弱者、尊重强者是客观存在的。一个贫贱的家庭背景确实会遭到他人的轻视，如果在乎这种轻视，他人可能会更加轻视。相反，如果不计较，也就少了几分烦恼，就不会做出伤害自己亲人或自己的事情。

第6步：提升修养。虚荣的背后便是修养和情操问题。良好的内心修养和高尚情操是遏制虚荣的磐石。有了这块磐石，孩子就有底气托起自尊、自爱、自强、自立，而不去追求虚荣。

自私行为

【问题描述】

自私是一种以自我为中心，只关心自己得失而不顾他人利益的不良性格。孩子自私的性格多因家人的溺爱而形成。现代很多家庭中，孩子在父母、祖父母及外祖父母的呵护下，不知不觉中习惯了别人对自己的付出，自我意识很强，吃好的、穿好的、玩好的，家中一切必须以他的情绪变化和要求为中心，如果达不到要求，就会发脾气，久而久之，便形成了自私的性格。

在家里，孩子应处于受教育的地位，衣食住行玩都应该由父母根据他们的生理和心理特点，进行合理的安排，切不可迁就他们的不合理要求。对孩子的过分迁就，也是对孩子不负责任的表现。

孩子自私性格的养成，与家庭教育有关。要纠正这种不良的性格，父母应该从家庭教育着手，自身也做好榜样，在日常生活中培养孩子慷慨大方的性格。

下面是一位母亲含泪的述说：

那是在夏天的一个正午，天特别热，孩子吵闹着要吃西瓜，我赶快到菜市场给他买。

室外骄阳似火。当我满头大汗地拎着西瓜刚进家门时，孩子就冲我嚷嚷：“妈，你怎么这么慢啊？我都渴死了！”我赶忙走进厨房，洗净后切开西瓜，下意识地尝尝西瓜甜不甜。这时候，我突然听见孩子像刀子一样的呵斥："谁让你先吃啊，你赶快给我吐出来!"我目瞪口呆地站着，简直不敢相信这些话出自我一直疼爱的孩子之口，顿时泪水盈眶。孩子可能发现我哭了，接着说："算了，这次我原谅你，下一次可不允许你这样了啊!"他的语调是成年人式的不容分说，我听了心如针扎。我没想到孩子会这样对待我，也不知道他怎么就会说出这样的话。

其实，这种现象已不值得惊奇，这都是父母自己种下的苦果。现在许多家庭都只有一个孩子，都把孩子当成掌上明珠那样供着，特别溺爱与娇惯，孩子渐渐地就形成了这种自私自利的行为。所以，做父母的一定不要让孩子觉得自己就是家庭的中心，大家都应该围着他转，从而助长孩子的占有欲和以自我为中心的性格。

【心理解释】

造成孩子自私的原因很简单：你老把他放在中心的位置，他自然就习惯自己是中心了；你总像伺候皇帝一样伺候他，时间长了，他自然就找到"当皇帝的感觉"了。可以说，造成孩子自我中心的根源在父母身上，怪不得别人，也怪不得孩子。要知道，自私的孩子是感觉不到自己自私的，他表现出来的只是习惯性的思维方式和行为方式，这种方式使别人感到他是自私的。

作为一种人格特征，以自我为中心产生的消极作用主要以自私表现出来。这就导致了以自我为中心的孩子在与外界的交往中排斥"异己"、拒绝开放、忽视理性力量、回避真诚、吝啬付出、难与他人合作相处。

年幼的孩子，一般只会想到自己，不会想到别人。这是因为他们思维能力有限，难以理解事物之间的相互关系，往往以自我为中心去认识事物，这是幼儿的思维特征，因此不肯与人分享是很自然的。而且很小的孩子常常认为凡是他能够得到的东西都是属于他的。但是他们也喜欢讨大人的欢心，如果教他们学会分享，他们五六岁时，一般能在大多数时间里和伙伴一起好好玩。

慷慨、谦让一直以来都是我们中华民族的传统美德。现在的社会现实是一家只有一个孩子，孩子没有兄弟姐妹，在家庭中学会谦让的机会有限。因此，父母应该给孩子创造和别的孩子交往的机会，让孩子在团体中学会谦让，在家里的时候也不要事事迁就孩子，不要满足孩子不合理的要求。

【纠正方法】

第 1 步：平等对待。在日常家庭生活中，取消孩子在家中的特殊地位，尽量不给孩子特殊待遇，合理满足孩子的需求，让孩子知道自己在家庭中与其他成员是平等的，消除其“以自我为中心”的意识。孩子在家中所吃所用，都应和其他家庭成员一样。

第 2 步：分析原因。父母要认真分析孩子自私心理的原因，尤其对孩子提出的不切实际、无理的要求，父母必须坚决而明确地加以拒绝，并说明拒绝的理由。

第 3 步：承担家务。父母应教会孩子从小学会自己穿衣、洗手帕、整理玩具等。还可以让孩子给父母倒茶水等，让他体验父母劳动的艰辛和付出，体谅和关心父母，不再自私自利。

第 4 步：学会分享。让孩子看到一起工作和分担任务的好处，或者告诉孩子，他们可以得到一份好吃的东西，但必须与人分享。帮助孩子建立群体思想，鼓励孩子把自己心爱的玩具让小朋友玩，把自己爱吃的东西分给小朋友吃，使孩子自私的行为逐渐减少。教会孩子与家人、朋友、邻居分享物品，如食品、书籍、玩具和彼此的欢乐等。要做到这点，也要求父母有无私的态度。

第 5 步：限制行为。对孩子提出的要求不要轻易满足，应根据实际情况适当给予满足，绝对不能有求必应。对不合理的要求，绝不能迁就让步，否则，孩子就会得寸进尺，进一步提出不合理的要求。

第6步：关心他人。在能够帮助别人的情况下，而别人又有事相求的时候，父母可以教孩子如何帮助别人解决困难。比如，带孩子参加一些募捐活动。孩子会通过实际活动与父母的思想启发认识问题，养成良好的助人为乐精神。

第三章

纠正孩子的道德观念

没礼貌

【问题描述】

讲礼貌和注重礼节可以使人与人之间的关系更融洽，交流也更通畅、和谐。现在有些孩子说话口无遮拦，行为举止也不是很得体，常常弄得父母很难堪。

这些孩子在其他方面的表现都不错，就是不太懂礼貌，特别是经常用命令的口吻与父母甚至与客人说话。父母每次都注意纠正，但效果并不明显，这让成年人大伤脑筋。然而，不懂礼貌的孩子若是不能及时纠正，就会愈演愈烈，酿成苦果。

《北京青年报》上登载过一条消息：一个15岁的少年因为环卫工人制止他乱扔纸屑，盛怒之下满口污言秽语，还对那位女清洁工拳打脚踢。

此事在社会上引起了很大反响，许多市民纷纷表示出了极大的愤慨。孩子如此蛮横，的确让人痛心疾首。在我们身边，这种不讲文明礼貌的横孩子的确不在少数。我们经常能听见一些孩子出口成“章”(脏)，张口一个“妈的”，闭口一个“我×”，而且凶神恶煞。鲁迅先生当年所尖锐抨击过的“上溯祖宗，旁及姐妹，下连子孙，遍及两性”的“国骂”，竟然在一些孩子的嘴里如同炒豆子一样噼啪乱跳，令大人们瞠目结舌。

许多父母由于忽视了对孩子的个人修养教育，孩子说脏话便成了习惯。也许孩子口中飞出的污秽之语没有任何针对性，似乎也未给任何人造成心灵上的伤害，但脏话毕竟刺耳，会破坏一个人的形象，同时也会妨碍正常的人际交往。

【心理解释】

孩子对大人说话态度无礼，不讲礼貌，通常有以下几个方面的原因：

一是父母平时没有注意自身不礼貌的言行举止，孩子耳濡目染之下学会。

二是父母对孩子溺爱、娇惯，孩子做事以自我为中心，没有意识到说话时要考虑别人的情感。

三是有些父母认为孩子还小，对他们不礼貌的言行不加制止。结果在孩子心中父母缺少尊严，导致他对父母轻视无理。

四是父母在教育孩子的过程中方法不适当，造成孩子的抵触心理。

要想培养出一个知书达理、讲礼貌的孩子，父母应从自身做起，通过自己的言行培养孩子的礼貌行为，告诉孩子礼貌的重要性以及怎样去做。要根据孩子的年龄和发育阶段合理地提出要求，同时也不要低估孩子的能力。

【纠正方法】

第 1 步：立即制止。当孩子不懂礼貌，说话语气粗鲁时，要立即制止。告诉孩子人无礼时别人的感受，觉醒自己无礼将带来的不良后果。

第 2 步：冷静对待。逐一解决每个问题，这要比同时对付所有的问题好得多。如果当务之急是教孩子学会说“请”和“谢谢”，那么，父母在解决这个问题之前不要又去解决其他问题。

第 3 步：分析原因。发现孩子没有礼貌，既要找孩子的原因，也要找父母自身的原因。

第4步：以身作则。父母平日要做到语言美，不讲不文明的话，也不在背后恶语伤人，以免孩子受父母影响，形成不好的说话习惯。即使批评孩子，也应心平气和地采用文明的语言，明确指出孩子错在何处，不能出言粗鲁，一味责骂。

第5步：适当惩罚。对孩子不文明的行为，要采取灵活的方式进行惩罚。如果你的孩子吃饭时总是不守规矩，那么一个合乎逻辑的后果，就是他不改变行为就不能到餐馆用餐；或者，如果他在宴会上没有礼貌，他以后就不能参加宴会。

第6步：及时表扬。与孩子促膝谈心，告诉他讲礼貌的重要性以及你的期望。鼓励孩子讲礼貌的最好方式就是随时对他的好表现进行表扬。必要时，同孩子谈一谈他不懂礼貌的问题。把举止粗野的人指给孩子看，提示孩子应该学习的礼节。同时，要练习正确的行为。这个方法可以使孩子意识到第一次就把事情做得好一些要更省事。比如，孩子没有说“请”字，你要让他用“请”字讲10句话。

不守信

【问题描述】

守信是一种优良品德，失信是不道德的行为。一个言而无信的人，是不会得到别人尊敬的，同时也没有人愿意与其合作。

丁潇读五年级了，却有一个不守信用的毛病：向同学借了东西不还；答应别人的事情，十有八九丢在脑后，不当回事。一次与同桌李贝事先约好去游泳，到时候却又自己去逛商场了，害得李贝空等半天。

像丁潇这样的例子，小学生中并不少见。孩子还小，光靠父母批评和单纯地讲道理，未必奏效。父母需要冷静寻找孩子不讲信用的原因，然后有的放矢，采取对策。

一般来说，由于少年儿童的心理特点之一是爱模仿，因此孩子的所作所为，常常与周围的人和事有密切的关系。不守信用的毛病，应该也是来源于环境的影响。如果在他的周围，有人不讲信用，或借物不还，或不守约定，特别是孩子熟悉或关系亲密的人有如此行为，对孩子就会产生直接的负面影响，孩子就会形成“不用对自己的承诺负责”的错误观念，并且在行为上也效仿起他人来。同学之间如果发生了失信的事情，受损的一方或许会以同样的方式报复对方，造成相互影响和“传染”。这样一来，不仅使孩子的品行受到不良影响，而且相互之间没有了信任感，会给孩子幼小的心灵蒙上阴影，其危害是不言而喻的。

孩子不讲信用的另一个因素在于人性的某种弱点。为什么孩子“学坏容易学好难”呢？因为学好需要人努力付出，比较辛苦；而孩子模仿他人不讲信用的行为，可以使他逃脱某种责任和付出，得到暂时的好处或方便，这迎合了人性的某种弱点。但是从长远来看，人失去了信用，将难以求得他人的帮助，实乃得不偿失。

【心理解释】

有的孩子答应了小朋友或者父母的事，后来却没有兑现。这是为什么呢？仔细分析有这样几个原因：

一是孩子一时高兴答应了，后来又不情愿那样做，这是孩子普遍存在的心理现象。

二是父母阻挠。孩子非常喜欢与小伙伴交往，也愿意把自己的东西拿给他们一同玩或者交换着玩，而父母出于各种原因，反对孩子与别人交往，每次都编出许多理由哄劝孩子，直至孩子点头应允。

三是由于孩子暂时的遗忘而没能做到。孩子有时贪玩，或者因为别的事情而暂时忘记了，给人不守信用的印象。

孩子不守信用，很难赢得别人的信任，一旦失信于人，就失去了一笔宝贵的人生财富，对以后的发展是很不利的。父母要仔细分析孩子不守信用的原因，教育孩子做一个诚实守信的人。

【纠正方法】

第1步：以身作则。父母要以自己的行为，给孩子树立最直接、最权威的榜样。这需要大人平时注意自己的行为，尤其在孩子面前，待人接物都要守信用。

第2步：适度表扬。父母要让孩子明白，不要因为好表现自己，就错误地估计自己的能力，如果确实没有能力办到，就向他人说明，不要为顾全面子而勉强答应，避免因办不到而失信于人。即使答应了，但在做的过程中遇到了预想不到的困难，也要向别人说明情况，以求得别人的谅解。

第 3 步：分析原因。平时要多留意孩子的人际交往，抓住点滴事例，随时指点开导，做出合理评价。做对的，给予肯定和鼓励；做错的，给予客观的分析，以利于改正。对孩子的言行不一的行为，要及时指出，并讲明道理。不要因为自己的孩子还小，就放纵他们的缺点。父母在发现了孩子的缺点以后，应给他们指出来，并督促他们按自己的诺言去做，履行自己的承诺。同时，父母还可以讲讲信誉在人际交往中的作用，让孩子懂得履行自己的诺言在生活中的重要性。

第 4 步：以事说理。父母要把信用的作用、守信用的重要性，以及不讲信用的危害，用孩子最容易理解和接受的方式与语言，告诉孩子；可以结合一些事例教育孩子，也可“以其人之道还治其人之身”，巧设方案，让孩子亲身体验别人不讲信用对他的损害，或让孩子感受失信于人之后遭到别人的白眼和不信任的待遇，心中有所触动，从而体会不讲信用的害处。

第 5 步：责任在心。父母培养孩子做事的责任感，哪怕是区区小事。让孩子知道，答应别人的事一定要按时做好，因为别人把事情成功的希望全都寄托在你身上，如果你不按时做好，就可能误了别人的事，别人会因此不信任你，失去别人的信任是很难挽回的。让孩子认真地想一想，这样他会增强责任感，把答应别人的事放在心上，并郑重其事地去完成。

第 6 步：自我提醒。自我提醒的方法如下：父母让孩子把要做的事情记在本子上或写在自己容易看得见的地方；临睡前想一想，自己还有哪些事没做好等。

偷东西

【问题描述】

日常生活中，有的孩子因为没有建立起成熟的道德观和自控能力差，而家中又无法满足其需求时，就会发生偷东西的不良行为。

有的孩子去幼儿园或小朋友家里玩时，偷偷地把别人的图书、玩具等物品带回家来，占为己有，有时还编造谎话说是老师奖励的或小朋友送的，这种现象在4~6岁的孩子中并不少见。

小华去亲戚家玩时，总会悄悄地把自己喜欢吃的东西藏到口袋里带回来；他还常常从幼儿园私自带回喜爱的玩具。妈妈很生气，问他为什么要拿别人的东西，他一脸无辜地说："因为我喜欢这些东西。"

妈妈冷静下来后，耐心告诉孩子不能随便拿别人东西的道理，并和他讨论："如果你喜欢的玩具不见了，你觉得怎么样？会难过是不是?"从而让孩子认识到自己的行为给别人带来了不便和烦恼，并要求孩子及时把东西送还人家。送还的时候，妈妈陪小华一起去，在这个过程中借机加深对孩子的教育，告诉他："不管什么时候，只要你拿了不属于自己的东西，就必须把它送回去。"长期这样训练下来后，小华随手拿别人东西的习惯渐渐改正过来了。

在社会上无人不憎恨偷窃行为，没有哪个父母愿意自己的孩子成为那样的人，因此从小进行教育、从小事进行教育是十分必要的。父母首先要对这一问题有个正确的认识：既不要把这一问题看得过轻，认为孩子大了自然就会懂事了，而不对孩子加以教育；也不能把这一问题视为洪水猛兽，把孩子说成是小偷。父母应该告诉孩子："世界上有很多很多的好东西，任何人都不可能全部拥有。别人的东西再好，只是别人的，如果你也想得到可以向父母提出，确实需要的爸爸妈妈可以给你买。如果你想向别人借用或看一看，必须经过别人的允许，这是一个懂礼貌的孩子肯定能做到的事。"

【心理解释】

孩子"拿"别人的东西这种行为的常见原因有：

一是别人的东西不可以拿的观念还没有形成。

二是父母过于迁就、满足孩子。这样使得孩子心中没有是非标准，他想要的东西就直接去拿。还有的父母乱放钱，发现少了点零钱也不追究，当孩子发现不征得父母的同意就可拿钱去买他所喜欢的东西，并且不受追究时，他就会认为这种行为是可行的。

三是孩子的合理要求没有得到应有的满足。由于孩子的合理要求没有得到应有的满足，他们从父母那里得不到自己想要的东西，但又羡慕别人的东西，于是他就会采取"拿"别人东西的办法。

四是父母不良行为的影响。当孩子看到父母从单位或办公室把东西拿回家时，他会以为拿别人的和公家的东西是正常的，于是他自己也会效仿父母去拿别人的东西。

面对孩子的"偷窃"行为，父母应保持冷静，分析他拿东西的原因。一般来说，孩子 3 岁以前拿人家的东西是正常的反应，五六岁时虽可谅解，但需要引起重视；七八岁以后若常拿别人的东西，父母就需要严加管教。

【纠正方法】

第 1 步：指出错误。当发现孩子有偷东西的行为时，应立即告诉孩子偷东西是错误的。孩子由于年幼，对所有权、是非观念不分。父母发现孩子的过失行为，不应拿成人的标准冠以孩子“偷盗”的罪名，也不要大声呵斥、惩罚他们，更不要将他们的行为公诸于众，而是要保护孩子的自尊心。经过有针对性的训练，孩子还是能改掉“顺手牵羊”的毛病的，父母一定要注意自己的教育方法。

第2步：及时纠正。在孩子认识到自己的错误后，父母千万不可因顾及自己的面子对孩子说句“到此为止，下不为例”的话就算了，一定要带着孩子主动及时地把东西送还人家，并让孩子诚恳地向对方道歉。

第3步：分析原因。发现孩子偷东西的不良行为，要告诉孩子自己的感受：“本来妈妈（爸爸）对这件事觉着很难堪，但是一看到你能主动承认错误并且真的想改正错误，真让人高兴！”对于极少数已经形成习惯的孩子，父母应加强对孩子的观察了解，发现不良影响源应及时处理，并且让孩子知道这种行为是让所有的人痛恨的，如果不改，后果是非常严重的。

第4步：换位思考。父母可以根据孩子的接受能力，讲一些通俗易懂的小故事，使孩子知道事情的严重性，产生恐惧唤醒效应以增强其改正的决心，切忌对孩子“偷窃”的行为又打又骂，否则很有可能使孩子原本无心的行为，变成根深蒂固的坏习惯。此外，对于年龄稍大的孩子，如果孩子已改正错误，父母任何时候都不要再旧事重提，以免孩子背上沉重的精神包袱。比如让孩子想象自己最心爱的橡皮被别人拿走了，自己会有怎样的心情和想法？如果你拿走的正是别人最心爱的呢？通过设身处地的想象，让孩子明白别人丢了心爱的东西会和自己一样难过，拿别人的东西会给别人带来烦恼和痛苦。如果屡教不改，就要进行惩罚。

第5步：以身作则。父母给孩子树立良好的榜样，不要私自把不是自家的东西拿回来。

第 6 步：适度满足。可以和孩子做借东西、还东西的游戏。年龄很小的孩子是以自我为中心的，他不仅在别人碰他的东西时会大叫“是我的”，也会把他想要的东西都视为己有。父母检查一下提供给孩子的生活内容，包括物质上和情感上的，是否能满足孩子的需求。若上述行为是由于物质或情感的匮乏而引发的，父母就应该考虑如何适度地满足孩子，以避免类似的行为再出现。

乱告状

【问题描述】

由于道德认识的幼稚，孩子对于是与非、好与坏、善与恶的理解，常带有直观、具体、肤浅的特点，因而，他们会用直接利害去看待好与坏，与他人有一点小矛盾，就会去告状。

刚放学回来的珊珊一进家门就迫不及待地告诉妈妈："妈妈，我今天帮了老师一个忙，我告诉老师同桌上课时偷看画报，老师把他的书没收了。"看着女儿得意的样子，妈妈心里很不高兴，她告诉珊珊："这样做不对，珊珊应该直接提醒同桌好好学习，不要上课看画报。如果反过来的话，珊珊也是不高兴的啊。"

年少的孩子爱告状是由他们的年龄特点决定的。这个时期，孩子的独立性没有发展成熟，依赖心理还比较严重，解决困难的能力也不强。因此，当他们面对生活中的一些问题的时候，很自然地就想到找成人去解决，希望得到表扬，也想在父母面前炫耀。

父母应该鼓励孩子自己去面对和解决生活中的问题，这对孩子来说是一个很好的经历，因为在这个过程中，孩子学会了独立、学会了开动脑筋、学会了同情，也学会了如何处理好同学之间的关系。

台湾心理学家林正文教授强调，当孩子告状时，父母不应直接解决问题，而应该鼓励孩子自己解决问题。

因此，当孩子们遇到问题来告状时，父母正确的态度应该是：告诉孩子自己动脑筋想一想，怎样帮同学去解决。这样孩子在今后的生活中才能够真正地自己去面对和解决出现的问题。

【心理解释】

不少孩子爱告状，但他们的告状没什么恶意，只是想看看大人如何处理“被告”。大人最好不要立即表态，要弄清孩子告状的目的，区别对待。

孩子爱告状，大概有以下几种情况：

一是被别人欺负后，想寻求大人的保护。

二是检举别的孩子，希望大人对他的是非判断做出肯定。这种行为不宜鼓励，更不能当着“告状”孩子的面批评另一个孩子。

三是为自己辩解，做错了事想逃避责任，想免受批评和惩罚。这时父母要分清责任，该惩罚的绝不姑息。要让孩子认识到：把责任推给别人是不对的。

四是挑剔性的告状。如：“妈妈你不让我看电视看得太晚，可爸爸昨晚看球赛你为什么不管?”这时候大人不要马上去责罚“被告”，哪怕“被告”的确不对。要让孩子知道：责罚别人与他无关，他应该专注自己的事，而不是去挑剔别人的过错。

五是追求自我表现，想从大人那里得到肯定的评价。

六是嫉妒他人，企图利于告状来贬低别人，抬高自己。

其实，孩子告状是一种依赖心理的表现，孩子的告状是否应该制止，主要需看其告状的动机。当然，随着年龄的增长和视野的开阔，孩子的“告状积极性”会逐渐消失。

【纠正方法】

第 1 步：认真倾听。当孩子告状时，父母要平和对待，以尊重、理解孩子的态度认真倾听。尤其是父母不应说“去，我忙着呢”或简单地应一句“知道了”，这样对孩子不礼貌、不尊重，会使孩子感到委屈。父母而应耐心倾听，并从孩子的角度去尊重和理解他，不要反感，不要追问，平静地表示听见了。

第2步：认真对待。积极对待告状，从中获得了解孩子的信息，供父母参考策划对孩子的教育。例如，培养孩子如何与同伴相处，怎样面对矛盾等。

第3步：分析原因。父母应弄清孩子告状的原因，适当安慰孩子，但不应完全相信自己孩子的话，更不应找别的孩子的父母争吵，应鼓励、启发自己的孩子说出事情的过程，想想是谁的错，该怎样解决问题。

第4步：把握特点。通过告状，了解自己孩子的缺点。孩子告状时说的别人的缺点，很可能也是他自身的缺点。父母应留心，并启发孩子："这样做不对，如果是你，你应该怎样做呢?"以帮助自己的孩子从中吸取教训。

第5步：引导处理。不要代替孩子处理矛盾。孩子的事情需要孩子自己去面对，孩子就是在与外界的碰撞中成长的。

第6步：公正公平。对于确实被欺负的孩子，父母要理智行事，不可冲动。既不要一味地责怪别人，也不要只批评自己的孩子，要协调各方，公正公平地处理问题。

说脏话

【问题描述】

说脏话会引起他人的厌恶，你的孩子诅咒、骂人、满口脏话。他的话常常噎得你不知所措，伤心落泪。不管是在家里，在商场，还是在长辈跟前，脏话脱口而出，令你愤怒异常。你无法相信你的孩子竟然表现得这样缺乏教养。

一位母亲说，有一次她为儿子洗澡，小家伙特别兴奋，用手把水拍得四处飞溅。孩子的调皮让母亲很烦躁，于是顺口骂了一句“小混蛋”。哪知道说者无心，听者有意，孩子仿佛觉得这三个字的音节特别有力，从此无论是高兴还是气愤的时候，他都喜欢把“混蛋”两个字挂在嘴上，不分场合、不分对象地乱说，甚至还别出心裁、无师自通地在混蛋前加上“老”“大”“胖”“瘦”等字眼，以此形容不同的对象。孩子的“语言天赋”让这位母亲很头痛。

这一事例给我们提了个醒，平时在孩子们面前说话时一定要小心，不要出口成脏。父母一定要记住，孩子的语言是否通顺，用词是否准确、文明，都和我们平时的语言模式有关，要让孩子不说脏话，父母应该给他们创造一个良好的语言环境。

【心理解释】

孩子不文明的言谈举止无非来自三个方面：家庭、学校、社会。

家庭的影响是主要的，因为它对孩子的影响先入为主，影响力度最大（耳濡目染）、深度最广（潜移默化）、时间最长。

学校是文明的地方，对学生言谈举止的影响应该是正面的。但是，父母不要忘了，学校除了正规教育之外，还有非正规的民间活动，那就是同学之间的私下接触。同学父母中什么素质的人都有，于是各种不文明的言行也就在私下传播开来。

在社会影响中，传媒的消极作用不可忽视。例如江湖片、警匪片为了描写反面人物，总要有些不文明的言谈举止，这是他们的标志性特征，不可或缺，但是如果没有恰当地引导，孩子就会当成新鲜事物学，而且觉得够派。

孩子说粗话的原因很多，我想归结起来有：

一是想引起注意；二是表达愤怒；三是有意骂人。

比如有的孩子张嘴就是痞话，他们在自己的每句话中都塞满了不文明的词语，之所以如此是因为他们的朋友就是这么做的。还有一个原因就是把脏话当作武器向父母发泄心中的愤怒。

孩子说脏话是因为他们听别人说了（从家人和其他孩子那里），自己试一试，结果发现招来了父母强烈的反应。就如他的坏习惯一样，他们会不断地尝试，为的就是让父母再做同样的反应。

【纠正方法】

第1步：制定规矩。孩子一旦说脏话，就要及时制止。要允许孩子把说些什么作为发泄一时不满情绪的渠道。对孩子得体的用词要给予表扬；如果他能用可接受的语句表达不满，要表示感谢。

第2步：前后一致。父母要达成一致，哪些语言是接受的，哪些是不行的。让孩子明白哪些话是不能说的，哪些话是可以说的。向他们解释，伤人感情、让人难堪的话是不礼貌的、不恭敬的、粗俗的，有种族或性别歧视的话是不可容忍的。

第3步：分析原因。父母要认真分析孩子满口脏话的原因，是模仿性说脏话，还是发泄性说脏话。了解孩子的心理状态，然后对症下药。

第 4 步：以身作则。父母要注意自己的言语。身教重于言传，父母要首先洁净自己的言语，做一个有礼貌有教养有文明的人。

第 5 步：不要理睬。当孩子说脏话时，转过身去，拿张报纸看，他再说一两句盼望得到你的注意，你也不要理睬，直到他自觉无趣而放弃。在家不理睬和在外禁止两者结合，是纠正孩子说脏话毛病的捷径，2 ~ 14 岁的孩子之所以那么爱说脏话就是要引起大人的不高兴。只要我们不理睬，他们就没有说脏话的理由了。记住，孩子通常不会独自一人说脏话。

第 6 步：适当惩罚。孩子说脏话，不要一味地恐吓训斥，要加强正面教育，讲清道理。如果孩子还是无动于衷，就要适当惩罚。

撒　谎

【问题描述】

几乎没有人没说过谎话。孩子也不例外。有的孩子因为弄虚作假，怕受到批评而说谎。还有的看到别的孩子因说慌而受到表扬，也模仿着去说慌。

这天妈妈出去买东西，让4岁的毛毛自己在家看书。毛毛想起妈妈前几天刚买了两个很好看的金鱼缸，决定拿出来看看。但毛毛个子小，够不着，不小心把鱼缸打碎了。妈妈回来后，毛毛说："刚才猫咪不听话，把鱼缸给打碎了！"

妈妈很清楚这是怎么回事，问毛毛："真是猫咪打碎的吗？"于是把猫抱来，假装问猫是谁打碎的，然后对毛毛说："猫咪说不是它打碎的。那是谁呢？妈妈买了很多好吃的巧克力，谁能诚实地告诉妈妈这是谁做的，妈妈就把巧克力给谁。"毛毛最喜欢吃巧克力了，主动承认了是自己打碎的。妈妈就说："巧克力只给诚实的好孩子吃，毛毛以后一定要做一个诚实的好孩子，对爸爸妈妈说真话，好吗？"毛毛认真地点点头。

孩子在4岁以前常把父母是否高兴，作为衡量自己行为对与错的标准，为了不让父母责怪自己，做错事不敢承认。这时不要轻易给孩子扣上“撒谎”的帽子，而要善于在引导孩子说实话的同时，保护孩子的自尊心，不让孩子的心灵受到伤害。

另外，由于孩子的认知能力还不完善，很多时候会将愿望与真实发生的事混同起来，把平时的幻想、梦境以及从图书、影视上看到的影像或别人谈话中说到的事情，当成现实说出来。5 岁以下的孩子更容易出现这种情况。孩子说的这些话，在成人看来，往往会认为是说谎。

【心理解释】

孩子为什么要说谎？主要有以下几个原因：

一是想象与现实混淆。6 岁以下的孩子常混淆想象与现实，把自己的愿望说得像真的一样。如将幼儿园的东西带回家，说：“这是我的!”其实，他并不是有意说谎，而是以为玩过的就是自己的。

二是虚荣心作怪。孩子与同伴攀比，对于别人有而自己没有的东西却说“我家也有，可好玩了”。

三是取悦长辈。孩子做事时不仅想做好，很大程度上也想让父母高兴，从而得到更多奖励。成功难度较大时，为了不让父母失望，只好说谎，如“这次考试成绩还没有出来”等。

四是逃避惩罚。“要真说了我不及格，这个月的零用钱就没有了。”这些都是孩子真实而又天真的想法，而说谎有时还真能帮助自己躲过一劫。

五是不希望被打扰。有的孩子正玩在兴头上，父母开始催写作业了，于是孩子顺口说："写完了。"因为说"不想做"往往不被接受，撒谎则可能让父母信以为真。

六是引起别人对自己的关注。孩子年幼时不会表达自己到底需要什么，无意中会用一些谎话来表达。比如对父母说自己很怕黑等，其实只是想让大人陪他。

七是受周围环境的影响。平时接触的家人、亲友或小伙伴如果常常说谎，孩子也会学着说谎。

不同年龄的孩子说谎，含义不同。父母要合理分析，找出孩子说谎的动机与原因。这样可以让孩子知道你不仅关心他的行为，更关注他的需求。还要注意的是，不要因孩子的某一次谎言就给孩子的品质定性。

【纠正方法】

第1步：及时点破。要了解孩子的生活习惯，并注意观察他的行为，如果发现他说谎，就要及时点破。否则，他会觉得用谎话骗人很容易，会强化说谎的意识。及时地点破，孩子就会知道骗人达不到目的，没意思。慢慢地，孩子就会纠正自己的行为。点破时，要注意方法，不要伤害孩子的自尊心。

第2步：适度满足。父母可以适时地给孩子添置玩具、图书及彩笔等。让孩子意识到自己的需要，只要是合理的，家庭又是力所能及的，是会得到满足的。这样可避免孩子因需要不能满足而把别人的东西拿回来而又不告诉父母和小朋友。

第3步：分析原因。当发现孩子有不诚实的言行时，要冷静地听听孩子的想法，分析原因，对症下药，切不可急躁、粗暴，进行打骂、体罚等，这样只会适得其反，造成孩子为了躲避责罚打骂而说谎。有的孩子做错事，怕父母批评；也有的是为了取悦老师。父母要认真查找原因，具体问题具体分析。

第4步：强化养成。平时，要对这样的孩子加强养成教育，以发展其认知水平和表达能力。孩子做了错事或做的事情达不到要求时，不要对他训斥、惩罚，以免使他因为恐惧而说谎；也不能冷淡、疏远他，以免他因为怕失去爱而说谎。当孩子承认做错事后，要给予赞扬，让他体验到诚实的可贵。同时，要以爱为主导，以规则为准绳，帮助孩子认识到错在哪、为什么会错。

第5步：树立榜样。父母要做到言而有信，凡是答应孩子的事就一定要兑现。若因故兑现不了，要向孩子说明情况，表明不是有意骗他。要孩子做诚实的人，父母必须首先做到待人诚恳，不说假话，不掩饰错误。

第6步：制定规范。加强孩子生活常规的培养，对日常生活做出规范，保持张弛有度、健康有序的生活节奏，使孩子懂得什么时候该做什么事，以及应该怎样做好这些事。对孩子的要求，要适应各个年龄段生理、心理发展的程度，不能过高、过急。否则，孩子会感到有压力，促使他不自觉地隐瞒和掩饰真相，助长说谎的不良倾向。制定一些规则并严格要求。例如：不是自己的东西不能带回家，做错事要勇于承认。规则一经提出就要严格执行，不能朝令夕改，父母要态度坚决，严格要求，切不可姑息迁就。孩子第一次说谎时，要引导他认错并改正；再发生这类问题时，要严肃地批评教育，引导他认识错误；如果他仍然不改，可以采取必要的措施进行警示，使他认识到屡教不改是要付出代价的。警示措施可以是暂停他玩喜欢的游戏，推迟已经计划好要买的玩具、图书、衣物的时间，等等。

第四章

纠正孩子的生活习惯

不爱吃饭

【问题描述】

不爱吃饭是孩子常见的不良行为。如果不及时纠正，就会影响孩子的正常发育。

“吃饭喽！”当妈妈兴高采烈地把一盘盘菜端到桌上时，可可却托着下巴，对饭菜毫无兴趣，任凭妈妈好说歹说，她就是不肯吃，勉强吃一口，还要吐出来。

其实，孩子不肯吃饭也许是有原因的，父母要先了解清楚孩子不肯吃饭的原因，如果纯粹是胡闹，那就不要勉强或勒令他待在桌前，干脆让他离开餐桌。不过要记住，在下一餐之前，除了开水以外，不要给孩子吃甜食、零食，而且下一餐，还是要求他按时就餐。如果孩子真的饿了，一定会好好吃饭的。这种方法能够把孩子的食欲调整过来，达到进食的目的。

还有一个办法是利用“外援”，邀请邻居的小朋友一起来吃饭，竞争会激起孩子的好胜心，使他们食欲大增。

吃饭是一种饮食行为，孩子正确的饮食行为和习惯的养成不容忽视，这是解决孩子厌食、拒食等吃饭问题的根本，需要引起父母高度重视。因此，父母需要在孩子饮食的过程中进行正确的引导，让孩子从小养成正确的饮食习惯。

【心理解释】

肚子饿了就想吃饭是每个人的本能，如果孩子的肚子真的很饿了，就不会有不肯吃饭的问题。因此，孩子“拒绝吃饭”的原因最常见的就是肚子不饿。中国民间有句俗话叫“要想小儿安，三分饥与寒”，“三分饥”就是孩子在吃饭前饿了，表现在吃饭速度较快，吃饭看起来很香。

孩子肚子不饿当然吃不下饭，若父母一味地强迫孩子进食，反而会造成反效果。孩子不爱吃饭的原因一般来说有以下几种：

1. 父母常让孩子自己吃，不与家人一起进食，没有饮食气氛。

2. 孩子进食时，父母过分紧张地注视着，造成孩子精神紧张。

3. 孩子边吃边看电视或画册，影响消化功能。

4. 父母不注意变换食品花样，造成饮食结构不合理。

5. 允许孩子乱吃零食，特别是在饭前吃冰淇淋、巧克力等零食，使孩子食欲下降。

6. 催着孩子快嚼、多吃，孩子稍有怠慢就发脾气，使孩子反感。

7. 吃饭时父母数落孩子的错误，气氛不愉快，抑制孩子的食欲。

8. 孩子拒食时，父母强迫其进食，不能引起食欲。

孩子吃饭不是一件小事，若不重视，就可能造成孩子厌食、消化不良等诸多问题。父母应该针对孩子不肯吃饭的原因，采取相应的措施，帮助孩子快乐地吃饭。

【纠正方法】

第 1 步：按时吃饭。尽量做到吃饭的时间一到，全家人一起用餐，并规定孩子必须吃完自己的那一份餐。如果孩子不吃完，就算他等一会儿饿了，也不要再给他任何零食。久而久之，孩子便会养成定时、定量的习惯。

第 2 步：多种选择。每餐食物的品种要多样，让孩子吃到多种食物。培养孩子的进食兴趣，尽量提供孩子爱吃的色、香、味俱全的食物。

第 3 步：听取意见。孩子只需要足以抵御饥饿的食物，当孩子说“够了”时，当他开始拿食物玩耍或变得不安静时，或说“不要”的时候，应让孩子离开餐桌。

第 4 步：适当活动。孩子不爱吃饭，大多是因为活动量不够，父母可适当增加孩子的活动量，孩子肚子真正感到饿了，自然不会抗拒吃饭。饭前不要让孩子吃过多的零食，比如巧克力或冰淇淋等，这样会抑制他的食欲。

第 5 步：食量适宜。如果孩子吃得太多，就不能充分消化，容易导致消化功能紊乱。因此，父母要善于平衡饮食，合理搭配一日三餐。

第 6 步：鼓励奖赏。父母可记录孩子每天的食物摄入量，这样能清楚地反映孩子的进食情况，当孩子饭量增加，则给予奖赏，如带孩子郊游、看电视、讲故事等。

贪 玩

【问题描述】

玩是孩子的天性，是他们对周围事物、大自然的浓厚兴趣的一种表现行为，是儿童探索世界的第一步。

刘圣是一年级的学生。妈妈总希望他能在放学之后立刻回家做作业、看复习资料或读课外书籍。可是，每当刘圣听到外面孩子们玩耍的声音，总是不能将注意力集到在学习上来。他每天都央求妈妈让他先去玩一会儿，玩完再回来做作业。这让母子俩每天都为这一问题争执不休，筋疲力竭。

有一天，妈妈对刘圣说："别去玩了，等你玩累了哪有精力做作业？再说我也没有那份精力和耐心去一次一次地喊你。你呀，什么时候都没有一叫就马上回来过。"刘圣回答道："今天你一叫，我就回来。我保证。""别浪费时间了，快点做功课吧。"没有得到妈妈的批准，刘圣无可奈何地做起功课来。但是，不到一分钟，他又央求妈妈说："妈妈，你就让我去玩一会儿吧，别的小朋友都在玩呢。"妈妈说："你都是学生了，哪能总想着玩。"

贪玩的孩子大多兴趣广泛，而一旦玩起来，就没有时间观念。对于贪玩的孩子，父母应该注意细心观察孩子爱玩什么，与哪些孩子玩，怎么玩……分析这样玩的结果对孩子身心健康是否有益，是否妨碍和伤害到其他人的利益，是否对社会环境产生不良的影响……在没有进行细心观察掌握第一手资料之前，对贪玩孩子主观地横加干预是不妥当的。

【心理解释】

所谓贪玩，只不过是孩子在处理玩与学的过程中，在时间长短、轻重缓急上发生了错位。孩子爱贪玩，是很多父母感到十分困惑的一个问题。

绝大多数健康的孩子都存在贪玩的毛病。对孩子的贪玩父母不要过分心急，当孩子贪玩影响了正常锻炼及生活时，父母则需要进行干涉。常见造成贪玩的原因有如下几个方面：

好奇心引出的淘气。心理学家告诉我们，孩子性格的典型特征表现为活泼好动、好奇。每一个事物对他们来说，都充斥神秘和奥妙。在好奇心的驱使下，孩子盼望掌握更多的事物，也期望自身能摸摸试试，经常是大人越不让看、越不让做的事情，孩子偏偏要看要做。

想引起大人的留意，成心调皮。有一些孩子表现欲极强，喜爱引起大人的留意，如有的目的是期望得出表扬，却经常做出了大人不喜欢的事情来。

精力过剩。随着孩子年龄的增大，每种能力不断增进，但大人所能提供的活动环境和条件不能够满足孩子需求，他们剩余的精力无处使用。

儿童多动症。这一种孩子表现为整天动个不停，但热情兴趣不长久，注意力集中时间不持久，行为基本没有筹划性和目的性，做事有头无尾，不能够高效地拘束和掌握自身。小儿多动症应由专业医生认定，父母不要匆忙下结论。

教育不当。父母平时工作忙，对孩子教育不够，孩子整日和其他孩子一起戏耍，如果没有拘束和引领，易使孩子沉溺于戏耍。学龄儿童贪玩则与多样因素有关，比如有的孩子缺乏锻炼热情，也有的因视力或听力等问题，由于看不清，不理解以致上课做小动作和淘气捣蛋等，这些也经常被老师及父母以为他们是贪玩。

【纠正方法】

第 1 步：细心观察。对于贪玩的孩子，父母应该注意细心观察孩子爱玩什么，与哪些孩子玩，怎么玩……分析这样玩的后果对孩子身心健康是否有益，是否妨碍和伤害到其他人的利益，是否对社会环境产生不良的影响……在没有进行细心观察掌握第一手资料之前，对贪玩孩子主观地横加干预是不妥当的。

第 2 步：因势利导。贪玩孩子的兴趣爱好往往十分广泛，父母要把贪玩孩子的爱好引向更有助于身心健康的方面。孩子玩起来认真投入，往往不能自制。若孩子喜欢踢足球，他会在楼下的小路上踢。尽管场地狭小，仍然玩得兴致盎然。赶上上下班时间，路上车多人多，难免把球踢到行人身上或自行车上。其实，踢足球是项好的体育活动，是锻炼长跑的好机会。但父母要阻止孩子在楼下踢球，应该在周六或周日带他到学校或专业的操场上去踢，这样活动场地大了，孩子也能跑起来了。这样做既保护了孩子的兴趣，又锻炼了长跑，弥补了体育课中孩子的弱项。

第 3 步：循循善诱。所谓循循善诱，就是帮助孩子玩好、玩巧，在玩中拓展孩子的想象力，培养他们发现问题和解决问题的能力和方法。游戏机曾使很多父母“谈机色变”，甚至称其为影响孩子学习的万恶之源。素质教育专家则认为，对任何事物都应该一分为二来分析。游戏机作为一种高智能玩具，它能够训练大脑的快速反应和判断，以及手、脑的相互协调合作能力，使孩子的智能得到开发。当然，从另一个侧面来讲，如果孩子没有节制，长时间的玩必然会带来影响学习和身体健康的负效应。这就需要父母帮助孩子制定出学而有序的，具有约束力的时间表，以克服负效应所产生的影响。

第4步：控制时间。总体来说，父母担心的问题不外乎孩子玩的时候的时间控制，比如玩起来什么都忘记了，影响了正常的作息；或是玩得太疯了，身体受不了；还有就是玩的时候不注意安全，对身体有伤害。因此，父母要控制好孩子玩的时间。

第5步：与子同乐。有些父母总是板起脸来阻止孩子玩，不理解他们为什么喜欢玩，自然更不能分享孩子的乐趣了。父母如果能放下架子，以童真的心情与孩子一起出游或者做游戏，就能更好地理解孩子。比如跟孩子提前说好，玩的时候可以尽兴，但到了吃饭、睡觉的时间，一定要停止。告诉孩子："看，妈妈都让你玩了，说好的，该睡觉了，如果睡眠不足，明天就没有精力玩了哦!"养成习惯以后，孩子自然而然地就会劳逸结合。

第6步：合理安排。孩子兴趣广泛，如果得不到合理的安排，往往在玩的时候投入的精力多，占用的时间长，没有节制地玩结果造成贪玩。改变孩子贪玩的现象，应该是父母帮助孩子合理地安排和选择玩什么、怎么玩、什么时间玩，使孩子能够在玩中受到教益。父母不妨鼓励他们与年长于他的人对弈，训练他的骑车、游泳等基本技能。有条件的话还可以经常带他郊游、爬山、参观博物馆等活动。用这种玩的形式让孩子领略大自然的美景，增长见识，从而保证孩子在课余时间通过各种不同形式的玩使疲劳的大脑松弛下来，精神饱满地去迎接新的学习任务。

赖　床

【问题描述】

孩子赖床，对身体有一定危害。首先是打乱生物钟节律，这样会导致精神不振，情绪低落。其次是影响胃肠道功能，到了该吃饭的时间而没有及时进食，使得腹中空空，易发生慢性胃炎、溃疡病等，也容易消化不良。再有就是影响肌肉的兴奋性。赖床的人的肌肉组织长时间处于松缓状态，肌肉修复差，代谢物未及时排除，起床后会感到腿酸软无力，腰部不适。此外，赖床也会影响孩子的记忆力，不利于学习。

李先生和太太每天早上为 4 岁女儿的起床问题伤透了脑筋。每天到该起床的时候，女儿总是不愿起来，他们急着要上班，天天早上就像打仗一样，大人、孩子都精疲力竭。

后来，他们对孩子观察了一段时间，了解孩子每天大概需要多少睡眠才足够。在保证孩子睡眠充足的基础上，询问她不愿起床的原因，然后他们严肃而耐心地告诉孩子，每天必须及时起床上幼儿园，不得偷懒。同时还规定起床时间，每天在规定时间前 10 分钟叫醒她，告诉她今天有些什么有趣的事要做，并告诉她每赖床一次，就取消一次她喜欢的活动或不给她买她想要的东西。女儿及时起床了，他们就多表扬和鼓励她。一段时间下来，女儿赖床的问题就大有好转了。

父母对赖床的孩子要有耐心，使用适当的办法的话，孩子赖床的问题还是能够解决的。

【心理解释】

时间到了，该起床了，可是孩子怎么叫都叫不起来，想必不少父母都为这样的问题伤脑筋。

孩子早上起不来，可能是前一天上床太晚，或者是睡眠不好，常作噩梦，虽然睡眠时间不短，实际睡眠并不足；有个别孩子的体质需较长的睡眠时间；还有的孩子不想上学、上幼儿园等。

“一日之计在于晨。”要让孩子明白这个道理，应该培养孩子黎明即起的良好生活习惯，即使是节假日也要保持正常的生活规律，按时睡觉，按时起床，这样才能使孩子保持朝气蓬勃，身心健康，对记忆力也有促进作用。

孩子赖床有以下原因：

1. 孩子在深睡期起床，一般都会导致孩子赖床。只有在浅睡期，才能清醒。

2. 睡得太晚。如果孩子头一天晚上睡得太晚，第二天自然就睡不醒，因而赖床。

3. 父母自己有赖床的习惯，孩子就会自然而然地去模仿。

4. 没有时间观念。有的孩子没有时间观念，办事磨蹭，自然就赖床。

【纠正方法】

第1步：拉开窗帘。每天早晨，在规定的孩子起床时间，拉开窗帘，让清晨耀眼的阳光照射房间，让屋内充满清新的空气，孩子的贪睡虫会很快被赶走。

第2步：开启音乐。可以试着播放轻快活泼的音乐，把音量放大到可叫醒孩子的程度，由外界的力量叫醒孩子。父母用手轻抚孩子的背腰部，再抚摸他的手和脸。在舒适的刺激中，孩子逐渐从浅睡状态自然地转换到静态觉醒状态，再转换到动态觉醒状态，这时就会睁开眼睛，活动身体。

第 3 步：准备早餐。事先为孩子准备香喷喷的早餐，诱发孩子起床的意愿。

第 4 步：坚守原则。该起床时就起床，杜绝任何理由，切不可为了平息孩子一时的哭闹、耍赖而妥协。父母应经常告诉孩子“时间”的重要性，使其从小就拥有守时、定时的观念，认识到赖床的不好。孩子容易有赖床的习惯常归因于父母亲本身不良的生活习惯，父母自己应该养成良好的作息习惯，做孩子的好榜样。

第 5 步：适时鼓励。当孩子起床的时间固定下来，生物钟到时就会唤醒孩子，赖床的不良行为自然就会改掉。当孩子表现良好时，适当的物质奖励或精神奖励，对孩子具有鼓舞作用。

第 6 步：承担后果。如果以上办法还不奏效的话，可以让孩子自己适当承担行为的后果：赖床的直接后果是来不及吃早餐——挨饿；匆忙漏掉要带的功课或课本；上学迟到——受到老师的责罚。

做事虎头蛇尾

【问题描述】

日常生活中，孩子做事虎头蛇尾，不能善始善终的很多。

蕊蕊兴趣广泛，对很多事情都有好奇心，但是就是做事虎头蛇尾，不能有始有终。比如她正画着画，突然就去看漫画书了，漫画书没看一会儿，又去干别的了。

蕊蕊这样的孩子并不少见。孩子做事往往从兴趣出发，但兴趣往往不能持久，容易受外界事物的影响。别人的交谈，做事过程中的障碍或困难等，都会使孩子扔掉正在做的事情。但做事专心致志、有始有终的能力是可以培养的，父母要关心和指导孩子做事。例如，安排好孩子画画以后，父母不要就此甩手不管，要时不时看孩子画画，加以肯定和指导，并提出新要求。

父母还应该掌握好对孩子做事的要求，如果要求他坚持某种活动的时间过长或过难，都会使孩子半途而废。总之，父母要舍得花一点业余时间用于教育孩子，如果能够和孩子一起做事，有意识地培养他有始有终的做事习惯，对他以后的学习、工作和生活将会大有好处。

【心理解释】

孩子做事虎头蛇尾，不能善始善终，父母不可视而不见或迁就放任。

一般来说，做事不能有头有尾的孩子，往往心理比较脆弱，意志力较差，情绪不稳，注意力也不太集中和长久。

孩子做事虎头蛇尾的原因比较复杂，主要原因有这么几种：

1. 父母在做一些事情的时候，也常有不善始善终的情况，孩子潜移默化之中受到影响。

2. 孩子的意志力比较差，不愿动脑筋，做事一遇到困难就容易打退堂鼓。

3. 父母要求不严，甚至包办代替，长期下来孩子独立完成一件事的能力没有得到培养。

4. 父母或老师对孩子的要求太高，孩子的实际能力无法达到，自信心受挫。

孩子做事不能贯彻始终、虎头蛇尾，不利于日后做事具有意志力和坚定性，而这两种品质是一个人在学习和生活中不可或缺的。因此，父母应注意帮助孩子改正这种不良的行为习惯。

【纠正方法】

第1步：任务适度。如果任务过难，孩子尽最大能力仍不能完成，他就会伤心失望。如果一件事还不至于这样的话，那么接二连三的失败就很可能使孩子不愿再做事，导致信心丧失，以后做事也会畏难，容易半途而废。

第2步：指导监督。孩子做事的过程中，父母在关键时刻要给予指导和提示，以防孩子碰到解决不了的问题时就灰心丧气。当孩子有偷懒或依赖父母的迹象时，父母不可给予帮助，而应注意说服鼓励，必要时给予批评并监督孩子独立地做完某件事。

第3步：鼓励为主。如果孩子做事中途退缩，不想完成，父母切忌唠叨、打骂，更不要讽刺、挖苦，这样做很容易使孩子产生逆反心理，伤害孩子的自尊心。父母要对孩子好的行为及时予以鼓励、表扬，使孩子产生愉悦感和自信心，从而使孩子坚定完成任务的决心。

第4步：学会自制。孩子年龄小，注意力不稳定、自控能力较差。父母要根据这些特点，从孩子的生活习惯入手，循序渐进地让孩子完成不同难度的任务。久而久之，孩子就会逐步地控制、约束自己的行为，去完整地做好每一件事情。

第5步：有始有终。孩子往往是凭兴趣做事，不爱干就半途而废。父母应故意把一些事情作为一个任务郑重地交给他。如家里养了小动物，让孩子给它喂食，并向他说明这是他每天必须完成的任务，否则小动物就会死去。孩子觉得自己有了一定的责任，就会增强克服困难的勇气，通过自己的努力把事情做好，长期下来就会养成做事有始有终的习惯。

第6步：做好表率。父母首先要做事完整，不半途而废，还要经常提醒孩子注意父母做事是怎样坚持到底的。父母严格要求才能纠正孩子不良的习惯，也能巩固孩子一些好的行为。

网　瘾

【问题描述】

当下，互联网已经渗透到千家万户，渗透进我们的生活。根据工信部的统计，我国当前互联网用户已达 8.57 亿户。互联网在给我们带来方便的同时，也给一些孩子和家庭带来悲剧。

请看下面一组血淋淋的事实：

实例 1：西安有一位 15 岁少年偷走家中 5000 元钱，从新学期报到时开始，一直泡在网吧打游戏。两个月后，当家人找到该少年时，他已经瘦得皮包骨头，其母对网吧不负责任的行为气愤不已。

少年的母亲袁女士讲，儿子汪某今年上初中三年级，学习成绩一般。8 月 5 日新学期开学，家人给了汪某 400 元钱报到费。谁知汪某竟将家中的 5000 元钱偷走，一去不回。家人知道他痴迷网络游戏，就一直去各个网吧寻找。9 月 17 日，终于在一家网吧发现汪某，但汪某被带回家，只洗了个澡就再次失踪。夫妻俩和亲戚朋友在西安大大小小的网吧里寻找，但一点结果也没有。10 月 25 日晚 8 时，一个也常泡网吧的少年说，在劳动路 142 号哈雷网络俱乐部见过汪某。他们随后去找，果然发现汪某正在那里上网，与他一起长期泡网吧的还有 4 名少年。他离家出走后，就一直泡在这里。饿了，多加上 5 元钱，网吧服务员会给他叫饭，累了就在网吧胡乱睡一会儿。他还结识了同样包月上网的 4 名少年。汪某说，他两年前开始上网，之后再也无心学习，现在他身上只剩下200元钱。

实例2：《人民日报》报道：青岛一名年仅11岁的小学生曹琳，在家中玩电脑时突然昏倒，经海军401医院及时救治方才脱险。当天上午，这位玩电脑已有两年历史、在学校有“小网虫”之称的学生独自在家玩起了游戏。两个多小时后，他的父亲从外面回来，喊了他一声，正玩得起劲的曹琳猛一回头，当即昏倒在地，其父随后把他送到海军401医院救治。拍片显示：曹琳的第三至第五颈椎小关节错位，且椎间隙变窄。据医生介绍，曹琳的疾病与玩电脑姿势不良、时间过长有关。

实例3：4月5日，在学生纷纷加紧复习迎考之际，南昌市豫章中学高三（4）班的一位叫余斌的17岁学生，却因沉迷网络游戏过度紧张、激动，猝死在南昌市船山路上的辉荣网吧。

据事发当时坐在余斌旁边的一个名叫熊凯的年轻人说，4月5日17时50分，他来到辉荣网吧，看见余斌坐在50号机子上玩游戏。几分钟后，他听到“砰”的一声，接着看见余斌往后倒在椅子上，两手不停地抖动，口喘粗气。大家急忙把他送往医院，医院急诊科检查后宣布为临床死亡。

余斌父亲是南昌市一家国有企业的职工。在他和妻子的眼里，儿子每天早上7点多离家上学，中午12点50分回家，1点15分上学，下午又按时回来。直到儿子猝死在网吧后，他才知道平时很听话的儿子，几个月来根本就没有去学校上课。他说，余斌虽然从小喜欢玩游戏机，但以前从不旷课。父母对儿子的管教是很严厉的，不但规定了儿子每天回家的时间，还为儿子配了寻呼机，放学后，利用回电话的地点来算儿子到家的时间，但万万没有想到儿子仍然在骗父母。余斌的父母在进行自责内疚的同时，悲愤地向社会发出了“三问”：

一问学校对学生的监管为什么如此粗放。据余斌的班主任称，余斌寒假补课就没有到校上过课。余斌的父母非常纳闷：为什么在几个月时间里，父母没有得到来自学校、老师的任何反馈信息。尤其是高考在即，学校老师对一个高三学生时常缺课不闻不问，这究竟是对升学无望的学生的故意放弃，还是老师工作不细？

二问网吧门口的“未成年人不得入内”的告示为什么形同虚设。余斌的父亲说：“余斌每天都是背着书包上网吧的，对一个背着书包连续几十天在上课时间到网吧上网的学生，如果网吧经营者有起码的良心，就应该从影响身体、影响学习的角度提醒他呀！整天泡在网上玩一些刺激的游戏，即使正常的成年人也会受不了呀！他们就赚得下这个黑心钱？”

三问青少年迷恋网吧的问题为什么得不到有效遏制。一些网吧至今还在沿用前两年游戏室吃、喝、玩一条龙服务的习惯，为上网者提供通宵、零食、睡觉、赊账等方便，让小孩子沉溺在血腥、暴力、恐怖的游戏当中。余斌父母对记者说：“网吧问题不治理好，会严重地影响下一代的健康成长。我儿子走了，但还有很多青少年至今还沉迷在网络游戏室里。”

【心理解释】

网吧已成了孩子的“电子海洛因”，泡网吧比打游戏机的危害严重得多。网吧对孩子的负面影响，主要有四个方面：

1. 网吧成了青少年寻找精神寄托的场所，在现实中得不到满足，便在虚拟世界里沉沦。有的孩子从聊天发展到网恋，有的甚至利用网络行骗。

2. 网络成了青少年寻找刺激、猎奇的场所。

3. 网络成为青少年忘却生活烦恼的“防空洞”，生活不顺利，时间没法打发时，他们首先想到网吧，有的甚至通宵达旦沉迷其中。

4. 上网滋生青少年开支的“黑洞”，极易诱发犯罪。

【纠正方法】

第1步：签订协议。一些父母在孩子沉溺网吧难以自拔后，往往用打骂的方式，这样不但没有效果，反而引起孩子更多的反感。父母应该增强孩子的安全防范意识，防止他深陷其中难以自拔。不妨与孩子签订一个君子协议，如允许孩子去网吧，但父母要规定上网时间，孩子要告诉父母去哪个网吧，上网干什么，如果孩子违反了，就要受到减少上网时间的惩罚。

第2步：强制手段。对一些在网吧里玩网络游戏，聊天有如吸毒一样成瘾的孩子，应强制他们离开网络一段时间。如果孩子的网络成瘾症很严重，要带他们去心理医生那里寻求帮助。要了解孩子常去的网吧，教育孩子不要去非法网吧，黑网吧是是非最多的地方。

第3步：讲清危害。父母们一定要给孩子讲清危害，取得孩子们的配合，还应多陪着孩子参加一些健康有益的活动，克服对网络的依恋心理。

第4步：正确教导。父母要教育孩子遵守游戏规则，使孩子明白互联网是一种公共的信息通道，进入互联网必须遵守“交通规则”，既不能接收，也不能制作和传播违反社会行为准则的不良信息。

第5步：有奖有罚。当孩子没有去上网的时候，要及时给予表扬奖励。如果孩子控制不住自己，没有按协议控制上网时间，就要采取惩罚措施。

第6步：及时提醒。上网时不暴露家庭的有关信息。不要随意将父母的信用卡账号或网络账号告诉他人。除非征得父母的同意，否则千万不要在网络上留下真实姓名、电话、住址、父母的职业及就读的学校等基本资料。无论是网上下载的游戏还是买来的游戏软件，都要经过父母的审查。

吸　烟

【问题描述】

根据最近某权威机构的调查显示，目前我国中学生第一次吸烟的平均年龄是 10.7 岁，比 20 世纪六七十年代早 2.3 岁。大约有 41.5% 的吸烟男生认为吸烟能体现“男子汉气概”“很时髦”“很酷”。

根据北京大学儿童青少年卫生研究所对天津和山东等省市的 200 所中学的 11957 名 13～15 岁的中学生进行的调查显示，20% 以上的初中生尝试过吸烟，其中 32.5% 的男生和 13% 的女生尝试过吸烟，总吸烟率为 22.5%。这些数据无疑是令人吃惊的！

资料显示：中国 3 亿多烟民中，10～19 岁的青少年约占 10%。每年产生的烟民中，10% 以上是青少年。

烟草中有 3000 多种有害物质，其中对人体危害最严重的有尼古丁、烟焦油和一氧化碳。尼古丁是使人吸烟成瘾的剧烈毒物，主要对人体的神经系统造成危害。一支香烟含有的尼古丁可以毒死一只小鼠。烟焦油是烟草燃烧产生的致癌和促癌物质，它可以诱发人体多部位的癌变。与吸烟有关的常见癌症有肺癌、喉癌、口腔癌、胃癌、膀胱癌等。一氧化碳是烟草燃烧产生的有毒气体，能对人体造成缺氧损害，心脏和大脑对此尤为敏感。

吸烟可以导致全身疾病。吸烟者患肺癌比不吸烟者高 10% 倍，喉癌发病率高6～10倍。除癌症外，吸烟可诱发全身各个系统的疾病。长期吸烟，还会影响容颜，使全身充满臭味，手指、牙齿被熏黄，面色灰暗、皮肤粗糙等。

孩子吸烟除了对其身心发育有害外，还影响其智力的发展，易导致多重不良行为的产生。吸烟的父母应当努力戒烟或尽量少吸烟。吸烟时请自觉远离孩子，给孩子留出清新的空间。对于青少年的吸烟行为，父母要防微杜渐，防范于未然，帮助孩子应付同伴的吸烟压力，拒绝递过来的第一支烟。

【心理解释】

现在，青少年吸烟已经成为一个比较严重的社会问题。有的孩子10岁就开始吸烟。青少年会吸烟大致有以下几个原因：

1. 盲目模仿，相互感染。十二三岁到十七八岁的青少年的社会化方式首先是模仿。但由于识别能力有限，他们便在不辨真假、善恶的情况下去追求“新、奇、特”，模仿影视作品中自己所崇拜偶像的一举一动，认为这样才算潇洒。在这些群体中，一旦有人率先吸烟，就会产生暗示，谁不吸就显得不入流，结果相互影响，便逐渐形成了不良的吸烟习惯。

2. 好奇心强，寻求刺激。进入青春期后，许多少年人产生了强烈的长大成人的欲望，特别喜欢做成年人所做的事。许多家长或许不经意间流露出成年才可以吸烟的观念，这就在一定程度上促使孩子认为吸烟是走向成年的标志，因此便模仿成人吸烟。青少年对成年人的活动有较强的好奇心，他们想亲身体验一下吸烟的感觉，由于自我控制能力不强，慢慢地便上了瘾。

3. 虚荣。有的女生认为吸烟的男生比较成熟，不少男生为赢得女生的好感而吸烟。“饭后一支烟，快活似神仙。”“不抽烟，不喝酒，死了不如一条狗。”许多孩子笃信这些庸俗的社会流言。同时，一些孩子认为吸烟很潇洒，不吸烟就跟不上潮流。一些女生还认为："男生吸烟的姿势很酷，看上去很成熟，有魅力。"一些男生就是为了赶这种时髦，或者说是为了赢得女生的青睐而开始吸烟的。

4. 借烟消愁。孩子涉世不深、社会经验不足，但又对社会期望值较高。面对纷繁复杂的世界，难免遭受各种挫折，心理失衡，在心理受挫时便用吸烟来纾解苦闷。

5. 对烟存在错误认识。有的孩子认为吸烟能提神、消除疲劳，因而在学习紧张或思考难题时吸烟。

6. 错误的心理需要。青少年中有些人往往错误地认为吸烟是大人的标志，因而学着吸烟来表现自己长大成人了，可以与成人平等，并在其他同伴面前显示自己的老练与超群。

青少年正处在身心发育时期，身体各器官对烟草中的有害物质极为敏感，吸烟给他们的心理、生理带来的不良后果要比成人严重得多。在正确引导和教育孩子的同时，父母要以身作则，自己先戒烟，再教育孩子不吸烟。只有这样，才能为孩子创造一个健康、清新的环境，真正解决孩子吸烟的问题。

【纠正方法】

第1步：及时制止。如果发现孩子吸烟，父母有责任指出吸烟的危害，告诉孩子，香烟中含有多种有害物质，对身体破坏很大，会使记忆能力和学习能力受到损害，影响智力的发展，并及时制止这种行为。

第2步：勤于沟通。出于好奇，青少年开始实验做一些不同的事。如果父母和孩子的交流通道非常畅通，父母可能有机会和孩子一同走过这个试验阶段，从中给孩子提供一些帮助。对于孩子的一些试验性行为，父母最好能及时发现，但不要兴师动众，也不必太紧张。

第3步：分析原因。孩子吸烟的动机是多方面的，父母要摸清孩子吸烟的原因，然后对症下药地加以劝阻、引导。如有的孩子模仿成人吸烟，认为是成熟的标志。要帮助孩子认识到吸烟并不是成人的标志，多数大人是不吸烟的。同时耐心开导，帮助他们树立戒烟的决心，最重要的是让孩子自身形成戒烟的需要和动机。

第4步：转移目标。每当孩子犯烟瘾，总是借口出去或上厕所，这时可以邀他一起散步，或谈谈他感兴趣的东西，或跟他一起看电视、听音乐，或给他吃一些他喜欢的食品，借此分散、转移孩子想吸烟的念头，长期下去逐渐淡化他的吸烟念头，直到把烟戒掉。

第5步：家校配合。有的孩子认为同学见面递上一支烟显得有交情，如果自己不吸，显得不够朋友。因此，要设法使孩子和烟友隔离一段时间，要取得老师的配合和支持。这样坚持数月，戒烟就可能获得成功。另外，也可去戒烟门诊治疗。烟瘾较大的孩子，综合运用上述方法，再加上去医院的戒烟门诊治疗，效果会更好。

第6步：集中精力。让孩子意识到，成长是一个过程，每一个人都有将来长大成人的那一天。吸烟并不是走向成年的标志，多数成年人并不吸烟。而且，真正的成熟体现在心智的健全上。孩子染上了吸烟的坏习惯，这就很明显地表现出注意力并没有完全集中在学习上。凡是学习用功的孩子，他们根本没有时间过多关注学习以外的事情。要让孩子戒烟，关键在于让孩子明白，在现阶段主要任务是学习，不应该为别的事情而过多分心。

电视迷

【问题描述】

看电视已经成为孩子生活中的重要内容。到底孩子该不该看电视，看多长时间，看什么节目呢?

5岁的小文，在电视机前一坐就是半天，对其他任何事情都不感兴趣。久而久之，他孤独、怕羞，见外人不敢抬头，不和其他孩子玩耍、做游戏，连游乐场都不愿意去。显然，小文患上了“电视孤独症”。

近年来，有资料表明：随着电视的普及，儿童“电视孤独症”患者有所增加，多见于3~7岁的儿童。患有这样症状的孩子，即使后来经过良好的教育，将来仍会有相当一部分人不能很好地适应社会。

患“电视孤独症”的孩子常常表现为：长时间地看电视，否则就会焦虑不安，不关心周围事物，对玩具不感兴趣，也不喜欢接触小朋友。看电视时不让别人打扰，经常模仿电视中人物的动作、语言，能将电视节目中的故事情节背得滚瓜烂熟，有的还自言自语等。

孩子之所以会这样，是由于他们思维能力较差，行为模仿性较强，过多地看电视，大量的电视信息深深地渗透到他们的性格和行为之中，往往是看电视越多的儿童受到的影响越大。

这样的孩子性格孤僻，缺乏生活经验，缺乏学习能力，缺乏应对环境的能力，不能适应社会，情绪易波动。由于缺乏学习能力，因此积累不了生活经验，不会处理日常生活，不会与他人交往，不知道如何对待周围的事物，没有适应社会的能力，长大后很容易成为心理不健全的人。

【心理解释】

爱看电视，似乎是孩子的天性。现在有些孩子放学回家后大多数时间就是看电视。当然，电视在一定程度上可以有效地使孩子获得最广泛的信息和最现成的经验，可以教他们认知，训练他们的思维和注意力。

但如果孩子长期与电视为伴，父母不注意正确引导，会给孩子的成长带来影响。其中最明显的是它可能使孩子丧失主动思维的能力，在认知的学习过程中他们可能变得非常被动，不爱动脑筋，这十分不利于孩子将来抽象思维的发展。

还有，有些孩子宁愿守在电视旁看那些并不适合他们的节目，也不愿出去和小朋友玩耍，即出现所谓的“电视孤独症”。有的孩子还可能由于长时间地看电视，出现头痛、眼痛、眩晕、视力下降、肥胖等问题。另外，长时间看电视，使孩子减少了和其他人的语言交流，这会影响孩子的语言发展和表达能力。

客观地说，孩子紧盯电视不放的坏毛病，是长时间以来呆板的生活模式所造成的结果，绝对不是用口头禁止、威胁就能把这个习性给扭转过来的，通常要运用转移注意力的方法来终止孩子对电视的长久观看，并以提高兴趣的策略让孩子多接触其他活动。当孩子感受到还有比看电视更有趣的事情时，才有可能将专注于电视的目光移开。

【纠正方法】

第1步：控制时间。尤其是学龄前儿童，每天看电视的时间最好不超过0.5~1小时。周五、周六晚上可以看两个小时。

第 2 步：转移兴趣。丰富孩子课后的返家活动，户外休闲运动、课后学习等都很适合替代这段时光，只要父母肯花心思去安排，绝对能有效转移孩子对电视的兴趣。

第 3 步：分析原因。告诉孩子，久看电视，对视网膜、听觉的发育会造成不良影响。

第 4 步：以身作则。要求孩子少看电视，父母自己也要尽可能少看电视。

第 5 步：做好引导。孩子看电视时，父母至少一人陪伴，引导孩子看一些健康的节目。

第 6 步：活动代替。要引导孩子，电视节目虽好看，但读书更能增加知识和信息。对于肥胖的孩子，更应该减少看电视时间。允许他最多每天看电视 1 小时，当然最好能暂时停止看电视。用体育运动代替看电视，如跑步、跳绳等，如果父母能和儿童一起进行锻炼则更好。

手机控

【问题描述】

过去，孩子的礼物大多是玩具、衣服、旅游。如今，手机却成为很多孩子的最爱，而青少年“手机控”也屡见不鲜。

手机越来越向智能化发展，也越来越好玩，它占据人们越来越多时间，渗透进你我的生活。到处都能看到有人在智能手机上发微博、发微信、打游戏、看小说……不单是成人，还有很多孩子，成了十足的“手机控”。面对孩子的“手机情结”，很多父母无奈又烦躁。

有的父母对此忧心忡忡。不给孩子使用智能手机，担心孩子被封闭在信息孤岛；给孩子使用智能手机，又担心孩子迷失在信息海洋。对于那些痴迷于手机上网的学生，老师的阶段性没收和父母的掐断上网功能等惩罚手段，均宣告失败。

有一个4岁的小男孩叫林维，别看年龄小，玩手机玩得已经格外熟练。熟练滑动解锁屏幕，下载并打开游戏应用……林维如今已是手机游戏的资深玩家。“他现在不喜欢和小伙伴玩，一玩手机就是一个钟头，如果不给他玩，他就哭闹不止。手机是他的保姆和玩伴。”林维的姥姥无奈地说。

一个4岁的男孩尚且如此，可以想象，大一点的孩子更不用说了。

有一位初中孩子的母亲说：

这个学期，我们给孩子配了一部智能手机，为的是方便联系孩子。可我现在特别懊悔：就不该为孩子配备手机！开学一个多月来，儿子的心思好像都在手机上，只要在家，就能看到他不时把手机翻来覆去地摆弄。

每天起床，儿子第一件事是拿起手机；每天睡前，儿子最后一件事是放下手机；平时，若一段时间手机没动静，一定能看到他不时地查看手机。更让人看着心烦的是，儿子边看电视也要边玩手机，就连上卫生间也把手机带在身边。在卫生间里，他会蹲上半天不出来——这“臭小子”不是在用手机玩游戏就是在用手机刷微博。

在刚刚过去的这个国庆长假里，儿子更是机不离身。那天，我们一家人自驾车回老家，旅途四个小时，虽然车上颠簸不断，但儿子还是盯着手机屏幕玩游戏，在我的不断提醒和制止下，他才很不情愿地收起了手机。

反正，儿子着了手机的魔！自从买了手机，手机就成了儿子随身携带的一个玩具，有时他的同学来家里玩，他们说的好像也都是手机里的什么游戏。

其实，上小学五六年级的时候，儿子就提出了买手机的要求。那时候我们觉得孩子太小，再加上我们家离学校不过 10 分钟的步行路程，联系起来也比较方便，所以我们没有答应儿子的要求。

上初中，儿子被电脑派位到了一所离家较远的学校，尽管儿子也曾念叨说班上很多同学都配手机了，但我们总是担心儿子的自制力不够，担心因为手机导致他学习上分心。所以，一直到了这个学期开学前，我们才决定满足孩子的要求。毕竟，校园里的手机很普及了，同时，有了手机联系起孩子来的确也更方便。

在配备手机前，我们也与孩子“约法三章”。可是，孩子却没有我们期待的那样自律。现在，我不仅担心儿子因为手机辐射伤害身体和影响视力、担心儿子老是低头摆弄手机影响关节和脊椎生长，而且还担心儿子对手机产生像网瘾一样的依赖。同时，我还担心因为手机依赖影响儿子的心理健康和与同学之间的正常交往。

控，取complex（情结）的开头音，是指极度喜欢某东西的人。现代社会流行各种“控”，尤其是年轻人，从美食到时尚到玩偶到明星，无所不能“控”。在种种“控”背后，其实都是一种成瘾心理在作祟。从上面这位母亲的描述中，我们可以看出，她的儿子确实对手机过度依赖，是个典型的“手机控”。

随着智能手机的普及，越来越多的孩子成为“手机控”。2014年4月初，共青团广州市委员会、广州市少年宫联合国内十五个城市发布了《媒介与儿童——2013中国青少年儿童媒介素养状况调研报告》。报告显示，在全国儿童家庭中，普及率最高的是手机(97.8%)：44.5%的儿童拥有自己的手机；84.8%的孩子明确表示自己拥有QQ；90.1%的孩子接触过网络游戏，其中42%的孩子每月均为网游付费。

随着智能手机使用者的低龄化，越来越多的孩子可以随时享受到科技红利。然而，沉迷于手机游戏，不加甄别地下载含有不良内容的小说、图片，被不法分子和不健康软件诱惑，生活脱轨的案例时有发生。

有位老师忧心忡忡地说：班上40个孩子，近一半孩子配有手机。很多孩子上课时不认真听讲，偷偷用手机玩游戏。“有的孩子用手机浏览到色情、暴力等‘刺激’内容时，还会截屏保存，私下里传阅分享。”

“我们班有70名同学，其中有65名同学都在用智能手机。他们主要在课间用、中午用、放学后用。但有些同学上课时也在用，尤其是非主科或对该科目不感兴趣时。”陈老师是重庆渝北区某小学的六年级班主任，她一直因无法阻止学生上课玩手机而烦恼。

不少父母也是煞费苦心。重庆郑女士说：“我先是给他掐断了手机上网功能，结果过了一段时间发现他又开始上网了，原来孩子打电话给营业厅开通了上网功能。后来，我干脆给他换了手机号码，现在必须用我的身份证才能开通网络。”

【心理解释】

手机浏览网页、下载应用和书籍时，缺乏相应的“守门人”，导致很多涉黄、暴力的内容都会被孩子看到。孩子好奇心强，世界观、人生观不成熟，受到不良内容的影响和教唆容易跑偏。

孩子的视力、手机辐射、骨骼发育、迷恋虚拟世界、脱离现实的人际交往……一系列的担心使原本出于好意的手机，成为很多父母的梦魇。

《媒介与儿童—— 2013 中国青少年儿童媒介素养状况调研报告》指出，“移动终端 + 移动网络 + APP = 更容易沉迷网络”，而“苹果手机和平板电脑”为代表的新媒体，让当代儿童成了不同于电视一代、电脑一代的“苹果世代”。

分析“手机控”产生的原因，应该是多方面。但我以为，最重要的有以下几点：

从心理学角度看，这和人的个性特征有关。生活和学习工作中经常受挫、自信不足、兴趣缺乏、内心空虚、人际交往能力较差的人，容易成为“控一族”。相反，在工作和学习中能充分获得成就感、兴趣广泛、内心充实、人际交往顺利的人则不易为手机这样的身外之物所影响。

有的孩子正处在青春期，这个时期的孩子心理变化最激烈，和父母的沟通交流变少，而转向寻求同伴的认同，并且对家庭和学校以外的世界有强烈的好奇心。而手机恰恰满足了这种心理需求。尤其是许多不擅长和同伴面对面交流的孩子，通过手机短信、QQ、微博等延时交流工具，可以更顺利地表达自己的想法，达成一种获得广泛交流和认同的心理假象，在获得现实生活中无法获得的满足感的同时，难免过度沉迷其中。

手机和其他多媒体工具像一个气泡把我们包裹起来，让所有的注意力都集中在小小的屏幕上。经常使用手机的青少年不但缺乏和周围人的沟通，对父母的要求也更为叛逆。这一层气泡隔绝了“自我”和外界的关联，让人变得更加孤独甚至对生活失去兴趣，懒散、消沉。同时，心理学家还发现，手机等多媒体工具会让人们陷入一种持续的“多任务”状态，长此以往会让人出现注意力障碍，很容易因为外界的干扰而分神，没办法集中注意力做深度的思考。这对以学习为主业的孩子而言，影响尤其明显。

再就是父母的负面榜样。“爸爸可以玩手机，我为什么不可以?”33岁的“奶爸”刘伟告诉笔者，有一次他玩手机游戏时，7岁儿子的发问令他面红耳赤。“很多时候父母只顾着指责和约束孩子，却忘记自己要以身作则。”我们时常可以看到，聚会时掏出手机刷屏或玩游戏，几乎成为大人们的固定动作。父母是孩子的第一任老师，父母都是“手机控”，孩子怎能不跟着学?

【纠正方法】

第1步：严加约束。孩子毕竟是孩子，自觉性和自控力都无法和成人相比。因此，在戒除手机成瘾的过程中，父母的帮助是不可缺少的。父母要和孩子约法三章，什么时候可以用手机、什么时候不行，如果孩子违反规定应该受到什么惩罚、做好了又有什么奖励，赏罚一定要分明，执行要坚定。如果孩子的自制力实在是不行的话，帮孩子换个传说中的“老人手机”也未尝不可。尤其是学龄前儿童，每天玩手机的时间最好不超过0.5~1小时。在稳定控制的前提下，逐步减少玩手机的时间，直到可以自我控制。

第 2 步：转移兴趣。丰富孩子课后的返家活动，户外休闲运动、课后学习等都很适合替代这段时光，只要父母肯花心思去安排，绝对能有效转移孩子对手机的兴趣。

第 3 步：分析危害。要改变沉迷手机的现状，必须让孩子认识到“控”手机的危害，并产生想要改变的愿望，这是戒除任何成瘾行为最根本也是最基本的条件。父母要通过平和的沟通，摆事实讲道理，和孩子达成共识。不要情绪过激，也不要危言耸听，否则很容易引发孩子的逆反心理，造成反效果。相对于其他成瘾行为，手机成瘾只要能够认识到其中的危害，并能得到身边人的帮助和支持，还是比较容易戒除的。另外，也要告诉孩子，进行电子娱乐时，画面明暗的变化会加剧瞳孔的急剧放大、收缩，增加疲劳度，而显示屏的短波蓝光也会加大眼底刺激，造成眼部持续疲劳。过早使用成人款手机，不仅辐射影响儿童的生理发育，心理上也无法承受和消化成人信息内容。

第 4 步：以身作则。父母和孩子应站在同一战壕，以身作则地树立正向榜样，教会孩子科学合理使用手机，不被其所“控”。父母帮助孩子戒手机时应注意疏堵结合，以免造成孩子的逆反心理。

第 5 步：注重引导。孩子长时间和机器相处，缺乏与他人的沟通交流，对合作、竞争意识以及表达、抗压能力等的培养和形成不利。孩子沉迷手机表达想法，获得认同假象，却离现实中的亲子交流越来越远。孩子玩手机时，父母至少一人陪伴，引导好孩子。

第 6 步：分散注意力。父母有责任帮助孩子发现和培养各种积极健康的兴趣爱好，尤其要鼓励孩子参加一些可以和同龄人良性互动的团体活动，这是最根本最有效的途径。要引导孩子，手机虽好玩，但外面的世界更精彩，可以带孩子到科技馆、图书馆，增加知识和信息；也可以爬山、看电影，让孩子从手机中解放出来。

不讲卫生

【问题描述】

清洁卫生直接关系到孩子的身心健康。

6岁的小柯平时不太讲究卫生，经常是手还没洗就抓东西吃。父母说过很多次，而他往往是这次改了，下次又忘了。后来，他因此拉了几天的肚子。父母利用这个“难得”的机会，给他分析了他拉肚子的原因，说如果以后他还是不注意卫生的话，还是会继续拉肚子。小柯怕了，以后再也不敢不讲卫生了。

幼儿期是习惯养成的重要时期，此时培养良好的卫生习惯会收到事半功倍的效果。孩子的好奇心强，常常摸摸这个、动动那个，对身边的一切都很感兴趣。尤其喜欢捡地上的小纸片、小木棍，喜欢玩沙土，这样一来，小手时常弄得很脏。如果用脏手揉眼睛，易引起眼睛感染；用脏手拿东西吃，易造成腹泻或肠寄生虫病。因此，要培养孩子饭前便后洗手，从外面玩回来洗手，弄脏手后随时洗，不用手或衣袖擦鼻涕，还要教会他用手绢儿擦鼻涕和眼泪。

脸虽不像手那么容易弄脏，但至少每天早起、晚睡前各洗1次。洗脸的水温要适宜，洗脸时手要轻柔，使孩子感到很舒服，这样一般孩子会愿意洗脸。洗脸时避免把水或肥皂溅到孩子的眼、鼻中，以免使孩子对洗脸产生恐惧或反感。

父母要抓住时机培养孩子讲究卫生的良好习惯，让他知道邋遢会带来的后果，悉心教育，动之以情、晓之以理，让孩子自觉地养成良好的卫生习惯。

【心理解释】

有些孩子不太注重个人的清洁，没有养成良好的卫生习惯，这会使很多病菌有机可乘，不利于身体健康。与别人相处的时候，若没有良好的卫生习惯，他也不受欢迎。所以说，孩子不注重个人清洁，对其身心发展都是极为不利的。

孩子不注重个人清洁，一般由以下几方面的原因引起：

1. 教育方面的原因。这类孩子一般未受到良好的卫生行为指导，没能养成良好的卫生习惯。有的父母工作较忙，没时间教育或照料孩子。

2. 环境方面的原因。孩子生活的环境较差，父母及周围的人群中缺乏卫生知识，卫生意识淡漠。这种情况在农村特别是一些经济落后的地区较为普遍。

3. 疾病方面的原因。如有的疾病引起孩子经常流口水、流鼻涕，有的甚至大小便失禁等。

养成良好的卫生习惯，有益于孩子身心的健康发育，可减少皮肤病、寄生虫病、胃肠道疾病的发生。良好的卫生习惯的培养应循序渐进，坚持不懈，不能让孩子因特殊情况破坏已养成的习惯，更不能让他“三天打鱼两天晒网”。

【纠正方法】

第 1 步：指出危害。要给孩子讲清不讲卫生的危害，引起孩子重视。

第 2 步：制定规矩。比如不洗澡不能睡觉，不刷牙不能吃早点，不洗手不准吃饭。孩子犯了规，用不着责骂，请他依照规矩的约定而行就可以了。

第3步：做好榜样。孩子不爱清洁的原因，可能是父母没有给予足够的照顾，或父母本身的卫生习惯也没有做足。所以，父母本身要爱清洁，给孩子一个清洁卫生的居住环境，把孩子收拾得干干净净的。

第4步：培养习惯。教育和帮助孩子养成良好的卫生习惯，饭前便后要洗手，衣服、鞋袜等要勤于换洗并尽量保持整洁，勤剪指甲等。

第5步：引导教育。进行适当的卫生知识教育，让孩子懂得不讲卫生所造成的危害，让他了解不刷牙、不洗手便吃饭的后果，可借助书本图片，解释牙痛、细菌等情况，告诉他如果不注意个人卫生，后果就是忍受牙痛及其他疾病的痛苦，父母也帮不上他的忙。

第6步：注重养成。让孩子做一些力所能及的事。如让孩子自己洗一些小衣物、小手帕等，让孩子体会到劳动的辛苦，养成保持衣服整洁的习惯。

用餐不文明

【问题描述】

在餐桌上，时常可以看到这样的镜头：有的孩子旁若无人地拿着筷子在盘子里翻来翻去，有的举着筷子在桌上的菜盘里来回挑选，好像不知要从哪儿下筷。调查发现，吃饭时对身边的人熟视无睹，一双筷子对满桌饭菜挑来拣去的现象在许多孩子身上都存在。

在餐桌上，不文明现象远不止这些。比如拿筷子敲饭盆，吃饭时把筷子、勺子含在嘴里，把喜欢吃的菜摆在自己面前，用一根筷子去插盘子里的菜，帮别人夹菜不用公用筷等，都是餐桌上的不文明行为。这些发生在餐桌上的细节，反映出孩子是否受到良好的家庭教育。

一天，小明的爸妈请朋友来家里做客。席间，5岁的小明表现得异乎寻常地粗野。饭菜还没端上桌，小明就早早地坐在餐桌旁闹腾开了。

“妈，怎么还没做好呀，我都快饿死了！”小明一边旁若无人地嚷嚷，一边用力敲打着桌子和椅子。

饭菜刚端上桌，小明的精彩演出就开始了。他不让大人帮他夹菜，自己跪在椅子上吃力地伸手夹菜，袖子不时地从菜上拖过去。而且，他一不小心，还把自己的饭碗打翻在了地上。小明的爸妈对他只是象征性地制止了一下，小明不但没收敛，反而越发放肆，索性放下筷子，用手抓够不着的菜。明明嘴巴里塞得满满的，可小明还不停地嚷嚷，唾沫乱飞不说，一不小心打了几个喷嚏，喷得满桌子都是饭菜渣儿。桌上的几个客人见到这种情形，都无可奈何地皱起了眉头，那顿饭大家吃得都有些索然寡味。事后，几个朋友私下议论："这孩子太没规矩了，缺少必要的教养！"

【心理解释】

孩子养成不良的用餐习惯，主要有以下一些原因：父母不重视对孩子这方面人格修养的培养；孩子在餐桌上想引起大人的注意，故意胡作非为；父母进食的习惯就不好，比如吃饭时爱大声说话等。

如果孩子不懂得用餐礼仪，尤其是在一些重要场合，的确是一件令别人厌烦、令父母尴尬的事。所以，从小纠正孩子用餐的坏习惯，培养孩子的用餐礼仪，的确是家庭教育中的重要课程之一。

在英国的家庭教育中，"把餐桌当成课堂"已经成为一种传统。自从孩子开始上餐桌就餐，父母便开始对其进行严格的"进餐教育"，其中包括鼓励孩子自己进餐和学习用餐礼仪。通常孩子在1岁到1岁半的时候，就开始喜欢自己动手做很多事情。例如，吃饭、喝汤等。英国的大部分父母认为，一旦孩子愿意自己用餐了，便是人格开始趋于独立的一种标志。这时候，父母完全应该给他们大力的支持。在英国，孩子开始有步骤地学习用餐礼仪一般是在两岁左右；到了4岁，用餐的所有礼仪就基本都掌握了。

【纠正方法】

第1步：及时制止。孩子在餐桌有不良行为时，应及时制止，或者让他离开餐桌一会。

第2步：做好示范。父母的言行举止、各种习惯是影响孩子的最根本因素，要想孩子改正不良习惯，形成良好的饮食习惯，必须从自己做起，给孩子树立一个好榜样。

第 3 步：立下规矩。要告诉孩子：当与许多人一起用餐时，切不能只知道自己吃自己的，一定要谦让；切忌不能用手玩饭团，吃饭时要量力而行，最好是能把自己碗里的饭吃完；喝汤时不要过急，不要发出呼噜呼噜的声响；不要把吃不完的东西放回菜盘里；不要在菜盘里挑来挑去；更不可用筷头剔牙齿。在用餐的时候，孩子经常会出现食物塞到牙缝、筷子不小心掉到地上，或在饭菜中见到异物等情况，父母都应该一一教会孩子怎样处理这些问题。

第 4 步：分析原因。制止无效时，可具体分析一下原因。比如，累了，饿了，大人冷落他了？还是与别的孩子闹矛盾了？

第 5 步：适度惩罚。如果制止没有停下来，可采取惩罚的办法。比如，取消一次活动，关禁闭等。

第 6 步：及时鼓励。当孩子表现好时，应及时鼓励表扬，让他知道文明用餐是一种良好的行为。

迷恋游戏

【问题描述】

英国诺丁汉大学心理学专家麦克·格里弗斯博士认为："过分迷恋上网有损身心健康，严重的会导致心理变态，危害程度不亚于酗酒和吸毒。"

电子游戏、电脑、网络问世后，就让孩子爱不释手，终日在屏幕前玩耍。很多父母都为此感到烦恼，纷纷限制孩子打游戏的时间，为此产生大量亲子矛盾。孩子在家玩不成就溜出去上网吧，或者偷偷用手机继续上网玩。

11岁的凯凯成绩一向不错，但最近却一落千丈。父母发现，原来他是将时间和精力花在了玩电子游戏上。而且如果稍加阻拦，他就会大闹，不再像以前那样乖巧听话了。

像凯凯这样的孩子，想必有不少。孩子迷恋电子游戏，影响学习，变得不听话，让父母很烦恼。电子游戏有诸多害处：

首先，在玩游戏时，孩子被游戏发出的信号所左右，这对孩子的智力发展和动手能力的发展毫无益处。

其次，现在许多电子游戏有色情与暴力内容，儿童不宜。大众场合的电子游戏厅多有赌博嫌疑，孩子也不宜涉足。

再次，迷恋电子游戏会影响孩子的身心健康。迷恋电子游戏可能导致儿童神经紊乱症，引起癫痫，引起眼睛疲劳，造成近视。经常玩电子游戏的人容易喜怒无常、身体无力、精神萎靡不振。

此外，随着科技的发展，电子游戏的种类呈现多样化，电脑网络游戏更是吸引了众多孩子。很多父母给孩子买电脑是为了让他学有用的电脑知识，而孩子却迷恋上了游戏，事与愿违。让孩子完全拒绝电脑，这是不现实的。只要教育引导得好，电脑完全可以成为孩子学习的有力帮手。因此，怎样教育引导，使孩子避免电脑游戏的不良影响，这是所有父母应该认真思考和解决的问题。

【心理解释】

现在的孩子，尤其是男孩儿，特别喜欢玩电子游戏机。有的孩子长时间沉溺于电子游戏，一旦停止电子游戏活动，就出现难以摆脱的渴望玩游戏机的冲动，形成精神依赖和相应的生理反应。恢复操作电子游戏后，精神状态便恢复正常。这些行为特征与毒品成瘾行为有着许多相似之处，是一种心理疾病行为。从心理学上来讲，电子游戏特有的行为强化机制，可使成瘾行为不断强化。但并非所有玩过电子游戏的孩子都会成绩下降、品行不端，关键在于是否上瘾，而是否容易上瘾往往又与孩子自身某些心理原因有关。如那些性格内向、希望得到重视而又十分孤独的孩子，或者生活中遭受过挫折、学习成绩不突出、心情压抑的孩子，或者成绩下降而对环境不适应的孩子，这样的孩子最容易上瘾。

防止电子游戏这一“电子海洛因”对孩子产生毒害要靠全社会的努力。学校要注重素质教育，充分挖掘孩子多方面的潜能。父母也应注意教育方法，要多与孩子沟通，培养孩子健全的性格。平时要善于引导孩子多看有益的书籍或者操作有意义的教育软件，把孩子的兴趣和精力引往正途。

【纠正方法】

第1步：不能放任。根据孩子的特点，以鼓励引导为主，在节假日允许他玩一会儿。另外，经常和老师通电话，随时取得老师的帮助，一旦发现孩子玩游戏上瘾，就和他谈话，提醒他。

第2步：注意引导。如果强迫孩子放弃游戏机，如藏起游戏机等，不但不会奏效，反而会使孩子产生逆反情绪，会激化父母与孩子之间的矛盾，事倍功半。

第3步：制定规则。正确安排孩子的学习与玩游戏时间，和孩子一起制订学习与玩游戏的计划，如什么时候玩，玩多长时间，特殊情况下怎么处理，等等。可让孩子回家先复习功课，做完作业，然后玩半小时游戏。星期天复习本周课程，解决疑难问题，然后玩40分钟。然后，再预习下周的内容。期中、期末考试之前两周内，停止玩游戏机，集中精力复习功课，准备考试。考完后，暑假或寒假适当延长孩子玩游戏的时间。

第4步：以身作则。父母自己也克制自己，少玩电子游戏。

第5步：正确引导。对孩子玩游戏机的次数与时间可以实行目标管理。成绩提高后，可以适当延长游戏时间，反之，适当缩短游戏时间。要做到奖励与惩罚相结合，从而调动孩子的学习积极性，增强其自制能力。

第6步：培养兴趣。积极引导孩子发展健康向上的兴趣爱好。如和孩子一起集邮、积极参加体育活动，搞小发明、小制作，利用节假日外出旅游等，让孩子的兴趣转到健康、积极的活动上来。

第五章

直面孩子的性格问题

任 性

【问题描述】

日常生活中，我们总会遇到些任性的孩子。他们有的性格偏执，有的无理取闹，有的缺乏自我约束力，等等。孩子的身心发展不成熟，对事情缺乏全面的认识和准确的判断力，多少都有点任性。“人之初，性本善。”孩子的任性不是天生的，它受周围环境的影响，同时也是一种心理需求的表现。孩子的任性发展到一定程度，会妨碍其健康成长。因此，必须采取措施加以纠正。

有一天，爸爸妈妈带奇奇去附近的超市买大米，回来的时候，奇奇慢吞吞地走在前面，妈妈和爸爸走在后面。因为大米比较重不太好拎，爸爸拎着大米很快就超过他了，结果奇奇就开始哭着去追爸爸，让爸爸和他再回到超过他的地方重新走。妈妈就反复跟他讲：“爸爸拎着大米很重的，让他先回家吧，我陪着你慢慢走。”奇奇根本不理，继续哭闹……

奇奇的这种表现就是任性，想要就要，父母不满足时就大哭大闹，不依不饶，让父母很烦恼。

研究发现，孩子任性主要是由父母对孩子的教养出现失误造成的。有时孩子提出不合理的要求，父母开始不同意，但在孩子哭闹或绝食的威胁下只好妥协。渐渐地，父母就形成无原则地迁就孩子的习惯，促成了孩子任性。

当发现孩子有任性的苗头时，最好对他进行冷处理：在他大哭大闹时父母不要发火，也不可因他一闹就投降，父母要下决心做几次绝情的父母，使孩子不能从哭闹中得到好处。

当然，对于孩子的任性也需辩证分析，弄清他任性的原因。当孩子正在做有益的事情时（如全神贯注地看书，父母却要他一块儿去做客，孩子不想去）父母最好改变自己的主张，让孩子继续做下去。

【心理解释】

现在，独生子女多了，孩子任性的现象比较普遍。孩子的任性行为，根据年龄及个性的不同而有不同表现，但下面几种最为常见：一是你说东，他偏往西；二是脾气说来就来，稍不如意就和父母对着干；三是突发性不可抑制的狂躁；四是要什么就得有什么。

任性是一种不良心态，是孩子要挟大人满足自己某种需要的手段，养成这种不良品质的原因，不外乎两种：一是大人对孩子过分溺爱；二是父母之间、祖父母之间对孩子的教育态度不一致、互相矛盾。爸爸批评，妈妈护着。妈妈批评，爷爷、奶奶护着。时间一长，次数一多，孩子有了靠山，任性就愈演愈烈了。

宠溺的教养方式可以使儿童形成以自我为中心、任性等不良意识和行为；父母或父母与上一辈老人之间对孩子教育态度的不一致，也可使儿童养成任性的不良行为；过度庇护则容易影响儿童生活自理能力的发展。对于以上出现的种种问题，要根治孩子任性，必须从大人做起。

要改变孩子任性也非一日之功，父母要有耐心，要持之以恒，反复教育，直至孩子改掉这个毛病为止。

【纠正方法】

第 1 步：正确对待。尽量鼓励、支持、帮助孩子完成他自己想做的事，不要成天总是对孩子发布禁令。对孩子提出的不合理要求，不管他怎么哭闹，决不能迁就，态度要坚决，而且要坚持到底。当孩子出现任性的毛病时，及时向孩子提出约法三章。

第2步：分析原因。父母要认真分析孩子任性的原因，具体问题具体分析。

第3步：进行冷处理。孩子任性时，只要不出现“安全问题”，父母可以狠下心来不去理睬孩子，让他闹。等到孩子平静时，再去说理，指出他的错误之处。

第4步：转移注意力。孩子注意力容易转移，在他任性的时候，父母可利用当时的情境特点，设法将孩子的注意力转移到能吸引他的别的事物上。给孩子创造集体生活的机会，任性是自我为中心的产物，集体活动是破除自我为中心的最好途径。平时父母可以利用童话、故事等方式，给孩子讲道理。不能等孩子任性了再说理，否则只有白费口舌，收效甚微。

第5步：承担后果。孩子任性的结果对他有强化作用，只要结果令他满意，他会继续为之；反之，则会自发地改变。利用这一规律，可以纠正孩子任性的坏毛病。比如孩子用不吃饭来要挟父母，父母不妨就让他好好饿一顿，使他以后想用不吃饭来要挟大人时，想起饿肚子的滋味。采取这种方法，父母一是要确保后果对孩子身心没多大伤害，二是要狠得下心来。

第6步：激励夸奖。孩子喜欢听好话。任性的初期，父母可以正面夸奖他的某一长处，为孩子转变找台阶；或者反面激将，说他的不足，刺激他改变。父母态度要保持一致。特别是祖辈不要在孩子父母批评孩子时出面袒护。父母之间意见不同时，要避开孩子去商量。

顶　嘴

【问题描述】

美国教育学家马斯洛指出："顶嘴不是解决问题的好方式，一旦习惯成自然，也不利于孩子的学习和成长，甚至会影响他长大成人后的人际关系。"

菲菲最近老和妈妈顶嘴，比如该吃饭了，妈妈叫她回家好几次，她总是边答应着边玩。后来妈妈硬是把她抱回家，她就很愤怒地说："凭什么你要我回家我就要回啊？我为什么要听你的话啊？"她这样不依不饶地，让妈妈很头疼。

像菲菲这样的行为，估计不少父母会遇到。父母应从孩子的言行中认识到：孩子开始有了自我意识，有了独立支配自我的意愿；同时，在教育孩子时，若只是一味强调要孩子听话而没有给孩子讲清道理，就无法让孩子理解何种行为是正确的。

顶嘴常常源于孩子和成人意见相左。父母应看到顶嘴是孩子表达自己的判断的一种特定方式。孩子追求独立性，要加强自己判断是非的能力。孩子表达自己的判断，不可能像大人那样圆滑、委婉。所以，对孩子的顶嘴，不要一概斥之为不尊敬长辈，要区别对待。凡事都要理解后才肯听从命令的孩子，也许有更多的创造性和叛逆精神。孩子如果爱顶嘴，父母千万不要苦恼，也不要盲目训斥，要多花一点精力进行正确引导，最终使孩子成为勤思考、敢质疑、有独创性又有礼貌的人。

【心理解释】

孩子慢慢长大，其独立欲望明显增强。他们开始意识到自己的存在，不愿处处被人管制。如果父母这时对他们干涉过多，会引起他们反感而和父母顶嘴。孩子顶嘴和父母的教育有很大关系，一般有以下几种原因：

1. 教育方式简单。如果父母只凭一时的喜怒赞扬或批评孩子，或只是发号施令、训斥孩子，孩子大多不会买账。

2. 说话不讲究艺术。有的父母说话抓不住重点，啰唆、唠叨，让孩子厌烦，引起孩子顶嘴。

3. 观点不正确。父母受文化水平、职业等限制，有时所持观点不正确，孩子难以苟同而进行辩驳。

4. 独断专行。有些父母采用家长制的教育方式，不允许孩子有不同意见。孩子长大后，有自己的看法，不喜欢父母对自己干涉太多，就容易与父母顶嘴。

5. 溺爱孩子。父母对孩子过于溺爱会使他们缺乏约束，不懂礼貌，在长辈面前我行我素，等到孩子养成坏习惯时，就比较难纠正。

6. 以身作则不够。父母平时在家中不注意自己的行为，为一些小事与家人发生口角，和老人顶嘴，这会对孩子产生潜移默化的不良影响。

7. 独立思考意识正在增强。有顶嘴现象，说明孩子长大了。这提醒家长在今后的生活中要适当注意言行，以免自己的言行对孩子造成不良影响。

要想改掉孩子顶嘴的毛病，父母应从改变自己的教育方法入手，深入了解孩子的心理需求，尊重他们的意见，循循诱导。父母还应时刻以身作则，这样孩子才会从内心听从父母的教导。

【纠正方法】

第 1 步：及时指出。对孩子无礼的顶嘴行为，应及时指出。比如可以说："当我和你说话时，你摇头晃脑，很没有礼貌，必须改正。"如果指出还不改，就不要理睬他。

第 2 步：协商引导。父母可用商量引导来代替命令与强制。比如，孩子到了睡觉时间还不想睡觉，因为正在进行的活动太兴奋了，这时父母不妨将灯光调暗，音乐调低，再拿出孩子喜欢的绘本吸引他躺到床上讲故事，然后自然地过渡到睡眠上。

第 3 步：听孩子说。首先要允许孩子申辩，鼓励孩子申辩。既然你批评孩子，就应允许孩子有这种权利。这样做的好处是，让孩子感到无论做什么，有理才能站稳脚跟，这对发展孩子的个性很有利。孩子们一开始可能不会很有章法和条理，但这是一种锻炼，可以使孩子学会从各种困境中摆脱出来，练就坚强的性格。压制孩子，让他把委屈吞进肚子里，只能造就委曲求全或满怀忧愤的性格。

第 4 步：善于引导。父母要注意语言技巧，尽可能把"不要做"变成"要做"。比如去超市时，不要反复叮嘱孩子"不要到处跑"，而可以让孩子"跟着购物车走"。"不要"有批评的意味，而"要"则显得肯定得多。父母教育孩子的不当言行时，应言简意赅，切忌一味重复，喋喋不休。无论说什么，都要蹲下来和孩子说话。一来可以让孩子听清你在说什么，二来会让孩子感觉你亲切友好，对你所说的话更加认同。要建立和谐的家庭氛围，发扬家庭民主，给孩子更多的发言权。对正确的行为，要及时鼓励表扬。放手让孩子自己去想、去干。不要一味要求孩子按照自己的模式行动，当孩子有了一个与众不同的设想，做了以前不敢做的事，父母应积极支持，及时赞许。

第 5 步：以身作则。父母是孩子的镜子，孩子是父母的影子。父母要想让孩子不顶嘴就必须做孩子的好榜样。有的父母平时在家中不注意自己的行为，对老人不尊重，还常常和老人顶嘴，这会对孩子产生潜移默化的不良影响。父母要重视自己在孩子面前的影响，处世为人以和为贵，尊重长辈。这样一来，孩子也会乐于听父母的教诲，不再顶嘴。

第6步：奖惩有度。需要批评时，要有分寸；需要惩罚时，要讲明道理。要注重与孩子的精神交流。每个孩子都渴望得到父母的理解，父母应学会倾听孩子的意见，努力理解他们的感受，委婉表达自己的意见和评价，使孩子感受到父母的关爱，从而乐于接受父母的意见。

霸　道

【问题描述】

孩子的品行是孩子成长发展的根本，而霸道是孩子成长的大敌，它严重影响孩子的成长。

刘明上小学五年级，他在学校里常常捉弄、欺负同学。为此，他爸爸没少训他、打他，但他仍然我行我素。父母真不知道该怎么教育他。

像刘明这样的孩子，每个班里都会有几个。有些孩子是在家里霸道，有些则是在学校霸道。一般来说，受到宠爱的孩子进入集体时，一旦想要的东西得不到就会攻击对方。当别人躲避时，就会心中不满，更易于攻击别人，成为“小霸王”。

先抛开别的不说，刘明爸爸这么教育他的方式就不恰当，长期以来因为刘明的霸道行为打他，反而更容易滋长孩子喜欢用拳头解决问题。

一般来说，应该在孩子刚出现做事霸道的苗头的时候尽快制止。年龄越大越不好改，一旦形成性格的一部分，那孩子今后的发展真是令人担忧。

【心理解释】

霸道在人际交往中，常常表现为蛮横，具有侵犯性、攻击性，不讲道理，为所欲为。有的孩子简直是小霸王，一不如他意就大哭大闹，最后父母只能妥协，顺应孩子的要求。这种霸道的孩子不少，带给父母们很多烦恼。

造成孩子行为霸道的原因有很多，大概是以下几点：

一是父母过分溺爱。孩子要什么有什么，凡事有求必应。这样会渐渐养成孩子以自我为中心的观念，容易滋生霸道行为。而当孩子有霸道行为出现时，父母没重视，认为只是个孩子，未加以引导并给予适当的纠正。因此，日积月累之后，孩子就会觉得凡事都理所当然，变得越来越霸道。

二是排行的关系。一般来说，独生子女或排行最大者较常发生霸道的现象。因为孩子排行老大，在弟弟妹妹尚未出生之前，习惯了独占父母的爱和一切东西；而在弟妹出生后，父母又未能及时培养他（她）当哥哥或姐姐应有的情操，以致他（她）对事情的表达方式就处处显得霸道，不讲理。

三是个别差异。每个孩子都是一个独立的个体，每个人天生气质不同，所表现出的行为也有很大的差异。

四是模仿。孩子深受父母的影响，如果父母本身很霸道，孩子看到父母这种行为，往往耳濡目染之下也跟着模仿、学习。

对霸道的孩子，父母应注意管教的方式，具体情况具体分析，让孩子意识到自己的不对，发自内心地去改正缺点。

【纠正方法】

第1步：友好相处。要帮助孩子建立人际关系，尤其在孤单的环境里，霸道的行为会显得更为强烈。因此，可带孩子去参加社交场合，在和别的孩子共同分享中，学习到施与受的关系，进而觉得没有霸道的必要，从而与别人建立良好的人际关系。

第2步：疏导情绪。如果孩子的霸道行为主要来自自卑或内心积郁太多的负面情绪，则应从心理疏导入手，帮助孩子建立自信，教育孩子善于从健康的渠道发泄内心的积郁。

第3步：分析原因。检查孩子生活环境里有没有霸道的行为。若是父母有霸道、不讲理的行为，应立即停止，并向孩子明确承认自己这么做是不对的；若是邻里中有霸道行为，父母应持否定态度，并教育孩子认识霸道行为的危害。

第4步：引导纠正。当孩子有霸道行为出现时，父母应先处于他的立场设想，试着了解他的心情，因势利导。对孩子的霸道行为，不要迎合或敷衍，要适时给予引导与纠正。

第5步：鼓励肯定。当孩子有好的行为表现时，要给予鼓励和肯定，强化他的这种行为，孩子一旦受到肯定，心中便会意识到何事可为；而当孩子表现霸道行为时，则须给予引导和纠正，孩子便能知道何事不可为。

第6步：把握时机。行为霸道的孩子，情绪上易波动、易怒易躁，而事后会有一段冷静的时间。这是情绪的低迷期。这时候进行教育引导是最好的时机，父母要把握住教育时机，加强引导，就会产生规范作用，使孩子对自己的行为产生约束力。父母要学着每一件事情都要和孩子讲理，让孩子慢慢了解和接受，切勿“以霸治霸”，以免误导孩子，以为霸道可以解决一切。

淘　气

【问题描述】

没有一个孩子不淘气，只是程度不同而已。

英国著名教育家斯宾塞说过："没有一个孩子是不顽皮的，而顽皮之中往往蕴含着创造。顽皮是孩子智慧发展的原始动力。"

乐乐5岁的时候很淘气，父母给他买了很多玩具都被他拆了个遍。眼看着很多东西就这样变成了一无是处的废物，父母很是头疼。

后来父母发现，乐乐能把拆开的东西重新组装起来，而且有些还被改装得更好——他有很强的动手能力，于是父母不再压制他的拆分行为，把家里一些比较危险的东西藏好后，鼓励和引导孩子做各种组装实验。乐乐上了小学后，参加各种模型制作比赛都拿了奖，这无疑和父母成功的教育有关。

淘气的孩子好奇心比较强，父母善于引导会有利于开发孩子的智力。对待淘气的孩子，不要轻易指责和批评，而要珍惜和维护他们的好奇心。不要常把"我从来没见到过这么淘气的孩子"等话挂在嘴边，这样孩子会下意识地觉得自己与其他小伙伴相比不算正常。这种异常的自我感觉，对孩子的心理健康可能产生负面影响。

淘气的孩子多数生性活泼，求知欲强，也即所谓精力过剩。枯燥乏味的教学、平淡无奇的家庭生活使他们过剩的精力无处释放时，他们就开始淘气起来了。这是对教学不得法的学校的抗议，也是对无暇顾及孩子的父母的惩罚。另一方面，孩子的智力也并不一致，而一般的学校教育却是千篇一律。硬性要求兔子与乌龟齐头并进，那么兔子就会难以忍受，就会不遵守纪律。孩子也是这样，旺盛的精力得不到应有发挥，那么就不免要随便“发泄”了。

如果孩子捣乱不算太大也没有让父母太难堪，那就不要太过指责。较为宽松的家庭氛围有助于顽童克服缺点，健康成长。另外，淘气的孩子本身也可能承担着巨大的心理压力，如闯祸后担心受罚。要减轻孩子由于心理压力过大而产生的负面情绪，父母要注意处罚方式，还要注意在孩子改正错误后及时予以肯定、表扬。

对淘气的引导，应是以极大的热情和耐心来保护儿童的良好动机，满足儿童内部的需要，帮助儿童在淘气中发展。

【心理解释】

在大人看来司空见惯的东西，在孩子眼里却是每一样都充满了吸引力，他想一一弄清楚。就成人而言，有好奇心就有钻研的劲头。淘气的孩子好奇心强，其潜在的钻研劲头也很足，可以说这个孩子很有潜力。

但很多父母把淘气看成坏事，以打骂的方式阻止孩子淘气，压制了孩子成长的自发性，让孩子变成乖孩子。这些孩子由于被大人评价为听话的好孩子，会变得越来越压抑，渐渐失去心灵的自由。他们进入青春期后，由于自我意识的萌发，对一直伪装的好孩子形象不堪忍受，便可能产生逆反心理，或者患上身心疾病。

研究表明，淘气是建立在探索欲望上的行动，当孩子通过淘气使探索欲望得到满足后，便不会继续淘气了。如果孩子一直持续淘气下去的话，就必须适时制止。

对孩子来说，做淘气的事情有他的理由，不做了，也有一定的原因。若是加以压制，孩子就不能比较自然健康地成长。因此，最好的办法是：尽可能地允许孩子淘气，等待他自己从淘气中“毕业”。

【纠正方法】

第1步：正确对待。孩子的个性及兴趣随年龄阶段的不同而不同。孩子淘气，父母要正视现实，理解孩子的心情，走进他的心里，和他做朋友，及时发现孩子的优点，给予肯定及表扬。

第2步：尊重自尊。对待淘气的孩子，不要当众责罚孩子，孩子也有自尊心，即便是自己的孩子带头调皮，父母也不要当众责罚，在孩子的朋友面前，要给孩子必要的尊重。

第3步：立下规矩。父母要和孩子立下好规矩，让他明白每家都有自己的规矩。如住楼房，就不能乱蹦乱跳等。

第4步：因势利导。好动、好奇是孩子淘气的主要原因，父母可根据孩子的兴趣爱好，引导孩子进行有益的活动。这样丰富孩子知识的同时又满足他的愿望，也帮助孩子克服了淘气的毛病。

第5步：提前防范。平时要把一些危险的物品，比如热水瓶、药瓶、水果刀等收好，易碎物品也要收起来。煤气要关紧，该锁好的抽屉也要锁好，床底下、地板尽量擦干净。这样就可以避免孩子在淘气时伤到自己。

第6步：相互信任。父母要让孩子听话，不过分淘气，必须取得孩子的信任。父母要关心孩子、了解孩子，尽可能多与孩子接触，甚至与孩子一起“顽皮”一番。父母与孩子一块玩，可以加深双方的感情，增加共同语言；孩子对父母也会更加信任、亲近，从而乐于接受父母的意见。

第六章

交往的误区

不合群

【问题描述】

不合群是指在日常生活中，孩子因性格或不知如何与小朋友交往等原因，而引发的一种行为。从心理学角度分析，这是一种退缩性行为。不合群的孩子一般性格孤僻，社会交往能力差，心里有无能感，逐渐变得自卑，或者富有攻击性。在5岁孩子身上，这种行为时有发生。

邓佳的妈妈在37岁才生下这个女儿，疼爱之心自不必说。佳佳稍有头疼脑热都会惊动全家人的每一根神经，家人对她可谓是处处关心、事事包办。当佳佳3岁时，到了该上幼儿园的时候了，全家人把小佳佳送到幼儿园。可刚去了一天，她说什么也不肯去了，一到幼儿园就哭得像个泪人似的，妈妈和奶奶都跟着掉眼泪。看到此情此景，奶奶便说："你看孩子多可怜，她不愿意去就别勉强了，还是留在家里，让我带吧。"就这样，佳佳在奶奶身边又待了两年。和奶奶在一起时，佳佳很少出去玩，大部分时间在家里听奶奶讲故事或自己一个人过家家。

看着周围小朋友们在幼儿园都进步不少，妈妈决定再次送佳佳上幼儿园。这回佳佳好像长大懂事了，不像以前那样苦恼。但据老师反映，佳佳在幼儿园里和其他小朋友表现不一样。她从不主动和其他小朋友说话，也不和他们一起玩。当别的小朋友在一起做游戏、打闹时，佳佳总是自己一个人在一边玩。老师让小朋友们回答问题时，别的小朋友都争先恐后地举手发言，而佳佳从来不敢举手。老师把她叫起来，她回答的声音也很小，像蚊子哼哼。佳佳在园里总是一副郁郁寡欢、与小朋友们格格不入的样子。可佳佳妈妈却说："佳佳在家里可不这样呀！"的确，佳佳在家中与幼儿园里好像判若两人。在家里，佳佳好动，和父母整天有说有笑。这让佳佳的父母很烦恼。

【心理解释】

不合群的行为多发生于孩子与小朋友交往时。例如，带孩子去公园，看到很多小朋友在玩滑梯时，妈妈让孩子和小朋友一起玩，但孩子却不愿加入到玩耍着的小朋友们中间去，只想自己在旁边一个人安安静静地玩秋千。再如，幼儿园老师让大家一起玩捉迷藏的游戏，很多小朋友都愿意参加，并玩得很高兴，但不合群的孩子却喜欢待在安静的角落里，看着别人玩。事实上，孩子不是不愿意和小朋友一起玩，只是怕受小朋友欺负，或者他比较调皮，如爱打其他小朋友，结果小朋友都不愿意和他玩。

不合群的形成主要有以下原因：

一是父母教养方式不当。如孩子小的时候，很少带孩子出门玩。孩子稍大时，又怕外面空气不好，影响孩子身体健康。结果，就导致孩子怕生人，怕陌生的小朋友。

二是不良环境。很多孩子由保姆照顾，保姆如不爱出门，不爱说话，孩子也会受不良影响，喜欢自己待在家里玩，很少出去。时间长了，必然就缺少与人交往的经验。这类孩子到人多的地方也不合群。

三是过分溺爱。很多孩子在家时，父母太溺爱孩子了，什么都由着孩子的性子来。但到幼儿园如果也这样，必然受到其他孩子的排斥，时间长了，这类孩子也不合群。

【纠正方法】

第1步：参加活动。父母可带孩子经常去孩子多的场合，去之前，让孩子多带几个玩具，并由他分配给其他孩子玩。这样就能让别的孩子喜欢或主动跟孩子玩。

第2步：同伴同乐。鼓励孩子跟年龄相仿的小朋友玩，父母可邀请孩子幼儿园的小朋友来自己家做客。当孩子因抢玩具而发生争执时，要鼓励孩子自己想办法解决。

第3步：教点技巧。父母可教给孩子一些社交技巧，如想玩小朋友的玩具时，要说“我能借你的玩具玩一会儿吗”，“我有大汽车，你有长枪，我们换着玩好吗”，等等。

第4步：结伴同行。如果邻居的孩子与自家孩子上同一个幼儿园，可让他们结伴走。因为这样就能给孩子创造结交好朋友的机会。

第5步：父母参与。当孩子在与其他孩子做游戏时，父母可以参与，并做出玩得很高兴的样子。这样就能吸引孩子，从而对游戏感兴趣，并慢慢有参与的想法。

第6步：创造氛围。家庭成员和睦相处，彼此关心照顾，孩子在这种氛围中，就会潜移默化地学会与人相处之道。

害羞认生

【问题描述】

我们不是生活在真空里，而是生活在一个复杂的社会环境中，是需要与别人交往的，这就是一个人的社会化过程。研究表明，首先与孩子交往的是他的母亲和父亲，然后扩大到亲友、邻居和小伙伴。孩子在这些活动中逐渐产生出和别人交往的欲望。如果父母不注意满足孩子这种欲望，整天把他关在房间里，不让与周围的人和事接触，那么这种社会交往性的萌芽就会萎缩，就会影响孩子心理的正常发展。可以说，孩子害羞认生，做什么事都不能独立完成，正是缺乏社会交往能力的表现。

小丹自小由一个农村来的小保姆照顾。保姆人很老实，不太爱说话。慢慢地小丹就学会了自己待在家里玩，很少出去玩。妈妈和爸爸的工作都挺忙，陪孩子一起玩的时间也很少。加之亲戚朋友比较少，家里也很少有外人来做客，小丹变得越来越害羞认生。

小丹的父母意识到这种情况后，一步一步指导孩子和别人交往：请同事、邻居家的小朋友来玩，父母在旁边加以指导，教给孩子一些常用的社会交往策略，如让小丹和小朋友一起玩玩具、和小朋友做合作游戏等。慢慢地，父母又带小丹到人多的地方，鼓励、指导孩子多和其他陌生的小朋友、友善的叔叔阿姨主动问好、说话、玩耍，不要怕生羞怯。每天去幼儿园之前，鼓励小丹多交朋友，回家之后，询问小丹有没有进展。小丹每交到一个新朋友，父母都表示由衷的高兴。

人的天生气质各不相同，有的外向活泼，有的内向拘谨。其次，孩子必须在他所熟悉的环境里获得充分的安全感，他才能把这种安全感转移到陌生的人或事物上面去。如果家里缺乏欢乐和温暖，会对孩子的性格产生多方面的影响，孩子可能会因此变得胆怯怕生。另外，如果孩子从小很少见到陌生人，缺乏在众人面前露面的体验，也会使孩子难以适应陌生的环境和事物。

【心理解释】

在幼儿园门口，常有一些父母恼怒但又必须耐着性子哄那些哭闹着不肯入园的小孩。在心理治疗中心，也常有一些父母带着小孩来咨询。比如，有个小男孩，6岁，在家淘气，在学校却又胆小怕事；有个女孩一直由外婆带，怕见生人，语言表达能力差……

这个年纪的孩子人际关系不佳，从孩子自身来说，可能有下列几种因素：

一是智力或基本能力有问题，以致不知如何表达自己的意思，或表达不好，怕人嘲笑，于是更胆小。

二是因交友受挫，导致害怕与人交往。

三是没有交友的动机，不觉得朋友有何好处，觉得自己玩也可以。或纯粹个性内向，不喜欢与小朋友玩。

就外界因素而言，则存在以下情况：楼房代替了四合院，邻里之间不相往来，老人怕孩子出危险，不让孩子出去玩，这导致孩子没有或缺少可以交流的同伴；保姆代替了父母的劳动，却弥补不了父母的情感，造成孩子的情感饥饿；加之家庭教育的片面性，忽视了孩子的独立性，往往是一切由父母包办。长此以往，孩子由于缺少与外界接触、与他人交往的机会而变得依赖父母、怕见生人。

怕生不仅表现为怕见生人，还表现为怕接触新环境、怕尝试新事物。怕生这种现象，在孩子只有6个月大的时候就开始出现了。孩子6个月大时，就会分辨父母、家人和陌生人。当他面对陌生人或新的事物时，会不知所措，会哭泣和躲避，这种情形会持续一段时间。孩子两岁以后，他的社会需求开始增加，开始喜欢与别人交往，特别是与同年龄的小朋友一起玩。所以一般来说，两三岁的孩子刚见到陌生人时会有些不自在，但过不了多久，他就会与他们玩得很熟了。但是有些孩子却不同，他们即使到了四五岁，甚至更大一些，一见到陌生人，或是一到了新环境，还是会局促不安，不敢说话，参加什么活动，他们也会畏缩不前，胆怯害羞。这种持续时间过长的怕生现象，不仅会影响孩子与他人的交往，也会使孩子失掉许多学习和尝试新事物的机会，而且还会影响孩子成年以后的生活。

【纠正方法】

第1步：容忍怕生。家里来了客人，父母不必一定要勉强怕生的孩子向客人打招呼，也不要非让孩子为客人表演节目，更不要觉得孩子怕生有损自己的面子，不然孩子更会感到不安和焦虑，对于克服怕生的心理没有好处。如果孩子愿意，可以让他给客人拿一盘点心，展示一下他最喜欢的玩具。一般来说，孩子对这类事情不会感到太为难。

第2步：不要讥笑。有一种非常普遍的情形是，父母当着孩子的面，把孩子所做的可笑的事向别人讲述，或者让孩子向人表演他以前的可笑动作。这些父母没有意识到，孩子的心是非常敏感和脆弱的，这样伤害他的自尊，以后孩子还怎么敢在生人面前露面呢?

第3步：创造机会。带孩子散步的时候，父母可以停下来跟友善的陌生人聊几句。在公园里，鼓励孩子和小朋友一起玩一会儿。渐渐地，孩子就会感到陌生人并不可怕，而且很和善，愿意与他们相处。孩子稍大一点以后，爸爸妈妈可以帮他请邻居的朋友来家里玩，让他们自由自在地交谈和游戏，不要因为吵闹或弄乱了房间而责怪他们。在这种自由欢乐的气氛中，孩子的天性自然地流露出来，渐渐就会变得活泼起来了。

第4步：顺其自然。要让孩子明白，不被某些人喜欢和不喜欢某些人是很自然的，谁也不可能跟所有的人都相处得很好。这样孩子就不会因为担心自己会不受欢迎而不敢进入陌生的环境，也不会因为一两次交往的失败而对与他人交往心存畏惧。

第5步：与人交往。父母应常带孩子到不同的家庭中做客，让孩子在各种新的环境中不断丰富与人交往的经验，并学会与人交往的礼节，从而能够在生人面前落落大方，无拘无束。父母应支持孩子参加集体活动。胆小的孩子在集体中可以受同伴的影响很快地顺应环境并自如地同陌生人交往。一般来说，合群的孩子是很少怕生的。父母可与老师协商，让孩子为班级做一些具体的工作，无形中增加孩子与不同人相处的机会，增强孩子的自信心。

第6步：适当鼓励。对于孩子的点滴进步，父母要及时地鼓励和赞扬，以增强孩子的自信心，给予孩子面对陌生人的勇气。

人来疯

【问题描述】

令许多父母烦恼的是：每当家里来了客人，孩子就会表现得异常兴奋，一会儿要爸爸给他当马骑，一会儿天上演孙悟空三打白骨精。大人的谈话常常被打断。孩子的这种“人来疯”现象是他大脑皮层兴奋性强，而又缺乏自我控制能力的表现。

【心理解释】

客观上来看，可能是平时家中生活太平静单调，一有人来做客，打破了往日的平静，给孩子带来了强烈的刺激。从主观上看，是因为孩子有较强的表现欲，这种欲望在父母面前未能得到应有的重视，于是转向客人。另一个原因可能是孩子发现了在客人面前提出的要求较少被“驳回”，借此提出一些平时不敢提的要求。

表现欲强的孩子往往具有较强的交往动机，这对于今后的社会化发展是十分有利的。当然，孩子有时可能造成一些尴尬的局面，父母不必当着客人的面斥责或处罚他，不要过分在意他的表现，可以设法把他引开去做别的事，事后再向孩子讲明道理。不要去嘲讽他，更不要等客人离开后“秋后算账”。

“人来疯”多见于3~6岁的儿童，是许多孩子容易出现的一种行为，尤其是住在高楼里的独生子女。从生理上来说，主要原因是孩子气质中的情绪本质偏向兴奋。从心理上来说，这是孩子的一种表现欲心理，多数是为了引起陌生人注意，以求得到夸奖、赞美和认可。

另外，也有的孩子利用这种手段来提出不合理的要求，因为当着别人的面大吵大闹时，父母为了息事宁人，比平时更容易答应自己的要求。通过自我表现来锻炼孩子的自我意识是值得肯定的。如果父母对孩子过分宠爱，对孩子的各种要求总是设法满足，对孩子的表现行为不加以引导的话，容易为“人来疯”埋下隐患。

过于严厉的家教使孩子的心理长期受压抑，也可能成为“人来疯”的原因。对于孩子的“人来疯”，不要绝对地认为不好。如果加以积极的、科学的引导，依然可以把孩子培养成活泼、开朗的健康儿童。

【纠正方法】

第1步：转移视线。如果孩子开始“人来疯”，可以提醒“你喜欢的动画片开始了”，让孩子的注意力恰当地转移，避免他们表现出特别兴奋反常的行为。

第2步：教点礼仪。平时教给孩子一些接人待客的礼仪。不要娇宠、放纵孩子的不良行为。若孩子表现良好，则应及时给予肯定、鼓励，以便巩固。孩子趁“人来疯”的时候提出过分的要求，不要妥协，而要用沟通的方式来引导他。

第3步：满足需求。给孩子一个表现自己的机会。尊重孩子的这种心理需求，加以引导，让他们有一个表现自己机会。如让孩子表演儿歌、背诵一首诗等。

第4步：参与接待。让孩子充当助手。来客人前，可先给孩子介绍客人，然后让他参与招待。客人来了可以让孩子端上水果，或拿擦手巾。这样把客人也作为孩子的客人，孩子就能逐渐学会社交礼仪。时间长了，孩子就会知道有客人来时自己该怎么做了。

第5步：尊重孩子。千万不要挫伤孩子的自尊心，不要当众或是在他们玩得正开心的时候打骂、训斥他们，以防伤害他们的自信心和自尊心。

第 6 步：鼓励表扬。要把表扬和鼓励相结合，才能取得显著的效果。比如，当孩子“人来疯”时，父母和客人对孩子要完全不予理睬；而当孩子安静下来独自游玩时，父母则应表扬他，并给予一定的奖励。但是，这种表扬和奖励的运用必须正确。如果孩子正在发“人来疯”，而父母为了获得片刻的安宁而答应孩子的非分要求，或给孩子喜爱的东西，那么，这种奖励只会使孩子变得更疯。

早　恋

【问题描述】

爱情作为人类精神的一种最深沉的冲动，有别于其他生物类的浅层生理冲动，其“深沉”包括人的道德、伦理、审美等诸多意识因素，如此才成为人类独享的一种情感。爱不是随着人的生理成熟而自然可以具备的，作为一种崇高的情感形式，是在后天的教育中形成的。而且，它的意义不仅仅局限于男女之情，而是可以作为衡量一个人是否为真正意义的人的标尺。因此，父母应重视对孩子爱的教育——不仅仅让孩子懂得爱，还要让孩子在懂得爱的过程中成长为一个道德高尚的人，一个情感丰富的人，一个思想成熟的人。

一位母亲看到女儿和一个男同学在一起，不分青红皂白，就把女儿骂了一顿。之后这位母亲总是监视女儿的一举一动，白天女儿上学的时候，还跑到女儿的房间里东查西看。有电话找女儿，她要把对方的情况询问得详详细细，尤其是男同学来的电话。久而久之，女儿的自尊心受到了严重的伤害，并感觉到自己没有行动的自由，和母亲的关系日益紧张。

有的父母就能巧妙地解决好这类问题，虽然很重视，但面对孩子的时候却轻描淡写，显得不以为然。一个女孩子很喜欢班里的一个男同学，爸爸妈妈知道后，利用吃饭聊天的时间，和孩子谈起了这个问题。当知道那个男同学数学很好后，爸爸笑着说："人家数学那么好，你这方面又不如人家，怎么行？"妈妈问："你是打算把你的心意告诉他呢，还是先藏在心里？"女儿思考了片刻，说："我还是先把数学学好吧。"这位父亲用转移注意力的方法，轻轻松松地帮助孩子过了一道沟坎。

有个女孩经常帮助男同桌补习功课，父母断定他们早恋，粗暴制止，这两个根本没有谈恋爱的孩子承受着双方父母巨大的压力，索性离家出走，真正谈上了恋爱。

青少年渴望与异性交往是一种正常现象。进入青春期的每个正常的孩子都会开始关注异性。进入青春期后，由于生理和心理的不同发展，在性格、能力、思维方式等各方面的差异开始趋于明显，而他们在与异性交往时又常会有意无意地表现自己的长处，因此，与异性的正常交往，不仅有助于消除孩子紧张的心理，而且能促使他们取长补短，更加完善自己。与异性交往不等于早恋。绝大多数孩子与异性的交往是纯洁美好的，父母应予以尊重、理解，不应猜疑、误解。否则，不仅会伤害孩子的自尊，反而可能诱导早恋。

父母应鼓励孩子多交朋友，包括同性的和异性的，让他们更多地了解人，学会待人处世。在孩子与异性交往时，把自己的经验体会告诉他们，鼓励他们和思想进步、学习勤奋的人交朋友，并教会他们在交往的时间、地点、态度等方面把握分寸，还要注意孩子的心态变化，发现不良倾向时，及时提出忠告。只有正确地指导孩子与异性交往，而不是盲目地限制，才能使孩子早日成熟起来。

【心理解释】

现在有的孩子年龄不大就和异性朋友交往，有些人称之为早恋。对孩子的这种恋爱，父母大可不必惊慌。现在的孩子所处的环境比父辈更自由、复杂，孩子和父母共享如今各种发达媒体带来的资讯，社会环境教会了他们不遮掩这种感情。

从儿童身心发展的规律来看，一般孩子长到3岁时，就已产生社会交往的欲望，他们对同龄孩子发生兴趣并找小朋友一起玩耍。在他们的心目中，这时的伙伴并无性别差异，他们之间的交往是天真纯洁的，认为只要能在一起学习玩耍就是好朋友。青春期的孩子，由于性的萌动开始关注异性，并且这种关注会不断增强，由此对特定的异性萌发出爱慕之情是很自然的。父母们要了解孩子此时特有的心情，对孩子与异性的交往，不能粗暴地定性为早恋，严厉地加以制止，对孩子进行跟踪、监视或者对孩子交往的对象彻底地加以否定。这样做往往是事倍功半，甚至适得其反。父母应该信赖孩子，以朋友的身份，平等地与孩子谈心，帮助孩子处理情感问题。只要给予合适的指导，通常这种恋爱事件就会如风吹过一般，很快便消失得无影无踪了。

【纠正方法】

第1步：关注孩子。如果发现孩子与某一异性交往过密，应巧妙暗示他，与异性交往不要只专注于某一人，否则就会失去与更多朋友接触、交往的机会。同时，应学习一些有关儿童心理学特别是青春期心理学、教育学知识，提高素养。平时要多留意观察孩子，多和孩子谈心。

第2步：淡然处之。无论是孩子收到了同学的纸条，还是看到孩子和异性同学一起或学习、或聊天、或逛街，抑或是看到孩子总是偷偷地在自己的房间里写日记，父母都要用一种积极的坦然的心态去对待他们，千万不要如临大敌，只有淡然处之，才能如春风化雨般地解决问题而不留痕迹。因为他们正处在情感波动和成长的关键时期，需要父母理解和呵护。

第3步：参加活动。集体活动既满足孩子了解、接触异性的愿望，又将孩子的情感注意力分散开来，减少了单独与有好感的异性待在一起的机会，避免了不合理的感情发展。

第4步：区分友谊与恋情。友谊是异性、同性之间都存在的，是公开的、不排他的；恋情是异性之间的，是隐秘的、排他的。要教会孩子区分友谊和恋情。父母不要把孩子间的友谊当成恋爱。教育孩子与异性交往要大方正派，要自尊、自重、自爱，不要态度暧昧。教育孩子主动学习对方的优点、长处，把对异性的朦胧的感情转化为互相学习的友谊。

第5步：适时教育。对孩子进行适当的性、婚恋教育，打好预防针。发现孩子喜欢某个异性时，不要惊慌恼怒，要给予热情的帮助，告诉孩子：这个阶段的孩子喜欢某个异性是正常的，但这种喜欢应保持在友谊的层面，不能成为“恋爱”，因为你正是长身体、学知识的黄金年龄，生理、心理发展尚不成熟。如若因早恋而荒废学业、前途，是非常可惜的。

第6步：亲子共学。当代家庭教育主张亲子平等，因此要想了解孩子的内心世界，必须平等地与孩子交流和沟通，这样孩子的真正想法才会向父母倾吐。孩子在青春期的时候尤其需要这样。拉近与孩子的心灵距离比较奏效的一招是，和孩子谈谈自己中学时期的情感经历和自己的一些感受，孩子就会知道，原来每个人都是这样的。和孩子的距离拉近之后，就可以进一步和孩子一起学习、交流青春期的一些知识。

第七章

学习的障碍

厌　学

【问题描述】

由于各种各样的原因，孩子在学习过程中，常常会滋生出厌学的情绪。尤其是现在，厌学已成为孩子问题的一个重要现象。

每个孩子都是与众不同的，孔子在三千多年前就提出要因材施教，根据每个学生不同的特点来引导他最有效地学习。孩子厌学，父母要找出原因，在平时多加留心孩子的特点和兴趣所在，对症下药，让他把学习当成一种乐趣，发自内心地热爱学习。

欣欣是一个二年级的小学生。一年级的时候，她是个老师公认的好孩子。可是，二年级刚开学几个星期，她突然不愿去学校上学了。爸爸妈妈想了很多办法，又是哄她，又是许诺，实在不行还吓唬过她，甚至一向舍不得动手打孩子的爸爸也忍不住打了她。起初，父母的这些做法还能稍微起些作用。到了后来，无论父母怎样软硬兼施，她都不愿上学了。这到底是怎么回事呢?

几乎所有的孩子在开始背上小书包时都是非常喜欢学校、喜欢上学的。可是随着年龄的增长，有很多孩子或多或少有些惧怕上学了，有的孩子还表现得极为严重。孩子怕上学的原因有很多，有来源于外在环境的，也有来源于自身的。

孩子不愿上学，开始时一般不会直接表达出来，父母通过细心的观察可能发现孩子有如下表现：早上比往常更不愿起床，起床后又有意磨蹭，每天出门前或到达学校门口前突然说自己头痛或腹痛等，马上回家则立即好转，在上学路上情绪反常，等等。发现孩子怕上学，一定不要责怪孩子没出息、懒惰等，主观地认定是孩子不好而去质问孩子，只会增加孩子的紧张与恐惧感。

孩子不愿上学是每个父母都不愿遇到的事，若是您的孩子出现这种问题，您最好先冷静地向孩子了解情况，可以对孩子说："我知道你不愿去学校一定有你的原因，你愿意告诉我，让我帮帮你吗?"根据孩子所说，找出问题出现的原因，再决定解决的办法。如果孩子是因为怕吃苦或对所学的知识感到困难，就要深入浅出地给孩子讲些道理，让最贴近孩子生活的事实说话，让孩子有所感悟并且能够自己教育自己。如果孩子是因为犯了错怕老师批评，父母可鼓励孩子勇敢地承担责任，告诉他：任何人都可能犯错误，是自己的错误就要自己承担，这并不是什么难堪的事情，真正的羞耻是不肯改错而让别人笑话。如果孩子是因为在学校或上学路上总是受到骚扰，父母一定要对此加以注意。这不仅关系到孩子可能受到伤害，还会影响孩子形成良好的性格。

父母应交给孩子一些自我保护的方法，比如对于一些品行不良的孩子的欺负、威胁要及时告诉老师，若是在校外受到骚扰要尽快回学校或家里向老师和父母反映。另外，父母在了解情况以后还应找孩子的班主任谈一谈，请老师对自己孩子的情况加以注意，并留下自己详细的通讯方法，与老师密切联系，尽可能地改善孩子的外部环境，让他有安全感，这样才能真正缓解孩子的压力，从而改变孩子怕上学的行为。

【心理解释】

孩子厌学，是由于学习动力缺乏所致，主要有以下原因：

一是父母要求过高。这样容易使孩子产生害怕失败的心理，继而导致上进心丧失和学习动力缺乏。

二是学习兴趣丧失。多数刚入学的孩子对学习有一种新鲜感，时间一长，一旦在学习过程中遇到困难，认为学习太苦而失去了兴趣和动力，随之而来的就是厌学。

三是家庭经常发生纠纷，孩子心理有负担，无力顾及功课。

四是孩子心理发育不成熟，虽然智力水平属于正常，但社会适应能力差。孩子的创造力和与众不同的行为往往被更注意分数的父母、老师所压抑，孩子因此不仅不能为自己的独立性、创造性而骄傲，反而会感到自己无能，进而自暴自弃。

五是学校中的问题。有的教师采取呵斥、讽刺甚至体罚的做法来解决学生的问题；有的教师对表现优秀的学生态度亲切、和蔼，对表现一般的学生态度冷淡，甚至厌恶；个别教师的教学方法不能充分调动学生的学习兴趣；有的学校没有浓厚的学习氛围，评价机制不够合理。这些都能激发孩子的厌学心理。

六是学习环境不佳。父母不爱学习、学习条件太差、学校和社会风气不好等因素都会引发孩子厌学。

父母要仔细分析孩子厌学的原因，采取相应的办法进行解决，尽早帮助孩子克服厌学心理。

【纠正方法】

第1步：冷静处理。如果孩子厌学，不论是什么原因引起的，决不能埋怨、冷落、责备孩子，更不能惩罚、打骂，千万不能操之过急。父母要有足够的耐心，加强与孩子的引导沟通，了解孩子对学习的真实感受，洞察孩子的心理倾向。

第2步：对症下药。要认真分析孩子不愿上学的原因，然后有针对性地采取相应措施。

第3步：防患未然。孩子的厌学现象是一点点发展起来的，因此父母要善于观察并及早发现孩子的厌学倾向，一旦发现孩子厌学的苗头就及时进行教育，决不能让这种倾向发展到积重难返的程度。

第 4 步：加强联系。孩子厌学初期，往往与教师的疏忽和父母的漫不经心有关，从而使孩子钻了空子。

第 5 步：激发兴趣。学习兴趣是孩子学习的原动力。培养孩子的学习兴趣，是解决孩子厌学的重要方法。父母可适当给孩子一些仪器，如望远镜、放大镜等，给孩子演示，激发起孩子的好奇心后，再给予点拨，诱发孩子的求知欲望。带孩子到大自然去，让大自然启迪孩子的智慧。如利用月食现象、日食现象让孩子对天体的运行情况产生遐想。启发孩子思考，鼓励孩子自己寻求答案。如让孩子观察冬天玻璃窗上出现雾气的现象并思考原理，引导他自己到有关书籍中寻求答案。创造条件给孩子做实验。如让孩子观看天上的彩虹，让孩子了解光的散射，并引导孩子做人造彩虹，以验证这个知识。

第 6 步：耐心解答。孩子对周围的世界充满了好奇和求知的渴望，他们总爱问“这是什么”“为什么”。对此，父母千万不要不耐烦，要尊重孩子的好奇心，耐心答复孩子的提问，切忌说一些“你怎么这么烦呢”“你没看我正忙着吗？一边玩去”等伤害孩子自尊心的话语。父母要谦虚对待孩子的提问，如果自己确实不懂，应坦诚告知，然后带孩子一起去找答案。同时，告诉孩子知识的探索是无止境的，一个人必须不断地学习。不要讥讽孩子提出的幼稚问题。要从孩子的角度去看问题，根据孩子的理解水平用适当的语言回答孩子的提问，给孩子以满意的回答。要鼓励孩子想象。利用孩子想象力丰富的特点，结合情境有意识地诱导孩子去想象。父母也可以结合生活中的情景，巧设疑问，并鼓励孩子提问。好的提问可打开孩子的思维，将孩子的思路引向正确的方向。

逃　学

【问题描述】

逃学就是已经上学的孩子，在上学的时间擅自离开学校，到社会上闲混的行为。

孩子逃学，多发生在小学阶段，是父母非常苦恼又迫切想解决的问题。孩子逃学流向社会是低龄犯罪人数增加、影响社会治安的原因之一。国内有调查报告指出，逃学孩子的犯罪率比在校生高15.6倍，这说明逃学确实是一个值得高度重视的问题。一般性格内向、自我中心倾向和自卑感强的学生，如果学习成绩不良，受到老师的批评或者同学的轻视，就会发展为逃学以致离家出走。

上小学四年级的晓宁小时候与爷爷、爸爸妈妈生活在一起。爸爸妈妈开了一家商店，平时非常忙。

小时候，爷爷对晓宁非常疼爱，但是爸爸妈妈对他却很严格。爸爸是小学文化，脾气暴躁，有时情绪激动，就动手打人。在学习上，晓宁经常挨爸爸打，被逼着背书、做作业，稍有怠慢，就会挨打。曾有一次，爸爸把晓宁打得鼻子都出血了。

晓宁渐渐长大了，经常无故不去上学，老师以为他生病了，而父母以为他上学去了，直到老师和父母交流后才知道真相。有一次逃学被爸爸发现后，他被狠狠地打了一顿，但还是没有起到作用。他看似按时去上学，其实是跑到社会上去，和一些不三不四的小青年在一起，有时打群架，甚至拿刀砍人。

【心理解释】

生活中常见的逃学有两种：一种是偶尔为之；一种是反复长期的。

父母听说孩子逃学，着急、生气，更为烦恼的是，孩子不上学又不回家，万一在外边结交了坏朋友，沾染上恶习，那就糟糕了。有些孩子因为好奇心强、自制力差，经受不住外界的诱惑，在该上学的时候，想去看电影或踢足球，就逃学了。这一般发生在低年级小学生身上。对他们，父母可以进行比较严厉的批评，甚至施以具体的惩罚，使孩子及时认识到，逃学是要受到责罚的坏行为。

逃学的主要原因有：

一是心理压力。有些孩子在学校里受到老师的批评或同学的嘲笑、欺侮，回家又不想告诉父母，既不想去上学，又不敢待在家里，只好背着书包到处闲逛。这种孩子大多有较重的心理压力。父母在了解了他们逃学的原因后，除了通过拜访老师等途径帮助孩子解除思想顾虑、重新回到课堂，还应审视自己对孩子是否关心太少或管得太严，要主动和孩子交谈，使孩子愿意向自己敞开心扉，及时了解他的思想状态。此外，还应定期与老师取得联系，了解孩子在学校的表现，共同磋商教育方法。

二是学习的压力。某些学校在片面追求升学率的思想指导下采取分快慢班、考试排名次等一系列违反心理健康原则的教学方法，给学生造成了沉重的心理负担和精神压力。有的父母对孩子要求过高，除了学校的功课外，还要求孩子上各种各样的兴趣班，远远超过了孩子力所能及的程度，孩子产生了消极对抗情绪，逐渐对学习失去了兴趣。孩子由于跟不上或不堪其苦等原因，从厌学发展到逃学。还有的孩子受“读书无用论”的影响而逃学。父母要分析孩子逃学的原因，要从源头去解决问题。

三是孩子与父母发生矛盾。这与不良家庭教育的环境、亲子之间存在代沟以及父母采用不当的家教方式有关。

【纠正方法】

第1步：分析原因。孩子逃学，父母切忌不分青红皂白责打一通，这样会加剧孩子的反抗情绪。父母应心平气和地向孩子询问逃学的真正原因，冷静对待孩子逃学。切莫打骂指责孩子，更不能体罚孩子，应信任孩子、尊重孩子，让孩子体会家庭的温暖、父母的爱心；还可陪伴孩子到学校，争取老师的配合，同时让孩子体会集体的温暖和帮助。

第2步：减轻压力。若孩子是由于学习压力过重而逃学，则父母需要检讨自己平时是否对孩子学习期望过高，并与孩子共同探讨可以达到的目标与计划。若孩子是由于学习有困难而逃学，父母应主动与学校或班主任联系，针对其具体情况进行个别学习补救。逃学的孩子往往对学习没有多大兴趣，父母可采用多种方法，激发孩子的求知欲。例如，利用孩子对自然现象的好奇，引导他们阅读一些科普读物。向孩子介绍一些家用电器的使用常识，使他们了解到人们周围的生活离不开知识的应用，让孩子意识到学习知识的重要性。

第3步：热爱集体。孩子逃学也可能是对班级的归属感淡薄。一个热爱集体、留恋同伴的孩子，即使遇到不愉快的事，也不会逃学。要孩子热爱集体，应先培养孩子对家庭的归属感。父母要努力创造温馨和谐的家庭气氛，让孩子体验到家庭的温暖，继而把孩子的这种积极情感迁移到班集体中。

第4步：严格纪律。父母应多加了解逃学的孩子，消除他们的疑惑和抵触情绪，培养他们的自信心、自制力，努力提高他们的是非观念、集体荣誉感和组织纪律性，从根本上改正逃学的不良行为。同时，父母要加强与学校的联系，及时了解孩子在学校的情况，恰当处理逃学旷课行为。

第5步：正确引导。父母要把孩子的精力引导到学习上，提高孩子受挫折的能力，使之能正确疏导自己的情绪，不以逃学、旷课作为逃避手段；以英雄模范人物为榜样，引导孩子树立远大的理想，并从现在开始扎扎实实地学习；用英雄人物的事迹来激励孩子进步，引导孩子看一些文学名著，如《红岩》《青春之歌》《林海雪原》《钢铁是怎样炼成的》等，以树立孩子正确的人生观和乐观主义思想。

第6步：订立合同。在孩子说明有关问题之后，与孩子订立合同。合同可包括下列内容：不无故不到校；特殊情况如生病要及时和父母、老师联系；外出要征得父母同意；不去舞厅、娱乐厅、网吧、游戏厅等杂乱的游玩场所。如果孩子严格执行合同，父母要给予适当的奖励。

偏 科

【问题描述】

人的兴趣和能力总是有所偏好的。对自己喜欢的擅长的，总愿意去做；而对自己不喜欢的、不擅长的就不愿意做。偏科就是这种现象。

偏科不利于孩子全面发展，父母必须让孩子认识到偏科的不利之处，帮助他努力加以克服。

偏科会妨碍孩子建立合理的知识结构，不利于学习进步。父母首先应告诉孩子只有各科平衡发展，才能让自己好的科目学得更好。因为学科之间是交叉的，是相辅相成的。语文学不好，在做数学题的时候很可能会误解题目的意思。

其次，在学习方法上，提倡孩子交叉学习不同的课程。各学科合理安排时间交叉进行学习，这样有助于提高学习效率，减少学习中的疲劳感，促使孩子全面温习各门功课。帮助孩子克服学习上的偏科倾向时，千万不能矫枉过正。在抓孩子其他基础课的学习时，不仅不应限制他们对所擅长科目的学习，还应帮助他们充分发挥自己的优势。学习偏科说明孩子在建立知识结构的过程中，已经开始找到了兴趣的中心点。如果能引导他们在打好各门功课的基础上再深入学习自己喜欢并且擅长的科目，这样会有利于孩子发挥自己的长处。俗话说："不怕千门会，就怕一门灵。"孩子学有所长比平而不尖更有出息。

引导的总原则是，激发孩子对所有学科的热爱，但是，允许孩子对某些学科有特别的兴趣。

【心理解释】

学习偏科主要有这几种情况：文科偏差或理科偏差；其他各门功课都很好，只有一门较差，如外语等。作为父母，应仔细分析孩子偏科的原因，找出解决的办法。

孩子学习偏科可能出于以下几个方面的原因：

一是兴趣使然。此种兴趣与家庭、学校、社会环境关系很大，拿家庭环境来说，“体育世家”的孩子喜欢体育，“音乐世家”的孩子偏好音乐等。在学校中，教师的教学艺术及人格魅力也可能使学生“偏科”。现实生活中，有些孩子喜欢数理化，而对语文、历史、地理等学科一筹莫展，而有些孩子则恰恰相反，这与孩子抽象思维能力和具体形象思维能力的强弱也有关系。还有的孩子对某学科特别感兴趣。兴趣是人对事物的特殊认识倾向。这种认识倾向是持久的、稳定的，而且总是有欢乐、喜悦、满意等肯定的情感相伴随着。所以，他们对于这个科目特别感兴趣。做作业劲头十足，把主要精力用在这里，结果影响了其他学科。

二是升学压力。有的孩子将中学课程分为所谓的“主科”和“副科”。凡升学考试和高考的必考课目为“主科”，其余则统统为“副科”。迫于升学压力，孩子重视“主科”，忽视甚至轻视“副科”。更为严重的是一些父母还积极支持孩子的这种“偏科”学习。

三是认识问题。有的孩子受“学好数理化，工作任你找”等观念的影响，重视理科，忽视文科，有的干脆丢掉文科。

四是如果某门课程整个班级的学生都较差，那么，可能是教师教育的方法问题。如果是教师的问题，父母应及时向学校反映。

【纠正方法】

第1步：认识危害。给孩子分析偏科的危害，告诉孩子，要想当一个数学家，光有理科知识是远远不够的，还要写论文，写报告，这时就需要有其他科目知识的支撑。在升学考试中，要看总成绩，如果有一科成绩太差，往往会导致落榜，有人比喻这种情况是“X+0=0”。

第2步：分析原因。孩子学习偏科，首先应该是摸清情况，仔细分析，找出原因，做到心中有数，然后有侧重地进行教育，使孩子认识到全面掌握知识的重要性。孩子基础差，父母应该帮助孩子补课，若自己没这方面的能力，可到学校请任课老师帮助，或请家庭教师进行补课。关于兴趣问题，要根据孩子不同的学习兴趣特点进行培养，还可以通过教育进行强化，如孩子数学差，父母要讲清数学是一切自然科学的基础，是学好物理、化学的基础。通过教育提高认识，既可以培养孩子的兴趣，还可以调节多种兴趣间的关系，使其成为孩子学习活动的有利因素。

第3步：激发兴趣。要热情地辅导孩子的非优势学科，善于发现孩子的点滴进步，及时予以肯定和鼓励，激发孩子对该学科的兴趣，增强信心。长期坚持下去，孩子学习偏科的问题就会逐渐得到解决。如孩子在理科学习方面取得了成绩，而文科不足，此时可鼓励孩子：“你数学学得这么好，语言能不能也学得这么好呢？试试看。”许多孩子语文不好主要表现在写作不好，此时父母可鼓励孩子写日记，让其模仿一些名篇文章的布局、结构，为其购买一些文学名著以及订阅一定数量的文学报刊，鼓励孩子向报社、杂志社投稿，参加一些写作比赛，逐渐提高孩子学习语文的兴趣。

第4步：弱项补差。在承认孩子的智力具有特殊性的同时，我们并不能忽视孩子的弱项和缺点，更不能放弃对孩子全面发展的要求和培养。纠正偏科是为了促使孩子全面发展。纠正偏科学习，父母需要投入大量的时间，对学生进行“弱科补差”，帮助他们克服学习上的困难。但是，克服学习上的偏科倾向，千万不能矫枉过正，否则出现“弱科变强科，强科反而变弱科”，孩子还是不能全面学习。矫治偏科学习的落脚点一定放在促使孩子全面发展上，在抓弱科学习的同时，不仅不应限制他们对所擅长科目的学习，还应帮助他们充分发挥自己的强科优势，既要补弱科之短，又要扬强科之长，这样才有利于孩子全面提高。有一个木桶原理是说：“一个用木板做的木桶，若有一块木板短于其他木板，那么这个桶只能容纳到短木板上沿的这部分体积。”但如若把木桶斜放，所容纳的体积就大了。对偏科也是一样，尽量扬长避短，以长促长，取长补短。

第 5 步：锻炼意志。偏科的孩子对弱科学习既缺少兴趣，还有畏难情绪，遇到困难往往知难而退。所以，培养孩子的学习意志，助其养成勤学不懈的品质，应是矫治孩子偏科的着力点。父母要帮助孩子树立学习弱科的信心，增强克服学习困难的毅力，否则，孩子一遇困难就气馁，或“三天打鱼，两天晒网”，弱科还是学不好。另外，还要把侧重点放在培养能力上。如数学是一个孩子的弱科，那么父母就应该帮助孩子提高观察能力、理解能力、运算能力等。当然，“冰冻三尺，非一日之寒”，培养能力是一个较长的过程，父母要善于发现孩子能力上的不足，进行强化与补救训练。

第 6 步：全面发展。偏科的孩子肯定在某一方面很突出，也就是兴趣集中在某些科目上。他们好恶差距大，喜欢哪一学科，就将全部精力放在哪一科上。对于自己不喜欢的，则碰都不碰。父母可以扬长避短地让孩子发挥这些长处，让孩子感到自己很有成就感。同时，可以引导孩子，如果其他科目也是如此，就更优秀了。要告诉孩子，学生阶段，仅靠一科成绩好是不行的。只有全面掌握各科的基础知识，长大后才能发挥自己的特长，成为某方面的专家和人才。

粗心马虎

【问题描述】

粗心马虎是指对自己理解和会做的事情，由于不仔细而造成差错，它与不理解、不会做而造成的差错是不一样的。粗心马虎是一种不良的行为习惯。

赵磊平时挺聪明的，上课的时候，老师讲的那些内容，他一听就懂、一看就会，可是做起作业和考试题来，总是时不时地犯一些小错误。就拿本学期的第一次考试来说，错的几乎全是前面直接写出答案的简单运算，反而试卷最后的两道应用题，在父母看来算是整张试卷上面最难的题目，赵磊倒是答得简单利落，十分漂亮。

平时做作业，赵磊也常常犯一些小毛病，特别是家庭作业要抄题，一个不留神就把题目抄错了。“42 ÷ 7”搞不好就会被抄成“42 +7”，书上的“3. 14”也许到了作业本上就变成了“31. 4”。让人无奈的是，如果按照抄错的题目来运算，赵磊算出的答案倒确实是正确的，所以经常弄得老师直摇头。

爸爸妈妈和赵磊自己都清楚他的这个粗心大意的小毛病，也都希望能尽早改正。为此，妈妈费了很大的劲，找到了多年前的老动画片《差不多》，在家里放给赵磊看。爸爸平时经常把一些重大的历史事件——比如美国“挑战者”号航天飞机爆炸这样的重大事故——挂在嘴边，希望对赵磊能有所警醒，明白粗心的毛病能够酿成严重得超乎想象的损失。赵磊自己也多次痛下决心，一定要改掉粗心的坏毛病。可是到了关键时候，好像脑子和手总是不争气，多多少少总会错上那么一点，于是经常和“优”保持一定距离。

像赵磊这样的粗心马虎，在绝大多数小学生身上都会或多或少地有所体现。分析孩子粗心的原因，大多数父母都会认为是孩子学习不认真，缺乏对学习的兴趣。

【心理解释】

如何看待孩子粗心马虎，不少父母的认知存在以下误区：

误区一：孩子学习主观上不认真。其实，对于一部分孩子来说，不是他学习不努力，而是他的学习能力发展不平衡，孩子的听知觉和视知觉是影响学习能力的重要因素，说这部分孩子粗心，是冤枉他们了。不是孩子不想好，而是他的能力没达到。

误区二：片面关注学习习惯，忽视做事的条理性。学习上细心的习惯不是单一存在的，而是与生活习惯分不开的。那些做事丢三落四、缺乏条理、不能坚持到底的孩子，往往在学习上容易粗心。父母应该从小让孩子做一些他力所能及的事，小的时候让他收拾好自己玩的玩具，年纪大一点以后，可以让他帮着洗碗等。

误区三：父母任意地惩罚孩子。有一些父母总是喜欢采取一些简单粗暴的惩罚措施，比如：抄10遍书，每天做50道口算题等，让孩子心理上产生厌倦，失去学习的兴趣。过度单调的重复，往往引起孩子的反感，欲速则不达。

这类孩子对感觉刺激和敏感性较差，注意力容易受外界干扰。尤其是小学生活泼好动，情绪不稳定，热情高但生活阅历相对欠缺，遇到问题心情较为紧张，因而容易粗心大意，久而久之，会形成粗心的不良习惯。孩子的粗心是学习道路上的绊脚石，也是教师和父母十分头痛的事情。其实，粗心并非偶然，简单的表面现象背后有着外在的客观原因和内在的心理原因，父母针对原因采取一定的对策可以减少孩子粗心的现象。

从小培养孩子良好的习惯，让人终生受益。无论从长远来看还是从目前孩子的学习状态来看，粗心都是应该纠正的。

【纠正方法】

第1步：自我检查。让孩子在学习中不再犯粗心的错误，自我检查可以起到很好的作用。如把题目重做一遍，通过逆运算检查；让孩子在老师批改前自批作业，并把批改的方法教给孩子

第2步：培养习惯。改掉一个坏毛病的最好方法是养成一个好习惯。父母在以身作则的同时，应从生活小事抓起，培养孩子良好的习惯，以减少孩子学习中的粗心，如整理自己的房间。和谐民主的家庭气氛能保持愉悦平和的心境，让孩子做事不骄不躁。

第3步：培养个性。孩子总是千差万别的。有的粗枝大叶，有的谨小慎微；有的大喜大悲，有的温和平静。由于性格的原因，前者比后者更易犯粗心的毛病。有人曾说："播种行为，就收获习惯；播种习惯，就收获性格；播种性格，就收获命运。"因此，应当通过纠正孩子粗心的行为来改变他粗心的习惯，以至于最后改变他的个性。日积月累，你会发现孩子粗心的行为渐渐减少，这也为他日后的成功扫除了障碍。

第4步：把简单的事做好。很多小学生做题，把"6"看成"9"，把"÷"当成"+"。你给他指出，他会毫不在乎地说："有什么了不起，我本来会做的。"其原因就是题目太简单，无法激发动力。在这种情况下，父母应该让孩子知道，"经常遇到的问题都不会很难，你与别人的区别就在于是否能把简单的事情做好"。

第5步：采用正强化。当孩子因粗心导致错误后，要用新动作纠正他原有的习惯动作，塑造新动作，而不是责怪（淡化他的粗心），

然后在他偶尔不粗心时马上表扬他，强化他的细心，不失时机地肯定他，让他感觉到自己其实是可以很细心的。这样慢慢地他就会朝着细心方向发展了。

第 6 步：精细加工。精细加工往往是通过对比和辨别进行的。有意识地引导孩子用辩证的、全面的、比较的方法来分析、观察、思考问题，做到举一反三，这样就会减少差错。例如，小学生经常分不清“烧、浇、晓、挠、翘、饶”。父母可以教他们这样的顺口溜：“用火烧，用水浇，东方日出是拂晓，左边绞丝弯弯绕，换上提手是阻挠，右边加羽尾巴翘，丰衣足食才富饶。”如此，孩子就能够正确书写和使用这些字。父母还可以经常让孩子进行有目的的观察，指导孩子观察山、树、动物，引导孩子仔细分析各个部分，让孩子将观察到的材料细致地口述或写出来。这样，孩子的感知能力就会逐渐提高。

不爱做作业

【问题描述】

孩子不爱写作业，而且往往不是一次、两次的偶然行为，一般等到父母发现之时，孩子已经形成了不良习惯了，而这些习惯的矫正是需要耐心和科学的方法的。

有个叫马红的孩子，数学成绩很差，考试成绩总是不及格，平时几乎是不写作业的。每次找她问话，总有说不完的理由。为此，父母也毫无办法。

后来，学校老师经常把她留下来补作业。可是，今天留下补了，明天还是不做，明天留下补了，后天照样不写作业。

老师之所以让孩子做家庭作业，是为了让孩子的技能得到发展，如收集、归纳和自我管理等。父母如果从旁给予指导和时间把握，孩子就会在发展这些技能中受益。父母应该给予的是从旁指导，而不是亲自登台，越俎代庖。父母应该为孩子营造工作环境，帮助孩子制定计划，安排时间，用正能量来鼓励孩子。当孩子逐渐长大的时候，父母就应该逐步隐退。

把孩子的家庭作业看成训练自尊心和独立性的良机。这个过程需要很长的时间，父母必须有耐心，引导孩子养成独立完成家庭作业的良好习惯。

学生做作业的目的，是巩固、提高和扩展所学知识，培养分析问题和解决问题的能力。无论课堂作业还是家庭作业，都是学习过程中必不可少的重要环节。

有的学生虽然心里清楚作业一定要做，却不想自己动脑筋，总爱问父母、老师或同学，甚至抄袭他人的作业，这是一种非常不好的习惯。因为作业不独立完成，就难以发现学习中的薄弱环节和不足之处，并且容易养成依赖心理和投机取巧的坏毛病。当不得不自己思考和解决问题时，就会不知从何下手以致失败。

孩子不完成作业是许多父母感到烦恼的事，当老师把孩子的这种情况告诉父母时，父母一方面觉着自己丢面子，一方面又对孩子的这种不良行为防不胜防，没有什么好的办法。大多数孩子都有过作业未完成的情况，其原因也是多种多样的。所以，简单地认为孩子懒，故意不写，对孩子们来说是不公平的，也无助于解决问题。

我曾在一本《家庭教育》杂志上看到一篇文章，读后很有启发：

记得女儿上小学三年级时，做家庭作业总是磨磨蹭蹭。两三道题，本应20分钟就可以做完，可她却要耗上近两个小时。你看她，从书包里拿出书本就要花上几分钟时间，翻书、打开作业本也心不在焉。做作业也是东张西望，常常做一些与作业无关的事：抠抠手指甲，拿她喜欢的东西玩上一会儿，或是突然发问："爸，这星期天您休息吗?""妈，咱们什么时候买鞋去?"有时候还要到另一个房间转一圈，要么就停下来整理一下书桌。做一道题，要反复寻找书中的相关内容，甚至还得打电话问同学。因为写得不工整，或写错了，就要撕掉几张作业纸……这样，每天都要耗到很晚才能勉强交差。一撂笔，就随声而出："唉，好不容易做完了。爸，你该给我检查了!"这时，我要立即放下手中的活儿，像校对员一样，耐心、仔细核查。出现错处，让她改，就更是件麻烦事：首先是不情愿离开刚看时间不长的动画片，要喊上两三遍，甚至动怒，她才不情愿地过来。到我面前，又会反问我："怎么了？老师就是这么讲的！"我还要耐着性子，给她讲出现错误的原因，她才动手改。总之，很容易的几道题，把我们折腾得够呛！因为做作业磨蹭，女儿的业余时间全被占用了，没有玩的和做其他事的时间。所以，她对学习开始产生厌烦情绪，总盼着放假。又因为作业不抓紧时间，到考试时，会做的题也做不完，致使学习成绩下降。这一切引起了我的重视。于是，我决定给我女儿支一招，将作业当成考试来完成。

一天，女儿放学回家，正要打开书包做作业，我便过去对她说："从今天开始，咱们把作业当考试吧，怎么样？"女儿一愣，诧异地问我："怎么考啊？"我就反问她说："你们考试有什么规定吗？"女儿不假思索地说："当然有啦！"于是，我俩边写边说，将有关考试的要求一一记录下来，并对女儿说，按考试要求做完作业，你就可以干自己想干的事。一听这话，女儿的劲头更足了，赶紧拿来闹钟，让我帮她计算一下完成作业所需要的时间，迅速将闹钟上好弦，用很短的时间将作业所需要的用具准备齐全，俨然一副考试的架势。我提醒她说："考试可不让看书呀！"女儿很自信地说："我不看书也都会。"

"考试"开始了，看到女儿一本正经的样子，我打心眼里高兴。原来要耗上两个小时才能完成的作业，今天只用了20多分钟。闹钟一响，女儿将作业本递给我，风趣地说："爸爸老师，给我判卷子吧！"

经过1个月的训练，女儿做作业的速度快了许多，准确率也大大提高。这种办法不但激发了她的学习兴趣，也给我们全家的生活增加了许多乐趣。

这真是一位明智的父亲。他用自己独特的方法，纠正了孩子不爱做作业的不良行为。

生活中，父母最关心的问题莫过于孩子的学习问题，而学习问题，主要就是围绕着做作业的问题，父母有诉不完的苦。哄着、骗着做作业的有，打着、骂着做作业的也不在少数。而孩子较普遍地存在着依赖心理、厌学心理，视作业为一大负担。

【心理解释】

让孩子独立完成作业的过程中，不能只问对错，重在培养孩子的自信和良好的习惯。

仔细分析孩子不爱做作业的原因，主要有：

一是注意力不集中。有的孩子写作业时不专心投入，东张张西望望，一会儿摸摸这玩玩那，你看他在写作业过程时嘴里念念有词，好像在思考的样子，其实思想早已经走神，或者边看电视、边吃零食边写作业，如此注意力不集中，写作业岂能不慢?

二是父母把关太多。许多父母检查完孩子的作业，发现错处以后，就立即指出，并说出答案让孩子改正。如果这样，孩子就只管做作业，而不问对错，反正有爸爸妈妈为我“把关”。长期下去，孩子也就失去了自我判断作业正误的能力，导致丧失学习自信心。孩子做完作业爱对答案，也会产生不良的后果。

三是学习兴趣不浓。兴趣是最好的老师，是影响人的行动的重要因素，它能够调动人的积极性，促使人喜爱从事某项活动，但孩子对学习以外的事情感兴趣太多，受学习以外事情的诱惑太多，而学习又是一件苦差事，必须付出艰辛的劳动。孩子对学习如此没有兴趣，如此没有自觉性，他在做作业的时候肯定就是疲疲沓沓、能拖就拖。

四是安排不合理。在日常活动中，孩子基本上除了学习以外不做任何其他事情。由于缺少锻炼和经验积累，许多孩子不知道如何提高做事的效率，不知道如何在同样的时间内做更多的事情，也不知道如何用更少的时间做同样的事情，而父母也缺乏对孩子这方面的教育与引导。于是，孩子这方面能力的欠缺在做作业时就明显暴露出来了。

五是畏惧心理。有的孩子由于学习基础不好，掌握基础知识不够，学习上的欠账太多，很多作业根本就不会做，做作业时会有大大小小的“拦路虎”挡在前面，他们不但写作业的时间会延长，而且甚至很害怕写作业，在做自己喜欢的课程的作业时还比较快，往往三两下就可以完成，可是一遇到自己不喜欢的课程的作业就头皮发麻，畏难情绪十分严重。

家庭作业是父母面对孩子的最直接的学习活动。在减轻学生作业负担过重的呼声中，少数父母有些相反的意见。他们以为，家庭作业是必不可少的，既是孩子巩固所学知识的重要手段，也为父母及时了解孩子的学习情况，具体指导孩子提供了机会。这也有一定的道理。其实，这并不是说所有的家庭作业都是合理的。但是，既然老师布置了家庭作业，父母就要引导孩子独立完成。

【纠正方法】

第1步：查明原因。父母对孩子出现的不完成作业的问题不能一概而论。应该先找一找原因，再帮助孩子纠正这一行为。孩子因故未完成作业，仅靠批评是不能使孩子的行为发生改变的。因此，我们首先应帮助孩子发现自己在这方面存在的问题并引起重视。其次，教给孩子一些预防这种情况发生的方法。比如，建立一个记事本，把每天老师留的作业记录下来，在相关的书本上也要把所留题目做上记号，做到双重保险，每天在做完作业后根据所记录的项目进行检查，发现问题及时弥补。

第2步：树立信心。告诉孩子，老师布置的作业一般都是学生力所能及的，不会超出所学的知识范围，只要肯动脑筋，就能做出来。如果真的没有信心，不妨问自己：“别人可以做出来，我为什么不能呢?”对自己自鞭自策，不失为增强信心的一种好方法。同时，帮助孩子补习学习内容。有的孩子也想完成家庭作业，但因为没有搞清知识要点，对学习的内容没有完全掌握，所以不能独立完成家庭作业。针对这种情况，父母要帮助孩子寻找知识的漏洞，教育孩子不懂就问，鼓励孩子树立自信心，战胜困难，体会成功。

第 3 步：定时定量。不要把目标定得太高，而要循序渐进，慢慢提高。比如，以前做 5 道题需要 20 分钟，那么，从现在起，要求他完成同样的作业量，只能用 18 分钟。同时，要培养习惯。即抓紧在校时间写，放学后第一件事就是写作业。长期坚持下去，就能培养按时完成作业的好习惯。

第 4 步：要有耐心。父母可以把孩子的家庭作业看成练习的机会，通过练习让孩子建立自尊心。这个过程需要很长的时间，父母必须有耐心帮助孩子养成独立完成家庭作业的良好习惯。

第 5 步：指导督促。任何打骂与惩罚对孩子独立完成作业的好习惯的培养都是徒劳无效的。正确的引导才是明智的。父母应该给予孩子的是从旁指导，而不是亲自动手，越俎代庖。父母应该为孩子营造学习环境，帮助孩子制定计划，安排时间，用正能量来鼓励孩子。对做家庭作业嫌麻烦的孩子，改变起来比较困难。这类孩子往往是比较聪明的孩子，他们善于与父母和老师“斗智斗勇”。在教育这些孩子时，不仅要教给其方法，还要加强督促。父母与老师应通过各种途径经常联系，不给孩子钻空子的机会。另外，有的孩子爱回答问题，上课听讲也较认真，就是写作业成问题。对于这样的孩子，我们还要注意观察，看看他们是否存在某一方面的学习障碍，以便及时加以训练，改善他们的学习情况。

第 6 步：及时奖励。孩子如果能坚持每天按时完成作业，父母要及时给予奖励，既可以是口头上的表扬，也可以是家庭契约中约定的奖励，比如，带孩子买一本心爱的图书，看一场电影等。

哈佛家训

让孩子受益一生的心灵成长课

汪小红◎编译

民主与建设出版社

·北京·

图书在版编目(CIP)数据
哈佛家训/汪小红编译.—北京:民主与建设出版社,2019.9
ISBN 978-7-5139-2617-1
Ⅰ.①哈… Ⅱ.①汪… Ⅲ.①家庭教育-通俗读物
Ⅳ.①G78-49
中国版本图书馆 CIP 数据核字(2019)第185794号

哈佛家训
HAFO JIAXUN

出 版 人 李声笑
编　　译 汪小红
责任编辑 刘　艳
封面设计 周　飞
出版发行 民主与建设出版社有限责任公司
电　　话 (010)59417747 59419778
社　　址 北京市海淀区西三环中路10号望海楼E座7层
邮　　编 100142
印　　刷 三河市金轩印务有限公司
版　　次 2019年9月第1版
印　　次 2019年9月第1次印刷
开　　本 880毫米×1230毫米　1/32
印　　张 6
字　　数 110千字
书　　号 ISBN 978-7-5139-2617-1
定　　价 32.00元

前　言

哈佛大学创立于1636年，初名新市民学院。1639年，为了纪念在学院成立初期给予慷慨支持的约翰·哈佛牧师，更名为哈佛学院。1780年，哈佛学院正式改称哈佛大学。

至今为止，哈佛大学已经培养出了8位美国总统、40多位诺贝尔奖获得者和30多位普利策奖获得者，还培养了文学家、思想家以及世界级的财富精英。正是它那无与伦比的辉煌成就，被公认为是当今世界最顶尖的高等教育学府之一。

它在人们心中已然成为充满智慧、勇于创新、最具活力的象征。因为它耀眼的光环、突出的学术贡献和先进的教育理念，让它成为全世界学子梦寐以求的学术殿堂。每位学子都渴望接受它的熏陶，从它枝繁叶茂的精神之树汲取养分，但真正能走进哈佛的学子却是凤毛麟角。

对大多数人来说，哈佛是一个绮丽的梦、一个深奥的谜……但我们却又是幸运的，因为有这样一本传递哈佛精神的书——《哈佛家训》，它有着独特的教育理念，在家教上也有着自己的范式：启迪。那一个个蕴含智慧之光和生活真谛的故事带给孩子无限启迪的同时，也能让父母从中受到感动和启发。父母可以和孩子一起学习，一起成长。

榜样的力量远远超过说教。一个个或长或短的人生故事比枯燥的说教更能给人留下深刻的印象。一个人在青少年时期形成的观念，会深深影响其一生。所以，在孩子人生刚开始的时候，就应该让他们受到良好的熏陶，而哈佛大学先进的教育理念和思想精华，定能带给孩子心灵滋养，激发孩子无限的生命潜能，让孩子在人生道路上不断超越自我，成就辉煌的人生。

《哈佛家训》中的每个故事，生动有趣，却又包含着深刻的生活意义。这些寓意深刻的故事不仅可以激发青少年对人生、世界进行深入思考，还能点燃他们内心深处的智慧火花。这些小小的故事，能够让他们从一滴水中看透大海，由一缕阳光洞察整个宇宙。

PART 1

至亲至爱：家是永久的港湾

哈佛大学的教育是以每一个家庭为基础的。在孩子的成长过程中，家庭是他们永不停航的港湾，感受父母之爱、手足之情、至爱之伴在这个港湾里构建了世界上最坚固的防洪堤。

PART 2

拥抱朋友：天长地久的陪伴

多年来，哈佛大学都致力于研究人类幸福的秘籍，经过研究得出结论：只有好的社会关系，才能让我们幸福、开心。世事沧桑、风淡云轻，永远不变的是友谊，它是一个人终身受益的动力，是越久越香的美酒。

PART 3

珍惜时光：寸金难买寸光阴

哈佛人告诉我们，学习时的苦痛是暂时的，未学到的痛苦是终生的。“现在贪睡流的口水，将成为明天的眼泪”。只有比别人更早开始学习，更勤奋地努力，才能尝到成功的滋味。

PART 4

梦想成真：奇迹从幻想开始

哈佛人为实现梦想来到哈佛，为放飞梦想走出哈佛。哈佛人告诉我们，一个人无论在什么样的环境中都一定要有自己的追求和梦想，有成功的欲望，能够不怕艰难、勇敢地选择、执著地追求，用自信、坚韧和顽强拥抱梦想。

PART 5

学会宽容：海纳百川大胸怀

哈佛大学有一句流传久远的名言：被人误解的时候能微微一笑，这是一种素养；受委屈的时候能坦然一笑，这是一种大度；吃亏的时候能开心一笑，这是一种豁达；危难的时候能泰然一笑，这是一种大气，被轻蔑的时候能轻轻的一笑，这是一种自信。

PART 6

乐观自信：好心态成功一半

哈佛著名思想家爱默生说："即使断了一根弦，其余的三根弦还是要继续演奏，这就是人生。"我们对人生的态度，首先就是对命运的不屈服，这就是一种坚强的表现。其次就是要学会乐观，无论是多么富有才华的人，只有三根弦的琴是弹不成曲的。然而这个时候还继续演奏，靠的就是乐观的心态。

PART 7

奋斗号角：用勤奋锻造成功

很多人都看过“哈佛凌晨四点半”的文章，哈佛大学的图书馆在凌晨4：30都灯火通明，座无虚席，这就是哈佛百年屹立的秘诀。时间之所以宝贵就在于它无法倒流，生命之所以厚重就在于它无休止的奋斗。珍惜时光，努力奋斗，才能看到人生最美的风景。

PART 8

勇者无敌：光荣终归于英雄

哈佛大学有一句名言一直激励着它的学生们：你勇敢，世界就会让步。如果有时它战胜你，你要勇敢再勇敢，它就会屈服。所以命运只会眷顾勇者，一往无前的勇气是开拓者的利剑。

PART 9

智慧之光：拓展人生的坦途

哈佛教授怀特海说："凡是不重视智慧训练的民族注定要失败的。你们所有的英雄行为，所有的社会魅力，所有在陆上和海上的胜利，都不能改变这个命运。"

PART 10

德行爱心：每个人都是天使

哈佛教授、成功学之父奥里森·马丁说过："爱是一把金钥匙，有了这把钥匙，一切心扉都将向你敞开。"德行以服人，爱心以怜人，人的生活价值就在于此。

PART 11

品味人生：点燃心中的灯塔

哈佛幸福课教授本沙哈尔说过：“一个幸福的人，必须有一个明确的、可以带来快乐和意义的目标，然后努力地去追求。真正快乐的人，会在自己觉得有意义的生活方式里，享受它的点点滴滴。”

PART 12

行者无疆：走出光辉的旅程

哈佛大学商学院教授保罗·托马斯曾经多次提出执行力的重要作用。生活不在夸夸其谈的思想里，而是在生命的呼吸中。即使是最伟大的思想，不付诸行动也只是一纸空谈；即使是最美好的情感，不付诸行动也只是水中之花。

PART 1

至亲至爱

家是永久的港湾

哈佛大学的教育是以每一个家庭为基础的。在孩子的成长过程中，家庭是他们永不停航的港湾，感受父母之爱、手足之情、至爱之伴在这个港湾里构建了世界上最坚固的防洪堤。

一个母亲写给世界的信

【美】安妮斯通

亲爱的世界：

我的儿子今天就要上学了。周围的一切对他来说，既陌生又新鲜。在这段时间，我希望你能对他温和一点。你知道的，从小到大，他一直是家里最受宠的人，后院的王者。在家里，我陪在他身边，总是忙着为他治疗伤口，安慰他的心情。

可是现在，一切都将发生变化。

今天早晨，他走下屋前的台阶，朝我挥挥手，踏上他人生一段新的伟大冒险征程。在途中，他也许会经历失败、会受到伤痛、会洒下泪水，但我会告诉他，他必须面对。在这个世界上度过属于自己的日子，他需要信心、爱和勇气。

所以，亲爱的世界，我希望你能牵着他那稚嫩的小手，教他明白一些事情，如果可能，请温柔一点儿。

请你教他明白，世界有恶棍的地方，就会有英雄；有奸诈政客的国家，就会有富于奉献精神的领袖；有敌人面对，就会有朋友关心。

请你教他去感受书本的魅力。请你给他时间，去看看空中的小鸟，阳光下的蜜蜂，青山上的花朵，让他安静地享受、思索自然界中永恒的神秘。

请你教他明白，光明磊落地承认失败，要比虚伪欺骗换来的成功光荣得多；教他要坚守自己的思想，哪怕别人都不承认；教他可以用最高价出售自己的体力和智慧，但绝对不能出卖自己的爱和灵魂；教他对那些流氓暴徒的喧闹不屑一顾，但在正确的时候可以挺身而战。

亲爱的世界，请你以温柔的方式教导他，但不要溺爱他，因为只有烈火才能锻造出精钢。

恕我冒昧，这个要求不低，世界，请你尽力而为。

世界上有一种最美丽的声音，那便是母亲的呼唤。

——意大利诗人 但丁

买爸爸一小时

让孩子感到家庭是世界上最幸福的地方，是以往有涵养的大人明智的做法。这种美妙的家庭情感，和大人赠给孩子的那些最精致的礼物一样珍贵。

——华盛顿

天色已经非常晚了，一个拖着疲惫之躯的男人才刚刚下班回家。他的工作压力非常大，已经有好多天没有在家吃晚餐。今天又一次很晚回来，他很累，心里也非常烦，只想好好休息。

而这时，他发现五岁的儿子还没有上床睡觉，正靠在房门口等他。

“爸爸，我可以问你个问题吗？”

“什么事？”

“爸爸，你一小时能赚多少钱？”

“问这个干吗？”父亲非常奇怪地问道。

小男孩有些哀求地说：“爸爸，我只是想知道，请你告诉我吧。”

“我一小时赚20美元，还有什么问题吗？”劳累的父亲有些厌倦地说。

“哦，这样啊，”小男孩低下头犹豫地问：“爸爸，那你可以借给我10美元吗？”

这下，父亲真的生气了：“你要钱干什么？我很累了，没有时间跟你在这里啰嗦，别老想着拿钱去买那些没用的玩具，赶快给我回房间上床睡觉。我每天都辛苦地工作，没时间和你玩小孩的游戏。”

孩子低着头安静地回到了自己的房间，关上了房门。父亲怒气未消地坐在客厅的沙发上。过了一会儿，他的心情平静了下来，觉得刚才对孩子有些过分。心想或许孩子真的很想买什么东西，再说这孩子平时也很少要钱。

父亲轻轻推开了房门，发现孩子正背对着躺在床上，他悄悄地问："孩子，你睡了吗？"

"爸爸，还没有，我还醒着。"孩子转过身回答道。

"对不起！孩子，我太累了，心情不好，刚才对你太凶了，这是你要的10美元。"父亲一边说一边把10美元的钞票递给孩子。

小男孩欢快地坐了起来说："谢谢你，爸爸。"然后又从自己的小枕头下拿出一些皱巴巴的钞票和硬币，慢慢地数着。

父亲又感觉有些生气了，今天孩子看上去很奇怪："你已经有钱了，又要钱干什么？"

"因为以前不够，但现在够了。"小男孩举着手里的一把钞票和硬币说："爸爸，我现在有20美元了，我可以买你一小时吗？我想请你明天早点回家，我想和你一起吃晚餐，我已经期盼很久了。可以吗，爸爸？"

爸爸一下子就把孩子抱了起来："孩子，爸爸明天一定早点回家。"

家人之爱不需要多么繁琐的形式、多么贵重的礼物，一个小时的陪伴、一顿团聚的晚餐就已足够。

纵观那些获得成就的哈佛领袖，几乎都有一对优秀的父母作为他们的引领者，哪怕你只是个平凡的人，在孩子眼中却是最了不起的英雄。

妈妈只收 0 美元

母性的力量胜过自然界的法则。

——芭芭拉·金索尔夫

世界上的一切光荣和骄傲，都来自母亲。

——高尔基

在美国德克萨斯州，有这样一条法律：凡年满 14 岁的孩子，必须在自己身体和能力许可的范围内帮父母分担一些家务。比如洗碗、拖地、剪草坪等简单的家务都是孩子的必做活计。

尽管法律这么规定，很多父母出于爱，还是不会让孩子做多少家务。即使如此，孩子对简单的劳作仍不怎么情愿，甚至还会和父母就劳动问题算家务账。

在一个星期天的晚上，聪明的小汤姆给妈妈写了一份账单：

汤姆帮妈妈到超市买食品，妈妈应付 5 美元；汤姆自己叠被子，妈妈应付 2 美元；汤姆擦地板，妈妈应付 3 美元；汤姆这个星期总听妈妈的话，妈妈应付 10 美元。合计：20 美元。

小汤姆不敢直接把账单交给妈妈，写完后，就把它压在餐桌上，然后上床睡觉去了。忙得满头大汗的妈妈在做完家务后，看到了这张纸条。她并没叫醒睡得非常香的儿子，而是宽容地笑了笑，随手在纸条上面添了几行字，放到了小汤姆的枕头边上。

第二天，汤姆醒来，美美地想着妈妈要给的 20 美元。他一扭头，看到了自己写的账单。不过下面添了一份妈妈写的账单。

妈妈千辛万苦地怀了汤姆 10 个月，汤姆应付 0 美元；妈妈教汤姆学走路、说话，汤姆应付 0 美元；妈妈每天给汤姆做饭，汤姆应付 0 美元；妈妈每周末陪汤姆去儿童游乐园，汤姆应付 0 美元；妈妈每天为汤姆祈祷，希望他成为天使一样可爱的小男孩，汤姆应付 0 美元。合计：0 美元。

这一张账单，汤姆一直珍藏着。它告诉汤姆，母亲的爱是没法计算的，因为对孩子来说，永远是免费的。

哈佛大学虽然非常重视孩子的财商培养，但是在亲情面前却永远坚信：母爱是无价的。

孩子给妈妈算家务账是天真之举做出的趣事，几乎在每个家庭都可能发生。但很少有妈妈巧妙地用“0 元账单”给孩子解释母爱的伟大。

1 美元的上帝

对于亚当而言，天堂是他的家；然而对于亚当的后裔而言，家是他们的天堂。

——伏尔泰

有一个五岁的小男孩，手里捏着一枚 1 美元的硬币，他满脸愁容，沿着大街上的商店一家一家地询问：“请问先生，您这里有上帝卖吗?”店主们都对这个小孩的问题感到非常奇怪，要么说没有，要么认为他是在故意捣乱直接把他轰走。小男孩眼里满怀希望地走进一家家商店，然后一次次失望地走出来，但是他一直没有放弃。

直到天快黑了，小男孩进入了第 29 家商店。听了他的询问，这家店主没有像那些店主一样把他轰走，反而热情地接待他。这家商店的老板是个 60 多岁的老头，已经是满头白发，但是慈眉善目、精神矍铄。

他微笑着问小男孩：“你能不能告诉我，孩子，你买上帝做什么?”

男孩流着泪告诉这位慈祥的老人，他叫邦迪，父母在他刚出生时就去世了，是叔叔帕特鲁普辛辛苦苦把他抚养大的。叔叔是个建筑工人，前几天工作的时候，不小心从脚手架上摔了下来，一直昏迷不醒。他问医生如何才能救叔叔，医生说只有上帝才能救他。

邦迪想，既然上帝能够救叔叔，一定是非常奇妙的东西。“如果我能把上帝买回来，让叔叔吃了，他的伤就一定能好。但是我问了许多商店都没有卖的。”

听小男孩说完，老头的眼圈湿润了，问小男孩：“你有多少钱?”

“1 美元。”小男孩眼睛一下子亮了起来。

老头接过硬币，从货架上取了一瓶“上帝之吻”牌饮料，对小男孩说：“孩子，拿去吧，你叔叔喝了这瓶‘上帝’，就会好了。”

邦迪非常高兴，一下子将饮料抱在怀里，跑着回到了医院。一进病房，看着仍在昏迷的叔叔，他开心地叫嚷道：“叔叔，叔叔，我把上帝买来了，你很快就能好起来了!”

几天后，这家医院来了一个由世界顶尖医学专家组成的医疗小组，他们医术精湛，很快就治好了帕特鲁普的伤。

等帕特鲁普出院时，看到医疗费账单上那个天文数字，被吓得差点再次昏过去。正在他一筹莫展的时候，院方告诉他，有个老头已经帮他把钱全付了，那个医疗小组也是老头花重金请来的。

院方还告诉他说，那个老头是亿万富翁，刚从一家跨国公司董事长的位置退下来，隐居在本市，开了家小杂货店享受晚年时光。帕特鲁普听后激动不已，立即带着邦迪去感谢那个老头。等他们到了杂货店，才发现老头已经把它卖掉，出国旅游去了。

后来，帕特鲁普接到一封陌生人的来信，拆开后发现是那位好心老头写来的，老头在信中说：“年轻人，您能有邦迪这样的好侄子，真是太幸运了。为了救您，他拿了1 美元到处购买上帝……感谢上帝，是他挽救了您的生命。您一定知道，真正的上帝，就是人们的爱心!”

哈佛大学曾开展过一项名为“格兰特研究“的项目，最后得出：“友情和亲情对幸福来说至关重要”的结论。

这个故事中小男孩单纯而执着的行为深深打动了“上帝”，仅仅花了1 美元就完成了一个遥不可及的梦想。就像那位善良的老人所讲：真正的上帝，就是人们的爱心！而点燃这份爱心的正是亲情。

金钱豹的爱

世界上一切都可能是假的，空的；唯有母爱才是真的，永恒的，不灭的。

——印度俗语

阳光明媚的一天，在非洲索马里的热带雨林里，著名动物标本制作师爱克兰像往常一样，背着猎枪四处张望，寻找好的标本来源。忽然，一只金钱豹趁他不备，对他发起了突袭。爱克兰猝不及防，被豹子扑倒在地。好在豹子并没有咬住爱克兰的喉咙，只是咬住了他的右手腕。

爱克兰忍着剧痛，用左手捡起地上的猎枪，将枪膛里威力巨大的子弹射入豹子的腹部。金钱豹的肚子一下子被炸开，鲜血从它的体内迅速流出来，不一会儿，就倒在了血泊中。

爱克兰这才大松一口气，赶紧跑到附近的一棵大树下，把手腕上的伤口包扎好，等爱克兰重新回来，却发现金钱豹已经不见踪迹。爱克兰顿时生疑，豹子受这么重的伤还没死？

爱克兰仔细搜索，很快就发现草地上有一条长长的血迹，断断续续地向远方延伸。他顺着血迹，端着枪小心翼翼地搜索过去。

沿着那些被踩坏的花草和鲜血痕迹，爱克兰到了一棵巨大的沙松树跟前。他一抬头，就看到了树洞口耷拉着一条长长的豹尾巴和两条毫无动静的后腿，洞口的树干也被鲜血染红了。

这正是刚才和爱克兰搏斗的那只金钱豹。看着这只豹子，爱克兰心里非常纳闷，它是怎么跑到这里来的？它为什么要费尽力气爬到树洞里去呢？

爱克兰用枪捅了捅金钱豹的后腿，发现它一动不动，已经完全死了。他大胆爬到树上，向树洞里望去。“啊!”他惊喜地叫了一声，他看见金钱豹的怀里正依偎着两只小豹崽，它们不停地往母豹怀里钻，浑身沾满了血，努力地吸吮着奶头。

爱克兰一下子被震动了，眼睛也湿润起来。原来是伟大的母爱，支撑着身受重伤的金钱豹重新回到这里，来给自己孩子喂奶。

后来，爱克兰把两只小豹崽从树洞里抱走，送到国家动物园，在那里它们受到了非常好的照顾。他竭尽所能把那头母豹制成了一个漂亮的标本，并在标牌上写道：为了两个刚出生的孩子，这头母豹在将死之际，竟拖着重伤的身体爬了千余米，重新回到了窝里，用仅剩下的一点乳汁和鲜血拯救了它的孩子。

母爱是大自然动物界最让人动容的一种本能，动物之爱尚且如此，更何况是被称为万物之灵的人类！

哈佛大学经过几十年的追踪研究发现，决定一个人命运的，除了环境和教育外，最重要的决定因素就是童年是否获得充足的母爱。母亲是我们一生前进的动力和源泉。

送给母亲的花

全世界的母亲多么的相像！她们的心始终一样。每一个母亲都有一颗极为纯真的赤子之心。

——惠特曼

年轻的麦克工作勤勤恳恳，在忙碌了一整个冬天后，终于得到了两星期的假期。他早就为这个难得的假期做了准备，要到一个风景迷人的度假胜地去享受大自然，交些朋友，品尝顶级名酒，总之要好好地休息一番。

他十分兴奋地整理着各种行装，然后把一堆行李放进了轿车的后备箱里。在出发那天，他突然想起，应该给母亲说一下自己去度假的事情。母亲在接到儿子的电话后说："孩子，你会不会顺路到我这里来一下，我想看看你，我们好久没有团聚了。"

麦克看了看行程计划，对母亲说："妈妈，我也非常想去看你，但是我的行程非常紧，要急着赶路，我已经和别人约好了见面的地点。"听了孩子的话，母亲欲言又止，只是简单地说了句："那好吧，好好享受一下你的假期吧，你太累了孩子。"

麦克开着车正要上高速的时候，他忽然想起了今天是母亲的生日！于是他赶紧绕回去，到了一个花店前停下了。

他打算买些鲜花，让花店给母亲送去，他知道母亲非常喜欢自己送的花。

在他买花的时候，店里还有一个小男孩正挑选好一把玫瑰。在付钱的时候，小男孩发现自己所带的钱不够，少 10 美元。小男孩一下子发愁起来，不知道该如何是好，犹豫着是不是要放几朵回去。

麦克看到后问小男孩："你买这些花干什么呀？"

小男孩说："我要送给妈妈，今天是她的生日。"

麦克掏出钱包，为小男孩凑足了钱。小男孩非常高兴，对麦可说："谢谢您，先生。我想我妈妈也会非常感激您的慷慨的。"说完，小男孩满脸堆笑地抱着那把玫瑰走了。

麦克为母亲选了一束玫瑰、一束康乃馨和一束菊花，然后付了钱，并给花店老板留下了他母亲的地址。他要求老板今天一定要送过去，然后开车继续上路。

仅仅开了一小段路，麦克在转过一个小山坡的时候，再次碰到了那个小男孩。他正跪在一个小墓碑前，墓碑上放着摊开的玫瑰花。小男孩认出了他的车，向他挥手。

麦克从车里探出头来，小男孩对着他挥手说："先生，谢谢您，我妈妈非常喜欢我带来的花。"

麦克掉头再次回到了花店，找到老板，问道："先生，我的那几束花您送走了吗？"

“还没有。”老板回答道。

“那就不必麻烦您了，”麦克一下就兴奋起来，接着说，“我要自己去送。”

“子欲养而亲不待”，父母给了我们无私的爱，但对我们的要求仅仅是偶尔的陪伴。

在哈佛大学源远流长的历史中，一直极为重视培养学生的亲情观念。他们坚信每一个拥有“温暖人际关系”的人，才能在未来的人生中取得更好的成绩。

儿子剪坏的花圃

孩子的身上存在缺点并不可怕，可怕的是作为孩子人生领路人的父母缺乏正确的家教观念和教子方法。

——珍妮·艾里姆

周末，大卫带着两个天真活泼的孩子在家里的花园玩耍。这两个孩子，小的刚满5岁，叫杰克；大的已经7岁，叫吉姆。

大卫一边和孩子玩，一边用小型割草机来修理草坪。吉姆看着非常好玩，就吵着让爸爸教他如何使用割草机。

当大卫正在教儿子怎么让割草机掉头的时候，吉姆的妈妈莫娜突然有事叫他，大卫不得不转身回到屋里。淘气的小吉姆一看爸爸不在，就挥舞着割草机胡乱割起来。他想练习一下如何将割草机掉头，却将割草机推进了草坪旁边的花圃里，用自己刚学到的割草“技术”割起草来。

转眼间，原本五颜六色、百花盛开的花圃，一下子一片狼藉。被割坏的鲜花掉了一地。

当大卫从屋里出来的时候，一眼就看见了被糟蹋得乱七八糟的花圃，顿时怒火中烧。这个花圃花费了他多少时间和精力啊！不到几分钟，就被吉姆弄得面目全非。

“上帝啊！吉姆，你在做什么啊！”大卫怒不可遏，一边大声呵斥，一边跑向吉姆，准备好好地惩罚他。

听到丈夫发怒的声音，他的妻子莫娜也从屋里跑了出来。就在大卫准备惩罚孩子的时候，妻子伸手拦住了他，郑重地对他说：“大卫，不要这样做！你要明白，我们是在养孩子，而不是在养花！花坏了可以再种，孩子被你吓坏了就无法挽回了。”

听了妻子的话，看着吓得瑟瑟发抖的儿子，大卫平静了下来。他感觉非常愧疚，把吉姆紧紧地抱在了自己怀中。

哈佛大学一直倡导，教育不仅是大人针对孩子的工作，更应该是双向的，这样才会使孩子和父母一起成长。

孩子在年幼时总会有意无意做出很多让父母生气的事，但是出于爱和培养孩子的责任，父母应该有足够的耐心，孩子毕竟是孩子，他们的一些“破坏”是天性使然的必然代价，切不可因为小事而过分地打骂孩子，要对孩子多多理解和引导。

水管工的故事

家应该是爱、欢乐和笑的殿堂。

——木村久一

每个人的家对他自己都像是城堡和要塞。

——科克

罗伯特是哈佛大学的一位教授，非常善解人意，总是能够捕捉到学生心理细微的变化并加以辅导。一天，他看到教室里一个学生情绪非常低落，他没有上前询问原因，而是给大家讲了一个故事。

德克萨斯州有一个农场主，他发现自己农场的水管坏了，漏水非常严重，自己修不好。于是他请了一位水管工前来修理。

这位水管工始终都非常愉快地工作着，等到修好的时候，天色已经不早了，农场主决定把他送回家。到了水管工家门前，水管工邀请农场主到家里休息一下。

奇怪的是，到了门前，水管工并没有马上进去，而是伸手抚摸着门口那棵树沉默了一阵儿。等他们进屋后，尽管水管工非常疲惫，还是和两个孩子和妻子亲切地拥抱，并非常热情地招呼这位农场主。

等天已经完全黑下来，农场主打算离开，水管工送他出来。这时，农场主非常好奇地问道："你刚才对着那棵树沉默了一阵，在做什么啊?"

水管工一听，笑哈哈地答道："那是我自己种的'烦恼树'，有什么烦恼我都跟它说。"原来水管工今天很不顺，先是自行车爆胎了；接着给另一家修理水管时，弄坏了一把电钻；最后自己那辆破烂的老爷车居然还坏掉了!

两个人越聊越开心，水管工对农场主说："我整天在外面工作，总是会遇到很多不顺心的事，但是我不能把自己的烦恼带回家里吧?老婆和孩子又没什么错。所以我就种了一棵'烦恼树'，一有烦恼就交给它，让它帮我保管，等第二天，这些烦恼也就没多少了。"

农场主听了他的话，感觉非常惭愧。在回家的路上，他反复想着水管工的话，不断反思自己以前的做法：自己烦恼的时候总是不愿意回家，即使回家了也不愿和妻子、孩子说话，甚至和妻子吵架。农场主一边想一边后悔，烦恼每个人都会有，为什么要把它带回家呢？农场主想着想着眼睛就湿润起来，他立即擦掉眼泪，加快油门，向家里奔去。

罗伯特教授讲完这个故事，对大家说："我们所缺的正是一棵能够承载烦恼的心灵之树，那么就为自己栽上一棵吧!"

亲情至深

哈佛大学著名的思想家爱默生说过：家是父亲的王国、母亲的世界、儿童的乐园。我们不珍惜怎么能行。

人生在世，必然路途坎坷，烦恼在所难免。为何要把烦恼带回家里，将它放大呢？给自己一棵“烦恼树”吧，让它做你最忠实的听众和分担者，然后把快乐带回家里。实际上，家里人的一个关切的眼神，一个暖暖的眼神，都足以化解我们的烦恼。

PART 2

拥抱朋友

天长地久的陪伴

多年来，哈佛大学都致力于研究人类幸福的秘籍，经过研究得出结论：只有好的社会关系，才能让我们幸福、开心。世事沧桑、风淡云轻，永远不变的是友谊，它是一个人终身受益的动力，是越久越香的美酒。

论友谊

【美】爱默生

我不愿意用那些圆滑的手段对待友情，我更愿以最狂热的勇气来面对它。如果是真诚的友谊，它就不会像玻璃丝或者霜花那样，而是我们所知最坚固的后盾。如今，经过世世代代经验的积累，我们对自然、对自己又了解多少呢？在对人的命运问题上，人类从未有所突破。整个人类都因为愚昧而被流放。但是，我从与兄弟的灵魂联合中得到了它——喜悦与宁静中甜美的真挚情感。

幸福是一间能够为朋友遮风挡雨的房屋，但总有人将它建造得像节日的凉亭或拱门，只能使用一天。如果一个人懂得友谊的庄严，并且尊重它的法则，那么他就能走上更加幸福之路。谁主动献出自己，谁能与人缔造友谊的盟约，谁就像奥林匹克运动员，驰骋在一场伟大的运动会上。在这个运动会上，所有参赛者的对手包括时间、私欲和危险。在这场看不见的竞赛中，谁在精神上足够忠诚，并凭借它守护心中那些易碎的美好品质、战胜疲惫和泪水，谁就会成为胜利者。幸运女神不会永远眷顾你，但你如果内心崇高、对琐屑之物蔑视，就会有取胜的机会。

朋友就是我可以坦诚相待的人，在朋友面前，我可以表达我的思想。我终于到达这样一个人面前：他是如此真实、平等，面对他我可以脱下最深层的防护衣——撒谎、礼貌、谨慎，这些都是人们从未脱去的东西。我可以全心全意、毫无保留地面对他，就像一个原子和另一个原子一样那么亲近。

每个人面对自己都是真诚的，一旦别人走近，伪装就开始了。我们用恭维、闲谈、消遣或者事务，来逃避或阻止别人靠近。我们层层掩盖我们的思想。我认识一个人，他有一种宗教式的热情，对他所遇到的每个人都撕下了伪装，都省去那些恭维的假话，直接和他们的内心说话。最初，他屡屡遭到拒绝，因为所有人都认为他疯了。但经过长时间的坚持，他与认识的每一个人都建立了真实稳固的关系。没有人再在他面前说谎，也没有人再用那些毫无意义的闲谈来敷衍他。在他的真诚面前，每个人都不得不采取同样的坦诚态度。

我认识的这个人，就是朋友。

对我们绝大多数人来说，我们很难看到别人的脸和眼睛，只是看到人们的侧影和背面。在这个虚假的时代，为了与人们建立真实的关系而疯狂尝试一下是值得的！我们很少能坦诚相待，因为几乎每一个我们碰到的人都要求礼貌，要求别人恭维他们。但是，朋友应该是一个通晓事理的人，他看重的不是聪明才智，而是我这个人。

朋友给我不附带任何条件的款待，我曾孤独地存在，原本看不到任何证据来证明我存在，现在却看到了一个品质和求知欲上与我相同的另一个人。所以，我有充分的理由相信：朋友是大自然的一个杰作。

注：本文略有删改

友谊永远是一个甜柔的责任，从来不是一种机会。

——美籍黎巴嫩作家　纪伯伦

布兰特的鞋

把痛苦告诉给你的知心朋友，痛苦就会减掉一半；把快乐与你的朋友分享，快乐就会一分为二。友谊的作用就是这么神奇！

——培根

在美国路易斯安那州的一个小镇上，有一个叫做史蒂文的小男孩。10岁那年，他在一次手术中，因为输血不慎染上了艾滋病。从此以后，伙伴躲他都像躲避瘟神，不再和他一起玩耍，只有14岁的布兰特仍然像以前一样和他交往。

一次很偶然的机会，布兰特在一家杂志上看到一条消息，说州府新奥尔良的一位医生找到了能够抑制艾滋病的药物。这让他非常兴奋，决定带着史蒂文前去就医。但是大家都认为那则“小报消息”不过是无稽之谈，没人赞成他的想法。

于是，在一个夜晚，布兰特带着史蒂文偷偷踏上了去新奥尔良的路。

为了省钱，也害怕被抓回家里，他们就睡在随身携带的帐篷里。两天之后，他们就陷入饥寒交迫的境地，史蒂文从家里带来的药也快吃完了。就在这天夜里，史蒂文冻醒了，非常微弱地对布兰特说：“我刚才做了可怕的梦，梦到自己在一片荒野之中，天上的星星都非常微弱，我孤零零在那里，怎么也找不到回家的路。”

看着虚弱的史蒂文，布兰特把自己的一只鞋子塞到史蒂文的手里，对他说：“不要害怕，你再做这样的梦，就想想我的臭鞋还在你的手上，我肯定就在附近。”

又过了一两天，他们离新奥尔良还很远，但是他们带的钱已寥寥无几，史蒂文的身体也越来越差，他们不得不返回家里。

回到家后，布兰特几乎每天都去史蒂文家和他一起玩，鼓励他，还带来自己的漫画书逗他开心。史蒂文慢慢变得开朗起来，在布兰特陪他去医院检查时，他们还会合伙玩装死的游戏吓唬医生和护士。

冬天一个阳光和煦的下午，史蒂文的脸色非常苍白，眼睛也满是忧伤。为了让朋友振作起来，布兰特问史蒂文要不要再玩一次装死的游戏，史蒂文微笑着答应了。但是当布兰特带着护士回来时，史蒂文没有在量心跳时突然睁眼大笑起来，这次他真的死了。

布兰特伤心地哭了起来，史蒂文的妈妈紧紧抱着他说：“孩子你给过史蒂文一只鞋，他一直记得你说的话，有你这样的朋友他非常幸福。”

友情至真

哈佛大学有一句名言：友谊是人生的调味品，也是人生的止痛药。境遇再艰难，有好朋友的陪伴都会充满希望。

没有朋友的人好比茫茫大海里的孤岛，荒凉、冰冷、毫无生机。要想让生活多姿多彩、温馨四溢，就要有朋友相伴和分享。当我们身处困境，朋友就像漆黑夜晚里的火把，带给我们温暖和希望。

凯文与罗杰

人生离不开友谊，但要得到真正的友谊才是不容易；友谊总需要忠诚去播种，用热情去灌溉，用原则去培养，用谅解去护理。

——马克思

凯文和罗杰是两个非常要好的朋友，他们经常结伴外出旅行。

一次，他们策划了一次横穿美国大陆的长途旅行。在东海岸时，一路山清水秀、风光迷人，他们一路互相帮助，相处得非常好，玩得也非常愉快。

一转眼，一个月就过去了，他们已经深入内陆，风尘仆仆的他们已经非常疲惫。在他们翻越一座大山时，体力不支的凯文脚底一滑就摔了下去。就在他滑到悬崖边的一刹那，罗杰冒着被拖下去的危险，拼尽全力拉住了他。

等他们登上山顶后，凯文找到一块大石头，用刀刻上了：某年某月某日，好朋友罗杰救了凯文一命。

又半个月后，他们已经到了西部沙漠地带。在里面走了一段时间后，水源不足的他们因为道路问题产生了分歧，最后大声争吵起来。罗杰一气之下，狠狠踢了凯文一脚。凯文生气地跑到一个沙丘上，用手指写下了：某年某月某日，好朋友罗杰踢了凯文一脚。

漫长的旅行结束后，凯文向自己的小儿子讲述了整个旅行中发生的故事，也提到了这两次经历。小儿子非常好奇地问道：“爸爸，你为什么要把朋友救你的事刻在石头上，而把踢你的事写在沙子上呢？”

凯文对小儿子语重心长地说：“好朋友救我一命，这是天大的事，我要永远感激他，所以我把这件事刻在石头上永远保留；他踢我一脚，不过是朋友之间的一次小争吵罢了，我把它写在沙子上，风一吹就什么都没有了。”

哈佛教授古尔德说过：“人不可能没有缺点，一个伟大的人善于放大优点，缩小缺点，那些失败的人却往往因为弱点而败了一生。”在遇到和朋友之间的矛盾时，我们是选择铭记或者忘记，完全取决于内心的选择。

友谊免不了会有波折，要想让友谊长存，就要忘记无心的伤害，选择记住朋友的恩德。真正的朋友从不会有心伤害你，反而在患难之中给予最坚定的关爱和扶持。

破碎的陶壶

很多显得像朋友的人其实不是朋友，而很多是朋友的倒并不显得像朋友。

——古希腊谚语

在一个偏僻的乡村农家里，有一只陶壶和铁壶。主人用陶壶来装水，因为它不会被水泡坏；用铁壶来装没有燃尽的木炭，因为它不会被烧坏。时间久了，陶壶与铁壶就成了一对好朋友。

有一天，它们没有事做，就在厨房里聊天。铁壶对陶壶说：“这里好偏僻，我们又总是待在屋里，什么也没见过，不如我们一起出去旅行吧!”

陶壶不明白铁壶为什么对它发出这样的邀请，也许是它们在一起待得久了吧。陶壶想：“尽管我们形状很像，但是质地差别太大，出去旅行对我来说还是非常危险。”

尽管陶壶也想去见见外面的世界，但是考虑再三之后，还是拒绝了铁壶的邀请。因为它知道只有老老实实待在屋里的炉火旁才最安全。哪怕是一点的磕碰，都会让自己粉身碎骨。它对铁壶说：“朋友，你比我坚硬多了，没有什么能打碎你，但是我就不行，你的好意我心领了，还是你自己去吧。”

铁壶一听，信誓旦旦地说：“没关系，我可以保护你，不管有什么东西碰你，我都会帮你挡开，我一定会好好保护你的。”

陶壶思考了片刻，相信了铁壶的承诺，和它一起结伴出门旅行去了。

不久之后，它们到了一片碎石地，圆滚的陶壶只能一摇一摆地小心走路，而铁壶可以一路滚下去。突然，铁壶被一块石头一绊，一下子就跳了起来，狠狠地砸到了陶壶身上，可怜的陶壶还没来得及呼喊，就被它的“保护者”砸成一地碎片。

在哈佛情商课中，有这样一段话：做任何事情都得有个原则，对待朋友也是一样。假如朋友在做某件事的时候，明明出现了错误，当你指出时，朋友却固执己见，不听劝阻，你也不要失去原则，必须据理力争，哪怕与其发生争吵，也要坚持原则，斗争到底。

朋友不总是对的，我们要学会分辨并坚持自己主张。不要因为情面而刻意退让，也不要对朋友做出不切实际的许诺。

皮斯阿司和达蒙

真正的友谊就像磷火——在你周围最黑暗的时刻显得最亮。

——D. M. 琼斯

在两千多年前的意大利，有一个名叫皮斯阿司的年轻人，他因冒犯了国王而被判绞刑，将在国王选定不久之后的一个日子被处死。

皮斯阿司是个孝顺的孩子，在临刑前他最大的愿望就是能与远在家乡的母亲见上一面，向母亲表达自己的歉意：自己再也不能孝敬她了。

国王得知后，被他的孝心感动，破例答应了他的请求。但是，为了防止他逃跑，国王还提出了一个条件，就是皮斯阿司必须找个人替他坐牢。猛一看这是一个简单的条件，但是有谁会冒这个险呢？万一皮斯阿司一去不返，自己就要被执行绞死。

然而，真的有一个人表示愿意这么做，他就是皮斯阿司的朋友达蒙，他毫不犹豫地答应了国王替皮斯阿司坐牢的条件。

达蒙住进了牢房后，皮斯阿司就赶回家和母亲诀别。周围的人都关注着这件事，日子一天天过去了，临行刑的时间近了，但是皮斯阿司还是一直没有回来。人们议论纷纷，都说皮斯阿司一定是逃跑了。

到了行刑的那一天，皮斯阿司还是没有回来，达蒙只有替朋友去死。在他被押赴刑场的时候，围观的人都在嘲笑他的愚蠢，说他上了皮斯阿司的当。但是达蒙依旧面无惧色，为朋友慷慨赴死的眼神无比坚定。

行刑那天，下着大雨，也许连上帝都为达蒙感到惋惜。绞索已经套在达蒙的脖子上了，马上就要行刑。人们纷纷对达蒙表示同情，并诅咒那个出卖朋友、忘恩负义的小人皮斯阿司。

正在这时，风雨中传来了高声大喊：“我回来了！我回来了！”

原来是浑身湿透的皮斯阿司正骑着马朝着刑场飞奔而来。每个人都被这一幕惊呆了，简直不敢相信自己的眼睛。转眼之间，皮斯阿司就冲到了达蒙身边，紧紧地抱着他的朋友说："对不起，朋友，我来晚了，我的马死在荒野上了。"

皮斯阿司回来的消息很快就禀报给了国王，国王也感觉难以置信，亲自赶赴刑场。当他亲眼看到皮斯阿司时，万分欣喜地为他松绑，并宣布赦免他，还奖赏了他忠实的朋友达蒙。

"诚乃立身之本，也是交友的第一要则。"在哈佛百年育人的教育理念中，始终把诚信放在第一位。

朋友之间的信任既是建立在彼此深入了解和欣赏的基础上，更是建立在彼此高尚的品德和真诚的灵魂之上。朋友之间的忠诚与信任，是无法用金钱来衡量的，因为它以彼此的生命为纽带，任何情况下，都值得托付。

布克和邻居

建立和巩固友谊的最好方法，莫过于互相信赖地闲谈心事与家常。

——约翰·洛克

1966年的万圣节前，布克和妻子从纽约布鲁克林区搬到了维蒙特州·林肯小镇的一栋百年老宅里。他们的邻居都是很久以前就定居在这里的。

虽然布克夫妇不是本地人，但是周围的邻居并没有把他们当成外地人。布克长期在城市里居住，对农村生活一点也不熟悉，刚来的时候只带了三件工具和一本改造房屋的说明书。当他面对破破烂烂的老房子时，简直是一筹莫展。

正是在好心邻居的帮助下，布克翻修了房子，否则他们在第一个冬天很可能就要挨冻。邻居们还教会他如何准备干柴、如何砌墙，甚至还教会了他如何打猎。唯一的问题是，他不知道该如何向邻居们表达自己的谢意。

这年冬天，雪下得非常大，可是每天当布克起来时，却总能看到自己门前车道上的雪被清扫得干干净净。一开始他以为是小镇上专门有人负责清扫，后来才知道，每天都是他的邻居雷蒙来帮忙扫雪的。

布克觉得非常过意不去，决定像城市里那样向雷蒙付钱。他问雷蒙："您替我扫了雪，我该付您多少钱?"

雷蒙听了哈哈一笑："您不用付给我钱，举手之劳而已。"

布克坚持说："但是您至少帮我节省了50个小时的劳动时间。"雷蒙回答说："不用在意，我没花那么多工夫。"

布克坚持认为，别人服务就一定要付钱，他感觉可能是自己给的钱不够，就接着问75美元够不够。这下雷蒙有些生气了，冷冷地回了句："不用了。"转身就走了。

后来雷蒙再遇到布克，也不像之前那么热情了，因为他觉得布克没有把他当成朋友。布克也感觉到了雷蒙态度的变化，就请教来自乡村的妻子该怎么办。妻子笑着说："放心吧，看我的。"

下一个周末，布克的妻子做了整整四公斤的咖啡冰激凌。她让布克拿了一半，和她一起拜访了雷蒙一家。她说自己做多了，只好请他们帮忙吃。雷蒙和他太太非常愉快地接受了。等送布克他们出门时，雷蒙说，他想在院子里做个围栏，弄个花园，如果布克有空，希望他能来帮帮忙。

布克激动地欣然接受了。他还炫耀似的说："我会把我的铁锤也带来。"事实上，正是雷蒙教会了他如何使用锤子。

经过70年的研究分析，哈佛的学者告诉我们：只有好的社会关系，才能让我们幸福、开心。无论是受过高等教育

的精英也好，还是从贫民窟走出来的人也罢，不管你是风光万丈，还是碌碌无为，最终决定内心是否有充足幸福感的，是我们与周围人之间的关系。

来自朋友的子弹

宽容就像天上的细雨滋润着大地，它赐福于宽容的人，也赐福于被宽容的人。

——莎士比亚

第二次世界大战期间的欧洲战场，一支美军部队在法国境内与德国纳粹军队爆发了激烈的遭遇战。战斗中，两名战士和自己的部队失去了联系，当时人们都以为他们已经牺牲了。

好在这两名战士来自同一个小镇，这个小镇民风淳朴，大家就像一家人一样生活在一起。这两名战士原本就是好朋友，在这次残酷的战斗中也是彼此照应，才躲过无数险情活了下来。

与部队失联后，他们不得不隐蔽在森林里。十多天过去了，他们没有看到一个人影，最后还迷了路，回到部队的希望越来越渺茫。更严重的是，由于战争，森林里的动物早已逃得干干净净，他们陷入了饥饿的境地。

就在他们绝望之际，非常幸运地遇到了一头小鹿，并打死了它，他们终于有食物来撑一段时间。但自此之后，他们再也没有遇到什么动物，鹿肉也迅速消耗完，仅剩的一点就背在年轻战士的身上。

有一天，他们在寻找食物时不幸遇到了敌人的巡逻队，好在敌人不多。一阵激战后，他们巧妙地逃脱了。

然而就在他们自认为安全的时候，响起一声冷枪，背着鹿肉走在前面的年轻战士应声倒地，他的肩膀被击中了。

后面的战士惊恐地跑了过来，他抱着倒在地上的同伴害怕得泪流不止，又立刻把自己的衬衣撕成条包扎同伴的伤口。深夜来临，受伤战士肩膀上的衣服已经被鲜血浸透了，他对自己已经不抱什么希望，催促同伴赶紧带着剩下的鹿肉走。但是那个战士只是一直叨念着母亲，并没有离开。那一夜，他们谁也没有动用来救命的鹿肉。

第二天，已经昏迷的他们被自己的部队发现了，他们获救了。

30 年后，那位没受伤的战士去世了。那位受伤的战士安德森对妻子说："我知道并不是敌人放的冷枪，那一枪就是我的战友打的。"

他的妻子一听都惊呆了。安德森接着平静地说："那天当他抱住我的手，我发现他的枪筒还在冒烟，我顿时就明白了，他想杀了我独吞鹿肉。但是那天晚上我知道了他是为了年迈的母亲才起了歹心。何况他并没有真正想杀我，要不那一枪就把我打死了。所以我就装作不知道原谅了他。"

看着妻子不再惊奇，安德森接着说道："当我们回来的时候，他的母亲已经撒手离去。我和他一起去祭奠他的母亲时，他向我跪下，流着泪求我原谅他。我抱起他，因为我的心里根本没有仇恨，一切都是纳粹的罪。我说我当时就原谅了他。接下来我们又做了 20 多年的朋友。要不是他去世了，这件事我也不会对你说。"

哈佛情商课中反复强调的内容就是：要理解朋友的难处，"理解无疑是培养一切友情之果的土壤"。

在最极端的情况下，真正的朋友也会幡然悔悟，停止对朋友的伤害，也只有真正的朋友会原谅朋友的错误。在生死之中锻造的友谊是那么伟大，那么具有包容性。其实，在友谊那里，宽容带来的永远是一片蓝天。

和狮子做朋友

正如聪明的医师治病前必须切脉考察病根，交朋友也必须考查对方的品德，否则是危险的。

——伊本·穆加发

有一天，一个人外出游玩，在山路上捡到一只刚出生不久的小狮子，它已经饿得奄奄一息。很显然，母狮可能已经远去或遭遇不测，才剩下这只小狮子独自跑出来。

这个人突发奇想，何不把这只小狮子养起来，当成自己的宠物呢？看它一点也不凶残。于是这个人就把小狮子带回家喂养。

他对小狮子关怀备至，每天给它上好的肉，还给它梳理毛发、洗澡、捉虱子。狮子和他也非常亲密，趴在他的肩膀玩耍，舔他的手掌，陪他散步，引来了大家一片惊呼，他也因此非常自豪。日子一天天过去，小狮子在他的照料下逐渐长大，最后成了一头非常威武的雄狮，但在他面前仍然温顺得像只绵羊。

有一天，这个人突然想：为什么不骑着狮子去旅行呢？也让大家见识见识我的本事。于是他骑着狮子就离开了家乡，朝着西边走去。一路上狮子非常听话，让他舒舒服服地坐在身上。

无论他走到哪里，人们看到他骑着一头威猛的狮子，无不拍手喝彩，他也得意洋洋向大家挥手致意。

路上还是有人担忧地问他："朋友，你不怕狮子吃你吗？"

他满怀信心说："怎么会呢？它是我的朋友。"

路上有一只流浪狗问狮子："你怎么不吃他呢？"

狮子摇着头说："怎么会呢？他是我的朋友。"

终于，他们要穿过一片沙漠，然后去往西海岸。不幸的是，他们遇到了大风沙，食物被吹得无影无踪。不幸中的万幸，他们还剩下不少水，足够他们穿越沙漠。

他安慰狮子说："朋友，忍着点，等穿过沙漠，我一定让你好好吃顿大餐。"

第一天，狮子饿得围着他不停地转；第二天，狮子开始舔他的手脚；第三天过后，狮子对他低声嘶吼，时不时呲着牙；到了第四天，饿疯的狮子血红的眼睛死死地盯着他，当他要上前抚摸它的时候，狮子一下子就扑了过去，眨眼间就把他撕成了碎片。

这个人到死都不明白：他辛辛苦苦养大的狮子怎么会吃了他呢？而狮子也非常不解：自己怎么吃了这个人类朋友呢？

哈佛大学思想家爱默生说：“谨慎的人眼睛也许永不闭上。”所以能够及时判断出朋友的善恶，并时刻保持警惕尤为重要。

君子之交淡如水，小人之交甘若醴。只有真正的友谊才是建立在无私的基础上，经得起风浪和危险；那些酒肉朋友看似亲密无间，一旦危险来临或者面对诱惑就会反目成仇。记住，永远不要被那些凶残奸诈之人的友善假象所欺骗。

PART 3

珍惜时光

寸金难买寸光阴

哈佛人告诉我们，学习时的苦痛是暂时的，未学到的痛苦是终生的。“现在贪睡流的口水，将成为明天的眼泪”。只有比别人更早开始学习，更勤奋地努力，才能尝到成功的滋味。

时钟（节选）

【苏】高尔基

滴答——滴答——滴！

当夜深人静，独自一人倾听钟摆冷漠无情、连续不断的滴答声，不禁让人毛骨悚然：这单调一律又精确无比的的声音总是一成不变地说着一句话：生命在不息地运动着。黑夜与睡梦笼罩着大地，万物无声，只有时钟在冷冷地、响亮地向人们报告逝去的分分秒秒……钟摆滴滴答答地响着，每响一声，就标志着生命又缩短一秒，也就是大自然赋予我们每人生命中的一瞬再也不会回到我们手中了。这分分秒秒来自哪里？又将逝向何方？谁也回答不上来……还有许多更加重要的、决定着我们能否得到幸福的问题也尚未得到解答，而我们的幸福又取决于这些问题的答案。怎样生活才能觉得自己是生活所需要的人？怎样活着才能不丧失信念和希望？怎样活着才能使每一秒钟都不白白流逝？永无休止地走动着的时钟能回答这所有的问题吗？对于这一切。它能说些什么呢？

滴答——滴答——滴！

在这个世界上，没有什么比时钟更冷酷无情了，它总是那样节奏准确、永不停歇地响着，在你出生的时候，在你尽情地摘下青春梦想花朵的时候，它就分秒不差地滴答着。人从出生那天起，每过一天便离死亡更进一步。直到你在临终前微弱地呻吟时，时钟也在枯燥而平静地计算着你生命末日的分分秒秒。在时钟那冷冰冰的计时声中——请你仔细听吧——响着一种因洞察一切而感到厌倦的声音。无论任何东西，无论什么时候，都不曾使它为之动容、使它感到珍贵。它那样冷漠无情、对什么都无动于衷，所以我们如果想生活，就必须为自己创造出另一种时钟——充满感情、善于思考、勇于行动，用它来代替这种乏味、单调、充满阴郁而扼杀人心灵、含有责备意味而整日冷冷作响的时钟。

滴答——滴答——滴！

时钟在不知疲倦地运转着，永远没有静止——我们能把哪一刻称为“现在”呢？这一秒刚诞生，下一秒便随之而来，把前一秒推到未知的深渊……

滴答！你现在是幸福的；滴答！痛苦如灼人的毒液又注入了你的心中。假如你不想方设法用新鲜而充满活力的东西充实生命的每一秒钟，这种痛苦就可能伴随你一生，甚至充满你生命的分分秒秒。苦难是诱人的，而且在我们的生活中有一种危险的优先权——有了它，我们往往便不再寻找更崇高的做人权利了。然而苦难又比比皆是，以致便宜得无人注目。所以，苦难根本不值得珍视，倒是应该用一些更新颖而可贵的东西来充实自己——难道不是应该这样吗？苦难是一种贬值了的黄金。因为安慰的话语中很少包含着人们寻找和真正需要的东西，所以不要向任何人抱怨生活。只有人们在同妨害他们生活的东西斗争时，生活才会变得更充实，更有滋味。在斗争中那些烦人的、枯燥的时间会在不知不觉中飞逝而去。

滴答——滴答——滴！

人的生命真是短得可笑，那么我们应该怎样生活？一些人选择逃避生活，另外一些人则把自己整个身心献给了它。前一种人到了晚年的时候，只会感觉精神空虚，没有什么值得回忆；后一种人在精神和回忆上则都是丰富的。两种人都终要死去，假如谁不把自己的智慧和身心无私地献给生活，那么他死后在世界上就什么也不会留下……而当你濒临死亡时，时钟将冷漠地计算着你弥留时刻的每一秒——滴答！就在同时，每秒钟又都会有新人诞生。但是你已经和这个世界再见了。除了你的躯体，生活中再也不会留下你的任何东西，甚至你的躯体也将腐烂发臭。造物者机械地把你抛进世界，而后又把你拖离人间——难道你的自尊心能够容忍这样的事情吗？倘若你有自尊心，因顺从时间的摆布而感到屈辱的话，那么就在生活中留下能让人永远记得你的东西吧！想一想你在生活中的角色吧，比如砖，制成后被砌进楼房里一动也不能动，最后后变成了粉末而消逝不见了……做这样一块砖是既庸俗又枯燥的，难道不是吗？如果你富有智慧和精神，如果你想体验生活中那些思想充盈、奋发有为的美好时刻，就不要像一块砖头那样吧！

滴答——滴答——滴！

假如你深入地思考一下，你在时间的无限运动中扮演什么角色，将会因为意识到自己无足轻重而感觉万分沮丧。这种意识会使你觉得是受了侮辱！也将会激发出你的自尊，从而对那些贬低你生活的说法产生敌意，并将与它斗争。你将以什么名义而斗争？当大自然剥夺了人类用四肢走路的能力时，就授予他一根“拐杖”，这就是理想！从那时候起，人便开始不自觉地、本能地追求着美好的东西，追求的目标越来越高！让这种追求成为自觉吧，它让人们懂得，只有在对美好事物的自觉追求中，才会有真正的幸福。不要埋怨自己力量不足，什么也不要埋怨。您的埋怨所带来的唯一东西是精神贫乏者的怜悯和施舍。所有的人是不幸的，那些用不幸装饰自己的人才最不幸，这种人最希望得到别人的赏识，但同时又最不值得别人关心。追求进步——才是真正的生活目的。让整个人生都在追求中度过吧！这样，一生中必定会有许多非常美好的时刻。

浪费别人的时间等于是谋财害命，浪费自己的时间等于是慢性自杀。

—— 伟大的无产阶级革命导师　列宁

冻死的寒号鸟

时间是最公正合理的，它从不多给谁一分，勤劳者能叫时间留下串串的果实，懒惰者时间给予他们一头白发，两手空空。

——高尔基

在一片古老的原始森林里，生活着一群鸟儿，这里就是它们的天堂，它们一起愉快地生活着。阳光明媚的时候，鸟儿们一边欢快地歌唱，一边辛勤地劳动。

有一只寒号鸟，长着一身漂亮的羽毛，又有一副婉转的歌喉。它整天飞来飞去，在大家面前卖弄自己的羽毛和嗓子，看到别的鸟在辛勤劳动，反而大声嘲笑。

一只好心的鸟儿提醒它说："冬天快要到了，赶快垒个窝吧！不然冬天来了你怎么过呢?"

寒号鸟对这样的劝告不屑一顾，反而嘲笑说："冬天还早呢！你们着什么急啊！天气这么好，还是尽情地玩耍吧!"

时间飞逝，冬天很快就到了，寒号鸟每天都在玩耍，根本没有垒窝。到了晚上，鸟儿们都躲在自己暖和的窝里睡觉，而寒号鸟却只能在寒风里冻得瑟瑟发抖。它用那到处显摆的歌哀叫着："哆哆嗦……哆哆嗦……寒风冻死我，明天就垒窝。"

到了第二天，太阳出来了，天气非常晴朗，寒号鸟完全忘记了昨晚挨冻的痛苦，又得意地飞来飞去，不停地唱歌。

鸟儿们都劝它："快快垒个窝吧，不然晚上你又要挨冻了。"

寒号鸟毫不在意地说： "今天我要好好享受，明天再垒窝也不迟。"

夜晚降临，寒号鸟又在寒风中哀叫着："哆哆嗦……哆哆嗦……寒风冻死我，明天就垒窝。"然而再等一天，又全然忘了垒窝的事。

就这样重复了几天，一天晚上大雪突然降临，躲在窝里的鸟儿们都奇怪寒号鸟怎么不哀叫了呢？难道它终于垒了个窝?

第二天，太阳一出来，但是鸟儿们没有见寒号鸟再出来唱歌，四处寻找，才发现原来寒号鸟早已被冻死了。

哈佛大学中流传着一句简短的名言：勿将今日之事拖到明日。

看似简单的道理，并不是人人都能坚守。人的一生中，每个人都有权利为了享受而去挥霍，但也要承担挥霍的恶果。那些寄希望于明天的人，总是把今天的事情推到明天，把明天的事情推到后天，最终一事无成，只有那些懂得珍惜“今天”的人，才能够享受明天的幸福。

关注现在每一刻

命的用途并不在长短而在我们怎样利用它，许多人活的日子并不多，却活了很长久。

——蒙田

圣诞节前，一位哈佛大学的教授，应邀去一个军事基地做演讲，到机场迎接他的是一个参加过越南战争的老兵，他现在已经是军队里的上校，名字叫拉尔夫。

在前往营地的途中，这位老兵话语不多，仿佛若有所思的样子。他问教授这次演讲的内容，教授说要给士兵讲解中东政治局势，鼓舞士兵的士气。上校听完之后，更加沉默，他知道，自己的士兵过完圣诞节之后，就要去位于以色列的军事基地换防，为期一年。

在两个人拿着行李到演讲地的途中，拉尔夫先后三次离开了教授：第一次去帮一位来基地看望儿子的老太太拎箱子；第二次是将两个小孩子举起来，让他们看看大家围起来的圣诞老人；第三次是为那些初次到此迷路的人指路。

拉尔夫每次回来的时候都微笑着。教授问他：“先生，您太善良了，总能够时时帮助人，这是从哪里学来的?”

拉尔夫回答道：“是在战争中学到的。”他向教授讲述了自己在“越战”中的经历。他说自己在“越战”时，在枪林弹雨中度过了两年。当时他是一个工兵，任务是排雷，他们转战越南大部分地区，有几个亲密的战友都在排雷时一个个倒下了。就在他们要踏上回国路程前执行最后一次排雷任务时，他不小心踩到了一个防步兵雷，他最亲密的一个战友帮他拆雷时也牺牲了……

拉尔夫对教授说："在战争中，我永远不知道自己什么时候会倒下，因为我随时会倒下。每次抬脚和落脚都可能跨越生死。生命多么珍贵又多么脆弱啊，所以，我必须充分利用抬脚和落脚的间隙，去感受人生。"

这番更像从哲学家嘴里说出的话，把教授深深地感动了。他没有用自己原来准备好的演讲稿，而是就战争问题做了一个即兴演讲。他告诉士兵，在战争中生命的可贵。演讲的过程中，他专门请拉尔夫上台，在所有人面前向他致敬。

哈佛大学教授罗格瓦尔在他的著作《战争的余晖》中，多次警示人类珍惜和平年代的美好。谁也不知道明天会发生什么，战争和灾难、困难和失去，让我们真正学会了珍惜生活。生活的真谛就在于点点滴滴，利用每一个细小的机会去帮助别人会让生活更加丰盈。

生命的账单

世界上最快而又最慢，最长而又最短，最平凡而又最珍贵，最易被忽视而又最令人后悔的就是时间。

——高尔基

很多人在花钱上精打细算，有各种各样的账本，但很少有人会去关心时间的支出，任由它们流逝。如果将一个人工作、生活等方面所花费的时间记录下来，列出一份"生命的账单"，看看我们的一生都消耗在什么上面，会不让人让人有所感悟呢？

法国《兴趣》杂志就做了一项这样的尝试，对人的一生如何支配时间做了一次调查，分析统计后发现结果如下："站着，30 年；睡着，23年；坐着，17年；走着，16年；跑着，1年零75天；吃着，7年；看电视6年；闲聊，5年零258天；开车5年；生气，4年；做饭，3年零195天；穿衣，1年零166天；排队，1年零135天；过节，1年零75天；喝酒，2年；上厕所，195天；刷牙，92天；哭，50天；说‘你好’，8天；看时间，3天。”

后来英国广播公司也曾委托人体研究专家做了类似的“量化”分析，一些有趣数字可以看做《兴趣》杂志调查的补充：“沐浴，2年；等候入睡，18周；打电话，2年半；等人回电话，14周；无所事事，2年半。”

尽管这两个调查分析并不全面，而且由于人的差异，有些数字的说服力也不强，但还是大体上反映出了人们支配时间的情况，为我们提供了一份难得的“生命账单”。

这份账单中，有些时间花费是必需的，而有些是完全可以节省压缩的，还有一些则是不必要的。通过这份账单，也许我们应该反思一下，该如何充分利用我们宝贵的时间。

在哈佛，流传着这样一句名言：我荒废的今日，正是昨日殒身之人祈求的明日。可见人生百年，转眼即逝，生命的长度是无法改变的。

在这看似漫长的人生里，我们挥霍掉了大把的时间。在不经意间，时间匆匆而过。如果我们像对金钱那样对时间精打细算，就能做更多有意义的事。

2.5 万美元的纸条

不善于利用时间的人，总是首先抱怨时间不够用，因为他把时间都耗费在穿、吃、睡和聊天上，不去考虑该做什么，而只是什么也不

去做。

——拉布吕耶尔

伯利恒钢铁公司曾是美国第二大钢铁公司。公司于1857年在伯利恒南部成立，1861年更名为伯利恒钢铁公司，20世纪50年代该公司达到了鼎盛时期。但是进入20世纪80年代，公司每况愈下，有一年亏损甚至高达15亿美元。

为了改善财政状况和提高股值，公司实施了全面重组计划，出售和关闭不赢利的企业，提高伯恩斯港厂等分厂的设备，公司的情况大为好转。但是在一段时间后，公司的利润再次迅速下滑。焦急的总裁舒瓦普请来了效率专家雷米来对公司进行“诊断”，因为他知道公司的设备刚刚经过升级，只可能是管理出了问题。

总裁舒瓦普向雷米介绍道：“我们公司都知道自己的目标，但是就是不能够很好地执行计划。”

雷米思考了一下说：“我可以在10分钟给你一样好东西，它至少能让公司的效率提高50%，不过你要听我的安排。”

舒瓦普点头答应了。雷米为他准备了一张空白纸条，让他在上面写上第二天要做的6件最重要的事。舒瓦普写完后，雷米又让他在纸条上表明每件事对公司的重要程度。

当舒瓦普做完后。雷米说：“现在请你将这张纸条放进口袋。明天上班第一件事就是把它拿出来。不要想其他的，按照你标明的顺序做下去。要一件事一件事去做。先集中精力完成第一项，然后是第二项、第三项……一直到你下班为止。如果你发现下班了也只做完了第五件事甚至第四件事，那也不要紧，因为你已经把最重要的事情做完了，而且你总是在做重要的事。”

这次会面仅仅半个小时。几个星期后，雷米收到了一张2.5万美元的支票和一封信。舒瓦普在信中说：“从价值上说，那张纸条值2.5万美元。”

珍惜时间的最好方式就是发挥其最大的价值。我们要学

会在有限的时间内做最重要的事。

哈佛之所以能够百年屹立于世界一流高校，正是因为一代又一代人的勤奋高效，对时间的最大敬畏。时间一去不复返，谁能够不辜负时间，谁就能获得它的青睐。

爱迪生做实验

如果说金钱是商品的价值尺度，那么时间就是效率的价值尺度。因此对于一个办事缺乏效率者，必将为此付出高昂代价。

——培根

爱迪生只上了3个月的学，最后却成了举世闻名的“发明大王”。他的知识都是在母亲的指导和艰苦自学的基础上积累来的。正是这样的经历让他十分珍惜时间。

爱迪生从小就对各种事物充满了好奇，总是要亲自实践一下，直到弄清楚其中的道理为止。正是这种好奇心和毅力支持他一心一意地做研究和工作。

他在新泽西州建立了一个很大的实验室，每天都在里面不停地工作，他在这里发明了电灯、电报机、留声机、压碎机等2000多种东西。为了这些发明，爱迪生埋头辛苦工作，他经常对助手说：“人生短暂，要想尽办法，用最少的时间来做最多的事。最大的浪费莫过于浪费时间。”

一天，爱迪生在实验室工作，他交给助手一个没有上灯口的灯泡说：“帮我测一下它的容量看看大小是否合适。”然后就埋头接着工作了。

过了好长时间，他问助手灯泡容量多少，但是没有听到回答。他非常奇怪，回头一看，原来他的助手正拿着软尺在量灯泡的周长和高度、斜长，然后在纸上埋头苦算。爱迪生一看就说：“这么简单的事情你怎么搞得这么复杂，多浪费时间啊！”

爱迪生走过去，拿起那个灯泡，往里面倒满了水，然后交给助手说：把水倒进量杯里，马上就知道它的容量是多少了。”

助手立刻就报出了数字。爱迪生说：“这个方法既准确又省事，这么简单的方法你怎么想不到呢？算来算去多浪费时间啊！”

助手羞愧地低下了头。爱迪生接着说：“人生短暂，要想尽办法节省时间，尽可能多做事情啊！”

哈佛人告诉我们，只有比别人更早开始学习，更勤奋地努力，才能尝到成功的滋味。

珍惜时间不是空谈，要凭借智慧，用最有效的方法去做事。智慧的力量是无穷的，时间让人逐渐积累智慧和能力，反过来又会让人更充分地利用时间。那些不加思考盲目工作的人和懒惰者没有什么区别。

时间证明一切

如果你想获得幸福和安宁，那就要越过层层的障壁，敲起真理的钟前进。

——卡拉维洛夫

卡尔在一家著名电视台上班，三年来工作一直勤勤恳恳。电台内有一位同事抄袭友台的节目，但是并没有被人发觉。该节目最后还获得了新闻局每集3000美元的经费奖励。讲究原则的卡尔给新闻局写了一封检举信。没有想到的是，新闻局把信寄回了电视台，并要求电视台负责人和那位被检举的同事到新闻局去解释。

这件事让领导感觉脸上无光，电视台也蒙受了名誉损失。领导非常生气，要炒他鱿鱼。幸亏一位平时对卡尔看好的部门上司力保，他才能在电视台继续工作下去。

然而，卡尔在电视台的日子并不好过，尤其是和那位被检举的同事私交不错的人，对他更是冷眼相对，总是在他背后议论纷纷，指责他是“告密者”。

这一封检举信让卡尔如坠地狱，然而自己真的错了吗？卡尔非常不解。难道那些偷窃别人成果的人就该白捡便宜吗？这个社会难道没有公平正义吗？

卡尔还是一如既往地勤奋工作，加倍努力去找新闻、做节目，不敢有丝毫懈怠。又一年过去了，同事们对他的态度慢慢变好了，甚至当初指责他的那些人也毫不客气地和他分享了资源。

那位被检举的同事总是想法偷懒，做节目七拼八凑、粗制滥造，人们慢慢看清了他的面目，不愿意再和他共事，最后他不得不灰溜溜地走人。人们都承认卡尔当初的看法是正确的。卡尔非常高兴，因为时间终会检验一切，

后来，卡尔经过勤勤恳恳的工作，终于获得了新闻采访大奖，成为电视台的佼佼者。

岁月如梭

“揭示真理需要付出代价，但是真理终因为实践的证明而战胜一切。”哈佛教授乔伊克·罗齐曾经这样说过。

在时间面前，没有什么人能够伪装，时间终会证明一切。同时，任何对错都要接受时间的考验，它是最公正的检验师。在它面前，所有的东西都会现出原形。

享受今天

人的一生只是一刹那，所以我们要珍惜它，在世上一天就要过好一天，切莫虚度了年华。

——里克特

玛丽以前是一个非常循规蹈矩的人。她总是对未来充满了担忧，在安排所有事情时，要么留有余地，要么总是把事情往后推。一句话，她总是用保守的眼光看待生活中的一切。

后来，她的一个非常要好的朋友得了急性病，在玛丽前往探望的时候，这位朋友懊恼又伤心地哭泣道："早知道是这样，我就把那些巧克力、奶酪痛痛快快地吃个够！"

然而，她的朋友没有这个机会了。不久之后，她黯然去世。在参加完这个朋友葬礼的晚上，玛丽重新审视了自己的生活。正是朋友的猝然离世，完全改变了她对生活的看法。

玛丽首先来到了放满旧衣服的柜子前，柜子里是那些她早已经穿不上或者一看就讨厌的东西，她把它们统统扔进了垃圾箱。

在一个夜晚，她把门厅那只一直没舍得用、落满了灰尘的玫瑰花形大蜡烛烧掉。点燃蜡烛那一刻，美妙的烛光引来孩子们一阵阵快乐的欢呼。

然后她修补好了一条5厘米长的车窗裂缝，这个裂缝原本打算卖车的时候再修。

玛丽还请朋友露西和艾米到家里吃了顿饭，她们已经在十多次宴会上见过面，每次都说要聚聚，但是两年过去了，她们一直没找到时间。

玛丽还打开了一大罐的橄榄菜，因为全家只有她一个人喜欢吃，以前总是怕吃不完坏掉，一直没舍得打开。

一天，玛丽用一个非常漂亮的粉红色贝壳形状的肥皂洗手，她丈夫看到了惊奇地说："啊，你怎么舍得用它了？你不一直说它一用就不像贝壳了。"

这次玛丽很平静地说："这个贝壳形的肥皂是凝固的。"她扬了扬满手的肥皂泡说："现在，我让它的生命更加多彩起来。"

玛丽决定到银行取出一大笔钱，和丈夫开始计划已久的非洲之旅。她去艺术学校报名学习芭蕾舞，这是她长久以来的梦想。她把那些毫无生机的假花全部扔掉，在院子里种上了大量青藤和花草……

一旦有人问她怎么有了这么大的变化，她说，她对生活有了全新的认识，她要把每一天当成生命的最后一天来过。

如果生命就剩下一天，我们就不会再为这样或那样的理由去浪费时间！不再为那些虚假的理由拖延！会更懂得享受生活的真谛。就像哈佛中一直流传的谚语一样：为美而献身比为面包而活着要幸福得多。

PART 4

梦想成真

奇迹从幻想开始

哈佛人为实现梦想来到哈佛，为放飞梦想走出哈佛。哈佛人告诉我们，一个人无论在什么样的环境中都一定要有自己的追求和梦想，有成功的欲望，能够不怕艰难、勇敢地选择、执著地追求，用自信、坚韧和顽强拥抱梦想。

我有一个梦想（节选）

【美】马丁·路德·金

100年前，一位伟大的美国人签署了《解放黑奴宣言》，现在我们站在他的雕像前集会。这项重要法令，对于在不义之火中挣扎的千百万黑奴来说，犹如闪耀着希望之光的灯塔，宣告了束缚黑人的漫漫长夜结束了。

然而100年后的今天，我们需要正视黑人还没有得到自由这一悲惨事实。100年后的今天，在种族隔离的囚牢和种族歧视的枷锁下，黑人仍然备受迫害。100年后的今天，黑人仍在物质充裕的海洋中的一个贫瘠的孤岛上生活。一百年后的今天，黑人仍然蜷缩在美国社会的角落，并且认识到自己是故土家园中的流亡者。今天我们在这里集会，就是要把这种悲惨的事实公诸于众。

……

我看到了，今天参加集会的人中，有的历经苦难、备受折磨；有的刚刚从窄小的牢房走出；有的由于追求自由，在家里惨遭疯狂迫害，在警察暴行中摇摇欲坠。你们长期忍受着人为伤害的痛苦。坚持下去吧！要坚定地相信，忍受不应得的痛苦是一种赎罪。

让我们回到密西西比去！回到亚拉巴马去！回到南卡罗来纳去！回到佐治亚去！回到路易斯安那去！回到北方城市中的贫民区和少数民族居住区去！我们要坚信，这种状况是能够也必将会有所改变的。我们不会陷入绝望的泥潭无法自拔。

朋友们，今天我要对你们说，此时此刻，虽然我们遭受种种困难和挫折，我仍然有一个梦想，这个梦想深深扎根于美国梦想之中！

我梦想有一天，这个国家会站出来，真正兑现其建国信条的真谛："我们认为这个真理是不证自明的：人人生而平等。"

我梦想有一天，在佐治亚的红山上，昔日奴隶的儿子能够和昔日奴隶主的儿子坐在一起，共叙兄弟情谊。

我梦想有一天，连密西西比州这个正义匿迹、压迫成风，如同沙漠般的地方，也将变成自由和正义的绿洲。

我梦想有一天，我的四个孩子能在一个不以他们肤色，而以他们的品格来评价他们的国家生活。

今天，我有一个梦想！

我梦想有一天，亚拉巴马州能够有所改变，尽管该州州长仍然满嘴的“异议”和“无效”。但终有一天，那里的黑人儿童将能和白人儿童像兄弟姐妹那样携手并进。

今天，我有一个梦想！

我梦想有一天，每一条幽谷上升，每一座高山下降；坎坷曲折之路成平坦大道，耶和华之光降临，满照人间。

这就是我们的希望，我怀着这种坚定的信念回到南方。有了这个信念，我们将能从绝望之山劈出希望之石。有了这个信念，我们将能够把这个国家尖锐的争吵声，变成为一支歌颂手足之情的优美交响乐曲。

有了这个信念，我们就能一起工作，一起祈祷，一起斗争，一起坐牢，一起追求自由；因为我们坚信，终有一天，我们是会自由的！

在自由到来那一天，上帝所有的子民将怀着全新的感受高唱这支歌：“我的祖国，美丽的自由之乡，我为您歌唱。您是父辈逝去的地方，您是最初移民的骄傲，让自由之声响彻每个山岗。”

如果美国要成为一个伟大的国家，这个梦想必须实现！

让自由之声从新罕布什尔州的高峰响起来！

让自由之声从纽约州的崇山峻岭响起来！

让自由之声从宾夕法尼亚州的阿勒格尼山响起来！

让自由之声从科罗拉多州冰雪覆顶的落基山响起来！

让自由之声从加利福尼亚州蜿蜒的群山上响起来！

不仅如此，还要让自由之声从佐治亚州的石岭上响起来！

让自由之声从田纳西州的瞭望山上响起来！

让自由之声从密西西比的每一座丘陵响起来！

让自由之声从每一片山坡响起来!

当我们让自由之声响起，让自由之声从每一个大小村庄、每一个州和每一个城市响起来时，我们就能够加速这一天的到来。那时，上帝的所有子民，黑人和白人，犹太教徒和非犹太教徒，耶稣教徒和天主教徒，都将手挽着手，合唱一首古老的黑人祭灵歌：

“自由啦！自由啦！感谢全能上帝，我们终于自由啦!”

注：马丁·路德·金是20世纪五六十年代美国黑人民权运动的领袖。1963年8月28日，他在华盛顿林肯纪念堂发表《我有一个梦想》的著名演讲。

真正美丽的东西必须一方面跟自然一致，另一方面跟理想一致。

——德国著名启蒙文学的代表诗人　席勒

卖冰的小孩

现实是此岸，理想是彼岸，中间隔着湍急的河流，行动则是架在河上的桥梁。

——克雷洛夫

在美国亚利桑那州，有两个非常要好的小伙伴，他们每天一起上下学，一起玩耍，当然也一起调皮捣蛋。

一天，他们各自从家中偷偷拿了一些水果和奶酪，然后一起去山上玩耍。由于他们都为对方带了一份，直到他们肚子里已经塞不下任何东西时，还剩下一些奶酪。由于没法保存又不敢带回家，他们只能眼睁睁看着奶酪坏掉。

上中学后，这对好朋友依然在同一所学校。某年冬天，他们一起去冰封的湖上溜冰。突然，其中叫卡罗的那个孩子对另一个孩子说：“你还记得有一次我们从家里偷拿东西出来，跑到山上玩的事吗?”

另一个男孩回答说："当然记得，那天我们吃得真开心，只可惜剩下的食物都坏了。"卡罗指了指脚下的冰说："你看这些冰，如果我们用这些冰把食物冻起来，就能保存它们了。如果以后我们能把这些冰卖到热带去，一定能够发笔大财。"

另一个孩子笑了笑说："别傻了，我们是出来玩的，别想那么多了。"但是，卡罗并没有将目光收回。

几年又过去了，20 多岁的卡罗再次找到了他儿时的玩伴，提议他们一起去热带卖冰。但是，朋友拒绝了他，还劝说他千万不要做这种傻事。卡罗没有办法，只好一个人去卖冰。后来他获得了一笔赞助，加上自己的积蓄，花了 1 万美元将 1300 吨冰运到了炎热的马提尼克岛，大赚了一笔。

在随后的 15 年里，卡罗把冰的生意做到了全球。正是他的努力，刺激了人们对冰镇饮料、冰镇水果、冷藏肉的需求。卡罗的冰卖到了澳大利亚、菲律宾、巴西等 50 多个国家和地区，他也因此成了"世界冰王"和亿万富翁。

卡罗当年的那个小伙伴依然过着普通的生活，每日为生活奔波，他怎么也没有想到，那些普普通通的冰，竟然造就了一个亿万富翁。

哈佛大学的爱默生教授曾经说过：明确自己想要什么，致力追求。一个人没有明确的目标，就像船没有罗盘一样。智者都有清晰思考的习惯。意志力缘于持续的行动自动自发明确的目标。诚实与努力的工作，需要明确的目标引导才能成功。缺乏明确的目标，一生将庸庸碌碌。坚定的目标是成功的首要原则。

威斯敏斯特大教堂的石头

我相信我们应该在一种理想主义中去找精神上的力量，这种理想主义要能够不使我们骄傲，而又能够使我们把我们的希望和梦想放得很高。

——居里夫人

在英国伦敦的泰晤士河河畔，耸立着英国最古老建筑之一的威斯敏斯特大教堂。这座教堂位于英国国会大厦（威斯敏斯特宫）旁边，在英国有着极为显赫的地位。在这里埋葬着亨利三世、乔治二世等20多位国王，还有牛顿、达尔文等科学家，以及狄更斯、哈代等文学家。

除了埋葬着这些名人之外，威斯敏斯特大教堂还因为一块石碑而人尽皆知。这块石碑在教堂石碑林里一个非常不起眼的地方，由粗糙的花岗石制成，没有造型可言。在这块石碑上没有墓主的介绍文字，甚至连墓主的姓名和生卒年月都没有，但是上面却刻着一段广为传诵的碑文：

When I was young and free and my imagination had no limits, I dreamed of changing the world……

碑的译文是：

当我年轻的时候，我非常自由，我的想象力从没受过限制，我梦想改变这个世界。

当我长大成熟后，我发现我没有能力改变这个世界，我将目光缩短了些，决定只改变我的国家。即使这个梦想看起来同样不可能实现。

当我老后，我的最后愿望仅仅是改变一下我的家庭。他们离我很近，但是没有人接受我的想法。

如今，我躺在床上，我突然意识到：如果最初我仅仅去改变我自己，然后作为一个榜样，我就能改变我的家庭；在家人的帮助和鼓励下，我可能让国家变得更好。然后谁知道呢？也许我已经改变了这个世界。

参观威斯敏斯特大教堂的人，见到这篇碑文无不感慨不已。南非前总统曼德拉在年轻的时候看到这篇碑文，声称自己从中找到了改变南非的钥匙。回到南非后，这个致力于填平种族歧视鸿沟的黑人青年放弃了“以暴制暴”的设想和做法，经历了几十年，终于改变了他的国家。

我们都听过一句话：千里之行，始于足下。这句话的意识是想要做大事，就要先从小事做起。

正如哈佛的启示录里写到：我们不要怕目标定得太高，你可能需要退而求其次。并不是让你放弃伟大的理想，而是先从脚下的每一步走起。

水晶大教堂的奇迹

一个人如果认为自己在一生中能干出一番不同寻常的大事，就比没有远大理想的可怜虫有着更多的成功的机会。

——伯纳德·马拉默德

加利福尼亚州登格勒佛的水晶大教堂是由美国设计师学会金奖获得者菲利普·约翰逊和他的团队设计的，但是这座教堂的落成，更应该归功于罗伯特·舒乐博士。

1968 年春天，罗伯特·舒乐博士决定在加利福尼亚州建造一所水晶大教堂。他找到了著名设计师菲利普·约翰逊，向他说出了自己的梦想：“我想造的不是一座普通的教堂，而是人间的伊甸园。”

菲利普·约翰逊问他：“你预算花掉多少钱？”

罗伯特·舒乐博士坦诚而坚定地说：“我现在一分钱也没有，所以对我来说，100 万美元还是 400 万美元的预算对我来说没有本质上的区别。重要的是，这座教堂本身一定要魅力十足，这样就能吸引捐款。”

后来，菲利普·约翰逊通过设计，将水晶大教堂的预算初步定为700万美元。这700万美元对于当时的罗伯特·舒乐博士来说，是一个完全超出他能力的范围数字，而且也超出了众人能够接受和理解范围。

好像一切都没有可能。

当天夜里，舒乐博士拿出一页白纸，在最上面写下了“700万美元”，然后他思考了一会儿，接着写下了10行字。

1. 寻找1笔700万美元的捐款。

2. 寻找7笔100万美元的捐款。

3. 寻找14笔50万美元的捐款。

4. 寻找28笔25万美元的捐款。

5. 寻找70笔10万美元的捐款。

6. 寻找100笔7万美元的捐款。

7. 寻找140笔5万美元的捐款。

8. 寻找280笔2.5万美元的捐款。

9. 寻找700笔1万美元的捐款。

10. 卖掉1万扇窗户，每扇700美元。

看着这10行字，舒乐博士紧皱的眉头慢慢舒展了开来，感觉对筹集资金已经信心在握，然后他就开始了漫长的募捐生涯。

两个月后，舒乐博士用水晶大教堂奇特而美妙的模型打动了富商约翰·可林，他得到了第一笔100万美元的捐款。

第65天，一对农民夫妇听了舒乐博士的演讲后，捐出了1000美元。

第90天，一位被舒乐博士坚持不懈精神所感动的陌生人，给他开出了一张100万美元的银行支票。

8个月后，一名捐款者对舒乐博士说：“如果你能筹到600万美元，那么剩下的100万美元就由我来支付。”

听着这位募捐者的许诺，第二天舒乐博士就呼吁美国人认购水晶大教堂的窗户，每扇500美元。付款方式是每月50美元，分10个月

付清。在不到6个月的时间里，教堂上万扇窗户就被全部认购完毕，这大大超出了舒乐博士的设想，

到了1980年9月14日，历时12年，可同时容纳上万人的水晶大教堂全部竣工，这座建筑也是世界建筑史上的一个奇迹和杰作。这座教堂可以说是名副其实的“人间伊甸园”，成为游客们在加州的必玩景点。

水晶大教堂的最终造价为2000万美元，远远超过了菲利普·约翰逊预算估计。尽管如此，罗伯特·舒乐博士最终还是筹集齐了所需费用。

后来，罗伯特·舒乐博士经常对别人说：“不是每个人都应该像我这样建造一座水晶大教堂，但是每个人都应该为自己的梦想而努力。梦想是心灵的灯塔，有了崇高的梦想，就有了引导人走向成功的信念。只要不放弃，再遥远的梦想也会成为现实，生命就会创造奇迹。”

人最不缺少的就是梦想。但是如何实现伟大的梦想，却需要我们进行更深刻地思考。

如果实现这个梦想看起来非常困难，那么不要害怕，试着也把它分解开吧。最终你会发现，它没有想象中的那么难。不是每个人都能建造出水晶大教堂，只有那些找到真正途径的人才能办。

变淡的海水

梦想只要能持久，就能成为现实。我们不就是生活在梦想中的吗？

——丁尼生

在第二次世界大战期间，一架美军飞机因为机械故障，不得不迫降在太平洋上。幸运的是三名机组人员在迫降时都活了下来，但是他们的通讯设备已经完全损坏。在茫茫大海中，如果他们待在原地等待，很可能因饥渴而死。最终，他们决定乘坐充气救生筏逃生，这样或许还有一线生机。

刚开始，他们为能够活下来而庆幸不已，但是不久之后又陷入了困境。他们的食物和水只能撑3天，更麻烦的是他们没有了指南针，不能保证划行的方向，在浩瀚的大洋中，这无异于陷入死路。

他们的食物和水很快就用完了，他们想尽办法求生。没有食物，他们就抓鱼；没有水，他们尽可能收集雨水。暴风雨来临的时候，他们费尽力气才没有沉下去。但是一天天过去了，他们周围还是汪洋大海，根本看不见陆地。看来，他们没什么希望，就要葬身海底了。

在这种情况下，其中一名飞行员用手蘸着海水尝起来，而且每隔一段时间就尝一下。海水是咸的，是不能用来解渴的，另外两个伙伴看到后，劝说道："伙计，如果你实在撑不下去了，这里还有一点点雨水。"但这位飞行员只是摇了摇头。

几天又过去了，还是没有陆地的影子，除了那个不断尝着海水的飞行员，剩下的两个同伴已经完全放弃了希望，他们躺在救生筏上，一动不动地等待死神降临。

又一天过去了，那名飞行员在尝了海水之后，兴奋地叫醒了同伴："弟兄们，我们有救啦！这个方向对了，我们马上就到陆地了！"

两位伙伴很丧气地嘲笑起了他，认为他简直发疯了。但是这名飞行员解释道："不，不，弟兄们，我没有发疯。从昨天开始，我就发现海水变淡了，现在海水更是明显淡了。肯定是河水把它们冲淡了。这附近一定有陆地！"

两位伙伴一尝海水，果真如此。他们立刻来了精神，三人又齐心协力划了起来。到了第二天下午，他们果然看到了陆地。正是那位不放弃的聪明飞行员，拯救了他们的性命。

哈佛人坚信：信心是一种态度，常使"不可能"消失

于无形。

做任何事情，最怕的就是丧失了信心。在困境之中，并非没有希望，而是我们主动放弃了希望。每个人都应该坚定这样的信念：不到最后一步，就还有希望。当然，只有信念是远远不够的，还要有聪明的头脑来实现它。

过去并不重要

人无完人，每个人都会犯错，只要改正，一切都是好的。

——西塞罗

在美国新泽西州特伦顿市郊一座小镇的学校里，有一个由26个“坏孩子”组成的“差班”，每一个孩子都有过不光彩的记录：有的吸过毒，有的进过管教所，甚至有一个女孩在一年之内堕过三次胎。这些“坏孩子”已经让他们的家长束手无策，老师和学校也放弃了他们。

所有老师都对这个班级避而远之，但是一个叫菲拉的女教师却主动要求去接手这个班。新学年开学的第一天，班里的孩子像往常一样不停地吵闹，但是菲拉没有像以前的老师那样训斥他们，而是给他们出了一道选择题。

老师给了孩子们三个候选人，然后让他们回答，哪一个最有可能成为伟人？哪一个的人生会更成功？

这三个候选人是：

A. 笃信巫医和占卜师，有多年的吸烟史，嗜酒如命，还有两个情妇。

B. 每天要到中午才起床，每晚要喝大约一升白兰地。他曾经两次被赶出办公室，而且在大学期间还曾吸食鸦片。

C. 国家的战斗英雄，热爱艺术，不吸烟，偶尔喝点酒，但大多只是喝一点啤酒，并且一直保持素食习惯。他年轻时从未有过违法犯罪的记录。

菲拉告诉孩子们，这三个人都赫赫有名，然后让孩子作出选择。对于第一个问题，孩子们不约而同都选择了C；对于第二个问题，孩子们的想法也很一致，认为A和B将来的命运肯定会不幸，而C品德高尚，一定能成为社会精英。

菲拉大声对他们说："孩子们，你们的判断看起来很正确，很多人也是这么认为。但是，你们错了。这三个人大家都很熟悉，他们都是"二战"史上的显赫人物——A是连任四届总统的富兰克林·罗斯福，他身残志坚；B是温斯顿·丘吉尔，是英国历史上最著名的首相；C就是阿道夫·希特勒，一个夺去了几千万人生命的法西斯恶魔。"

孩子们简直不敢相信自己的耳朵。完全惊呆了！

"孩子们，"菲拉语重心长地说，"我知道你们都曾有过这样那样的问题，但是你们的人生才刚刚开始，过去的那些错误和屈辱只能代表过去。真正决定一生的，是他现在和将来的所作所为。人无完人，连伟人也会犯错。孩子们，忘掉过去吧！从现在开始，努力去改变，你们都将能成为了不起的人才……"菲拉老师的一番话，让孩子们感动得热泪盈眶。

多少年过去了，这些孩子已经长大成人，他们中的许多人都成了所从事领域的佼佼者。正是菲拉的那番话，彻底改变了26个孩子的命运。

年少时的迷失，并不能预示一生的失败。无论过去如何，只要有梦想，就能重新开始。

哈佛名言曾说：不因一时的挫折停止尝试的人，永远不会失败。每个孩子就像白纸，不要过早地贴上这样那样的坏标签，否则他们就会进一步朝坏的方向发展。只有不停地肯定、鼓励，才能让孩子在希望之光下成长。

未来的州长

理想是指路明灯。没有理想，就没有坚定的方向；没有方向，就没有生活。

——列夫·托尔斯泰

美国纽约州的贫民窟是一个出了名的犯罪集聚地，这里肮脏、充满暴力，各种犯罪事件层出不穷。在这里成长的孩子很少能够从事体面的职业，因为他们从小就逃学、打架甚至是吸毒。

罗杰·罗尔斯就出生在这样的环境中。他认为自己和这里的孩子一样，没有什么未来可言。正是在这种消极思想下，罗尔斯和其他的孩子整天无所事事，调皮捣蛋，逃课、打架那是常有的事。不逃课的时候也是在课堂上和老师作对，甚至还砸烂了教室的黑板。

校长皮尔·保罗先生想了很多方法来引导这些孩子，但收效甚微。后来他发现，这些孩子有一个特点，就是非常迷信，有关迷信的东西他们总是深信不疑。

保罗先生想出了一个好方法，就是给孩子们看手相，通过一些“迷信的话”让孩子们回归正途。

当罗杰·罗尔斯伸出自己那脏兮兮的小手时，保罗先生装作很认真地看了又看，然后用特别坚定的语气说：“啊，不得了啊孩子，相信我，一看你这根修长的小拇指我就知道，你将来一定能成为纽约州州长!”

罗杰·罗尔斯被惊呆了，还从没有人这么肯定过他呢！他和那些迷信的孩子一样，相信了校长的话，心里腾起了满满的自信。

小罗尔斯想，既然自己以后要当州长，就要有个州长的样子。他不再逃课打架，衣服也不再是脏兮兮沾满泥土，说话也不再夹杂污言秽语。他一下子成了学校里的好孩子，就连走路也是神采奕奕，一看就是对未来充满了希望。

在51岁那年，就像保罗校长“预言”的那样，罗杰·罗尔斯成功当选了纽约州的州长，他也是纽约州第一位黑人州长。

在哈佛，很多学生经常对自己进行心理暗示：不断告诉自己某一件事，给自己鼓劲，即使不是真的，最后也会让自己相信。

理想有时就像那些“预言”一样虚无缥缈，一旦相信，就会产生无形但巨大的力量。一个人所在的环境并不能够决定他的一生。环境只是一种潜在的暗示，怎样选择取决于自己。只要坚信自己能够成为有用的人，就会不自觉地朝着这个方向努力。

当石头有了梦想

要是一个人，能充满信心地朝他理想的方向去做，下定决心过他所想过的生活，他就一定会得到意外的成功。

——戴尔·卡内基

希瓦勒是一名非常勤奋的乡村邮递员，每天都要在各个村庄之间奔走。一天，他在送件的时候要走一条崎岖的山路，结果被一块石头绊倒了。

希瓦勒并没有像其他人那样气急败坏，而是看了一眼绊倒自己的那块石头。结果他惊奇地发现，这块石头造形非常奇特。他捡起来看了又看，对它爱不释手，就装进了自己的邮包里。

从此以后，人们发现希瓦勒的邮包里除了邮件，还有一块很重的石头。大家都感觉非常奇怪，一些人还好意劝说他：“你把它扔了吧，每天背着它赶路可是个不小的负担。”

希瓦勒拿出自己的那块石头，展示给大家看，非常自豪地说：“你们看，你们谁见过这么漂亮的石头吗？”

很多人都笑话他：“算了吧，这样的石头山上遍地都是，够你捡一辈子的。”

希瓦勒没有理会人们的嘲笑，还是想着美丽的石头。回到家里，他突然冒出一个好想法：如果用这些漂亮的石头建造一座城堡，那该多么吸引人啊！

于是，希瓦勒每天在送件的时候，都要收集几块漂亮的石头，但是这种积累速度距离建造一座城堡太远了。为了更快地收集石头，他开始推着独轮车送件，在路上碰到漂亮的石头就把它装在车上。

从此以后，希瓦勒每天就更忙了。白天，他忙着送件和收集石头；到了晚上，他就成了建筑师，按照自己的想象来建造自己的城堡。

很多人对希瓦勒的做法非常不理解，甚至有的人认为他精神出了问题。

20多年过去了，希瓦勒在他的住处附近已经建好了许多城堡，这些城堡错落有致，别具一格：清真寺式、印度神教式、基督教堂式……

1905年，一家法国报社的记者不经意间发现了这群城堡。他被这些城堡深深震撼了，为此还专门写了一篇介绍文章。

这篇文章一经刊登，希瓦勒和他的城堡迅速走红。很多人慕名前来参观，甚至连世界级艺术大师毕加索也专程过来参观。毕加索的到来让希瓦勒和他的城堡更加声名远播。

现在，这座城堡群已经成为法国最著名的旅游景点之一，这就是“邮递员希瓦勒理想宫”。

在城堡群的入口处有一块石头，就是当年绊倒希瓦勒的那块。在这块石头上刻着一句发人深省的话：

我想知道一块有了梦想的石头能走多远。

放飞梦想

当一块石头有了梦想，也能走得很远。

哈佛人告诉我们，无论在怎样的环境中都要有自己的追求和梦想，有成功的欲望，能够不怕艰难、勇敢地选择、执著地追求，用自信、坚韧和顽强拥抱梦想。每一个梦想都有自己的价值，只要努力去实现它，就能创造出绚丽多彩的人生。

PART 5

学会宽容

海纳百川大胸怀

哈佛大学有一句流传久远的名言：被人误解的时候能微微一笑，这是一种素养；受委屈的时候能坦然一笑，这是一种大度；吃亏的时候能开心一笑，这是一种豁达；危难的时候能泰然一笑，这是一种大气，被轻蔑的时候能轻轻的一笑，这是一种自信。

穷人的眼

【法】夏尔·波德莱尔

我说出这些话是多么的不容易，唉！我今天是多么恨你！什么，你要问我今天为什么会恨你吗？你当然很难明白，还是我来解释吧。因为你是世界上最令人捉摸不透的女性！

尽管我们在一起这么长时间，但我还是觉得短暂！我们相互应许，好像有了共同的思想，共同的灵魂，然而这并没有什么，人人都会有这样的感觉。说到底，所有的男人都有过这种感觉，然而却没有人实现过。

那天晚上，你有点累了，想到街头一家新建的咖啡馆前坐一坐。虽然咖啡馆外墙上的石灰涂料还未干，在夕阳的映衬下已经显示出它的华美！你就坐在咖啡店外边的椅子上，夕阳映红了你的脸庞。咖啡馆里的煤气灯也是新的，它的光很亮，把里面照得金碧辉煌，而且还透过了玻璃照到了你，也照到了贵妇和她的仆人，贵妇肥胖的仆人用力拉住了贵妇的狗。女神和仙女们头上顶着水果、点心和野味；赫柏们和加尼米德们手拿着盛满奶茶的双耳环，有的端着色彩斑斓的冰淇淋……所有的历史和神话都在这闪烁的灯下融合了，造就了一个饕餮者的乐园。

这时，在街道中间正对着我们的地方，站着一个40多岁的中年人，一脸困倦。他一只手牵着一个孩子，另一只手抱着一个孱弱的小孩，三个人衣着破烂，六只眼睛注视着咖啡店，显得非常惊奇。

父亲的眼睛好像在说：太美了！太美了！我们穷人的钱都拿来也不可能进去喝杯像样的咖啡！

大点的那个男孩子的眼睛仿佛在说：好美呀！好美呀！像我们这样的人是进不去的！

而那个最小的孩子眼睛看得很入迷，除了喜悦，没有其他的表达了！

诗人说，快乐使人的灵魂美善，使人的心柔和！诗人总是对的，今晚我也是这样，被这小家伙感动了！我很惭愧，望着胡乱摆在桌子上的酒瓶，我有那么渴吗？这酒我怎么也喝不完！

亲爱的！我转过头看你，我希望你能够明白我所想：你深邃的碧眼，你甜美的脸庞！我迷醉于月光中……

可这时你却对我说：这些人真讨厌！这些人眼睛瞪得跟车门一样，你就不能请老板把他们撵走嘛？

我亲爱的人啊！人与人之间是多么难以互相理解，思想又是多么难以沟通，即使正在相爱的人也是如此。

正义之神，宽容是我们最完美的所作所为。

——英国著名浪漫主义诗人　华兹华斯

生气的骆驼

愈是自己有错的人愈不肯宽恕别人，这是个规律。

——博马舍

一个炎热的中午，太阳像喷火一样烘烤着大地。此时，在沙漠深处，有一只骆驼正在挣扎着前行。它被晒得又饥又渴，已经很长时间没有喝过一滴水了。它满腔怒火，看什么都感觉不顺眼。

就在这时候，骆驼感觉自己被什么东西绊了一下，它低头一看，原来沙丘里埋着一根古老的胡杨树枝。疲惫不堪的骆驼顿时怒火上冒，朝着树枝狠狠地踢去。

不幸的是，坚硬的树枝把骆驼的脚掌划开一条大口子，鲜红的血一下子就冒了出来，染红了沙粒。在炎热的太阳照耀下，冒出了一股青烟，骆驼脚掌的伤口也被沙子烫得生疼。

受伤的骆驼只能一瘸一拐地前行，一路洒下的血迹引来了秃鹰。看着头顶不停盘旋的秃鹰，骆驼不顾伤势，狂奔起来。这样，脚掌的伤势越来越重，伤口一直无法愈合，而且由于奔跑导致血流加快，鲜血流得更快，洒满了骆驼跑过的地方。

当骆驼好不容易逃到沙漠边缘的时候，浓重的血腥味吸引来了附近的一只孤狼。惊慌失措的骆驼不得不接着东奔西跑，躲避着狼的攻击。慌不择路的骆驼好不容易摆脱了孤狼，却跑到了一处食人蚁巢穴的附近。血腥味让大批的食人蚁倾巢而出，朝着受伤的骆驼扑去。已经累得精疲力尽的骆驼这次真的无路可逃了，转眼间身上就爬满了食人蚁。

几十分钟之后，蚁群退去，可怜的骆驼只剩下了一副骨架。

倒在食人蚁巢穴附近的时候，这个骆驼后悔不已，它本可以安安全全地通过沙漠。当蚁群撕咬它的身体时，已经无能为力的骆驼长叹一声："我为什么要和那根树枝过不去呢?"

"上帝要谁灭亡，必先让他疯狂。"这句流传已久的名言恰当地诠释了愤怒带给人类的恶果。

在哈佛，情商培养和学业成绩同样受到重视。每一个学生都要学会控制情绪，正确处理挫折，积极面对人生。毕竟人生如白驹过隙，没有必要为不值得的事情去浪费精力，更不必为无关紧要的事情大发雷霆。只喜欢抱怨，没有一颗宽容之心，最终只会让自己付出惨痛的代价。

森多的胸怀

紫罗兰把它的香气留在那踩扁了它的脚踝上。这就是宽恕。

——马克·吐温

罗伯特·德·森多先生是阿根廷著名的高尔夫选手，也是一个非常受人尊敬的人。

在一场锦标赛中，森多发挥出色，又一次获得了冠军。他领了奖金支票，出席了发布会后，微笑着从一大堆记者的包围中走出来，到停车场准备回家。

就在这时，一个面色憔悴的年轻女子走过来，向他哭诉自己有一个非常可怜的孩子，病得非常重，自己没有能力支付昂贵的手术费和住院费，再筹集不到足够的钱，孩子很可能会死掉。

女子非常可怜地说："大家都说您是个善良的人，希望您能帮帮我。"女子一边说一边哭了起来。

森多被这个可怜的女人深深打动了，也非常同情那个病危的孩子。他立即拿出了自己刚刚赢得的支票，掏出笔签上了自己的名字，然后交给那个泪眼婆娑的女子说："这是我这次比赛的奖金，您拿去吧，希望您可怜的孩子能够早日康复。"

一个星期后，森多和朋友在一家乡村俱乐部里共进晚餐。这时，一位高尔夫球联合会的官员看到了他，过来和他打招呼，并问他一周前是不是在停车场遇到一位自称孩子病得很重的年轻女人。

森多很好奇地问道："您是怎么知道的?"

这位官员说："是停车场旁边玩耍的孩子告诉我的。"

森多点了点头，说是有这么一回事，然后又关切地问："这个女子出了什么事情吗?"

"她倒没有出什么事，但是对你来说有一个坏消息。"

这位官员叹息了一声接着说："那个女子是个骗子，她根本就没有什么病危的孩子。她甚至还没结婚呢，哪来的孩子！您被骗了！"

"那你意思是说，她根本就没有一个病得快死了的孩子?"森多接着问道。

那位官员肯定地答道："是的，根本没有。"

听官员这么说，森多长长呼出一口气，然后说："太棒了，我这周一直担心呢。这真是我听到的最好的消息了。"

胸怀至广

哈佛人一直认为：宽容其实就是放下对自己的惩罚。他们坚信最高贵的复仇方式是宽容。

即使被骗，也没有愤怒，反而为没有那个病危的孩子而感到宽心，这是多么宽容而善良的人啊。被人骗并不可怕，因此而失去一颗善心才可惜。纵使世间有万种欺骗，那些善良的人都能以一颗宽容的心来温暖这个世界。

篱笆上的钉子

生活中有许多这样的场合：你打算用忿恨去实现的目标，完全可能由宽恕去实现。

——西德尼·史密斯

韦伯是个12岁的男孩，聪明伶俐但脾气暴躁，尤其是别人“惹着”他时，更会肆无忌惮地发脾气。父母经常为他的坏脾气担心，因为他总是不分时间、场合，也不管别人是谁，只要自己不顺心就大发脾气。韦伯太容易生气了，即使别人无心的一句话，也会点燃他的怒火，别人的一点点错误就会让他大发雷霆。

一天，韦伯的父亲送给了他一袋钉子和一把小锤子，然后对韦伯说：“韦伯，咱们做个游戏吧。从今天起，每当别人惹你生气或者你发脾气的时候，就在院子的篱笆上钉个钉子。”

第一天，小韦伯除了生气就是在钉钉子，一天下来竟然钉了35个钉子，韦伯这才发现原来自己这么容易生气。看着篱笆上的钉子，他开始慢慢地控制自己的情绪，试着原谅别人。第二天，他钉了26个钉子，第三天15个，第四天8个……

一天天下来，韦伯发现，控制自己的情绪要比钉钉子还要容易，自己的心情也一天天好了起来。

韦伯每天钉的钉子越来越少，到了第8天，他兴奋地跑过去对父亲说：“爸爸，今天我一颗钉子也没有钉。”看着自豪的儿子，爸爸拍了拍他的肩膀鼓励道：“你做得非常好，孩子！我们接着做个游戏吧，我给你一把小钳子，现在只要你一天不发脾气，就从篱笆上拔掉一个钉子吧。”

在拔钉子的过程中，小韦伯学会了控制自己的脾气。三个月后，篱笆上的钉子终于拔光了。这时候，小韦伯已经成了周围非常受欢迎的好孩子，小朋友都喜欢和他玩，大人也经常夸奖他。

一天，爸爸把韦伯带到篱笆边，对他说：“孩子，你做得不错，把钉子都拔光了。但是你看，篱笆上已经满是钉子洞了。你因生气而对别人发脾气时，就像在别人的心上钉了一颗钉子，即使拔出来，也会像这些钉子洞一样留下伤口。”

小韦伯一下子就明白了，对爸爸说：“我明白了，爸爸。我对别人发脾气，会给别人留下伤痕，就像钉子洞一样无法弥补。”

对于哈佛人来说，教育的本质是爱和感化。只要拥有宽容之心，就会成为受人尊敬的智者。

很多时候，让你感觉痛苦的，并不是别人的伤害，而是错误判断了这种伤害的本质，最终情绪失去控制。幸福快乐的本源不是报复伤害，而是化解它。

邻居的草坪

不会宽容别人的人，是不配受到别人宽容的。

——屠格涅夫

苏伯比亚是一个不大但是很富裕的小镇，在这里住着一对邻居，他们是乔治和吉姆。几个月前，由于一件小事，他们发生了激烈的争吵，从此之后他们相互讨厌，相处得非常不融洽。

夏天一转眼过去了，乔治一家出去度假，开始了为期一个月的旅行。一开始，吉姆和他的妻子并不知道这件事，因为除了争吵，他们基本上没有说过话。

一天，吉姆像往常一样去后院修理草坪，忙完之后一看，乔治家的草坪已经长得很高，很明显很久没有修剪过了。吉姆看出，乔治夫妇已经出门很久了。在这个富裕的小镇，这样疯长的草坪就是在告诉小偷“家里没人”。

吉姆看了看乔治家那杂乱的草坪，他犹豫着要不要帮他们修剪，但是他又真的很不情愿去帮自己不喜欢的人，最后他还是决定明天再说。

一晚上吉姆都被这个问题困扰着，一想到那些专门趁虚而入的小偷，他想帮忙的愿望就越来越强烈。

第二天一大早，吉姆就从床上爬了起来，他想趁自己还没有改变主意，赶紧去修剪乔治家的草坪。没花多长时间，他就把乔治家的草坪修剪好了。他又抬头看了看乔治家完好无损的门窗，长吁了一口气。

在一个阳光明媚的星期天下午，乔治一家回来了。他们看着自己家整齐的草坪，惊奇不已。不久之后，人们发现乔治沿着整条街挨家挨户拜访。

最后，乔治敲响了吉姆家门，吉姆一开门就看到了满脸疑惑的乔治。

“吉姆，你帮我修剪草坪了?”乔治又接着说，“我问了其他的人，他们说没有做过，后来杰克告诉我是你做的，这是真的吗?”他非常惊奇地问。

“是的，乔治，我看到你家的草坪长疯了。”吉姆以为乔治要责怪自己，有些没好气地说。

但是乔治没有，他低着头犹豫着，想说什么又欲言又止。最后他非常不好意思地说了句："谢谢。"然后匆匆离开了。

从此之后，乔治和吉姆不再像之前那么互相敌视了，路上见了面也会相互微笑，这一点小镇上的人都看到了。尽管他们还没有发展到一起打高尔夫的地步，他们的妻子也没有经常串门聊天，但是他们在一起除草的时候已经开始打招呼，说"你好"了。

说不定有一天他们会在除草的时候停下来聊聊天，这谁知道呢？也许他们还会一起喝杯咖啡或者打场高尔夫呢，小镇上的人都说这是迟早的事。

哈佛人告诉我们：只有好的社会关系，才能让我们幸福、开心。

无论是受过高等教育的精英也好，还是从贫民窟走出来的人也罢，不管你是风光万丈，还是碌碌无为，最终决定内心是否有充足幸福感的，是我们与周围人之间的关系。那些跟家庭成员更亲近的人、更爱与朋友邻居交往的人，会比那些不善交际离群索居的人，更快乐、更健康、更长寿。

罗吉士的牛

宽容就像天上的细雨，滋润着大地。它赐福于宽容的人，也赐福于被宽容的人。

——莎士比亚

威尔·罗吉士是远近闻名的幽默大师，他总是说："我从没有遇到一个我不喜欢的人。"正如罗吉士所说的那样，他和周围的人相处得非常愉快。当然，周围的人也没有不喜欢他的。

罗吉士有一个很大的牧场，有一天，他在清点牛的数目时，他发现少了一头。

后来仆人告诉他，他的那头牛撞坏了篱笆，跑到另一个农夫的地里去了，还啃坏了那家人的庄稼，因而被农夫抓了起来，听说还被杀了。

按照当时的惯例，这位农夫应该先找到牛的主人，说明情况，然后再互相商量赔偿事宜。但是这位农夫没有这么做，这让罗吉士有些生气，便带着一位仆人骑着马去和那个农夫讲道理。

从自己的牧场到农夫家不算近，他们半路上遇到了寒风，周身挂满了冰霜。到了农夫的小木屋时，他们都快冻僵了。不巧的是农夫刚好不在家，但他的妻子还是热情招待了两位来客，让他们进去烤火，等着她丈夫回来。在烤火时，罗吉士发现农夫的妻子衣着陈旧、面容憔悴，5 个躲在桌椅后面的孩子也是瘦弱不堪，正好奇地看着他。

罗吉士决定先不说牛的事，只是说自己是附近农场的邻居，过来拜访一下，没想到遇到了寒风。

不一会儿，农夫回来了。妻子告诉他，罗吉士他们是冒着寒风过来拜访他的。罗吉士刚想提牛的事情，农夫已经过来拉着他的手，热情地邀请他们留下吃饭。农夫抱歉地说："多谢二位来访，今天二位只能吃些豆子和土豆了，本来有一头流浪牛到了我家，但是今天大风，没有杀好，就没有什么好招待了，您多包涵。"

罗吉士的仆人刚想说这头牛就是他们的，被罗吉士用眼神制止了。在吃饭的时候，罗吉士和一家人非常愉快地聊着天。当孩子听说从明天开始，他们好几个星期都有牛肉吃了，高兴得活蹦乱跳，还邀请他们下次过来吃牛肉。

晚饭后，寒风依然怒号，农夫和他的妻子一定要他们住下，这样他们又住了一晚。

第二天早晨，罗吉士担心牛认出自己，吃过早餐就带着仆人上路了。路上仆人非常不解地问道："您怎么一直没有说牛的事呢？"

罗吉士没有作声，过了一会儿坚决地说："从现在起，我们谁都不要提这头牛，回头告诉我们的邻居，也不要宣扬这件事。"

“我本来是想要回我们的牛的，但是我想了一下，自己并没有白白失去一头牛，我换来了一个朋友，我还赚了。再说，他并不是故意不还牛的，不过没有找到我们罢了，他们家多么需要一头牛过冬啊!”

曾经有位哈佛毕业生这样说过：“做人做事，有了同情心，才能利人；有了谅解心，才能容人；有了宽容心，才能爱人；有了忍耐心，才能做人!”

在生活中，总会有人会损害到我们的利益，但是我们不应该耿耿于怀，因为很多时候他们也并不是有意的。一颗宽容的心像太阳一样，能够驱散生活中的阴霾。宽容为我们带来友谊，也让我们感受到人间的温情。

修鞋匠的担保

宽容就像清凉的甘露，浇灌了干涸的心灵；宽容就像温暖的壁炉，温暖了冰冷麻木的心；宽容就像不熄的火把，点燃了冰山下将要熄灭的火种；宽容就像一支魔笛，把沉睡在黑暗中的人叫醒。

——雨果

在美国波士顿法院所在的大街上，有一个修鞋摊，摊主是一位独自生活的老人，依靠修鞋谋生。

每当手头活不忙，又遇到法院开庭，老人总是收起自己的摊，和其他市民一起进入法院，旁听各种案件。

一天清晨，一个衣衫不整、满脸青涩的年轻人被带进了法院。凭借多年的生活和观察经验，老人看出这个青年一定是在公共场所酗酒闹事才被抓的。

果不其然，这个年轻人在一个酒吧喝酒后，和人发生了口角，打碎了酒吧的玻璃，还弄坏了几把椅子。在当地的法律中，像年轻人的这种行为只是一种轻微犯罪，只要他能委托别人交一小笔保释金，便可以判“监外守法”。

老人看着这个满脸惊恐，后悔不已的青年，心中顿时升起了同情之心。

他敢肯定，这个年轻人一定是穷人家的孩子，这笔保释金他一定拿不出。所以老人从旁听席站起来，告诉法官自己愿意为被告人交保释金。其实法官对这位老人也有所耳闻，不忍心让他交这么多保释金，就灵机一动，同意了老人的要求，并宣布会根据被告人的表现，延期三周宣判。

三周后，在法庭上，老人向法官递交了一份报告，上面记录了年轻人这三周的生活。这三周他滴酒未沾，勤奋工作，照料着唯一的亲人——他的祖父，空闲时间还去教堂做义工。在这个报告上还有警察和教堂牧师的签名。

法官看着这份报告，宣布只需赔偿酒吧的损失，然后无罪开释，并象征性地收了他一美元的罚款。

这个年轻人成了一个终生戒酒、勤奋守法的好公民。

在17年间，这位老人共为2000多人担保，改变了他们的生活。他的善行还影响了美国司法的进程，后来马萨诸塞州还通过了一项法律，成立了“缓刑司”，来调整过于严厉的司法制度。

熟悉法律的人对这位修鞋老人肯定不会陌生，他就是被称为“缓刑之父”的约翰·奥古斯都。他在100多年前就被载入了美国法律史，深深影响了美国的司法进程，可以说他的影响力已经超过了很多美国总统。

在人生路上，那些一时误入歧途的人应该有反思和重生的机会。而真正的宽容，就是给人一条重生之路；真正的爱，就像黑夜里的灯塔，为迷途的孩子照亮回家的路。用爱和宽容的方式去感化人，有时比惩罚更有效。

正如哈佛毕业后的众多成功者一样，他们用大量的时间和经历投身公益事业，因为他们坚信：奖章和头衔不能让你上天堂，善行才能增加你的分量。

宽恕自己的敌人

人心不是靠武力征服，而是靠爱和宽容征服。

——斯宾诺莎

在中世纪的欧洲有一位年老的国王，他自己没有儿子，决定把王位传给自己最优秀的大臣。经过一番挑选，他把目光放在了三位大臣身上。

一天，国王把这三位大臣叫到身边，对他们说："我老了，自己没有儿子，你们都是我优秀的大臣，我决定把王位传给你们中的一个。但是，你们必须先外出游历一年，谁做了真正高尚的事情，就能继承我的王位，你们去吧。"

一年之后，三位大臣风尘仆仆地赶回了王宫，他们把这一年的经历告诉了国王，并说出了自认为做得最高尚的事情。

第一位大臣说："在我游历期间，遇到了一位在他乡谋生的年轻人，他委托我把一袋金币带给他远在家乡的年迈父亲。当我到那个孩子家乡时，我把金币原封不动地交给了他的父亲。"

国王听完后说："你做得不错，对陌生人也能诚心相待，但是诚实是做人应有的品德，不能称得上最高尚的事情。"

第二位大臣说："我到边境处的一个村庄，那里经常遭受强盗和邻国的骚扰。我到那里时，刚好碰到强盗前来打劫，我冲上去帮村民赶走了强盗，为此还负了伤。我还帮他们建立了一支自卫队，这样他们就能更好地保护自己了。"

国王听完之后说："你做得非常好，也显示出了治理才能，但是临危救命是你的责任，你很勇敢，但还是不能称得上是最高尚的事情。”

第三个大臣犹豫地说：“我有一个仇人，他追杀了我一路，我每天都忙着逃命。他想尽办法要杀了我，我有好几次差一点死在他手上。有一个夜晚，我骑着马经过一个悬崖边，突然发现我的仇人倒在悬崖边的草丛中，已经昏过去了，如果他一翻身，就会掉到悬崖下。我叫醒了他，给了他一些食物和水，带着他到了附近的医生那里。原来他为了杀我，长途跋涉来到悬崖边，但他带的食物和水不够，结果就饿昏在了那里。在我往王宫赶回的路上，路过一条河，当我牵着马过河时，从森林里蹿出了一只猛虎。危急时刻，是那个武艺高强的仇人赶了过来，一下子就结束了老虎的性命，原来他一直暗中跟着我。我问他既然追杀了我一路，为什么还要救我，他拍了拍我的肩膀说‘别忘了，是你先救了我，现在你不再是我的仇人了’。”

讲完自己的故事后，这位大臣犹豫地接着说：“这……这实在不算是什么高尚的事情。”

国王摇了摇头说：“不不，能够帮助自己的仇人，能够化敌为友的人，能够让所有人信服，你做出了最高尚的事。”

当天，国王就把王位传给了第三位大臣。

哈佛教授讲过林肯的亲身经历：竞选总统的时候，他的强敌斯坦顿想尽一切办法在公众面前羞辱他，毫不留情地攻击他，故意制造事端为难他。但是在林肯成为总统后不计前嫌重用斯坦顿。并用宽容大度的气量征服了一个又一个政治对手，成为他的忠实追随者。

可见气量是一种高尚的人格修养，一种成大事的大将风度。而气量的真正内容是宽容，用博大的态度对待他人，就等于给自己送了一份价值不菲的礼物。

PART 6

乐观自信

好心态成功一半

哈佛著名思想家爱默生说："即使断了一条弦，其余的三条弦还是要继续演奏，这就是人生。"我们对人生的态度，首先就是对命运的不屈服，这就是一种坚强的表现。其次就是要学会乐观，无论是多么富有才华的人，只有三根弦的琴是弹不成曲的。然而这个时候还继续演奏，靠的就是乐观的心态。

要活在巨大的希望里

【日】池田大作

亚历山大大帝第一次真正将希腊世界、西方世界和东方世界的文化融合在一起，开辟了一直影响到现在的丰饶世界——广泛意义上的"丝绸之路"。据说为了实现这项伟业，他投入了自己全部的青春活力。在出发远征波斯之际，他将自己所有的财产都分给了部下和大臣。在讨伐波斯的漫长战争和征途中，他必须购置大量的军需品和粮食等物，为此他消耗了自己积攒的巨额财富。但最后，他把珍爱的财宝和他征服的土地，几乎全部都分给了他的部下和大臣。

有一个名叫庇尔狄迦斯的大臣，很不理解亚历山大大帝这一行为，便问自己的君王：

"陛下，您把财宝和土地都分光了，那带什么启程呢？"

对此，亚历山大大帝回答说："我只有一个财宝，那就是'希望'，带着它就已经足够。"

据说，这个回答让庇尔狄迦斯大为感慨："那么，我的国王，请允许我们也来分享它吧！"于是他谢绝了应该分配给他的财产，很多大臣也纷纷仿效，带着"希望"随着亚历山大大帝出征。

我的恩师——户田城圣创介学会第二代会长，经常向我们这些青年人说："人生不能没有希望，因为所有的人都是在希望中生活的。假如真的有人生活在无望的人生当中，那么毫无疑问，他只能是个失败者。"人一生中很容易遇到一些失败或挫折，于是陷入悲观失望，颓废下去；或怨恨他人，结果落得哀叹不已、牢骚满腹的境地；更有甚者，在残酷的现实面前，失去了活下去的勇气。其实，那些身处逆境而没有失去希望的人，肯定会找到一条活路，内心也容易体会到人生真正的乐趣。

要想让人生充满活力，就要保持“希望”。没有“希望”的人生之路，只会通向失败。“希望”赋予人生以力量，那些怀抱美“梦”的人是幸福的。可以说抱有“希望”活下去，是大自然赋予人类的特权。在面对未来时，只有从内心爆发的希望之“光”，才能创造自己的人生。

在人生的漫漫征途中，最重要的既不是拥有丰厚的财富，也不是占据崇高的地位，而是自己心中有像火焰一般熊熊燃烧的念头——希望。因为那些为了巨大希望而不患得患失的人，肯定能迸发出非凡的勇气，不再惧怕困难，激发出巨大的激情，闪烁着洞察一切的智慧之光。只有那些终生怀有希望而又与时俱进的人，才是拥有最高信念的人，才会成为人生的赢家。

快乐不在于事情，而在于我们自己。

——德国著名的古典音乐大师　理查德·瓦格纳

自信的柱子

只有满怀自信的人，才能在任何地方都怀有自信沉浸在生活中，并实现自己的意志。

——高尔基

300多年前，英国的温泽市准备修建一座新的市政大厅。当时，年轻的设计师克里斯托·莱伊恩的方案被选中。尽管莱伊恩非常年轻，但他有着丰富的设计经验，也很有创造力，他运用工程力学知识，巧妙地设计了只用一根柱子支撑大厅天花板的方案。

通过一年的紧张施工，这个工程顺利完工了。但是在市政府组织权威人士进行验收时，认为只用一根柱子支撑天花板太危险，要求他再多加几根柱子。

年轻的设计师坚持自己的做法，十分自信地认为这根柱子就已经足够。为了证明这一点，他为验收团提供了详细的计算数据，还举出了类似的建筑实例。

但是，他的说明没有获得认可，而他坚持自己设计，一再拒绝验收团的建议，也惹恼了市政官员，他险些被送上法庭。无奈之中，他只好又在大厅的四周增加了四根支柱，此事才告一段落。

时间飞逝，市政官员走了一批又一批，300 年过去了，大厅依然坚固如常。在 20 世纪末，市政府决定对大厅进行全新的装饰和修缮。正是在这次修缮过程中，人们惊奇地发现，莱伊恩后来增加的四根柱子，根本没有与天花板相接，而是留下了两毫米的间隙！

如果不是这次修缮，人们根本不会发现这么小的间隙。发现这个秘密让所有人都惊呆了。

原来，在当时情况下，年轻的莱伊恩陷入两难的境地：如果坚持己见，无疑是公然与政府官员作对，而他没有足够的威望做到这一点；如果放弃吧，又有悖于自己完美的设计。最后他终于想到了一个方法—— 在大厅里增加四根柱子，但是这些柱子并不与天花板接触，只是摆设。

温泽市市政厅发现这个秘密后，世界各国的建筑家和游客纷纷前来，观赏这根奇异的柱子，后来市政府还特意将大厅作为一个旅游景点对外开放，这个大厅也被游客们称为“嘲笑无知的建筑”。

后来，人们在大厅中央的那根柱子——也是唯一承重的柱子的顶端，发现了一行小字：自信和真理只需要一根支柱。

时间留下了这座神奇的建筑，却将它的设计师克里斯托·莱伊恩忘记了，现在关于他的资料非常少。在他残存的几篇日记里，人们发现了这样一句话：“至少在 100 年后，当你们面对这根柱子时，只能瞠目结舌、惊叹不已。我很自信，你们看到的不是什么建筑奇迹，而是我对自信的坚持。”

所有伟大的奇迹都只是信心的力量。正如哈佛大学历经百年，在世界大学排名中始终名列前茅一样，哈佛能有今日

的成绩，都来源于他们的自信与坚持。

发现真理的道路是艰难的，坚持真理更是如此。当面对肆意地指责时，能够有足够的信心坚持下去的人就是勇士，面对质疑，每个人都需要一根支柱，这根支柱就是自信。

没台词的主角

一个人除非自己有信心，否则不能带给别人信心；已经信服的人，方能使人信服。

——麦修·阿诺德

在德莱镇的小学里，有一个梦想成为演员的学生，她就是小露丝。

有一次，学校准备排练一部叫做《圣诞前夜》的情景剧，通过演出为一个重病的孩子募捐。

看到招募演员的布告后，小露丝立即就跑过去报名，对于她来说这是非常难得的锻炼机会。几天过后，学校通知已经确定了角色安排，那一天小露丝打扮得漂漂亮亮的，感觉自己一定能够获得主角角色。

然而，到了傍晚，小露丝垂头丧气地回家了。她爸妈一看闷闷不乐的女儿，就知道一定是孩子没有得到理想的角色。原来，《圣诞前夜》这幕剧只有四个人物——父亲、母亲、儿子、女儿，但是露丝都没有入选，老师安排她去演主人身边的小狗。

小露丝很伤心地告诉父母，她准备退出，不想去演一只小狗，她不想被同学嘲笑。

爸爸了解真相后，认真地对小露丝说：“孩子，不要这么想，每一个角色都需要人去演，没有好坏之分。只要你用心去演，你就能成为真正的主角！”

在爸爸的鼓励下，小露丝接受了小狗这个角色。每次排练的时候，她都很投入，甚至还专门买了一对护膝，这样在长时间爬行时她就不会因为腿疼而演不好了。每当有别的小朋友问她演的什么角色时，她都非常自豪地说我扮演的角色叫“玛丽”——玛丽是那只狗的名字。

到了演出那天，学校礼堂里坐满了人，露丝的父母也早早地来到学校。在节目单上，他们找到了露丝的名字：

玛丽（狗），扮演者露丝。

人们发现，露丝非常高兴地准备着，演出还没开始就在一旁温习自己的角色。他们实在不明白，演一只狗有什么值得高兴的。

演出开始了，“父亲”首先登场，他坐在舞台的摇椅上；然后“母亲”登场，坐在“父亲”身边；最后“儿子”和“女儿”也登场，坐在“父亲”的两侧。一家人开始愉快地聊天。最后，露丝披着一套非常逼真的毛茸茸的狗道具，憨态可掬地爬上了舞台。

“玛丽”这只小狗一登场，就引起了人们一片欢呼。“玛丽”蹦蹦跳跳、摇头晃脑走过客厅，在小地毯上伸个大懒腰，然后在壁炉旁边倒头“呼呼”大睡。

在圣诞前夜，“父亲”开始给孩子们讲圣经故事。当他说到：“在一个圣诞前夜，万籁俱静……”这时候，“玛丽”也非常配合着睁开了双眼，竖着耳朵四下张望，活灵活现。

露丝精湛的表演贯穿了全场，每当“玛丽”一动，台下都爆发出一阵笑声和掌声。所有人都沉浸在美妙的演出中。尽管露丝整场剧没有说一句台词，但是毫无疑问，她才是真正的主角。

哈佛之所以能够培养出众多的社会精英，和学校倡导的快乐哲学息息相关：只有乐观积极的心态才会创造无限的成功。

乐观是最好的生活方式，越是面对困难的事情越是要保持乐观的心态。无论我们扮演什么角色，都要保持好的心态，积极扮演好自己的角色，成为人生舞台上的主角。

10美元的汽车

一个知足的人，生活才能美满。

——狄更斯

一个出身贫寒的年轻人，为了生活而疲于奔波。他是一家高尔夫俱乐部的员工，每天都有繁重的工作。琐碎的工作让他每天都非常疲劳，更让他感觉头疼的是，俱乐部和自己住的地方距离太远，每天有很长时间都浪费在了路上，不能好好休息。

所以，他一直都想买一辆车，这样他就能节省很多时间，但是他的薪水距离买车还很遥远。有朋友开玩笑地说："既然你买不起车，不如去买张彩票吧，说不定能中个大奖呢！"

虽然朋友说的是玩笑话，但他还是有些心动。他花了10美元，买了几张彩票。事情凑巧了，他这次买的彩票还真中了大奖。他用奖金买了一辆早就看好的汽车。这样，他每天就能驾车上班，不用再早早起床等公交了，碰到下雨天也不用再担心。

每天，他都开着自己新买的汽车上班，同事们无不羡慕。他对自己的车也非常爱惜。但是天有不测风云，有一天他准备上班时，发现自己的爱车被偷了！他又不得不每天坐公交上下班。

同事们听说他的车被偷了，都非常气愤，还担心他会因为此事而一蹶不振或者抱怨不已。

但是，出乎大家的意料，他没有唉声叹气，也没有抱怨不已，还是和没车的时候一样上下班，好像丢车这件事根本不是发生在自己身上。

有的同事还是私下里劝他："不要太伤心了，以后可以再买。"

"我为什么要伤心呢？"他哈哈一笑说。大家一愣，心里想是不是丢车让他精神错乱了。看着大家一脸疑惑的表情，他问道："如果你们丢了10美元，会伤心吗?”

有朋友回答说：“那有什么伤心的呢? 10美元就当少吃一顿饭是了。”

他笑着说：“所以，我也不会伤心，我也不过只是丢了10美元而已!”

大家都不禁为他那开阔的胸襟和乐观的心态而折服。部门领导听说这件事后大加赞叹，认为这个年轻人以后一定能成大事。后来这位年轻人果然不负众望，成为了加利福尼亚州最大的连锁超市的老板，他就是美国商界赫赫有名的本·罗伯森。

罗琳在哈佛大学的公开演讲时说：“在挫折中成长，更聪明，更强壮，这意味着从此以后你已拥有了牢不可催的生存能力。这些历经艰辛才获得的宝贵财富，这比任何资格证书都更有价值”。

人生是一场漫长的旅途，我们要乐观地面对生活中的得失，才能得之泰然、失之淡然。想拥有幸福，就要先看透幸福的真谛，只有心灵能够收放自如，幸福才会随之而来。

苍蝇杀死了世界冠军

差不多任何一种处境——无论是好是坏——都受到我们对待处境的态度的影响。

——西尼加

1965年9月7日，世界斯诺克锦标赛的决赛在美国纽约上演。这场决赛吸引了很多观众，比赛的两位选手分别是路易斯·福克斯和约翰·迪瑞。

福克斯上手很快，迅速拿下了前几局，在大比分上遥遥领先迪瑞。福克斯看起来已经胜券在握，他感觉只要再过几分钟，他就能拿到又一个世界冠军。

迪瑞又一次击球失误，他摇摇头坐下来，感觉自己再也没什么机会了。然而就在福克斯准备一鼓作气拿下比赛时，意外发生了。一只苍蝇落到了母球上，福克斯起身挥挥球杆把它赶走了，可是当他再次俯身准备击球时，那只苍蝇又“嗡嗡”地飞了回来。观众们一阵大笑，福克斯只好再次起身赶走了这只苍蝇。

然而，这只苍蝇仿佛故意和福克斯过不去，当他再次击打母球时，苍蝇又落回母球上。这下观众的笑声彻底止不住了，都被这只小苍蝇逗乐了。福克斯的情绪坏到了极点，赶不走的苍蝇彻底点燃了他的怒火，根本不能静下心击球。他愤怒地用球杆去打那只苍蝇，结果碰到了母球。

因此，裁判判福克斯击球失误，迪瑞重新获得了球权。死里逃生的迪瑞大喜过望，顺利地拿下了这一局。

福克斯一下子方寸大乱，接下来频频失误，连丢了好几局。迪瑞抓住机会，越战越勇，不仅扳平了比分，最后还拿下了决胜局，完成了超级大逆转，最终夺得了冠军。

第二天，人们在纽约的一条河里发现了福克斯的尸体。他无法接受唾手可得的冠军被人夺走的结果，竟然自杀了。就这样，一只小小的苍蝇杀死了世界冠军。

其实，福克斯完全不必在意那只苍蝇，如果他控制好自己的情绪，专心致志地击球，那只苍蝇又怎么能在母球上待得住呢？

每一个能够成功的哈佛人无一例外都经历过挫折，但是他们牢记：乐观使身体无病，心灵无疾。

乐观不仅是一种心态，更是人们成功的思考策略。那些能够控制住自己情绪的人，更能够平心静气地去寻找解决问题的方法。乐观也是一种智慧，保持乐观就不容易因小失大，也不会为无所谓的小事情而停下自己前进的步伐。

有裂缝的水罐

许多人一事无成，就是因为他们低估了自己的能力，妄自菲薄，以至于缩小了自己的成就。

——唐拉德·希尔顿

一个年轻的挑水工有两个水罐，这两个水罐已经陪伴了他很长时间，一个完好无损，另一个则有一道细细的裂缝。每次挑水的时候，经过一段很长的路途，完好的水罐都能把水完整运回来，而那个有裂缝的水罐总是漏掉半罐水。

时间长了，完好的水罐总是看不起那个有裂缝的水罐，因为它总是让挑水工损失不少水。而那个有裂缝的水罐也感觉非常惭愧，看到主人没有因为自己有裂缝而抛弃自己，更是深深地自责。

直到一天，在挑水工准备打水的时候，有裂缝的水罐鼓足勇气，说出了它的想法，请求他把自己换掉。

挑水工很吃惊地问道："你为什么这么想呢？为什么要感觉惭愧呢？"

有裂缝的水罐说："每次我们打水，在回来的路上，水都要漏掉一半。你付出了劳动，却没有获得应有的回报。"

挑水工听完后，没有直接回答，而是说："好了，现在我们要回去了，你看看自己脚下和那个完好的罐子脚下有什么不同。"

一路走来，那个有裂缝的水罐看到，自己脚下有很多灿烂的鲜花，从自己身体流出来的水，不断滴在这些鲜花之上，让它们看起来更加生机勃勃。而在那个完好的水罐下面，则是光秃秃的什么也没有。

这一幕让有裂缝的水罐第一次为自己感到骄傲！

挑水工对它解释道："我知道你有裂缝，所以我就利用了这一点，在你这边洒下了花种，每天挑水的时候，就能不费力气地用你流出的水浇灌它们。正因为你有裂缝，所以鲜花也只有在你这一侧才能成长。现在，我经常摘一些美丽的花朵放在房间的花瓶里，送给我妻子，也送给我的邻居，这样我们大家一整天都有好心情。如果你没有裂缝，我就不能种这些鲜花了。每天我挑水时，在这条布满鲜花的路上行走，会非常有成就感，这都是你的裂缝的功劳啊！”

哈佛大学校长曾在演讲中说：“乐观的人生态度，比什么都重要。”

世界上没有十全十美的人，每个人都应该有勇气接受自己不完美的一面。当我们能够坦然面对自己，就能够从自怨自艾的境地里走出来，会更容易扬长避短，让自己发挥出更大的价值，就能化腐朽为神奇，我们有什么理由不保持乐观呢？

快乐的油漆匠

我们曾经为欢乐而斗争，我们将要为欢乐而死。因此，悲哀永远不要同我们的名字连在一起。

——伏契克

比尔是一家汽车修理公司的优秀员工。在维修一辆老爷车时，机械故障导致一块小铁片飞进了他的右眼里，他这只眼睛失明了。

原本乐观开朗的比尔越来越不愿外出，而是习惯在家里待着，因为别人总是问他眼睛怎么回事。

受眼睛的影响，比尔不得不长期休假，一家的重任都落在了妻子苔丝身上，她又找了一份新的兼职来养家糊口。苔丝是一个非常善良的妻子，竭尽所能地爱这个家，爱自己的丈夫。

但是，比尔眼睛的状况还是越来越差，他另一只眼睛也受到了影响。在一个阳光明媚的早晨，苔丝又带着丈夫在院子里散心，比尔突然问道："那是我们的孩子在踢球吗?"

苔丝非常惊讶地看了看丈夫和不远处正在踢球的儿子，她一下子就明白了，轻轻地抱住了丈夫的头。

比尔也抱住了妻子说："亲爱的，我知道会发生什么。"苔丝眼泪一下子就流了下来。其实医生早就告诉了她这个结果，但是害怕丈夫受不了打击，就一直没有说。

但是，让苔丝没有想到的是，当比尔知道自己另一只眼也要失明后，他反倒镇静了下来。

为了在有限的时间里让丈夫看看更多美丽的世界，苔丝每天都把自己和孩子打扮得漂漂亮亮，一有时间就带着比尔四处转转。在丈夫面前，无论苔丝心里多么劳累和痛苦，她总是保持着微笑。

半年之后的一天，比尔突然对妻子说："亲爱的，我发现你新买的套裙已经这么旧了。"苔丝默默地留下了眼泪，因为她的套裙在阳光下绚丽夺目，近在咫尺的丈夫却已经看不到了。

第二天，苔丝请来了一个油漆匠，她要把家里的墙壁、家具等统统粉刷一遍，给丈夫留下一个最美的回忆。那个油漆匠尽管做得不快，但很认真。他是一个非常开朗的人，总是一边干活一边吹着口哨。一个星期后，所有的墙壁和家具都被粉刷得焕然一新了。

收工那天，油漆匠握住比尔的手说："朋友，对不起，我干得有些慢，不过终于还是刷好了。"比尔笑着说："你每天能那么开心，我也很高兴。"

在结算工钱的时候，油漆匠少算了100美元，比尔发现了提醒他说："朋友，你少算了工钱。"

油漆匠说："我已经要得够多了的，我延误了这么长的工期。况且您教给了我很多，像您这样即将失明的人还能这么平静，真是有勇气啊。"

但是比尔坚持要给油漆匠这100美元，他说："您也教会了我很多。原来残疾人也能自食其力，并且快乐地生活着。"

原来，这个油漆匠只有一只手。

在漫长的人生中，难免要面对生活中的灾难，只要你心灵足够坚强，心态足够积极，就没有什么能将你打倒。

命运有时候是残酷的，即使它带走了一只手，那么也要用另一只手把生活擦亮；即使它带走了所有光明，也要享受鸟语花香。正如哈佛人最常提到的：积极的心态才会创造无限的成功。

我还有一个苹果

有了坚定的信念才是不可战胜的。

——贝蒂

斯坦利·库尼茨是北欧冰雪之国瑞典的一名医生，但他却是个对沙漠探险情有独钟的人。他一生走遍了世界各大沙漠，在探险史上留下了浓重的一笔。

在他年轻的时候，他曾试图穿越撒哈拉大沙漠，以此来庆祝自己36岁生日，也纪念自己整整10年的沙漠探险生涯。

进入撒哈拉大沙漠腹地后，行程变得非常艰难，更为严峻的问题接踵而至。就在他36岁生日那天的晚上，一场铺天盖地的风暴席卷而来，躲避不及的他遭遇了灭顶之灾。熟悉这片沙漠的向导不见了，满载着水和食物的驼群也消失得无影无踪，刚刚打开准备庆祝自己36岁生日的香槟，也洒得干干净净。

长夜一过，进入白天的撒哈拉大沙漠酷热难当，就连吸入的空气都仿佛能把肺点燃。死亡的阴影笼罩着斯坦利，看来他没有生还的可能了。

在绝望的瞬间，斯坦利不经意地把手伸向自己的口袋，意外地摸到了一个苹果！已经没有水的他顿时看到了希望，他对自己大喊："我还有一个苹果！"

这个苹果让斯坦利走出绝望，他紧握着那个苹果，独自在沙漠中寻找出路，每当干渴得撑不下去的时候，他都低头看一看手中的苹果，对自己说："我还有一个苹果。"

一天过去了，两天过去了，斯坦利始终没有咬一口这个苹果。几天后已经奄奄一息的斯坦利被当地的土著发现。当时昏迷不醒的斯坦利紧紧地攥着一只完整却干瘪的苹果，他攥得太紧了，在他醒过来之前，谁也无法从他手中将苹果拿走。

从撒哈拉大沙漠归来后，他继续着自己的探险历程。在这位一生都充满传奇色彩的老人去世前，他为自己写了这样简单的墓志铭：我还有一个苹果。

风靡世界上最畅销系列小说之一——《哈利波特》的作者 **J. K.** 罗琳在哈佛的公开演讲中说到："坚持通过逆境的考验，就能柳暗花明，并且会真正了解自己，以及周围人赋予你的力量。"

生活也许会夺走你的一切，但是永远也夺不走你心中的最后一个苹果。拥有这样的苹果，我们就一定能抵达梦想的天堂。

PART 7

奋斗号角

用勤奋锻造成功

很多人都看过“哈佛凌晨四点半”的文章，哈佛大学的图书馆在凌晨4：30都灯火通明，座无虚席，这就是哈佛百年屹立的秘诀。时间之所以宝贵就在于它无法倒流，生命之所以厚重就在于它无休止的奋斗。珍惜时光，努力奋斗，才能看到人生最美的风景。

圆

【美】爱默生

眼睛是第一个圆，目光所及的地平线是第二个圆。圆是这个世界基本的图形，无处不在，你能找到的例子不胜枚举。圆是最能象征世界内涵的“密码”。圣·奥古斯丁还曾将上帝的本质描绘为一个圆。圆心无处不在，但圆周又那么奥妙难寻，我们竭尽所能地领会圆形的本原——圆的丰富内涵。我们在考虑到人们一切行为的循环和补偿特征时，就已经推断出了一个圆象征的寓意。

现在我们进行另一个类似的推理——人们的任何行为都是可以被超越的。我们穷极一生都在追寻真理，围绕着每一个圆都可以再画出另外一个圆。自然界没有终结，每一个终点都是另一个起点；每到夜晚后都有另一个黎明降临；每一处底部下都另有一个更深的底部。

这一事实说明了我们有着“不可能终结的追求”，也就是飘渺虚无的“尽善尽美”，它是人永远也难以达到的，它既激励人们去追求巨大的成功，又宣告人们功败垂成的结局。正因如此，这个永无止境的事实，便将我们人类在各个领域所表现出的智慧和力量聚集在一起。

思想是开启每个人心灵的钥匙。尽管有些人看起来桀骜不驯，但他仍有自己遵循的准则——他对所有事实进行辨别和认识时所持有的观念。只有为他找到一个支配他原有观念的新观念，才能使他脱胎换骨。人生就是一个自我不断进化的圆，从一个毫不起眼的小的圆开始，向四周永无止境地扩展下去，形成新的更大的圆。这种圆一轮接一轮生成，每次扩大的幅度取决于个人心灵的力量或掌握的真理。就像水波一样，每种思想在形成一种波浪循环的常态之后，其内在的情性力量便使其停滞在圆脊波峰上，最后在一生中不断封闭僵化、停滞不前——譬如一个帝国、艺术规则、地方习俗、宗教仪式等，都是如此。但是，如果一个人心灵既敏捷聪慧，又拥有强大力量，它就能冲破这一极限，继续向四周蔓延，然后在更深处扩展出一个全新的轨道。当它又遭遇那些阻隔困境，试图再次阻止和束缚心灵前进的步伐时，一切都已经不同，因为心灵已经拒绝被禁锢。在最初和最弱的脉动中，它已经用巨大能量向外围扩展，这种力量无穷无尽，支撑着向外永无止境地扩张。

每个终极事实，都不过是新的世界中的第一个事实；每条普遍规律，也都不过是即将为人所知的另一个更为普遍的规律的开端。对我们来说，这个世界不存在外界，不存在围墙，也不存在真正的圆周。一个人发表了他的见解，无论多么精彩！多么空前绝后！即使万事万物的面目都因之焕然一新！即使他成了顶天立地的伟人！请你看吧！在另一端又有一个人挺身而出，在刚刚宣称王者的这个领域外围的旁边，又画上一个圆。接下来，第一个发言者不再是万众瞩目的王者，只是一个率先发言的人而已。他唯一的补救之道，就是立即在对手的圆之外再画一个圆。而同时，每个人也都可以这样做。

今天人们脑海里苦苦追寻、挥之不去的复杂结论，不久之后就被缩略成了一个简单词语；今天看上去可以诠释所有的自然原则，终有一日将被纳入另一个更为大胆的猜想之中，成为其中的一个举证的事例。在明天的思想中，必有举起你们包含各个民族所有信念的原则，必须利用所有学识所包含的力量，引领你们进入任何史诗般的梦境都未曾到达过的天堂。与其让每一个人在这个世界上勤奋工作，不如暗示他应该成为什么样的人。人人都应该是下一个时代的伟大预言者。

我们一步一步攀登这个神秘的阶梯：每登上一块踏板都意味着我们在行动，而新的视野又赋予了我们新的力量。我们取得的每一个成果，都会遭到接踵而至的新成果的挑战和检验。每一个成果似乎都与新的成果背道而驰，其实只是被纳入到了新成果的框架中而已。新的观念总是为旧观念所痛恨，对于那些顽固守旧之人，新的观念仿佛就是深不见底的万丈深渊。但是，人的目光总是很快就能适应这些新观念，因为人的目光和新观念本就是同源，只是不同成果罢了。在这之后，新观念的诸多益处将渐渐被人所知，为人接受。但是，不久它的能量就会消耗殆尽，在新的时代面前相形见绌、日渐渺小，人们又在呼唤着新的信念的到来。

不用对那些新的认识或归纳概括而心生畏惧。难道这个事实，看上去就如此粗鄙、充满物欲？难道它就将威胁、贬低你的精神理论吗？不是的，接受它吧，因为它将完善并提升你的物质理论，如同它将完善和提升你的精神理论一样。

正是接连不断的惊奇和意外构成了我们的人生。我们在完善自身时，并不是要在今天去猜测明天的心境、幸福和力量。对于日常行为和感觉这类的较低层次的状况，我们还可能做出些判断和预测；但是面对上帝的智慧和杰作，因为上帝秘而不宣，这些都是无法估量和预测的，即使人的心灵全面成熟和周全行动，也不能完全获得。

我只知道真理是神圣而且有益的，但是却不知道真理将如何帮助我——因为只有存在才是认识唯一的途径。勇往直前的人们，占据着新位置，拥有着所有旧的力量，但是这些力量又都是推陈出新、旧中有新的。在其内部，继承了过去所有的能量，但是自身又如黎明一样朝气蓬勃。在这新的一刻，我抛弃过去所积累的全部知识，因为它们已经陈腐无用。因此，我似乎平生第一次对任何事物都有了正确的认识——除非我们去爱、去追求，否则我们就连最简单的词语也无法理解。

我们永不满足、不懈追求的境界是忘却自我、不禁锢于不变的记忆、体验新发现带来的更正，然后一往无前地去开展事业——简单地说，就是去勾画出一个全新的圆！没有饱满的热情，就不会成就惊天动地的伟业。生活是精彩纷呈的，这种精彩就源自于激情的释放。历史上那些辉煌时刻，都是凭借思想的力量，才顺利完成了伟大的事业，比如天才的杰作和宗教的传播。奥利弗·克伦威尔曾说过：“不知何去何从之时，就是屹立顶峰之日。”沉迷于鸦片和酒精的迷境与酣醉，可以虚构出一天的玄妙幻觉，因此它们才对人具有非常危险的诱惑力。同样的道理，人们沉醉于狂热的激情，差强人意地利用着心灵的烈焰和雄厚力量，正如在竞技场和战争中经常做的那样。

我们应当努力奋斗，有所作为。这样我们就可以说，我们没有虚度年华，并有可能在时间的沙滩上留下我们的足迹。

——法兰西第一帝国皇帝　拿破仑

米老鼠的诞生

不要因为时运不济而郁郁寡欢，忍耐虽然痛苦，果实却最香甜。

——萨迪

一个年仅21岁的小画家，带着只装着衣服和绘画材料的小皮箱，怀揣仅有的40美元来到了堪萨斯城。他的家乡是一个名不见经传的小镇，他满怀希望，但是除了希望，他一无所有。

一切不像他憧憬的那般美好。他先去一家画社应聘，但是主编认为他的作品没有创造力，将他拒之门外。后来他屡屡失败，备尝辛酸。

最后，饥寒交迫的他只好替教堂作画。但是微薄的薪酬根本不能让他租到一个画室。他只好借用一家废弃的车库来画画和生活。

在一个寒冷的夜晚，年轻的画家被冻醒，就在他迷迷糊糊抬头之际，他听到一阵“吱吱”的叫声，他一看，在微弱的灯光下有一双亮晶晶的小眼睛，原来是一只小老鼠。

生活的磨难让他充满了悲世悯人的情怀。他没有捕杀这只小老鼠，而是时不时地扔给它一些面包屑。慢慢地，小老鼠不再一见到他就跑，而是经常会在黑暗中和他互相盯着看，后来即使在白天，它也会出来，在地上跑来跑去，做一些非常有趣的动作，每当这时，年轻的画家都会再给它些香肠以示奖励。

在这段艰难的岁月中，画家和这只老鼠建立了某种友谊，年轻的画家在车库里不停地创作，绘画技艺有了很大提高，他的画知名度也越来越高。

终于，这位年轻的画家被介绍给好莱坞一家制作卡通片为主的公司。但是刚开始的时候，他设计的卡通形象被接连否决，失败的阴影再次笼罩了他。在多少个不眠之夜，他在黑暗中苦苦思索卡通形象……

又是一个寒冷的夜晚，他突然想起了车库里的那只小老鼠！它那双亮晶晶的小眼睛一下子就点燃了他的灵感！他迅速地从床上爬起来，画出了一个老鼠的轮廓。就这样，全世界儿童都喜欢的卡通形象—米老鼠诞生了！

这位年轻的画家就是大名鼎鼎的沃尔特·迪斯尼。从米老鼠开始，他又设计了很多驰名世界的卡通形象，迪斯尼也成了全世界儿童的乐园。这一切都源于那个车库里的一只小老鼠。

走进哈佛，就需要不停地奋斗，因为哈佛没有高楼大厦，只有新英格兰的红砖墙。

在奋斗的路上，我们不会一无所有，一只老鼠都可以成就一个“帝国”。在追求成功的路上，我们缺少的不是取得成功的机会，而是为找到这些机会所付出的艰辛努力。任何成功都不是一蹴而就的，需要日复一日的努力、奋斗。上帝从不吝啬给我们机会，但我们往往只想不劳而获。

垒台子的男孩

没有加倍的勤奋，就既没有才能，也没有天才。

——门捷列夫

美国著名专栏作家乔治在写作之前，曾在一个小镇上当老师。乔治有很高的教学能力，还擅长写作，在老师中很有优势。但是由于薪水微薄，他并不喜欢这份工作，每天糊弄着过，就连自已喜欢的写作也荒废了。

他非常羡慕那些身居高位、薪水丰厚的同学，整天琢磨着要换工作。两年时间转眼间就过去了，乔治的教师工作一塌糊涂，写作也是一事无成。他去了几家自己心仪已久的公司面试，但是没有一家公司愿意雇用他。

乔治心灰意冷，感觉自己再无出头之日。就在这时，一次小小的运动会彻底改变了他的态度和生活。

在他当老师的第二年秋季，他所在的学校举行运动会。对于这个小镇来说，这可是一件大事，很多学校外的人都跑过来参观，操场上被人围得水泄不通。乔治来晚了，根本挤不进去，在人群后面什么也看不见，失望的乔治正准备回去的时候，一个小男孩引起了他的注意。

原来这个小男孩也来晚了，挤不进去。只见他一趟趟地从不远处搬来砖头，就在人群后面垒起了台子。虽然他错过了很多精彩的比赛，但是最后还是垒好了台子，这个孩子爬到台子上，比所有的人都高，运动场里的情景看得一清二楚。

孩子那一脸喜悦的表情让乔治震惊了。原来成功就这么简单——很多人在那里挤来挤去，唯独这个孩子想到垒个台子，比所有人都站得高、看得远。

从此之后，乔治开始勤奋工作、兢兢业业，付出很多汗水，很快就被评为优秀教师。在工作之余，他又重拾荒废已久的写作。由于他文笔优美、见解独到，因此他的作品屡屡登上美国各大报纸。

后来，乔治辞去了教师工作，成为好几家报刊的特约撰稿人，最终成了美国知名的专栏作家。

在哈佛只有比别人更早、更勤奋地努力，才能尝到成功的滋味。

成功源于勤奋，需要一步一个脚印地获得。抱怨不能换来别人的认可，更不能换来成功。只有通过努力改变自己，才能获得别人的青睐。每一个想比别人站得高、看得远的人，都要先辛苦地为自己垒一座高台。

打翻了的油灯

当苦难来访时，有些人跟着一飞冲天，也有些人因之倒地不起。

——托尔斯泰

乔利·贝朗是巴黎一个贫民家庭的孩子，因为生活所迫，他在13岁就独自外出打工。由于年纪太小，没有哪个工厂愿意冒着风险雇用他。

流浪了几年后，已经长大的贝朗终于找到一个愿意雇用他的贵族家庭，在他苦苦哀求下，贵夫人最终让他在厨房里当了一名小杂工。他每天杀鸡、杀鱼、拖地等，几乎所有的脏活累活都归他了。他一天工作要超过12个小时，但所得的薪水少得可怜。尽管如此，贝朗仍然感觉非常满足，因为他能用辛苦赚来的钱去养活自己那个贫困的家了。

然而，即使是这份辛劳的工作也没能长久。在一天半夜，贝朗在睡梦中被拉起来。贵夫人第二天一早要去参加一个约会，命令贝朗立即将她的衣服熨好。可是贝朗实在是太困了，因而酿成了大错，他不小心将煤油灯打翻，灯里的煤油洒满了那件昂贵的大衣。

那个自私吝啬的贵夫人坚决要求他赔偿。最后，毫无办法的贝朗不得不答应给她白打一年工，来偿还这件归他的脏衣服。

贝朗把那件衣服挂在自己的床前，来提醒自己别再犯错误。很偶然的一个机会，他突然发现，那件衣服被煤油浸过的地方，原有的污渍已经没有了。他决定把这件事情搞清楚。经过反复试验，贝朗又在煤油里配上其他化学原料，终于研制出了干洗剂。

一年之后，贝朗离开了那个贵夫人家，开了世界上第一家干洗店。几年间，他便成了闻名世界的“干洗大王”。如今，干洗店遍布世界的每一个角落，乔利·贝朗的名字也成了一个商业传奇。

哈佛大学的校训：此刻打盹，你将做梦，而此刻学习，你将圆梦。你现在的行为决定了你的未来，种下什么样的因就会有什么样的果。

能够忍受暂时的苦难，能够面对失败，并且在苦难和失败中发现光明的人最容易成功。很多人要么在苦难中甘于平庸，要么在失败面前一蹶不振，最终与成功失之交臂。

斯帕奇的成功

每场悲剧，都会在平凡的人中造就出英雄来。

——斯蒂芬斯

有一个绰号叫斯帕奇的小男孩儿，是家长和老师眼中最不可能成才的孩子。在上小学时，他几乎门门功课不及格，到了中学依然是班里学习成绩最差的，而且他物理成绩几乎次次是零分，他也成了全校有史以来物理成绩最糟糕的学生。即使在最不需要智慧的体育课上，他也表现得一塌糊涂。

可怜的斯帕奇在学校里没有人理睬，他一直都是在失败里度过，每个认识他的人都说，这孩子以后没什么前途可言。也正因为如此，斯帕奇似乎对自己的失败并不在意。从小到大，他都沉浸在自己的爱好——绘画中。

尽管不愿意对别人说，但是斯帕奇深信自己拥有与生俱来的绘画才能，相信自己一定会成为出色的职业漫画家。

但是他的那些作品很难得到大家的认可。在中学时，他一次次向学校的报刊投稿，但是都没有被采纳过。中学毕业那年，斯帕奇还向当时的沃尔特·迪斯尼公司写了一封自荐信，公司让他把漫画作品寄过去。他一丝不苟地创作了许多画作，然而迪斯尼公司最终还是没有录用他。

失败的苦果一次次降临在斯帕奇的头上，成功对于他来说如同水中花月，可望而不可即。在走投无路之际，他开始尝试着用画笔记录自己那失败的人生经历。他用漫画的形式再现了灰暗的童年经历，幽默而略带自嘲地融入了他对生活的理解。

出乎他的预料，这个无心之作反而大受人们欢迎。他所塑造的漫画角色——史努比也成了风靡全球的漫画形象。他这本叫做《花生》的连环漫画笔下有个叫查理·布朗的小男孩儿，和他一样是个彻头彻尾的失败者，熟悉斯帕奇的人都知道，这个被叫做“木头脑袋”的少年，就是童年斯帕奇的翻版。

现在，斯帕奇早已经跻身于世界最出色漫画家的行列了，他就是我们非常熟悉的——查尔斯·舒尔茨。

《哈利波特》的作者 J. K. 罗琳在哈佛大学演讲的题目是：失败，是你给自己的礼物。

如果我们不能正确地面对失败，不能在失败中坚持下来，失败只会带来更大的失败。那些在跌倒后不能够通过自己勤奋站起来的人，将会彻底淹没在失败之中。不断的挫折和磨难，是成功者必不可少的历练，就像化茧成蝶一样。

买的不只是土豆

我未曾见过一个早起勤奋谨慎诚实的人抱怨命运不好；良好的品格，优良的习惯，坚强的意志，是不会被假设所谓的命运击败的。

——富兰克林

一家很大的蔬菜水果商店雇用了两个年龄差不多的年轻小伙子，给了他们同样的工资。这两个小伙子，一个叫阿诺德，另一个叫布鲁诺。

两个小伙子都非常喜欢这份工作，工作非常卖力。但是两个月后，老板给阿诺德升职、加薪，布鲁诺还是和刚入职时一样。

这让布鲁诺非常不高兴。他心想自己和阿诺德入职时间差不多，自己干活甚至比他还要勤奋，要加薪升职也应该是自己。

几天过后，他感觉自己再也忍不下去，就到老板面前发牢骚，希望也能给自己加薪。

老板耐心地听着他的抱怨，明白了布鲁诺的想法，他没有说什么，而是交给他一项任务。

“布鲁诺，你现在到集市上看看，今天都有卖什么的，我想进些货。”

不一会儿，布鲁诺就从集市上跑回来了，兴奋地对老板说：“今天集市上卖菜的非常少，只有一个卖土豆的。”

老板接着问：“那他的土豆有多少？”

布鲁诺摇摇头，只好又跑到集市上，回来告诉老板说：“一共40袋。”

“价格多少？”老板又接着问。

布鲁诺不得不又跑到集市上，问土豆的价格。

等布鲁诺气喘吁吁地回来后，老板对他说：“现在，你什么都不要说，你看看阿诺德是怎么做的。”老板叫来了阿诺德，同样要求他去集市上看看有什么在卖。

不一会儿，阿诺德也回来了。他向老板报告说：“现在只有一农民在卖土豆，一共有40袋……”

阿诺德不仅向老板汇报了集市上有多少土豆、价格多少，他还向老板讲了如下事实：农民的土豆质量不错，如果他们买得多，价格还会更便宜。再过一个小时，这个农民还会再弄来几箱西红柿，价格还很便宜。昨天他们店里的西红柿卖得很快，他想这么便宜的西红柿老板会进一些的。所以他拿了几个西红柿做样品，还把那个农民也带来了，就在店外等着回话。

阿诺德说完，在一旁的布鲁诺已经脸红了。等阿诺德出去给那个农民回话的时候，老板转身对布鲁诺说："你现在知道我为什么给阿诺德升职、加薪了吧?"

布鲁诺低下了头，因为他认识到了自己和阿诺德的差距，自己只是做老板"吩咐"的事。

哈佛人常常自省的是：我荒废的今日，正是昨天殒身之人祈求的明日。从哈佛走出来的人之所以厉害，是因为他们懂得再小的事也要用心去做。真正勤奋的人，能够思考方方面面、高效做事的人。把一件小事做得周全漂亮，必定能成大事。

跨过你的栏杆

虽然世界多苦难，但是苦难总是能战胜的。

——海伦·凯勒

巴拉斯出生在罗马尼亚的一个贫困家庭。他的母亲患有精神分裂症，病情经常发作；她的父亲因为小儿麻痹症而瘸了一条腿，又好赌酗酒。在这样的家庭长大，巴拉斯早已经对生活失去了希望，整天和别人打架，小小年纪就学会了偷窃，周围没有人喜欢这个"无可救药"的疯女孩。

但是一个名叫威尔逊的邻居很关心她，他是当地一个小有名气的跳高运动员。在巴拉斯 12 岁那年，他带着巴拉斯到运动场，教她跳高。

巴拉斯怯生生地问道：“威尔逊先生，您觉得我真的能成为一名跳高运动员吗?”

威尔逊反问道：“你为什么不能呢?”

“您知道，我家里很糟糕，妈妈有精神病，爸爸又残疾……”巴拉斯小声地说。

威尔逊蹲下来，看着灰心丧气的巴拉斯说：“孩子，这和你跳高又有什么关系呢?”巴拉斯犹豫了半天说：“他们都说我不是个好孩子，我怎么能成为像您这样优秀的运动员呢?”

小巴拉斯说着说着哭了起来。威尔逊帮她抹掉眼角的泪水，鼓励她说：“孩子，那都是过去了，没有人天生就是优秀的。如果你愿意成为一个好孩子，你就能做到。不要让不好的家境成为你的阻力，正因为家境不好，你才更应该努力成为一个好孩子。”

威尔逊在运动场给巴拉斯安排了一个 1 米高的栏杆，结果她轻松地就跳过了。而当没有这个栏杆时，巴拉斯只跳了 0.6 米。威尔逊指着那个 1 米的栏杆说：“这个栏杆就像你的家境，没有了它，你就没有足够的动力。现在我把它加到 1.2 米，你一定能跳过去的。”

巴拉斯看着这个加高的杠杆，又想了想自己的家境，她咬紧牙关试了几次，终于跳过去了。

从此，巴拉斯每天都来练习跳高，她下定决心要为改变家庭而努力。巴拉斯很快展示出了在跳高上的天赋，威尔逊把她介绍进了体育俱乐部，还把她介绍给了罗马尼亚男子跳高冠军约·索特尔。

索特尔成为了巴拉斯的新教练，在他的培育下，巴拉斯在 14 岁就跳过了 1.51 米。到了 1956 年夏天，19 岁的巴拉斯跳过了 1.75 米，首次打破了世界纪录。

从 1956 年到 1961 年，巴拉斯 14 次刷新了世界纪录，开创了“巴拉斯时代”。在 1960 年的罗马奥运会上，她获得了自己的第一块奥运金牌。

在1961年，她跳过了1.91米，这个纪录在10年后才被打破。

据统计，从1959年到1967年，巴拉斯获得了140个冠军，是世界上获得女子跳高冠军次数最多的运动员，被誉为“喀尔巴阡山女飞鹰”。

罗琳在哈佛毕业演讲中说：“在挫折中成长，更聪明，更强壮，这意味着从此以后你已拥有了牢不可催的生存能力。这些历经艰辛才获得的宝贵财富，这比任何资格证书都更有价值”。

贫穷、灾难、失败等就像横在人眼前的栏杆，有的人把它当成不可逾越的障碍，最后倒在它面前；有的人则把它当成跨越的动力，飞身而过成就一番大事业。

聪明的勤奋

无论做什么事情，只要肯努力奋斗，是没有不成功的。

——牛顿

一座摩天大楼正在紧张施工，承包商在一旁看着即将完工的大楼，内心不禁一阵喜悦。

这时，一个经常在工地附近玩耍的小男孩走过来，羡慕地向他请教：“您好先生，我请教您一个问题，我该怎么做，长大后才能成为和您一样的有钱人？”

承包商看了看这个虽然衣着破烂但聪明伶俐的孩子，仿佛找到了自己当年的影子。承包商抚摸着孩子的头，对他说：“我跟你讲个故事，曾经有三个工人在同一个工地工作，这三个人都非常努力，只不过这三个人有一个人没有按规定穿工地的制服。后来这三个人中，有一个成了小小的工头；另一个则已经退休；而那个没有穿工地制服的人则成了大承包商，他就是我。”

小男孩不解地看着承包商，于是承包商指着脚手架上的工人说：“你看到这些工人了吗？他们都在为我干活，但是他们人太多，我没法记住每个人的名字，甚至有些人完全没有印象。现在你看看那个穿红衬衫的人。”

小男孩顺着他指的方向，果然看到了一个穿红衬衫的工人，他看起来比周围的工人更加卖力。

承包商对小男孩说：“这个人工作最卖力，每天都最早上班，最晚下班，本来我也没有注意到他，但是他的红衬衫让我辨认出了他。现在我准备把他提升为监工。当年我也是这么引起了老板的注意，最后一步步得到提升。孩子，你要记住，要想成功，除了卖力地工作，做得比别人更好之外，还要想办法让他人看到你的努力。”

林肯曾说过：“卓越的天才不屑走旁人走过的路，他寻找迄今未开拓的地区。”正是这种精神一直在引领哈佛培养出别具一格的人才。

只会埋头苦干的人，永远都在为别人创造财富，只有让别人看到你的努力，才可能获得自己应得的报酬。成功之路也是一条淘汰之路，既要勤奋工作超越他人，也要运用技巧让自己显现出来，这样更容易获得机会。

PART 8

勇者无敌

光荣终归于英雄

哈佛大学有一句名言一直激励着它的学生们：你勇敢，世界就会让步。如果有时它战胜你，你要不断地勇敢再勇敢，它就会屈服。所以命运只会眷顾勇者，一往无前的勇气是开拓者的利剑。

鹰之歌

【苏】高尔基

一条蛇，幽幽地爬在山岩间，躺在潮湿的山谷里，盘成一团，看向大海。太阳向天空释放着炽热的光线，群山则向天空回击着滚滚的热气，海浪在敲打着山岩下的石头。向山谷看去，一片幽黑、一片沫白，山泉嘶吼地迎向山谷，冲着大海狂泻而去。乳白的、奔流的山泉，整个沉浸在沫白里，它拦腰山涧，奋不顾身地冲向海里。

倏忽间，在蛇所盘落的山涧，空中坠下一只胸腔撕裂、翅羽淌血的鹰。他惊鸿一鸣，坠向大地，心中似有悲愤与无奈，胸腔击在一块很硬的顽石上。

蛇被惊了一大跳，飞速地爬走。但是，他立即看出这鸟儿离死亡只剩下三两分钟。他爬向那快死的鸟儿身旁，面向他轻轻地说："哎，你这是快不行了吗?"

"对的，快死了。"鹰长长地叹了一口气回应道，"啊，我的一生都很美好，我知道什么是快乐。我奋勇地争斗过了，我看过天！嗯，你看不到那么近的天空的。唉，你这不幸的小虫。"

"那有什么值得炫耀的。天吗? 空空如也，我怎么可能待在天上? 我在这土地上很好，又舒服、又温润。"蛇对那高傲的鸟儿这样答道。他听见那鸟儿的口不择言，心中偷偷地笑了起来。同时，蛇还这样想："哼，天空中扑棱也好，地上伏地而行也罢，最后还不是都要埋入这土里，都要成为尘土。"不过，那果敢的鹰突然容光焕发，稍稍地仰起身体，看了一眼山谷。水穿过灰暗的石头落下来，阴郁的山谷犹如蒸笼，还散发着腐化的恶臭。鹰突地打起精神，痛楚地叫着："如果再到天上飞一圈，那该多好呀！我要把仇敌紧压在我胸前的伤口上，让我的血呛入他嘴里。啊，无畏的战斗是多么美好的时光啊!"

不过，蛇却是这样想：“天上的风光可能的确很不错吧，要不然为何他要低吟呢?”他给那个自由的鹰建议说：“这样吧，你挪动到山谷那边去，然后跳下去。或许翅膀会把你托起来，你就可以在天空里再次翱翔了。”

鹰颤栗了一下，又悲鸣了一声，他挪了过去，地上的石头上滴满了血液，一直延伸到悬崖边上。到了边缘处，他张开翅膀，眼睛里闪着光亮，猛然间吸了一口气，然后顺势向下面滑翔而去。

然而他并没有飞起来，他如石头一样顺着山崖滚了下去，飞快地往下落。啊，他的羽翼断开了，羽毛撒落了。他掉在了水流湍急的小溪中，波浪迅速将他卷走了，水里的泡沫上混合着红色的血，最终，他被冲进了海里。海浪冲击着石头，抹去了一切痕迹，那鸟儿连遗骨都没有留下来。

蛇仰卧在山谷里，那鸟儿的身亡以及对天空的热爱，让他想了很久。他目视着天空——那让人产生狂热的幻想、倍感愉悦的尽头思索着：“那咽气的鹰，他在这没有头、没有尾的偌大天空中，到底看见了什么呢？它为何在死之前，想尽一切办法飞到它所酷爱的天空中呢？要是我也能去一趟天空，也许很快就知晓其中的答案了。”

蛇说做就做。他盘成一团，将自己扔向空中，像一条细长的带子，闪亮着冲向太阳。

他遗忘了，会爬的是不会飞翔的。最终他狠狠地摔在石头上，所幸没有摔死。他敞怀大笑起来：“哈哈，你们看，飞入云层里有什么可炫耀的啊？就是因为最终落下来了吗？好笑的鸟儿呀，他们不明白在地上的好处，一旦待在地上就烦闷不已，拼了命也要飞入云层，到炽热的天中去寻找光明。天空不过是浮云，那里虽然充满了明亮，但是没有食物啊，没有什么东西用来生活啊。唉，他们怎么这么傲骄呢？为什么怨恨呢？为什么要用孤傲来掩盖自己那颗炽热之心呢？一旦自己不能够活下去，那还有什么可怨恨的呢？唉，这些不知所以的鸟儿啊。

不过，现在我不会再受别人的蛊惑了，我什么都明白了，我也见过了天。我已经飞入那云层中过，况且把天空都丈量了一番，也体悟到了跌落的感觉。因为没有摔死，决心和毅力也比以前更强了。哦，让那些不喜欢生活在地上的，靠欺瞒去过活吧。我知晓了真理，他们的号召，我是不会去响应了。我是在大地出生的，就要在大地中过活。”于是，他就在石头上高傲地盘成一团。

海还如星河般闪耀，浪涛庄严地拍打着海岸。在浪涛的嘶吼声中，轰隆隆地响着称颂那孤傲的鸟儿的赞歌。山岩被浪涛拍击得发抖，天空被那尊容的歌声动摇得哆嗦了。我们称赞勇者们狂热的精神。他们的狂热精神，就是生活的真谛！英勇的鹰啊，你在和仇敌的决战中流尽了血，但是终会有一天，你那点点滴滴的热血就像篝火一样，在黯淡的生活中发出亮光。许多勇者的心，将被自由、狂热的期望烧灼起来。你就安心地离去吧！在精神矍铄的勇者们的赞歌里，你将是永垂不朽的典范，是追求自由、向往光明的旗帜。我们称颂勇者们的狂热精神！

无论头上是怎样的天空，我准备承受任何风暴。

——英国浪漫主义诗人　拜伦

患有恐高症的“蜘蛛人”

所有胜利的第一条件，是要战胜自己。

——西兰帕

1983年，伯森·汉姆徒手攀登了高达440多米的纽约帝国大厦，创造了徒手攀爬高楼的新吉尼斯世界纪录，因此他也获得了“蜘蛛人”的称号。

美国恐高症康复协会得知这一消息后，便打电话给汉姆，希望他能出任康复协会的心理顾问。在美国，有数万人患有恐高症，他们不敢登高，有的人甚至不敢站在椅子上换灯泡。为了帮助千千万万像自己这样的恐高症患者，汉姆接受了协会的聘请。

当汉姆接到聘任书后，他打电话给康复协会的主席诺曼斯先生，请他查一下协会第1042号会员的情况。当诺曼斯看到这名会员的资料时，他大吃一惊，原来1042号会员就是汉姆！这下诺曼斯明白了，这位创造了吉尼斯世界纪录的高楼攀登者，竟然曾是个站在二楼阳台上就有些害怕的恐高症患者！为了解开心中的谜团，他决定亲自拜访一下汉姆。

当诺曼斯来到汉姆位于费城郊外的家里时，汉姆的家人正在为他举办一场庆祝会。在庆祝会上，有十几位记者围着一位老人采访。这位老人就是汉姆94岁的曾祖母，她听说汉姆创造了吉尼斯世界纪录后，专门从100千米外的葛拉斯堡罗赶来。

更让人惊奇的是，老人是徒步走过来的，她想用这一特殊行动为汉姆的庆祝会添彩。而她这个无心之举，也创造了一个吉尼斯世界纪录——她成为徒步走100千米年龄最大的人。

有一位《纽约时报》的记者问她："当您徒步走过来时，是否因为自己年龄太大而犹豫过?"

精神饱满的老人哈哈一笑，对这位记者说："小伙子，如果你打算一口气跑完100千米，那也许需要很大的勇气和决心，但是走一步路是不需要的。只要你走一步，再走一步，一步一步地走下去，100千米也就不难走完了。"

诺曼斯接着问汉姆："那么，你登上帝国大厦的秘诀是什么呢?"

汉姆看着曾祖母说："我的秘诀和曾祖母一样。虽然我也害怕帝国大厦400多米的高度，但是我并不害怕每一步的高度。所以我只要战胜每一步，然后一步步地攀登下去就行了。"

哈佛大学心理学家乔瑟夫·史兰德说：恐惧是自人类诞生之妆便伴随我们的重要基本情绪之一，每个人都会受它影

响。有时它会使我们焦虑，有时它会使我们不敢前行，有时它会让我们的生活一团糟。

在攀登高峰的路上，很多人没有一步一步走下去的勇气，最终半途而废。或许你没有勇气一次走完100千米，但一步步走下去，终会到达终点。要知道，所有的大成功都是由无数小成功积累而成的，有勇气战胜小成功，慢慢地就会实现大成功。

拒绝基辛格的酒吧

由百折不挠的信念所支持的人的意志，比那些似乎是无敌的物质力量具有更大的威力。

——爱因斯坦

在耶路撒冷，有一家名为“芬克斯”的酒吧，这个酒吧面积不大，只有30平方米，但是它的名声却非常大。这个酒吧连续多年被美国《新闻周刊》列入世界最佳酒吧的前十五名。

20世纪70年代，“芬克斯”酒吧的老板是罗斯恰尔斯，他是个犹太人。有一天他接到了一个电话，打电话的人非常委婉地说：“我有10个随从人员，我们将去您的酒吧，方便起见，您能谢绝其他顾客吗?”

罗斯恰尔斯十分坚定地说：“我非常欢迎你们的到来，但是要我谢绝其他顾客，这不可能。”

其实打电话的人是美国前国务卿基辛格博士。他当时在中东地区进行访问，在行程即将结束时，他在别人的推荐下，准备在“芬克斯”酒吧放松一下身心。

听到自己的请求被拒绝，基辛格不得不坦言说：“我是美国国务卿基辛格，我希望您能考虑一下我的要求。”

但是罗斯恰尔斯仍然非常礼貌地拒绝了："基辛格先生，您能光顾本店是我的荣幸，但是因为您的缘故而将其他顾客拒之门外，无论如何我做不到。"

基辛格第一次遇到这种情况，情绪有些失控，生气地挂掉了电话。

到了第二天傍晚，罗斯恰尔斯又接到了基辛格的电话。他首先为昨天的失礼行为道歉，然后又说他明天会带三个人过来，只订一桌，不必谢绝其他客人。但罗斯恰尔斯仍礼貌地拒绝了他。

基辛格感觉非常意外，问道："这又是为什么呢？"

"对不起，基辛格先生，明天是星期六，本店要关门休息。"罗斯恰尔斯解释说。

基辛格再次请求道："但是，我后天就要回国了，您能否破例一次？"

罗斯恰尔斯非常遗憾但是诚恳地说："先生，您知道，我是一个犹太人，星期六对我们来说是个神圣的日子，我们必须休息，如果我们做生意，那就是对神的不敬。"

基辛格最后只好悻悻地离开了中东，但是这次拒绝却大大提高了"芬克斯"酒吧的知名度，原因就是它既尊重顾客，又坚持原则。

在面对外来压力尤其是高官权贵时，很多人没有勇气去拒绝，失去本应该坚守的原则。我们应该像罗斯恰尔斯一样，坚守自己做人的原则，在应该拒绝的时候就坚决拒绝。

推开最沉重的大门

任何卓越的胜利，总多少是大胆的成果。

——雨果

从前有一位国王，他已经年迈，而王子年纪尚幼，不能处理国事，所以他决定选一位大臣来担当要职，辅佐自己治理国家。他的国家不乏人才，但真正能独当一面的不多。

国王细想，选出的大臣不仅要有智慧，更要有足够的勇气，因为他要代自己治理国家。如何才能选出最能胜任的大臣呢？他着实动了一番脑筋，最后想出了一个好方法。

他把候选的大臣们带到一扇奇大无比的门前，对他们说："这就是我们王国中最大也是最重的门。你们谁能把它推开？谁做到这一点他就是王国里最智慧勇敢的人，就能替我治理国家。"

面对着国王的提问，大臣们议论纷纷，但谁也没有去推门。一些大臣不停地摇头，他们认为这扇大门肯定打不开；还有一些大臣，虽然到大门前观望，但只是装腔作势而已，并不动手去推门，他们害怕自己一旦推不开，就会当众出丑；更有一些大臣只是静静地看着，他们认为国王一定别有用意，静观其变才能坐收渔利。

每个大臣都打着自己的小算盘，试图找到最有利于自己的结果。正当他们犹豫不决的时候，一位年轻的大臣从人群中站出来，向大门走了过去。他双手放在大门上使劲一推，结果看似厚重的大门一下子就被打开了。

直到这时，大臣们才发现，原来这扇门是虚掩着的，没有上锁，它并不重，任何人只要轻轻一推，就能把它打开。

这位年轻的大臣并非位居高职，但是工作勤勤恳恳。他在工作中刚直不阿，因为多次顶撞上司而被压制。

最终，这个年轻的大臣得到了国王的嘉奖，并获得了这份要职，那些自以为是的大臣最终落选了。在这位年轻大臣的治理下，国家运转得井井有条。后来，老国王还让他担任了小王子的老师。新王子继承王位后，这位年轻大臣也一直辅佐在左右。

哈佛人认为：勇气只是多跨一步就超越恐惧。我们都会

遇到挫折甚至危险，如果逃避，就不会解决任何问题。勇敢的挑战，把它解决掉，才会有质的飞跃。

美国天才商业家莱利斯说：“有勇气，有智慧的人通常会选择走一条人迹罕至的路，因为另辟蹊径才有可能留下很深的足印。”

死里逃生的探险队

我崇拜勇气、坚忍和信心，因为它们一直助我应付我在尘世生活中所遇到的困境。

——但丁

迈克·莱恩曾经是英国皇家探险队的队员，他非常出色，在探险界享有盛誉。不过很多人知道他的名字，并不是因为他征服了多少高山，而是因为他通过一次大胆的冒险行动拯救了整个探险队。

1976年，莱恩和他的探险队非常顺利地登上了世界第一高峰珠穆朗玛峰。但是在下山的途中，天气突变，他们遇到了暴风雪。

他们根本没有预料到天气会突然变化，暴风雪很可能会持续十天半个月，更严重的是，他们所剩的食品已经不多。因此，他们陷入了两难的境地：如果他们停下来扎营，又不知道风雪什么时候停止，救援队何时到来也是未知；如果继续前进，大部分路标已经被积雪覆盖，他们必然会走许多弯路，他们所带的行李及增氧设备也会拖累他们，很可能累倒在半途中。

就在整个探险队陷入迷茫的时候，迈克·莱恩率先扔掉了那些珍贵的装备，只留下了少量的食品。他决定轻装下山。

他的做法遭到了几乎所有队友的反对。他们认为，即使最快也要10天才能下山，轻装上阵意味着他们几乎在10天内不能安营休息，而且扔掉沉重的增氧设备也很可能让他们因为缺氧而冻坏身体。

总之，大家认为，莱恩的做法太过冒险。

莱恩坚定地说："我们必须这么做，也只能这么做。这种天气肯定会持续十天半个月。我们再犹豫下去，所有的路标都会被大雪掩埋，到时候我们就彻底走投无路了。现在我们把所有的重装备扔掉，坚定一个信念——走出暴风雪！轻装可以大大提高我们下山的速度。只要我们抛弃幻想，坚定信心，我们就有希望走下山。"

在他的鼓励下，队友们采纳了他的建议。他们扔掉了绝大部分装备，迅速下山。一路上，他们互相鼓励，忍受着暴风雪和疲劳。结果，他们仅用 8 天就到达了安全地带。而恶劣的风雪持续了半个多月，如果他们没有轻装下山，结局不是饿死就是冻死。

后来，他们的故事广为流传，伦敦博物馆听说了他们的冒险经历，请求他们赠送此次攀登珠穆朗玛峰的相关物品，在博物馆留作收藏。

几天后，他们收到了莱恩寄来的物品，原来是莱恩下山时被冻掉的脚趾。里面还有莱恩的一封亲笔信，上面只有一句话。

真正的勇士，是那些在关键时刻敢于放弃的人。

哈佛校长 Drew G. Faust 在毕业演讲时这样说过：选择也是一种放弃。

在选择人生的道路时，同时也在对自己的选择提出质疑。放弃既得的东西，需要很大的勇气，尤其是在危难的时候，人们更不愿意放弃。体验失去的痛苦，也是一种收获，因为就会明白"舍小取大"的道理，就能明白"置之死地而后生"的奥秘。

强者都是疯子

你若失去了财产，你只失去了一点；你若失去了荣誉，你就会丢掉了许多；你若失掉了勇敢，你就失去了一切。

——歌德

1965年，一个抱着狂热电影梦的青年人考入了加州大学长滩分校，攻读他梦寐以求的电影专业。在这个小伙子大三也就是他21岁的时候，他拍摄了一部讲述在沙漠中相遇的年轻恋人的短片。

虽然这个短片仅有24分钟，但是非常完美，尤其在资源有限的大学生中，这个短片可以说已经做到了极致。不久之后，环球影视公司的行政长官西德尼·乔·辛伯格偶然看到了这个爱情短片。短片刚播完，他就激动地对助手说："这个小电影棒极了！请你尽快安排这个导演来见我。"

第二天，助手来到辛伯格的面前，犹豫地说："这部短片的导演只是个大学学生，并不是专业导演……"

没等助手说完，辛伯格就激动地说："我才不管他是什么，我就要见他!"

一个星期后，辛伯格见到了这个还略带青涩的小伙子。

刚一见面，辛伯格就对小伙子说："我非常喜欢你的电影，我们现在就签个合同吧。"

小伙子一下子惊呆了，环球影视公司是每一位导演梦寐以求的地方。按他这个年龄，根本不可能成为这个公司的导演，实际上在好莱坞其他电影公司，也几乎没有这么年轻的导演。他明白自己遇到了一个千载难逢的机遇。

但是，年轻人犹豫地说："我是个犹太人，而且还在读书，还有一年才大学毕业呢。”

辛伯格直截了当地问道：“那你是想上大学还是要当导演?”

年轻人的额头开始冒汗了，他面临着一次重大的选择。犹太人非常重视教育，让他中途结束学业实在需要很大的勇气。

经过激烈的思考，当天下午年轻人就与辛伯格的环球影视公司签订了一份“自愿服务”7年的合同。这种合同风险非常大，有人说只有那些神经不正常或者有着极大野心的人才会签这种合同。

当然，这份合同辛伯格也冒着极大的风险：让一个大学还未毕业的学生来做导演，是公司前所未有的事，一旦这个年轻人被证明不是个好导演，很可能会给公司带来极大损失。

但是，这场豪赌的结果却是双赢。这个年轻人和辛伯格都可以说是“神经不正常”或“野心膨胀”的人。他们以百倍的勇气开始了携手共进的电影事业。

这个年轻人陆续拍出了《大白鲨》《侏罗纪公园》《辛德勒的名单》等一系列杰作，他就是大名鼎鼎的斯蒂芬·斯皮尔伯格。

哈佛人相信：所有人的成功都不是偶然的。

没有疯狂追逐梦想的勇气，又怎么能奢望成就一番大事业。某种程度上说，强者都是疯子，因为只有无所畏惧的“疯子”才有足够的勇气和决心，才能爆发出强劲的能量。尤其是当人生面对重大的抉择时，更应该有奋力一搏的精神。

趟过生命之河的泥人

勇气是人类最重要的一种特质，倘若有了勇气，人类其他的特质自然也就具备了。

——丘吉尔

人人都知道泥人怕过河，每当泥人遇到河，他们也都是绕着走。但是有一天，上帝却对泥人们说：“如果哪个泥人能够渡过我指定的河流，我就赐给他一颗金灿灿的心，让他上天堂。”

听了上帝的话，泥人们陷入了沉思，没人愿意去冒这个险。后来，一个小泥人站了出来，想要过河去，他的亲朋好友纷纷劝说他不要这么做。有的说：“泥人怎么能过河呢？你别痴心妄想了。”还有的说：“那些鱼虾会把你吃掉的。”还有人直接点出了问题的关键：“泥在河水里会溶化的，你难道是想死吗？”

尽管大家都是出于善意而劝他，这个小泥人还是执意要过河。他不想一辈子都是小泥人；他想要一颗像金子般的心，永不消失；他想改变自己卑微的命运，过上天堂般的生活。

但是他知道，通往天堂的路，必须先接受地狱般的煎熬，这就是他将要渡过的河。

看到流淌而过的河水，他不禁有些犹豫，但还是毅然踏入其中。脚刚进入河水，一阵撕心裂肺般的痛楚立即就涌上了身，他的脚开始溶化。看到痛苦的小泥人，就连河水也不禁大喊：“赶快回去吧，你会死掉的！”

小泥人忍着剧痛，一步步艰难地向前挪动。他明白，在自己选择踏入河水的那一刻，已经没有了退路——如果往回走，即使回到岸边，他也变成了一个残疾的泥人；如果他在水中犹豫，那无疑是死得更快，他只能向前。

小泥人挣扎着向对岸走去。每当难以支撑的时候，他就会抬头看看对岸，那里开满了鲜花，碧绿的草地上牛羊们在欢快地跑着，蔚蓝的天空上小鸟在自由地飞翔——这就是大家向往的天堂。

看着一步步接近的天堂，小泥人坚定地向前挪动，1 厘米、1 厘米……每一次前进，他都感觉到鱼虾在肆意地撕咬，他都感觉到身体不断溶化的剧痛。

小泥人很想停下来喘口气，但是他知道，如果停下来，他就要真的留在这条河中了。最后，他靠着残存的意志，在弥留之际终于爬到了岸边。

他长出一口气，瘫倒下来。他想挣扎着站起来，生怕自己残存的“泥身体”弄脏了漂亮的草坪。但是当他低头一看，自己过河时伤痕累累的身体已经完好无损，而且上帝果然给了他一颗金灿灿的心！

原来，上帝让小泥人趟过的是生命之河！

不因一时的挫折停止尝试的人，永远不会失败，只要有足够的勇气就能够到达终点。

无所畏惧的人，就像小泥人一样拥有非凡的承受力，才能把握住命运的风向。人生也是如此，要想到达哈佛的殿堂，就要经过长年累月艰苦卓绝奋斗。

征服命运的罗斯福

我认为克服恐惧最好的办法理应是：面对内心所恐惧的事情，勇往直前地去做，直到成功为止。

——罗斯福

美国前总统富兰克林·罗斯福是美国历史上最伟大的总统之一，他曾就读于哈佛大学。这位身残志坚的总统是哈佛的骄傲，也是美国人民的骄傲。

1921年，年仅39岁的罗斯福就已经成为美国国会参议院的议员，成为当时政坛上冉冉升起的政治明星。就在他准备在政坛上大显身手的时候，厄运降临到了他的头上。

这一年的8月，罗斯福带全家人在坎波贝洛岛休假。有一天，他在冰冷的海水里游泳，忽然感到双腿麻痹，后来经诊断他患上了脊髓灰质炎，从此之后，他的双腿就再也站不起来了。

面对这一厄运，罗斯福的家人感觉非常痛心，美国政坛也一片哀叹之声，认为一颗政坛新星就此陨落了。但是罗斯福却显得非常平静，高烧、疼痛和残疾没有让他放弃希望，他凭借自己坚强的意志战胜了病魔。

刚刚患病的时候，罗斯福每天都只能在轮椅上度过，上下楼更得需要别人的帮助。但是罗斯福不愿意自己下半生都如此生活，他每天晚上都偷偷练习如何爬楼梯。

不久之后的一天，罗斯福告诉家人，他想到了一种上楼梯的好方法，要表演给大家看。

当大家看到罗斯福如何上楼梯后，所有人都惊呆了。原来他先用双臂的力量把自己撑起来，慢慢挪到台阶上，然后再把双腿拖上去。他就是这样一个台阶一个台阶地爬完了楼梯。罗斯福的母亲看到这一幕后，伤心地对他说："孩子，如果你要用这种方法上楼梯，别人会嘲笑你的。"

罗斯福坚定地说："我不想依赖别人生活，既然事实已是如此，我就应该面对自己的遭遇。"尽管身体残疾，他没有因此而自怨自艾，而是勇敢地战胜困难。1928 年，罗斯福重返政界，参加州长竞选而险胜，并于次年当上了纽约州州长。1932 年在"大危机"的背景下，罗斯福提出了实行"新政"和振兴经济的纲领参加竞选。

每一次竞选，无论是竞选州长还是总统，他的政敌们在竞选中总是用他的残疾来攻击他。对此，罗斯福告诉人们："我们选择某位候选人，并不是因为他能做前空翻或后空翻。他做的是脑力劳动，好的候选人要想方设法地为人民造福。"正是这样的坚忍和乐观精神，罗斯福一路披荆斩棘，终于在 1933 年的总统竞选中击败胡佛，开始了自己传奇的总统生涯。

搏击长空

只有坚强不屈的人，才能拥有足够的勇气，才能征服一切。挫折和逆境固然让人痛苦，但也给我们一个面对自己、战胜命运的机会。一旦我们突破了这些挫折和逆境，成功也就顺理成章。

PART 9

智慧之光

拓展人生的坦途

哈佛教授怀特海说：“凡是不重视智慧训练的民族注定要失败的。你们所有的英雄行为，所有的社会魅力，所有在陆上和海上的胜利，都不能改变这个命运。”

人——一种无常的存在

【印度】阿罗宾诺

人的存在是无常的、非终极的。我们一直向往着圣光，我们的身心时刻沐浴着崇高，受它的昭示，我们一步一步走向解脱，从有限的苦难尘世走向解脱和光明。

人的肉体束缚着心灵，心灵又存在于意志力之中，只是意志力并非确定存在。心灵只负责探索真理，而并非真理的拥有者，所以心灵并非是至高无上的，只是一种天真的存在。真理有绝对和相对之分，绝对的真理只被神秘的智者拥有。拥有神圣智慧的智者同时拥有非凡的理智和意志力，神圣的智者自由自在、无所束缚。拥有超级智慧的人是超人，人类正在走向进化为超人的道路上。

在人类的进化过程中，超人便是我们的目标，因为这是历史的必然，是存在发展的必然，是自然生命发展的必然，符合我们所有的逻辑标准。

生命自然的进化，由物质到动物和人类，已然成为事实，这是受圣光沐浴的结果，是圣神诞生的第一次预兆。人类世界假若有幸诞生出超人，这便是神圣的完满。肉体禁锢着灵魂，而神秘的智慧便从这灵魂中诞生出来。

将自己的天性发挥到极致的人，是拥有超智慧的人，这种智慧集知识、权力、智性、意志、性情、天才、活力、神圣、爱恋、纯洁等或者更高级的智慧于一体。超智慧产生于人的灵性，甚至是超越人的灵性，是人类智慧当中最伟大的智慧、最崇高的存在。

人的存在，是一种颇为理智的存在。人的智力和物质性的大脑息息相关，与大脑连为一体，受大脑的牵制。大脑如同一棵茁壮有力的嫩芽，理智若与大脑互相映衬、相得益彰，自由和力量便会显现出来；理智若与大脑相互隔绝、相互阻碍，我们只会收获狭隘和不足，有碍于我们的生活。比如，那些受利益驱使的仆人或者奴隶，那些足以让我们骄奢淫逸的欲望和贪念，这样的力量，是一种限制。圣者是拥有超凡境界的人，他们的智慧足以洞察我们的本质，看穿我们的灵魂，得到他们的指引，芸芸众生的心灵可以得到根本性的改变。

人的心灵之光是人身上的一种至高无上的力量，也是一种冥冥之中指引我们的一股极其微弱的力量。哪怕是在我们心思澄明之时，它也只是一道微光的折射，异常微弱。超智慧的存在将是我们大脑的主宰，让我们在知识领域中无限遨游，爆发着自己的力量。我们从这些超智慧中得到从俗界难以得到的和谐，我们从这些超智慧中得到无尽的力量。

人只是宇宙中的缥缈微小的存在，但是人的内心却充满了无尽的欲望，欲望焚烧着内心，驱使着人去乞讨名和利。这样的心灵在宇宙圣光中是一道黑色的光线，他的心灵是兴奋、争斗和艰难，他在激情中不能自拔，在悲伤里沉浸消磨，如同一个乞求哪怕是一丁点儿圣光照耀的残疾人。他的身躯是被奴役的、易逝的。这样的生命绝对不是大自然造化的恩赐。超人类的存在，将是人类的未来。否认其存在的观点，就像挡在我们面前的大墙一样，即便是这样，我们依旧可以从否认中，看到墙缝对面的圣光。一个永不消逝的灵魂，将会永远存在于我们的身体上，闪耀出火花；将会庇护着我们的灵魂，使我们免受世俗的干扰。这个伟大的灵魂持有者，由于受到人类坚硬躯壳的限制而不得降临，外表深深地裹住了我们原本明亮的灵魂。

总的来说，灵魂是静止的，有些更是无形的。存在于人身上的灵魂，真实存在于人的天性上，而并非存在于人的物质的外表。灵魂不仅仅因为肉体而生，更因为生而生，它们并非是现实存在的，而是人类意识的最高境界。

人的成就不在于他是什么样的人，而在于他成就了什么样的事情。人的荣耀是他在自己的领域内制造的，在这个领域内有些神圣的力量培育着超人。与此同时，人是高级的创造，正因如此，人具有了制造完美超人的能力，这也是人与生俱来的伟大属性。要想变成完美的超人，我们必须具备奉献精神，我们要有献身的意志，让我们崇尚的精神荣耀来代替我们本身凡俗的肉体。我们对圣光的渴望正等同于自然界对超智慧造世者的渴望。

人人都呼唤智慧，人人都希望得到崇高无上的智慧，如果这些都能够实现，那么辉煌而前途无量的革新时代就来临了。

无知是智慧的黑夜，没有月亮、没有星星的黑夜。

——古罗马最杰出的演说家、教育家 西塞罗

只借1美元

打破常规的道路指向智慧之宫。

——布莱克

一天早晨，纽约的花旗银行迎来了一位前来办理业务的犹太大富豪。他穿着名贵的西服和高档的皮鞋，带着昂贵的手表，手里提着一个装了不少东西的皮包。

银行经理一看就知道来了大客户，立即迎了上去："请问先生，您有什么需要我们效劳吗？"

这位富翁说："我想借点钱。"

经理马上说："没问题，只要您有足够的抵押，想借多少都行。"

在贵宾接待室，这位犹太人打开了带来的皮包，从里面拿出了一大堆股票、债券，还有一堆金银珠宝。经理粗略估计，这些东西的价值不低于100万美元。

经理看着这些东西，试探问道："您想借多少，200万？还是300万？您的这些抵押完全能够贷到300万美元。"

这个富翁笑着说："我只想贷1美元，可以吗？"

经理不敢相信自己的耳朵，怀疑自己听错了。他怀疑地问道："您确定只贷1美元吗？即使比300万美元还高，我们也是可以考虑的。"

犹太富翁回答道："是的，就是1美元，您不能办理吗？"

经理转念一想，也许这个性情古怪的客户故意考验我呢。也许他只是想看看银行的信誉和办事效率，大买卖在后面呢！

于是经理装出非常高兴的样子说："当然可以办理，只要有足够的担保，无论借多少，我们都可以办理。"

然后经理迅速给这位古怪的富翁办理了手续，并对他说："这笔贷款的年息为6%，您贷一年，只需在一年后还清贷款和利息，我们就将抵押的东西还给您。"

一年之后，这位犹太富豪再次来到了银行，对经理说："我今天来还那1美元的贷款，您可以把我抵押的东西还给我了。"

经理很快就办理好了手续，将富翁抵押的东西清点无误后还给了他。富翁道了谢后就要转身离去。一脸不解的经理忍不住问道："先生，您真的没有其他业务要办了吗？无论您有什么业务，我们都乐意效劳。"

富翁笑了笑说："没有了。"

这下经理彻底如坠迷雾，问道："那……那您当初为什么只借1美元呢？"

犹太富翁转过身说："好吧！我不妨把实情告诉您。我今年去国外旅行了一年，带着这些值钱的东西很不方便，放在家里又不安全。我问过几家金库，要租他们的保险箱，但是租金都很昂贵。所以我就到贵行借了1美元，这样，这些东西都由你们替我保管，况且利息相当便宜，存一年才不过6美分……"

经理恍然大悟，不禁十分钦佩这位做法高明的犹太富翁。

"我的大部分知识都是这样获得的：在寻找某个资料时意外地发现了另外的资料。"这句谚语在哈佛大学里广为流传。

换个角度看问题，很可能就能找到更为简便的方法。当我们在前进的道路上遇到困难止步不前时，"逆向思维"可以创造出别人想不到的商机。

马拉松冠军

每一步都自有价值，每走一步都走向一个终于要达到的目标。

——歌德

1984年，在东京国际马拉松邀请赛中，日本选手山田本一获得了冠军。这个结果让人们大吃一惊，因为在此之前，山田本一在马拉松赛跑界没有什么名气。记者蜂拥而向，争相询问这位"新科冠军"

是如何成功的。山田本一在记者的追问下，简单说了一句话："凭智慧战胜对手。"

人们对这个回答大失所望，认为这个矮个子选手不过是偶然获得冠军罢了，还在故弄玄虚。业界也对他那句"凭智慧战胜对手"不屑一顾，因为马拉松赛是一项体力和耐力的运动，取胜关键就在于身体素质和耐性，甚至连爆发力和速度都列居其次，"凭智慧取胜"好似无稽之谈。

两年后，在意大利北部城市米兰举行的国际马拉松邀请赛上，山田本一再次代表日本参加比赛，结果他再次夺冠。

记者采访他，不善言辞的山田本一还是说自己是凭借智慧战胜了对手。这次没有人挖苦他了，但是依然对他的解释颇为不解。

直到10年后，这个谜终于解开了。这一年，山田本一写了本自传，他在书中写到。

每次比赛之前，我都要乘车把比赛的线路仔细勘察一遍，把沿途比较醒目的标志在地图上画下来，比如第一个标志是一家银行；第二个标志是一棵孤零零的大树；第三个标志是一座很显眼的红房子……就这样这样一直画到赛程的终点。

比赛开始后，我就奋力地向第一个标志冲去，等到达第一个标志后，我又以同样的速度向第二个标志奋力跑去。40多千米的赛程就被我分解成一段一段，这样就轻松地跑完了。起初，我把我的目标定在40多千米外终点线上，结果我跑到十几千米时就疲惫不堪了，看着还剩下的遥远路程，我都被吓倒了，自然速度也就降了下来。但是我把整个赛程分成几段，就能保持同一个速度跑下去。

哈佛大学建校300多年，先后走出8位美国总统。是什么样的力量支撑那么多哈佛人成为社会的中坚力量，实现伟大的梦想呢？

在现实中，如果制定的成功终点太遥远，就会让很多人失去信心，最终半途而废。可是如果我们把远大的梦想分解一下，先朝一个容易实现的目标努力，成功后再向下一个容易实现的目标前进，日积月累，再长的梦想之路也都走完了。

克里斯蒂的耳环

无论做什么事情，都不要着急，不管发生什么事，都要冷静、沉着。

——狄更斯

英国著名女作家阿加莎·克里斯蒂参加一个作家研讨会，结束的时候已经很晚了。一对朋友夫妇想送她回家，但是看着疲惫的朋友，她婉言谢绝了，自己一个人上路了，何况她住的地方也不算远。

她独自一人走在行人稀少的大街上，就在她马上快到家的时候，从大楼阴影处，一个身材高大的男子向她走了过来。克里斯蒂还没来得及逃跑，一把尖刀就抵到了她身上。在这危急的时刻，四周根本没有一个人，呼救和逃跑都是不可能的。

克里斯蒂写了《东方快车上的谋杀案》《尼罗河惨案》等一系列侦探小说，塑造了和福尔摩斯齐名的侦探赫尔克·波洛，成为世界一流的侦探小说家。想到这些，克里斯蒂心里不禁一阵苦笑，没想到，今天晚上她本人也遇到了抢劫。

显然，不会有赫尔克·波洛来救她，克里斯蒂需要自己救自己。

克里斯蒂立即装出一副很害怕的样子，战战兢兢地说："你……你想干什么……"

这个强盗倒也干脆："快！把你的耳环摘下来给我！"

一听说强盗只是要耳环，克里斯蒂显得平静了许多。只见她努力将大衣的领子竖起，护住自己的脖子，同时摘下自己的耳环，一下子把它扔到地上。

她可怜地乞求道："拿去吧！现在放我走吧。"

强盗看到她对耳环毫不在乎，反而努力用衣领遮住自己的脖子，显然她有一条非常值钱的项链。他并没有去捡地上的耳环，而是接着对克里斯蒂恶狠狠地说："快！把你的项链给我！"

克里斯蒂继续可怜兮兮地说："先生，这条项链不值钱，留给我吧，你把耳环拿去。”

强盗晃了晃刀子，不耐烦地说：“少废话！快点摘给我！”

克里斯蒂极不情愿地摘下了自己的项链。强盗一把抢过项链，飞快地逃跑了。

看着强盗走远了，克里斯蒂长舒一口气，高兴地捡起了扔在地上的耳环。原来她刚才那么做，只是为了保护自己的耳环。她的耳环才是真钻石耳环，价值 4800 英镑；而强盗抢走的项链，只是个玻璃仿制品，只不过花了 6 英镑。

如果你比别人更具智慧，别人会从你的行为看出来。哈佛情商课上也曾经讲到这样的主题，只有真正聪慧的头脑，才能遇事处乱不惊。

在危急时刻，更能显现出一个人的智慧。面对危险，先冷静下来，调动大脑来想出应对的办法才是破解问题的关键。一个充满智慧的大脑能够轻易打败强壮的人。很多时候，胜算来自于头脑，而不是蛮力，用智慧获胜才是真正的强者。

只有一名顾客

没有商品这样东西。顾客真正购买的不是商品，而是解决问题的办法。

——特德·莱维特

一天，快到下班时间了，一个百货公司的市场部经理来到一个新来的售货员面前，了解一下他这一天的销售情况。经理心里盘算着，这个新售货员看起来聪明伶俐，如果表现好的话，就留下他。

经理关心地问道：“你今天接待了多少顾客？”

这个新售货员很轻松地说：“今天啊，我只接待了一名顾客。”

经理看着他那轻松的表情，忍不住就要发火了。任何一个有销售常识的人都知道，在销售领域，顾客越多销售额才会越多。一天只接待一位顾客简直无法想象。

经理非常不高兴地问道：“什么？只接待了一名顾客？那你今天的销售额是多少？”

售货员淡淡地说道：“58334 美元。”

经理一听就惊呆了，他两眼紧盯着售货员，一副难以置信的表情。他疑惑地问道：“就一位顾客，你用了什么办法让他买了这么多商品？”

售货员微笑着对经理说：“我首先卖给了那位男顾客一个钓鱼钩，然后我又让他买了一根鱼竿和一卷鱼线。再后来，我问他打算去哪里钓鱼，他说想去自己别墅旁边那片宁静又漂亮的海域。于是我就建议他买一条船。结果，他就在我们公司的游艇销售部买了一艘 20 英尺长的小型汽艇。为了让他把这艘汽艇轻松地运到他的海边别墅，我又将他带到公司的汽车销售部，建议他买了一辆微型货车。”

这个年轻的新售货员讲述完，经理吃惊地问：“你真的将这么多东西卖给了一个只是买鱼钩的顾客？”

“不是的，”这个新售货员笑着说：“他本来只是到另一个柜台给他患头痛的妻子买一瓶阿司匹林的。他路过我这里时，我建议他说，既然他的夫人身体有恙，如果周末有时间的话，他最好能带他的妻子去钓钓鱼，呼吸下新鲜空气、平静身心有利于他妻子的身体健康。这样，他就从我这里买了一个钓鱼钩。”

经理又惊奇地问道：“你怎么知道他愿意买这么多东西，而全天都接待他？”

售货员很淡然地说：“从他的穿着，一眼就能看出他是个大富翁，今天一大早他就亲自跑过来为妻子买一瓶小小的阿司匹林，所以他一定非常疼爱自己的妻子。一个又有钱又爱自己妻子的富翁，只要是有助于他妻子的身体健康，他都会买的。实际上，关于他妻子的身体健康，我和他聊了整整 3 个小时，给了他许多建议。而卖出这些东西，不过只花费了 1 个小时，事情就是这么简单。”

这则故事出自于有着“现代营销学之父”之称的哈佛的营销大师特德·莱维特的著作中。他说过：“没有商品这

样东西。顾客真正购买的不是商品，而是解决问题的办法。”

改变了主要以推销、广告和市场研究为主的营销概念，真正将营销提升到了生活层次。在他看来，最简单、最实用的营销，就是那些契合顾客需要的营销。其实，人世间何尝不是如此，多注入一些温情，也就多了更多机会。

急 救

才思也许能在青春年少时获得，智慧也许会在腐朽前成熟。

——爱默生

凌晨3点钟，芬兰赫尔辛基市一个救护支队的报警电话突然铃声大作。值班员迅速跑过去，抓起电话说道：“喂，您好！这里是救护中心，请讲！”

但是，话筒里只传来了一阵艰难的喘息声，值班员心情紧张地呼喊好久，电话那头才传来一句微弱的声音：“我摔倒了，快来救我……”

值班员急切地问道：“您是谁？您住在哪里？”

对方艰难地说道：“我是个老太婆，我在家里，摔倒了……快来救我……“

值班员一边指挥大家做好准备，一边大声问道：“请告诉我您的地址，我们马上就到。”

但是对方只是痛苦地说：“我……我想不起来了。”

值班员机警地提示道：“是在市区吗？”

老人回答说：“是的……是在市区，靠近马路，我家的灯亮着……窗户也开着……地板是老式的木地板……”

突然，电话那头传来“砰”的一声，电话里再没有了声音，很显然，电话掉在了地上，老人昏过去了。

大家乱作一团，但是只有知道地址才能出发救人。时间一分一秒地过去了，尽管急救车早已严阵以待，但是没有办法。就在大家手足无措的时候，值班员看着手中尚未挂断的电话，想出了一个大胆的计划……

在赫尔辛基市区，那种老式的木地板的房子不多，救援人员迅速锁定了几个区域。然后所有的救护车奔赴这些区域，拉响警笛沿着大街小巷行使，既然老太太的电话未挂上，那么救护车经过她家附近时，警笛声就会通过电话传来。然后请周围的人都关上灯，那么亮着灯的人家一定就是老人的家!

那一夜，高扬的警笛声响彻整个赫尔辛基市，整个城市都灯火通明，不知道发生了什么事。突然，紧紧握着电话的值班员大声喊道："听到了，我听到了!"

所有救护车都停了下来，然后依次关闭警笛。到12号救护车关掉警笛时，电话中没有了响声。指挥部立即命令12号救护车，通知周围的住户关闭所有电灯，果然发现了一个依然亮着的窗户。

搜救人员破门而入，昏迷的老人还有微弱的呼吸……

哈佛大学思想家爱默生曾说："才思也许能在青春年少时获得，智慧也许会在腐朽前成熟。"

人生中难免遇到这样那样的紧急情况，面对这样的情况，要迅速冷静下来，把握一切可以利用的情况，全面思考，快速找到解决问题的方法。越是紧急的情况，越需要一个善于思考、充满智慧的大脑。面对紧急情况，首先不要惊慌失措，天无绝人之路，只要善于思考，一定会找到解决的办法。

如何吃西瓜

让老年人的智慧来指导青年人的朝气，让青年人的朝气来支持老年人的智慧。

——斯坦尼斯拉夫斯基

一个积极进取的年轻人，跑到富翁那里询问他发财的秘诀。富翁弄清楚了年轻人的来意后，热情地把这个勤奋好学的年轻人迎进屋里。

富翁从厨房里抱出个大西瓜，招待这个年轻人。但是富翁只切了大小不等的3块之后，就不再切了，反而微笑地看着年轻人。年轻人迷惑不解，不知道这个富翁要干什么，只能呆呆地看着。

富翁一边把这些西瓜放在青年人面前，一边说："如果每块西瓜都代表利益，那么你会怎么选择呢？"

年轻人毫不犹豫地说："当然选最大那块啦！"

于是富翁把最大那块西瓜给了那位年轻人，然后自己吃起了最小的那块。当青年人还在津津有味地吃着自己手里的西瓜时，富翁已经很快吃完了最小的那块。然后富翁很得意地拿起了剩下的一块，对着年轻人炫耀式地晃了晃，然后接着吃了起来。年轻人吃完自己拿的最大的那块，只能眼睁睁看着富翁津津有味地吃着剩下的西瓜。

其实，那块最小的加上最后的那块，要远比最大的那块分量大。聪明的年轻人马上就明白了——虽然富翁最开始吃的那块西瓜没有自己吃的那块大，但最后却比自己吃得多。

吃完西瓜后，富翁讲述了自己的奋斗历程，最后对年轻人说："要想取得更大的成功，有时候就要先学会放弃，眼光要长远，这就是我的成功之道。"

在哈佛商学院里，有一句亘古不变的名言：智者除了有所为，还能有所不为。

成功者都是那些目光远大、高瞻远瞩的人。在走向成功的路上，选择非常重要，选择什么就会得到什么。在选择的时候，也要学会放弃。有时候，只有放弃那些眼前的利益，才能获得更为长远的收益。勇于放弃，做一个智慧的人，目光要长远。

把罪犯运到澳洲

即使是一个智慧的地狱，也比一个愚昧的天堂好些。

——雨果

18 世纪末，英国航海家来到了澳洲，随后这里就成了英国的领地。在这片辽阔又荒凉的地方，没有多少人愿意来，英国政府就决定把这里作为罪犯的流放地。

当时，英国政府将大部分运送罪犯的工作承包给了私人船。为了方便计算，英国政府按照上船的罪犯人数来支付费用。当时，运送罪犯的船多是用破旧的货船改装的，设备极为简陋，甚至没有随船药品和医生。船主这么做的目的就是为了节约费用。

那些船主为了尽可能赚钱。总是在上船的时候竭尽所能地多装犯人，然后按照上船的人数向政府要钱。一旦船离了岸，这些罪犯的死活船主就不再关心。为了压缩费用，这些船主将罪犯的生活标准降到最低，更有甚者，故意断水断粮，活活困死这些罪犯。一旦罪犯生病，根本不会得到医治，死后就被直接抛进大海。当时，这些运送罪犯的船后，经常有鲨鱼跟着，等待被抛下船的死尸。

据统计，当时从英国到澳洲的犯人，在船上的死亡率高达 12%，甚至还有一艘船，出发时装了 424 个犯人，到澳洲后只剩下 266 个犯人，死亡率高达 37%。

英国政府不得不想办法改变状况。政府在每艘船上派了官员来监督，还配备了随船医生，并对罪犯的生活标准做了强制规定。但是结果却没有好转，死亡率仍然居高不下，就连一些随船官员和医生也莫名其妙地死在船上。后来政府调查后发现：那些丧尽天良的船主贿赂随船的官员和医生，一旦他们不从，就会被扔进大海。

后来，政府又采用了多种方法，比如将船主集中教育，对一些行为恶劣的船主给予严厉制裁。但是收效依然甚微，犯人的死亡率还是居高不下。

最终，一位议员发现了问题的症结所在——运送犯人的制度有漏洞，政府付给船主的钱是按照上船人数来计算的！船主们正是利用了这一点！假如反过来，按照到达澳洲的罪犯人数来计算报酬，这些船主还会那样做吗？

英国政府采纳了这位议员的建议，无论船主装了多少罪犯，到澳洲上岸后再统计人数，按到岸罪犯的人数和健康程度向船主支付费用。

船主们改变了做法。他们聘请医生上船，储备充足的药品，改善罪犯们的生活，尽可能让每一名罪犯都健康地抵达澳洲。他们清楚，在船上死一个犯人，他们就少一份收入。

后来，英国政府又做了一项调查：采用新的计算方法后，犯人在船上的死亡率大幅下降，最后降到了1%以下，有时候一艘运载几百名罪犯的船，经过几个月的航程，还能够零死亡地到达澳洲。

哈佛人喜欢把善于思考的人统称为智者，他们认为智者都有清晰思考的习惯。

每一个问题，都有多种解决方法，不同的方法很可能会带来完全不同的结果。要想找到最有效的方法，就要发挥思维的力量，去寻找问题的关键所在，然后对症下药，问题也就迎刃而解。如果所有的方法都无效，试着去换个角度看问题，也许就能豁然开朗。

PART 10

德行爱心

每个人都是天使

哈佛教授、成功学之父奥里森·马丁说过："爱是一把金钥匙，有了这把钥匙，一切心扉都将向你敞开。"德行以服人，爱心以怜人，人的生活价值就在于此。

论 爱

【英】雪莱

什么是爱？要回答这个问题，我们就得先问那些活着的人。什么是上帝？要回答这个问题，我们就得先问那些虔诚的教徒。

我不知道其他人心里想什么，也不明晓你们——我正交谈的你们的内心。从某些外在属性上看，别人和我相像，或者说某种程度上形似，但当我诉诸某些应当相通的情感，并向他们吐露灵魂之声时，我发现我的话就被人误解，仿佛它是来自一个遥远而野蛮国度的语言。人们跟我相处的机会越多，反而让我们之间的距离越拉越远，理解与同情之心也就越离我远去。这种现实是我无法承受的，因而在温柔的惊恐和虚弱中，我去天涯寻觅知音，但得到的却只是无尽的失望和随之而来的憎恨。

你想知道什么是爱吗？当我们在自我之心的幽谷中发现虚空，从而在整个世界中呼唤、寻找能够与内心共鸣的东西时，那些因为我们所感、所惧、所企望的事物带来的那种吸引，就是爱。这种爱是那么情不自禁而又坚定有力，所以，爱也是如此。假如我们进行推理，我们总是希望为人理解；假如我们幻想，我们总希望自己头脑中那些逍遥自在的想法，会在别人的头脑里生根发芽；假如我们感受，我们总祈求他人的神经能够和我们同节奏。

他人的目光和我们的相融，他人的眼睛也像我们一样神采奕奕；我们期盼那些漠然麻木的冰唇不要对另一个火热而颤抖的暖唇冷嘲热讽。这就是爱，这也是一种神圣的契约——不仅联结了人与人，而且联结了人与世间万物。在我们降临世间的时候，我们的内心深处就藏着某些东西，也是自我们出生那一刻起，就渴求与它相似的东西。也许这和婴儿渴求母亲的奶汁是一个道理，并且这种与生俱来的倾向，会随着人的成长而逐渐强化。在思维能力中，我们隐隐约约看到了一个完整自我的缩影，它抛弃了那些我们所厌恶的成分，从而成为尽善尽美人性的理想典范。它不仅是悬挂于外的肖像，更是构成我们天性的最细小的粒子的组合体。它是一面只映射人们纯洁和明亮面貌的镜子；它在灵魂固有的乐园外，又勾画出一个无法摆脱痛苦、悲哀和邪恶的灵魂。

当我们在大千世界中找到了灵魂所共鸣的东西，当我们在天地间发现了能够准确认识我们自身的知音，那么我们与对应物就好比精美竖琴上的琴弦，在同一个乐章下发出音响，这音响与我们自身心灵共振——这就是爱要达到的无形又难以终极实现的目标。正是这个目标，驱使人用尽全力去寻爱的影子；没有这个目标，为爱所困的心灵就会永不安宁。因此，在孤独时，或身处一群毫不理解我们的人群中时（我们如同被抛弃），我们就会热爱花草、河流、天空。我们就在蓝天下、在春天颤抖的树叶中，找到了秘密回应心灵的东西：沉默的风中，藏着一种雄辩；流淌的溪水和河边的苇叶声中，唱着一首歌谣。它们与我们灵魂之间的神秘共鸣，唤醒了我们心中的精灵，让它酣畅淋漓地跳一场欢乐之舞，并让温柔而神秘的泪充满我们的眼睛。这种共鸣，又如心爱之人为你独自畅想的乐曲。

因此，斯泰恩说，假如他在沙漠，他也会爱上柏树枝。人们爱的需求或力量一旦死去，人就成了一个活的墓穴，苟延残喘的不过是一副躯壳。

爱就是充实的生命，正如盛满了酒的酒杯。

——印度第一位诺贝尔文学奖获得者　泰戈尔

“琼·玛卡若线”的诞生

对于我来说，生命的意义在于设身处地替他人着想，忧他人之忧，乐他人之乐。

——爱因斯坦

人人都知道公路中间有分道线，但很少人知道它的正式名字——琼·玛卡若线，它是以美国女外科医生琼·玛卡若的名字命名的，也正是她发明了分道线。

在早期的公路上，不仅没有红绿灯，也没有分道线，人们行驶在路上尤其是高速公路上时，总喜欢在道路中间部分行驶，这种心理偏好让发生车祸的几率大大增加。琼·玛卡若是美国内布拉斯加州的一名外科医生，她在日常工作中接触到很多在车祸受伤的患者和死难者，让她总是痛心不已。那些伤者的痛苦哀嚎声和死者家属的痛哭声让她内心的悲痛与日俱增，她决定做点什么来改变这种状况。但是，苦思冥想之后，她还是没有什么头绪。

在1917年的一个秋天，她在附近的公路上驾车时，与迎面而来的货车发生了碰撞，虽然她只受了一点轻伤，但货车为了躲开她的车和另外一辆货车又撞在了一起，司机受了很重的伤。

琼·玛卡若感觉再不能这么下去了。在思考的过程中，她终于注意到了一个大家普遍忽略的事实——驾驶员总喜欢靠公路的中间行驶，所有的车都往中间开，无疑大大增加了相撞的可能性。一个想法闪现在她脑海里：何不在公路中间画一条醒目的线？这样不同方向的车辆可以分左右在线的一侧行驶，相撞的几率无疑大大降低。

但是当她把自己的建议提供给交通部门时，却被冷漠地拒绝。他们认为汽车相撞是再正常不过的事，尤其是快速行驶不相撞才不正常！他们认为琼·玛卡若的提议简直是异想天开，放着中间不走，让车都走两边是多大的浪费。

但是那些车祸死伤者和他们家属的痛苦萦绕在她的心头，她无论如何也不想放弃。她将自己的建议提交给了一个妇女俱乐部，在这个俱乐部的支持下，经过7年不懈的斗争，才终于说服了有关部门，决定将她的想法进行实验。

1924年，内布拉斯加州的公路管理委员会终于同意在99号高速公路上做试验，在这条公路中间画上了一条醒目的白线，并要求不同方向的车分左右行驶。实验的统计数据表明，画上这条线后，99号公路的交通事故大大减少。不久，内布拉斯加州所有的高速公路上也都画上了这样的线。再后来，这条线被推广到了世界绝大多数国家。

这条极大降低了交通事故率、挽救了无数人生命的线，后来就被称为“琼·玛卡若线”。虽然玛卡若没有在医学上创造出什么奇迹，但她发明的这条不起眼的线拯救的人，不逊于任何一位医生。

如果人人都用爱的眼光看待世界，满怀悲悯，充满同情，那么世界就会变得更美好。很多时候，我们习惯了事不关己高高挂起，习惯了冷漠旁观。我们要坚信，只要拥有爱心，世界也会因一个小人物而彻底改变。

救援队的少年

帮助他人的同时，也帮助了自己。

——罗夫·瓦尔多·爱默森

多年以前，在荷兰的一个小渔村里，村民都以打渔为生。渔村所在的这片北海海域，天气瞬息万变、危机四伏。当时的公共救援体系还不完善，为了应付突发的海难，村子组建了志愿紧急救援队。

在一个漆黑的夜晚，暴风雨突然来临，整个海面上狂风怒号、海浪翻滚，一条渔船被暴风雨掀翻了，在紧要关头船员们发出了SOS求救信号。救援队的船长听到后，立即召集紧急救援队队员，乘着划艇，冲入了漆黑的夜幕和汹涌的海浪之中，村民们也焦急地聚集在海边，每个人手里都举起一盏灯，为救援队标明村子的方向。

一个小时后，救援队的划艇乘风破浪而来，村民们欢呼着跑上前去迎接。把所救村民放下后，志愿救援队的队长遗憾地宣布：救援船无法载所有的人，只得留下其中一个，否则救援船就会翻覆，那样所有的人都活不了。但是这批队员已经累得精疲力竭了，队长宣布要组织另一队志愿救援者去搭救那个最后留下的人。

16岁的汉斯也报了名。他母亲急忙拉住了他的胳膊，恳求说：“孩子，求求你不要去！10年前，你父亲就在海难中去世，你哥哥保罗3个星期前就出海，现在也没什么消息，你现在是我唯一的依靠了！”

汉斯坚定地说：“妈妈，我必须去！如果每个人都想‘我不能去，让别人去吧’，那又会有谁去救人呢？妈妈，只要有人需要，我们就得去救，这是我们的责任。”汉斯紧紧地拥吻了一下母亲，转身加入救援队伍，消失在茫茫大海中。

又过了一个小时，这一个小时对汉斯的母亲来说，真是太漫长了。终于，救援船再次出现在了人们的视线中，所有人一阵欢呼。

汉斯站在船头朝着岸边张望，寻找着母亲的身影。那些留在岸边的上一批救援队向汉斯高喊：“汉斯，你们找到那个留下来的人了吗？”

汉斯高兴地大声回答道：“我们找到他了！请告诉我妈妈，他是我哥哥保罗！”

真正伟大的人，别人会从他的善行感受出来。

哈佛培养出不计其数的社会精英，不仅是因为学术的佼佼领先，更是因为高度重视对学生高尚人格的培养。那些看起来幸运的事，是一颗爱心应得的回报。在这个世界上，每个人都是单薄的，需要相互帮助和扶持，那些愿意为别人付出的人，在拯救别人的同时，也就拯救了自己。

偷小提琴的人

只有肚子饿的时候，吃东西才有益无害，同样，只有当你有爱心的时候，去同人打交道才会有益无害。

——列夫·托尔斯泰

在德克萨斯州，有一位叫埃德蒙的音乐人。一天中午，埃德蒙先生刚回到客厅，就听到楼上自己的卧室传来了一阵响声。这响声他实在太熟悉了——他那把心爱的阿马拉小提琴被拨动的声音。

埃德蒙知道，不经过他的允许，家里是没有人去动这把小提琴的。他转眼间就想到，一定是有小偷！他迅速跑上楼，果然有一个十二三岁的小男孩正在摆弄着他的小提琴。

看到埃德蒙，小男孩呼地站了起来，眼睛里充满了惊恐。看到这一幕，埃德蒙原本愤怒的表情松弛了下来，换上了关爱的微笑。他走向那个少年说："孩子，你就是丹尼尔先生的外甥吧？我是他的管家，前两天他说你要来，没想到你今天就过来了！"

那个男孩先是一愣，很快就反应过来说："我舅舅不在家吗？我找不到他了，我先去外面玩，一会儿再回来。"

埃德蒙先生拦住了这个孩子，问他："你也喜欢小提琴吗？"

小男孩怯生生地回答："是的，但是我拉得不好。"

埃德蒙笑着说："那你为什么不拿着这把小提琴去外面练习一下呢？你拉得好了，你舅舅也会非常高兴。"

小男孩非常不解，但还是拿起小提琴走了出去。就在他马上要走出客厅的时候，突然看到墙上挂着一张埃德蒙先生在大剧院演出时的巨幅彩照。少年看了一眼后，飞一样地跑走了。显然他知道了埃德蒙先生才是这里的主人，没有谁会用管家的照片装饰客厅。

黄昏的时候，埃德蒙太太发现卧室里的小提琴不见了，就问道："亲爱的，你那把心爱的小提琴怎么不见了，难道它坏了吗？"

埃德蒙先生很愉快地说："没有，我送人了。"

埃德蒙太太睁大了眼睛，难以置信地问："什么？送人了？这怎么可能！它不是你最喜欢的东西吗？"

埃德蒙说："亲爱的，你说的没错，它确实是我最心爱的东西，但是如果它能让误入歧途的孩子回归正途，我很乐意把它送人。"

几年之后，埃德蒙先生应邀，担任一个青年音乐比赛的决赛评委。一番激烈的角逐之后，一位年轻的小提琴手凭借优异的表现获得了冠军。看着这个名叫里特的年轻人，埃德蒙一直感觉似曾相识，但又记不起来在哪里见过。

在颁奖典礼之后，里特拿着一个小提琴匣子来到埃德蒙先生面前。他满脸绯红地问："尊敬的埃德蒙先生，您还记得我吗？"

埃德蒙先生想了一下，还是摇了摇头。

里特激动地说道："您曾经送给了我一把小提琴，正是它改变了我的一生。是您让我重新找回了自信。现在我终于可以把小提琴还给您了！"原来，里特就是几年前的"丹尼尔先生的外甥"。

哈佛人一直坚信：相信你做得到，你一定会做到。不断告诉自己某一件事，即使不是真的，最后也会让自己相信。

可见自信的力量何其巨大。善意就像一把小提琴，即使没有拉响，也浸润了人的心灵。对于那些误入歧途的人，一个小小的关怀很可能就唤起他们心底的善良，赋予他们生活的力量。善意不需要多少牺牲，一颗真诚的理解和关爱之心就已经足够。

丘吉尔与弗莱明

应该尊重彼此间的相互帮助，这在社会生活中是必不可少的。

——高尔基

在英国牛津郡伍德斯托克镇附近，住着一个名叫弗莱明的贫穷农民。有一天，这位农民正在自己家的农田里干活，突然听到附近沼泽地里传来一阵呼救声。他赶紧扔掉手里的农具，向呼救的方向跑去。

等他赶到沼泽边，发现一个小男孩正在沼泽里拼命地挣扎，淤泥已经没过了小男孩的腰，他越是拼命挣扎，越是陷得快。

附近根本没有其他人，农民奋不顾身地走进了沼泽中。这实在太危险了，很可能两个人都被淤泥所吞没，好在这个沼泽不是很深，农民拼尽了全力终于把小男孩拉了出来。

原来这个小男孩趁家人不注意，自己偷偷跑出来玩，结果不小心掉进了沼泽中。这个孩子就来自镇上大名鼎鼎的布莱尼姆宫。

第二天，一辆豪华的小轿车来到了农夫家。从车里走出一位气度不凡的绅士。这位绅士就是被救小孩的父亲，他专程从布莱尼姆宫赶来，要当面向农民表达谢意。

这位绅士激动地说："我要给您一笔丰厚的酬金，谢谢您救了我的儿子。"

但是农民拒绝了。在他看来，这不过是每个人都应该做的事。他说："先生，我不需要您的报答，我不能因为做了一点善事就索要回报。每个人都应该这么做。如果为了回报才去做善事，那善事还有什么意义呢?"

看着坚决拒绝的农民，这位绅士不知道该如何是好。正在这时，农民的儿子从外面玩耍回来了，绅士指着这个孩子问道："先生，请问这是您的孩子吗?"

农民回答说："是的，他是我的孩子。"

这位绅士说："先生，既然您不要我的酬金，请接受我这个请求吧。让您的儿子到我那里学习吧，我能给他提供最好的教育。如果他能像您一样这么品德高尚，一定能够成为人才。"

这次，农民同意了。

很多年之后，农民的儿子以优异的成绩从医学院毕业了，很快成为了享誉世界的名医。又几年之后，那个贵族的孩子得了严重的肺炎，注射了青霉素之后，奇迹般痊愈了。

那位绅士就是布莱尼姆宫的主人伦道夫·丘吉尔，他的儿子就是在第二次世界大战期间担任英国首相的温斯顿·丘吉尔。而那个农民的儿子就是青霉素的发现者——著名医学家亚历山大·弗莱明。

哈佛校长德鲁·吉尔平·福斯特曾在发表毕业致辞演讲中说道：她希望学习都能清楚自己的希望，并为实现这些目标设定好道路；能用自己所学做有价值的事情，在世界上行善。

行善不是为了索求回报，而是出于一颗无私之心的良知。那些纯粹的善举，即使非常小，也是至高无上的，因为它反映了一个人真正的心灵。行善不一定需要做出什么惊天动地的大事，只要用心去做，就是一个天使。

帕德雷夫斯基的求助

一个人的力量很难应付生活中无边的苦难，所以自己需要别人帮

助，自己也要帮助别人。

——茨威格

很多年以前，有两个贫穷但非常上进的年轻人考入了斯坦福大学。迫于生活的压力，他们一边学习一边打工。

1891年，史坦威公司为著名钢琴家伊格纳希·帕德雷夫斯基筹划了美国巡回演出。这两位年轻人听说了这件事后，希望能够和他合作举办一场音乐会，赚一笔门票钱来支付学费。但是帕德雷夫斯基的经纪人告诉这两个年轻人，他们必须筹集到2000美元，这笔钱不是个小数目，但已经是这位大钢琴家最低的出场费了。

尽管苦难重重，年轻人还是答应了，因为当时刚刚兴起了“追星热”，大钢琴家的一场音乐会的门票，足够他们一劳永逸地解决所有的大学费用。他们拼命地工作，又拿出了所有的积蓄，还四处借钱，但最后只凑出了1600美元，和经纪人的要求还差400美元。

在被经纪人拒绝后，两位年轻人怀着忐忑的心情去找帕德雷夫斯基本人。他们把1600美元全部交给大钢琴家，又写了一张400美元的欠条。他们对大钢琴家说明了自己穷困的现状以及想借音乐会筹集学费的事情，并保证一定尽快把剩下的400美元还清。

看着这两个勤恳的年轻人，帕德雷夫斯基摇了摇头说：“不用了，你们不必给我钱。”说着他把欠条撕碎了扔掉，并把1600美元送还给两个年轻人。帕德雷夫斯基激动地说：“我愿意为你们举办一场免费的音乐会，你们从门票中拿出需要的学费后，如果还有剩余的话，给我就行了。”

第一次世界大战后，帕德雷夫斯基强烈希望波兰能恢复独立自主权，开始投身政坛。由于拥有极高的威望，他很快在1919年被选为波兰总理。但是由于战争的严重破坏和经济衰退，整个波兰都陷入了绝境，身为总理的帕德雷夫斯基不得不四处奔走，寻求国际援助。由于整个欧洲都被战火摧毁，他所能真正求助的只有一个人——美国食品与经济救济署署长赫伯特·胡佛。

胡佛在接到帕德雷夫斯基的求救后，立刻就答应了他的请求，而且不附带任何条件。很快，数以万吨计的食品漂洋过海，被运到了波兰，无数饥民被从死亡线上拉了回来。

后来，帕德雷夫斯基和胡佛举行了一场会谈，他当面代表波兰人民向胡佛表达了谢意。胡佛笑着说："帕德雷夫斯基先生，您不用谢我。有件事您可能忘了，当年您在美国巡演的时候，帮助了两个贫穷的大学生，而其中一个就是我。"

哈佛教授爱默生说过："美德使人们把目光放得更远，不再只是满足于做一些琐碎之事，而是更加看重事物发展的趋势和目的；不再只是关心一己之利，而是更加注重为他人谋得福利。"

在人生的坎坷之途上，人们需要携手共进。如果你真诚帮助别人，带别人走出困境，那么当你面临困难的时候，别人也会为你伸出援助之手。

一把椅子的爱心

聪明人都明白这样一个道理，帮助自己的唯一方法就是帮助别人。

——埃·哈伯德

费城的天气非常多变，在一个午后，乌云迅速汇集，紧接着大雨毫无征兆地下了起来，猝不及防的行人纷纷躲进路边的商店。

在费城百货商店，走来了一个淋得湿透的老太太，她走到门口，非常犹豫，最后还是没有进门去，就站在门厅前沿下躲雨。很多售货员都看到了这个被雨淋得狼狈不堪的老太太，但是看着她朴素的穿着，没有人在意，也没有谁主动过来帮她。

这时，在商场里面一个角落里的年轻售货员不经意看到了这个老太太，他急忙走过来，关切地问道："您好，夫人，我能帮您些什么吗?"老太太看着这个热情的年轻人，微笑着说："小伙子，谢谢你，我就在这里躲一会儿雨，雨停了我就走。"说着老人还赶紧挪了挪自己的脚，因为她鞋上的雨水把地毯打湿了。

年轻人带着歉意说：“我想您一定累了，但是我不能请您进去了。我给您搬个椅子过来，您就在门口坐着休息一下吧，看样子这雨还得下一阵子。”

说完，年轻人立即为老太太搬来了一把椅子。老太太非常感动，对年轻人连连道谢。年轻人说：“您就不用谢我了，夫人，这是我应该做的。您就坐在这里休息吧。”说完，他就进入商场去招呼客人去了。

果然，大雨持续了一个小时。雨停下后，老人找到了这个年轻人，并要了他一张名片，然后就消失在人群中。

过了几个月，有人向费城百货公司的老板詹姆斯写了一封信。信中点名要这个年轻人前往苏格兰，负责一份装修材料的大订单，这封信让詹姆斯非常震惊，因为它所带来的利润，已经超过公司这两年的盈利。

詹姆斯迅速联系上了写信人，原来她就是美国的“钢铁大王”卡内基先生的母亲——她正是那个在费城百货商店前躲雨的老太太。

詹姆斯立即把这个给公司带来巨大订单的年轻人推荐进入了公司管理层。当这个年轻人前往苏格兰的时候，他不再是一个普通的售货员了，这位22岁的年轻人成为了公司最年轻的合伙人。

后来，这个年轻人加入了卡内基钢铁公司。他工作非常踏实、为人诚恳，迅速成为了“钢铁大王”的得力助手。最后，这个年轻人成为了当时美国钢铁业仅次于卡内基的二号人物——斯瓦伯。

为别人做得更多，在服务他人的同时，还能提升自己的价值。

很多时候，功利之心蒙蔽了我们的眼睛，让我们忽视了人最基本的仁爱。有色眼镜扭曲了人们做事待人应有的原则。回归最初的仁爱和关怀之心吧！给每一个需要的人“一把爱心的椅子”，我们收获的就是整个世界。

一块面包的宽恕

被摧毁的爱，一旦重新修建好，就比原来更宏伟，更美，更顽强。

——莎士比亚

第二次世界大战中，在苏德战场上近 2500 万苏联人伤亡，纳粹德国给苏联人民带来了巨大的伤害。最终，在 1945 年夏初，苏军攻陷柏林，纳粹德国投降，苏联人民取得了卫国战争的伟大胜利。

在 1945 年冬天，最后一批德军战俘要被遣返回国。这一年的冬天，莫斯科异常寒冷。两万多名德国战俘排成纵队，从大街上走过，准备踏上回国的路。尽管天气非常寒冷，天空中还飘着雪花，大街两旁还是挤满了围观的人群。

这些围观者大部分都是妇女，她们的亲人——父亲、丈夫、兄弟，很多都在抵抗德国人的侵略中丧生了。眼前的这些战俘正是杀害她们亲人的仇敌，她们对这些战俘恨之入骨。

大批苏军士兵和警察隔在德军战俘和围观者之间，防止过激的群众袭击这些战俘。但是围观者还是不断地涌来，他们愤怒地看着这些战俘，冲击着士兵和警察组成的“警戒线”，要不是他们拦着，这些群众早就冲上去了。

愤怒的人群把这些德军战俘吓坏了，这些战俘中还有很多年轻的军人，甚至有些不过是十五六岁的孩子。他们看着周围的人群，满脸都是恐惧，有些孩子兵更是吓得浑身发抖。

群众不断冲击着维持秩序的苏军士兵和警察，眼看局面就要失控，谁也不知道一旦有人开始动手，这些德军战俘会是什么下场。就在这危机时刻，一个白发苍苍、衣衫破烂的妇女走出了人群，平静地走到一个警察面前，请求放她过去。看着这位满脸慈祥的老人，警察答应了她的请求。

只见她穿过警戒线，来到一个十五六岁、受了重伤拄着拐杖的战俘身边，然后从怀中掏出了一块黝黑的面包。她将这面包塞进这个不知所措的年轻人的衣袋里。她一边塞一边说："孩子，我就剩这点面包了，不要介意，吃点吧。"

年轻的战俘怔怔地看着她，泪水一下子就涌了出来。他扔掉了拐杖，"扑通"一声跪在了这位老人面前，痛哭不止。他周围的战俘也纷纷跪了下来，拼命向周围的群众磕头谢罪。

原本愤怒的围观人群也被深深感动，紧张的气氛一下子化解了。围观的妇女把面包、香烟等东西塞给了这些战俘……

这就是苏联著名作家叶夫图申科在他的《提前撰写的自传》中描写的真实故事。

哈佛有句名言：我宽恕你，你便原谅我，这是千古不变的道理。

战争带来的巨大伤害滋生着人们之间巨大的仇恨。但是，即使战争也不能完全摧毁人性，在某一个瞬间，人性的光辉会重新照亮前进的路。无论是谢罪者还是宽容者，都找回了久违的人间大爱，将和平和人性播进了心田。

PART 11

品味人生

点燃心中的灯塔

哈佛幸福课教授本沙哈尔说过：“一个幸福的人，必须有一个明确的、可以带来快乐和意义的目标，然后努力地去追求。真正快乐的人，会在自己觉得有意义的生活方式里，享受它的点点滴滴。”

大卫的机遇

【美】霍桑

大卫·斯旺的叔父在波斯顿，是一个生意人，大卫打算去找叔父，在他的店里谋求一份职业。夏日里，他沿着小路匆匆忙忙地赶路，困倦得很，大卫打算遇到阴凉的地方就坐下来歇歇脚。不多会儿，一口上面有着绿荫的泉眼就出现在他面前。这里幽静且又凉爽，再合适不过了。他蹲下身子，饮了几口泉水，然后躺在松软的草地上，用衣物做了个枕头，很快就进入梦乡了。

突然，一辆华丽的马车停在了泉眼边，原来是马蹩痛了脚。就在他呼呼大睡的时候，只见车里走出一位绅士和他的妻子。

"他睡得多香，呼吸那么顺畅，要是我也能那样睡会儿，那该是多么幸福啊!"绅士羡慕地说着。

他的妻子也无奈地说："像咱们这样的老人，再也睡不上这样的安稳觉了！你看这孩子多像咱们的儿子呀，要不叫醒他吧?"

"但是咱们还不知道他品行如何呢。"

"你看他脸孔，多么天真无邪、单纯善良啊!"

幸运之神就这样悄然降临了，但是大卫却因为睡着而全然不知。这位老年绅士家财万贯，他最疼爱的儿子不久前却又不幸去世。这样的事不免让他们倍感伤心，也往往会做出不同寻常的举动。比如说，现在大卫醒来，被这对夫妇认作自己的儿子，并让他继承丰厚的家产。然而大卫睡得正香，始终没有醒来。

"咱们还是叫醒他吧!"绅士妻子又说了一遍。然而正在这时，马车夫突然嚷起来："先生、夫人，快走吧！马已经好了。"

于是老夫妻俩看了看大卫，依恋地对视一下，坐上马车离开了。

又过了不到五分钟，一个美丽的姑娘，迈着轻盈欢快的步伐朝泉眼走来。她停下来喝了点水，然后一抬头就看到了大卫。

姑娘第一次这样近距离仔细瞧着一个陌生男人。“这个小伙子长得真俊啊!”姑娘心中由衷地感叹，然而大卫却无丝毫反应。姑娘有点失望，只好怏怏不乐地走了。要是大卫这时醒来，也许会演绎出一段爱情故事呢，甚至他还有可能收获一个美好的家庭！要知道，这个姑娘的父亲可是当地一个大百货商场的老板呢。

姑娘刚刚离开后，又有两个强盗悄悄地溜过来了，他们把帽沿拉得很低，怕别人认出他们。他们看见大卫虽然躺在泉边，但是睡得很死，于是他们脑子里闪过一个歹念。

“也许这小子身上有不少钱。”

“过去吧，找找看，要是他醒了过来，就用这个来对付他。”一个强盗一边说着一边拿出了一把明晃晃的匕首。

正在他们要下手的时候，一条狗突然跑到泉眼边喝水。他们吓得四下张望。

“这个狗的主人不会就在附近吧?”一个强盗问道。

“我也不清楚，不过还是小心行事为好，我们还是赶紧走吧!”两个强盗商量了一下，溜走了。

一辆马车经过，隆隆声惊醒了大卫。他一觉醒来，觉得精神倍增，恢复了精力的他跳上这辆马车，很快就消失在烟尘中了。

在大卫睡觉的短短时间里，发生的一切幸运和险象，他永远也不会知道。但仔细想来，世上谁人不如此呢?

真实是人生的命脉，是一切价值的根基。

——美国现代小说的先驱　德莱塞

我知道你是明星

没有自我尊重，就没有道德的纯洁性和丰富的个性精神。对自身的尊重、荣誉感、自豪感、自尊心——这是一块磨练细腻感情的砺石。

——苏霍姆林斯基

法国电影明星洛依德，有一次在巴黎出席活动，无数的粉丝从四面八方赶来，来一睹自己仰慕的明星的风采。就在活动行将结束的时候，他那辆豪华轿车坏了，他不得不去修车。

一名女工接待了他，她那年轻漂亮的容貌和熟练灵巧的双手深深吸引了他。让他奇怪的是，整个巴黎都在为他痴狂，而这位姑娘仿佛根本就不认识这个家喻户晓的大明星。

洛依德试探问道："你喜欢看电影吗?"

"当然喜欢，我是个电影迷。"这个女工简单回答道。洛依德不仅心中生疑："那她应该认识我呀。"

女工的修车技术非常精湛，不到半个小时，就把洛依德的车修好了。完工后，她自信地说："修好了，先生，您可以开走了。"

洛依德还是依依不舍，这个女工真是太漂亮了，即使干着男人们才愿意从事的汽车修理工作，仍掩盖不住她那出众的气质。洛依德邀请她说："小姐，您可以陪我兜兜风吗?"

"对不起，先生，我还有工作!"女工很坚决地拒绝了他。

洛依德还是不想放弃，便再次问道："这也是您的工作啊，您修的车，要不要检查一下有没有问题?"

这次女工答应了："那好吧，是我开还是您开?"

洛依德兴奋地说："我邀请的您，当然我来开了。"

车子开了十几分钟，看来没有什么问题，女工说道："先生，看来没什么问题，现在请您把我送回去行吗?要不您让我在这里下车也行，我自己可以回去。"

洛依德这下无计可施了，只是再次问道："你真的很喜欢看电影吗?"

女工的回答非常干脆："我说过了，喜欢，我是个影迷。"

"既然你喜欢电影，那你认识我吗?"洛依德不甘心地问道。

“当然认识，您一来我就认出了您，您就是影帝阿列克斯·洛依德。”女工平静地回答。

这下洛依德更加不解了：“既然如此，那您为何对我这样冷淡？”

这个漂亮的女工很淡然地说道：“不！先生您错了，我没有对您冷淡。我只不过没有像那些女孩子一样狂热罢了。您有您的成就，我有我的工作。您今天来修车，就是我的顾客，我就该像对待所有顾客那样对待您。即使哪一天您不再是明星了，如果来我这里修车，我也会像今天一样接待您。”

洛依德沉默了，他的内心受到了极大震动。他感激地对这位女工说：“小姐，谢谢您！您让我明白了许多。现在我就把您送回去。”

J. K. -罗琳在哈佛毕业演讲中说到：“生活就像故事一样：不在乎长短，而在于质量，这才是最重要的。”

虽然人成就、地位有所不同，但是人生而平等。每个人都在世界上扮演着自己的角色，成就有大小之分，但没有好坏之别，何必因为别人的成就而降低自己的人格，何必去盲目地崇拜和逢迎。

无名孩子的墓

遵守诺言就像保卫你的荣誉一样。

——巴尔扎克

1897年4月，在美国纽约哈德逊河畔，耸立起了一座46米的陵墓，他就是美国第十八届总统、南北战争时期联邦军著名将领格兰特将军的陵墓。

格兰特将军的陵墓现在已经改成了纪念堂，每年都有众多游客前来参观。很多游客都注意到了，在格兰特将军墓的后面，更靠近悬崖的草坪上，有一个很小又普通的墓。这个小坟墓和美国普通人坟墓一样，但是只有一块已经不见名字的墓碑。在这个小坟墓旁边，还竖立着一块牌子，上面记载着一个感人肺腑的小故事。

1797年，这片土地还属于一个普通人家。这一年的7月15日，主人家年仅5岁的孩子，不慎从这里的悬崖上坠落身亡。孩子的父亲悲痛欲绝，就在悬崖处给他修建了一座小小的坟墓。几年之后，家道衰落，孩子的父亲不得不将这片土地卖掉。但是他爱子心切，不忍自已孩子的坟墓遭受厄运，于是他对买家提出了一个特殊要求：将孩子的墓地作为土地的一部分保留，永远不要破坏它。

这片土地的新主人答应了，并把这个条件写进了契约。这样，孩子的坟墓保留了下来。

一转眼，100年就过去了。在这期间，这片土地被转卖多次，主人也更换了好几任。虽然孩子的名字早已被人遗忘，但是依据一个又一个契约，孩子的坟墓还是被完整地保存下来。到了1897年，这片土地被选中作为格兰特将军的陵园，这片土地也就归属了政府。最后一任主人将这片土地转卖给政府时，再次明确将保护这个孩子的墓地写进了契约。

在格兰特将军的陵墓修成后，政府根据契约，将这个孩子的墓完好地保存下来。就这样，一个无名孩子的墓和国家总统的陵墓毗邻！这一幕在世界上也可以说是绝无仅有。

又一个100年过去了，在1997年7月15日，也就是那个无名小孩去世200周年。当时的纽约市长朱利安尼来到这里，重新修缮了孩子的坟墓，并亲自撰写了这个孩子的故事，把它刻在碑上，立在孩子的墓边。

而在孩子墓碑的一侧，还镌刻着这样一段纪念孩子的文字。

人生下来就充满了烦恼。他的降生像一朵鲜花，很快地凋谢了；他像一道闪亮的影子匆匆而去，但仍在继续发光。

在哈佛幸福课上，一直反复提到这样一个观点：自尊建立在我们对自己遵守承诺的情况下，强烈的自尊和幸福感有

直接关联。所以，要对自己和别人遵守承诺。

诚信是维持人类正常运转的社会规则，也是人人都应该遵守的道德风范。无论是人与人相处，还是人与社会相对，诚信是最基本的准则。秉持诚信，也是对心灵的熏陶，只有讲诚信，才能问心无愧。

帕兰蒂大街7号

善良的人不应该说假话，聪明的人不应传假话。

——尼癸狄乌斯

第二次世界大战中，法西斯德国对犹太人的屠杀，让几百万犹太人死在了集中营。“二战”结束后，人们对犹太人充满了同情。但就在1946年的7月4日，在德国法西斯已经灭亡一年多后，屠杀犹太人的惨剧再次发生。

这一天，在距离波兰首都华沙170千米的凯尔采市，几百名群情激愤的市民冲向街头，见犹太人就打，很多人被当场打死。还有一些犹太人被抓到帕兰蒂大街7号的一幢房子里，被活活折磨而死。这场和平时期肆无忌惮的平民屠杀，从早晨10点一直持续到下午4点，共有42人惨遭杀害，其中还有2人是被误认为犹太人而惨遭毒手的。

这次血腥的事件结束后，政府展开了调查，结果却让人更加沉痛。

原来这次屠杀竟是由于一个小孩的谎言引起的！42人就此命丧黄泉。

赫里安是一个鞋匠的孩子，他和父母从20千米外的乡村搬到凯尔采市居住。事件发生前，他们才刚刚搬过来几个星期，对城里的生活很难适应。活泼好动的赫里安偷偷搭车回到了乡村，和老家的小伙伴疯玩了3天后，又在7月3日偷偷搭车回到了城里。

看到儿子回来，已经快发疯的父亲，拿起皮鞭就狠狠地揍他，一边打还一边问："你这个东西，这几天到哪去了？是不是给犹太人拐去了？"

孩子见如同"魔鬼"一般凶煞的父亲，害怕极了，而父亲的皮鞭打得也确实很重。于是，他就"承认"了这几天被犹太人拐了去，还绘声绘色地说犹太人把他带到帕兰蒂大街 7 号的一个地窖里虐待他。

气昏了头的父亲来不及分辨，第二天就带着赫里安去警察局报案。在回家的路上，看着哭泣不已的孩子，很多路人好奇地问他们发生了什么事，父子俩就说赫里安被犹太人拐去折磨了几天。为了让人们相信，父亲还向人们展示着赫里安身上的伤痕。

当然，这些伤痕都是父亲的鞭痕和赫里安玩耍时留在身上的疤痕。

虽然"二战"已经结束了，但德国法西斯掀起的"排犹思潮"还未散去，更何况"排犹思潮"在欧洲已经有了上千年的历史。围观的群众听信他们的谎言，愤怒不已，扬言要对犹太人报复，而这一"事实"在几个小时内一传十、十传百，每个人都添油加醋一番。传到最后已经是——一个名叫赫里安的小孩被犹太人在帕兰蒂大街 7 号折磨致死。

到了上午 10 点，人们愤怒的情绪彻底爆发，一场惨剧也就接踵而至。等愤怒的人群平静下来，已经有 42 人被活活打死。

如今，帕兰蒂大街 7 号早已重新修葺，改为纪念馆。赫里安也不再是当年的小孩子，已到耄耋之年的他心里充满了负罪感。

哈佛人相信：当给我们站在别人的角度看问题，我们更能用同情心、客观、有效地处理问题，生活中就能少一些冲突，多一点快乐。

人，真是可怕的动物！人类总是在彼此伤害，谎言如此，愤怒如此，杀戮也是如此。也许我们没有成圣的可能，但秉持一颗善良的心应该不是很高的要求。

最优秀的间谍

一个没有原则和没有意志的人就像一艘没有舵和罗盘的船一般，他会随着风的变化而随时改变自己的方向。

——斯迈尔斯

有一个印度女孩，从小就随家庭移居法国。第二次世界大战开始后，她和家人在法国投降前逃到了英国。因为她熟悉法国，能说一口流利的法语和英语，而被英国的特工组织“特别行动处”招募。在训练结束后，特别行动处给她下的评语是：爱幻想，容易激动，情绪不稳定，脑子笨拙，不善于保护自己。因而，她也迟迟没有被使用。

到了1942年，由于战事惨烈，特工人手紧缺，这个女孩也被派往法国，担任巴黎地区的发报员，代号“马德莱娜”。

她的第一项任务是将一份德国驻军分布图秘密传递给地下交通员。但是她太过紧张，到达接头地点后却想不起接头的暗号。情急之下，她竟然把德军驻防图展开，向每一个路过的行人询问：“是您要这张地图吗？”多亏地下交通员及时赶到，才摆脱了险境。

后来，她在完成一个任务离开所住的旅馆时，竟然将密码本和记有巴黎全体地下抵抗组织人员名单的工作手册忘在了房间里。所幸旅馆的老板是个有爱国心的法国人，并没有告发她。等她同事们知道这件事后，个个惊得目瞪口呆，实在不敢相信她是个专业的间谍人员。

几个月后，这个女孩的上级德里考特在被捕后变节，盟军在巴黎的情报网几乎全部被摧毁，盟军的发报员纷纷被捕。这个女孩自作主张，把自己的电台搬到了巴黎的闹市区，可她不知道，盖世太保的秘密总部和她只有一街之隔！然而正是这个糊里糊涂的决定，让她躲过了盖世太保的搜查，结果她竟成了英国情报组织留在巴黎的唯一发报员。

3个月后，这个女孩的同事蕾妮·加里——德里考特的妹妹，向盖世太保告发了她，换来10万法郎。这个最不专业的间谍成了盖世太保的阶下囚，让英国特工组织和军方紧张不已，但是这个在工作中表现相当糟糕的女间谍，却展现出只有优秀特工人员才有的坚定素质。她被严刑拷打了10个月，受尽了种种酷刑，没有招供一点盟军的情报。

1944年9月，这个女孩又被转押到达豪集中营，臭名昭著的纳粹刽子手威海姆·拉帕特对她再次进行了严刑拷打，但是她还是没有屈服。次日，她被枪杀在集中营外的一个偏僻树林中。

这个女孩就是努尔·艾娜雅特·汗，她是印度的一位公主。

“二战”结束后，英国政府追授了她乔治勋章和帝国勋章。政府在追授时说：“尽管从业务上说努尔是一个外行，但是在生命的最后时刻，她表现出了间谍最优秀的品质——忠诚。这正是一个间谍最出色的地方，所以我们从没有怀疑过她是最优秀的间谍。”

如果你决定做某件事，那就做完它，在成功之前都不要放弃。这正是哈佛精神的体现。

人活着，生生死死、聚聚散散，心里总得有所坚守。每个人扪心自问的时候，都应该能够找到自己的信念；每个人处事待人的时候，都应该坚守自己的底线。人能力固然有高低之差，但是每个人都应该有不屈的脊梁。

“梅尔多”铁锤

对一个人来说，所期望的不是别的，而仅仅是他能全力以赴和献身于一种美好事业。

——爱因斯坦

多年之前，在纽约州一个不起眼的村庄，一个风尘仆仆的木匠来到一个铁匠那里，焦急地说："先生，请您给我做一柄最好的锤子，就是您能做得最好的那种。"

看着铁匠诧异的表情，这个木匠接着说："我是从外地来的，在这里做一个非常重要的工程，需要非常好的工具，但是我那把好锤子却不小心丢了。"

这个铁匠名叫戴维·梅尔多，他非常自信地说："我保证我做的每一柄锤子都是最好的，但是也贵些，你会出那么高的价钱吗?"

"会的。"木匠坚定地说，"只要你的锤子好，我就会出高价。"

梅尔多铁匠最后交给木匠的，确实是一把非常好的锤子，在当地，再也没有比这个更好的锤子了，甚至说，这是见多识广的木匠见过的最好的锤子。尤其让人称道的是，这把锤子的柄孔比普通的锤子要深些。这样做当然费很多功夫，但是锤柄可以深深地楔入锤孔中，卡得更牢固，在使用时锤头就不会轻易脱柄。

到了第二天，其他木匠也都跑到铁匠铺，每个人都要求订制一把和那个木匠一样的好锤子。

后来，这些锤子被工头看见了，于是他也来到了铁匠那里。

这个工头对梅尔多铁匠说："先生，我也要定制两把锤子，要比给那些木匠做得都好。"

梅尔多很遗憾地说："先生，我很乐意为您做，但是您的要求我可做不到，因为我打制每个锤子的时候，都会尽可能把它做得最好。无论顾客是谁，我都会尽心去做。"

后来，一个五金店老板听说了此事，直接订购了两打，虽然数量不是很多，但对梅尔多的手工作坊来说，已经是从来没接过的大订单了。

再后来，纽约市里的一个大采购商经过这座村庄，偶然间在五金店老板那里发现了梅尔多的锤子，出了很高的价钱把它们全部买走了。这个采购商还亲自找到了梅尔多，给他签订了一个长期订单。

在漫长的工作中，梅尔多总是想尽办法改进铁锤的每一个细节，每一个铁锤都尽可能做到极致。最为重要的是，无论顾客是谁，他都以同样的态度对待——做出的每一把锤子都是最好的。

后来，梅尔多接到的订单越来越多，他一个人不可能做完，他招募了一批技艺精湛的铁匠，要求他们和自己一样打造锤子。再后来，梅尔多建立了自己的公司，他的经营原则很简单——为每一位顾客制作最好的锤子。

从这个不起眼的乡村到纽约，再到全美国，后来到全世界。“梅尔多”牌的锤子一步步成长，成为了行销世界的名牌产品，而梅尔多也凭着这些小小的铁锤成为了亿万富翁。

哈佛大学非常注重学生的专注力，只有专注的人才能在艰苦的学习之路上一路狂奔，最终达成自己的目标。

事业有大小之分，没有好坏之别，无论做什么都应该端正态度、全心全意地去做。或许靠打造锤子成为千万富翁困难许多，但是打造好每一把锤子就是无可挑剔的一生。

爱的礼物

最美好的，也是最痛苦的就是爱情！最高贵的，也是最低贱的就是婚姻和家庭！

——斯特林堡

一个年轻漂亮的姑娘黛丝，在小镇上开了一家礼品店。这家精致的小店声誉特别好，每天顾客络绎不绝。一天，夜色降临，热闹的小店开始安静下来，黛丝收拾着凌乱的柜台，准备关门。正在这时，一个年轻的小伙子走了进来。

这个小伙子身材消瘦，面色憔悴而神情冷峻，一副心事重重的样子。他冷冷的目光扫过每一个柜台，最后落在了窗户边的那个柜台上。黛丝看过去，看到小伙子眼睛死死盯着一只绿色的玻璃龟。很显然，小伙子对它很感兴趣。

黛丝走过去问道："先生，您想要这只小乌龟吗？我拿出来给你看看。"

小伙子随手就放下了，并没有细看，而是直接问黛丝："这只多少钱？"

黛丝回答道："先生，20 美元。"

小伙子立即掏出钱包，拿出 20 美元，"啪！"的一声拍在了柜台上。

这下青年人开始慢慢把玩起了这只小乌龟，露出了一丝勉强的微笑。突然他不自主地小声嘀咕道："哼，把它当成结婚礼物再好不过了！"然后这个小伙子眼睛闪出了灼灼亮光，仿佛什么心愿已了一样。

尽管声音很小，黛丝还是听到了。她感到非常震惊，因为她知道如果这种东西出现在婚礼上，无疑是对新郎新娘极大的侮辱。黛丝略微思考了一下，很快平静了下来，装作什么也没听到的样子。

她对小伙子说："先生，我来给您包装一下。"然后她就在柜台下面开始寻找。

"真不巧，先生，包装盒用完了。"黛丝抱歉地说道。

小伙子一下子就着急起来："那怎么行，我明天就要送人。"

黛丝赶忙说："不要紧，先生，我马上让人送来包装盒。要不您先到外面逛逛，半个小时之后再来，我保证给您包装好。"

半个小时后，这个小伙子回来了，取走了包装非常精美的礼品。

第二天，他像一名奔赴战场的将士一样参加了他以前深深爱过，但是最后又将自己抛弃的姑娘的婚礼。

从婚礼上回来后，想起那个姑娘幸福的眼神和他们在一起时的美好时光，小伙子立刻后悔了。这一天他过得无比煎熬，悔恨和自责占据了他的头脑，但是一切都已经无法挽回。

婚礼那天晚上，那个姑娘打来了电话。他忐忑犹豫了好久，最后还是接了。他做好了被她训斥、向她忏悔的准备。然而在电话中，姑娘激动地说："真没想到你肯来参加婚礼，谢谢你。我代表我先生谢谢你，你送来的礼物太漂亮了……"

小伙子简直不敢相信自己的耳朵，他都不知道说什么才好，最后他自己都说不清楚怎样结束了这次通话。

小伙子度过了一个不眠之夜。第二天一大早，他就来到了黛丝的礼品店，一进门就看到了那只绿色的玻璃龟还在柜台里。这一刻，他明白了一切。

这个小伙子走到黛丝面前，深深地鞠了一躬，再次抬起头时，已是泪流满面。他哽咽着对黛丝说："谢谢你，谢谢你阻止了我，要不我就成了不可饶恕的罪人。"

黛丝从柜台下取出了一个盒子，打开后告诉他："这才是你送去的礼物。"原来这是一个漂亮的水晶玻璃心——两颗心紧紧连在一起。清晨的阳光透过窗户洒了进来，照在这颗水晶玻璃心上，折射出漂亮的七彩光来。

小伙子感动地说："太美了，这真是太美了。我付的钱一定不够。我——"

黛丝微笑着打断了他的话："如它能让你放下所有的恩恩怨怨，那么它就物有所值了。这两件礼物之间差的那点钱，你就不用给我了。如果你要谢我，就等你遇到更好的姑娘，多从我的店里买些礼物送给她就行了。"

憎恨和生气是对自我的惩罚。当你释怀的时候，事实上是在对自己施以善意。重要的是，学会原谅自己。

既然爱过，既然曾经有过美好的回忆，那就把这份爱和幸福留在心底，永远珍藏吧。真爱过，才会痛；真爱过，就把这份痛留给自己，默默祝福对方过得更好吧，毕竟彼此都给过一段美好时光。

哈佛学子的梦想

一个人如果认为自己在一生中能干出一番不同寻常的大事，就比没有远大理想的可怜虫，有更多的成功机会。

——伯纳德·马拉默德

哈佛大学的伯克希·威廉教授，在他的学生毕业前的最后一堂课上，给即将走出校门开创自己人生的学生们讲了一个故事。

有一个朝气蓬勃、自信满满的哈佛学生，在一次活动中很偶然认识了汽车行业巨头梅杰。梅杰非常喜欢这个头脑灵活的年轻人，希望能够帮他成就一番事业。梅杰问这个年轻人："孩子，你最大的愿望是什么?"

那个年轻人毫不犹豫地说："我最大的梦想就是赚到 1000 亿美元。"

梅杰听了非常吃惊，因为人类历史上还没有谁能赚到 1000 亿美元。即使他的汽车帝国，在庞大团队经过多少年的辛勤努力后，才创造了 100 亿美元的资产。

显然，年轻人的理想太离谱了。梅杰开导这个小伙子说："你能不能告诉我，你挣这么多钱想做什么啊?"

这个小伙子很轻松地回答说："有了钱可以做很多事啊，而且我觉得只有这样才算真正的成功。"

梅杰对这个想法如此简单的青年人有些失望了，但他还是开导说："小伙子，你这个目标太遥远了，还没有谁能挣这么多钱呢！你可以把你的目标定在 100 万美元，等你赚到了就可以再提高你的目标。"

小伙子听了之后，想了一下，仍然坚持说自己的的梦想就是赚 1000 亿美元。

梅杰这下彻底失望了。他觉得自己看错了人，这个年轻人太不切实际、好高骛远又夸夸其谈，不会有什么大成就。此后的几年，梅杰一直避免再见到这个小伙子，也不愿再给他什么帮助。

但是，五年后，这个年轻人突然拜访梅杰，他告诉梅杰现在他现在已经有了900万美元，他想创办一座教育学院，但是还差200万美元，希望梅杰能出资帮忙。

梅杰爽快地答应了，但他还是非常好奇地问道："你短短几年怎么赚了这么多钱？我本来以为你能赚100万美元就很好了。"

小伙子笑着说："我也知道挣1000亿美元是不现实的，但是我要朝着这个目标努力，即使我只实现了1%，成就也远远比只把目标定100万美元的人要高。很遗憾，我连1%也没有实现，但是我已经有了900万美元了！"

就像哈佛大学的教授伯克希指出的，即使大梦想只实现了1%，也要比那些小梦想实现了100%成就高得多。

某种程度上说，有什么样的目标就有什么样的未来。你不能指望一个只想开汽车的人拥有一架自己的私人飞机。不同的梦想和目标决定了人生不同的方向，既然如此，为何不朝着大梦想前进呢？为大梦想奋斗，总会比小梦想获得更多。当然，大梦想不是空想，而是给人更为光明的奋斗方向。

PART 12

行者无疆

走出光辉的旅程

哈佛大学商学院教授保罗·托马斯曾经多次提出执行力的重要作用。生活不在夸夸其谈的思想里，而是在生命的呼吸中。即使是最伟大的思想，不付诸行动也只是一纸空谈；即使是最美好的情感，不付诸行动也只是水中之花。

人生（节选）

【丹】勃兰兑斯

这里有一座高高的塔，是每个人一定要攀登的。它不到100层，并且处在空中。假如到达最高层，人就会坠落摔得七零八碎。但是很少人能从那样的高度坠落下来。这是人的宿命：假如这个人到达了生命中某个高度，而且一开始并不知道是在哪一层，阶梯就会从他的脚底下消失，好像是陷阱被撤掉了盖板，而他也就此销声匿迹了。只不过他并不知道那是第20级或是第63级，或是哪一级，他所能够确定的是，阶梯中总会有一级必然会从他的脚下消失。

攀登一开始很简单，但是也不快。它本身没有任何难题，而在每一级上望见的景色都是令人心怡的，每一件事物都是崭新的。远处和近处的各种事物都会让你目不暇接，而前方还有那么多景物。然而越往上越难爬，虽然看起来区别不大，都差不多。

一般人一年爬一层，朋友就要祝贺他没有坠落下去。当他爬完10层登上一个新的平台时，他会收到更加热烈的祝贺。人们都希望他能永远爬下去。他一般会很感动，但却忘了这并不值得骄傲，并且前面或许还隐藏着灾难。

大多数“正常人”的一生就是这样度过的，然而在精神上他们却一直停留在原地，好像走进一个地洞，大家都想自己来挖，以便深入到地下。还有一些人想探寻老祖宗挖好的地洞。时间长了这些人就深入地下那些埋藏金属和矿物的地方。

他们的一生就是这样度过，在思想里探索各种事，安静地忙碌着，快乐却被岁月偷走。当死神来临时，他们会像阿基米德在临死前那样提出请求："不要弄乱我画的圆圈。"

人们面前还有一个广阔的领域，就像撒旦在山峰向救世主指出的王国。对于那些生命中希望征服别人的人，他们的人生是这样的：希望夺取更多的土地来扩宽视野和经验，以此来控制别人。战争和权力蛊惑着他们。他们永远只想着占领男人的头脑和女人的心。他们永不满足，变幻莫测。他们利用时间，因而并不对时间感到厌倦。他们具有青年人的所有特征：爱冒险、爱生活、爱战斗，有精力有头脑，永葆青春。

然而对于劳动者，在工场中自由自在地度过一生，似乎每天都有收获。不知不觉已老去。他们并不需要太多的知识和经验，却有很多事情做得挺成功。虽然工场劳累，但生活安逸。初学者都知道要靠自己才能成为大师。大师知道在技术上一直不进步是很蠢的。因而随着年龄的变大他们的工作经验也一步一步地积累，他们凭借天生的本领，拥有冷静的大脑，相信它们会帮助自己走上成功的道路，因为天生的本领属于他们自己。

虽然工场不大，但他们觉得已经够大了。在这里他们可以尽情地创造并表达一切。他们太忙，以至于没有时间看墙角的沙漏，尽管沙子一直往下漏着。他们知道一些好思想会给他们灵感，就好像有一只可爱的手在转动沙漏，使它慢慢停止。

人生有些关口非狠狠地斗一下不可，不能为了混口饭吃而蹉跎了幸福。

——法国现实主义作家　巴尔扎克

上帝也救不了的人

机会老人先给你送上他的头发，当你没有抓住再后悔的时候，只能摸到他的秃头了。

——培根

暴雨整整下了一天一夜，巨大的洪水淹没了山谷中的一个小村庄。救援队迅速行动，救走了大部分村民。在村里的教堂中，还剩下最后一位神父。他被困在了洪水中，不停地向上帝祈祷。

这时，一位救生员驾着小艇冲进了教堂，暴雨还在下着，他大声朝神父喊："神父！快上来！洪水已经把这里包围了。"

然而，神父摇了摇头说："不！你去救其他人吧，我侍奉上帝，我相信上帝会来救我的!"

救生员无奈地摇了摇头，划着船走了。

洪水迅速上涨着，很快就淹过了神父的腰，他不得不抱在教堂的树上。

这时，又有一个救生员开着小艇过来，对神父说："神父！快上来！这是最后一艘救生艇了！快！不然你会被淹死的!"

神父依然摇着头说："不！你去救其他人吧，上帝会来救我的!"

救生员苦苦劝说无果，只好开着小艇走了。

洪水还是在不断上涨，淹没了小树，又淹没了教堂，神父只能抓着教堂顶端的十字架。

这时，一架直升机超低空飞过来，搜索是否还有遗留的人没有转移。突然，搜救员看到了在教堂顶的神父。直升机迅速飞了过去，放下了绳梯，搜救员大声喊："神父！快！赶快上来！"

神父依然摇着头说："不！我相信上帝会来救我的！"

看着固执的神父，直升机只好飞走了。

最后，神父被淹死了。在天堂里，神父十分委屈地问上帝："上帝，我是您忠实的子民，您为什么要抛弃我，不来救我啊？"

上帝惊讶地说："什么？我先派了两艘小艇，又派了一架直升机去救你，你一直不肯上来，我以为你真的想上天堂呢！"

对于习惯于高效学习的哈佛人来说，有信念固然重要，在信念支持下行动才最重要。

那些没能把握命运、不能自我拯救的人，不懂得如何行动。怀揣希望、坚守信念只是开始，要达成效果还要积极行动。即使是期望别人的救助，也应该知道在这种救助来的时候紧紧抓住它，这无疑是行动的底线了。

奥运冠军的征程

卓越的人一大优点就是：在不利与艰难的遭遇里百折不挠。

——贝多芬

阿兰·米穆出生在一个贫苦家庭。小时候他没有什么玩具，于是他爱上了跑步这个非常简单的"游戏"。但是他的家里实在是太穷了，小米穆的母亲辛辛苦苦攒下钱才给他买了一双帆布鞋。但是这双鞋只是让他上学时候穿，小米穆只能光着脚跑步、踢足球。如果他的父亲看见他穿着这双鞋踢球，就会狠狠揍他一顿，因为如果他把鞋踢坏了，就再也没有钱买新的了。

等 11 岁的时候，小米穆以优异的成绩从小学毕业了。他的母亲去为他申请助学金，但是申请却被拒绝，他们把助学金给了远比小米穆家富裕的孩子。无奈之下，米穆小小年纪就放弃了学业，在一家咖啡馆当了服务生。虽然每天的工作都很累，但是他还是坚持自己热爱的长跑。他每天早上 5 点就起床，跑完后再去工作。

几年之后，米穆决定在田径上寻找新的未来。他报名参加了法国田径冠军赛，仅仅经过一个半月的训练，他就获得了 10000 米长跑的季军和 5000 米长跑的亚军。随后，米穆被选中参加 1948 年在伦敦举办的夏季奥运会。

米穆从没有见过像奥运会这样壮观的场面，虽然他还不是很了解奥运会的重大意义，但是能够代表自己的祖国参赛，还是让他非常高兴。

但是在法国田径队中，没有人看得起这个穷小子。在 10000 米长跑比赛前几小时，他想请队医帮自己按摩一下。但是当他进入按摩房后，按摩医生很傲慢地说："有什么事吗，小伙计？"

米穆说："先生，我要跑 10000 米，您能帮我按摩一下吗？"

但是医生根本无视他的要求，一边继续为一个运动员按摩，一边说："不好意思，小伙计，我被派来可是为冠军服务的。"

米穆知道，按摩师如此傲慢，一口一个"小伙计"地称呼他，无非就是因为自己只是个咖啡馆服务生罢了。

满腔悲愤的米穆参加了下午的 10000 决赛。他只想取得一个好名次，回击那些势利的人。在比赛中，米穆超越了一个又一个选手，包括他的那些法国同胞。他冲到了第四，接着又超过了一个选手，很快，只有著名长跑运动员扎托贝克在他前面了。

最后冲刺过后，米穆获得了第二名，在奥运会上为法国夺得了第一枚 10000 米长跑银牌。从此以后，米穆一发不可收拾，成为闻名世界的长跑名将。在1952年的赫尔辛基奥运会上，他再次为法国夺得了一枚银牌；在1956年的墨尔本奥运会上，他在马拉松比赛中，拼尽全力为法国带回了第一枚马拉松比赛金牌！

功成名就的米穆，再也不用去咖啡馆当服务生了，最后成为了法国国家体育学院的知名教练。

哈佛人相信：只有比别人更早更勤奋地努力，才能尝到成功的滋味。

我们不能指望人人都能坦诚相对、平等相待。要想赢得别人的尊重，就要通过自己的努力获得更大的成就。在人生这场游戏中，唯有奋斗不已的强者，才能站在荣誉之巅。

永远坐前排

理性的人的生活，必须永远在进取中度过。

——塞·约翰逊

20世纪30年代的英国，从弥漫世界的“大危机”中慢慢恢复过来，大危机消磨了很多人的斗志，整个国家都有些沉闷。

在一个名不见经传的小镇，生活着一个名叫玛格丽特的小姑娘。她的父母都是受过很好教育的人，他们决心不能让社会上颓败的风气影响孩子。所以尽管玛格丽特是个女孩子，他们还是从小就对她进行了严格的家庭教育。她父亲总是向她强调——做什么事情都要做到最好，永远不要在别人的后面。

父亲对玛格丽特说："孩子，即使坐公交车，你也要永远坐在前排。"即使面对一些看起来超过她年龄的困难事，父亲也不允许她说"做不到"或"这太难了"之类的话，而是要求她竭尽所能地去做。

也许这样的要求对一个孩子来说，有些苛刻。但是父亲的教育很快就显示出了成效，玛格丽特比同龄的孩子更为优秀。实际上，父亲的严格教育也锻炼了玛格丽特不屈服的性格，让她时刻都充满了信心和斗志。在以后的生活、学习、工作中，正是这种精神支持着她努力做好每一件事。

玛格丽特在牛津大学索默维尔女子学院学习时，她的拉丁文课程要求3年修完，但是她凭借不懈努力，在一年内就完全学完了。在大学中，玛格丽特不仅学习成绩出类拔萃，在音乐、演讲等方面也非常出色，尤其是在组织各种活动上高人一等，显示出了杰出的领导能力。在她毕业时，她学校的校长说："玛格丽特是牛津大学最出色的学生之一，她雄心勃勃，每件事都做得非常出色。"

1959年玛格丽特当选为保守党下院议员，从此进军政坛。20年后的1979年，她成为了英国历史上第一任女首相——被誉为"铁娘子"的玛格丽特·撒切尔夫人！1983年6月和1987年6月撒切尔夫人两次连任，成为20世纪英国任职时间最长的首相。

永远坐前排，既是一种人生态度，也是对不懈奋斗者的回报。很多人对生活充满了美好的希望，但总是缺少"坐前排"的勇气，更缺乏"去坐前排"的行动。要知道，成功之树上的果实不是很多，只有真正努力的人才能摘到。

祈祷不来的面包

头脑中想着行动而不是信条，将有助于满足我们最大的需要。

——朗费罗

4 岁的克莱蒙到了上学的年龄，进入了当地一家不知名的小学。他的老师霍尔太太是一名虔诚的基督徒。在每次上课时，她都要带着孩子们做祷告，这已经成为她课堂的一部分。

霍尔太太总是对孩子们说："上帝是仁慈的，只要你祈祷，就会获得想要的一切。"

有一天，小克莱蒙忍不住问道："亲爱的霍尔太太，如果我向上帝祈祷，上帝就会把我想要的东西给我吗？"霍尔太太非常认真地答道："孩子，你要相信上帝，只要你虔诚地祈祷，上帝就会给你想要的东西。"

其实，小克莱蒙就想要一块大大的面包。他的同桌——那个满头金发的漂亮小姑娘每天都会带一块非常诱人的大面包。小克莱蒙还没有吃过这么诱人的面包，因而非常羡慕。尽管小姑娘常常问他要不要吃一点，但是小克莱蒙都害羞地拒绝了。

听到霍尔太太的回答后，小克莱蒙非常高兴，仿佛一块大大的面包已经到手了。放学的时候，他对小姑娘说："明天，我也带一个和你一样的大面包。"

回到家后，小克莱蒙迫不及待地祈祷起来。然而，第二天起床后，他发现自己那个破烂的书包内，除了他的课本外，并没有他渴望的大面包。没办法，小克莱蒙只好垂头丧气地上学去了。

他想，一定是自己还不够虔诚。于是他每天晚上都坚持祈祷。他相信，上帝一定能够看到自己的诚心，会赐给他一个大大的面包。

但是一个月过去了，上帝还是没有给他面包。他的同桌、那个漂亮的小姑娘问道："上帝给你面包了吗？"

小克莱蒙垂头丧气地告诉小姑娘，一定是向上帝祈祷的人太多，上帝怎么忙得过来？也许上帝还没有听到他的祈祷。小姑娘笑着对他说："其实，一块面包只需要几个硬币，你都花了一个多月来祷告了，为什么不用这些时间挣钱买面包呢？"

小克莱蒙一下子豁然开朗，他决定再也不去祷告了。结果他捡了两天垃圾后卖的钱，就买了一个既大又漂亮的面包。

正是这件小事，让他明白了与其无谓地祈祷，还不如通过实际工作获得自己想要的东西。等小克莱蒙长大后，他投身了文学，成为一个著名的"文学斗士"。

这个"文学斗士"有着一个享誉世界的笔名——马克·吐温。

上帝不会一直眷顾懒惰的人。没有一个从哈佛走出的人是依靠运气而成功的。

不经过艰辛的努力，怎么会有收获？在人生中，我们也许会碰到"不劳而获"的好运气，但是没有任何一个人能指望这样的好运气过完一生。成功的果实属于那些辛勤付出和劳动的人。

波音的尝试

世界上有许多做事有成的人，并不一定是因为他比你会做，而仅仅是因为他比你敢做。

——培根

1903年，美国莱特兄弟制造出了第一架依靠自身动力飞行的飞机，在那个年代，飞机迅速成为了"新宠"，人们对它达到了狂热的地步。飞机的每一次改进都能吸引大家的目光，而飞行员精彩的表演更是引来无数人围观。

1914年，在西雅图市举行的国庆庆祝活动上，一架突然出现的飞机将活动瞬间推向了高潮。飞行员在空中做着各种精彩的表演，围观的人群中爆发出了一阵阵的欢呼声。当飞机降落后，飞行员马罗尼立刻就被激动不已的人们围住了，大家纷纷向这位翱翔天空的英雄致敬。还有很多人跑向了那架飞机，用新奇的目光打量着它。

马罗尼走过来，对那些摸着飞机的人说："有谁想和我一起飞上天吗？谁想试试？"虽然大家都充满了好奇，但是却没有勇气去尝试。马罗尼问了好几遍，结果无人接受他的邀请，让他非常失望。

正在此时，有一个小伙子来到马罗尼的面前，对他说："先生，您能带我试试吗？"马罗尼马上把小伙子带上了飞机。

在马罗尼的操纵下，他们飞到很高的天空。他们做着各种让人眼花缭乱的动作，又一次引起了人们一阵阵欢呼。这是这个小伙子第一次飞上蓝天，他兴奋地大喊大叫。最后，当飞机稳稳降落在地上后，小伙子走出机舱，对着大家说："在天上飞的感觉太棒了，你们也来试试吧！"

人们都非常佩服这个小伙子非凡的勇气，为他热烈鼓掌。他向马罗尼请教飞机的知识，马罗尼热情地为这个小伙子进行了讲解。

从此之后这个小伙子彻底迷上了飞机，他对飞机的了解也越来越多，自己也成为了一个飞机专家。有一天，他突然产生了自己制造飞机的想法。在朋友们的帮助下，小伙子立即行动，用木材制造了一家新型飞机。两年之后，这个小伙子又造出了世界上第一架浮筒式飞机，并亲自驾驶着自己的飞机进行了表演，获得了成功。

接着，这个小伙子在西雅图市成立了"太平洋航空产品公司"，它后来发展成了大名鼎鼎的"波音公司"。如今，波音公司已经成为世界上最大的航空制造公司。而这个敢于尝试的小伙子就是波音公司的创始人——威廉·爱德华特·波音。

哈佛人坚信：知识必须经由行动产生利益，否则无用。

某种程度上说，所有的成功都源于空想，但是单单有空想是无法成功的，唯有实践才能将空想变成现实。只要有梦想，就勇敢尝试、努力去做吧！要知道，只要去做，就一定会有所收获，你不可能比仅有梦想的时候更差。

1 美元的别墅

那种一味期待而从不行动的人，是滋生瘟疫的温床。

——布莱克

如果告诉你，在美国有一栋只需 1 美元的别墅，你一定不会相信。但是某一天，在《纽约时报》广告栏的最醒目处，刊登了一则让人吃惊的广告。

这则广告说，有一栋豪华别墅出售，这栋别墅靠近海边，有独立的漂亮大花园。最重要的是，这栋别墅只售 1 美元。在广告的最后，还附带别墅的详细地址和卖主的联系方式。

这则广告在《纽约时报》连续登了很多天，但是大家都认为这简直太荒唐了，一定是个虚假广告。一天早上，一个退休的老人在读报纸的时候又一次看到了这则广告。他想：既然这座别墅所在的城市离自己不远，自己又没什么事，何不去看看这个 1 美元的别墅？就当是出门旅游了。

老人按照广告上的地址找到了这栋别墅，这真是一栋非常漂亮豪华的海边别墅。他怀着忐忑的心情按响了门铃。一位老太太为他开了门。尽管自己心里充满了怀疑，他还是犹豫着说出了自己前来的目的。

那位老太太非常肯定地说："您不用怀疑，这栋别墅确实只卖 1 美元。"

老人按捺不住自己的激动之情，立即掏出了 1 美元，要买下这栋别墅。只见老太太非常遗憾地指着桌子边一个正在填写文件的年轻人说："对不起先生，这位小伙子比你早来了 1 小时，他已经付过款，在签合同呢！"

老人一下子就陷入懊恼之中，因为他多次看到了那则广告，但仅仅把它当成了玩笑。要不是自己实在无事可做，也许他连这次也不会来。不甘心的老人问这位老太太："这么豪华的别墅为什么只卖1美元?"

原来这位老太太的丈夫在去世后，将这栋别墅留给了她。但是又规定她必须把这栋别墅出售，而出售所得的钱，要全部留给他的年轻情人。老太太看到丈夫留下的遗嘱后，非常伤心愤怒。她没有想到丈夫会有情人，还这么残酷地对待自己。于是她决定报复丈夫的不忠，将别墅以1美元的价格卖掉，然后按照遗嘱将所得的1美元给丈夫的情人!

但是，老人登出的广告却长时间无人问津，大家只是把它当成个玩笑看了，没有人相信会有这种好事，认为这一定是个骗局。在这么多天里，甚至没有人打电话咨询一下。直到这一天，才来了一个好奇的年轻人，老人是第二个，但是已经晚了。

只有比别人更早、更勤奋地行动，才能尝到成功的滋味。这就是哈佛图书馆每个凌晨都灯火通明的原因。

在生活中，我们总是习惯想得多做得少。思考固然重要，但是行动更重要。遇到事情要三思，但是三思后一定要行动。同时要明白，世界大象万千，我们的思想不能统摄所有，不要被固有的思想所禁锢，因为实践才是检验真理的唯一标准。

如何成为千万富翁

你应将心思专注于你的事业上。日光不经透镜折射集于焦点，绝不能使物体燃烧。

——毛姆

在一个贫民窟内，有一个小男孩。和贫民窟里其他孩子一样，他整天打架、喝酒、逃学，凡是捣蛋的事情都少不了他的身影。

有一天，他在学校和同学打架，被老师抓住了。老师已经对这个屡教不改的孩子彻底失去了耐心，气愤地说："你永远不会有什么出息!"

老师这句话深深刺痛了这个小男孩的心，他郑重地对老师发誓说："我以后一定会成为千万富翁!"从此之后，小男孩有了自己一生奋斗的目标。

第二天，这个小男孩从街上捡来了一个破玩具车，他动手修好后租给了伙伴们玩，每次收 1 美分租金。结果不到一个星期，他就赚到了买一辆新玩具车的钱。老师对他的这种"小聪明"不屑一顾，对他说："如果你出生在富人家庭，你会成为个商人，但是，这是不可能的。你也许能成为一个街头小商贩。"

中学毕业后，他果然成了一个小商贩，尽管买卖不大，但他做得非常好。为了赚钱，他卖过五金，出售过汽水，积累了人生第一桶金。

一天，他的城市来了一艘货轮，船上有一批来自日本的衣服。但是在运输的过程中，船遇上了风暴，结果同船的颜料桶破裂，多达一吨的衣服全成了废品。日本商人想廉价处理掉这些衣服，但是没有人要。他对那个日本商人说："我能帮你把这些报废的丝绸衣服处理掉，你只要给我一点运费。"日本商人高兴地答应了。

结果他没花一分钱就得到了这一吨衣服。他把这些被颜料浸染的衣服重新加工成了迷彩服、帽子，然后拿到人最多的集市上廉价出售。结果，一个星期后他就赚了 10 万美元。

现在，他成了一名真正的商人。

有了这笔钱，他开始做真正的大生意。后来他看上了郊区的一块非常大的土地，他找到土地的主人，说自己愿意出 10 万美元买下这块土地。主人高兴地签了合同，还在心里嘲笑他的愚蠢。

一年之后，市政府宣布要修建新的环线公路。他买的这块土地正好在环形线上，结果这块地皮升值了 150 倍。他一下子成了千万富翁。

在他 77 岁那年，他得了非常严重的病，他让助手在报纸上发了一则广告，说自己即将去天堂。如果有谁愿意给天堂的亲人们带去消息，他可以代劳，每条消息仅需100美元，短短几天，他就挣了10万美元。当然，如果他能再坚持几天，赚得会更多。

他在遗嘱中，要求助手再发一条广告，说自己是一位功成名就的绅士，想和一位善良的女士做“邻居”。后来，一位贵妇人花5万美元买下了他旁边的墓地。在生命的最后时刻，他也抓住了商机。

如何成为千万富翁？可以去哈佛的校园里走一走，寻找答案。谁也不能随随便便成功，它来自彻底的自我管理和毅力。

在人生漫漫长路上，只有那些自始至终都不停奋斗的人才能创造奇迹。机会摆在每个人的面前，但是面对路上的荆棘，很多人选择了转身回避。成功的殿堂就在远方，只有那些绝不向命运低头、时刻都在奋斗的人才能达到。

附　哈佛人的12条箴言

1. 当建立哈佛学院的清教徒们在校徽上写上“真理”二字的时候，在他们心中就有两条通往真理的路：一条是在人类理性思考的指导下得到的启示，另一条是增进知识和学问。

——哈佛大学第21任校长　艾略特

2. 一个人是否有创造力，是一流人才和三流人才的分水岭。

——哈佛大学第24任校长　普西

3. 人类在过去和现在的努力已经排除了知识道路上的许多障碍，让我们继续努力去清除剩余的障碍。

——哈佛大学第19任校长　昆西

4. 做自己的主人，人生所有的法则都变得简单，孤独的人将不再孤独，贫穷的人将不再贫穷，脆弱的人将不再脆弱。

——哈佛学子、作家、哲学家　亨利·梭罗

5. 生命很快就过去了，一个时机不会出现两次，必须当机立断抓住它，不然就永远别要。

——哈佛学子、作家、哲学家　亨利·梭罗

6. 经验是学费最贵的学校，但它也是唯一能学到东西的学校。

——哈佛学子、美国第26任总统　西奥多·罗斯福

7. 人将会死，国家会建立亦会倾颓；但思想将永远长存。思想可承受的远大过死亡。

——哈佛学子、美国第35任总统　约翰·肯尼迪

8. 人不可能没有缺点，一个伟大的人善于放大优点，缩小缺点，那些失败的人却往往因为弱点而败了一生。

——哈佛教授　斯蒂芬森·古尔德

9. 揭示真理需要付出代价，但是真理终因为实践的证明而战胜一切。

——哈佛教授　乔伊克·罗齐

10. 做人的道理，就在于不妨碍他人的权利，同时又能达到自己的愿望。

——哈佛第25任校长　科南特

11. 爱是一把金钥匙，有了这把钥匙，一切心扉都将向你敞开。

——哈佛教授、成功学之父　奥里森·马登

12. 凡是不重视智慧训练的民族注定要失败的。你们所有的英雄行为，所有的社会魅力，所有在陆上和海上的胜利，都不能改变这个命运。

——哈佛教授、教育理论家、哲学家、数学家　怀特海